D1668799

Kohlhammer

Forum Systematik

Beiträge zur Dogmatik, Ethik
und ökumenischen Theologie

Herausgegeben von
Johannes Brosseder, Johannes Fischer
und Joachim Track

Band 3

Frank Mathwig

Technikethik
– Ethiktechnik

Was leistet Angewandte Ethik?

Verlag W. Kohlhammer

Die Deutsche Bibliothek – CIP-Einheitsaufnahme

Mathwig, Frank:
Technikethik - Ethiktechnik : was leistet angewandte Ethik? / Frank Mathwig. - Stuttgart ;
Berlin ; Köln : Kohlhammer, 2000
   (Forum Systematik ; Bd. 3)
   Zugl.: Marburg, Univ., Diss., 1998
   ISBN 3-17-016101-6

Gedruckt mit Unterstützung des Förderungs- und Beihilfefonds Wissenschaft
der VG WORT.

meinen Eltern

Inhalt

Vorwort

> Da es dem König aber wenig gefiel, daß
> sein Sohn, die kontrollierten Straßen
> verlassend, sich querfeldein herumtrieb,
> um sich selbst ein Urteil über die Welt
> zu bilden, schenkte er ihm Wagen und
> Pferd. »Nun brauchst Du nicht mehr zu
> Fuß gehen«, waren seine Worte. »Nun
> darfst Du es nicht mehr«, war deren
> Sinn. »Nun kannst Du es nicht mehr«,
> deren Wirkung.
>
> G. Anders, *Kindergeschichten*

Die Wirkungen moderner Techniken und Technologien sind es, die heute die Rede von der »Technologiegesellschaft« rechtfertigen und zugleich die Disziplin »Technikethik« hervorgebracht haben. Das Gewahrwerden der Ambivalenzen moderner Technologien und die Geburtsstunde von Technikethik fallen auf ein und dasselbe Datum. Auf einen Zeitstrahl projiziert präsentiert Technikethik die Gegenwart, in der die Vergangenheit der ethischen Tradition und die Zukunft der technologischen Möglichkeiten und Wirkungen aufeinandertreffen.

Technikethik stellt einen zentralen Bereich der in den 60er Jahren in den USA entstandenen Disziplin der Angewandten Ethik dar. Angewandte Ethiken sind durch ihren starken Praxisbezug gekennzeichnet. In diesem Sinne müssen sie als Ethik *in* der – und nicht *über* die – Gesellschaft verstanden werden. Ambivalenzerfahrungen und gesellschaftliche Einbindung markieren zwei zentrale Merkmale Angewandter Ethik: Sie ist Seismograph gesellschaftlicher Legitimationsprobleme und hat als solche eine wesentlich politische Dimension. Vor diesem Hintergrund wird der Ort von Technikethik im Spannungsfeld von technologischen Herausforderungen und ethischen Ansprüchen sichtbar. Sie steht vor der schwierigen Aufgabe, die eine Seite nicht auf Kosten der anderen zu vernachlässigen. Vielmehr muß sie darum bemüht sein, beide Seiten so miteinander zu verknüpfen, daß »Technik« als Gegenstand der Reflexion mit den methodischen Bedingungen von »Ethik« kompatibel wird.

Die sprichwörtliche Alternative zwischen Not und Tugend erweist sich hier als unzutreffend. Die abendländische Geschichte der Ethik zeigt: Wir haben nicht die Wahl zwischen Not und Tugend, sondern die Not zwingt uns zur Tugend. Die Aristotelische Ethik entsteht vor dem Hintergrund des Niedergangs der athenischen Polis. Die Kantische Ethik fällt in die Zeit gewaltiger Umbrüche im Europa des ausgehenden 18. Jahrhunderts. Und so spiegelt auch die »Rehabilitierung der praktischen Philosophie« in den letzten Dekaden des 20. Jahrhunderts die Ambivalenzen der gegenwärtigen Lage wider. Krisensituationen sind der Nährboden für ethische Entwicklungen, sie nötigen zu ethischer Aktivität. Dem Interesse an Moral und Ethik als Reaktion auf die Wahrnehmung der »Risikogesellschaft« korrespondieren disziplinintern die Verabschiedung der »Theoretischen Ethik« zugunsten »Angewandter Ethik« und die Versuche zur Installierung einer »neuen« Ethik.

Angewandte und »neue« Ethik verdanken sich zunächst also keiner akademischen Anstrengung, sondern einer spezifischen gesellschaftlichen Wahrnehmung. Problemorientierung ist das Kennzeichen gegenwärtiger Ethik und liefert ihrem Vorgehen eine unmittelbare Rechtfertigung. Die Selbstverständlichkeit der ethischen Bemühungen und ihrer Resultate wächst proportional zur Brisanz der Probleme, die sie aufgreifen. Das ist gut so, und darin liegt ihre Stärke. Aber gerade angesichts der unbestreitbaren Dynamik der Probleme darf der Blick dafür nicht verloren gehen, daß von der Offensichtlichkeit der Probleme nicht auf die Eindeutigkeit ihrer Lösungen geschlossen werden darf. Aus der Evidenz und Realität der »Not« folgt nicht notwendig eine Gewißheit hinsichtlich der therapeutischen »Tugend«.

Die vorliegende Untersuchung beschäftigt sich mit der *Verbindung* von ethischen Problemen und ihren Lösungen. Sie versucht, die Schnittstelle zwischen aktuellen Problemen und der Art und Weise ihrer ethischen Aufnahme und Bearbeitung zu beleuchten. Ihr Ziel ist nicht, die praktischen Anstrengungen mit ehernen ethischen Prinzipien aus dem Elfenbeinturm zu konfrontieren, um sie anschließend zu diskreditieren. Vielmehr will sie das Projekt »Angewandte Ethik« stark machen vor dem Hintergrund der Frage, wie ihre Ansätze argumentativ begründet und verteidigt werden können.

Dazu werden im *Teil I* verschiedene Modelle Angewandter Ethik auf der Grundlage traditioneller ethischer Begründungskonzepte auf ihre Prämissen und Voraussetzungen hin befragt. Es zeigt sich, daß Moral und Ethik viel eher einsetzen, als die Vorgehensweisen Angewandter und »neuer« Ethik suggerieren. Ein Blick auf die Verwendungsweise des Krisen- und Problembegriffs in ethischen Kontexten in *Teil II* bestätigt die These, daß Angewandte Ethik im Hinblick auf ihre Problemfixiertheit moralische Orientierungen mit sich herumträgt wie »eine Katze im Sack«. Die spezifische Methodik Angewandter Ethik ist der Sack, der den Blick auf die moralische Katze verwehrt. Ihre Themen sind immer schon moralisch »aufgeladen«. Erst dieser Umstand macht einerseits technische und technologische Sachverhalte einer ethischen Betrachtung zugänglich. Andererseits münden ethische Konzepte, die weder ihre Aufgabenstellungen noch ihr eigenes Vorgehen reflektieren, in einen Relativismus, wie in *Teil III* anhand konkreter Beispiele gezeigt werden soll. Ethik bleibt interessengebunden und wird zum Instrument beziehungsweise Medium von Ideologie.

Wie kann nun die Problemorientierung Angewandter Ethik verteidigt werden, ohne einem Relativismus das Wort zu reden? Ein möglicher Ausweg besteht in der Behauptung eines ethischen Realismus. Der Relativismusvorwurf kann zurückgewiesen werden, wenn es gelingt, plausibel für die Existenz moralischer Tatsachen zu argumentieren. Auch wenn ein solcher starker Realismus nicht begründet werden kann, bleibt als zweiter Ausweg die schwächere Variante eines internen Realismus oder Relationalismus. Die Tragfähigkeit dieses Ansatzes soll in *Teil IV* anhand einiger Modelle überprüft werden. Argumentieren die ersten drei Teile für eine Rückbindung Angewandter Ethik an die Begründungsverfahren traditioneller Ethiken, so votiert der letzte Teil für eine wahrnehmungsethische Erweiterung von Ethik.

Die Arbeit schlägt einen Bogen vom Problembegriff zum Begriff der Wahrnehmung. Sie argumentiert dafür, die behauptete Eindeutigkeit der Situation nicht an den Problemen, sondern an deren Wahrnehmungen festzumachen. Die Ersetzung der Evidenz des Problems durch die Evidenz der Wahrnehmung erlaubt es, unsere gemeinsamen Überzeugungen als starkes ethisches Argument zu etablieren. Gleichzeitig bedarf es einer Schnittstelle, an der die Wahrnehmungsphänomene in die ethische Theorie und Methodik eingehen können. Gelingt der Nachweis, dann konvergieren an dieser Stelle ethische Theorie und die Gegenstände ihrer Anwendung: Technologische Probleme sind – zumindest in ethischen Kontexten – selbst Ausdruck einer moralischen Position, und der »Sitz im Leben« ethischer Theorie ist mit jener Lage identisch, die im Problem angesprochen ist.

Allen, die mir bei der Entstehung dieser Arbeit zur Seite gestanden haben, möchte ich an dieser Stelle herzlich danken. Geduldige Betreuung und persönliche Unterstützung habe ich zuallererst von meinem akademischen Lehrer, Professor Dr. Wolfgang Lienemann, erhalten. Seiner wissenschaftlichen Begleitung verdanke ich viele Anregungen, die mir bei der Klärung meiner eigenen Position sehr hilfreich geworden sind. Professor Dr. Dr. Siegfried Keil danke ich für seine großzügige Hilfe und Unterstützung in Marburg. Das Berner Doktorandenkolloquium von Professor Lienemann bot mir die Gelegenheit, Vorarbeiten und Teile dieser Arbeit zur Diskussion zu stellen. Meinen Freunden Wolfgang Kaiser, Achim Kessler und Vincent C. Müller danke ich für ihr wertvolles Engagement, für zahllose Diskussionen, ihre wohlwollende Kritik und ihre hartnäckigen Aufmunterungen. Ihnen verdanke ich die erfreulichen Umstände, unter denen diese Arbeit entstehen konnte. Annette Meier und Werner Krämer-Kranz haben mit einer Reihe von Korrekturen zur aktuellen Form der Arbeit beigetragen. Gerne erinnere ich mich an viele anregende Diskussionen mit Lutz Althöfer während unserer gemeinsamen Zeit.

Einleitende Überlegungen zum Verhältnis von Technik und Ethik

Die Frage nach der Möglichkeit von Technikethik formuliert zunächst ein wissenschaftstheoretisches Problem. Als wissenschaftstheoretisch gelten solche Untersuchungen, »die sich unter systematischem Aspekt mit den Wissenschaften befassen« und »mit den Produkten der wissenschaftlichen Erkenntnis [...], insbesondere also mit wissenschaftlichen Begriffssystemen und Theorien«.[1]

Das Kompositum »Technikethik« verweist auf die relationale Struktur der mit den Ausdrücken »Technik« und »Ethik« bezeichneten Gegenstände. Grammatikalisch sprechen wir von einem Determinativkompositum,[2] bei dem der vordere Ausdruck den hinteren spezifiziert: Der Gegenstand Technik grenzt den Bereich ein, auf den sich in der mit dem Ausdruck »Ethik« näher bestimmten Weise bezogen wird. »Technik« benennt den Betrachtungsgegenstand, »Ethik« steht für die Betrachtungsmittel – Methoden, Theorien etc. – oder Betrachtungsperspektive. Der Gegenstand präzisiert die Methode hinsichtlich ihres Anwendungsbereiches, wie umgekehrt die Methode einen Standpunkt aus der Summe der möglichen bestimmt, von dem aus der Gegenstand zum Thema wird. Dabei ist es zunächst unbedeutend, ob das mit »Technik« benannte Objekt wiederum eine Methode im Sinne der sogenannten Technik- oder Ingenieurwissenschaften meint, den Bereich der Produktion, die Produkte jener Herstellungsverfahren oder die Distribution, Verwendung und Nutzung von Techniken wieder im Sinne wissenschaftlicher Methoden, technischer Verfahren oder Artefakten. Entscheidend ist vielmehr, daß Ethik als Theorien- und Methodenarsenal eine Metaposition relativ zur Objektebene des Gegenstandes einnimmt und daß die Charakteristika »Gegenstand« und »Methode« ihre Berechtigung allein der hier hergestellten Relation verdanken. Daß Ethik und Technik im vorliegenden Fall nicht als »koordinative Verbindung« – im Sinne eines Kopulativkompositums – »Ethik und Technik« erscheinen[3] oder daß »Technik« nicht das Methodenarsenal benennt, dem der Objektbereich »Ethik« gegenübersteht, beruht auf keiner Notwendigkeit – sieht man einmal von semantischen Gewohnheiten ab –, sondern ist Ausdruck des Interesses hinter einer bestimmten Fragerichtung. Die inhaltliche Bedeutung dieses formalen Aspekts wird deutlich, wenn wir in den nächsten Abschnitten einige symptomatische Verknüpfungen beider Bereiche betrachten werden.

Die eingangs gestellte Frage läßt sich unter wissenschaftstheoretischen Gesichtspunkten in zwei Richtungen präzisieren. Sie kann einerseits aufgefaßt werden als diejenige, ob Technikethik den allgemeinen (wissenschaftlichen) Kriterien von Ethik genügt, und andererseits als diejenige, welche Bedingungen Technikethik darüber hinaus erfüllen muß, um ihren Gegenstand angemessen in den Blick zu bekommen. Bei der ersten

---

1 F. v. Kutschera [1972], S. 11.

2 Vgl. *Lexikon der germanistischen Linguistik* I, S. 177; W. Welte [1974], Band 1, S. 278ff. In Determinativkomposita modifiziert das vordere Bestimmungswort oder Determinans das hintere Grundwort oder Determinandum im Sinne einer Spezifizierung: Ein »Partei-buch« ist ein *Buch*, durch das jemandem bescheinigt wird, daß er zu einer *Partei* gehört.

3 Ebd. Kopulativkomposita sind koordinative Verbindungen mehrerer Substantive: Eine »Strumpfhose« ist etwas, was zugleich *Strumpf* und *Hose* ist.

Frage handelt es sich um eine prinzipielle oder vom Standpunkt der Technikethik aus externe. Technikethik hat sich dort den Kriterien von Wissenschaftlichkeit, im Sinne von Ethik als wissenschaftlicher Disziplin zu stellen, um zu prüfen, ob sie den Anforderungen ethischer Theoriebildung genügt. Die zweite Frage thematisiert ein internes Verhältnis. Hier liefert der Gegenstand die Kriterien, an denen Ethik sich zu bewähren hat, um als Technikethik gelten zu können.[4]

Beide Themenkomplexe sind nicht voneinander isolierbar. Wie eine kurze Überlegung verdeutlicht, setzt die erste Frage die Beantwortung der zweiten voraus. Technikethik steht in einem doppelten Verweisungszusammenhang. Als ethische Teildisziplin muß sie den Bedingungen der Möglichkeit von Ethik genügen, das heißt sie hat sicherzustellen, daß Technik unter eben diesen wissenschaftstheoretischen Gesichtspunkten einen adäquaten Gegenstand von Ethik abgibt. Als »Angewandte« Ethik hat sie andererseits die Angemessenheit ihres Methodenrepertoires und ihrer Thematisierungsweisen relativ zu dem gewählten Anwendungsbereich sicherzustellen. Während im ersten Schritt die Ethiktauglichkeit des Gegenstandes thematisiert wird, geht es im zweiten um die Sachtauglichkeit der Methoden. Die prinzipielle Frage nach der Möglichkeit von Technikethik als ethischer Disziplin verweist auf die interne nach der Angemessenheit ihrer Möglichkeiten, Technik als ihren Gegenstand zu erfassen. An dieser Stelle wird zugleich deutlich, daß eine solche Fragestellung nicht auf der formalen wissenschaftstheoretischen Ebene verharren kann, sondern angesichts notwendiger Erwägungen über die Angemessenheit eines Vorgehens auf die inhaltliche Ebene zurückverwiesen ist.

Die einleitenden Überlegungen verdeutlichen bereits den propädeutischen Charakter dieser Untersuchung. Nach der Möglichkeit von Technikethik zu fragen impliziert, den Gegenstand der Untersuchung – Technikethik – selbst zur Disposition zu stellen. Die Reflexion der Kriterien, denen etwas genügen muß, um als potentieller Gegenstand von Ethik gelten zu können, bildet nur den einen Teil der gestellten Aufgabe. Dieser ethischen Grundlegung hat sich die sachliche Prüfung anzuschließen, ob die gewonnenen Kriterien von dem potentiellen Gegenstand erfüllt werden. Diese auf ein »ob« zurückverweisende Frage nach dem »wie« von Technikethik mag verwundern. Spätestens seit dem vielzitierten Satz von H. Sachsse, »nicht die Lösung der technischen sondern der ethischen Probleme wird unsere Zukunft bestimmen«,[5] scheint Einigkeit darüber zu bestehen, daß den vielfältigen Problemen unserer technologischen Welt allein mit technischen Mitteln nicht beizukommen ist, sondern vielmehr der interdisziplinären Zusammenarbeit – vor allem auch der Ethik – bedarf.[6] Alle aus einer ethischen Perspektive hervorgegangenen Erörterungen zum Thema gehen evidenterweise von der Möglichkeit von Technikethik aus. Eine ins Unübersehbare anwachsende Litera-

---

4 Mit v. Kutschera kann die erste Frage als Thema einer allgemeinen Wissenschaftstheorie, die zweite Frage als dasjenige einer speziellen Wissenschaftstheorie zugeordnet werden.

5 H. Sachsse [1987], S. 50.

6 Interdisziplinarität wird vor allem von solchen Autoren gefordert, die das Thema eher aus der Perspektive der Techniker und Ingenieure angehen, so etwa G. Ropohl, H. Lenk, S. Moser, G. Huning und W. C. Zimmerli.

turflut bestätigt die unhinterfragte Plausiblität dieser Koalition von Technik und Ethik. Jede neue grundlegendere Technologie[7] begründet – mit dem Suffix »-ethik« versehen – eine neue ethische Teildisziplin.

Autoren verschiedenster Provenienz berufen sich hierbei auf das berühmte Diktum Hegels aus der Vorrede zu seiner Rechtsphilosophie, Philosophie sei »ihre Zeit in Gedanken erfaßt«,[8] und tragen einer wachsenden Sensibilisierung[9] unserer Gesellschaft auf dem Gebiet moderner Technologien Rechnung. Unüberseh-, -hör- und -lesbar sind die Probleme mit denen sich nicht nur die Menschen der industrialisierten Welt zunehmend konfrontiert sehen. Dies ist unbestreitbar. Doch entgegen der allgemeinen Überzeugung von der prinzipiellen Notwendigkeit ethischer Reflexion besteht erheblich weniger Einigkeit darüber, ob und in welchem Umfang ethische Reflexion auch gesellschaftlich relevant werden kann oder sollte.[10] Ein diesbezügliches Zögern ist nicht nur im Rahmen von Technik und Wirtschaft anzutreffen, sondern auch im akademischen und bildungspolitischen Bereich.

Soll im folgenden das Phänomen Technikethik – entgegen seiner offensichtlich allgemeinen Akzeptanz – problematisiert werden, dann bedarf dies einer expliziten Begründung. Eine Rechtfertigung unseres Vorgehens hat Aristoteles in seiner *Metaphysik* vorgeschlagen: »Für die gesuchte Wissenschaft ist es nötig, daß wir uns zuerst dem zuwenden, worüber wir zunächst Fragen stellen müssen. Dies sind teils die abweichenden Ansichten, welche manche hierüber aufgestellt haben, teils anderes, was etwa bisher unbeachtet geblieben ist. Für diejenigen nämlich, die einen guten Erfolg der Lösung anstreben, ist eine gute Fragestellung förderlich; denn der spätere Erfolg liegt in

---

7 Gemeint sind solche Technologien, die – um eine Differenzierung G. Ropohls aufzunehmen – das Produkt einer »Funktionserfindung« darstellen. Im Rahmen seines Entwurfs *Eine Systemtheorie der Technik* unterscheidet G. Ropohl zwischen Struktur- und Funktionserfindungen: »Die Strukturerfindung besteht darin, für eine mehr oder minder eindeutig vorgegebene Sachsystemfunktion eine geeignete Struktur, inklusive ihrer physikalisch-konstruktiven Realisation, zu ersinnen.« Dagegen »steht am Anfang der Funktionserfindung die Definition einer neuartigen Sachsystemfunktion […]. Die Funktionserfindung ist die Erfindung einer Nutzung; sie ist […] die Antizipation einer Identifikation von Handlungsfunktion und Sachsystemfunktion« (G. Ropohl [1979], S. 286ff.). Werden diese Begriffsbestimmungen ihrer systemtheoretischen Terminologie entledigt, entspricht die Differenz derjenigen zwischen der Erfindung von Mitteln für vorgegebene Zwecke und der Erfindung von Zwecken und den zu ihrer Realisierung notwendigen Mitteln.

8 G. W. F. Hegel, *Grundlinien der Philosophie des Rechts*, Vorrede S. XXII (Paginierung nach der Originalausgabe).

9 Vgl. O. Höffe [1993]; G. Vattimo [1992], S. 50: »Die Frage der Ethik ist überhaupt expandiert, und das ist nicht nur ein Symptom dessen, daß wir neue Probleme in der Bioethik oder in der Technologie haben, sondern auch dessen, daß wir sensibler werden. Wir können nicht mehr Tiere töten und so etwas. Diese Ästhetisierung impliziert auch ein Zunehmen der Sensibilität, der Sinnlichkeit. Es ist wohl der Traum Schillers. Wenn Schiller von einer ästhetischen Erziehung der Menschheit sprach, hatte er möglicherweise so etwas im Kopf.« Vgl. vorsichtiger N. Luhmann [1993a], S. 332, der beobachtet, »daß mit der Zuspitzung von Risiken im Bereich der modernen Technologie der Moralpegel der öffentlichen Kommunikation steigt« (vgl. ders. [1986], 237ff.).

10 J. Fischer [1994], S. 26, macht in diesem Zusammenhang auf einen weiteren »merkwürdigen Sachverhalt« aufmerksam. »Auf der einen Seite erfreut sich die Ethik gegenwärtig großer Nachfrage. Auf der anderen Seite sieht es so aus, als ob das Verhalten des Einzelnen zunehmend aus unmittelbaren ethischen Bindungen entlassen ist. Leitend für das Handeln sind nicht ethische Orientierungen, sondern nicht-ethische Motive.«

der Lösung des vorher in Frage Gestellten, auflösen kann man nicht, wenn man den Knoten nicht kennt. Die Fragestellung (Aporie) aber im Denken zeigt diesen Knoten in der Sache an; denn im Fragen gleicht man den Gebundenen, denen es nach beiden Seiten unmöglich ist vorwärts zu schreiten.«[11] Unsere Fragestellung ist genau dann begründet, wenn sich vor dem Hintergrund der vorliegenden technikethischen Untersuchungen sinnvolle Fragen beziehungsweise Aporien formulieren lassen. Die aporetische Vorgehensweise gilt nicht vornehmlich der Kritik an bestehenden Ansätzen; vielmehr geht es darum, zu erkennen, wohin der Weg der Untersuchung führen soll.[12] Die Fragen dienen mit anderen Worten der Eingrenzung des Themas. Als »Gebundene« unserer Fragen, können wir nur solche Antworten suchen und finden, die auf dem Weg unseres Fragens liegen.[13] Darin liegt die Begrenztheit dieser und jeder Untersuchung verbunden mit der Einsicht, daß die hier thematisierten Fragen nur einen sehr kleinen Ausschnitt der möglichen Zugangsweisen und Fragerichtungen abdecken.

Technikethik wurde bisher formal als Verhältnis von Gegenstand und Methode bestimmt. Im folgenden geht es darum, dieses Verhältnis genauer zu charakterisieren. Von einem wissenschaftstheoretischen Standpunkt aus lassen sich grundsätzlich zwei Möglichkeiten der Konstituierung und Begründung von Technikethik unterscheiden. Sie kann auf der einen Seite, im Sinne Angewandter Ethik, als Subdisziplin von Ethik entworfen werden, oder auf der anderen Seite als eigenständige Disziplin. Im ersten Fall geht es um eine Vermittlung des Gegenstandes Technik mit dem Referenzsystem Ethik. Im zweiten Fall bildet ebenfalls Technik den Untersuchungsgegenstand. Diesem wird aber – über die erstgenannte Vorgehensweise hinausgehend – eine Exklusivität zugesprochen, die ihren Ausdruck in dem Urteil findet, daß das traditionelle Repertoire ethischer Methoden nicht in der Lage ist, dem Gegenstand gerecht zu werden. Vielmehr gilt es, eine Ethik im Hinblick auf die besonderen Belange ihres Gegenstandes überhaupt erst zu entwerfen. Die beiden Vorgehensweisen stehen so in einem hierarchischen Verhältnis zueinander. Während im ersten Fall eine Vermittlungsleistung gefordert ist, wird diese im zweiten Fall bereits als gescheitert vorausgesetzt. Denn die Forderung nach einem neuen Entwurf ruht auf der Einsicht in das Versagen aller bis

---

11 Met. III 1, 995ab. Vgl. Top. VI 6, 145b; VIII 11, 162a.

12 K. Ott [1996b], S. 53f., kritisiert die Verwendung der Begriffe »Aporie« (zum Beispiel bei W. Wieland [1989]) und »Dilemmata« (etwa bei M. Kettner [1992a]) im Zusammenhang Angewandter Ethik: »Ich möchte diese Begriffe vermeiden, da ich bezweifle, daß es sich stricto sensu um Dilemmata oder gar um Aporien handelt. Wieland selbst bezeichnet ›Aporie‹ als den ›Inbegriff der Schwierigkeiten‹ (W. Wieland [1989], S. 13). Dieses ist ersichtlich nicht der philosophische Begriffssinn von Aporie als Ausweglosigkeit.« Wovon Ott seine Übersetzung ableitet, gibt der Autor nicht bekannt. Das griechisch-deutsche Schul- und Handwörterbuch von W. Gemoll bietet (in Übereinstimmung mit dem Wörterbuch von Menge-Güthling) drei Übersetzungen für *aporia* an: »1. a. Mangel an Wegen, Unwegsamkeit. [...] b. übertr. Mangel an Auswegen, Ratlosigkeit, Mutlosigkeit, Verlegenheit. [...] 2. Mangel, Armut. [...] 3. Schwierigkeit, wissenschaftliche od. Streitfrage.«

13 Zugleich ist die Untersuchung dem Diktum M. Heideggers [1962], S. 5, verpflichtet: »Das Fragen baut an einem Weg. Darum ist es ratsam, vor allem auf den Weg zu achten und nicht an einzelnen Sätzen und Titeln hängenzubleiben. Der Weg ist ein Weg des Denkens. Alle Denkwege führen, mehr oder weniger vernehmbar, auf eine ungewöhnliche Weise durch die Sprache.« Dieser Zusammenhang wird unten in dem Abschnitt II 3.1 näher beleuchtet.

dahin zu Verfügung stehenden Konzepte. Hinter dieser Position verbirgt sich die Vorstellung: neue ethische Themen oder Sachgebiete erfordern eine neue Ethik.[14] Die beiden Modelle repräsentieren die beiden bekannten und vieldiskutierten Fragen: Wie können ethische Prinzipien in konkrete sittliche oder moralische Urteile überführt werden? oder: Brauchen wir eine neue Ethik?[15] Aus einer ethischen Perspektive kann die Differenzierung in der Fragestellung mit der Dichotomie zwischen katholischer Kasuistik und evangelischer Situationsethik verglichen werden.[16] Die erste Frage ist das Thema Angewandter oder Praktischer Ethik, die zweite Frage liegt den Modellen einer sogenannten »neuen« Ethik zugrunde.

Bevor wir uns diesen Fragen zuwenden, sind noch einige begriffliche Vorbemerkungen notwendig. Die Begriffe »Ethik« und »Moral« verwenden wir im folgenden in Übereinstimmung mit dem inzwischen üblich gewordenen Sprachgebrauch: Die Ausdrücke »Ethik« und »ethisch« dienen allgemein zur Bezeichnung der Disziplin, speziell für die philosophische beziehungsweise theologische Untersuchung des Problembereichs der Moral. Mit dem sprachgeschichtlich mit »Ethik« bedeutungsäquivalenten Ausdruck »Moral« bezeichnen wir den Inbegriff moralischer Normen, Werturteile und Institutionen. Methodisch ergibt sich hieraus ein hierarchisches Verhältnis: »Moral« benennt den Ort, an dem Ethik praktisch wird, also den Bereich der Hervorbringung, Anwendung und Kollision moralischer Normen, Einstellungen und Orientierungen. »Ethik« benennt den Bereich der Normenbegründungen, die dabei auf »oberste Normen«, »Prinzipien«, »kategorische Imperative« sowie formale und apriorische »Diskursprinzipien« zurückgreift. Die Begriffe »Werte« und »Güter« stehen in gewisser Weise jenseits beziehungsweise quer zu dieser Hierarchie. Werte können sowohl unsere konkreten Handlungsorientierungen steuern, als auch den Horizont abgeben, an dem wir wiederum unsere Begründung von Normen orientieren. Alle hier getroffenen begrifflichen Unterscheidungen sind – als Definitionen – unserer abendländischen Kultur, besonders der griechischen Philosophie geschuldet. Sie strukturieren unsere Wahrnehmungen von Wirklichkeit indem sie diese interpretieren und haben somit im Hinblick auf die Wirklichkeit einen idealtypischen Charakter.[17]

---

14 Vgl. in diesem Sinne etwa W. Nethöfel [1992].

15 Die bekannteste Forderung nach einer neuen Ethik und der Versuch ihrer Einlösung findet sich bei H. Jonas [1979]. Vgl. auch M. Gatzemeier [1989]. Zur zweiten Frage siehe die unter dem Abschnitt »Angewandte Ethik« genannte Literatur sowie den von H. M. Baumgartner und H. Straudinger [1985] herausgegebenen Sammelband. Auf allgemeiner Ebene, also in Form der Frage nach Eigenart, Struktur und Zustandekommen sittlicher Urteile überhaupt, besteht – wie O. Höffe [1979], S. 394 und diesem zustimmend H. E. Tödt [1987], S. 21 konstatieren – dringend Diskussionsbedarf. Vgl. dazu H. E. Tödt [1977]; ders. [1979]; R. Heeger [1977]; W. Lienemann [1978a]; W. Korff [1979]; O. Höffe [1975]; ders. [1981]; ders. [1990]; W. Härle [1988]; E. Herms [1991]; E. Stock [1989] und D. Lange [1992], Teil II, Abschn. D. Die geringe Beschäftigung mit den Fragen ethischer Urteilsbildung in der evangelischen Theologie liegt vor allem in der Ablehnung einer katholischen Kasuistik begründet (vgl. dazu C. Frey [1990], cp. 15 und die dort angegebene Literatur).

16 Vgl. dazu einführend C. Frey [1990], ebd.; M. Honecker [1990], S. 11ff.

17 Zu der vorgeschlagenen Terminologie vgl. C. Frey [1990], S. 4ff.; G. Patzig [1983], S. 4f.; A. Pieper [1985], S. 18ff.

16

An dieser Stelle soll noch auf eine weitere Beschränkung hingewiesen werden. Die Untersuchung konzentriert sich vornehmlich auf menschliche Handlungen als Gegenstand von Ethik und Moral. Daraus darf nicht geschlossen werden, daß die Palette der Themen und Gegenstände von Ethik damit vollständig bestimmt wäre. Gerade im Rahmen von Technikethik stellt sich die Frage nach dem institutionellen Charakter von Handeln, auf den grundsätzlich schon Hegel in Abgrenzung zu Kant verweist. Es liegen heute eine Reihe von Begriffsbestimmungen vor, wie institutionelles Handeln in systemtechnologischen Kontexten genauer gefaßt werden kann.[18] Dennoch soll hier auf den Begriff des institutionellen Handelns verzichtet werden, erstens weil Technikethik – wie sie sich aktuell in der Literatur präsentiert – tatsächliche und mögliche Handlungen oder Handlungsweisen zum Gegenstand hat, zweitens weil der Handlungsbegriff auf den Begriff des Herstellens verweist und dieses in der Tradition disjunkte Begriffspaar die Folie abgibt, vor der die Frage nach der Möglichkeit von Technikethik zusätzlich Brisanz erhält, drittens weil der Handlungsbegriff konstitutiv auf ein Handlungssubjekt verweist und viertens weil der Begriff Präzisierungen und Übergänge ermöglicht, die für unsere Untersuchung wesentlich sind.

Wir betrachten Ethik vor allem als eine spezifische Form rationalen Argumentierens über moralische Normen, die vor dem Hintergrund individuellen und kollektiven Erlebens, subjektiver Absichten, Präferenzen und Bedürfnisse bestehen. Dieser charakteristische Rahmen subjektiven und intersubjektiven Handelns bleibt auch angesichts seiner zunehmenden Vernetzung grundsätzlich erhalten. Mit den für unsere Betrachtung wesentlichen Begriffen »Wahrnehmen«, »Urteilen« und »Reflektieren« werden bestimmte subjektspezifische Aspekte im Handlungsgeschehen angesprochen, die nicht deckungsgleich auf die institutionelle Ebene abgebildet werden können. Schließlich ist die Frage ungeklärt, wie Institutionen nicht nur Träger, sondern auch Adressaten oder Subjekte von Moral sein können. Um die subjektive Orientierung von Moral und Ethik gerade in Zeiten ihrer systemischen Verknüpfung und Vergegenwärtigung zu betonen, soll im folgenden der subjektbezogene Handlungsbegriff dem institutionellen vorgezogen werden.

---

18 Vgl. C. Hubig [1982], Hg.; ders. [1985]; ders. [1993a]; ders. [1993b]; Hg.; G. Ropohl [1979], ders. [1996].

I Ansichten: Zum Paradigma problemorientierter Ethik

1 Angewandte Ethik

Unter der Überschrift »Angewandte Ethik« finden sich solche ethischen Entwürfe, die einen speziellen, in der Regel institutionalisierten Anwendungsbereich von Ethik im Blick haben. In den 60er Jahren etablierte sich unter dem Titel »applied ethics« vornehmlich in den USA eine Disziplin, die angesichts der immer stärker ins Bewußtsein rückenden Ambivalenzen bestimmter politischer und technologischer Entwicklungen einem – wegen seiner Abstraktheit und Untauglichkeit praxisfernen – traditionellen Ethikverständnis entgegensetzt wurde.[1] T. Nagel betont in dem Vorwort zu seiner bekannten Aufsatzsammlung *Mortal Questions* die Bedeutung des Vietnamkrieges für das sich wandelnde moralische Verständnis: »Einige dieser Essays wurden in einer Zeit geschrieben, in der die Vereinigten Staaten an einem kriminellen Krieg beteiligt waren, den sie auf kriminelle Weise führten. Das hat meine Sensibilität für die Absurdität meiner Beschäftigung mit theoretischen Fragen gesteigert. [...] Diese Betroffenheit war es auch, die dazu führte, daß sich in den späten 60er Jahren mehr Philosophen mit professionellem Ernst öffentlichen Fragen zuwandten.«[2]

Erst in der zweiten Hälfte der 80er Jahre beginnt sich im deutschprachigen Raum unter den Überschriften »Angewandte Ethik« und »Praktische Ethik« eine eigenständige Disziplin zu konstituieren.[3] Ausschlaggebend für die Entwicklung war die Atomkraft-

---

1 Vgl. die grundlegenden Sammelbände: *Applied Ethics, The Monist* 67, 4 (1984); *New Directions in Ethics. The Challenge of Applied Ethics*, ed. by R. M. Fox and J. P. De Marco, New York, London 1986; *Applied Ethics*, ed. by P. Singer, Oxford 1986; *The Turn to Applied Ethics*, ed. by R. Heeger and T. van Willigenburg, Kampen 1993 und die von K. Bayertz 1991 und 1996 herausgegebenen Sammelbände. Zur Kritik an der Abstraktheit traditioneller Ethik vgl. im Kontext von »applied ethics« A. R. Jonson/S. Toulmin [1988].

2 T. Nagel [1984], S. 12. Vgl. W. Ruddick [1980]. Die Folge dieser Politisierung wurde unter anderem in einer Reihe neu gegründeter Zeitschriften (als wichtigste: *Philosophy and Public Affairs*) und Institute sichtbar. »Philosophers founded the Hastings Institute of Society, Ethics, and the Life Sciences in 1969, the Center of Philosophy and Public Policy (in Washington) in 1976; the Center of Business Ethics (Waltam, Massachusetts) in 1976, and the Center for the Study of Values at the University of Delaware in 1977« (W. Ruddick [1980], S. 736). Vgl. M. Kettner [1992a], S. 10f. Vgl. in diesem Zusammenhang die Bemerkungen von K. P. Rippe [1995] zu dem Verhältnis von Bioethik und Bürgerrechtsbewegung in den USA.
J. D. Moreno [1996], S. 188, vermutet in dem Mißlingen der angelsächsischen Metaethik die Ursache für das Aufkommen der Angewandten Ethik. »Letzten Endes war es gerade das Bemühen, eine analytische oder ›Metaethik‹ zu entwickeln, die zwischen den moralischen Theorien entscheiden sollte, das schließlich in den sechziger Jahren zu der wohlbekannten Unergiebigkeit der anglo-amerikanischen Moralphilosophie führte. Diese Umstände schließlich ließen die angewandte Ethik und eine erneutes Interesse an normativen Fragen entstehen.« Vgl. ähnlich J. Nida-Rümelin [1996b], S. 140: »Die politische Ethik wird zum Pionier bei der systematischen Rekonstruktion der praktischen Philosophie und speziell der normativen Ethik mit ihren einzelnen Anwendungsfeldern in den Bereichsethiken. Ein weites Spektrum von Themen der angewandten Ethik läßt sich unter politische Ethik subsumieren.«

3 Vgl. die an das damalige bundesdeutsche Forschungs- und Wissenschaftsministerium gerichteten Überlegungen zur Einrichtung eines Instituts für Praktische Ethik aus dem Jahre 1988 von C. Fehige/G. Meggle [1989], S. 32f.: »Diese Disziplin auch bei uns zu etablieren ist ein *forschungspolitisches* Desiderat. Deutsche Veröffentlichungen zur Praktischen Ethik betreffen bislang allenfalls einzelne Teilgebiete, z. B. die Wissenschaftsethik. Zumindest in dem analytisch ausgerichteten Teil

diskussion der 70er und 80er Jahre.[4] Seither wurden eine Fülle von Einzeluntersu-chungen zu den Bereichen Technikethik, Wissenschaftsethik (Bioethik, Genethik etc.), Ethik »angewandter« Wissenschaften (z. B. Ingenieurethik) und Ethikkodizes veröf-fentlicht.[5] Demgegenüber ist ein methodologisches Interesse an der Disziplin »Ange-wandte Ethik« beziehungsweise »Praktische Ethik« kaum festzustellen. C. Fehige und G. Meggle nennen fünf Gründe für das Desinteresse an Praktischer Ethik im Sinne ei-ner institutionalisierten, rationalen Auseinandersetzung mit praxisrelevanten Fragen in der Gesellschaft: 1) Die Idee eines wertfreien Staates verdrängt Wertentscheidungen in die Privatsphäre;[6] 2) auf der gleichen Linie befindet sich das Argument von der Dichotomie von Zweck- und Wertrationalität, das heißt dem prinzipiellen Zweifel an der Wissenschaftsfähigkeit von Wertaussagen;[7] 3) erst nach der Klärung von Grundla-genfragen sind Konkretionen im Sinne der Anwendung möglich; 4) zudem bestehen Zweifel daran, daß eine öffentliche Trägerschaft auch die nötige Unabhängigkeit si-cherstellen könne[8] und schließlich 5) die politische Dimension ins Auge fassend, das Argument,»die nüchterne Untersuchung bestimmter Fragen [könnte] auch den Inter-essen verschiedener Kräfte im Staat entgegenlaufen«.[9]

---

der internationalen Diskussion ist die deutsche Diskussion noch nicht integriert. Einige der hierzu gelegentlich gemachten Veröffentlichenden entstammen anderen Einzeldisziplinen als der Philoso-phie. Von einer deutschen Forschungsrealität auf diesem Gebiet kann im quantitativ ernstzuneh-menden Sinn mithin bislang keine Rede sein.«

4 Vgl. zusammenfassend K. M. Meyer-Abich/B. Schefold [1986]; H. Hastedt [1991], S. 9ff. Zur Be-deutung der AKW-Diskussion für die katholische Ethik und evangelische Sozialethik siehe unten.

5 W. C. Zimmerli [1988b], S. 412ff., entwickelt ein vierstufiges Modell, wie angewandte Ethik – er spricht statt dessen von einer »Ethik der Technologie« oder »prozeduralen Ethik« – zu verfahren habe. Die vier Stufen unterscheiden sich durch einen sinkenden Allgemeinheitsgrad der dort je-weils zur Sprache kommenden Handlungsoptionen. Auf der obersten Ebene stehen die allgemeinen formalen Prinzipien, wie das Universalisierungsprinzip Kants oder das Gleichheitsprinzip Mills. Darunter folgen die zeitabhängigen Prinzipien, etwa das Jonassche Prinzip des Vorrangs der schlechten Prognose. Auf der dritten Ebene kommen regionale Prinzipien zur Sprache in Form von Berufs- und Standesethiken. Auf der untersten Ebene schließlich geht es um den Begründungsge-halt in Hinsicht auf materiale Werte, wie sie etwa in den »Ethic Comittees«, die in allen großen Kliniken der Vereinigten Staaten gebildet worden sind, thematisiert werden. Vgl. auch das Dreier-schema von O. Höffe [1981], S. 14ff.

6 C. Fehige/G. Meggle [1989], S. 31. »Da ist zunächst die sich in bester aufklärerischer Tradition wähnende Konzeption des wertfreien Staates: Wertfragen seien daher keine öffentlichen und damit auch keine öffentlich zu behandelnden.«

7 C. Fehige/G. Meggle [1989], S. 32. »Die resultierende Dichotomisierung von Werten und Fakten ist heute ein von unseren Wissenschaftsgebieten durchgängig akzeptiertes Dogma.«

8 C. Fehige/G. Meggle [1989], S. 34f.

9 C. Fehige/G. Meggle [1989], S. 35.
Die hier vorgebrachten Argumente, die noch erweitert werden könnten um solche philosophiege-schichtlicher Art, sind aber nicht die einzige Erklärung für die Lage der Praktischen Ethik in Deutschland. Eine wichtige Rolle spielt daneben auch – gerade auch von einem ihrer Hauptprotago-nisten, dem Philosophen G. Meggle, maßgeblich provozierte – Art und Weise ihres Auftretens. Der Ausdruck »Praktische Ethik« wurde und wird häufig mit dem Philosophen P. Singer in Verbindung gebracht, dessen 1979 erschienene und 1984 ins Deutsche übersetzte Ethik jenen Titel trägt. Nach-dem das Buch einige Jahre relativ unbeachtet blieb, entbrannte in den ausgehenden 80er Jahren ei-ne heftige Diskussion über die dort vorgetragenen Überlegungen zur Euthanasie. Vgl. dazu vor al-lem den 1991 von R. Hegselmann und R. Merkel herausgegebenen Sammelband, eine kurze Chro-

P. Singer beginnt das erste Kapitel seines Buches »Praktische Ethik« mit der Bemerkung:»Dieses Buch handelt von der praktischen Ethik, das heißt der Anwendung der Ethik oder Moral – ich werde die Wörter so verwenden, daß sie austauschbar sind – auf praktische Probleme«.[10] G. Meggle betont den rationalen Charakter der Auseinandersetzung mit praxisrelevanten moralischen Fragen und formuliert das Interesse Angewandter Ethik als das Erreichen dessen, »was unter den gegebenen Bedingungen und in den gegebenen Handlungssituationen das Beste ist – kurz das Bestmögliche«.[11] K. Bayertz hebt den Aspekt der Problembezogenheit Angewandter Ethik hervor:»Sie konstruiert keine hypothetischen Beispiele zur Illustration einer ethischen Theorie, sondern greift öffentliche Probleme der gegenwärtigen Gesellschaft auf, die auch aus außertheoretischen Gründen ›interessant‹ und wichtig sind. Ihr Ziel ist es, die moralischen Aspekte dieser Probleme zu analysieren und das begriffliche und theoretische Instrumentarium der Moralphilosophie für ihre Lösung fruchtbar zu machen.«[12] Dabei verlangt Angewandte Ethik eine hohe analytische Kompetenz hinsichtlich dreier, ihr zugerechneter Aufgabenbereiche: 1) der schon genannte Aspekt der »Erzeugung«[13] moralischer Probleme durch die Problemorientiertheit; 2) die Analyse von Schlüsselbegriffen und ihrer strategischen Funktion im Hinblick auf ihre normativen Gehalte und schließlich 3) die kritische Prüfung der Rationalitätsansprüche gängiger Positionen und Argumente.[14] Die vermittelnde Aufgabe von Angewandter Ethik hebt B. H. F. Taureck hervor:»Das Selbstverständnis der Angewandten Ethik ist theoretisch und praktisch zugleich: Als Theorie beansprucht sie, die von der herkömmlichen Ethik vernachlässigte Anwendung erstmals systematisch zu erschließen. Als Praxis stellt sie sich als eine Hilfe dar, die speziellen moralischen Praktiken im Bereich der Medizin, der Rechtsprechung, des Militärwesens usw. Anschluß an allgemeine moralische Regeln verschafft.«[15] Schließlich definiert der katholische Theologe K. Steigleder Angewandte Ethik im Hinblick auf ihr moralisches Ziel:»Unter angewandter Ethik soll im folgenden das theoretische Unterfangen verstanden werden, konkrete Handlungskon-

---

nologie der Diskussionen und Ereignisse in dem Bericht von P. Moser [1990], sowie den 1993 erschienen Aufsatz von W. Lienemann. Diese negativen Assoziationen werden verstärkt durch den Tatbestand, daß gerade G. Meggle öffentlich als vehementester Apologet der Singerschen Thesen aufgetreten ist (vgl. P. Moser [1991]). Die Euthanasiedebatte dient Meggle dabei durchaus als Modellfall Praktischer Ethik (vgl. G. Meggle/K. P. Rippe/U. Wessels [1992], S. 9). Unter seiner Ägide erschien 1992 der »Almanach der Praktischen Ethik«, im Rahmen des vom damaligen Bundesministerium für Forschung und Technologie geförderten Projekts »Praktische Ethik in Deutschland – ihre inhaltlichen und institutionellen Perspektiven«. Gegen eine Gleichsetzung von Angewandter Ethik und Euthanasiediskussion oder Utilitarismus wendet sich M. Kettner [1992a] , S. 11, Anm. 4.

10 P. Singer [1984], S. 9.

11 G. Meggle/K. P. Rippe/U. Wessels [1992], S. 9.

12 K. Bayertz [1991], S. 23.

13 »Erzeugung« soll hier nicht auf ein kausales Hervorbringen verweisen, sondern auf eine spezifische Weise der Wahrnehmung, durch die etwas in einer bestimmten – für sie typischen – Weise ins Bewußtsein kommt.

14 K. Bayertz [1991], S. 44.

15 B. H. F. Taureck [1992], S. 157.

stellationen und -möglichkeiten unter den Gesichtspunkten ihrer (sittlichen) Richtigkeit oder Falschheit zu beurteilen, Alternativen gegeneinander abzuwägen, unter Umständen aber auch anzuregen und zu entwerfen. Das Ziel ist dabei, eine Praxis zu erreichen, die den Menschen nicht schädigt, vielmehr ihn gelingen läßt.«[16]

1.2 Angewandte Ethik als Kasuistik

Das Thema Praktischer Ethik, die Anwendung allgemeiner Prinzipien auf konkrete Fälle, hat Kant in seiner *Kritik der Urteilskraft* vorgegeben: »Urteilskraft überhaupt ist das Vermögen, das Besondere als enthalten unter dem Allgemeinen zu denken. Ist das Allgemeine (die Regel, das Prinzip, das Gesetz) gegeben, so ist die Urteilskraft, welche das Besondere darunter subsumiert, (auch, wenn sie, als transzendentale Urteilskraft, a priori die Bedingungen angibt, welchen gemäß allein unter jenem Allgemeinen subsumiert werden kann) bestimmend. Ist aber nur das Besondere gegeben, wozu sie das Allgemeine finden soll, so ist die Urteilskraft bloß reflektierend.«[17] Angewandte Ethik – im Singerschen Sinne als Anwendung verstanden – entspricht also der bestimmenden Urteilskraft Kants; ihr Vorgehen ist deduktiv. Nun zieht sich gerade die Frage nach der Anwendung ethischer Prinzipien als philosophisches Problem durch die gesamte abendländische Philosophiegeschichte. Die Aristotelische Platonkritik enthält dieses Element ebenso wie die an den Positionen von Kant und Hegel aufbrechende Diskussion um Moralität und Sittlichkeit, die sich in dem Streit zwischen den Diskursethikern im Gefolge von Apel und Habermas und den sogenannten Neoaristotelikern der Ritterschule großer Aktualität erfreut.[18] Allein die Beständigkeit, mit der die Frage in der Philosophiegeschichte auftaucht, verdeutlicht, daß eine Lösung des Anwendungsproblems Schwierigkeiten bereitet.

Kant nennt als Bedingung für die bestimmende Urteilskraft das Gegebensein des Allgemeinen. Auf ein derart vorhandenes, unkontroverses Wissen allgemeiner moralischer

---

16 K. Steigleder [1989], S. 242.

17 I. Kant, KU A XXIV, B XXVI.

18 Anstelle einer langen Literaturliste seien hier lediglich zwei Sammelbände genannt, in denen die kontroversen Positionen zum Ausdruck kommen. Die »neoaristotelische« Position wird programmatisch entfaltet in den beiden von M. Riedel herausgegebenen Sammelbänden *Rehabilitierung der Praktischen Philosophie*, die Gegenposition wird dargestellt in dem von W. Kuhlmann herausgegebenen Sammelband *Moralität und Sittlichkeit*.
Vgl. aber C. Hubig [1993], S. 65ff., dessen Kritik an dem Konzept »Angewandte Ethik« sich ausschließlich an Aristoteles und Hegel orientiert. Er nennt fünf Einwände: 1. Das »Dritter-Mensch-Argument«, mit dem Aristoteles (z. B. *Metaphysik* 990b 17, 1097b 1) – mit kritischem Blick auf die platonische Ideenlehre – deutlich macht, daß es eines dritten Prinzips bedarf, um einen Zusammenhang zwischen einer Idee (Prinzip) und der in der Realität vorkommenden Erscheinung (dem konkreten Fall) herzustellen; 2. das Interpretationsproblem der Prinzipien (vgl. Aristoteles, EN I, 1096a 22ff.); 3. das Problem konfligierender Prinzipien (vgl. Aristoteles, *Metaphysik* 991a 25, 1039b 1ff.); 4. im Anschluß an Hegels Kritik am kategorischen Imperativ, das Argument kultureller Relativität und 5. das Argument von der Dialektik der Freiheit.

Prinzipien kann sich Praktische Ethik aber gerade nicht zurückziehen.[19] Singer entledigt sich dieses Problems, indem er – wie oben bemerkt – die Begriffe »Moral« und »Ethik« synonym verwendet.[20] Nimmt er sich damit aber nicht von vornherein die Möglichkeit, das mit seiner Definition von Praktischer Ethik aufgeworfene Problem überhaupt zu erkennen? Ausgehend von der allgemein akzeptierten Vorstellung, daß Ethik als Metadisziplin von Moral letztere kritisch zu reflektieren und zu begründen habe, entledigt sich Singer nicht mit seiner Gleichsetzung jeglicher Begründungspflicht aber auch jeder Begründungsmöglichkeit? Fällt er philosophiegeschichtlich nicht in ein vorneuzeitliches Stadium von Ethik zurück, ohne aber – und hierin besteht Singers Schwierigkeit im Gegensatz zu jeder voraufklärerischen Position – auf eine normenintegrierte Gesellschaft, wie sie damals bestand, zurückgreifen zu können?[21] Erledigt

---

[19] Vgl. B. H. F. Taureck [1992], S. 167. Taureck resümiert mit Verweis auf A. C. Caplan und A. MacIntyre:»Die bisherige Angewandte Ethik unterstellt ein unkontroverses Wissen moralischer Tatsachen, um im besonderen zu lösen, was im allgemeinen unklar ist.«

[20] Daß es sich bei Singer nicht lediglich um eine terminologische Vereinbarung handelt, wird im letzten Abschnitt seines Buches *Praktische Ethik* unter der Überschrift »Warum moralisch handeln?« (M. Singer [1984], S. 273ff.) deutlich. Diese Frage »fragt«, so paraphrasiert Singer, »nach Gründen dafür, weshalb man über diese persönliche Handlungsgrundlage hinausgehen und nur nach Prinzipien handeln sollte, die man bereit wäre, zu allgemeingültigen Vorschriften zu machen« (a. a. O., S. 277). Das entscheidende Argument für eine positive Beantwortung beider Fragen besteht für Singer, in der Identifikation von Moral und Rationalität, wie sie Kant in seiner Ethik durchführt. Genau eine solche Auffassung müsse aber mit D. Hume aufgegeben werden, da sich Vernunft im Handeln auf Mittel, aber nie auf Zwecke beziehe (a. a. O., S. 281). »Im Hinblick auf das Ganze der Ethik sollten wir diesen Kantischen Begriff der Ethik aufgeben« (a. a. O., S. 287). Rationalität, im Sinne von Reflexion über Wesen und Zweck der eigenen Existenz und im Darüberhinausgehen, ist durchaus möglich, aber eben nicht zwingend. Insofern kommt Singer zum Schluß, daß die Ausgangsfrage nicht allgemein beantwortet werden kann (a. a. O., S. 298). Die Schwierigkeit besteht für Singer darin, daß »warum« in der Frage »warum moralisch handeln?« nicht im Sinne von »welche Vorteile habe ich davon?« zu verstehen ist. Genau dies scheint aber aussichtslos, wenn nicht von vornherein von einem moralischen Standpunkt ausgegangen wird. Der Schriftsteller W. Hildesheimer [1983], S. 14ff., hat das gleiche Dilemma an der Frage, ob Geben wirklich seliger sei als Nehmen, wie in der Apostelgeschichte behauptet, in unnachahmlicher Weise durchbuchstabiert. Es ist aber zu fragen, ob das Begründungsproblem mit dieser Frage überhaupt getroffen wird.

[21] H. Hastedt [1991], S. 47, hat die veränderte Situation auf den Punkt gebracht: »In der neuzeitlichen Diskussion, die sich gleichermaßen durch Descartes ›cogito, ergo sum‹ wie durch die Vertragstheorien bei Hobbes, Locke und Rousseau kennzeichnen läßt, wird die Blick- und Rechtfertigungsrichtung gegenüber der normenintegrierten Gesellschaft umgekehrt: Nicht mehr primär der Einzelne muß sich gegenüber den Normen des Kollektives rechtfertigen, sondern die kollektiven Einrichtungen müssen sich vor den Individuen in ihrer Berechtigung erweisen.« Das hat zur Konsequenz, daß gerade eine mit dem Interesse an Institutionalisierbarkeit auftretende Praktische Ethik nicht auf den Begründungsdiskurs verzichten kann. Genau der hier benannte Prozeß der Auflösung der Normenintegration und die damit entstehende Möglichkeit der Autonomisierung einzelner gesellschaftlicher Teilbereiche hat den technischen und ökonomischen Fortschritt seit dem 19. Jahrhundert möglich gemacht. Vgl. hierzu bes. N. Luhmann [1980], S. 27 sowie R. P. Sieferle [1984], S. 22: »Das entscheidende Charakteristikum des Industriesystems ist gegenüber allen anderen Hochkulturen, daß in ihm die Autonomisierung zum universellen Prinzip geworden ist.«
Vgl. in diesem Zusammenhang die Bemerkung W. Hubers in seiner schriftlichen Stellungnahme zur öffentlichen Anhörung im Bundestagsausschuß für Gesundheit zur Vorbereitung eines Transplantationsgesetzes am 28.6.1995: »Im Rahmen einer Ethik der Interessen muß nicht begründet werden, warum Lebensrechte aberkannt werden; vielmehr muß begründet werden, warum sie erhoben werden.« (W. Huber zit. n. G. Bender [1996], S. 463).

sich die Position Singers somit nicht quasi von selbst? Indem er die Bedingungen und Voraussetzungen seines Ansatzes verkennt und damit an den realen gesellschaftlichen Bedingungen vorbeiphilosophiert, leistet er einem moralischen Relativismus Vorschub.

1.3 Die Relativierung des Universalisierungsanspruchs

Zustimmung für seine Position findet Singer bei C. Fehige und G. Meggle, die aber – umgekehrt – gerade weil sie die von Singer gar nicht ins Auge gefaßte Problematik erkennen, zu einem ähnlichen Schluß kommen. Ihr Argument, daß die moralische Praxis angesichts der drängenden Probleme nicht warten könne, »bis Aristoteles, Hare, Hobbes, Hume, Kant, Moore, Platon, Putnam und Weber sich einig geworden sind«, benennt gewiß eine ernstzunehmende Schwierigkeit, und »die Erfahrung in der philosophischen Ethik, daß insgesamt erstaunlich wenige Grundlagendifferenzen auf die material-ethische Ebene durchschlagen«, mag zutreffen.[22] Die vorgetragenen Argumente werfen jedoch in dreierlei Hinsicht Fragen auf. Auf der einen Seite suggeriert die richtige Behauptung von der Inkompatibilität der ethischen Theorien die unrichtige, Ethik hätte sich im Laufe ihrer Geschichte allein damit begnügt, einem Grundlagenstreit zu huldigen. »Angewandte Ethik trägt Eulen nach Athen: Ohne Anwendungsbezüge wären die bisherigen Moralen leer und absurd gewesen.«[23] Auf der anderen Seite unter-

---

22 C. Fehige/G. Meggle [1989], S. 34. Vgl. R. Hegselmann [1991], S. 227. Hegselmann beruft sich auf den »logisch trivialen Grund, daß inkompatible Prämissenmengen zu gleichen Konsequenzen führen können«. Vgl. ebenso D. Birnbacher [1993], S. 10, der im Rahmen der Bioethik für eine Abkoppelung der »Lösung dringender moralischer Realprobleme von der Lösung akademischer Theorieprobleme« votiert: »Die Probleme, die in der Bioethik diskutiert werden, können überwiegend nicht solange warten, bis sich die Philosophen über die letzten Grundlagenfragen geeinigt haben. Da über die ersten Prinzipien bedeutend weniger Konsens besteht als über die *axiomata media*, empfiehlt es sich, den moralischen *Normen- und Anwendungsdiskurs* in der Bioethik von dem ethischen *Begründungsdiskurs* zunächst einmal abzukoppeln und die Ansprüche an die Begründungstiefe moralischer Konsense zu reduzieren.« In diesen Zusammenhang gehört schließlich auch die Diskussion um den Primat der »axiomata media« (vgl. etwa D. Horster [1995], S. 19ff. und 205ff.).

23 So B. H. F. Taureck [1992], S. 166, mit Verweis auf A. MacIntyre. In diesem Sinne auch R. Heeger [1993], S. 10: »the expression ›applied ethics‹ seems downright pleonastic«. Zudem verzichtet nicht einmal die – von den Protagonisten der angewandten Ethik am meisten gescholtene – Kantische Ethik auf eine Kasuistik. Ebenso deutlich wird die Bedeutung des Anwendungsaspektes in den jüngeren Arbeiten der an der Kantischen Moralphilosophie orientierten Universalpragmatiker. Vgl. etwa die Arbeiten K.-O. Apels zum Problem der geschichtsbezogenen Anwendung der Kommunikationsethik in Form eines »Begründungsteils B« von Ethik (zur Diskussion vgl. K.-O. Apel/M. Kettner [1992], Hg.; K. Günther [1988] und K. Ott [1996a] sowie die dort angegebene Literatur). Gerade die Genese der Apelschen Philosophie ist gekennzeichnet durch eine zunehmende Hinwendung zu praktischen Fragen. Anders als in der Praktischen Ethik, führt diese Entwicklung nicht zu einer Rehabilitierung der Urteilskraft oder praktischen Klugheit unter Aufgabe der Begründungsfrage. Vielmehr gehen die praktischen Überlegungen direkt in die Theoriebildung mit ein (vgl. in diesem Zusammenhang: K.-O. Apel [1988a]).
Gleichwohl entbehren die von Meggle gerade gegenüber der deutschsprachigen Moralphilosophie erhobenen Vorwürfe nicht einer gewissen Berechtigung. Die angelsächsische Philosophie ist praktischen Fragen gegenüber wesentlich aufgeschlossener. Ihre Kritik an den Möglichkeiten einer normativen und universalistischen Ethik und der damit erkaufte Relativismus werden sehr offen diskutiert (vgl. in diesem Zusammenhang B. H. F. Taureck [1992], S. 9f., der die Vermutung äußert, es sei beispielsweise kein Zufall, daß das im angloamerikanischen Raum sehr intensiv dis-

stellt die Behauptung, erst ein Konsens ethischer Theorien schaffe die Möglichkeit, daß Ethik praktische Relevanz erlangen oder beanspruchen könne. Diese Behauptung erscheint fragwürdig.

Das entscheidende Problem verbirgt sich hinter dem zweiten Argument von der weitreichenden Übereinstimmung divergierender Positionen auf einem niedrigeren – Meggle spricht von dem »material-ethischen« – Level. Es kann mit einem im angelsächsischen Bereich geflügelten Wort als »slippery-slope-Problem« oder als »Problem der schiefen Bahn« bezeichnet werden.[24] Das Argument von Fehige und Meggle besteht aus zwei Teilen. Neben der zutreffenden sachlichen Behauptung von der praktischen Übereinstimmung verweisen sie auf einen weiteren, moralischen Zusammenhang: »Wie es häufig unmoralisch wäre, statt zum Handeln zu kommen, beim Moralisieren zu bleiben, so wäre es häufig unmoralisch, statt zu konkreten moralischen Problemen zu kommen, bei den abstrakten zu verbleiben, wie wichtig letztere auch sein mögen.«[25] Vorausgesetzt, es wäre realistisch anzunehmen, Ethik könne jenseits jeglicher praktischer Orientierung betrieben oder es könnte ein metaethisches Kriterium der Form: »Sei erfolgreich in deiner ethischen Reflexion« begründet werden, wäre der Hinweis auf eine Verpflichtung zum moralischen Ergebnis unter Umständen tatsächlich geboten. Allerdings spricht wenig für die Plausibilität der hier ins Auge gefaßten Möglichkeiten, so daß der zweite Teil des Arguments kaum zur Stützung der vorgetragenen Forderung taugt.[26]

Was aber folgt aus der zuerstgenannten Tatsache? Angenommen, die konkurrierenden ethischen Parteien würden sich zusammensetzen und nach Lösungen für vorgegebene praktische Probleme suchen. Die Lösung bestünde darin, gemäß der Kantischen Unterscheidung, hypothetische Imperative – das heißt Regeln der Geschicklichkeit und Ratschläge der Klugheit – zu formulieren.[27] Denn die Möglichkeit ihres Gespräches würde auf dem notwendig vorausgesetzten Konsens über seinen Zweck beruhen. Die Aufgabe lautet dann: Welche Handlungen müssen gewählt und getan werden, damit dieser Zweck erreicht wird. In dieser Situation wäre die Philosophenrunde dann mit einem doppelten Dilemma konfrontiert. Einerseits müßte sie feststellen, daß bei dieser Frage weniger sie, als die Gruppe der Techniker gefragt wäre, denn einer immer noch weitverbreiteten Auffassung zufolge, besteht Technik gerade darin, für vorgegebene Zwecke die entsprechenden Mittel bereitzustellen.[28] Andererseits würde die kontro-

---

kutierte Buch von B. Williams *Ethics and the Limits of Philosophy* aus dem Jahr 1985 ins Französische, nicht aber ins Deutsche übersetzt wurde).

24 Vgl. D. Lamb [1988]. J.-C. Wolf gibt den Ausdruck in seiner Übersetzung von P. Singers Buch »Praktische Ethik« mit »schiefe Bahn« wieder.

25 C. Fehige/G. Meggle [1989], S. 34.

26 Eine andere Frage ist, welche Verantwortung oder Verpflichtung Ethikkommissionen oder andere Institutionen, die etwa durch Steuergelder finanziert werden, gegenüber der sie finanzierenden Gesellschaft haben oder eingehen.

27 Vgl. I. Kant, GMS BA 39: Hypothetische Imperative »stellen die praktische Notwendigkeit einer möglichen Handlung als Mittel zu etwas anderem, was man will (oder doch möglich ist, daß man es wolle), zu gelangen vor«.

28 Die These von der Wertneutralität der Technik bestimmte über lange Zeit die technikphilosophische Diskussion. Sie findet sich bei F. v. Ottlilienfeld [1914], S. 8f. und M. Weber [1921], S.

vers geführte Debatte um die geeigneten Mittel die Beteiligten nötigen, Wege zu finden, wie die zutagetretenden Kollisionen ausgeräumt werden können. Man würde sich wahrscheinlich darauf einigen, daß jeder die von ihm vorgeschlagene Strategie begründen solle. Das hätte aber zur Folge, daß plötzlich Einigkeit darin bestünde, daß jeder die von ihm vorgeschlagenen Mittel als gut, gerecht, vernünftig oder nützlich begründen würde. Da nun ihre jeweilige Übereinstimmung mit den eigenen Kriterien die Philosophen nicht darüber hinwegtäuscht, daß sie in den Konsequenzen uneinig sind, würde als nächstes die Frage auftauchen, warum denn der einzelne meint, daß seine Strategie gut, gerecht usw. sei. Kurz darauf würde die Sitzung auf unbestimmte Zeit vertagt.[29]

Fehige und Meggle erliegen einem doppelten Irrtum. Einerseits verkennen sie die Eigenarten ethischer Fragestellungen – etwa im Gegensatz zu pragmatischen oder technischen –, auf der anderen Seite übersehen sie, wie ethische und moralische Konflikte überhaupt zustande kommen. Der Konsens der Philosophenrunde reicht so weit, wie es – nach Kant – um »technische Imperative« oder »Imperative der Geschicklichkeit« geht, also um solche, für die gilt: »Ob ein Zweck vernünftig oder gut sei, davon ist hier gar nicht die Frage, sondern nur, was man tun müsse, ihn zu erreichen.«[30] Auf der einen Seite scheint das Argument einem Reduktionismus Vorschub zu leisten. Wenn im Hinblick auf die Begründung einer Vorgehensweise behauptet wird, in praktischen Fragen bestünde im wesentlichen Übereinstimmung zwischen ansonsten unvereinbar nebeneinander stehenden ethischen Theorien, mit anderen Worten wenn es für die Lösung praktischer Fragen faktisch unerheblich sei, welche ethische Position von den an der Lösung Beteiligten vertreten werde, stellt sich die Frage, ob auf Ethik somit nicht ganz verzichtet werden könne.[31] Und da die Aussichten, daß die genannten Koryphäen

---

32, genauso wie bei K. Jaspers [1949], etwa S. 149, 153, 161 und K. Tuchel [1968], S. 582: »Technik ist der Begriff für alle Gegenstände, Verfahren und Systeme, die zur Erfüllung individueller oder gesellschaftlicher Bedürfnisse aufgrund schöpferischer Konstruktion geschaffen werden, durch definierbare Funktionen bestimmten Zwecken dienen und insgesamt eine weltgestaltende Wirkung haben.« Vgl. dazu kritisch den schon klassischen Aufsatz von K. Hübner [1968] und zuletzt G. Ropohl [1996a].

29 Vgl. zu diesem Problem die Erfahrungen der Mitglieder einer amerikanischen Ethikkommission, von denen A. R. Jonson/S. Toulmin [1988], S. 18ff., berichten: »Members of the commission were largely in agreement about their specific practical recommendations; they agreed what it was they agreed about; but the one thing they could not agree on was *why* they agreed about it.« (A. a. O., S. 18). Vgl. auch A. MacIntyre [1984]; ders. [1987], S. 15ff.; L. R. Tancredi [1996] sowie J. D. Moreno [1996].

30 I. Kant, GMS BA 39ff.
   C. Hubig [1993a], S. 16f., unterscheidet zwischen drei Strategien in der gegenwärtigen wissenschafts- und technikethischen Diskussion: 1. Strategien der *Immunisierung der Wissenschaft/Politisierung der Technik*«, 2. Strategien der *Autonomisierung der Wissenschaft/Wissenschaftskontrolle über die Technik*« und 3. »*pragmatische Strategien*«. Letztere bergen nun die Gefahr, »daß Wissenschafts- und Technikethik ersetzt werden von einer Systemtheorie der Wissensproduktion. An die Stelle einer Ethik der Entscheidungen tritt dann eine Operationalisierung der Entscheidungsfindung unter den funktionalen Erfordernissen der Systeme.«

31 Ein Beleg für den hier drohenden Auflösungsprozeß liefert die Skizze von R. Hegselmann [1991], für »eine Art *Minimal-Ideal*« des »*vernünftige[n] Reden[s] über moralische Probleme*« (a. a. O., S. 221). Ganz in Übereinstimmung mit G. Meggle argumentiert er: »Moralische Orientierungen können als ganze genommen miteinander unvereinbar sein, während es zugleich eine nichtleere

der Philosophiegeschichte irgendwann Einigkeit erzielen, eher gering zu veranschlagen sind, wird das Ansinnen, auf die Relevanz ethischer Grundlagen-Theorien vorerst verzichten zu müssen, damit nicht zum *status confessionis* erhoben? Genaugenommen: kommt der Hinweis auf das Funktionieren der Zusammenarbeit in praktischer Hinsicht – verbunden mit dem Diktum vom Primat praktischer Fragen gegenüber Begründungsfragen – nicht bereits einer Verabschiedung von der ethischen Fragestellung gleich?[32]

Auf der anderen Seite scheinen Fehige und Meggle hinsichtlich der Frage, wie moralische und ethische Probleme zustande kommen, eine reduktionistische Position zu vertreten. »Tatsächlich läßt sich,« wie J. Nida-Rümelin feststellt, »ein Gutteil vermeintlicher Wertdifferenzierungen auf divergierende Überzeugungen in empirischen Fragen zurückführen.«[33] Darüberhinaus ist zu vermuten, »daß viele ungelöste Streitfragen der zeitgenössischen Ethik Ausdruck der hohen und in einem gewissen Ausmaß irreduziblen Komplexität unseres normativen Überzeugungssystems sind.«[34] Vor diesem Hin-

---

Schnittmenge von Prämissen gibt, die hinreichend ist, ein aktuelles moralisches Problem zu lösen. Der Rückgriff auf solche neutralen Prämissen läuft unter Umständen darauf hinaus, auf eine religiöse Begründung moralischer Bewertungen und Orientierungen zu verzichten, da der christliche Offenbarungsglaube von sehr vielen (und dies auch mit vielen guten Gründen) nicht geteilt wird. Moralische Orientierungen, für die im Rahmen der Strategie ›Argumentation auf der Basis neutraler Prämissen‹ argumentiert werden können soll, müßten also für Christen und Nicht-Christen gleichermaßen akzeptabel sein. Die Annahmen hätten daher säkular zu sein, um überhaupt intersubjektiv gelten zu können« (a. a. O., S. 227f.).

Hegselmann reduziert hier ethische Grundsatzfragen auf die »Strategie ›Argumentation auf der Basis neutraler Prämissen‹«. Dem Autor unterlaufen dabei zwei sehr grundlegende Fehler. Sein Begriff der »neutralen Prämissen« wendet sich vor allem gegen eine christliche Moralbegründung. Seine Skepsis ihr gegenüber ist vor dem Hintergrund des bestehenden Moralpluralismus berechtigt, insofern er dabei ihre Exklusivität im Blick hat (vgl. dazu E. Tugendhat [1993], S. 54). In jedem Fall sind seine Folgerungen daraus unplausibel. Auf der anderen Seite erkennt er nicht den Sinn von Prämissen. Tugendhat [1993], S. 66, macht gegen eine solche an Lessing orientierte Position geltend: »[...] wenn ein Glaube für die Moral wesentlich sein soll, schließt er andere religiöse und einen nichtreligiösen Zugang aus. Wenn es ein allen Glauben gemeinsames Fundament gäbe, wäre dieses entscheidend und gerade nicht der Glaube« (vgl. dazu auch M. Honecker [1980] und die kritischen Anmerkungen dazu bei A. Rich [1984], S. 169ff.). Auf der anderen Seite kann Hegselmann nicht den Exklusivitätsanspruch der einen Position kritisieren, um dann einen neuen zu behaupten. Man kann eben »auch mit vielen guten Gründen« daran zweifeln, ob »neutrale Prämissen« für eine Begründung von Moral taugen, beziehungsweise noch grundsätzlicher fragen, was mit solchen Prämissen überhaupt gemeint sein könnte. Hier unterläuft dem Autor der zweite Argumentationsfehler, indem er schlicht übersieht, daß die Forderung nach einer *Strategie* »Argumentation auf der Basis neutraler Prämissen« nicht mit ihrer Begründung gleichzusetzen ist. Strategien gehören auf die pragmatische Ebene, das heißt sie stehen ganz am Ende des ethischen Diskurses und nicht am Anfang, wo Hegselmann sie postiert. Die einzige Begründung für diese Metanorm liefert seine Kritik an einer christlichen Moralbegründung. Diese wiederum ist aber nur möglich, weil er seine Metanorm bereits voraussetzt.

32 Es soll hier nicht behauptet werden, Meggle habe diese Entwicklung im Sinn. Im gleichen Abschnitt betont er ausdrücklich die Bedeutung der ethischen Praxis für die Lösung von Grundsatzproblemen. Wir haben aber von einem »slippery-slope-Problem« gesprochen, das heißt es sollte angedeutet werden, wohin eine derartige Argumentation führen kann.

33 J. Nida-Rümelin [1996a], S. 59. Hinzu treten »Divergenzen in der Einschätzung der Anwendungsbedingungen der mittleren moralischen Regeln [...] wobei dieser Dissens meist weniger theoretischer als empirischer Natur ist« (a. a. O., S. 60).

34 J. Nida-Rümelin [1996a], S. 45.

tergrund erscheint das methodische Vorgehen von Fehige und Meggle angemessen. Es macht Sinn, angesichts jener unauflösbaren Komplexität das Rasiermesser anzusetzen, um Wesentliches von Irrelevantem in einem jeweiligen Kontext zu trennen.

Schwierigkeiten bereitet dagegen die dieser Vorgehensweise inhärente Tendenz, moralische Fragen auf empirische oder Sachfragen reduzieren zu wollen. Nida-Rümelin spricht dann auch offen aus, was Fehige und Meggle unausgesprochen zu unterstellen scheinen: »Konflikte zwischen moralischen Überzeugungen treten jedoch häufig erst im Verlaufe der Theoriebildung auf, da diese moralische Überzeugungen in Beziehung setzt, die vordem unvermittelt nebeneinander standen.«[35] Ethik selbst – als Theoriebildung – wird hier offenbar zum Auslöser moralischer Probleme. Diese Behauptung ist falsch oder richtig, je nachdem ob theoretische und praktische Fragen von Ethik als disjunkte Klassen aufgefaßt werden oder nicht. Fehige und Meggle ziehen eine solche scharfe Trennlinie; Nida-Rümelin spricht zwar im gleichen Absatz von einem »Kontinuum« zwischen theoretischen und Anwendungsfragen, gleichzeitig siedelt er hier die Theoriebildung den moralischen »Intuitionen« oder »moralischen Überzeugungen« gegenüber an. Vor dem Hintergrund dieser Konstellation ist das obige Zitat von Nida-Rümelin zumindest unpräzise formuliert. Es ist schlichtweg falsch, zu behaupten, Konflikte seien das Produkt ethischer Theoriebildung. Sie treten nicht zuallererst dort auf, sondern werden höchstens erst in diesem Rahmen sichtbar. Daß es – wie Nida-Rümelin richtig bemerkt – Ethik ohne Anwendung nicht geben kann impliziert, daß konkrete Situationen oder Fälle den Anlaß für theoretische Reflexion bilden. Der Konflikt auf der Theorieebene ist das Resultat der Analyse des konkreten Falles.

Es ist aber auch eine andere Interpretation denkbar, die andere Äußerungen des Autors nahelegen. Grundsätzlich geht es ihm um den Nachweis der Einheit von Anwendung und Theoriebildung in der Ethik. Die Basis, »unsere moralischen Intuitionen, bild[en] das Material, aus dem das Gesamt der moralischen Urteilsfähigkeit entwickelt werden muß.« Und gegen einen traditionellen Intuitionismus gewandt, fährt Nida-Rümelin fort: »Unsere moralischen Intuitionen sind selbst theoriebeladen, wandlungsfähig und in vielen Fällen widersprüchlich.«[36] Vor diesem Hintergrund erhält das obige Zitat von den Konflikten auf der Theorieebene eine andere Pointe. Der Konflikt ist kein nachträglicher, jenseits unserer alltäglichen moralischen Überzeugungen angesiedelter, sondern entspringt der Notwendigkeit, unsere komplexen und heterogenen moralischen »Intuitionen« zu strukturieren, das heißt miteinander in Übereinstimmung zu bringen. Diese Aufgabe ist weder prinzipieller Natur, noch kann sie ein für allemal gelöst werden. In unseren moralischen Überzeugungen sind – so können wir aus einer

---

35 J. Nida-Rümelin [1996a], S. 61.

36 J. Nida-Rümelin [1996a], S. 60. Vgl. S. 42. Für den Autor ist das Prädikat »theoretisch« kein »klassifikatorischer, sondern ein gradueller Begriff«. »Wissenschaftliche Theorien spielen für unser Alltagswissen nur eine untergeordnete Rolle. Daraus darf man allerdings nicht schließen, daß unser Alltagswissen theoriefrei ist. Ein theoriefreies Überzeugungssystem bestünde aus isolierten Propositionen. Tatsächlich sind auch unsere Alltagsüberzeugungen in ein komplexes Netz von wechselseitigen Abhängigkeiten eingebettet. […] Je höher das Maß an Verknüpfung und je geringer die Anzahl der Gesetzeshypothesen und Grundbegriffe ist, die für die Systematisierung eines Überzeugungssystems verwendet werden, desto stärker ist sein theoretischer Charakter.«

hermeneutischen Perspektive formulieren – die Antworten auf jene Fragen bereits eingebettet. Wie uns unsere Antworten als Antworten nur bewußt sind, sofern wir die Frage kennen (oder uns vorstellen), genauso werden uns unsere moralischen Überzeugungen in der Regel nur dann bewußt, wenn sie explizit in einer Situation gefordert sind. Der moralische Konflikt ist das Produkt ethischer Reflexion, herausgefordert durch die konkrete Situation. In diesem Sinne betont E. Tugendhat: »Es ist ein Grundfehler der geläufigen Ethiken, daß sie als moralischen Grundkonflikt immer nur den zwischen demjenigen sehen, der sich moralisch verstehen will, und demjenigen, der sich nicht so verstehen will (dem ›Egoisten‹). Der eigentliche Grundkonflikt, in dem wir heute stehen, ist derjenige, der zwischen den verschiedenen Moralkonzepten selbst besteht. Ein Moralkonzept zu begründen heißt also nicht nur, es gegenüber dem Egoisten zu begründen, sondern vor allem: es gegenüber den anderen Moralkonzepten zu begründen.«[37]

C. Fehige und G. Meggle verkennen genau jenen Zusammenhang und übersehen damit zweierlei: Erstens entstehen die von ihnen ins Auge gefaßten Probleme in der Regel dort, wo Menschen gerade nicht einer Meinung sind oder wo ein einzelner auf Inkohärenzen innerhalb seines Systems moralischer Überzeugungen stößt, die für eine konkrete Situation relevant sind, wo es also zu Kollisionen zwischen einzelnen moralischen Normen, Regeln oder Maximen kommt. Zweitens finden Menschen Probleme nicht einfach vor.[38] Es gibt nicht Probleme wie Stühle und Kaffeetassen. Probleme sind Konstrukte und bilden mehrstellige Relationen. Ein Gegenstand oder Ereignis – als Objekt der phänomenalen Wahrnehmung – wird in Beziehung gesetzt zu bestimmten normativen Orientierungen und Annahmen, vor deren Hintergrund sich der Gegenstand beziehungsweise das Ereignis überhaupt erst als Problem zeigt und darüber hinaus als ein spezifisches Problem zu erkennen gibt. Umgekehrt verweist damit ein Objekt als problematisches auf diejenigen Annahmen, die es als ein solches ausweisen. Ein moralisches Problem setzt also immer schon allgemeine moralische Überzeugungen voraus.[39]

Die Argumentation von Fehige und Meggle führt in ein zweifaches Dilemma. Die Quintessenz aus unserem Szenarium lautete: Ethische Diskurse vor dem Hintergrund eines Konsenses auf der »material-ethischen« Ebene funktionieren, solange eben Konsens besteht. Aber worin sollte eine solche Übereinstimmung bestehen? Was ist mit dem Ausdruck »Konsens auf der material-ethischen Ebene« gemeint? Besteht er hinsichtlich einer spezifischen Problemwahrnehmung, bestimmter normativer Mindeststandards oder allgemein akzeptierter Kriterien zur Bestimmung dessen, was als Diskursergebnis gelten darf?[40]

---

37 E. Tugendhat [1993], S. 26f.

38 Zum Problembegriff siehe den Abschnitt II 3.

39 Vgl. J. Bayertz [1991], S. 18.

40 Vgl. J. D. Moreno [1996], cp. IV, der zwischen drei Möglichkeiten inhaltlicher Konsense unterscheidet: einem Konsens in bezug auf Einzelfälle, Prinzipien und moralische Theorien.

Ein Blick auf aktuelle Untersuchungen zum moralischen Konsensprinzip in medizinischen Ethikkommissionen ist an dieser Stelle hilfreich. Zunächst läßt sich die Behauptung von Fehige und Meggle auch umkehren:»Der Konsens über Prinzipien, obwohl er im allgemeinen eine starke moralische Kohäsion unter Gruppenmitgliedern widerspiegelt,« garantiert nicht notwendigerweise »den Konsens auf einer praktischen Ebene. Zuallererst, selbst wenn eine Berufsgruppe eine gemeinsame und ihre Tätigkeit lenkende Reihe von Prinzipien anerkennt, so können diese doch in verschiedenartiger Weise interpretiert werden, sobald sie auf die spezifischen Umstände eines Falles angewendet werden.«[41] Wenn also nicht einmal die Übereinstimmung hinsichtlich übergeordneter Prinzipien den Konsens auf der praktischen Ebene garantieren kann, spricht noch weniger für sein Zustandekommen bei dem Verzicht auf einen solchen Rückgriff.

Ein auf den ersten Blick unproblematisch herzustellender – weil nicht an ethische Prinzipien rückverwiesener – Konsens in moralischen Diskursen scheint bei hypothetischen Fällen der Art:»Wenn die Fakten so und so sind, dann sollte dieses und jenes getan werden«[42] möglich. Nun zeigen diverse Beobachtungen von Ethikkommissionen sowie systematische Überlegungen, daß viele moralische Kontroversen ihre Ursache gerade in »der Uneindeutigkeit der empirischen Sachlage« haben.[43] Dieser Befund schränkt die Behauptung von der Übereinstimmung auf niedrigerer Ebene weiter ein. Selbst wenn ein Konsens im Sinne allgemein akzeptierter »Reaktionsschemata« bestünde,

---

41 S. Novaes [1996], S. 239. Die Autorin berichtet über ihre Erfahrungen als unbeteiligte Beobachterin der Arbeitssitzungen des Genetischen Beirats der Französischen Föderation der CECOS-Samenbanken. Dieses Netzwerk von 20 autonomen und gemeinnützigen Samenbanken gründete den – aus CECOS-Ärzten, klinischen Genetikern der CECOS und unabhängigen Genetikern bestehenden – Genetischen Beirat und die CECOS-Ethik-und-Deontologie-Kommission, der Ärzte und Psychologen angehören. Die Aufgabe beider Gremien besteht darin, strittige Fragen der künstlichen Befruchtung mit Fremdsamen zu diskutieren und praktische Lösungen zu erarbeiten. Probleme ergaben sich besonders hinsichtlich des genetischen »Screening« von Spendern und der Überprüfung der Stichhaltigkeit von genetischen Indikationen für die Fremdbefruchtung.
Eine gravierendes Problem betrifft den Fall, in dem die Fremdbefruchtung aus genetischen Gründen kontraindiziert erscheint, etwa weil bei Spender wie Empfängerin der gleiche akkumulative Risikofaktor vorliegt, oder weil aufgrund eines »Screening« bei der Empfängerin festgestellt wird, daß diese eine schwerwiegende gentisch determinierte Erkrankung auf ihre Nachkommen übertragen könnte. Kann ein Arzt einem unfruchtbaren Paar aus diesem Grund eine Fremdbefruchtung mit gutem Recht verweigern? Allgemeiner: Wer trägt das Risiko eines solchen Ergebnisses: der Arzt, das Empfänger-Paar oder die Frau? (Vgl. a. a. O., S. 250ff.) Bisher ist die Kommission in diesen Fragen noch zu keinem abschließenden Ergebnis gekommen. »Das zeigt jedoch, daß ein tiefer Konsens über die Prinzipien, die die berufliche Tätigkeit eines Arztes leiten, für die Lösung von Problemen, die mit einem medizinischen Verfahren verbunden sind, nicht ausreichend ist, im besonderen wenn das Ergebnis des Verfahrens die Geburt eines Kindes ist. Denn letzten Endes dreht sich die Kontroverse über die beste Art des Handelns und über die wahre Definition des Ausmaßes und der Grenzen medizinischer Verantwortung um ein unentscheidbares Dilemma: Wer von beiden, der Arzt oder das Paar, hat den größeren Nutzen für das ungeborene Kind im Sinn, wenn er über eine Handlungsweise entscheidet?« (A. a. O., S. 252). S. Novaes kommt zu dem Schluß:»Die Erfahrung des Genetischen Beirates von CECOS legt es deshalb auch nahe, daß das Streben nach Konsens letzten Endes die Neudefinition einer ethischen Einstellung für Ärzte umfasse wird, die in Form einer mit den anderen Protagonisten geteilten Verantwortung für das Ergebnis eines Reproduktionsverfahrens konstruiert.«
42 M. G. Singer [1975], S. 387.
43 K. Bayertz [1996], S. 21.

wäre damit keineswegs sichergestellt, daß auch Übereinstimmung hergestellt werden könnte hinsichtlich der Fakten, die jene allgemein akzeptierte Handlungsweise nach sich ziehen würde.

Noch schwieriger gestaltet sich das Problem der Konsensfindung in Zusammenhängen, die kaum ohne Bezug auf ethische Prinzipien hergestellt werden können. Welche Möglichkeiten bestehen – ohne einen solchen Rückgriff – beispielsweise, um Kriterien dafür angeben zu können, wann ein Diskussionsstand ein Ergebnis im Sinne eines Konsenses darstellt? Zunächst hat J. D. Moreno darauf hingewiesen, daß der Begriff »Konsens« zur Bezeichnung des Ergebnisses der Arbeit von Ethikkommissionen mindestens dreierlei Bedeutungen zuläßt: 1. »die positive Ansicht aller oder praktisch aller einzelnen Kommissionsmitglieder; 2. »das Produkt eines Bemühens, die Ansichten aller oder praktisch aller Kommissionsmitglieder wechselseitig aufeinander abzustimmen« oder 3. »ein Versuch von seiten der Kommissionsmitglieder, das wiederzugeben, was alle oder praktisch alle von ihnen meinen, daß es für die maßgebliche größere Gemeinschaft moralisch akzeptierbar wäre.«[44] Welcher Konsens soll angestrebt werden?

Und weiter: Wie kann ein Konsens erreicht werden? Soll diese Frage – im Sinne der reduktionistischen Position von Fehige und Meggle – nicht selbst Gegenstand des Diskurses werden, bliebe wohl kaum eine andere Möglichkeit als die Wahl einer neutralen Prozedur: Denkbar wären Entscheidungen per Losverfahren, mit Hilfe von Würfeln oder einer Roulettekugel. Wird – aus verständlichen Gründen – auf ein solches Verfahren verzichtet, könnte auf ein anderes, allgemein anerkanntes ausgewichen werden: den Mehrheitsentscheid. K. Bayertz hat gezeigt, daß die Idee des moralischen Konsenses »eine Übertragung des Demokratieprinzips auf die Ethik« darstellt.[45] Damit ist aber nicht zugleich gesagt, moralische Normen könnten durch Mehrheitsbeschlüsse legitimiert werden. Demokratisches Majoritätsprinzip und *consensus omnium* müssen streng unterschieden werden. Politische Entscheidungen betreffen die soziale Seite des Individuums, moralische Entscheidungen dagegen seine moralische Identität. »Die moralische Autonomie des Individuums kann auch durch Abstimmungsmehrheiten nicht außer Kraft gesetzt werden.«[46] Wenn aber sowohl Losentscheid als auch Mehrheitsbeschluß als Entscheidungsverfahren unbrauchbar sind, weil sie der »moralischen Autonomie des Menschen« und der »menschlichen Selbstbestimmung« zuwiderlaufen, dann

---

44 J. D. Moreno [1996], S. 195.

45 K. Bayertz [1996b], S. 66: »Wie der politische Kontraktualismus auf die Delegitimierung des autokratischen Herrschaftsprinzips zielt, so richten sich die ethischen Konsenstheorien gegen die heteronome Moral.«

46 K. Bayertz [1996b], S. 68: »In diesem Sinne ist die Autonomie der Demokratie übergeordnet und das moralische Konsensprinzip *gegen* das politische Mehrheitsprinzip gerichtet. Die ethischen Konsenstheorien knüpfen zwar an den politischen Kontraktualismus an; indem sie aber die Geltung moralischer Prinzipien, Normen und Rechte nicht an Mehrheiten, sonden an den *Konsens* binden, insistieren sie auf einer qualitativen Differenz von Moral und Politik.«

entpuppt sich allein schon die Frage nach dem Verfahren für eine Konsensfindung als eine Frage der Moral.[47]

Sollen all diese Fragen – und diese Reihe ließe sich umfangreich ergänzen – als Themen Angewandter Ethik ausgespart werden, bleiben zwei Alternativen: entweder der vorausgesetzte Konsens hinsichtlich all dieser Fragen oder die Unterstellung, auf all das könne verzichtet werden, solange nur das Problem klar vor Augen ist. Die erste Variante führt zu einer absurden Konsequenz: Solange man sich einig ist, kann diskutiert werden, aber es ist nicht einsichtig, worüber geredet werden sollte. Gibt es tatsächlich Diskussionsbedarf, weil Dissens herrscht, kann nicht mehr geredet werden, weil eben die Diskussionsvoraussetzung – der Konsens – nicht mehr gegeben ist. Bezieht sich der Konsens dagegen ausschließlich auf die Übereinstimmung hinsichtlich der Problemwahrnehmung und also auf die Meinung, aufgrund der Brisanz der Lage auf ethische Übereinstimmung – und in der Konsequenz, wie gezeigt, auf die Relevanz von Ethik – verzichten zu müssen, verschwindet damit dasjenige, um dessentwillen auf den Konsens verzichtet wird: das Problem.[48] Wenn aber – was unbestreitbar ist – Probleme bestehen, dann führt der Verzicht auf ethische Reflexion zu der Konsequenz, die in der Problemartikulation implizit enthaltene Moral kritiklos zu übernehmen.[49] Betont also die anthropologische Bestimmung, daß der Mensch zur Entscheidung und zum Handeln verdammt ist,[50] nicht gerade die Notwendigkeit von Ethik und nicht ihre Entbehrlichkeit? Mit der faktischen Nivellierung der Differenzen ethischer Theoriebildung rücken Fehige und Meggle in die Nähe der Position Singers, mit dem Unterschied, daß jener – auch aufgrund seines utilitaristischen Ansatzes – das Problem nicht sieht, welches diese aus zweckrationalen Überlegungen der zumindest punktuellen Bedeutungslosigkeit beziehungsweise Beliebigkeit preisgeben.

---

47 Vgl. K. Bayertz [1996b], S. 74. Nur erwähnt werden kann das für J. D. Moreno [1996], S. 195, entscheidende philosophische Problem der »Mehrdeutigkeit des moralischen Status des Konsenses«. Dahinter verbirgt sich die epistemologische Kritik an der *moralischen Autorität* des Konsenses: »Aus dem Umstand, daß eine Anzahl von Individuen die eine oder andere Proposition für moralisch stimmig hält, [kann] die moralische Stimmigkeit dieser Proposition nicht gefolgert werden.« Diese Fragestellung geht über diejenige nach der Anwendbarkeit des Majoritätsprinzips bei moralischen Entscheidungen weit hinaus. Sie bestreitet prinzipiell die Möglichkeit einer moralischen Entscheidungsfindung in Gruppen, da diese – im Gegensatz zu »wohlinformierte[n] und reflektierende[n] Individuen« – »für die verderblichen Einflüsse politischer Prozesse und der interpersonalen Dynamik anfällig sind«.

48 Ein möglicher Dialog: A: »X ist ein Problem.« – B: »Was für ein Problem sollte X denn deiner Meinung nach sein?« – A: »X ist ein moralisches Problem.« – B: »Aber warum ist X ein moralisches Problem?« – A: »Weil X mit der *moralischen* Überzeugung/Norm Y kollidiert.« – B: »Dann hat eben derjenige, der X vertritt, eine andere moralische Überzeugung.« Wenn A an dieser Stelle B's relativistische Ansicht teilt, verschwindet das Problem. Andernfalls würde A jetzt auf die ethische Ebene wechseln und begründen müssen, warum X nicht bloß eine Frage subjektiver Überzeugungen ist. Gleichzeitig wird hier die Vermutung nahegelegt, daß sich die Unterscheidung zwischen Ethik und Moral auf der Problemebene in gewisser Weise auflöst, insofern moralische Fragestellungen im Akt des Problematisierens auf ethische verweisen.

49 Vgl. H. E. Tödt [1987], S. 31: »Indem bei der Problembestimmung angegeben wird, inwiefern ein Problem ein mich bzw. uns angehendes sittliches Problem ist, wird indirekt darauf verwiesen, nach welchen *Prinzipien* ein anfallendes Problem als ein sittliches identifiziert wird.«

50 In Anlehnung an das metakommunikative Axiom von P. Watzlawick/J. H. Beavin/D. D. Jackson [1969], S. 53, gilt: Man kann nicht nicht handeln.

Wenn andererseits an der Notwendigkeit ethischer Prinzipien festgehalten wird, sieht man sich mit den Schwierigkeiten konfrontiert, die Meggle dazu veranlaßt haben, diese strenge Rückkopplung aufzulösen. Die bisherigen Überlegungen gingen davon aus, daß die Vorgehensweise, ethische Prinzipien auf konkrete Fälle anzuwenden, prinzipiell möglich sei. Die Schwierigkeiten der mittelalterlichen Kasuistik verdeutlichen, daß selbst unter der Annahme unkontroverser oberster Prinzipien der Prozeß sittlicher Urteilsfindung keineswegs unproblematisch ist.[51] Diesem Problem sieht sich auch die oben erwähnte Begriffsbestimmung von K. Steigleder ausgesetzt, denn seine Bestimmung des Zieles »eine Praxis zu erreichen, die den Menschen nicht schädigt, vielmehr ihn gelingen läßt«,[52] kann eben nicht als Konsens vorausgesetzt werden. Probleme ergeben sich besonders im Hinblick darauf, wie die von Kant geäußerte Subsumtion des Einzelnen unter das Allgemeine vorgestellt werden kann und welche Regeln oder Prinzipien die Anwendungsprozedur gehorcht.[53]

Es wäre falsch, das Vermögen der Subsumtion als das Fällen logischer Urteile aufzufassen.[54] Das Besondere ist im Hinblick auf moralische Urteile nicht analytisch im Allgemeinen enthalten. Die Schwierigkeit wird deutlicher, wenn der Vorgang der Subsumtion umgekehrt beschrieben wird als Anwendung allgemeiner Prinzipien auf besondere Fälle – präziser: als »die rechte Anwendung allgemeiner Prinzipien«.[55] Die Betonung liegt auf der Richtigkeit, Angemessenheit oder Adäquatheit der Anwendung. Kant selbst hat gesehen, daß die Angemessenheit der Anwendung Schwierigkeiten bereitet:»Denn was die Richtigkeit und Präzision der Verstandeseinsicht betrifft, so tun sie derselben vielmehr gemeiniglich Abbruch, weil sie nur selten die Bedingung der Regel adäquat erfüllen (als casus in terminus) und überdem diejenige Anstrengung des Verstandes oftmals schwächen, Regeln im allgemeinen, und unabhängig von den besonderen Umständen der Erfahrung, nach ihrer Zulänglichkeit, einzusehen, und sie daher zuletzt mehr wie Formeln, als Grundsätze, zu gebrauchen angewöhnen.«[56]

---

51 Vehementester Kritiker der jesuitischen Kasuistik war Blaise Pascal im 7. Brief seiner *Lettres Provinciales* und in den Fragmenten 907 und 909 seiner *Pensées sur la religion*. Pascal wendet sich dort gegen die neuscholastische Lehre vom »Probabilismus«, nach der menschliches Handeln dann als gerechtfertigt gilt, wenn es nur mit einer Lehre einer theologischen Autorität in Übereinstimmung gebracht werden kann. Ethik verwandelt sich an dieser Stelle in eine juristische Rechtfertigungslehre. Bestanden kontroverse Lehrmeinungen über ein bestimmtes Verhalten, war es legitim, die günstigere Position für sich in Anspruch zu nehmen. Vgl. B. Pascal, *Pensées*, Fragment 913:»Probabilität. Jeder kann aufstellen, niemand kann aufheben.« Vgl. auch Fragment 910.

52 K. Steigleder [1989], S. 242.

53 Diese Problematik ist in der angelsächsischen Philosophie eingehend diskutiert worden. B. A. Brody spricht in diesem Zusammenhang von dem »theory-to-concrete-judgement-problem« (B. A. Brody [1988], S. 6) und P. E. Devine [1988], S. 213, von einem »top-down (or state-and-apply) model of moral reasoning, in which one first adopts a certain ethical theory and then applies it to disputed issues«.

54 Vgl. I. Kant, KrV B 170f.

55 H.-G. Gadamer [1965], S. 44.

56 I. Kant, KrV B 173.

Die Hermeneutik hat diese Einschränkung radikalisiert, indem sie den Akt der Anwendung als produktives Verfahren bestimmt.[57] Das Besondere ist immer ein Sonderfall im Hinblick auf das allgemeine Prinzip. »Das besagt nichts anderes, als daß die Beurteilung des Falles den Maßstab des Allgemeinen, nach dem sie geschieht, nicht einfach anwendet, sondern selbst mitbestimmt, ergänzt und berichtigt.«[58] Mit Blick auf Aristoteles spricht Gadamer von dem »Geschmack«, den alle sittlichen Entscheidungen als unverzichtbares Moment enthalten. Die Kantische Unterscheidung zwischen bestimmender und reflektierender Urteilskraft wird damit hinfällig, denn das von ihm eingeführte Unterscheidungskriterium, die Notwendigkeit eines – zwar nur subjektiv-regulativen – Prinzips für die reflektierende Urteilskraft, verliert seine differenzierende Funktion, wenn es auch für die bestimmende Urteilskraft erforderlich ist.[59]

Eine weitere, damit eng zusammenhängende Schwierigkeit betrifft die Identifikation konkreter Fälle. Einzelfälle sind immer Abstraktionen in dem Sinne, daß sie *per definitionem* bestimmte Aspekte aus einer komplexen Situation extrahieren. Es wäre ein Irrtum anzunehmen, daß es sich hierbei um nur empirische Fragen handelt. Den Fakten selbst sind keine Systematisierungskriterien inhärent. Solche müssen wiederum gefunden und angewendet werden.[60] H. Putnam bringt diesen Sachverhalt auf den Punkt, indem er, in Übereinstimmung mit seiner intern-realistischen Position, relativistisch formuliert: »Eine Tatsache ist etwas, das zu glauben rational ist, oder, genauer gesagt: der Begriff der Tatsache (bzw. der wahren Aussage) ist eine Idealisierung des Begriffs der Aussage, die zu glauben rational ist.«[61] Tatsache ist immer nur Tatsache relativ zu der verwendeten Art von Rationalität. Jede Wahl von Begrifflichkeiten setzt bereits Werte voraus.

Die Beantwortung der zweiten Frage nach den Prinzipien beziehungsweise Regeln, denen das Verfahren der Anwendung folgt, ergibt sich aus dem eben Gesagten. Wenn Anwendung als produktiver Prozeß verstanden wird, dann bezieht sich der konstruktive Aspekt nicht nur auf das dialektische Verhältnis von der Aufstellung allgemeiner

---

57 H.-G. Gadamer [1965], S. 44ff. »Immer wird auch unser Wissen um Recht und Sitte vom Einzelfall ergänzt, ja geradezu produktiv bestimmt. Der Richter wendet nicht nur das Gesetz in concreto an, sondern trägt durch seinen Richterspruch selbst zur Entfaltung des Rechtes bei (›Richterrecht‹). Wie das Recht so bildet sich auch die Sitte ständig fort, kraft der Produktivität des Einzelfalls« (a. a. O., S. 44). Zur Bedeutung des Gadamerschen Paradigmas von der Anwendung als produktivem Verfahren für die Angewandte Ethik vgl. F. Jacobs [1993].

58 H.-G. Gadamer [1965], S. 45.

59 Zur diesbezüglichen Kritik Hegels an Kant vgl. H.-G. Gadamer [1965], S. 45, Anm. 70.

60 M. G. Singer [1975], S. 387, sieht in der »Schwierigkeit, präzise und mit Sicherheit die Fakten eines Falles zu bestimmen«, die Hauptursache für die Schwierigkeiten in Fragen der Moral. Der Behauptung Singers, daß es sich hierbei nur um empirische Fragen handelt, die einem damals noch populären, traditionellen Tatsachen-Werte-Dualismus geschuldet ist, können wir allerdings nicht folgen.

61 H. Putnam [1990], S. 266; vgl. S. 173 – 201. Putnams Entwicklung zum »Internen Realismus« dokumentiert die von V. C. Müller herausgegebene und eingeleitete Aufsatzsammlung H. Putnam [1993a]. Seine Annäherung an die kontinentaleuropäische Tradition wird deutlich in H. Putnam [1995]. Zur Philosophie Putnams vgl. einführend A. Burri [1994] und V. C. Müller (in: H. Putnam [1993a], S. 9 – 23). Zur Bedeutung Putnams für die Ethik vgl. A. Graeser [1996], ders. [1997]. Zum Verhältnis von Tatsachen und Werten vgl. Abschnitt III 1.2.

Prinzipien und ihrer Anwendung auf singuläre Fälle, die Gadamer im Blick hat, sondern ebenso auf das Verhältnis von der Aufstellung allgemeiner Prinzipien und der vorgefundenen empirischen Situation, die unter anderem M. G. Singer als Hauptproblem von Moralphilosophie erkennt. Damit eine empirische Situation zum Anwendungsfall wird, bedarf es sozusagen einer systematischen Re-Konstruktion der Situation gemäß der unsere Wahrnehmung leitenden moralisch-normativen Annahmen, die die vorgegebene Situation überhaupt erst als einen moralisch relevanten Fall erscheinen lassen. Erst durch diese Transformation einer empirischen Situation in einen moralisch relevanten Einzelfall wird diese dem ethischen Diskurs zugänglich. Das Verfahren der Transformation selbst hat eine moralische Dimension.[62]

1.5 Die Komplementarität von Ethik und Expertise

Sucht man den philosophiegeschichtlichen Ort der hier konvergierenden ethischen Positionen auf, so ergibt sich ein Ergänzungsverhältnis von Aristotelischer Phronesis-Ethik und Kantischer Prinzipien-Ethik.[63] Als einer der ersten Philosophen im deutschsprachigen Raum hat sich O. Höffe eingehender mit der Vermittlung ethischer Grundprinzipien und Anwendungsfragen beschäftigt.[64] Mit einer solchen »Rehabilitierung der Urteilskraft«[65] wird kein neues Programm formuliert, sondern eine sehr alte Tradition wieder aufgegriffen. Die Verbindung von Moral und Klugheit – in der Terminologie des Aristoteles – bricht erst an der Schwelle zur Neuzeit auseinander. Für die Emanzipation der Klugheit von der Moral wird üblicherweise Machiavelli, für den umgekehrten Sachverhalt Kant verantwortlich gemacht. Indem es Höffe gelingt, diese

---

62 Vgl. K. Bayertz [1991], S. 28.

63 Diese Synthese findet ihren Ausdruck in der programmatischen Forderung von O. Höffe [1990], S. 538, »für die Ethik die beliebte Opposition ›Aristoteles oder Kant‹ aufzuheben«. Höffe geht davon aus »daß die charakteristischen Schwierigkeiten der heutigen Lebenswelt nur dann von der Philosophie sachgerecht diagnostiziert werden, wenn man die schlichte Alternative ›Aristoteles oder Kant‹ überwindet«. Vgl. auch T. Rentsch [1990], cp. 5.
Genaugenommen liegt ein solcher Vermittlungsversuch auch in dem Programm der »Rehabilitierung der praktischen Philosophie« zu Beginn der 70er Jahre vor. H. Fahrenbach [1972], S. 51f., bemerkt dazu: »Praktische Philosophie hat als solche nur Sinn, wenn sie einen positiven Praxisbezug zu realisieren vermag, ohne ihren philosophischen Anspruch, ein auf möglichst prinzipielle Klärung, Prüfung und Begründung gerichtetes Denken zu sein, preisgeben zu müssen. Der Praxisbezug gehört substantiell zur philosophischen Reflexion der Praxis [...]. Dieser Praxisbezug darf andererseits nicht zu einer ›praktizistischen‹ Verkürzung oder Instrumentalisierung der philosophischen Reflexion zu Zwecken einer schon festgelegten Praxis führen, weil damit die kritische Funktion der Philosophie gegenüber der Praxis preisgegeben würde.« Doch derartige Vermittlungsbemühungen wurden – nicht zuletzt aus ideologischen Motiven – lange Zeit nicht eingelöst. So bemerkt J. Rohbeck [1993], S. 260: »Trotz der *Rehabilitierung der praktischen Philosophie* vor nunmehr zwei Jahrzehnten hielt die Ethik noch lange Zeit Distanz zu den Problemen unserer zeitgenössischen Lebenswelt. Erst mit der *Philosophie der Technik*, die in einer *Rehabilitierung der angewandten Ethik* gipfelte, traten die sittlich-praktischen Probleme unserer modernen Zivilisation ins Zentrum.« Der Begriff von der »Rehabilitierung der angewandten Ethik« stammt von E. Martens [1988].

64 Vgl. die Bibliographie seiner Publikationen in: G. Meggle/K. P. Rippe/U. Wessels [1992], S. 78ff.

65 O. Höffe [1993], S. 260.

traditionelle philosophiegeschichtliche Auffassung zu relativieren und korrigieren, schafft er die Möglichkeit, für eine Synthese beider Aspekte zu votieren, ohne sich damit dem Vorwurf des Antimodernismus auszusetzen.[66] Von einer zeitgemäßen Ethik verlangt er nun eine doppelte Vermittlungsleistung. In einem ersten Schritt geht es um die Vermittlung des Moralprinzips mit den allgemeinen Bedingungen menschlichen Lebens und Zusammenlebens. Der zweite Schritt gliedert sich in zwei Abschnitte. Zunächst geht es darum, die allgemeinen sittlichen Grundsätze mit den besonderen Problemen der Zeit zu konfrontieren. Das Ergebnis dieser Vermittlung bildet anschließend die Grundlage für die Gewinnung zeit- und situationsgerechter Verbindlichkeiten.[67] Die Entwürfe von K. Bayertz, B. H. F. Taureck, H. Hastedt und J. Rohbeck versuchen nun, diese Synthese im Rahmen typischer Themenfelder Angewandter Ethik umzusetzen.

1.5.1 Kurt Bayertz

In seinem programmatischen Aufsatz »Praktische Philosophie als Angewandte Ethik« benennt Bayertz einleitend den philosophiegeschichtlichen Kontext Angewandter Ethik. Diese könne auf eine lange Tradition verweisen, von Aristoteles über Thomas bis zu Hume und sogar Kant. Den Entwürfen dieser Philosophen sei gemein, daß – wie Bayertz sie nennt – »theoretische Ethik« beziehungsweise »ethische Grundlagenforschung« und »praktische Ethik« nicht als zwei eindeutig getrennte Unternehmungen aufgefaßt werden. Es sind vielmehr zwei komplementäre Typen ethischer Reflexion.[68] Die Neuzeit ist gekennzeichnet durch die »Verschärfung des Begründungsgedankens«, der sich auch Ethik, in Form der »Radikalisierung der Ausweisungskriterien« bei praktischen Urteilen, nicht entziehen kann.[69] Die – als Reaktion auf diese Anforderungen vollzogene – Formalisierung von Ethik zu einer universalistischen Prinzipienethik, wie sie Kant in ihrer ausgeprägtesten Form vorgelegt hat, ist in unserem Jahrhundert in eine tiefe Krise geraten. Die Forderung nach Universalisierbarkeit sei genauso wenig erreicht, wie eine deduktive Umsetzung ethischer Prinzipien in handlungsrelevante Normen.[70] Die Diskussion dreht sich daher heute um die Frage, wie prinzipiell der von O. Marquard geforderte »Abschied vom Prinzipiellen« aufzufassen sei.

Dieser Konsequenz entspricht die Hinwendung – in der Regel über Hegel – zu den Wurzeln der abendländischen philosophischen Ethik, zu Aristoteles.[71] Es ist sofort ein-

---

66 Vgl. dazu O. Höffe [1993], S. 260ff.

67 Vgl. O. Höffe [1981], S. 16f.; ders. [1990], cp. 7; ders. [1993], cp. 15.

68 K. Bayertz [1991], S. 8.

69 E. Tugendhat [1980], S. 41.

70 Anstelle einer Literaturliste sei nur auf die beiden im angloamerikanischen Raum sehr einflußreichen Werke von A. MacIntyre [1987] und B. Williams [1985] hingewiesen.

71 Das Programm, welches heute unter dem Titel »Neoaristotelismus« firmiert und in der Regel J. Ritter und seiner Schule zugeschrieben wird, beruht auf einem Gedanken, den H.-G. Gadamer bereits in einem Aufsatz aus dem Jahre 1930 formuliert hatte. In seinem Aufsatz »Praktisches Wissen« (*Gesammelte Werke* V, S. 230ff.) und dann in dem Abschnitt »Die hermeneutische Aktualität des Aristoteles« seines 1960 erschienenen Hauptwerkes *Wahrheit und Methode* (a. a. O., S. 317ff.) geht es ihm – im Anschluß an die Aristotelesinterpretation Heideggers – um eine Wiedergewinnung des antiken Phronesisbegriffs als hermeneutischem Wissensparadigma.

sichtig, vor welchem Dilemma eine solche »Rehabilitierung der praktischen Philosophie« steht. Indem sie sich den radikalen Begründungsansprüchen neuzeitlichen Philosophierens beugt, gerät sie sogleich unter die Räder jener Entwicklung, die eine solche Radikalisierung notwendig machte. Denn das weitverbreitete Eingeständnis von der Unmöglichkeit ethisch universalisierbarer Prinzipien und – daraus folgend – die Verabschiedung des Gedankens einer universalistischen Ethikbegründung kollidiert nicht nur mit der Einsicht von der neuzeitlichen »Verschärfung des Begründungsgedankens«, sie stellt diese geradezu auf den Kopf. Die Nicht-Einlösbarkeit einer Forderung darf nicht mit dem Verschwinden des diese provozierenden Problems verwechselt werden. Mit dem Scheitern vor einem Problem verschwindet dasselbe keineswegs. Eine naive, weil unhistorische Adaption der Aristotelischen Ethik scheidet insofern von vornherein aus. Das betont auch Bayertz, wenn er der Aristotelischen Ethik allenfalls eine ergänzende Funktion zubilligt. Die Kasuistik der Einzelfälle ersetzt Bayertz durch eine Kasuistik der Problemtypen. Diese Gegenstände von Anwendungsverfahren – er nennt drei Bereiche: Politik, Mensch und Natur sowie den wissenschaftlich-technischen Fortschritt – sind dadurch gekennzeichnet, daß sie reale Probleme bezeichnen, »die ›vom Leben selbst‹ gestellt werden«, und nicht spezifische Situationen, sondern »generelle Handlungsweisen und -optionen, genauer noch [...] politische, institutionalisierte, öffentliche Handlungsweisen« thematisieren.[72] Vor diesem Hintergrund definiert Bayertz Angewandte Ethik als problembezogene Ethik.[73]

Die entscheidende Frage betrifft nun die Art und Weise, wie Bayertz das dialektische Verhältnis von Anwendung und Begründung in seiner Ethik verankert. Der kasuistischen Anwendung stellt er sein Modell der »normenbildenden Anwendung« gegenüber.[74] Dieser Ansatz trägt dem Rechnung, was Gadamer das produktive Element der Anwendung nennt. Die Aufgabe Angewandter Ethik, die Übertragung allgemeiner Prinzipien auf konkrete singuläre Fälle, wird ergänzt durch diejenige, die in den Normen enthaltenen Schlüsselbegriffe, die ihren Inhalt präzisieren, relativ zu den Bezugssituationen zu interpretieren. Dieses Verfahren führt zu einer kontinuierlichen Weiter-

---

An dieser Stelle wird zugleich deutlich, daß die Wurzeln »Angewandter Ethik« bis in die Zeit der antiken Philosophie zurückreichen. J. Vorstenbosch hat einen diesbezüglich erhellenden Strukturierungsversuch Angewandter Ethik vorgelegt. Der Autor unterscheidet idealtypisch vier Ansätze Angewandter Ethik, wobei er jedem Ansatz eine klassisch philosophische Position zuordnet. Die herausgearbeiteten Beziehungen sind als Annäherungen zu verstehen, »they bear a certain and loose relation if not to the theories, then at least to the practice of these philosophers« (J. Vorstenbosch [1993], S. 49, Anm. 3). Im einzelnen unterscheidet er: »*1. The Sophistic option: the improvement of the rationality of public debate and decision-making as the object of research*« (a. a. O., S. 40ff.). »*2. The Socratic option: the study of power, interests and ideology as the object of research*« (a. a. O., S. 43f.). »*3. The Platonic option: the application of ethical theory as the object of research in applied ethics*« (a. a. O., S. 45f.). »*4. The Aristotelian option: reflection on human ethos and interpretation of experiences as the object of research*« (a. a. O., S. 46f.).

[72] K. Bayertz [1991], S. 22f. Die Grenze der Aristotelischen *phronesis* und der mittelalterlichen Kasuistik ist dort erreicht, wo nicht mehr Fälle individuellen Handelns zur Debatte stehen, sondern öffentliche Institutionen und politische Handlungsoptionen.

[73] K. Bayertz [1991], S. 23. Vgl. H. Hastedt [1991], S. 64.

[74] K. Bayertz [1991], S. 34ff.

entwicklung von Normen, indem die dort verwandte Begrifflichkeit ihrer sich historisch wandelnden Bedeutung gemäß interpretiert wird.[75]

H. Sachsse hat diesen Normenwandel am Eigentumsbegriff expliziert. Eigentum meint juristisch das Verfügungsrecht über eine Sache, im Sinne eines sinnlich wahrnehmbaren Gegenstandes. Diebstahl ist entsprechend die rechtswidrige Entfernung einer beweglichen Sache. Diese Definition wird aber hinfällig, wenn darunter etwa der Tatbestand »rechtswidriger Stromentnahme« subsumiert werden soll. Mit dem Aufkommen elektrischer Energie wird es also notwendig, den substantialistischen Eigentumsbegriff zu reformieren.[76] Es ist ohne weiteres einsichtig, daß Begriffe wie »Menschenwürde« unter den neuartigen Bedingungen moderner Klonierungstechniken ganz neue Konnotationen erhalten.[77] Das Verhältnis von Ethik und Angewandter Ethik entspricht demjenigen zwischen den Verfahren der Setzung von Recht und denjenigen der Durchsetzung geltenden Rechts in modernen Rechtssystemen. Die Differenz zwischen Legislative und Jurisdiktion dokumentiert den institutionellen Charakter der Unterscheidung zwischen den beiden Bereichen. Auch wenn – mit Gadamer – die Rechtsprechung produktive Elemente enthält,[78] bleibt die generelle Unterschiedenheit von Rechtsprechung und Gesetzgebung bestehen.

Gerade vor dem Hintergrund der neueren Entwicklungen in der Gentechnologie und Medizin hat K. Bayertz jüngst ein weiteres Argument für die Notwendigkeit einer Prinzipienethik vorgetragen. Der gesamte Bereich der Regelungsfragen im Zusammenhang des Einsatzes bestimmter neuer medizinischer Verfahren – Bayertz nennt das Beispiel der In-vitro-Befruchtung – läßt sich nicht auf der Basis kasuistischer Erwägungen entscheiden.[79] »Mit der Beschränkung auf einzelfallbezogene Klugheitserwägungen würde der moralische Diskurs sich von vornherein von der Diskussion solcher Regelungen abkoppeln. Staatliche Gesetze und institutionelle Regelungen würden der moralischen Diskussion entzogen werden, wenn diese nur für den Einzelfall kompetent wäre.«[80]

---

75 Vgl. K. Bayertz [1991], S. 35: »Der angewandten Ethik wächst unter diesen Bedingungen die Aufgabe zu, nicht nur zu diskutieren, ob eine bestimmte Handlung einen Schaden verursacht, sondern was ein ›Schaden‹ überhaupt ist. Eine solche gezielte Interpretation und Weiterentwicklung moralischer Prinzipien sprengt den Rahmen des Subsumtionsmodells der Anwendung – und geht zugleich über das hermeneutische Konzept der Applikation hinaus.«

76 H. Sachsse [1987], S. 63. Das Strafgesetzbuch hat sich »mit der nicht sehr eleganten Lösung beholfen«, das letztgenannte Delikt nicht unter dem Oberbegriff »Diebstahl«, sondern unter einem besonderen Paragraphen des Strafgesetzbuches (§ 248c) zu verbieten.

77 Vgl. K. Bayertz [1991]; J.-P. Wils [1989].

78 Vgl. H.-G. Gadamer [1965], S. 330ff.

79 K. Bayertz [1996a], S. 19.

80 Ebd. Bayertz beobachtet in der neueren Ethikgeschichte eine Ergänzung des traditonellen Pflichtbegriffs durch den Begriff des »moralischen Rechts«: »bestimmte moralische Güter bedürfen eines *prinzipiellen* Schutzes.« Dies betont den hohen Stellenwert von Prinzipienfragen. »Man könnte es schwerlich hinnehmen, daß die Krankenkassen von Fall zu Fall entscheiden, ob sie die Kosten für eine IVF [In-Vitro-Fertilization] übernehmen oder nicht; und vollends unakzeptabel wäre es, wenn die Menschenrechte den Individuen situationsbezogen und nach Klugheitskriterien zugesprochen werden würden.«

1.5.2 Bernhard H. F. Taureck

B. H. F. Taureck hat gegen den Vorschlag von Bayertz geltend gemacht, daß dieser entgegen seiner Absicht dem kasuistischen Modell der Anwendung verhaftet bleibe.[81] Das Problem der Kasuistik besteht für Taureck in der Frage, »ob moralische Normen einen Spielraum der Anwendung benötigen oder nicht.«[82] Er votiert für die erste Variante und entwickelt – im Anschluß an G. Harman[83] – ein alternatives Modell von Angewandter Ethik als eine Praxis von Normenrelativismus qua »aufgekärtem ethischem Relativismus«, das dem produktiven Element der Anwendung in stärkerem Maße gerecht werden soll.[84] Taureck plädiert für einen Normenrelativismus, der im Unterschied zu seiner Gegenposition, einem Normenrealismus, den er etwa Kant zuschreibt, eine Revision der obersten moralischen Normen sowie eine intersubjektive Normfixierung zuläßt. Eine Pointe dieses Ansatzes besteht darin, Ethik und persönliche Motivation miteinander zu verbinden.[85]

Als Beispiel für eine Revision oberster moralischer Normen diskutiert Taureck – im Anschluß an Harman – die »realistische« Obernorm (W): »Alle sollen denen helfen, die in Not sind.« Es geht im folgenden darum, solche Normen zu finden, die die Obernorm für alle Beteiligten akzeptierbar macht. Unterstellt, es bildeten sich zwei Lager heraus: die Gruppe der Besitzenden und Einflußreichen stünde derjenigen der Besitz- und Einflußlosen gegenüber. Erstere würde wahrscheinlich der Obernorm nicht zustimmen, weil sie – aufgrund ihrer Position – persönliche Nachteile zu befürchten hätte. Die Lösung liefe daher auf einen »Optionsausgleich« hinaus, etwa in Form der Norm: »Niemand soll anderen Menschen schaden«. »Es ist dann aber nicht auszuschließen, daß die Gemeinschaft langfristig auch ihren Wert (W) ändert und daß die aktive Hilfeleistung nicht mehr als moralisch Richtiges gefordert wird.«[86] Der zweite Fall einer intersub-

---

81 B. H. F. Taureck [1992], S. 168 Anm. 3.

82 B. H. F. Taureck [1992], S. 286. Die Frage nach dem Anwendungsspielraum von Normen spiegelt die Diskussion um »die Unterscheidung zwischen Normen, die einen prima facie-Charakter haben, und definitiven oder absoluten Normen« wider (vgl. K. Günther [1988], S. 257 – 276, hier S. 258). Den klassischen Fall für diese Fragestellung findet sich in Kants Schrift *Über ein vermeintliches Recht aus Menschenliebe zu lügen.*

83 Vgl. G. Harman [1975]; ders. [1981].

84 Vgl. B. H. F. Taureck [1992], S. 286ff. »Normenrelativismus bedeutet eine Geltung von Normen relativ zu ausdrücklichen und unausdrücklichen Übereinkünften.« (A. a. O., S. 287). Vgl. a. a. O., S. 283: Ethischer Relativismus plaziert sich »zwischen moralischen Nihilismus und moralischen Realismus. Er unterscheidet sich vom Nihilismus, weil er das Fehlen moralischer Tatsachen als Anlaß sieht, um nun um so mehr nach spezifischen Gründen zu suchen für das, was als gut angenommen wird. Und er unterscheidet sich vom moralischen Realismus, weil er eine Existenz moralischer Tatsachen zugunsten ihrer bloßen Annahme leugnet. Pardox ausgedrückt, ist ethischer Relativismus also ›nihilistisch‹, indem er moralische Tatsachen leugnet, und ›realistisch‹, indem er nach soliden Begründungen für die Annahme moralischer Tatsachen sucht.«
Die Position Taurecks orientiert sich stark an der relativistischen Position von G. Harman [1975], weist aber auch eine gewisse Nähe zum Internen Realismus H. Putnams auf, wenngleich er dessen in *Reason, Truth and History* vertretenen Realismus scharf zurückweist (vgl. a. a. O. S. 212f.).

85 Vgl. B. H. F. Taureck [1992], S. 275ff.

86 B. H. F. Taureck [1992], S. 288. Als weitere Beispiele für einen Wandel von Obernormen nennt Taureck den Wandel der Sexualmoral und der Bewertung von Selbstmord als Freitod. Vgl. auch

jektiven Normfixierung läßt sich am gleichen Beispiel explizieren. Taureck behauptet, daß in realistischen Ethikkonzepten die »Spielraumnutzung« nur intrasubjektiv erfolgen könne. »Jeder hat an sich selbst so zu arbeiten, daß er den ethischen Werten entspricht.«[87] Eine relativistische Ethik entwickelt dagegen Normen in der Interaktion aller Beteiligten. Nur solche Normen können Geltung beanspruchen, die nicht nur der Obernorm nicht widersprechen, sondern darüber hinaus – daher bezieht diese Ethik ihren Namen – relativ zu den impliziten oder expliziten Übereinkünften der Beteiligten zustande kommen.[88]

Die Wechselwirkung zwischen Obernorm und ihrer Anwendung nimmt ausgehend von der Anwendungsebene die Form ethisch-strategischen Handelns an. Angewandte Ethik »bringt Vorstellungen von moralisch Richtigem im Rahmen einer ethischen Theorie in Beziehung zu abweichenden Vorstellungen und legt Spielräume von Einigung fest. Auf diese Weise wird AE [Angewandte Ethik] die Praxis einer Theorie, das heißt die Beziehung einer Theorie auf ein anderes als sie selbst, und wird strategisches Handeln. […] Ziel des ethisch-strategischen Handelns ist die Findung einer Übereinkunft (qua Normenrelativismus) im Horizont bestehender normativer Übereinkünfte.«[89] Das Verfahren besteht in der Vermittlung einer Option, als Produkt ethischer Theoriebildung, mit anderen, auch außermoralischen Optionen. Anders als in der traditionellen Kasuistik befindet sich der zu beurteilende Fall dann nicht mehr völlig im Geltungsbereich einer ethischen Obernorm, sondern bildet die Schnittmenge aus ethischen und nichtethischen Optionen. Entscheidend ist die Relationalität der resultierenden Norm: Angestoßen durch einen Fall F vor dem Hintergrund einer ethischen Theorie T, entsteht die Norm N unter Einbeziehung weiterer relevanter Optionen $O_{1...n}$, die Ausdruck der verschiedenen Motivationen der an dem Fall beteiligten oder davon betroffenen Personen sind.

Die Weiterentwicklung des Modells von Taureck besteht darin, daß nicht mehr Handlungsnormen auf Sachverhalte angewendet werden, sondern verschiedene Handlungsoptionen und damit verschiedene Handlungsabsichten und -gründe miteinander konfrontiert werden. Der Vorteil liegt in der gemeinsamen Ebene der Elemente, über die Einigkeit hergestellt werden soll. Damit sind allerdings die Schwierigkeiten kaum gelöst. Denn das Problem der Anwendung tritt hier nur in einem neuem Gewand auf, als dasjenige der Entscheidungsfindung zwischen den verschiedenen zur Diskussion stehenden Optionen. Ein zentrales Problem betrifft beispielsweise die Frage, ob eine rela-

---

A. Wellmer [1986], S. 125ff., der weitere Beispiele diskutiert: Homosexualität, Frauenrolle, Erziehung, Abtreibung und Kinderrechte.

87 B. H. F. Taureck [1992], S. 289.

88 Vgl. G. Harman [1975], S. 3f.: »A dog may be large in relation to chihuahuas but not large in relation to dogs in general. Similarly, I will argue, an action may be wrong in relation to one agreement but not in relation to another. Just as it makes no sense to ask whether a dog is large, period, apart from any relation to a comparison class, so too, I will argue, it makes no sense to ask whether an action is wrong, period, apart from any relation to an agreement.«

89 B. H. F. Taureck [1992], S. 287.

tivistische Ethik auch faschistische oder barbarische Optionen zuläßt.[90] Ungeklärt bleibt die naheliegende und wichtige Frage, anhand welcher Kriterien eine Entscheidung zwischen den einzelnen Optionen getroffen werden soll und wie eine Diskreditierung von Ethik durch »perverse« Optionen nachhaltig verhindert werden kann.[91] Zugunsten von Taureck ist an dieser Stelle zu bemerken, daß sein Entwurf als Reaktion auf die von ihm diagnostizierte »Ethikkrise«, das heißt vor dem Hintergrund der »zu Ruinen gewordenen Ethikgebäude [...] der Deontologie Kants und der Teleologie des

---

[90] B. H. F. Taureck [1992], S. 241 – 256, widmet dieser Frage einen eigenen Abschnitt. Denkbar wäre etwa eine Moral die voraussetzt: »Es ist moralisch richtig, die Menschen als moralisch ungleiche zu behandeln« oder »Es ist moralisch richtig, durch genetische Verfahren einen neuen Menschentyp zu züchten, der unfähig ist zur Depression auch bei Schmerzen und Unglück« (a. a. O., S. 242). Taureck versucht nun dieses – häufig vorgebrachte – »argumentum ad Nazium« (M. Hocutt) zu entkräften. Er argumentiert, diese Ethiken würden dann gegenstandslos, wenn sich zeigen ließe, daß das bei ihnen vorausgesetzte Wissen nicht besteht, das heißt daß ihren Aussagen kein empirischer Gegenstand entspricht. Die fundamentale Ungleichheit der Menschen beruft sich auf Eigenschaften (Herkunft, Intelligenz, Charakter) »für die es keine gesicherten empirischen Kriterien gibt« (a. a. O., S. 252). Der andere Vorschlag setzt ein zu starkes Wissen über Zustände der Lust und Freude voraus (a. a. O., S. 249). Daß diese Argumente die ins Auge gefaßte Gefahr nicht restlos beseitigen, erkennt auch Taureck: »Allerdings muß hinzugefügt werden: Moralen mit ungedecktem Wissen werden zwar gegenstandslos, aber nicht notwendig wirkungslos [...]. Latente Gegenstandslosigkeit kann wirksam werden zur Bildung und Stärkung latenter Motivationen.« Für dieses Dilemma gibt es nur ein »Gegenmittel«: »die Aufklärung über die ungedeckten Wissensvoraussetzungen, das heißt die Bezeichnung der Gegenstandslosigkeit der jeweiligen Ethik« (a. a. O., S. 250). Daraus sind drei grundsätzliche Vorbedingungen für relativistische Ethiken abzuleiten: »1. nicht mit empirisch ungedeckten Ansprüchen auf Wissen, 2. nicht mit partiellem Ausschluß der von Festlegungen des Richtigen Betroffenen zu operieren« und 3. die Forderung nach »inhaltliche[r] Füllung des formalen ethischen Relativismus [...], der nicht gegenstandslos ist.« (a. a. O., S. 256).

[91] Die Bemerkungen Taurecks zu diesen Fragen bleiben unpräzise. Mit den genannten formalen Kriterien »Realisierbarkeit« und »Adressatenunversehrtheit« – sowie deren inhaltliche Präzisierungen »Gesundheit«, »Handlungsfreiheit« und das »Verfahren der Nichtausschließung von Betroffenen« (vgl. a. a. O., S. 256ff.) – scheinen »präexistente Werte vorausgesetzt«, die der Pointe relativistischer Ethik geradezu entgegenlaufen. Taureck bemerkt dazu, daß die genannten Kriterien beziehungsweise Obernormen nur »relativ zu den Instanzen (Kollektiv- und Individualüberzeugungen)« bestehen. »Die Güter Handlungsfreiheit und Gesundheit waren im Ersten Teil nur Elemente möglicher Ethik. Jetzt werden sie instanzrelativ zu Inhalten wirklicher Ethik [...]. Die einzige ›moralische‹ Tatsache, die ethischer Relativismus dagegen zuläßt, ist die Tatsache, daß etwas zu moralisch Richtigem erklärt wird.« (a. a. O., S. 257f.).
Die entscheidende Hürde für einen ethischen Relativismus sieht Taureck in der Frage: »Warum soll ich moralisch oder nicht unmoralisch oder außermoralisch handeln?« (A. a. O., S. 275). Die Argumente sollen an dieser Stelle nicht weiter verfolgt werden. Entscheidend ist, daß auch der ethische Relativismus eine Situation unterstellen muß, in der sich die genannte Frage sinnvoll stellen läßt. Die Verweigerung zur Auseinandersetzung würde nach Taureck auf eine egoistische Position hinauslaufen, und die sei »Opfer einer metaphysischen Fiktion einer Ego-Substanz, oder sie besitzt empirischen Gehalt« und stellt so »eine Störung des aufgeklärten ethischen Relativismus dar« (ebd.). An dieser Stelle greift aber erneut der oben von Taureck selbst formulierte Einwand: Gegenstandslosigkeit muß keineswegs zur Wirkungslosigkeit führen. Der Stolz relativistischer Ethik gegenüber deontologischen Ethiken, auf starke Annahmen verzichten zu können, trägt nur dann Früchte, wenn mit dem propagierten »anything goes« erstens zugleich die Forderung verbunden ist, diese Haltung diskursiv einzulösen, und zweitens die Redlichkeit der Protagonisten hinsichtlich der Angemessenheit ihrer metaphysischen und ontologischen Annahmen vorausgesetzt wird. Die Ersetzung moralischer oder ethischer Annahmen zugunsten epistemischer, auf die Taureck verweist, bleibt wirkungslos, weil sich damit ihre *Funktion* im ethischen Diskurs keineswegs geändert hat.

Utilitarismus« gelesen werden muß.[92] Gleichwohl kann sich auch eine gegenwärtige Ethik dem Begründungsrekurs nicht entziehen, will sie nicht in eine hedonistische oder heteronome Moral münden. Das sieht auch Taureck. Sein Modell ruht daher ebenfalls auf den Säulen der Forderung nach intersubjektiver Einigung und einer Reihe inhaltlicher Annahmen, die keineswegs beliebig sind. Auch eine relativistische Ethik muß zumindest implizit eingestehen, daß jeder Entscheidungsprozeß konstitutiv normative Elemente enthält, die eine eigene Begründung verlangen.[93]

Das wird deutlich, wenn man die Beispiele – aktive Sterbehilfe und Umweltschutz als Grundrecht – betrachtet, an denen Taureck sein Verfahren expliziert.[94] Drei Argumente werden genannt, die aktive Sterbehilfe als moralisch bedenklich erscheinen lassen: 1) eine Perspektivendifferenz zwischen Arzt und Patient; 2) weil das Eintreten von Endgültigem nicht verhindert, sondern bewirkt werden soll; 3) weil kein nicht-substantieller Wunsch vorliegt. Das dritte Argument ist das schwächste, denn es suggeriert, als habe es Ethik lediglich mit »nicht-substantiellen« Problemen – »Cognac oder Armagnac?«[95] – zu tun. Das Gegenteil ist der Fall! Die beiden anderen Argumente sind schwerwiegend, aber wofür und wogegen votieren sie? Als Argumente für die moralische Bedenklichkeit aktiver Sterbehilfe taugen sie nur, insofern den Begriffen »Perspektivendifferenz« und »Eintreten von Endgültigem« eine bestimmte moralische Konnotation zukommt. Die Fakten an sich, daß eine Differenz zwischen der Perspektive des Arztes und der des Sterbenskranken vorliegt und daß die geforderte Handlung in ihren Konsequenzen endgültig ist – auf die sich Taurecks Argumentation allein stützt –, können zur Urteilsfindung nichts beitragen. Ethisch relevant werden sie erst vor dem Hintergrund gewisser moralischer Annahmen: Etwa daß die Entscheidung einer Person für oder über eine andere nur dann moralisch akzeptabel ist, wenn die entscheidende Person in der Lage ist, sich möglichst vollständig in die Situation der von der Entscheidung abhängigen Person zu versetzen, oder daß nur Entscheidungen für solche Handlungen moralisch erlaubt sind, die prinzipiell revidierbar sind. Es geht an dieser Stelle nicht darum, die Angemessenheit solcher oder ähnlicher Normen zu diskutieren. Entscheidend ist, daß es solcher Normen bedarf, um die genannten Fakten in ethisch relevante Sachverhalte zu transformieren, damit diese überhaupt den Status von Argumenten im Prozeß der ethischen Urteilsfindung erlangen können. In Taurecks Argumentation kommt ein Urteil nur zustande, weil die normative Färbung der genannten Fakten schlichtweg vorausgesetzt wird, eben aufgrund des bereits im voraus eingenommenen moralischen Standpunkts. Außerdem muß gefragt werden, was denn mit dem Urteil »moralisch fragwürdig« erreicht ist. Hier scheint die moralische Ratlosigkeit einem Dezisionismus das Wort zu reden.

Beim Beispiel Umweltschutz als Grundrecht thematisiert Taureck die kontroversen Ansichten, die Natur habe ein Eigenrecht versus die Erhaltung der Natur könne nur gefordert werden, insofern sie als Bedingung der Möglichkeit menschlicher Existenz

---

92 B. H. F. Taureck [1992], S. 275; vgl. S. 11ff.

93 Vgl. dazu O. Höffe [1984].

94 Zum folgenden siehe B. H. F. Taureck [1992], S. 289ff.

95 B. H. F. Taureck [1992], S. 292.

gilt. Die erste Forderung habe nur so lange Gültigkeit, wie sie die zweite impliziere, denn: »Es ist absurd, der Natur in diesem Verhältnis [zwischen Mensch und Natur] eine Vorrangstellung einräumen zu wollen, denn die Natur überragt den Menschen stets.«[96] Daher sei eine Verantwortung des Menschen gegenüber der gesamten Natur unsinnig. Taureck wendet sich gegen eine »Heiligerklärung« (Passmore) der Natur, denn sie sei »ethisch ruinös«, weil sie einerseits übersteigerte Handlungsmöglichkeiten suggeriere und andererseits »zur Resignation angesichts der strukturell unvermeidlichen Eingriffe der Menschen in Naturvorgänge« führe.[97] Taurecks Argumente klingen zunächst überzeugend: Der Mensch kann nicht handelnd ins All eingreifen und um des Überlebens willen sind Eingriffe in die Natur unvermeidbar. Nur, treffen die Bestreitung menschlicher Allmacht im ersten Argument und die Behauptung von der Unmöglichkeit einer Unberührbarkeit der Natur im zweiten Argument überhaupt das Problem?

An dieser Stelle soll nur auf einen Aspekt hingewiesen werden, der für unseren Zusammenhang von Bedeutung ist. Er betrifft die Funktion des Prädikats »unvermeidlich« im zweiten Argument. Die Behauptung für sich genommen ist trivial. Als ethisches Argument vorgebracht, wäre es ein typischer Fall für einen Naturalistischen Fehlschluß. Im Kontext der Diskussion um die Naturzerstörung stellt sich aber die Frage, ob die Unvermeidlichkeit von Eingriffen in Naturvorgänge die Unvermeidlichkeit von Naturzerstörung rechtfertigt. Das Problem entsteht im Übergang von dem einen Ausdruck zum folgenden. Jede Naturzerstörung stellt einen Eingriff in Naturvorgänge dar, aber ist jeder Eingriff in Naturvorgänge auch Naturzerstörung? Die Behauptung läßt sich nicht umkehren, weil zwischen beiden Ausdrücken keine logische Äquivalenz besteht. Der Unterschied zwischen beiden besteht darin, daß der Ausdruck »Eingriff in Naturvorgänge« ethisch neutral ist, während der Ausdruck »Naturzerstörung« eine negative Bewertung enthält. Die Pointe der aktuellen Ökologiedebatte besteht darin, Natur aus einer ethischen Perspektive zu betrachten, die in der neutralen Formulierung »Eingriffe in Naturvorgänge« gerade umgangen wird. Um nicht in die Sein-Sollens-Falle zu tappen, fällt das »ethische Gewicht« ganz auf das Prädikat »unvermeidlich«. Es hat nicht die Funktion, »Eingriffe in Naturvorgänge« für »unvermeidlich« zu erklären, vielmehr richtet sich das Prädikat gegen eine hypertrophe ethische Forderung beziehungsweise Vorstellung. Was vermeidbar und was unvermeidlich erscheint, hängt nun davon ab, was wir für akzeptabel halten und was nicht. Die Prädikate »vermeidbar« und »unvermeidlich« verweisen in ethischen Diskursen auf alternative Entscheidungs- und Handlungsmöglichkeiten. Damit sind sie an bestimmte moralische Normen und Anschauungen gebunden. Die Rede von der Unvermeidlichkeit benennt also ein Thema, trägt aber zur Urteilsbildung solange nichts bei, wie das normative Fundament des Prädikats »unvermeidlich« nicht gesehen wird.

Grundsätzlich verkennt Taureck, daß das entscheidende Problem von modernen Ethiken nicht an der Frage festgemacht werden kann, ob es moralische Tatsachen gibt oder nicht. Die Argumentation für einen ethischen Realismus ist kein Selbstzweck, sondern

---

96 B. H. F. Taureck [1992], S. 293.
97 B. H. F. Taureck [1992], S. 295.

versucht positiv auf die Frage einzugehen, warum wir in unserem Handeln irgend etwas, jenseits unserer eigenen Interessen Liegendes berücksichtigen sollten. Sich dieser Frage zu stellen heißt zunächst, anderen Subjekten andere Interessen zuzugestehen, dann, diese anderen Interessen als für meine eigenen relevant anzusehen, und schließlich, anderen Subjekten die Forderung zuzugestehen, meine Interessen zu denjenigen der anderen in Beziehung zu setzen. Die eigenen Interessen, Absichten und Handlungen zu begründen setzt voraus, die Interessen anderer als legitim anzuerkennen. Diese Voraussetzung plausibel zu machen benennt ein zentrales Motiv jeder Ethik. Ethischer Relativismus setzt genauso auf die Notwendigkeit von Begründungen, kann aber selbst nur voraussetzen und nicht mehr explizieren, warum diese Notwendigkeit besteht. Würde er auf die letzte Frage eine Antwort suchen, hörte er auf – wie Taureck zurecht bemerkt – ethischer Relativismus zu sein.

1.5.3 Heiner Hastedt

H. Hastedts Habilitationsschrift »Aufklärung und Technik« bildet den derzeit komplexesten Versuch einer Technikethik. Mit seinem dort explizierten »Reflexionsmodell des Verhältnisses von Aufklärung und Technik« steht er in der Tradition seines Lehrers H. Schnädelbach.[98] Die zentralen Begriffe seines Modells lauten »Reflexion«, »anwendungsorientierte Ethik« und »inklusive Methode der anwendungsorientierten Ethik«. Reflexion wird im Anschluß an H. Schnädelbach verstanden als »Selbstthematisierung von Thematisierungsweisen«.[99] Der Primat der Reflexion ermöglicht die Unterscheidung zwischen einer Angewandten und anwendungsorientierten Ethik. Architektonisch bildet Hastedt sein Ethikmodell dem Aristotelischen Syllogismus nach.[100] Das Spezifische dieser Schlußform besteht darin, daß sie zwei Typen von Prämissen enthält, die in der *conclusio* miteinander in Verbindung gebracht werden: die *propositio maior*, in der allgemeine Regeln repräsentiert werden und die *propositio minor*, die Einzelfallüberlegungen enthält. Übertragen auf den technikethischen Bereich spricht Hastedt von der »inklusiven Methode« normativer Überlegungen und empirischer Technikfolgenabschätzung.[101] In dieser Form entspräche das Modell einem reinen Anwendungsmodell. Hastedt flexibilisiert und dynamisiert nun den Aristotelischen Syllogismus, indem er – anknüpfend an J. Rawls' Konzept des reflexiven Gleichgewichts – ein reflexives oder rückgekoppeltes Verhältnis zwischen Grundnorm und Einzelfall unterstellt.[102] An dieser Stelle treffen sich Hastedts Modell der »inklu-

---

98 H. Hastedt [1991], S. 20ff.; vgl. H. Schnädelbach [1977]; ders. [1986].

99 H. Hastedt [1991], S. 25; H. Schnädelbach [1977], S. 9.

100 H. Hastedt [1991], S. 107ff.

101 H. Hastedt [1991], S. 110: »Weder Handlungsregeln noch Einzelfallüberlegungen sind entbehrlich, weil bloße Regeln abstrakt und bloße Einzelfallüberlegungen desorientierend sind. *Informiertheit ohne Nachdenklichkeit ist blind, Nachdenklichkeit ohne Informiertheit ist leer*, könnte das an Kant angelehnte Motto der inklusiven Methode einer Ethik der Technik lauten.«

102 Vgl. H. Hastedt [1991], S. 111ff.: »Mit Hilfe des Konzeptes des reflexiven Gleichgewichtes kann dann insgesamt die methodische Starrheit des aristotelischen Syllogismus [...] aufgegeben werden. Der aristotelische Syllogismus wird dann selbst reflexiv gefaßt, wenn bei einem fehlenden reflexiven Gleichgewicht zwischen dem syllogistischen Schluß und den geklärten Einzelintuitio-

siven Methode« mit dem der »normenbildenden Anwendung« von K. Bayertz und dem des »Normenrelativismus« von B. H. F. Taureck.

Einem (Neo-)Aristotelismus entgeht Hastedt, indem er zwischen formalen, inhaltlichen und pragmatischen Regeln unterscheidet. Die ersten bilden normative Prinzipien, wie etwa das Universalisierungsprinzip der Diskursethik. Die inhaltlichen Prinzipien gewinnt Hastedt, indem er J. Rawls' eher formale Grundprinzipien von Gerechtigkeit inhaltlich mit Prinzipien des guten Lebens kombiniert, und damit zu fünf Prinzipien gelangt, die durch einen absteigenden Grad an Allgemeinheit gekennzeichnet sind.[103] Pragmatische Regeln betreffen Fragen der Durchsetzbarkeit vor dem Hintergrund empirischer Technikfolgenabschätzung. Die Attraktivität dieses Modells beruht darauf, daß es sich auf der einen Seite hermeneutischer Überlegungen verpflichtet weiß, das heißt der Ethik keine Metaposition zuordnet, von der aus alles menschliche Handeln als objektiv erscheint, ohne dabei auf der anderen Seite einer »Apologie des Zufälligen« zu verfallen, indem es am Primat der Reflexion festhält.[104] Das Besondere des Modells anwendungsorientierter Ethik muß darin gesehen werden, daß es selbst noch einmal im Hinblick auf normative und begriffliche Vorannahmen reflektiert werden kann.[105] Die Lösung der spezifischen Anwendungsproblematik besteht in der Erweiterung des Anwendungsmodells um einen Zwischenschritt in Form inhaltlicher Prinzipien.

Die Verfahren von Taureck, Bayertz und Hastedt können als sukzessive Konkretisierung allgemeiner Regeln beschrieben werden. Während Taureck von der praktischen Anwendungsebene ausgehend für einen Normenrelativismus plädiert, votieren Bayertz und Hastedt aus entgegengesetzter Perspektive für ein produktives, rückgekoppeltes Normengenerierungsverfahren. Allen Ansätzen gemeinsam ist die Gewichtsverlagerung von einer eher grundlagenorientierten zu einer verstärkt anwendungsorientierten

---

nen die Prämissen und das Schlußverhältnis neu thematisiert und eventuell revidiert werden« (a. a. O., S. 114).

103 H. Hastedt [1991], S. 252f., 256f. Die fünf normativen Prinzipien lauten: 1. Vereinbar mit Grundfreiheiten, 2. Förderlich für Grundfreiheiten, 3. Förderlich für soziale Gerechtigkeit, 4. Gleiche Berücksichtigung zukünftiger Generationen, 5. Gutes Leben. Ihre Anwendung ist wiederum bezogen auf fünf Verträglichkeitsdimensionen: 1. Gesundheit, 2. Gesellschaft, 3. Kultur, 4. Psyche, 5. Umwelt. Prinzipien und Verträglichkeitsdimensionen bilden zusammen eine Suchmatrix, die so anzuwenden ist, »daß bei einer Technik zu fragen ist, ob diese Technik in den jeweiligen Verträglichkeitsdimensionen mit den jeweiligen Prinzipien vereinbar ist« (a. a. O., S. 257).

104 H. Hastedt [1991], S. 284, betont die verschiedenen Ebenen, auf denen das Reflexionsmodell Anwendung findet. Die Ausgangsdiagnose lautet: »Wir leben in einer modernen Gesellschaft mit funktional differenzierten Subsystemen ohne normatives Zentrum der Techniksteuerung, so daß Moral nicht als systemübergreifend, sondern nur als Bedingung der Achtung und Mißachtung eingelagert in die Systeme gedacht werden kann.« Neben den Ebenen der anwendungsorientierten Ethik und der Institutionalisierung einer Ethik der Technik betont Hastedt schließlich den »Vorrang der Reflexion als Widerstandsermöglichung gegen Institutionen«.

105 Vgl. H. Hastedt [1991], S. 284: »Die Kriterien der Reflexion lassen sich dabei selbst wiederum nicht methodisch einholen. Vielmehr können sich für die Urteilskraft im Zusammenspiel der diversen Ebenen und der gesellschaftlichen Realität Gesichtspunkte ergeben, die bisher kriteriell noch nicht berücksichtigt sind.«

Methodik in der Ethik. Die Gewichtung der Elemente ist bei Bayertz und Hastedt mehr begründungsorientiert, bei Taureck eher auf Anwendungsfragen bezogen.

1.5.4 Johannes Rohbeck

Einen radikaleren Weg versucht J. Rohbeck mit dem von ihm entwickelten Modell einer »technologischen Urteilskraft«. Er stellt in seinem gleichnamigen Buch die Frage, »ob die bisherige Unterscheidung zwischen ›angewandter‹ und ›theoretischer‹ Ethik überhaupt noch sinnvoll ist und ob die damit verbundene Trennung von Anwendung und Begründung noch gerechtfertigt werden kann«.[106] Auch die Versuche von Hastedt und Bayertz bleiben Rohbeck zufolge dem Muster der Anwendung verhaftet, bei dem die allgemeinen Normen weiterhin den Ausgangspunkt bilden und die Lebenspraxis das Nachgeordnete bleibt.[107]

Rohbeck orientiert sich ebenso wie die vorher genannten Autoren stark an dem Kantischen Begriff der Urteilskraft. Seine »technologische Urteilskraft« kann als Übertragung der »reflektierenden Urteilskraft« Kants[108] auf das Gebiet der Technik gelesen werden. Sein Ziel besteht darin, die Beziehung zwischen technischer und wertender Vernunft nicht als äußerliche oder hierarchische zu begreifen, sondern als ein doppeltes Reflexionsverhältnis.[109] Auch er betont das Wechselverhältnis von Normenfindung und Anwendung, wählt aber einen entgegengesetzten Weg. Während die eben erwähnten Modelle von einem ethischen Standpunkt aus entwickelt werden, bilden bei Rohbeck Überlegungen zur Technik den Ausgangspunkt. Während Taureck zweckrationale Elemente auf dem Gebiet der Ethik diagnostiziert, geht es Rohbeck um die Er-

---

106 J. Rohbeck [1993], S. 260.

107 J. Rohbeck [1993], S. 269: »Aber gerade in dieser Art *Anwendung* sehe ich nach wie vor die entscheidende Schwierigkeit. Denn der Begriff der Anwendung impliziert immer noch eine festgelegte Reihenfolge, innerhalb der *zuerst* moralische Normen begründet werden, um sie *dann* auf die Lebenspraxis zu beziehen. Es geht lediglich darum, wie vorher fixierte und moralisch gerechtfertigte Zielvorstellungen unter den gegebenen technologischen Bedingungen am besten realisiert werden können. Dieses Grundschema ändert sich auch durch kein noch so verfeinertes Anwendungsverfahren. Der Zwei-Welten-Theorie korrespondiert nunmehr eine Zwei-Stufen-Ethik. Auf solche Weise wird die teleologische Perspektive im wesentlichen fortgeschrieben.« (Vgl. a. a. O., S. 262).

108 Siehe oben den Abschnitt »Angewandte Ethik«. J. Rohbeck [1993], S. 271ff., wirft der Angewandten Ethik vor, dem kantischen Subsumtionsmodell der »bestimmenden Urteilskraft« zu folgen. Diese entspricht – wie Rohbeck im Anschluß an Hegel formuliert – einer »äußerlichen Reflexion«, die dadurch gekennzeichnet ist, daß sie wohl auf technologische Probleme reagiert, ohne dabei allerdings auf deren Inhalte einzugehen. Diese werden demgegenüber in der »bestimmenden Reflexion« thematisiert. Erfahrungen mit technischen Handlungsmöglichkeiten führen zu konkreten Bestimmungen von Zielvorstellungen.

109 J. Rohbeck [1993], S. 285, vgl. S. 22 und 244ff. Rohbeck wendet sich explizit gegen die häufig unterstellte kompensatorische Funktion der Diskursrationalität. Einerseits führt eine Überkompensation zu einem verkürzten Bild technischer Rationalität, andererseits besteht die Gefahr der Subsumtion technischer Rationalität unter die Diskursrationalität.

weiterung der technischen Rationalität um die normative Dimension einer Ethik der Technik.[110]

Das Programm lautet »Kritik des teleologischen Handlungsmodells« mit dem Ziel einer »Rehabilitierung des Mittelbegriffs«.[111] Das Dilemma besteht nach Rohbeck in einem dualistischen Verständnis von Vernunft, der Wert- und der Zweckrationalität. Ein solcher Dualismus ist nur verständlich, wenn ein teleologisches Handlungsmodell unterstellt wird, wie es Aristoteles paradigmatisch mit seinem praktischen Syllogismus entwickelt hat.[112] Wenn also – umgekehrt – eine Vermittlung beider Vernunfttypen[113] angestrebt wird, bedarf es einer Überwindung des teleologischen Handlungsmodells, wenigstens eines solchen, das die Beziehung zwischen Zweck und Mittel als strenge Ursache-Wirkungs-Relation auffaßt.[114] Eine Depotenzierung dieses Schemas führt grundsätzlich über eine Relativierung des Zweckbegriffs zu einer Stärkung des Mittelbegriffs. Indem Rohbeck das nach teleologischem Denken hierarchische Verhältnis beider Rationalitätstypen in eines gegenseitiger Bedingtheit transformiert, überwindet er den beklagten Dualismus.[115]

Praktisch sichtbar wird diese gegenseitige Bedingtheit in der »Interdependenz zwischen technologischer Entwicklung und Wertewandel«.[116] Damit wird unterstellt, daß neue technische Handlungsmöglichkeiten neue moralische Probleme hervorrufen, weil die – aufgrund der Verflechtung: notwendig hervorgerufenen – Veränderungen in der Lebenspraxis einen Wertewandel nach sich ziehen.[117] Dieses Nach-sich-Ziehen ist temporal im Sinne von »nachträglich« gemeint, insofern jede neue Situation »unerwartete Lücken der Orientierung« entstehen läßt.[118] Auf der anderen Seite wird das gegenseitige Bedingungsverhältnis in dem Tatbestand sichtbar, daß nicht nur die Probleme im Kontext technologischer Entwicklungen auftauchen, sondern der Rahmen ethischer Lösungsansätze ebenfalls »vom jeweils zur Verfügung stehenden Ensemble technischer Mittel strukturiert wird«.[119] Aufgrund des so rekonstruierten reflexiven Verhältnisses

---

110 J. Rohbeck [1993], S. 280.

111 J. Rohbeck [1993], S. 22f. und 204.

112 Vgl. J. Rohbeck [1993], S. 202f. Ein solches Handlungsverständnis wirft Rohbeck auch der neueren Technikphilosophie, etwa den Autoren H. Sachsse, H. Lenk, F. Rapp und G. Ropohl vor. Die genannten Autoren verfolgen damit nach Rohbeck eine technikapologetische Absicht, indem ihnen das teleologische Handlungsmodell eine Möglichkeit an die Hand gibt, Technik als Mittel zur Erreichung außertechnisch festgelegter Zwecke zu begreifen. Aber auch technikkritische Positionen huldigen häufig diesem Modell, lediglich die Begriffe werden anders besetzt.

113 Vgl. M. Weber [1921], S. 18, der vier Vernunfttypen unterscheidet und ausdrücklich von einer idealtypischen Klassifikation spricht.

114 Vgl. dazu N. Luhmann [1973], bes. S. 7 – 54 und 266ff.

115 J. Rohbeck [1993], S. 285, betont, daß es ihm nicht um eine Nivellierung der Differenz zwischen beiden Vernunfttypen gehe, sondern um die konkrete Vermittlung beider in jeder Handlung. Es wird später noch eingehender diskutiert werden, ob und wie eine solche Vermittlung möglich ist.

116 J. Rohbeck [1993], S. 261.

117 J. Rohbeck [1993], S. 269.

118 Ebd.

119 J. Rohbeck [1993], S. 270. »Man kann sagen, unsere Zielvorstellungen werden in diesem Sinne technologisch überformt.«

von Technik und Moral fordert Rohbeck nun ebenfalls eine »reflexive Ethik«.[120] Die wesentliche Aufgabe einer solchen Ethik besteht in einer Vermittlungsleistung – der »bestimmenden Reflexion« –, wie der Autor am Beispiel des Bedeutungswandels der Begriffe »Natur«, »Gesundheit« und »natürlicher Tod« expliziert.[121] Wenn die »zweite Natur« durch die modernen Technologien gefährdet ist, kann die Lösung nicht in einer vor dem Hintergrund eines romantischen Naturbegriffs gewonnenen Strategie gefunden werden, denn diese bliebe der faktischen Situation, das heißt den Umständen ihres Zustandes, nur äußerlich. Vielmehr ist nur eine ebenfalls technologische – Rohbeck spricht von einer »produktiven« – Wiederherstellung des gestörten Reproduktionsprozesses möglich. Welche Wertvorstellungen nun in dieses Modell einer »dritten Natur« eingehen, hängt vom jeweiligen Stand der Technik ab. Das gleiche gilt für unseren zunehmend »denaturalisierten« Gesundheitsbegriff. Der Wandel unserer Vorstellungen von Gesundheit, die wesentlich geprägt sind durch das Anwachsen der medizintechnischen Möglichkeiten, erfordert einen »technologisch erweiterten Gesundheitsbegriff«. Technologische Urteilskraft erfordert also ein zweigeteiltes Verfahren.[122] In einem ersten Schritt geht es um die Frage der Technikbewertung, welche Wirkungen technische Systeme haben. Dies geschieht vor dem Hintergrund moralischer Einstellungen und Normen, die den gesellschaftlichen Konsens widerspiegeln. Daran schließt sich die eigentliche Zielreflexion an, die die vorhergehenden Werturteile problematisiert und somit die Möglichkeit der eigenen Modifikation mit einschließt.

Allen hier vorgestellten Autoren geht es um eine Dynamisierung des ethischen Reflexionsprozesses. Diese Dynamisierung kann gleichzeitig als Historisierung ethischer Normen und Normenbildungsprozeduren und als Soziologisierung des Vermittlungsprozesses von ethischer Norm und Lebenswirklichkeit begriffen werden. Allen Modellen gemeinsam ist die Vorstellung eines rückgekoppelten Verfahrens, das die Einheit von ethischer Normenbildung und Lebenswirklichkeit voraussetzt. Unterschiede bestehen in der jeweils verschiedenen Gewichtung der in dem System interagierenden Bereiche.

---

120 J. Rohbeck [1993], S. 269ff. Diese Ethik will Rohbeck nicht als Relativismus mißverstanden wissen. Gefordert sei lediglich die Aufgabe zeitunabhängiger Prinzipien zugunsten situationsabhängiger Normen. Ebenso brauche nicht auf die Unterscheidung zwischen Begründung und Anwendung moralischer Normen verzichtet werden. Allerdings werden beide in ein neues Bestimmungsverhältnis gesetzt: »Es handelt sich jeweils nur scheinbar um ein reines Anwendungsproblem, weil die Applizierung zugleich die Prinzipienfrage berührt. Anstatt Prinzipien ›bloß anzuwenden‹, soll sich die Beurteilung konkreter Handlungsmöglichkeiten nun auf die Formulierung allgemeiner Maßstäbe rückbeziehen. In solcher wechselseitiger Bestimmung sehe ich die Möglichkeit einer Vermittlung von Moral und wissenschaftlich-technischer Zivilisation.«

121 Vgl. J. Rohbeck [1993], S. 273ff.

122 J. Rohbeck [1993], S. 278f.

Die vorangegangenen Abschnitte galten dem Ziel, einige – vor allem methodische – Schwachstellen verschiedener Modelle Angewandter Ethik sichtbar werden zu lassen.[123] Es stellte sich heraus, daß ein schlichtes Anwendungsmodell zu kurz greift. Angewandte Ethik wird hier im Sinne »angewandter Wissenschaften« verstanden. A. C. Caplan hat dieses instrumentalistische Verständnis von Angewandter Ethik – er spricht vom »engineering model« – genauer analysiert.[124] Drei Prämissen prägen dieses Modell: erstens ein den Beteiligten bekanntes Wissen, zweitens die Anwendung des Wissens als Deduktion aus Theorien relativ zu empirischen Fakten und drittens die Wertfreiheit der Deduktion. Der praktische Ethiker fungiert als Vermittler zwischen moralischen Theoretikern und ausführenden Praktikern. Er hat die Aufgabe, ethische Theorien, die den Status von Informationen erhalten, mit empirischen Daten, die ihm die praktischen Problemstellungen vorgeben, zu kombinieren. Caplan kritisiert zurecht, daß die Konzentration auf das Lösen von Problemen die eigentliche Aufgabe von Moralphilosophie verkennt, zumindest stark verkürzt.[125] Moralphilosophie verliert die Aufgabe – aber auch jede Möglichkeit, Zwecke zu formulieren und Normen zu generieren.

Der entscheidende Einwand gegen ein reines Anwendungsmodell liegt in seiner hermeneutischen Verkürzung. Moralische Normen sind prinzipiell interpretationsbedürftig, das heißt die Anwendbarkeit von Normen verdankt sich nicht der Norm selbst, sondern einer diesbezüglichen Interpretationsleistung.[126] Diese kann aber nur dann gelei-

---

123 Hingewiesen sei an dieser Stelle auf die Überlegungen von H. Krings [1985], S. 11, der einen dreiteiligen Fragenkatalog präsentiert, dem sich Wissenschafts- wie Technikethik kaum entziehen können, und auf die Gedanken M. Kettners [1992a], S. 13ff., der drei strukturelle Dilemmata praktischer Ethik diagnostiziert, ein theoriearchitektonisches, ein begründungstheoretisches und ein ideologisches Dilemma.

124 A. C. Caplan [1982]. Vgl. B. H. F. Taureck [1992], S. 158ff. Zur Kritik am »engineering model« vgl. auch E. Martens [1988]; ders. [1989].

125 »Dieses Modell erniedrigt den anwendenden Ethiker zu einem beständigen Vermittler zwischen starken moralischen Theoretikern und erforderlichen Praktikern. Es übersimplifiziert die Aufgabe ethischer Analyse durch eine Gleichung mit der mechanischen Anwendung von theoriebegründeten axiomatischen Prinzipien auf vorverpackte Fälle. Es ermutigt eine verdächtige Ansicht von Ethik, die nur in dem Verfahren zur Erzeugung nachträglicher Rechtfertigungen für vorherrschende normative Ansichten besteht, indem es die technische Natur der Expertise des Moralphilosophen unterstreicht.« (A. C. Caplan [1982] übers. v. B. H. F. Taureck, in: Ders. [1992], S. 159f.).
Die hier aufgeworfene Problematik erinnert an die alte philosophische Kontroverse zwischen der Sophistik und der platonisch-sokratischen Philosophie sowie der des Aristoteles. Zu der Kritik an einer »sophistischen Sozialtechnik«, die eine »Technifizierung der Praxis« zur Folge hat, vgl. R. Bubner [1982], S. 66ff.

126 C. Hubig [1993a], S. 66f., verweist in diesem Zusammenhang auf die aristotelische Kritik an der platonischen Ideenlehre (EN I, 1096a 22ff.). M. Kettner [1992a], S. 16f., spricht im Anschluß an P. E. Devine von der »Unterbestimmtheit« aller nichttrivialen moralischen Aussagen. Dependenzkonzeptionen verkennen »nachweisliche Unterschiede zwischen Begründung und Anwendung (einer Norm), genauer: sie verkleinern unangemessen den diskurstheoretischen Unterschied zwischen einerseits der Art von Gründen, mit denen – schon vorgeschlagene oder vorliegende – plausibel-gültige Normen (oder andere präskriptive Gehalte) auf Richtigkeit, das heißt unter dem Anspruch der Konsentierbarkeit unter allen Betroffenen als Teilnehmern eines praktischen Dis-

stet werden, wenn das Anwendungsverfahren selbst als produktiver – und damit letztlich: normengenerierender oder -modifizierender – Prozeß verstanden wird. Eine hermeneutische Sichtweise legt darüber hinausgehend nahe, den Prozeß des Interpretierens selbst als historisch kontingenten zu begreifen. Diesem Prozeß entgeht auch die jeweilige Norm vermittels Interpretation und Rückkoppelung nicht. Es ist der Mangel eines instrumentalistischen Verständnisses, moralische Normen und ethische Prinzipien analog zu normierten Werkzeugen zu betrachten. Dieses statische Verständnis kommt allerdings nicht zufällig zustande. Es wird provoziert durch eine Betrachtungsweise, die erstens ausschließlich bei dem praktischen Problem beginnt, zweitens das Problem immer als ein technisch oder strategisch zu lösendes ansieht und drittens die eigene Interpretationsleistung, eben das Problem als technisches zu identifizieren, übersieht.

Eine zweite Schwierigkeit taucht im Zusammenhang von G. Meggles Begründung der Notwendigkeit von Angewandter Ethik auf. Sein Argument lautete: Um der Dringlichkeit der Probleme gerecht zu werden, muß die kontroverse ethische Debatte ausgeblendet und einstweilen mit dem faktischen Konsens in konkreten Fragen vorlieb genommen werden. Anders formuliert: wenn die anstehenden Probleme gelöst werden sollen, dann muß auf den ethischen Begründungsrekurs verzichtet werden. Thema Angewandter Ethik ist – positiv gewendet – das Auffinden von Mitteln und Wegen zur Erreichung des vorgegebenen Zwecks, die Lösung der anstehenden und aufgeworfenen Probleme. Meggles Definition Praktischer Ethik lautet entsprechend: das Erreichen dessen, »was unter den gegebenen Bedingungen und in den gegebenen Handlungssituationen das Beste ist – kurz das Bestmögliche«. Hier werden sowohl die Situation als auch der Rahmen möglicher Handlungsoptionen als gegeben vorausgesetzt. Das »Bestmögliche« wird in der Form von »wenn-dann«-Sätzen formuliert: Wenn die Bedingungen X gegeben sind und die Situation Y vorliegt, dann muß Z getan werden, um das Bestmögliche zu erreichen. Praktische Ethik formuliert nach diesem Verständnis hypothetische Imperative. Sie stellen nach Kant »die praktische Notwendigkeit einer möglichen Handlung als Mittel, zu etwas anderem, was man will, zu gelangen vor.«[127] Weitergehend differenziert er zwischen Imperativen der Geschicklichkeit und Imperativen der Klugheit. Erstere formulieren Regeln der Geschicklichkeit und heißen auch technische Imperative. Als Beispiel nennt Kant den Arzt und den Giftmischer. »Ob der Zweck vernünftig und gut sei, davon ist hier gar nicht die Frage, sondern nur, was man tun müsse, um ihn zu erreichen.« In Hinsicht darauf sind die Vorschriften, so räsoniert Kant, für beide »von gleichem Wert, als eine jede dazu dient, ihre Absicht vollkommen zu bewirken«.[128] Eine solche Strategie bedeutet eine Instrumentalisierung von Moral und ethischer Reflexion und damit schlicht ihre Suspendierung. Aus dieser Suspendierung von Ethik wiederum folgt die Blindheit gegen-

---

kurses, geprüft werden, und andererseits der Art von Gründen, mit denen – angesichts eines konkret sich stellenden Problems – moralisierbare Aspekte aufgedeckt, anwendbare Normen selegiert, relevante Problembezüge ausgezeichnet werden.«

127 I. Kant, GMS BA 39.

128 I. Kant, GMS BA 42.

über dem Gegebenen. Die scheinbare Unabhängigkeit von ethischer Reflexion wird erreicht um den Preis einer Diktatur des Faktischen.[129]

Eine dritte Schwierigkeit ergibt sich aus der weitergehenden Behauptung, Angewandte Ethik könne als autonome Konzeption ethische Grundsatzreflexion überflüssig machen beziehungsweise ersetzen. Der Verzicht auf oberste Prinzipien stellt eine konsequente Reaktion auf die zuerst diskutierten Schwierigkeiten im Zusammenhang mit dem Anwendungsverfahren dar. In Meggles Argumentation rückt der empirische Tatbestand des Funktionierens an die Stelle moralischer Grundnormen oder oberster Prinzipien. Eine solche Position wirft eine Reihe schwerwiegender Probleme auf. Zuerst setzt sie sich dem Vorwurf des Naturalistischen Fehlschlusses aus. Dieser – von G. E. Moore als Standardargument gegen eine auf das scholastische *ens et bonum convertuntur* zurückgehende naturalistische Ethik vorgebrachte – Einwand geht auf den von D. Hume diagnostizierten Sein-Sollens-Fehlschluß zurück. Er behauptet die Unzulässigkeit des Übergangs von deskriptiven zu normativen Aussagen.[130] Aus »Ist«-Aussagen können keine »Sollens«-Sätze im Sinne moralischer Aufforderungen oder Normen abgeleitet werden. Dieser Ableitungsfehler liegt dann vor, wenn Angewandte Ethik ihre normativen Ansprüche allein damit begründet, daß diese erfolgreich oder zumindest erfolgversprechend seien. Die faktische Funktionsfähigkeit hat den Status eines technischen

---

129 M. Kettner [1992a], S. 22, spricht an dieser Stelle von einem »strukturellen Konservatismus« als Folge eines ethischen Relativismus.
Die Behauptung von der Diktatur des Faktischen ist ein Standardvorwurf der Diskursethik gegenüber dem sogenannten Neoaristotelismus. K.-O. Apel, K. Bayertz, E. Tugendhat und andere haben auf Affinitäten zwischen einer bestimmten Richtung Angewandter Ethik und Neoaristotelismus hingewiesen. An der Ethos-Ethik des Neoaristotelismus lassen sich die politischen Konsequenzen ablesen, die auch einem bestimmten Typ Angewandter Ethik eigen sind: die Legitimation des Bestehenden durch das Berufen auf *common sense*. Vgl. dazu bes. H. Schnädelbach [1986].
Vgl. die Auseinandersetzung zwischen E. Tugendhat [1978] und H. Lübbe um eine angemessene Pädagogik. Die Kernthese von Lübbes »9 Thesen zur Erziehung« – die, unter anderem von G. Mann und R. Spaemann unterschrieben, vom Kultusministerium Baden-Württembergs an alle Lehrerinnen und Lehrer des Bundeslandes verteilt wurden – lautet: Entgegen einer Pädagogik, die die Wahrnehmung der eigenen Interessen und die Hinterfragbarkeit von »Vorgegebenheiten« zu ihren Zielen erklärt, sei an einer Erziehung festzuhalten, die sich »mit Vorgegebenheiten in Übereinstimmung befindet« und deren Vermittlung zum obersten Ziel erklärt. Tugendhat kritisiert nun, daß die für Kant in seiner Aufklärungsschrift konstitutive Vorstellung von der Mündigkeit ad absurdum geführt würde und mit ihr zugleich diejenige von Autonomie und Selbstentfaltung. Eine an C. Schmitt und an der Hegeldeutung im Gefolge von J. Ritter orientierte Pädagogik, die an »Fleiß, Disziplin und Ordnung« appelliert, macht »damit den Typus Adolf Eichmann zur Zielnorm der Erziehung« (E. Tugendhat [1978], S. 24). Vgl. auch E. Tugendhat [1993], S. 206ff.
Neuerdings richtet sich dieser Vorwurf zunehmend gegen die Arbeit von Ethikkommissionen. M. Barth [1995] spricht in diesem Zusammenhang von einer »Serviceethik«, deren Aufgabe zur reinen »Benennungskunst« – nach dem Motto »*satisfaction guaranteed*« – verkommen sei. Vgl. dazu auch die kritischen Bemerkungen von S. Etzold [1995] zu dem von L. Honnefelder und C.-F. Gethmann geführten »Institut für Wissenschaft und Ethik« in Bonn.
130 D. Hume, *An Enquiry Concerning the Principles of Morals*, Buch III, Abschnitt I 1; G. E. Moore [1970], cp. 1, B. 14.
H. Jonas [1979], S. 157ff., hat die Plausibilität dieses Argumentes mit der Postulierung einer Naturteleologie angezweifelt. Vgl. dazu M. Graf-Buhlmann [1994] und kritisch H. Hastedt [1991], S. 167ff.

50

oder pragmatischen Arguments, kann aber prinzipiell nicht zur Begründung moralischer Normen herhalten. Hier wird Vernünftigkeit mit Faktizität verwechselt. Pointiert formuliert: Besteht der Sinn moralischer Normen darin, Handlungsorientierungen zu geben, um die Wirklichkeit diesen gemäß zu gestalten, führt der Rückzug auf Fakten in den Relativismus. Möglich ist, was eben möglich ist. Technische oder pragmatische Motive verbleiben als einzige Gründe, die ein Engagement noch rechtfertigen können. Moralphilosophie wird damit auf eine Disziplin reduziert, die anderen technischen Disziplinen gleichgestellt ist und zu ihnen in Konkurrenz tritt. Mit dem Verzicht auf eine moralische Normierung wird Ethik zur »strategisch ausbeutbaren Ressource«.[131]

Diese unangemessene Bescheidenheit von Praktischer Ethik wird kompensiert mit einem übersteigerten Selbstbewußtsein auf der anderen Seite. Unser fiktives Beispiel eines ethischen Diskurses machte deutlich, daß moralische Probleme nicht allein auf der pragmatischen Ebene gelöst werden können. Probleme, bei denen dies der Fall ist, sind eigentlich gar keine moralischen Probleme.[132] Bei jeder scharfen Interessen- oder Pflichtenkollision versagt entweder das pragmatische Modell oder schlägt in einen wie immer gearteten Sozialdarwinismus um.[133] Darüber hinaus muß nachdrücklich betont werden, daß eine große Anzahl der angesprochenen Probleme den Rahmen pragmatischer Lösungsmöglichkeiten sprengen und von sehr grundlegender Tragweite sind.

Die vierte Schwierigkeit ergibt sich daraus, daß Angewandte Ethik in Analogie zu empirischen Wissenschaften eine unabhängige Beobachterperspektive einzunehmen vorgibt.[134] Eine solche Sichtweise verkennt – wie gezeigt – den parallel zum hermeneutischen Zirkel bestehenden moralischen Zirkel, mit dem jede Angewandte Ethik notwendig konfrontiert wird.[135] Dies gilt in zweifacher Weise. Einerseits muß Anwendung als ein »produktives« Verfahren begriffen werden, das selbst eine moralische Dimension aufweist. Andererseits findet Angewandte Ethik mit ihrem Gegenstand keinen moralfreien Raum vor, der überhaupt erst moralisch zu füllen wäre. Damit würde die von MacIntyre betonte Gefahr der Ideologisierung völlig übersehen. Indem Angewandte Ethik moralische Prinzipien auf konkrete Fälle anwendet, kollidiert sie häufig mit vorliegenden Moralvorstellungen. Dies ist jedenfalls immer dann der Fall, wenn aus einer Problemsituation heraus für eine Praktische Ethik votiert wird. Denn die Charakterisierung einer Situation als problematisch in einem moralischen Sinne verweist – *per definitionem* – niemals nur auf ein Sachproblem, sondern ganz wesentlich auf konfligierende Moralvorstellungen.

---

131 M. Kettner [1992a], S. 17, kritisiert, daß Praktische Ethik in diesem Zusammenhang »zu bescheiden« sei.

132 Diese werden – wie gesagt – gerade durch Situationen hervorgerufen, in denen verschiedene Moralvorstellungen kollidieren, und nicht durch solche, in denen es allein um die Umsetzung einer bereits bestehenden Übereinstimmung geht.

133 Vgl. K.-O. Apel [1986a], S. 184f.

134 Vgl. P. Singer [1984], S. 22.

135 Der hier behauptete moralische Zirkel ist nichts weiter als die Einsicht, daß der Mensch immer auf ein vorgegebenes, nicht selbst hervorgebrachtes Ethos trifft und sich aneignet, *bevor* er überhaupt in die Lage kommt, dieses zu reflektieren. Vgl. mit Blick auf Aristoteles: O. Höffe [1979], S. 49ff.

Die hier unterstellte Kollision verschiedener Moralvorstellungen, auf die Angewandte Ethik trifft, betont die Unverzichtbarkeit der Begründungsfrage. Gegenstand der Begründung moralischer Normen sind Handlungsaufforderungen und nicht Tatsachenbehauptungen. Es wird oft übersehen, daß eine Begründung präskriptiver Sätze nicht die Gültigkeit oder Wahrheit des zu Begründenden zu erweisen hat, sondern vielmehr die Anerkennung der Geltung oder das »Für-gültig-Halten«.[136] Anerkennung der Geltung ist zu unterscheiden von einer bloß faktischen Anerkennung. Letztere ist eine Aussage über die tatsächlich vorhandene, beobachtbare soziale Geltung von Normen. Erstere geht darüber hinaus, indem sie sich affirmativ zu der sozialen Geltung verhält in dem Sinne, daß die zur Debatte stehenden Normen als berechtigt oder legitim anerkannt werden.[137] Der in unserem Zusammenhang entscheidende Aspekt besteht darin, daß im Falle der faktischen Anerkennung die Möglichkeit zur Distanzierung besteht, während im anderen Fall gerade eine Identifikation mit der fraglichen Norm gefordert ist.[138] Bei der Begründung moralischer Normen geht es also nicht um die Konstatie-

---

136 W. Kuhlmann [1989], S. 24.

137 Vgl. M. Weber [1921], cp. I, §§ 4ff., der im Rahmen seiner Erläuterungen zum Legitimitätsbegriff zumindest zwei Bedeutungen von »Geltung« nahelegt. Weber formuliert: »Handeln, insbesondere soziales Handeln und wiederum insbesondere eine soziale Beziehung, können von seiten der Beteiligten an der *Vorstellung* vom Bestehen einer *legitimen Ordnung* orientiert werden. Die Chance, daß dies tatsächlich geschieht, soll ›Geltung‹ der betreffenden Ordnung heißen.« (a. a. O., cp. I, § 5, S. 16). »Geltung« einer Ordnung kann nun – wie V.-M. Bader [1989] im Anschluß an J. Winckelmann und J. Weiß ausführt – einerseits »Hingabe an wertrational geglaubte Normen« (M. Weber [1921], S. 15), also tatsächliche subjektiv wertrationale Bejahung bedeuten, und andererseits faktische Orientierung an normierender Ordnung etwa im Sinne des »›Gelten[s]‹ der Ordnung (Dienstreglement) als Gebot (a. a. O., § 5, 1. Zusatz, S. 16), als geltende »Konvention« oder geltendes »Recht« (a. a. O., cp. I, § 4, 2. Zusatz, S. 15). Die gleiche Doppeldeutigkeit gilt auch für Webers Begriff der Legitimität. Legitimität einer Ordnung beruht einerseits zumindest für einen Teil der Handelnden darauf, daß ihnen Ordnung »als vorbildlich oder verbindlich und also gelten *sollend* vorschwebt.« (a. a. O., cp. I, § 5, Zusatz 2, S. 16). Andererseits kann Legitimität und Legitimitätsgeltung völlig unabhängig von einer spezifischen wertrationalen Orientierung gedacht werden (vgl. a. a. O., cp I, § 6, S. 17f.; cp. III, §§ 1-3, S. 122ff.; vgl. M. Weber [1922], S. 475 – 488).»›Legitimität‹ wird einfach synonym mit objektivem, normiertem Geltungsanspruch einer Ordnung, an welchem sich die Handelnden, aus welchen Gründen auch immer, tatsächlich orientieren. In diesem Sinne kann nicht nur eine Ordnung, sondern auch deren Legitimität traditionell, affektuell und ›rein äußerlich‹ zweckrational durch reine Interessenlage ›garantiert‹ sein.« (V.-M. Bader [1989], S. 301).

138 W. Kuhlmann [1989], S. 25ff., hat diese Differenz analysiert. Thesen wie »x ist wirklich geboten«, »wir sollen wirklich x tun« oder »x ist wirklich gut« sind in doppelter Weise zweideutig. Die Äußerung »x ist wirklich geboten« kann in der einen Hinsicht verstanden werden entweder im Sinne der faktischen Geltung als »es hat wirklich jemand x befohlen«, oder im Sinne der Anerkennung der Geltung als »x ist wirklich zu Recht geboten«. Während der Sprecher im ersten Fall das in der Proposition seiner Äußerung benannte x nicht anerkennen muß – »ich halte jedoch x für unsinnig« –, ist er im zweiten Fall, also bei einem präskriptiven Verständnis der Ausgangsthese genötigt, das x als richtig anzuerkennen. Nun kann der Satz »x ist zu Recht geboten« wiederum als wahrheitsfähige Aussage über einen Sachverhalt verstanden werden: »Das Gebot von x stimmt tatsächlich mit dem Moralprinzip überein«. Der Sinn der Aussage hängt jedoch davon ab, daß dasjenige, womit sie übereinstimmen soll, selbst nicht wahr, sondern normativ richtig ist. »Wesentlich aber ist hier allein der Geltungsmodus und Geltungsanspruch des Moralprinzips selbst, und der ist: Richtigkeit und als solcher verschieden von Wahrheit« (a. a. O., S. 26). Zum Begriff der normativen Richtigkeit vgl. J. Habermas [1972a], S. 144ff.; kritisch dazu K.-H. Ilting [1976], ders. [1982]; E. Tugendhat [1993], S. 19f., Anm. 3 sowie J. Fischer [1994], S. 98ff.

rung von Tatsachen, sondern um die persönliche und interpersonale Anerkennung und Billigung von Normen.[139] Genau auf diese Form der Anerkennung wird aber durch die Einnahme der Beobachterperspektive verzichtet. Von einer solchen Metaposition aus lassen sich lediglich Aussagen über Sachverhalte machen. Da vom Standpunkt der Beobachterperspektive aus der präskriptive Charakter des Gegenstandes gar nicht in den Blick rücken kann, muß ein solches Verfahren im Rahmen ethischer Fragestellungen von vornherein scheitern.

In diesen Zusammenhang gehört die grundlegendere Frage, ob die von Kritikern wie Apologeten der Angewandten Ethik unterstellte These vom Konsens ethischer Theoriebildung als Voraussetzung für die Anwendung oberster Prinzipien auf konkrete Fälle überhaupt sinnvoll ist.[140] H. Küng fordert in diesem Sinne, »daß die eine Welt, in der wir leben, nur dann eine Chance zum Überleben hat, wenn in ihr nicht länger Räume unterschiedlicher, widersprüchlicher oder gar sich bekämpfender Ethiken existie-

---

[139] Vgl. W. Kuhlmann [1989], S. 27: »Es geht vielmehr darum, daß wir uns als von dem Geltungsanspruch Angesprochene zu dem Gebot verhalten, als von der Präskription Betroffene, als Beteiligte und zwar mit einer positiven Stellungnahme. Es geht darum, daß wir der Präskription zustimmen, ja-sagen, das Gebot billigen, uns hinter es stellen [...]. Wir geben zu: Wir selbst wollen eigentlich dieses Gebot, wir stehen dahinter.«

[140] K. Bayertz [1996a], S. 17ff., unterscheidet in diesem Zusammenhang zwei grundsätzliche Positionen. Ausgehend von der »Tatsache« eines moralischen Pluralismus moderner Gesellschaften, versucht der eine Ansatz »eine neutrale Position zu finden, die es möglich macht, mit und in dieser Heterogenität zu leben. Die Idee einer Übereinstimmung über substantielle Normen und Werte muß daher von vornherein aufgegeben werden.« Konsense können sich »nur auf die Verfahren des Umgangs mit dieser Vielfalt von Normen und Werten beziehen. Konsens ist nur noch in prozeduralen Fragen möglich und sinnvoll.« (A. a. O., S. 17).
Der andere, von A. R. Jonson/S. Toulmin [1988] vertretene Ansatz votiert für eine Ethik der Einzelfälle. Eine solche Position macht den abstrakten Universalismus neuzeitlicher Ethiken für die Unmöglichkeit moralischer Konsense verantwortlich. Das Abtreibungsproblem etwa sollte nicht auf der Grundlage unvereinbarer Rechte – dem »Recht auf Selbstbestimmung« versus dem »Recht auf Leben« – verhandelt werden, »sondern unter Bezug auf konkrete Personen unter konkreten Bedingungen: soll, darf diese Frau unter diesen Bedingungen einen Schwangerschaftsabbruch vornehmen lassen? Objekt der moralischen Reflexion sind dann aber nicht mehr universelle Prinzipien oder allgemeine Rechte, sondern konkrete Fälle.« (K. Bayertz [1996], S. 18). Einen bedenkenswerten Vergleich, der ebenfalls eine Einzelfallanalyse nahelegt, konstruiert – wenn auch in einem anderen Zusammenhang – G. Harman [1981], S. 13f.: In ein Krankenhaus werden sechs Schwerverletzte eingeliefert. Alle schweben in Lebensgefahr, allerdings befindet sich einer in einem deutlich schlechteren Zustand. Der Notarzt könnte diese Person retten, brauchte dafür aber alle Energien und Mittel, so daß er die übrigen fünf nicht mehr behandeln könnte und diese sterben müßten. Umgekehrt könnte er die fünf anderen retten, wenn er den einen Patienten ignorieren würde. Harman resümiert: »In diesem Fall dürfte es sich so verhalten, daß Sie, der Arzt, richtig handeln, wenn Sie die fünf Leute retten und den sechsten sterben lassen.« Nun der folgende Fall: Fünf Patienten im Krankenhaus liegen im Sterben, weil jeder von ihnen ein bestimmtes Organ braucht. In Zimmer 306 liegt eine Person zu einer Routineuntersuchung. Sie ist kerngesund und weist die richtige Gewebeverträglichkeit auf. Tut der Arzt nichts, wird dieser Patient ohne Zwischenfall überleben, die anderen fünf werden dagegen sterben. Diese können nur gerettet werden, wenn sie das jeweilige Organ von dem Patienten aus Zimmer 206 transplantiert bekommen. »In diesem Fall hätte man einen Toten, aber fünf Gerettete.« Nach dem oben angewendeten Prinzip müßte der Arzt transplantieren, aber es ist intuitiv klar, daß »Sie diesen Unbeteiligten nicht opfern dürfen [...]. Hier wurde ein moralisches Prinzip auf eine vielleicht verblüffend scheinende Weise überprüft und widerlegt.«

ren«.[141] W. Huber betont demgegenüber die »produktive Bedeutung« der ethischen Pluralität in der heutigen Welt. Eine konfliktfreie Ethik sollte gar nicht als Ziel angestrebt werden.[142] Ein solcher Konsens wäre nur mittels einer Verabschiedung der Tradition der Aufklärung zugunsten eines naturrechtlichen Denkens zu erreichen, welches die Differenz von Recht und Ethos als eine Bedingung der Möglichkeit von Freiheit nivelliert.[143] Übereinstimmung kann deshalb nur für Minimalbedingungen gefordert werden, »die um des Überlebens der Menschheit, der Bewahrung der Natur und des Lebensrechts künftiger Generationen willen nötig sind«.[144] Eine solche Forderung entgeht – im Gegensatz zu der Position Meggles – einer technischen Verkürzung. Sie widersteht einer vorschnellen Identifikation von ethischem Pluralismus und Relativismus. Gerade die Wahrnehmung von Pluralität und Differenz verleiht dem Vorhaben der Formulierung von universalisierbaren »Mindeststandards« seine Plausibilität.[145]

Eine Alternative zu einem technisch verkürzten Verständnis Angewandter Ethik bieten die von Bayertz, Taureck, Hastedt und Rohbeck vorgeschlagenen Modelle einer Synthese von Ethik und Expertise. Sie gelten dem Versuch, die Wechselwirkungen zwischen Theorie- und Anwendungsebene methodisch zu fassen. Die entscheidende Er-

---

141 H. Küng [1990].

142 W. Huber [1993], S. 565: »Die unterschiedlichen Ethiken sollen sich gewiß nicht mit Gewalt bekämpfen; aber die Spannung zwischen unterschiedlichen Ethiken wird auch die Zukunft der Menschheit bestimmen. Und es gibt keinen Grund, das zu bedauern; denn nur aus solchen Differenzen entstehen ethische Lernprozesse.«

143 Siehe W. Huber [1993], S. 568. Vgl. auch die Schlußbemerkung von M. G. Singer [1975], S. 388: »Es liegt in der Natur der Sache, daß vernünftige Menschen in Fragen der Moral gelegentlich vernünftigerweise nicht übereinstimmen können. [...] In den vernünftigen Nicht-Übereinstimmungen vernünftiger Menschen können wir, sofern wir selbst vernünftig sind, Hoffnung und Klarheit finden.«

144 W. Huber [1993], S. 565.

145 Vgl. W. Huber [1993], S. 574: »Nur wo Menschen ihre Verschiedenheit zur Geltung bringen, können sie lernen, daß es Mindeststandards gibt, ohne deren Beachtung das gemeinsame Leben gefährdet oder zerstört wird.«
Die Formulierungen in diesem Aufsatz sind wesentlich präziser gegenüber jenen in W. Huber [1992a], S. 138. Dort vertritt er die These: »[...] angesichts der technischen Möglichkeiten der Gegenwart konvergieren die konkurrierenden ethischen Ansätze. Vor allem relativiert sich der Gegensatz zwischen ›säkularem‹ und einem ›religiösen‹ Ethos; ja, die Alternative zwischen einer Ethik der Autonomie und einer Ethik des Gottesbewußtseins erweist sich als Schein. Die Zeiten sind vorbei, in denen es sinnvoll war, säkulare und christliche Ethik, eine aus Vernunft begründete und eine in der biblischen Botschaft verankerte Ethik einfach gegeneinander auszuspielen. Denn die Verknüpfung von Autonomie und Selbstbegrenzung ist im neuzeitlichen Vernunftdenken ebenso verankert wie im Glauben der Juden und Christen.« Diese Formulierungen sind zumindest mißverständlich. Dem Konvergieren verschiedener Moralkonzepte auf der Ethos-Ebene folgt nicht notwendig eine Übereinstimmung auf der Ethik-Ebene. Genau diese mangelnde Differenzierung bildete den Kern unserer Kritik an G. Meggle. In diesem Sinne kann Hubers Behauptung von der Relativierung des Gegensatzes zwischen säkularem und religiösem *Ethos* zugestimmt werden. Die Alternative zwischen »Ethik der Autonomie« und »Ethik des Gottesbewußtseins« löst sich jedoch allenfalls auf im Hinblick auf die gleiche Bewertung von Sachverhalten oder das Generieren gleicher Normen – also auf der Ethos- oder Moralebene –, nicht aber hinsichtlich ihrer Begründung.

weiterung besteht darin, daß in diesem Oszillationsprozeß[146] beide Amplituden – Obernorm und Anwendungsregel – als Variablen erscheinen. Aber auch dieses dynamische Modell bereitet Schwierigkeiten. Probleme ergeben sich einerseits hinsichtlich der Frage nach der Gewichtung der Amplituden. H. Hastedt hat vorgeschlagen den Begriff »Angewandte Ethik« durch den der »anwendungsorientierten Ethik« zu ersetzen, »weil eine starre Anwendung einer feststehenden Grundsatznorm weder den praktischen Handlungsfeldern in der Vielfältigkeit ihrer Probleme noch den Reflexionsansprüchen einer philosophischen Ethik gerecht wird«.[147] Die Dynamisierung des Anwendungsverfahrens darf dabei allerdings nicht – wie etwa bei Meggle – vorschnell auf Kosten der »Obernorm« gehen. Anwendungsorientierte Ethik »betont deshalb bei ihrer Gratwanderung zwischen Grundsatzreflexion und Anwendung im Zweifelsfall die Seite einer philosophischen Grundsatzreflexion, weil eine verkürzende Problementfaltung in den Praxisfeldern ohnehin alltäglich ist und nicht von der Philosophie verdoppelt werden muß«.[148]

Ein solches »Bekenntnis« zur Bedeutung des Aufgabenbereichs traditioneller Ethik für eine zeitgerechte Ethik darf jedoch nicht darüber hinwegtäuschen, daß die behauptete Priorität der moralischen Norm gegenüber den »Determinanten« der konkreten Anwendungssituation eine nur relative darstellt. Eben darin besteht die Pointe der hier vorgestellten Ansätze. Die Daten der konkreten Anwendungssituation werden dort selbst zum mit-bestimmenden Faktor für Inhalt und Umfang der anzuwendenden Norm. Ein solcher Normenrelativismus provoziert eine Reihe praktischer, aber auch grundsätzlicher Fragen. Ein Problem besteht darin, wie dieser Oszillationsprozeß begrenzt werden kann, wie er also einem infiniten Regreß entgehen kann. Eine zweites Problem betrifft die Frage, was von einer Norm übrigbleibt, wenn sie mit jeder singulären Situation durch Modifikation der Norm kompatibel gemacht werden soll. Regeln oder Normen haben *per definitionem* einen generellen Charakter. Eine dritte Schwierigkeit besteht in der differenzierenden Einsicht, daß die – aufgrund ihrer faktisch erwiesenen Untauglichkeit – vorgenommenen Modifikationen von Normen nicht schon als Indiz für ihre »ethische Tauglichkeit« genommen werden können. Das Oszillieren zwischen Anwendungs- und Theorieebene würde dann den Zustand eines selbstlaufenden, blinden Systems annehmen, wenn dieser Prozeß nicht auf der Metaebene selbst Gegenstand ethischer Reflexion werden könnte. Die vorgestellten Ansätze müßten hinsichtlich der hier aufgeworfenen Fragen unter Umständen erweitert, zumindest aber

---

146 Mit C. Hubig [1993a], S. 49, könnte auch von einem »abduktiven« Verfahren gesprochen werden. Im Rahmen seiner Überlegungen zur Modellierung technischen Handelns definiert er: »Ein solches Vorgehen ist weder induktiv noch deduktiv, sondern *abduktiv*: Das Wissen um einen Komplex von Regularitäten wird als Hintergrundwissen – oft implizit oder virtuell – in Anschlag gebracht, wobei der Schwerpunkt der Tätigkeit im Hin und Her zwischen Ausgangs-/Randbedingungen und gewünschtem Effekt liegt.«

147 H. Hastedt [1991], S. 60f.

148 H. Hastedt [1991], S. 63f. In diesem Sinne auch C. Hubig [1993a], S. 14: »Es gilt also nach wie vor die Ansicht, daß ›nichts anwendungsfreundlicher sei als eine gute Theorie‹ aufrechtzuerhalten, insofern aber zu modifizieren, als dem Zusatz ›sofern sie den Spielraum klugen Abwägens nicht verstellt‹ neue Bedeutung zukommt, gerade im Blick auf eine Ethik von Wissenschaft und Technik.«

expliziter werden. Festzuhalten bleibt in jedem Fall mit H. Hastedt und C. Hubig an der Favorisierung der Grundsatzreflexion gegenüber den Anwendungsfragen, um einer vorschnellen Instrumentalisierung oder Funktionalisierung von Ethik zu entgehen.

2 Brauchen wir eine »neue« Ethik?

2.1 Hans Jonas: »Tractatus technologico-ethicus«

Die Forderung nach einer neuen Ethik ist in der jüngeren Vergangenheit häufiger erhoben worden. Vielleicht am eindringlichsten, sicherlich aber am wirkungsvollsten ist nach wie vor der Entwurf von H. Jonas in seinem Buch *Das Prinzip Verantwortung.*[149] Im III. Abschnitt des ersten Kapitels benennt Jonas die Charakteristika unserer gegenwärtigen Zivilisation, welche eine völlig neue ethische Dimension notwendig machen. Entscheidend ist, »daß die Natur menschlichen Handelns sich de facto geändert hat, und daß ein Gegenstand von gänzlich neuer Ordnung, nicht weniger als die gesamte Biosphäre des Planeten, dem hinzugefügt worden ist, wofür wir verantwortlich sein müssen, weil wir Macht darüber haben.«[150] Das Neue der Handlungsmöglichkeiten wird quantitativ näher bestimmt als neue Größenordnung, qualitativ als neuartige Folgen, die durch ihre Irreversibilität und ihren kumulativen Charakter gekennzeichnet sind. Dem korrespondiert ein Wissen, das in seiner prognostischen Potenz weit hinter dem Wissen des technisch Machbaren zurückbleibt. »Anerkennung der Unwissenheit wird dann die Kehrseite der Pflicht des Wissens und damit ein Teil der Ethik.«[151] Die Herrschaft des *homo faber* über den *homo sapiens* bildet für Jonas das signifikante Merkmal dieser neuartigen Lage.[152] Technik wird – in der Terminologie der Anhänger der Technokratiethese – zum Selbstzweck. Das höchste Ziel des Menschen liegt in der maximalen Herrschaft über die Dinge. »So bedeutet der Triumph des homo faber über sein äußeres Objekt zugleich einen Triumph in der inneren Verfassung des homo sapiens, von dem er einst ein dienender Teil zu sein pflegte.«[153] Typisches Merkmal dieses Siegeszuges des Technikers sind die Herausbildung neuer Machtstrukturen, die zur Eliminierung des Handlungssubjektes führen: »Nicht ihr oder ich: es ist der kollektive Täter und die kollektive Tat, nicht der individuelle Täter und die individuelle Tat, die hier eine Rolle spielen; und es ist die unbestimmte Zukunft viel mehr als der zeitgenössische Raum der Handlung, die den relevanten Horizont der Verantwortung abgibt.«[154] Schließlich ist eine Überwindung der anthropozentrischen

---

149 Jonas selbst vermeidet den Begriff »neue Ethik« und spricht stattdessen von einer neuen Dimension, die der ethischen Perspektive hinzugefügt werden müsse. Vgl. dazu M. Graf-Buhlmann [1994], S. 28ff.
150 H. Jonas [1979], S. 27.
151 H. Jonas [1979], S. 28.
152 Die Nähe der Jonasschen Argumentation zur Philosophie seiner Freundin H. Arendt [1981] (hier: § 42 *Die Umkehrung innerhalb der Vita activa und der Sieg von Homo faber*) wird nicht nur in diesem Punkt deutlich.
153 H. Jonas [1979], S. 31.
154 H. Jonas [1979], S. 32.

Beschränkung in der Ethik gefordert, denn angesichts der faktischen und möglichen Umweltzerstörungen muß menschliches Handeln mehr als nur das Interesse »des Menschen« berücksichtigen.

Alle hier genannten Punkte bilden gleichzeitig weithin akzeptierte Kennzeichen moderner Technologien. Jonas' Ethik kann als eine mit naturphilosophischen Überlegungen angereicherte Technikethik gelesen werden.[155] Seine Darstellung der Ausgangssituation deckt sich weithin mit der aktuellen technikphilosophischen Diskussion. Das Neue liegt in der Konsequenz, die Jonas aus der so analysierten Lage zieht: »Dies erfordert Imperative neuer Art. Wenn die Sphäre des Herstellens in den Raum wesentlichen Handelns eingedrungen ist, dann muß Moralität in die Sphäre des Herstellens eindringen, von der sie sich früher ferngehalten hat, und sie muß dies in der Form öffentlicher Politik tun«.[156] Eine derartige Forderung erscheint heute, fast eineinhalb Jahrzehnte nach Erscheinen des Buches von Jonas, selbst zum Allgemeinplatz geworden zu sein. Doch bei aller Plausibilität beschwört diese Argumentation Probleme herauf, die häufig eine rationale Diskussion behindern.

Eine für unser Thema zentrale Schwierigkeit – und es geht hier weiterhin nur darum, Aporien zu formulieren – entsteht bei der Frage, wie denn das diagnostizierte Eindringen der Sphäre des Herstellens in den Raum wesentlichen Handelns begriffen werden kann. Jonas unterscheidet zwei Tätigkeitstypen: Herstellen und wesentliches Handeln. Diesen entsprechen die beiden Repräsentanten von Rationalitätstypen, *homo faber* und *homo sapiens*. Der oben erwähnten Differenz zwischen kategorischen und hypothetischen Imperativen bei Kant liegt eben diese Dichotomie zugrunde. Sie hat ihren Ursprung in der Aristotelischen Unterscheidung zwischen Herstellen (*poiesis*) und Handeln (*praxis*). Entscheidend ist nun, daß es sich – jedenfalls gemäß der traditionellen Aristotelesinterpretation[157] – um disjunkte Begriffe handelt in der Weise, daß eine Tätigkeit entweder ein Herstellen ist oder ein Handeln.[158] Jonas' Position kollidiert mit

---

155 Jonas nennt sein Buch einen »Tractatus technologico-ethicus« (H. Jonas [1979], S. 9). Vgl. H. Jonas [1985b]. In diesem Aufsatz beantwortet Jonas die Titelfrage mit den Argumenten, die hier zur Charakterisierung der Rahmenbedingungen seiner Verantwortungsethik herangezogen werden.

156 H. Jonas [1979], S. 32.
In diesem Sinne diagnostiziert auch der Technikphilosoph W. C. Zimmerli [1988c], S. 13f.: »Die Verantwortung, als die des Wissenschaftlers oder Ingenieurs in der letzten Zeit immer wieder lautstark beschworen, wird jetzt selbst zu einem Element des technologischen Entscheidungsprozesses. Das ist fraglos neu und ebenso auch in gewissem Maße beunruhigend. Aber es ist trotzdem nicht mehr als konsequent, daß die Berücksichtigung auch der einstweilen nicht absehbaren Folgen das Kernstück des neuen Technikverständnisses ausmacht. Technik wird damit nun auch zu einem als solches erkannten moralischen Problem.«

157 Die bekanntesten Anhänger dieser Deutung sind gegenwärtig wohl H. Arendt und J. Habermas (so E. Vollrath [1989], S. 2). Vgl. R. Bubner [1982], Teil II.

158 In EN VI 3ff., führt Aristoteles den Poiesis-Begriff nur ein, um ihn negativ gegen seinen Handlungsbegriff abzugrenzen. Während Aristoteles an verschiedenen Stellen zwischen zwei Wissensformen – *phronesis* und *techne* – unterscheidet (EN VI 5, 1140b 21 – 25, 28 – 30; VI 7, 1141b 8 – 12; VI 9, 1142a 11 – 16) nennt er nur an einer Stelle (EN VI 5, 1140b 6 – 7) das Unterscheidungskriterium von *poiesis* und *praxis* (Vgl. T. Ebert [1976], S. 12f.): *poiesis* und *praxis* gehören zu verschiedenen »Gattungen« (O. Gigon) beziehungsweise »Genera« (T. Ebert). »Das Hervorbringen hat ein Ziel außerhalb seiner selbst, das Handeln nicht. Denn das gute Handeln ist

dem ursprünglich sich ausschließenden Verständnis von *poiesis* und *praxis*. Vor diesem Hintergrund stellt seine Problemlösung, die Aristotelische *poiesis* als technisches *Handeln* zu begreifen,[159] eine *contradictio in adjecto* dar. Notwendig wird dieser Schritt, weil, wie Jonas gleich zu Beginn festhält, »Ethik es mit Handeln zu tun hat«.[160] *Poiesis* muß als Handeln im Sinne der Aristotelischen *praxis* aufgefaßt werden, damit es Gegenstand von Ethik werden kann. An dieser Stelle geht es nicht um eine terminologische oder philologische Klärung. Auch wenn Jonas keine genaueren Begriffsbestimmungen bereithält, wird seine Ansicht doch implizit durch die zeitliche Anordnung der sich verschiebenden Relationen von Herstellen und wesentlichem Handeln deutlich: »Moralität muß in die Sphäre des Herstellens eindringen, von der sie sich früher ferngehalten hat«, weil – so könnte man den vorausgehenden Satz des obigen Zitats negativ reformulieren – früher »die Sphäre des Herstellens« noch nicht »in den Raum wesentlichen Handelns eingedrungen« war. Unabhängig davon, ob Jonas an dieser Stelle Aristoteles im Blick hat, bezieht sich seine Formulierung auf einen Zustand in der Vergangenheit, der durch die Scheidung beider Bereiche gekennzeichnet war. Und die Probleme, die Jonas im Blick hat, haben ihre Ursache genau in der Aufhebung jener Geschiedenheit. Bis hierhin konvergieren die Positionen von Jonas und den Protagonisten der Kritischen Theorie. Beide ziehen freilich unterschiedliche Konsequenzen. Geht es letzteren um die Verteidigung einer der instrumentellen Verfügbarkeit enthobenen Rationalität, versucht Jonas eine Synthetisierung beider Bereiche innerhalb der Strukturen einer »öffentlichen Politik«.

Mit seiner Deutung des Poiesisbegriffs steht und fällt die Jonassche Forderung nach einer neuen Ethik, denn nur unter dieser Prämisse macht das Argument Sinn, »daß die veränderte Natur menschlichen Handelns auch eine Änderung in der Ethik erforderlich macht«.[161] Die »veränderte Natur menschlichen Handelns« besteht also in der Auflösung der Aristotelischen Dichotomie von *poiesis* und *praxis*. Es ist an dieser Stelle noch verfrüht, über die Konsequenzen einer solchen Deutung nachzudenken, es stellt sich aber allgemein die Frage, ob die implizite Nivellierung der Unterschiede zwischen Handeln und Herstellen weniger argumentativ begründet, als vielmehr durch die Absicht erzwungen ist, daß Technik Gegenstand von Ethik werden kann.

---

selbst ein Ziel.« (Vgl. *Politik* I 4, 1254a 5). Zur Aristotelischen Unterscheidung von *poiesis* und *praxis* siehe unten Abschnitt III 2.1.

[159] Vgl. H. Jonas [1979], S. 8f.: »Im Zeichen der Technologie aber hat es die Ethik mit Handlungen zu tun, die eine beispiellose kausale Reichweite in die Zukunft haben [...].« Das ethische relevante Handeln wird hier mit den Begriffen charakterisiert, die in gleicher Weise als Kennzeichen der modernen Technik gelten.

[160] H. Jonas [1979], S. 15.

[161] Ebd.

2.2 Was ist neu an einer »neuen« Ethik?

Der praktische Philosoph M. Gatzemeier hat einen Katalog mit sieben Argumenten zusammengestellt, die als Begründungen für die Forderung nach einer »neuen« Ethik genannt werden. Das Prädikat »neu« bezieht sich auf die Forderung nach 1) einer konkreten Spezifizierung ethischer Prinzipien im Sinne Angewandter Ethik, 2) neuen ethischen Prinzipien wie sie etwa H. Jonas formuliert, 3) einer neuen Fundierung von Ethik wie sie etwa H. Jonas oder R. Spaemann mit ihrer These von der Rehabilitierung des teleologischen Denkens versuchen, 4) einer Verantwortungsethik als Konkurrenz zu anderen Ethikkonzepten, 5) einer Überwindung des Anthropozentrismus wie sie von H. Jonas, D. Birnbacher, E. Tugendhat, U. Wolf und andere gefordert wird, 6) einem neuen Habitus, einer neuen Einstellung im Sinne einer Sensibilisierung etwa gegenüber unserer Umwelt und 7) in einer negativen Bedeutung als politisch-strategische Parole, die die »alte« Ethik für obsolet erklärt und – da eine »neue« Ethik noch nicht etabliert ist – eine ethisch neutrale Interimszeit behauptet.[162]

Die aufgeführten Argumente beinhalten genauer besehen recht verschiedene Forderungen. Lediglich die unter 2) bis 5) genannten Kriterien betreffen den Bereich einer neu zu formulierenden Ethik. Die Punkte 5) und 6) argumentieren für ein »neues« Ethos, 1) und 7) für eine »neue« Pragmatik. Die aufgestellten Forderungen sollen hier nicht auf ihre »Neuartigkeit« und Plausibilität hin überprüft werden. Vielmehr geht es darum, den normativen Hintergrund der Forderung nach einer »neuen« Ethik aufzuzeigen. Es geht mit anderen Worten um die Frage, wie derartige Forderungen zustande kommen beziehungsweise möglich sind.

In der Forderung nach etwas Neuem drückt sich immer eine Unzufriedenheit gegenüber dem Überkommenen, dem derzeit Gültigen oder *status quo* aus. Die oben angeführten Punkte können aufgefaßt werden als Reflex oder Reaktion auf eine spezifische Wahrnehmung von Wirklichkeit. Die Analyse der Ausgangssituation bildet eine wesentliche Voraussetzung für die Aufstellung von Forderungen. Handlungsanweisungen – als Einlösung solcher Forderungen – lassen sich aber nicht allein aus einer Analyse der Situation – im Sinne der Beschreibung eines Sachverhaltes – ableiten. Notwendig hinzutreten muß seine Bewertung. Die Charakteristika etwa, die Jonas anführt, um die Ambivalenz der fortschreitenden technischen Entwicklung zu explizieren, sind nicht das Ergebnis einer Beschreibung der vorgefundenen Lage. Welcher Tatsache sollte der diagnostizierte Sieg des *homo faber* über den *homo sapiens* entsprechen? Die These ist vielmehr Ausdruck einer Interpretation bestimmter Ereignisse. Forderungen in Form von Handlungsanweisungen vor dem Hintergrund eines interpretierten Sachverhaltes sind Ausdruck einer Sein-Sollen-Differenz. Ein Bezug zwischen dem Sein des wahrgenommenen Gegenstandes und dem Sollen der in der Folge entwickelten Forderungen wird allein dadurch möglich, daß das Wahrgenommene mit einem bestimmten Maßstab konfrontiert wird, der ein Brücke schlägt zwischen einem Sein und einem Sollen. Von einem solchen Maßstab hängt das wahrgenommene Sosein des Gegenstandes oder Ereignisses ab. Genau vor diesem Hintergrund erhält die in der Forde-

---

162 M. Gatzemeier [1989], S. 3ff.

rung ausgedrückte Proposition ihre Plausiblität und geht zugleich qualitativ über die in der Bewertung der gegenwärtigen Situation repräsentierten Annahmen hinaus.

Wie ist nun eine solche Bewertung möglich? Welche Kriterien stehen zur Verfügung angesichts der Tatsache, daß hier Ethik selbst, als oberster Beurteilungsmaßstab, zum Bewertungsgegenstand wird? Und was befähigt dazu, die in den Forderungen ausgedrückten Alternativen zu formulieren? Fest steht, daß für die in der Forderung manifest werdende Unzufriedenheit Gründe angegeben werden können, das heißt es existieren Kriterien, die es ermöglichen, über die Tauglichkeit, Angemessenheit oder Plausibilität des »Alten« zu befinden. Eine begründete Unzufriedenheit ist demnach nichts anderes als ein Urteil. Das Urteil, wir brauchen eine »neue Ethik«, weil die »alte« aus diesen oder jenen Gründen nicht mehr tauglich, angemessen oder plausibel ist, verweist auf das Vorhandensein von Beurteilungskriterien und alternativen Vorstellungen zum beurteilten Gegenstand, die den Kriterien mehr oder besser genügen als die gegenwärtigen. Diese vorausgesetzten Maßstäbe müssen keineswegs ethischer Natur sein. Das Kriterium der Tauglichkeit kann genauso die Funktionalität von Ethik in der Gesellschaft betreffen, wie sie beispielsweise N. Luhmann im Blick hat,[163] wie aus ethischer Perspektive die Fähigkeit, die gegenwärtige Situation möglichst umfassend im ethischen System zu repräsentieren. Das Argument der Angemessenheit kann einerseits die Bedingungen thematisieren, mit der eine Ethik, die einen Anspruch auf Relevanz erhebt, gegenwärtig konfrontiert ist, andererseits vom ethischen Standpunkt aus die Adäquatheit der generierten ethischen Normen. Die Forderung nach Konsensfähigkeit kann sowohl aus einer gesellschaftlichen wie einer ethischen Perspektive erhoben werden. Sie richtet sich einerseits an die Kompatibilität von Ethik mit den derzeit gültigen gesellschaftlichen Normen, andererseits an die Flexibilität hinsichtlich ihrer Möglichkeiten zur Einlösung der ihr inhärenten Forderung nach Allgemeinverbindlichkeit unter gegebenen Bedingungen.

Wenn aber das Urteil über das Bestehende in der Kritik bereits die Idee des »Besseren« in sich trägt, wenn also die Kritik an der »alten« Ethik schon die »neue« repräsentiert, dann wird die Forderung nach einer »neuen« Ethik obsolet, insofern die Forderung selbst bereits Ausdruck dieser »neuen« Ethik ist. Die Beurteilungskriterien, die das »Alte« als unadäquat bewerten, repräsentieren bereits die geforderte »neue« Ethik. Um eine »neue« Ethik fordern zu können, muß diese bereits – jedenfalls in gewissen Umrissen – vorhanden sein. Die Forderung nach Ersetzung der überkommenen, bestehenden oder »alten« Ethik durch eine »neue« wird also mit ihrer Formulierung immer schon vorausgesetzt.[164] Die Forderung nach dem »Neuen« ist Ausdruck der Kritik am Bestehenden. Wenn aber Ethik als reflektierendes Verfahren von Normenbegründung

---

163 Vgl. N. Luhmann [1978], bes. S. 43ff.; ders. [1986], S. 259ff.; ders. [1990].

164 Dieser Zirkelcharakter wird uns im folgenden noch eingehender beschäftigen. J. Fischer [1992], S. 114f., hat den gleichen Sachverhalt aus umgekehrter Perspektive beschrieben: »Derartige Forderungen nach einer neuen, anderen Ethik sind ebenso folgenlos wie widersinnig. Denn um als *ethische* Forderungen ernstgenommen zu werden, bedürfen sie selbst der ethischen Begründung, womit sich ergibt, daß hier die eine Ethik die Notwendigkeit einer anderen begründen soll, wobei wohlgemerkt diejenige, die für wert erachtet wird, die Begründung zu geben, zugleich diejenige ist, welche durch die neue Ethik abgelöst und überwunden werden soll.«

begriffen wird, dann ist dieses Vermögen kein der Ethik gegenüber externes, sondern dieser inhärent. Ethik muß – als reflektierendes Verfahren im Sinne einer »Selbstthematisierung von Thematisierungsweisen«[165] – in der Lage sein, die selbst begründeten moralischen Normen und Verfahren zu transzendieren, und damit kritisch zu reflektieren. Allein diese Fähigkeit schafft die Möglichkeit, den Begriff der »neuen« Ethik überhaupt zu denken. Das kritische Potential und die daraus erwachsenden Alternativen sind damit nicht Teil von etwas »Neuem«, sondern im »Alten« selbst schon enthalten.[166]

Eine »neue« Ethik – so denn an dem Begriff festgehalten wird – ist also nicht »neu« im Sinne etwa einer technischen Erfindung oder fundamentalen Entdeckung im Bereich der Naturwissenschaften.[167] Worin besteht aber dann das Motiv von H. Jonas, eine »neue Ethik« zu fordern? In einem radikalen Sinne neu gegenüber den traditionellen Ethiken sind wesentliche Kennzeichen des Raumes, in dem Ethik verortet ist und dem sie ihre Aufgabenstellungen verdankt. Sie machen Modifikationen, Erweiterungen oder Anpassungen als Reaktionen auf Herausforderungen notwendig, die sich aus neuen Verhältnissen oder neuen Deutungen ergeben. Neu gegenüber der ethischen Tradition sind beispielsweise Reichweite und Adressatenkreis einer der aktuellen Situation verpflichteten Ethik. Angesichts der systemischen Verfassung und des kollektiven Charakters von Handlungen innerhalb der modernen technologischen Strukturen reicht eine vornehmlich an einzelnen Handlungen eines singulären Subjektes orientierte Ethik allein nicht mehr hin.[168] Die Reichweite von Handlungen unter technologischen Bedingungen hat den von der Tradition ins Auge gefaßten Rahmen der zu einem Zeitpunkt existierenden Wesen gesprengt. Die Einbeziehung »zukünftiger Generationen« ist ebenso neu wie der Gedanke, daß die traditionelle Bestimmung des Adressatenkreises von Ethik – freie, vernunftbegabte und zur Kommunikation fähige Wesen – ergänzt werden müsse, einerseits um den Kreis derjenigen, die – aus welchen Gründen auch immer – nicht oder nur eingeschränkt über Artikulationsmöglichkeiten verfügen,

---

165 H. Schnädelbach [1977], S. 9.

166 So resümiert M. Gatzemeier [1989], S. 6: Wir brauchen keine »neue« Ethik, »sondern die durchgängige *Anwendung* der guten alten ethischen Prinzipien«. Der Ausdruck des »Alten« fungiert als Gegenbegriff zum »Neuen« und darf nicht als Attribut zu traditionellen Ethikkonzepten mißverstanden werden. Die Forderung nach einer »neuen« Ethik ruht wesentlich auf der Unterstellung eines statischen Moral- und Ethikbegriffs. Ethik und Moral als praktische Disziplinen treffen prinzipiell auf empirische, einmalige, eben immer neue, geschichtliche Situationen. Genau darin besteht der Sinn und die Notwendigkeit der Abstraktionsleistungen und Generalisierungen, die in den moralischen Normen ihren Ausdruck findet.

167 Die hier gegenüberstehenden Begriffe benennen wohl wichtige Gründe für die Forderung nach einer »neuen« Ethik. Und es bestehen gute Gründe für die Vermutung, daß das »Neue« auf der Seite von Naturwissenschaften und Technik die Forderung nach dem »Neuen« auf seiten der Ethik provoziert. Dieser Zusammenhang ist nicht nur einsichtig und sinnvoll, sondern geradezu konstitutiv für Technikethik. Er ist zugleich aber auch riskant angesichts der Gefahr, Ethik als abhängige Variable wissenschaftlich-technologischer Entwicklungen zu begreifen. Allzuleicht wird übersehen, daß das Kriterium der Leistungsfähigkeit zunächst kein ethisches oder metaethisches Kriterium darstellt. Vielleicht kann gerade die Forderung nach einer »neuen« Ethik auch als Hinweis auf die Gefahr einer technischen »Umformung« von Ethik gelesen werden. Vgl. dazu Abschnitt III 2.2.

168 Vgl. J. Fischer [1994], S. 25ff.

sowie andererseits um eine genauere Bestimmung im Hinblick auf deren gesell-schaftliche Rollen und institutionelle Funktionen, die unter Umständen eine Spezifizie-rung oder Erweiterung ethischer Theorien notwendig machen.

Der Forderung nach einer »neuen« Ethik liegt in der Regel ein starres, undialektisches und häufig unhistorisches Ethikverständnis zugrunde. Moralische Normen unterliegen wie gesprochene Sprachen einem dauernden Wandel. Aber genauso wenig wie die ge-sprochene Sprache in einer Gesellschaft einfach (aus)gewechselt werden könnte, kön-nen Ethos und Ethik durch neue ersetzt werden. Dieser Sachverhalt gerät dann leicht aus dem Blick, wenn ethische Fragen – wie hier – weniger vom ethischen Subjekt als von der Problemseite aus angegangen werden. Das Argument lautet dann in der Regel: Neue Situationen verlangen eine neue Ethik. Übersehen wird dabei, daß das Prädikat »neu« bestimmten Sachverhalten zugesprochen wird. Daraus auf die Notwendigkeit einer »neuen« Ethik zu schließen ist aus zumindest zwei Gründen zweifelhaft. Erstens existiert keine Ableitungsregel – es sei denn, man bestreitet wie Jonas den Naturalisti-schen Fehlschluß –, daß aus einer Veränderung des Seins notwendig eine Modifikation des Sollens folgt,[169] zweitens folgt das Prädikat »neu« in ethischen Kontexten eben nicht aus der Wahrnehmung der empirischen Wirklichkeit. Eine neue Technik muß nicht zu einer Forcierung oder Veränderung der ethischen Fragestellung führen. Ge-nauso kann eine lange bestehende und akzeptierte Technik an irgendeinem Punkt mo-ralisch fragwürdig werden. Es ist eine Frage der Interpretation, ob eine Veränderung von Situationen oder Sachverhalten ethisch relevant wird in dem Sinne, daß sie eine Kritik oder Modifikation ethischer Prinzipien oder moralischer Normen erforderlich macht.[170]

In diesem Zusammenhang lohnt nochmals ein Blick auf die inhaltliche Begründung der Forderung nach einer »neuen« Ethik. Auch aus der Perspektive der ethischen Tradition stellt sich die Frage nach der Angemessenheit einer – in der Forderung nach dem »Neuen« zum Ausdruck gebrachten – Diskreditierung der »alten« oder überkommenen

---

169 Wäre dies der Fall, gäbe es überhaupt keine Normen, denn als Vereinbarungen, Konventionen, Interpretamente – allgemein: Setzungen – von Menschen, Gruppen oder Institutionen bestehen diese zwar nicht unabhängig von der Wirklichkeit, wohl aber jenseits jeder Form von Naturkau-salität.

170 K. Homann [1993] hat für wirtschaftsethische Kontexte auf die Notwendigkeit der Differenz von »*Rahmenordnung* des Handelns« und den »*Handlungen innerhalb der Rahmenordnung*« auf-merksam gemacht. Diese Unterscheidung entspricht der zwischen Spielregeln und Spielzügen. Dieses Bild kann übertragen werden auf das Wechselverhältnis von moralischen Normen und den Umständen ihrer Anwendung. Demnach muß unterschieden werden, ob das »Neue« sich auf den Bereich der Spielzüge bezieht, also ob von neuen »Anwendungsverhältnissen« die Rede ist, oder ob neue Regeln gemeint sind. Erst wenn die durch die neuen Umstände geforderten Spielzüge den Rahmen des Regelwerks sprengen, ist eine »neue Ethik« erforderlich. Dazu bedarf es Kriteri-en, die festlegen, wann der Pool von möglichen Spielzügen ausgeschöpft ist. Aus dem Tatbe-stand, daß neue Partien andere Spielzüge notwendig machen als die vorhergehenden, kann je-denfalls nicht automatisch auf die Veränderung der Spielregeln geschlossen werden. In keinem Spiel sind alle möglichen Spielzüge repräsentiert. Das liegt daran, daß Spielregeln anderen Be-dingungen unterliegen als Spielzüge. Es ist eine andere Frage, was von einem Spiel übrigbleibt, wenn wesentliche Regeln geändert werden, denn ein Spiel ist allein identifizierbar anhand seiner (bekannten) Regeln.

Ethik. Das ausschlaggebende Argument von H. Jonas – es betrifft mehr oder weniger die Punkte 2 bis 6 des Gatzemeierschen Kataloges – bestand in der Beschreibung einer Gegenwart, die durch die Usurpation der *praxis* durch die *poiesis* gekennzeichnet ist. Dabei benennt das der antiken Philosophie entlehnte Begriffspaar nicht nur verschiedene Typen menschlicher Aktivität, sondern ebenso divergierende Seinsmodi und Vernunfttypen. Was nun früher abgegrenzt nebeneinander bestand, fällt heute zusammen. Zugleich präsentiert diese neue Einheit eine Umkehrung der ursprünglichen Hierarchie. Betrachten wir das Jonassche Argument genauer. Seine Tragfähigkeit hängt grundsätzlich davon ab, daß die folgenden drei Fragen positiv beantwortet werden können: Erstens, unterstellt die ethische Tradition tatsächlich eine Dichotomie und Hierarchie zweier Vernunfttypen? Zweitens, ruht die ethische Tradition – im Sinne einer wesentlichen Voraussetzung – auf einem solchen Fundament? Und drittens, käme – vor dem Hintergrund der Bejahung der ersten beiden Fragen – eine Veränderung dieses Verhältnisses notwendig einer Verabschiedung der traditionellen Ethik gleich?

Tatsächlich geht bereits die Kantische Ethik – wie E. Rudolph im Anschluß an O. Marquard feststellt – von der »These über die wissenschaftliche Autonomie und Selbstbezüglichkeit der theoretischen Vernunft« aus.[171] Vor dem Hintergrund des Galileischen Kampfes um die Emanzipation der Wissenschaften von der Theologie – dort in Gestalt der römischen Inquisition –, die noch mit der Leibnizschen Idee einer »scientia universalis« in weite Ferne gerückt scheint, wird Kant mit seinem Wahlspruch: »Sapere aude! Habe Mut, dich deines eigenen Verstandes zu bedienen!«[172] endgültig zum Friedensstifter in dem »theologischen Bürgerkrieg«.[173] Diese Entwicklung ist nicht etwa die Konsequenz einer emanzipatorischen politischen Idee, sondern das Ergebnis der Kantischen Erkenntnislehre selbst, genauer seiner transzendentalen Idee der Freiheit, die in der transzendentalen Dialektik der *Kritik der reinen Vernunft* thematisiert wird.[174] Indem er in der transzendentalen Ästhetik »Erscheinung« und »Ding an sich« gegenüberstellt, gelingt es Kant zunächst, das »Reich der Freiheit« mit dem »Reich der Notwendigkeit« zu versöhnen und somit die Idee der Freiheit – als Freiheit vom Gesetz – zu retten.[175] Nach O. Marquard korrespondiert nun beiden Seinsweisen jeweils ein besonderes Erkenntnisvermögen, ein menschliches und ein göttliches. Damit markiert er ein Erkenntnis-«Feld«[176] für die Wissenschaften, das neutral wird gegenüber »der Heilsfrage mit ihren Unfehlbarkeitspflichten«.[177] Die exakte Wissenschaft wird

---

171 E. Rudolph [1994a], S. 133. Rudolph verweist auf die berühmte Stelle aus der Einleitung der *Kritik der reinen Vernunft* (I. Kant, KrV B XII). Zum Autonomiebegriff vgl. E. Rudolph [1994b].

172 I. Kant, *Beantwortung der Frage: Was ist Aufklärung?* A 481.

173 O. Marquard [1984], S. 20. Die »Neugier« – das Streben des Menschen nach Wissen, das Aristoteles zu Beginn seiner *Metaphysik* (980a 21) feststellt –, als Motiv einer staunenden theoretischen Wissenschaft, wird unter ihrem lateinischen Namen »curiositas« zunächst bei Augustinus zur »Diskriminierungsvokabel für jene theoretische Einstellung, die nicht fromm aufs Allerinnerlichste geht, nämlich Gott, sondern unfromm aufs Äußerliche und Äußerlichste.« (A. a. O., S. 17).

174 Vgl. dazu E. Rudolph [1994a], S. 124 – 132.

175 Vgl. I. Kant, KrV B 55 und B 564.

176 I. Kant, KrV B 685.

177 O. Marquard [1984], S. 18.

»häresieunfähig und gerade dadurch – nicht mehr durch theologische Rücksichten belastet – endgültig frei, nur noch neugierig zu sein und das Wissen ausschließlich um des Wissens willen zu suchen: sie wird zur neugierigen Wissenschaft durch Entlastung vom Absoluten.«[178]

Entscheidend ist dabei, »daß die Vernunft nur das einsieht, was sie selbst nach ihrem Entwurfe hervorbringt, daß sie mit Prinzipien ihrer Urteile nach beständigen Gesetzen vorangehen und die Natur nötigen müsse, auf ihre Fragen zu antworten, nicht aber sich von ihr allein gleichsam am Leitbande gängeln lassen müsse [...].«[179] Hier ist – wie E. Rudolph bemerkt – zugleich jenes Ethos mitformuliert, das den Wissenschaftler auffordert, bei seinem Vorgehen »nur die Vernunft als Instanz der Gesetzgebung anzuerkennen. [...] Autonomie ist bei Kant nicht nur eine moralisch-praktische, sondern vordem gerade auch eine wissenschaftstheoretische; und sie ist außerdem nicht als historische Leistung wie die erste kopernikanische Revolution praktisch vorausgesetzt, sondern sie ist Maxime und Regulativ.«[180] Damit entpuppt sich das Kantische Wissenschaftsethos als ein doppeltes: »zum einen besteht es in der Forderung nach Schutz jener Autonomie der theoretischen Vernunftsouveränität vor ideologischen Eingriffen – etwa von seiten metaphysischer Hypertrophien (Gottesbeweis) oder institutionalisierter Anmaßung (Heteronomien); und zum anderen besteht es in der Selbstverpflichtung der Vernunft, die eigene Autonomie zum wissenschaftsgestaltenden Prinzip schlechthin zu machen.«[181] Dem Autonomieprinzip der praktischen Vernunft mit der Formel »Zweck an sich selbst« korrespondiert das »Souveränitätsprinzip des die Natur regierenden wissenschaftlichen Subjekts. [...] Das Ethos der wissenschaftlichen Vernunft fällt mit dem Ethos der sittlichen Vernunft unmittelbar zusammen.«[182]

Die heute vielerorts beklagte Verselbständigung der Wissenschaften und der technologischen Entwicklung ist das Produkt einer technologischen Vernunft, die sich genau jenem »emanzipierten Neugiermotiv« verdankt, das durch Kants »raffinierte Synthese von Wahrheitsbindung und Sittlichkeitsbindung der wissenschaftlichen Vernunft« seine endgültige Etablierung erfuhr.[183] Vor diesem Hintergrund stellt E. Rudolph dann – mit Blick auf Jonas – die Frage nach einer »Ethik der Wissenschaft als ›neue Ethik‹«.[184] In seiner Antwort unterscheidet er zwischen einem wissenschafts- und einem ethikhistorischem Aspekt. Wissenschaftshistorisch – wobei Rudolph zusätzlich einen wissen-

---

178 O. Marquard [1984], S. 20. E. Rudolph [1994a], S. 132, bemerkt hierzu, daß der Preis für diese »Rettung der Freiheit« in der »Suspension ihrer endgültigen Verwirklichung in der Sinnenwelt« besteht. Rudolph sieht darin einen »Reflex der christlichen Zwei-Reiche-Idee, wie sie schon in der eschatologisch verstandenen ›Goldenen Regel‹ der Bergpredigt vorgebildet ist« (ebd.), der sich als »eschatologischer Vorbehalt« sowohl »in jenem einschränkenden ›als ob‹ des kategorischen Imperativs niederschlägt«, als auch »in der bei Kant durchgehaltenen Differenz zwischen intelligibler Freiheit und organisierter Freiheit« (a. a. O., S. 131).

179 I. Kant, KrV B XXII.

180 E. Rudolph [1994a], S. 133.

181 E. Rudolph [1994a], S. 135.

182 E. Rudolph [1994a], S. 136.

183 E. Rudolph [1994a], S. 141.

184 E. Rudolph [1994a], S. 140. Zum folgenden vgl. S. 140ff.

schaftstheoretischen von einem wissenschaftspraktischen Teilaspekt abgrenzt – läßt sich auf der theoretischen Seite ein kontinuierlicher »Prozeß der Paradigmenablösungen« ausmachen, der einer übergreifenden Einheit entbehrt, auf der praktischen Seite – mit H. Lenk – im Hinblick auf die Gentechnik »eine ganz neuartige Dimension der ethischen Problematik«. Ethikhistorisch haben wir es zunächst mit dem – von Nietzsche über Heidegger bis zur Postmoderne – behaupteten »Tod der Vernunft« zu tun. Indizien für die Richtigkeit dieser Annahme sieht Rudolph allerdings weniger in den »Grabgesängen« der Philosophenzunft, als vielmehr in der »faktische[n] moralische[n] Souveränität und [der] emanzipierte[n] Weise, in der die angewandten und theoretischen Naturwissenschaften mit wenigen Ausnahmen heute arbeiten.«[185]

Gegen den vielbeschworenen »Tod der Vernunft« spricht allerdings die regelmäßig übersehene Tatsache, daß das Argument für die Verabschiedung der Vernunft der »alten« Ethik, die Souveränität der technologischen Vernunft, eben genau jenen Vernunftbegriff bemüht und voraussetzt, den sie mit dem Argument gerade bestreiten will.[186] Ethische und technologische Vernunft bilden – ihrer neuzeitlichen Genese gemäß – die beiden Seiten einer Medaille; sie sind das Produkt jener Vorstellung von Autonomie, die für Kant »die Klammer zwischen theoretischer und praktischer Vernunft, und damit zwischen wissenschaftlichem und moralischem Weltverhältnis« bildet.[187] Wenn somit der Vernunftbegriff gerade nicht als überholt gelten kann, bleibt nur die Möglichkeit – wie Rudolph mit ironischem Unterton fragt –, die Ohnmacht der »alten« Ethik an ihrer Sanktionierung der technologischen Praxis festzumachen. Dagegen spricht wiederum, »daß die ›alte Ethik‹ gerade das Wissenschaftsethos, das ihr aufruht, untrennbar mit der Sittlichkeitsidee der ihre Selbsterhaltung organisierenden und verantwortenden freien praktischen Vernunft aller vernünftigen Wesen zu einem ganzen verbindet.« Daß diese Verbindung nicht mehr besteht, darf nicht als Indiz dafür herhalten, »daß das Vermögen, sie herzustellen, erledigt ist.«[188]

Kehren wir zurück zu den oben gestellten Fragen nach der konstitutiven Bedeutung einer Dichotomisierung der Vernunft für die traditionelle Ethik (also: 1. Unterstellt die ethische Tradition eine Hierarchie zweier Vernunfttypen? 2. Ist für sie diese Dichotomie eine wesentliche Voraussetzung? 3. Markiert das Umschlagen der Hierarchie das Ende der ethischen Tradition?). Die Überlegungen zu der paradigmatischen neuzeitlichen Ethik Kants haben gezeigt, daß sie von der Einheit theoretischer oder wissen-

---

185 E. Rudolph [1994a], S. 141. Und der Autor fährt fort: »Die konzeptive Schwäche der angebotenen Ethikrepliken kann die Subjekte der Technologie nur darin bestärken, sich die Unabhängigkeit, die sie sich zunehmend erworben haben, nicht wieder nehmen zu lassen.«

186 Vgl. E. Rudolph [1994a], S. 141: »Der verzweifelte Ruf nach einer ›neuen Ethik‹ (Jonas, Lenk u. v. m.) verdankt sich offenbar der uneingeschränkten Zwiespältigkeit, die darin besteht, die genuinen Nachfolger bzw. die modernen Repräsentanten der ›alten‹ neuzeitlichen Vernunft, also die technologischen Wissenschaften, – die nur mit der traditionellen Einheit von Naturerklärung und Experiment, also von Erkennen und Eingreifen Ernst gemacht haben, – anzuklagen, zugleich aber die Ethik eben dieser alten Vernunft für ohnmächtig zu erklären.«

187 E. Rudolph [1994b], S. 113.

188 E. Rudolph [1994a], S. 142.

schaftlicher und praktischer Vernunft ausgeht.[189] Mit der Verneinung der ersten Frage haben sich die beiden folgenden erübrigt. Natürlich ruht die Kantische Konzeption wesentlich auf dem vom Cartesianismus ererbten und radikalisierten Gedanken einer als naturunabhängig postulierten Vernunft.[190] Und diese »Schwäche« hat auch H. Jonas im Blick, wenn er einerseits auf »[n]eue Dimensionen der Verantwortung« aufmerksam macht[191] und andererseits Verantwortung im Sinne einer »unbedingte[n] Pflicht der Menschheit zum Dasein« fordert, die zwar immer »stillschweigend vorausgesetzt, aber nirgends bewiesen« wird.[192] So einleuchtend die Gründe für eine Perspektivenverschiebung sind, so gravierend ist auch der Preis: *der Verlust des Subjekts und Adressaten von Ethik*. Die Adresse des Sittengesetzes ist für Kant die Vernunft selbst beziehungsweise der zu Beginn der *Grundlegung der Metaphysik der Sitten* eingeführte »gute Wille«.[193] Deshalb kann sich der kategorische Imperativ ausschließlich auf die Maximen des Handelns, nicht aber auf Handlungen selbst – eben weil diese als Erscheinungen in Raum und Zeit den Gesetzmäßigkeiten der Sinnenwelt unterliegen – beziehen.[194] Eine auf die Handlungsfolgen gerichtete Verantwortungsethik bleibt demgegenüber ganz im Raum der Erscheinungen und damit der Naturkausalität unterworfen. Es ist eine berechtigte Frage, ob der Kantische Vernunftbegriff nicht »überstrapaziert« wird,[195] oder ob die Kantische Ethik nicht wirkungslos in der intelligiblen Welt verharrt.[196] Es ist eine andere Frage, wie Freiheit oder Autonomie – als Voraussetzung für die Postulierung eines ethischen Subjektes und damit für das Gelingen von Ethik – vor dem Hintergrund der »antinomistische[n] Konstellation von übersinnlicher Freiheitskausalität einerseits und natürlicher, sinnlich bedingter Kausalität andererseits«[197] ohne Rückgriff auf den Kantischen Vernunftbegriff gerettet werden

---

189 Insofern ist bereits die Behauptung von H. Jonas [1979], S. 58, daß das neuartige »kollektiv-kumulativ-technologische Handeln nach Gegenständen und Abmaßen« »nicht mehr *neutral* ist« unzutreffend und beruht auf einer Verwechslung von Autonomie und ethischer Neutralität.

190 Der Preis hierfür ist zunächst – wie E. Rudolph [1994a], S. 135 bemerkt – »die eingeschränkte Natur, die nur als Natur unter dem Gesetz erscheint. Die andere, die Natur jenseits des Gesetzes, wird in der dritten Kritik nachgereicht.« Gemeint ist der Gedanke in der *Kritik der Urteilskraft*, Natur nicht allein kausalmechanistisch, sondern zugleich teleologisch zu denken.

191 H. Jonas [1979], S. 26. Indizien dafür sind etwa »die kritische *Verletzlichkeit* der Natur durch die technische Intervention des Menschen« (ebd.), oder die Frage, »ob der Zustand der außermenschlichen Natur, die Biosphäre als Ganzes und in ihren Teilen, die jetzt unserer Macht unterworfen ist, eben damit ein menschliches Treugut geworden ist und so etwas wie einen moralischen Anspruch an uns hat – nicht nur um unseretwillen, sondern auch um ihrer selbst willen und aus eigenem Recht« (a. a. O., S. 29).

192 H. Jonas [1979], S. 80.82.

193 I. Kant GMS BA 1.

194 Vgl. E. Rudolph [1994b], S. 118: »Handlungen können nach Kant keinesfalls durch das Prädikat ›gut‹ qualifiziert werden, weil Handlungen physikalische Begebenheiten in Raum und Zeit sind und daher ausschließlich durch das gegenstandskonstitutive Begriffspaar unseres Erkenntnisvermögens beschrieben werden können.«

195 Vgl. etwa E. Tugendhat [1989], S. 376.

196 Dieser Vorwurf findet sich in allen Kant folgenden Philosophengenerationen. Daß die Kantische Ethik die Jonassche Dimension einer Verantwortungsethik impliziert, versucht E. Rudolph [1994a], S. 136ff. zu zeigen.

197 E. Rudolph [1994a], S. 127. Vgl. ders. [1994b], S. 118 et passim.

kann. Entscheidend ist hier, daß die erste Frage nicht gestellt werden kann, ohne gleichzeitig die zweite aufzuwerfen.

Die Herausforderung bleibt selbst dann bestehen, wenn man etwa der Marquardschen und Rudolphschen Identifikation von Kants theoretischer Vernunft mit der modernen wissenschaftlichen Rationalität, der Postulierung eines menschlichen und göttlichen Erkenntnisvermögens gemäß der Kantischen Unterscheidung von Erscheinung und Ding an sich oder der Rudolphschen Interpretation von dem Konvergieren der theoretischen und praktischen Vernunft vor dem Hintergrund des Kantischen Autonomiebegriffs skeptisch gegenübersteht. Die Subsumtion des modernen Wissenschaftsverständnisses unter den Kantischen Begriff der theoretischen Vernunft erscheint – gerade vor dem Hintergrund der Überlegungen von H. Jonas – nicht unproblematisch und verlangt eine eingehendere Prüfung. E. Rudolph hat indessen etwas anderes im Blick. Die Pointe seiner Argumentation besteht in dem Nachweis der konstitutiven Bedeutung der Kantischen Vernunftkonstellation für die Begründung des ethischen Subjektes. Die Bestreitung oder Modifikation des Kantischen Vernunftgefüges bleibt nicht ohne Auswirkungen auf die Möglichkeit der Konstatierung eines ethischen Subjektes. So lautet denn auch der Vorwurf Rudolphs an Ethiken des Jonasschen Typs, daß man nicht ein ethisches Subjekt propagieren zugleich aber dessen Konstitutionsbedingungen verwerfen kann.

Aus einer Kantischen Perspektive ergibt sich folgender Befund: Erstens, die neuzeitliche wissenschaftlich-technologische Rationalität wird autonom gegenüber Bindungen an ein übergeordnetes Telos.[198] Zweitens, die neuzeitliche Wissenschaft entwirft sich in eine Welt, »deren Gesetze diejenigen des Erkenntnissubjektes selber sind.«[199] In dieser Welt erkennt die wissenschaftliche Vernunft keine anderen Grenzen an als die ihrigen. Drittens, die Autonomie der wissenschaftlichen Vernunft begründet nicht ihre ethische Neutralität, sondern wird – im Gegenteil – zur Bedingung der Möglichkeit ihrer ethischen Fundierung.[200] Häresieunfähigkeit ist die Voraussetzung für Ethikfähigkeit.[201] Und viertens, sittliche Forderungen in dem unbedingten Sinne des

---

[198] W. Schadewaldt [1957], S. 472, spricht von einer »Säkularisierung der Natur«: »[D]ie Natur erscheint nicht mehr, wie in der Antike, an sich selber göttlich und unmittelbare Manifestation des Göttlichen.« Sie wird »einseitig« zum »*Objekt der Forschung*«, zum »*Ausbeutungsfeld* und *Energielieferanten* ohne Dankbarkeit« (a. a. O., S. 473).

[199] E. Rudolph [1994a], S. 135.

[200] Vor dem Hintergrund jener Variante des kategorischen Imperativs, der ein Handeln gebietet, daß die Menschheit als Zweck und niemals nur als Mittel im Blick hat (I. Kant, GMS BA 66f.) steht – wie E. Rudolph [1994a], S. 135f., formuliert – die Wissenschaft »im Dienst der Würde des Menschen als Zweck an sich selbst [...]. [...] Die Wissenschaft wird somit zum Symbol der Würde des Menschen. [...] Selbsterkenntnis der Vernunft sowohl als auch Bewahrung der Bedingungen dieser Selbsterkenntnis ist es also, wozu die Wissenschaft zu dienen hat, kurz: dem Selbsterhaltungsinteresse der Vernunft.«

[201] Dieser Zusammenhang wird häufig übersehen. Wenn etwa W. Schadewaldt [1957], S. 473, aus seiner obigen Beschreibung des neuzeitlichen Verhältnisses zwischen Mensch und Natur zu dem Schluß kommt, hier läge eine Verwechselung von »Eudaimonie« und »Prosperität« vor (ebd.), unterstellt auch er die falsche Synonymie von *Autonomie* und *ethischer Neutralität* der Vernunft. Dieser Übertragungsfehler findet sich tendenziell sowohl in der Kulturkritik etwa bei H. Freyer und A. Gehlen wie bei Autoren im Umkreis der Kritischen Theorie.

kategorischen Imperativs verweisen auf die Vernunft als Subjekt und Adressat von Ethik.[202] Die vorgestellte Deutung der Kantischen Architektur der Vernunfttypen leugnet nicht jene Tendenzen hin zu einer »Eindimensionalität« (H. Marcuse) der instrumentellen Vernunft, die auch H. Jonas im Blick hat. Sie bestreitet jedoch erstens die Ableitbarkeit der gegenwärtigen problematischen Entwicklung aus der neuzeitlichen Konstituierung der Vernunft selbst sowie zweitens die damit verbundene Forderung nach einer »neuen« Ethik.[203]

Die Forderung nach einer »neuen« Ethik büßt einen großen Teil ihres Pathos ein, wenn eingesehen wird, daß ihr Thema in der Regel nicht Fragen der Ethik, sondern des Ethos betrifft. Bei diesen moralischen Fragen besteht »intuitiv« ein erstaunlich großer Konsens darüber, wie die anstehenden Probleme anzugehen sind. Diese intuitive Gewißheit verdankt sich aber der Plausibilität bestimmter ethischer Grundnormen, ohne daß diese deshalb explizit sein müssen. Ein Wandel von Moralvorstellungen muß keineswegs eine Modifikation der Ethik implizieren, wie andererseits ein Wandel ethischer Grundpositionen nicht gleichzeitig veränderte Moralvorstellungen nach sich ziehen muß.[204] Ein Wandel der Moralvorstellungen vollzieht sich immer im Rahmen einer dreistelligen Relation. Ethische Grundnormen, der *point of view*, der einen Gegenstand als einen spezifischen erscheinen läßt, und zur Disposition stehende moralische Normen werden in ein Verhältnis zueinander gesetzt. Eine kritische Reflexion moralischer Normen erfolgt einerseits im Hinblick auf die herausfordernden Umstände der Wirklichkeit, die den Ort der Ethik abgeben, und andererseits vor dem Hintergrund der ethischen Grundprinzipien, denen sich – als ethischer Prüfungs- und Begründungsinstanz – jede Moral zu stellen hat.

---

202 Der häufig erhobene oder zumindest intendierte Vorwurf gegen Kant, sein ethischer Rigorismus würde den Menschen überfordern, wird vor dem Hintergrund der hier vorgestellten Interpretation wirkungsvoll relativiert. Die Verwiesenheit des Sittengesetzes an die Vernunft ist nicht allein der erkenntnistheoretischen Unterscheidung von Erscheinung und Ding an sich geschuldet. Sie reflektiert zugleich die Unmöglichkeit des Menschen, als allein sinnliches Wesen in Raum und Zeit den Forderungen des Sittengesetzes entsprechen zu können.

203 Es lohnte sich, an dieser Stelle der interessanten Frage nachzugehen, ob und inwieweit die Forderung nach einer »neuen« Ethik vor dem Hintergrund einer Identifikation von Säkularisierung und ethischer Neutralisierung nicht der Restitution einer vorneuzeitlichen Ethik gleichkommt.

204 Wäre letzteres der Fall, so könnten verschiedene Ethiken nicht in einzelnen Moralvorstellungen übereinstimmen. Vgl. O. Höffe [1981], S. 72: »Nicht jeder Normenwandel bedeutet schon einen moralischen Wandel der betreffenden Gesellschaft. Oft haben sich nicht die Grundsätze, sondern bloß die Zeiten, nämlich die Randbedingungen geändert: die persönlichen Lebensumstände, die wirtschaftlich-gesellschaftlichen Voraussetzungen oder die empirischen Erkenntnisse über die natürliche und die soziale Welt.«

Ein im Zusammenhang von Praktischer und »neuer« Ethik häufig diskutiertes Thema betrifft die Frage nach dem Objekt von Moral. Neuzeitliche Ethik tritt als anthropozentrische auf. Der Mensch hat danach moralische Verpflichtungen nur gegenüber sich und seinesgleichen.[205] Ethische Fragen orientieren sich allein an den Bedürfnissen von Menschen. Mein Handeln steht nur unter der Bedingung der Anerkennung der Bedürftigkeit der Wesen, die so sind »wie ich«.[206] Das »wie ich« meint ein vernunftbegabtes, mit einem Willen ausgestattetes Lebewesen, das wie ich, willentlich zu begründeter, wechselseitiger Anerkennung in der Lage ist. Es ist mit anderen Worten, ein Wesen, das wir eine »Person« nennen.

Der Anthropozentrismus ist wesentlich der neuzeitlichen Idee der Vernunft verpflichtet. »Die Adresse des Sittengesetzes ist die Vernunft selbst.«[207] Handlungen sind – im Kantischen Sinne – Erscheinungen in Raum und Zeit, die das Resultat von Entscheidungen vernunftbegabter Wesen darstellen, die nicht nur über einen freien Willen verfügen, sondern – genau das macht den Kern des Kantischen Begriffs der Autonomie »als praktisch positive Bestimmung der Freiheit«[208] aus – qua Vernunft sich dieser Freiheit bewußt sind.[209] Sittlichkeit ist allein möglich aufgrund der Fähigkeit zur Selbstgesetzgebung vernünftiger Wesen. Erst vor diesem Hintergrund wird die Kantische Unterscheidung zwischen Pflichten »in Ansehung« anderer Wesen und solchen »gegen« diese plausibel.

So kennt Kant durchaus Pflichten von Eltern gegenüber ihren Kindern[210] oder gegenüber der unbelebten und belebten Natur, die allerdings immer auf die Pflichten des Menschen gegen sich selbst zurückgeführt werden: »In Ansehung des Schönen obgleich Leblosen in der Natur ist ein Hang zum bloßen Zerstören (spiritus destructionis)

---

205 Vgl. I. Kant, MS A 106f.: »Nach der bloßen Vernunft zu urteilen hat der Mensch sonst keine Pflicht, als bloß gegen den Menschen (sich selbst oder einen anderen); denn seine Pflicht gegen irgend ein Subjekt ist die moralische Nötigung durch diesen seinen Willen. Das nötigende (verpflichtende) Subjekt muß also e r s t l i c h eine Person sein, z w e i t e n s muß die Person als Gegenstand der Erfahrung gegeben sein [...].« Und Kant fährt wenig später fort: »Also kann der Mensch sonst keine Pflicht gegen irgend ein Wesen haben, als bloß gegen den Menschen, und, stellt er sich gleichwohl eine solche zu haben vor, so geschieht dieses durch eine A m p h i b o l i e der R e f l e x i o n s b e g r i f f e und seine vermeinte Pflicht gegen andere Wesen ist bloß Pflicht gegen sich selbst; zu welchem Mißverstande er dadurch verleitet wird, daß er seine Pflicht in A n - s e h u n g anderer Wesen für Pflicht g e g e n diese Wesen verwechselt.«

206 H. J. Schneider [1989], S. 42.

207 E. Rudolph [1994a], S. 128.

208 E. Rudolph [1994a], S. 127. Das Gewicht des Kantischen Autonomiebegriffs wird erst sichtbar vor dem Hintergrund des Vermittlungsproblems des Reichs der Freiheit mit dem Reich der Notwendigkeit. Vgl. dazu E. Rudolph [1994a], S. 127ff. und J. Rawls [1979], S. 284 – 289.

209 So formuliert E. Rudolph [1994a], S. 128: »Wer von einer ›Gesetzes-Ethik‹ im Blick auf Kant spricht, hat immer zu bedenken, daß das ›Selbst‹ der Vernunft als freier Wille, also das ›auto‹ in der Autonomie den Nomos regiert.« Vgl. J. Rawls [1979], S. 289: Das Ziel der Kantischen Moralphilosophie besteht in der »Vertiefung und Rechtfertigung von Rousseaus Gedanken, Freiheit sei das Handeln gemäß einem selbstgegebenen Gesetz.«

210 I. Kant, MS AB 112ff.

der Pflicht des Menschen gegen sich selbst zuwider; weil es dasjenige Gefühl im Menschen schwächt oder vertilgt, was zwar nicht für sich allein schon moralisch ist, aber doch diejenige Stimmung der Sinnlichkeit, welche die Moralität sehr befördert, wenigstens dazu vorbereitet, nämlich etwas ohne Absicht auf Nutzen zu lieben.«[211] Oder: »In Ansehung des lebenden, obgleich vernunftlosen Teils der Geschöpfe ist die Pflicht der Enthaltung von gewaltsamer und zugleich grausamer Behandlung der Tiere der Pflicht des Menschen gegen sich selbst weit inniger entgegengesetzt, weil dadurch das Mitgefühl an ihrem Leiden im Menschen abgestumpft und dadurch eine der Moralität, im Verhältnisse zu anderen Menschen, sehr diensame natürliche Anlage geschwächt und nach und nach ausgetilgt wird [...]. Selbst Dankbarkeit für lang geleistete Dienste eines alten Pferdes oder Hundes (gleich als ob sie Hausgenossen wären) gehört indirekt zur Pflicht des Menschen, nämlich in Ansehung dieser Tiere, direkt aber betrachtet ist sie immer nur Pflicht des Menschen gegen sich selbst.«[212]

Diese zunächst etwas »apathisch« anmutenden Äußerungen – Kant selbst charakterisiert das Handeln aus Pflicht gegenüber demjenigen aus Mitleid als »erhaben aber auch kälter«[213] – sind einem Pflichtbegriff geschuldet, den Kant in der »Grundlegung« expliziert: Erstens: der Vorrang der Pflicht vor der Neigung; zweitens: »eine Handlung aus Pflicht hat ihren moralischen Wert nicht in der Absicht, welche dadurch erreicht werden soll, sondern in der Maxime, nach der sie beschlossen wird, hängt also nicht von der Wirklichkeit des Gegenstandes der Handlung ab, sondern bloß von dem Prinzip des Wollens«; drittens: »Pflicht ist die Notwendigkeit einer Handlung aus Achtung fürs Gesetz.«[214]

Spätestens aber seit infolge der technologischen Entwicklung eine zukunftsgerichtete Ethik immer dringlicher wird – die ihren gewohnten Standpunkt des Gegenwärtigen zugunsten einer Position räumt, die zukünftige Generationen miteinschließt –, ist eine am Personenbegriff orientierte Ethik ins Wanken geraten. Hinzu kommen andere – wiederum durch technologische Entwicklungen provozierte – Fragen, etwa die durch die industrialisierte Naturausbeutung, Tierhaltung oder genetische Manipulation von Lebewesen aufgeworfene Frage nach einem Eigenrecht oder -wert der Natur.[215] Eine

---

211 I. Kant, MS A 107.

212 I. Kant, MS A 108.

213 I. Kant, *Beobachtungen über das Gefühl des Schönen und Erhabenen* A 21.

214 I. Kant, GMS BA 11-14. Eine Schwierigkeit des Zugangs zur Kantischen Moralphilosophie besteht in dem Mißverständnis, die alleinige Vorstellung einer »Pflicht gegen sich selbst« als Egoismus auszulegen. Dieser Vorwurf läuft darauf hinaus, eine konstitutive *Bedingung* von Sittlichkeit, den freien Willen einer selbstgesetzgebenden Vernunft mit ihren *Folgen*, den der Sinnenwelt zugänglichen empirischen Handlungen, zu verwechseln. Vgl. die Warnung Kants in I. Kant, GMS BA 30: »Man könnte auch der Sittlichkeit nicht übler raten, als wenn man sie von Beispielen entlehnen wollte. Denn jedes Beispiel, was mit davon vorgestellt wird, muß selbst zuvor nach Prinzipien der Moralität beurteilt werden, ob es auch würdig sei, zum *ursprünglichen* Beispiele, d. i. zum Muster zu dienen, keineswegs aber kann es den Begriff derselben zu oberst an die Hand geben.«

215 A. Krebs [1996], S. 350f., unterscheidet drei Versionen des *Physiozentrismus*: 1. den *Pathozentrismus*, »nach dem alle empfindungsfähigen Wesen einen eigenen moralischen Wert haben«, 2. den *Biozentrismus*, »nach dem allen Lebewesen moralischer Wert zukommt«, 3. den *radikalen Physiozentrismus*, »nach dem die ganze Natur moralischen Wert hat«. Vgl. unter anderem D.

derartige Forderung sieht sich mit einer Reihe von Schwierigkeiten konfrontiert, von denen hier lediglich einige wenige angedacht werden können.

E. Tugendhat hat in einem Vortrag bei den Frankfurter Römerberggesprächen von 1990 die Frage gestellt, welche Möglichkeiten einer Überwindung des Anthropozentrismus denn von aktuellen Ethikkonzepten angeboten werden. Er geht aus von den zwei großen ethischen Strömungen der Moderne, dem Utilitarismus und dem Kontraktualismus, und befragt beide hinsichtlich ihrer Möglichkeiten, eine moralische Verantwortung gegenüber Foeten, kleinen Kindern, Schwerstbehinderten aber auch gegenüber Tieren zu begründen:»Gibt es etwas, so lautet die Frage, was uns natürlicherweise dazu verpflichtend motiviert, unter Hintanstellung der eigenen Interessen die Interessen nicht nur unserer Angehörigen und Freunde, sondern die Interessen aller zu berücksichtigen?«[216] Eine Ethik utilitaristischen Typs beruft sich bei dem Versuch einer Beantwortung der Frage auf ein altruistisches Gefühl des Mitleids oder Wohlwollens,[217] eine Ethik kontraktualistischen Typs auf das egoistische Eigeninteresse und die gegenseitige Anerkennung dieses Interesses. Seit Hobbes hat der Kontraktualismus eine Reihe von Modifikationen erfahren, um den Schwierigkeiten dieser Position zu begegnen. Die Überlegungen Kants, Fichtes und Hegels bis hin zur aktuellen Diskursethik gelten dem Versuch, die wechselseitige Anerkennung von Personen zu begründen.

Nun weisen beide Richtungen Defizite auf, die – obwohl ganz verschieden – die gleiche Konsequenz zur Folge haben. Tugendhat betrachtet die Schwierigkeiten in zweierlei Hinsicht: einerseits unter dem Aspekt der Begründbarkeit von Moral, andererseits unter dem Gesichtspunkt der Ausdehnung, das heißt der Frage,»wer alles es ist, demgegenüber wir moralische Verpflichtungen haben«.[218] Dabei stellt sich heraus, daß die Stärken des Utilitarismus bei der Frage nach der Ausdehnung liegen, die des Kontraktualismus bei der Begründungsfrage, daß aber die jeweilige Stärke mit einer eklatanten Schwäche in der jeweils anderen Hinsicht erkauft ist. Der Utilitarismus mit seinem starken asymmetrischen Argument der Leidensfähigkeit – hinsichtlich der Frage nach dem »Objekt« moralischer Verpflichtung – kann die Verbindlichkeit dieses Gesichtspunktes nicht begründen. Die unter dem Begriff Kontraktualismus subsumierten Ethiken können wohl begründen, warum Menschen moralische Verpflichtungen haben, indem sie die Reziprozität menschlicher Beziehungen betonen. Aber dieses Argument hindert sie gleichzeitig daran, einen Anthropozentrismus zu überwinden, da symmetrische Beziehungen nur zwischen Personen vorstellbar sind. Der Kontraktualismus klas-

---

Birnbacher [1988]; ders. [1989]; ders. [1980], Hrsg.; G. Böhme [1990]; O. Höffe [1993], cp. 11 und 12; H. Jonas [1979], S. 29ff; P. Singer [1984], cp. 3 und 5; G. M. Teutsch [1983]; E. Tugendhat [1989]; W. Vossenkuhl [1993]; J.-C. Wolf [1992]; U. Wolf [1990].

216 E. Tugendhat [1989], S. 374.

217 Vgl. J. Bentham, *Introduction to the Principles of Morals and Legislation*, cp. 17, Abschn. 1, Anm. Gegen eine am Personen- beziehungsweise Vernunftbegriff orientierten Ethik argumentiert Bentham für die Leidensfähigkeit als Maßstab zur Beantwortung der Frage, welches Wesen Anspruch auf eine ethisch reflektierte Umgangsweise erheben könne. »Die Frage ist nicht: können sie denken? oder: können sie *sprechen*?, sondern: *können sie leiden*?« (ebd.).

218 E. Tugendhat [1989], S. 371.

sischen Typs »stolpert bereits über das Problem der Behinderten, wie überhaupt aller Benachteiligten. Denn wer von Natur aus oder sonstigen kontingenten Gründen bevorzugt ist, kann nicht ein egoistisches Interesse haben, mit benachteiligten Personen Beziehungen einzugehen, die alle gleich verpflichten.«[219] Auch die stärkere Variante einer Moral wechselseitiger Anerkennung oder Achtung scheitert nur wenig später an der Abhängigkeit des Reziprozitätsprinzips vom Personenbegriff.»Die später Lebenden sind zwar immer noch Personen, aber die Verantwortlichkeit, wenn sie denn besteht, beruht überhaupt nicht mehr auf Reziprozität. Diese Schwierigkeit ließe sich noch überbrücken, indem man auch einen kontraktischen, fiktiven moralischen Dialog gelten läßt [...]. Aber das ist nicht mehr möglich gegenüber Foeten, kleinen Kindern und Tieren. Das sind keine Personen. Sie gehören nicht zur moralischen Gemeinschaft, wenn diese konstituiert ist durch wechselseitige Anerkennung.« Tugendhat resümiert: »Der Mißerfolg der modernen Moralphilosophie zeigt sich hier am drastischsten. Die Verantwortung gegenüber Kindern ist vielleicht der intuitiv einfachste Fall von moralischer Verpflichtung, und doch gibt es scheinbar keine nichtreligiöse moralische Theorie, die sie verständlich machen kann.«[220]

Nach Tugendhat ist keine der gängigen Ethiken in der Lage, eine nichtmetaphysische Erklärung moralischer Verpflichtungen zu formulieren, ohne dabei auf transzendente Argumente zurückgreifen zu müssen. Das führt gleichzeitig zu der Konsequenz, daß ein Anthropozentrismus unüberwindbar erscheint, denn der Utilitarismus kann sein Mitleidsprinzip nicht begründen, während der Kontraktualismus und seine Spielarten ihre Stärke in Begründungsfragen gerade aus ihrer anthropozentrischen Position gewinnen. In diesem Dilemma besteht für Tugendhat »die Hilflosigkeit der Philosophie angesichts der moralischen Herausforderungen unserer Zeit«. Allgemein läßt sich festhalten, daß der Anthropozentrismus dort stärker ins Gewicht fällt, wo Begründungsfragen im Vordergrund stehen.[221] P. Singer kann genau deshalb den Personenbegriff in der Moralphilosophie Kantischen Typs kritisieren, weil bei ihm Begründungsfragen nur untergeordnete Bedeutung haben. In der Diskursethik spiegelt sich der umgekehrte Sachverhalt wider. Der zur Vernunft gehörende einsichtige Wille ist »als notwendig letzte Instanz aller wirklich begründbaren normativen Ethik die anthropozentrische Instanz par excellence«.[222]

Das Problem des Anthropozentrismus hängt also wesentlich von Begründungsfragen ab, genauer von der Frage, wie eng das Reziprozitätskriterium ausgelegt wird. Die strenge Variante besagt, daß nur die Wesen Objekte verantwortlicher Verpflichtung sein können, die auch als Subjekte dieser Verpflichtung unterliegen. Allerdings gibt es berechtigte Gründe für die Annahme, daß hier ein Ableitungsfehler vorliegt. Unbe-

---

219 E. Tugendhat [1989], S. 382. Diese Bewertung trifft nicht grundsätzlich die Kantische Ethik. Vgl. neben den oben gemachten Ausführungen den Abschnitt in I. Kant, MS A 26f., »Fremde Glückseligkeit, als Zweck, der zugleich Pflicht ist«.

220 E. Tugendhat [1989], S. 382. Vgl. den klassischen Aufsatz zu dieser Position von G. E. M. Anscombe [1974].

221 Vgl. K. Bayertz [1991], S. 39: Die Revision der anthropozentrischen Ethik ist »nicht primär aus theoretischen, sondern aus praktischen Gründen gefordert«.

222 W. Kuhlmann [1989], S. 32f.

stritten können nur solche Wesen Adressaten von Ethik und Moral sein, die mit einem vernünftigen Willen ausgestattet sind. Ethik und Moral sind nur für solche Wesen verbindlich, die Begründungen verstehen und formulieren können, und die darüber hinaus in der Lage sind, diese als vernünftige Gründe für die Einschränkung der eigenen Handlungsmöglichkeiten anzuerkennen.[223] Warum sollte ein Wesen einer moralischen Norm folgen und damit seine Handlungsmöglichkeiten einschränken, wenn es für dieses Wesen keine einsehbaren, von ihm selbst nachvollziehbaren Gründe für eine solche Reglementierung gibt? Unplausibel ist hingegen die Folgerung, daß nur die *Adressaten* von Ethik auch *Objekte* derselben sein können. Dieser Umkehrschluß resultiert aus einer fehlenden Differenzierung zwischen Adressaten und Objekten von Moral.[224] Die Kriterien Vernunftbegabtheit, Willentlichkeit und Freiheit sind Bedingungen der Möglichkeit, Adressat oder Subjekt von Ethik zu sein im Sinne des Befolgens oder Entwerfens von moralischen Normen und deren Begründung. Sie bilden jedoch keineswegs den Maßstab dafür, wer Objekt von Moral sein kann – wenngleich wiederum nur die durch die genannten Kriterien ausgezeichneten Wesen eine Entscheidung darüber treffen können, wer als Objekt in Frage kommt. Ich muß über einen vernünftigen Willen und Freiheit verfügen, damit moralische Normen für mich Verbindlichkeit haben können, ich bedarf solcher Bedingungen dagegen nicht, um gemäß dieser Normen berücksichtigt zu werden. Daß diese Normen auch mir gegenüber Verbindlichkeit haben, daß ich berechtigt bin, gemäß dieser Normen behandelt zu werden, muß nicht ich, als Objekt der Moral, eigens fordern und begründen, sondern ist als Begründung Teil und Aufgabe von Ethik. Das ethische Subjekt verpflichtet sich selbst oder ist durch moralische Normen zu deren Einhaltung verpflichtet, nicht aber durch denjenigen oder dasjenige, worauf es sich in seinem Handeln bezieht. Die gravierenden Probleme, die sich daraus ergeben, stellvertretend für Foeten, Schwerstbehinderte, zukünftige Generationen und Tiere, deren Bedürfnisse und Anrechte zu explizieren, darf nicht zu der Konsequenz verleiten, als sei mit ihrer Unlösbarkeit gleichzeitig deren Anspruch aufgehoben.[225]

---

223 In diesem Sinne spricht W. Lienemann [1993a], S. 243, von einem »legitimen und vermutlich sogar notwendigen Speziesismus«.

224 Der skandinavische Rechtswissenschaftler A. Ross [1959], S. 180, unterscheidet analog im Hinblick auf Rechtsfälle zwischen dem Auslöser des Rechtsmechanismus, dem »subject of proceedings« und dem Begünstigten, dem »subject of interest« oder »beneficiary subject«. Ross wendet sich gegen die weitverbreitete Vorstellung einer Rechtsauffassung des »substance-view«, das heißt einer Auffassung die davon ausgeht, Personen seien Inhaber oder Träger von Rechten. Statt dessen plädiert er für eine funktionalistische Auffassung, das heißt für ein Verständnis, daß nicht Personen als »Inhaber« oder »Träger« von Rechten betrachtet, sondern als Inhaber von bestimmten Rollen und Funktionen im Rechtsgeschehen. »Under given conditions a person can, according to valid law, institute proceedings and thereby set the machinery of law in motion with the result that the public power is exercised for his benefit. He can achieve judgement and execution by force, creating for himself an advantageous position, a possibility of action, an economic benefit. *And that is all.*« (A. Ross [1959], S. 186) Vgl. dazu das instruktive Kapitel »Rechte der Natur« in der Dissertation von W. Vischer [1993], S. 78ff.

225 In jedem Fall geht Moral weiter, als der Bereich der Reziprozitätsforderung reicht. O. Höffe [1993], S. 215, spricht in diesem Zusammenhang von einem »Subjekt-Adressatenfehler«. »Der in der ökologischen Ethik wiederaufgebrochene Grundlagenstreit zwischen Utilitarismus und Kant

Angesichts der reduktionistischen Tendenz eines hier so genannten strengen Verständnisses von Reziprozität stellt sich die Frage, ob nicht eine gemäßigtere Alternative denkbar ist. Sie könnte darin bestehen, die beiden Aspekte Begründung und Ausdehnung von moralischen Normen stärker zu unterscheiden. Damit wäre Raum geschaffen für eine Frage, die in Ethikdiskussionen häufig unter den Tisch fällt, diejenige, über welche Möglichkeiten die Objekte von Moral verfügen, um auf ihre Ansprüche aufmerksam zu machen. Nicht nur die Diskursethik steht und fällt letztlich mit der Möglichkeit zur Artikulation. Ansprüche müssen kommunizierbar sein, um Gegenstand ethischer Beratung zu werden. Ein Modell, das den ethischen Anthropozentrismus überwinden will, muß in der Lage sein, die engen Grenzen zu überwinden, die durch die Kommunizierbarkeit gesetzt sind.

Für eine bessere Verständlichkeit ist es an dieser Stelle hilfreich, zwischen zwei Begriffen, *Möglichkeiten* und *Fähigkeiten* zu unterscheiden.[226] Der Wert unserer Idee von Demokratie besteht gerade darin, daß jedem das Recht zusteht, selbst die eigenen Interessen als relevante zu artikulieren. Es ist eine große Leistung der Diskursethik, diese Forderung gegenüber Tendenzen, die darauf hinauslaufen, daß einige die Interessen und Bedürfnisse anderer festlegen, stark gemacht zu haben. Eine solche Position provoziert allerdings die Gegenfrage, was dann der Fall ist, wenn die betreffenden Subjekte nicht in der Lage sind, ihre Interessen und Bedürfnisse zu artikulieren. Grundsätzlich muß bei dieser Frage unterschieden werden, ob diese Wesen aufgrund von – entweder selbstverschuldeten oder fremdverursachten – Umständen daran gehindert werden, sich selbst zu artikulieren, oder ob sie dazu objektiv nicht in der Lage sind. Gemeint ist die – wie J. Fischer feststellt – auch im Rahmen der Handlungstheorie häufig nicht streng genug vollzogene Unterscheidung zwischen *Handelndem* und den *Umständen der Handlung*. Im ersten Fall werden die Möglichkeiten der Subjekte thematisiert, im zweiten Fall deren Fähigkeiten. Die Fähigkeiten sind durch die Beschaffenheit des Subjekts selbst determiniert, die Möglichkeiten dagegen durch die Umstände, denen sich das Subjekt ausgesetzt sieht und in denen es begegnet. Die Fähigkeiten bestimmen die prinzipiellen Möglichkeiten eines Subjekts.[227] Sie werden im

---

bietet die Gelegenheit, auf einen Argumentationsfehler aufmerksam zu machen. Aus der mangelnden Subjektfähigkeit von Tieren folgt nicht eine mangelnde Adressatenfähigkeit.«

226 Vgl. O. Schwemmer [1986], S. 106ff., der zwischen Handelnwollen und Handlungswirklichkeit unterscheidet. Zwischen beide Bereichen, die zusammen eine Handlungsgeschichte bilden, besteht eine prinzipielle Differenz, die dann verkannt wird, wenn der Blick auf Einzelhandlungen beschränkt bleibt. Vgl. auch die Unterscheidung von G. Picht [1967], S. 323f., zwischen »Notwendigkeit« und »Unmöglichkeit« als »Grenzen der Möglichkeit« zu handeln. Zum Begriff der Möglichkeit vgl. W. Lienemann [1978], S. 276f. Im Anschluß an N. Luhmann definiert er »Möglichkeitsräume« als »die Menge praktischer Entscheidungsmöglichkeiten, disponibler Strukturen und erreichbarer Ziele [...], die einer Epoche beziehungsweise denjenigen Gesellschaftsschichten, die in einer Epoche die maßgeblichen Wirklichkeitsauffassungen prägen, zugänglich sind. Ein derart begriffener Möglichkeitsraum heißt in einem anderen Sprachspiel bestimmbare oder erfaßte ›Komplexität.«

227 Der Begriff »Fähigkeiten« meint diejenigen Eigenschaften und Phänomene, die Kant als bedingte Kausalität der »Natururursache« jener »unbedingte[n] Kausalität der Ursache in der Erscheinung«, der Freiheit gegenüberstellt. Vgl. I. Kant, KrV B XXVII – XXIX sowie die dritte Antinomie in der transzendentalen Dialektik B 473ff. Vgl. I. Kant, GMS BA 97ff. Dazu W. Vossenkuhl [1979], bes. S. 119ff. Siehe auch die Unterscheidung von I. Kant, *Anthropologie in pragmati-*

Schnittpunkt von Subjekt und Umwelt sichtbar als sein Spielraum an Möglichkeiten. Der Begriff der Möglichkeit sagt etwas aus über die Beschaffenheit der Umwelt eines Subjekts, ob und wie diese ihm zugesteht, seine Fähigkeiten ins Spiel zu bringen. Es besteht ein Unterschied zwischen politischen Minderheiten, die zum Schweigen gebracht werden, das heißt ihrer Möglichkeiten beraubt werden, und Foeten, Apallikern oder anderen Schwerstbehinderten, die objektiv nicht über die Fähigkeit einer mehr oder weniger verständlichen Artikulation und damit über die Fähigkeit rationaler Verständigung verfügen. Diesen stellvertretend eine Stimme zu geben bedeutet, ihnen – zumindest fiktiv – Möglichkeiten zu verschaffen, die sie aufgrund ihrer Fähigkeiten nicht besitzen. Im anderen Fall erhält eine solche Stellvertretung aber eine diskriminierende Funktion, weil mit der Installierung eines kontrafaktischen, fiktiven moralischen Dialogs die unterdrückten Möglichkeiten als nichtvorhandene Fähigkeiten gedeutet werden. Stellvertretung wäre in diesem Zusammenhang repressiv, weil sie der Logik der Unterdrückung folgt und damit demselben Ziel, nämlich die Interessen der Minderheit selbst nicht zu Wort kommen zu lassen.[228]

Nun bleibt auch jede stellvertretende Argumentation für die Interessen derjenigen, die sich objektiv nicht artikulieren können, ein Reden über dieselben mit all seinen Fehlern und Mängeln. Außerdem darf es nicht der Entscheidung des Einzelnen überlassen bleiben, also beliebig sein, wem Artikulationsfähigkeit zugesprochen wird und wem nicht. Dazu bedarf es objektivierbarer, allgemeinverbindlicher Kriterien. Dennoch besitzen wir in der Regel zwar intuitive, aber durchaus verlässliche Vorstellungen darüber, welche Interessen derartige Wesen haben würden, wenn sie solche hätten. So absurd dieser Satz klingt, die Praxis verfährt genau in dieser Weise: das Verhalten der Eltern gegenüber ihrem Säugling folgt einem solchen Denken ebenso,[229] wie der Vater, der seinem Sohn einen alten Wecker gibt, damit er ihn auseinandernehmen und so seine Neugierde befriedigen kann, und nicht eine alte Katze.[230] Es spielt dabei zunächst keine Rolle, welche Gründe der einzelne für sein Verhalten angibt, ob er deontologisch argumentiert, daß – wie Thomas oder Kant sagen würden – Tierquälerei zur Verrohung des Tierquälers führt, oder teleologisch, daß etwa die Bewahrung der Natur für den Menschen nützlich ist. Natürlich sind die hier genannten Gründe, wie Kuhlmann zurecht bemerkt, anthropozentrisch. Es ist aber nicht einzusehen, daß sie notwendig eine solche Form haben müssen.

---

scher Hinsicht BA IV, zwischen den beiden Fragen, »was die Natur aus dem Menschen macht« und »was er, als freihandelndes Wesen, aus sich selbst macht, oder machen kann und soll.«

228 Dieser Gedanke darf natürlich nicht dahingehend mißverstanden werden, als gäbe es keine Verpflichtung gegenüber politisch und gesellschaftlich Unterdrückten. Entscheidend ist die Unterschiedenheit der Ziele. Unterdrückung verlangt nach *Befreiung*, Sprachlosigkeit – im Sinne einer oben beschriebenen nicht vorhandenen Fähigkeit – nach *Expressivität*.

229 Vgl. dazu H. Jonas [1979], S. 234ff. I. Kant, MS AB 111ff., spricht in diesem Zusammenhang von einem »ursprünglich-angeborene[n] (nicht angeerbte[m]) Recht« der Kinder auf ihre Versorgung durch die Eltern, und er fügt hinzu: »und zwar durchs Gesetz (lege) unmittelbar, d. i. ohne daß ein besonderer rechtlicher Akt dazu erforderlich ist.«

230 Die Katze stammt aus der Requisitenkiste von A. Schopenhauer, *Über die Grundlagen der Moral*, S. 202.

Die Diskussion des Anthropozentrismusproblems wird belastet durch den prominenten Lösungsversuch von H. Jonas. Dieser votiert besonders angesichts der akuten ökologischen Probleme der Gegenwart für die Ablösung des fundamentalen ethischen Gerechtigkeitsprinzips durch sein Verantwortungsprinzip. Das symmetrische Prinzip der wechselseitigen Anerkennung der vom Anderen erhobenen Ansprüche soll ersetzt werden durch die asymmetrische Selbstverpflichtung »Sieh hin und du weißt«. Jonas argumentiert für »ein ontisches Paradigma, in dem das schlichte, faktische ›ist‹ evident mit einem ›soll‹ zusammenfällt – also den Begriff eines ›bloßen Ist‹ für sich gar nicht zuläßt«.[231] Die grundsätzliche Schwierigkeit – einmal abgesehen von inhaltlichen Fragen, etwa ob der Naturalistische Fehlschluß wirklich nur, wie Jonas behauptet, eine metaphysische Position neben anderen darstellt – besteht in dem Bestreben, das Gerechtigkeitsprinzip zu ersetzen und damit zu verabschieden.[232] K.-O. Apel hat darauf hingewiesen, daß die von Jonas formulierten Imperative, die die »Permanenz echten Lebens auf Erden« oder den »Fortbestand der Menschheit auf Erden« fordern,[233] ohne Einbeziehung des Gerechtigkeitsprinzips wertlos sind. Denn die Forderung vom Vorrang des Überlebens der Menschheit ist beispielsweise vereinbar mit einer sozialdarwinistischen Position, die argumentiert, daß das Überleben der Menschheit angesichts Ressourcenverknappung und Überbevölkerung am besten gewährleistet werden könnte, wenn ein Drittel der Weltbevölkerung verhungern würde.[234]

Der Jonassche »Paradigmenwechsel« in der Ethik ist genauso gefährlich wie unnötig. Warum kann das Verantwortungsprinzip nur unter Aufgabe des Gerechtigkeitsprinzips Gültigkeit beanspruchen? Es ist nicht einsichtig, warum sich das hier als alternativ dargestellte Verhältnis von Verantwortungs- und Gerechtigkeitsprinzip nicht als ein kom-

---

231 H. Jonas [1979], S. 235. Jonas expliziert diese Folgerung eines Sollen aus einem Sein am Beispiel eines Neugeborenen: »das Neugeborene, dessen bloßes Atmen unwidersprechlich ein Soll an die Umwelt richtet, nämlich: sich seiner anzunehmen« (ebd.). Die Pointe gegenüber dem Gerechtigkeitsprinzip besteht darin, daß wir nicht zu der Annahme des Neugeborenen verpflichtet sind, weil es uns darum bittet oder auffordert, sondern weil »hier das Sein eines einfach ontisch Daseienden ein Soll für Andere immanent und ersichtlich beinhaltet« (ebd.). Und diese Verpflichtung gilt – wie Jonas mehrfach betont – unabhängig von jeglichen emotionalen Motiven wie Liebe, Zuneigung oder Mitgefühl.

232 Jonas [1979], S. 84, vgl. S. 177f., plädiert explizit für den »Fortfall der Reziprozität in der Zukunftsethik«.

233 Vgl. H. Jonas [1979], S. 36.

234 K.-O. Apel [1986a], S. 184 und 196ff. Zur Kritik der Jonasschen Verabschiedung des Gerechtigkeitsprinzips vgl. auch W. Kuhlmann [1989], S. 18 sowie J. Wendnagel [1990], S. 15, der zu bedenken gibt, die Jonassche Argumentation stelle den Menschen letztlich vor die Konsequenz, sich selbst zu eliminieren. Allerdings dürfen derartige Interpretationen nicht mit der Intention des Autors verwechselt werden. Die hier erhobenen Vorwürfe greifen nur unter der Voraussetzung, daß seine ontologischen, kosmologischen und theologischen Prämissen falsch sind (vgl. dazu W. Lienemann [1993c]). Der Nachweis der Unangemessenheit der Jonasschen Prämissen wird hier aber nicht erbracht. Grundsätzlich kann mit M. Graf-Buhlmann [1994], S. 86, gefragt werden, ob der metaphysische Fehler, »die Existenz von Verantwortungsfähigkeit (oder ganz allgemein: von Zweck) als ›gut‹, d. h. als besser denn deren völliges Fehlen zu bestimmen«, nicht ein »abendländischer Fehler« ist, der auch von den Kritikern des *Prinzip Verantwortung* geteilt wird.

plementäres von Anthropozentrismus und Anthropomorphismus begreifen läßt.[235] Anthropomorphes Denken, im Sinne der Identifikation einer Person mit einem nicht-personhaften Wesen, hat dort seinen Ort, wo das Prinzip wechselseitiger Anerkennung von Ansprüchen an seine Grenzen stößt, weil auf der Gegenseite gar nicht gesprochen werden kann.[236] Das Gerechtigkeitsprinzip läßt sich somit ausdehnen auf Bereiche, die einem streng anthropozentrischen Denken verschlossen bleiben. Mit aller Entschiedenheit muß aber der Ansicht Jonas widersprochen werden, auf ein Gerechtigkeitsprinzip überhaupt verzichten zu können.

Abgesehen von der oben erwähnten Gefahr einer sozialdarwinistischen Interpretation, kann gerade das Gerechtigkeitsprinzip die Grenzen anthropomorphen Denkens verdeutlichen. Zunächst lassen sich auf diesem Wege lediglich sehr elementare Bedürfnisse formulieren. Es ist unmöglich, stellvertretend singuläre, über die schlichte Bedürftigkeit hinausgehende Wünsche, Forderungen etc. zu benennen. Gleichzeitig wird immer Vagheit darüber bestehen, ob die suggerierten Bedürfnisse tatsächlich angemessen sind. Schließlich können die aufgestellten Forderungen immer nur Ableitungen von menschlichen Bedürfnissen sein, da nur Menschen sprachlich klar artikulierte Forderungen stellen können.

Das sind schwerwiegende theoretische Fragen, die aber in der Praxis eher irrelevant sind. Allein die Tatsache, daß wir von ökologischem Bewußtsein sprechen, daß auf Eierkartons vermerkt ist, ob ihr Inhalt aus Bodenhaltung stammt, sagt zwar nichts über die Qualität dieser Haltung – im doppelten Wortsinn – aus, wohl aber über die zugrundeliegenden Intuitionen. Faktisch läßt sich ein Wandel der Einstellung etwa hinsichtlich der Frage, ob und wie weit Natur instrumentalisiert werden darf, feststellen. Und allein der Tatbestand, daß ein moralischer Ausdruck wie »dürfen« in diesen Kontexten verwandt wird, verweist darauf, daß Natur ein moralisch relevantes Objekt ist. Ein um anthropomorphe Elemente ergänzter Anthropozentrismus kann dazu beitragen, die Binnenperspektive eines strengen Anthropozentrismus zu überwinden. Die Argumente, die dort eine allein personenzentrierte Betrachtungsweise begründen, können hier – in der indirekten Form der Analogisierung – eine komplementäre Außenperspektive ermöglichen.

Das Wesentliche des Verantwortungsprinzips besteht darin, daß nicht nur diejenigen Wesen Rechte haben, die in der Lage sind, dafür – im Sinne der Selbstbehauptung – einzutreten, sondern gerade auch diejenigen, die dieses Schutzes ganz besonders bedürfen, weil sie gerade nicht über die Fähigkeit verfügen, Rechte einzufordern. Gleichzeitig – und darin besteht die häufig übersehene Kehrseite des Verantwortungsprinzips

---

235 Anthropomorphismus meint im Anschluß an T. v. Uexküll ein Denken, das ein Verhalten, das keine Handlung ist, interpretiert, als ob es eine Handlung wäre. Eine anthropomorphe Beschreibung abzugeben bedeutet, etwas unter der Leitmetapher des handelnden Menschen zu beschreiben (vgl. dazu T. v. Uexküll [1963], S. 91ff. und die in H. J. Schneider [1989], S. 36, Anm. 3, angegebene Literatur).

236 Vgl. H. J. Schneider [1989], S. 42f.: »Zum anthropomorphen Denken dagegen gehört eine Ethik, die alles, was sie nach der Grundmetapher der menschlichen Handlung sieht, schon damit auch als bedürftig deutet; in dieser Bedürftigkeit ist das andere Lebewesen ›wie ich selbst‹, so verschieden von mir und so schwer zugänglich es ansonsten sein mag.«

– bleibt das Verhältnis zwischen Subjekt und Objekt der Stellvertretung immer ein asymmetrisches der Abhängigkeit. Die Frage also, ob das Subjekt oder der Adressat von Ethik diese Verantwortlichkeit für sich als verbindlich betrachtet, kann nicht dialogisch geklärt werden, sondern allenfalls in Form eines fiktiven Dialogs zwischen den *faktischen Subjekten* und Adressaten von Ethik und den *fiktiven Subjekten*. Faktische Subjekte unterscheiden sich von fiktiven darin, daß lediglich erstere Gruppe immer auch Adressat von Ethik und Moral ist.[237] Fiktive Subjekte »existieren« dagegen nur in einer Hinsicht, als Fordernde, nicht aber als Geforderte. Zu Fordernden werden letztere, wenn die faktischen Subjekte deren Forderungen in einem Akt der Selbstranszendierung stellen. Ob diese Form der Selbstaufforderung unter Absehung der eigenen Interessen tatsächlich passiert, hängt wesentlich von den Motiven der faktischen Subjekte ab. Wenn aber utilitaristische Nützlichkeitserwägungen zugunsten etwa der Idee eines »Eigenrechts« zu verwerfen sind, dann sind wir Menschen als faktische Subjekte, wie Tugendhat und Jonas betonen, angewiesen auf Intuitionen, religiöse Verbindlichkeiten oder metaphysische Anschauungen.

3 Aufgaben und Konsequenzen für eine Technikethik

3.1 Angewandte Ethik und common sense

Die vorausgegangenen Überlegungen zu den Themen Angewandte und »neue« Ethik hatten lediglich einen problemorientierten, summarischen Charakter. Trotzdem traten eine Reihe von Schwierigkeiten und kontroversen Anschauungen zutage, die gerade im Rahmen von Technikethik von grundlegender Bedeutung sind. Gleichzeitig wurde deutlich, daß das Aufwerfen von Aporien und Widersprüchen selbst Ausdruck einer spezifischen Haltung ist. Abgesehen von Aporien in der Logik ist es eine Frage bestimmter inhaltlicher Vorannahmen, ob etwas als Widerspruch erscheint oder nicht. Das gilt um so mehr für Themen die, wie Moral und Ethik, wesentlich praktischer Natur sind. Für eine Position, die – wie schon angedeutet – hermeneutischer Einsichten verpflichtet ist, muß jede Art von »Reißbrettethik«, die für vorgegebene Problemstellungen ethische Lösungsstrategien erarbeitet, prinzipiell inakzeptabel sein.[238] Dies gilt ebenfalls für solche ethischen Konzepte, die um eine soziologische und gesellschaftspolitische Einbettung bemüht sind.[239] Die Aufgabe einer gesellschaftlichen Anbindung von Ethik ist dem Motiv der Angemessenheit verpflichtet, das heißt Ethik be-

---

[237] Spätestens an dieser Stelle erweist sich die Diskussion um die »Überwindung des Anthropozentrismus in der Ethik« als Scheinproblem. Übrig bleibt die wichtige Frage, welche Themen eine aktuelle Ethik angemessenerweise berücksichtigen solle. Abgesehen davon, daß wir es hier ebenfalls mit einer ethischen Forderung zu tun haben, kann lediglich der Geltungsbereich moralischer Normen ausgeweitet werden, das Verfahren der Generierung von Normen, die Prozeduren ihrer Befolgung und Sanktionierung bleiben prinzipiell auf vernünftige Subjekte beschränkt.

[238] Diese Einstellung darf nicht gleichgesetzt werden mit einer hermeneutischen Ethik, wie sie zum Beispiel H.-G. Gadamer [1972], vorgeschlagen hat. Vgl. dazu die Kritik von V. Hösle [1990].

[239] Diese Forderung begründet die evangelische Tradition der Sozialethik als »Sozial*strukturen*ethik« (M. Honecker [1990], S. 10).

darf einer ständigen Rückkoppelung mit einem »gesunden common sense«.[240] Diese Verpflichtung zur Selbstvergewisserung des eigenen Vorgehens besteht in zweierlei Hinsicht. Auf der einen Seite ist der Anspruch im Hinblick auf die Themenwahl einzulösen, gemäß der Frage: Trägt die thematische Gewichtung von Ethik den gesellschaftlichen Erfordernissen Rechnung? Auf der anderen Seite dürfen die Verfahren von Normenfindung und Normenbegründung nicht auf Kompatibilitätsüberlegungen verzichten, in Form der Frage: Sind die vorgeschlagenen Normen und Begründungen derart beschaffen, daß sie einen begründeten Anspruch auf allgemeine Plausibilität und Durchsetzbarkeit erheben können? Beide Fragen haben den gleichen Bezugspunkt, betrachten ihn aber aus unterschiedlichen Perspektiven. Das gemeinsame Referenzobjekt, »die Menge der gesellschaftlichen Subjekte«, erscheint in der ersten Frage als Objekte, im Sinne von »Produkten« gesellschaftlicher Zustände, in der zweiten Frage als Subjekte, im Sinne von »Produzenten« eben dieser Verhältnisse.

Der Maßstab des »gesunden common sense« darf allerdings nicht dahingehend mißverstanden werden, als sei von Ethik eine bloße Anpassung gefordert. Er fungiert vielmehr als Regulativ in dem Sinne, daß der *common sense* die Kriterien angibt, an denen sich ethische Plausibilitätserwägungen zu messen haben. Hinter die Forderung Angewandter Ethik, Fragen der Realisier- und Durchsetzbarkeit moralischer Normen als genuines Thema von Ethik festzuschreiben, darf nicht zurückgegangen werden. Ebenso wenig darf Moral auf der anderen Seite zum Erfüllungsgehilfen gesellschaftlich eingeschliffener Standards werden.[241] Auf das an dieser Stelle auftretende Dilemma, mit dem sich jede zeitgemäße Ethik konfrontiert sieht, hat O. Höffe hingewiesen. Es besteht kurz gesagt in der Aufgabe, eine Ethik zu entwerfen, die *zeitgerecht* ist, ohne *zeitangepaßt* zu sein.[242] Höffe beginnt ebenso wie die erwähnten Modelle Angewandter und »neuer« Ethik bei dem Anachronismus, daß grundlegend veränderten Lebensumständen sittliche Prinzipien und Maßstäbe von Humanität und Gerechtigkeit gegenüberstehen, die aus der Zeit der alteuropäischen Gesellschaft stammen.[243] Angesichts dieser Ausgangslage kommt die Forderung nach einer »neuen« Ethik fast zwangsläufig auf. Die lange Reihe neuer sittlich-politischer Probleme, die in unserem Jahrhundert aufbrechen, die ganz neuen Formen von Barbarei, die Verletzbarkeit der Natur durch technologische Eingriffe, die wissenschaftlich-technischen Möglichkeiten oder die

---

240 D. Lange [1992], S. 15. Lange beobachtet vielerorts eine Verkehrung »des ethischen Denkens zu einem mit viel Idealismus und persönlichem Einsatz praktizierten, aber für die empirische Wirklichkeit ebenso wie für Grunddaten menschlicher Existenz blinden Aktionismus, der zwischen ekstatischer Begeisterung für utopische Weltbeglückungsprogramme und abgrundtiefer Enttäuschung über deren Scheitern an der harten Realität hin- und hertaumelt.«

241 Aus diesem Grund spricht Lange nicht einfach von irgend einem, sondern vom »*gesunden* common sense«. Das Prädikat »gesund« verweist darauf, daß mehrheitliche gesellschaftliche Standards nur dann als Maßstab dienen können, wenn sie grundlegenden moralischen Normen nicht widersprechen. Natürlich wird an dieser Stelle die Frage aufgeworfen, ob man sich mit einem solchen Verweis aus der Affäre ziehen kann oder ob damit nicht vielmehr das Problem nur neu umschrieben wird.

242 D. Lange [1992], S. 499ff., thematisiert diesen Konflikt unter der Überschrift »Allgemeingültigkeit und Situationsgemäßheit«.

243 O. Höffe [1981], S. 14.

Fern- und Langzeitwirkungen gesellschaftlich-politischer Entscheidungen sprechen für sich. Demgegenüber ist aber zu bedenken, daß eine Ethik, »die sich ganz auf die Zeit einläßt und ihre Prinzipien vollständig der wissenschaftlich-technischen Zivilisation entnimmt, in einen gefährlichen Opportunismus [verfällt]. Eine sittliche Betrachtung, die sich der vorherrschenden Lebenswelt bloß anpaßt, depotenziert sich zu einem Sekundärphänomen, das [...] den wirtschaftlichen, technischen und politischen Entwicklungen bloß nachläuft, das sie in ihrem Ablauf protokolliert und in ihrer Wirklichkeit vorbehaltlos anerkennt.«[244] Das Dilemma gegenwärtiger Ethik auf den Punkt gebracht lautet, »entweder zu einer abstrakten Theorie jenseits der tatsächlichen Wirklichkeit oder zu einer Ideologie des Bestehenden zu werden; und in beiden Fällen verzichtet sie auf ihre normativ-kritische Kompetenz«.[245] Entgegen einem moralischen Opportunismus, der im ethischen Begründungsteil auf eine Apologie des jeweiligen *status quo* reduziert würde, ist daher unbedingt an der kritischen Distanz ethischer Reflexion festzuhalten. Andererseits kann Ethik ihrem kritischen Auftrag nur gerecht werden, sofern sie am gesellschaftlichen Dialog teilnimmt.

Alle hier vorgestellten Typen Angewandter Ethik sind »Kinder« der Krise. Kennzeichnend für ihre Ausgangslage ist eine Veränderung der Betrachterperspektive. Geht die traditionelle Moralphilosophie mit Kant in seiner Formulierung der grundlegenden Fragestellung – »was sollen wir tun?« – vom Subjekt aus, so hat die aktuelle, modifizierte Fragestellung ihren Ausgangspunkt in der Problemsituation: »Was sollen wir angesichts der gegenwärtig krisenhaften und problematischen Lage tun?«[246]

Das Attribut des Krisenhaften oder Problematischen kann auf verschiedene Aspekte bezogen werden. Je nachdem welche Bereiche als krisenhaft empfunden und welche Lösungswege ins Auge gefaßt werden, lassen sich vier verschiedene Modelle ausmachen: 1. Angewandte Ethik im Sinne der Anwendung allgemeiner Prinzipien auf konkrete Fälle, verortet das Krisenhafte in den veränderten Umweltbedingungen. Diese können auf natürliche – etwa in den Bereichen Ökologie, Biologie und Ressourcen – oder gesellschaftliche Verhältnisse – beispielsweise Technisierung, Vernetzung, Medizin – bezogen sein. 2. Angewandte Ethik in einem pragmatischen oder technischen Verständnis diagnostiziert neben dem eben genannten Krisenbereich einen zweiten, den der Ethikkrise. Sie betrachtet die von den traditionellen Ethiken bereitgestellten Mittel und Möglichkeiten als prinzipiell untauglich für die Lösung der anstehenden Probleme. Angesichts deren Brisanz meint eine pragmatisch orientierte Praktische Ethik auf Begründungsfragen im wesentlichen verzichten zu müssen und zieht sich statt dessen auf das Faktum partieller Übereinstimmungen zurück. 3. Den anspruchsvollsten Weg beschreitet das Projekt einer »neuen« Ethik. Auch sie erkennt die doppelte Krisenhaftigkeit der vorgefundenen Lage. Im Gegensatz zur Angewandten Ethik

---

244 O. Höffe [1981], S. 14f. Das zitierte Argument richtet sich sowohl gegen eine wertneutrale Metaethik, wie sie sich in der angelsächsischen sprachanalytischen Philosophie etablierte, als auch gegen einen relativ unkritischen Neoaristotelismus, wie er von einigen Anhängern der Ritterschule vertreten wird.

245 O. Höffe [1981], S. 15.

246 Vgl. G. Picht [1967], S. 337: »Nicht das Subjekt setzt sich die Aufgabe, sondern die Aufgabe konstituiert das Subjekt.« Zu G. Pichts Verantwortungsbegriff siehe Abschnitt III 1.1.

bezieht sie Begründungsfragen als notwendig mit ein bei dem Versuch, eine gänzlich neue Ethik zu entwerfen. 4. Eine in jeder Hinsicht vermittelnde Position nimmt das Modell anwendungsorientierter Ethik ein. Sie betont die gleichzeitige Notwendigkeit von Ethik und Expertise und nimmt eine Mittelstellung zwischen dem affirmativen Anwendungsmodell und dem radikalkritischen Modell einer »neuen« Ethik ein, insofern sie Prinzipien aus der ethischen Tradition mit Hilfe rückgekoppelter Anwendungsverfahren innovativ weiterentwickelt.

Anwendungsfragen von Ethik rücken in der letzten Zeit zurecht immer weiter in den Vordergrund. Gleichzeitig kann eine Ethik, die nicht nur den Namen trägt, sondern auch ihrer Aufgabe gerecht werden will, nicht bei diesen Fragen stehen bleiben. Ein so verstandenes Modell Angewandter Ethik setzt sich seiner eigenen Kritik aus. Gerade Praktische Ethik gewinnt ihre Motive aus der Kritik an einer realitätsfremden Prinzipienethik. Dem Vorwurf der Ausblendung der tatsächlichen Bedingungen fällt Praktische Ethik dann selbst zum Opfer, wenn sie Strategien entwickelt, die auf unhinterfragt übernommenen moralischen Fundamenten ruhen. Die »Realität« auf die Angewandte Ethik die ethische Tradition verpflichten will, besteht eben nicht nur aus harten Fakten beziehungsweise unseren Meinungen darüber, sondern ebenso – oder besser: deshalb – aus »einer Konjunktion von Annahmen organisierter Meinungen zur rationalen Rechtfertigung dieser Meinungen«.[247] Es klingt trivial, dennoch scheint häufig übersehen zu werden, daß nicht nur moralische Normen, die das Ergebnis moralischer Reflexion darstellen, Handlungsspielräume festlegen, sondern auch diejenigen Normen, die – etwa in Form von Institutionen – hinter unserem Rücken die Grenzen unserer faktischen Handlungsräume bestimmen. Jede Norm, die einen moralischen Anspruch erhebt, also nicht auf rechtliche Standards und deren Sanktionierungsmechanismen zurückgreifen will, kann sich – eben wegen der ihr inhärenten Wirkungen – dem Begründungsdiskurs unmöglich entziehen. Moralische Normen können wie rechtliche Normen reglementieren, sie lassen sich aber im Gegensatz zu jenen nicht diktieren.

Wie so häufig, ist auch hier eine Überwindung des »entweder – oder« zugunsten eines »sowohl – als auch« geboten, wie neben Höffe auch die oben erwähnten Philosophen K. Bayertz, B. F. H. Taureck und H. Hastedt fordern. Eine Angewandte Ethik, die sich allein an den faktischen Gegebenheiten orientiert – das gilt in Bezug auf empirische Daten und Moralvorstellungen –, ist mit dem Argument des Naturalistischen Fehlschlusses zu konfrontieren. Andererseits muß sich eine rein deontologisch verfahrende Ethik mit dem Vorwurf des normativistischen Fehlschlusses auseinandersetzen.[248] Moralische Normen geben nur einen allgemeinen Beurteilungsmaßstab ab,

---

247 J.-C. Wolf [1995], S. 350.

248 Der Begriff »normativistischer Fehlschluß« stammt von O. Höffe [1981], S. 16: »Als normativistischen Fehlschluß bezeichne ich die dem Naturalistischen Fehlschluß entgegengesetzte Vorstellung, allein aus normativen Überlegungen ließen sich spezifische oder gar konkrete Verbindlichkeiten ableiten.«

aus dem keine spezifischen oder konkreten Verbindlichkeiten direkt abgeleitet werden können.[249]

3.2 Technikethik zwischen Subsumtion und Innovation

Die neuerdings in der Ethik – analog zu der in den Naturwissenschaften üblichen Differenzierung von Grundlagen- und angewandter Forschung – vorgenommene Unterscheidung zwischen Grundlagenreflexion und anwendungsorientierter Ethik reagiert auf Blockierungstendenzen, die der Diskussion ethischer Begründungsfragen anhaften. Gerade der kontinentaleuropäischen Ethikgeschichte der Neuzeit ist regelmäßig der Vorwurf gemacht worden, die von ihr forcierte Begründungsdiskussion habe zu einem Verlust ihrer gesellschaftlichen Relevanz geführt. Ein Weg, dieser Lähmung und Bedeutungslosigkeit zu entgehen, besteht in der Unterscheidung der beiden – bis dahin zu einer Einheit verbundenen – Aufgabenbereiche von Normengewinnung und Normenbegründung. Die somit mögliche Ausklammerung von Begründungsfragen führt zu einer Aktualisierung und Pointierung der Normendiskussion, denn einerseits können moralische Fragestellungen schneller und realitätsnäher thematisiert werden, andererseits werden die Debatten vordergründig »entideologisiert«, insofern Kontrahenten auf der Ebene ethischer Grundeinstellungen, auf dem darunterliegenden Niveau der Normendiskussion konstruktiv und unkontrovers kooperieren können.

Bei genauerem Hinsehen entpuppt sich der Ausdruck »anwendungsorientierte Ethik« jedoch als unangemessen, wenn damit ihr Motiv zur Sprache gebracht werden soll. Jede Angewandte oder Praktische Ethik rechtfertigt ihr Vorgehen mit dem Vorhandensein von Problemsituationen. Es gilt die Regel, je gravierender das Problem, um so präziser und konkreter müssen die entsprechenden Handlungsnormen beschaffen sein. Die subjektorientierte Frage, »was sollen wir tun«, wird ersetzt durch die problemorientierte, »was müssen wir tun, um X zu verhindern, zu beseitigen oder einzugrenzen«, wobei mit »X« ein als problematisch wahrgenommener Gegenstand gemeint ist. Da hier Fragen der Vermeidung beziehungsweise Bewältigung von Problemen im Vordergrund stehen, sollte angemessener von *problemorientierter Ethik* gesprochen wer-den.[250]

Auf das Eingebundensein jeder problemorientierten »Spezialethik« in allgemeinere ethische und moralische Kontexte ist bereits mehrfach hingewiesen worden. Das gilt auch für Technikethik, die sich erst mit dem Auftreten gesellschaftlicher Akzeptanzprobleme von Technik konstituiert. Technikethik tritt als problemorientierte Ethik mit der Absicht auf, regulierend in kritisch oder negativ verlaufende beziehungsweise empfundene technologische Entwicklungen einzugreifen. Ihr Vorgehen ist dann ge-

---

[249] Vgl. O. Höffe [1981], S. 16: »Tatsächlich ergeben normative Überlegungen nur einen allgemeinen Beurteilungsmaßstab, der noch mit spezifischen Sachgesetzlichkeiten und darüber hinaus mit den konkreten Bedingungen der jeweiligen Lebenswelt und Handlungssituation vermittelt werden muß.«

[250] K. Bayertz [1991], S. 23, spricht von »problembezogener Ethik«. Vgl. ders. [1996a].

rechtfertigt, wenn es ihr gelingt, bestehende Verfahrens-, Umgangs- oder Handlungsweisen als unzureichend, mangelhaft oder unangemessen zu begründen. Die Kritik an den bestehenden Handlungsoptionen bildet gleichzeitig den Maßstab, dem zu entwikkelnde technikethische Entwürfe verpflichtet sind. Es ist wichtig, die Chronologie der Entstehung von problemorientierten Ethiken zu beachten. Die Kritik an bisherigen Vorgehensweisen – in Form einer Problemformulierung – ist nicht die Folge eines derartigen Entwurfs, sondern vielmehr seine Voraussetzung. Sie bildet das konstitutive Motiv von Angewandter Ethik. In diesem Sinne, als Reflex auf eine Kritik – das gilt in gleicher Weise für Krisen oder Probleme –, baut problemorientierte Ethik immer auf vorausgehende moralische Vorstellungen auf. Kritik setzt einerseits ein theoretisches Wissen darüber voraus, was kritisiert werden soll, und andererseits normative Kriterien, die als Bezugs- und zugleich Bewertungsrahmen Kritik überhaupt erst möglich machen.[251] Die durch die Rückkoppelung an einen »gesunden common sense« provozierte Frage nach der Plausibilität von Normen ist also zu ergänzen um diejenige nach der Kompatibilität von solchen moralischen Normen, die den Maßstab für eine Kritik abgeben, mit jenen, nach denen als Reflex auf diese Kritik anschließend gehandelt wird. Hier befinden wir uns auf der Begründungsebene von problemorientierter Ethik, und es besteht kaum Aussicht darauf, diese Klippe unbeachtet umschiffen zu können.

Ein weiterer, für Technikethik geradezu konstitutiver Aspekt betrifft die oben bereits kurz angerissene Frage nach dem Verhältnis von Handeln und Herstellen. Ein zentraler Gegenstand von Ethik ist menschliche Interaktion, ihre Voraussetzungen, Bedingungen und Orientierungen sowie die Begründung ihrer Reglementierungen. Nur vernunftbegabte freie Wesen können Subjekte oder Adressaten von Moral sein, weil ihnen allein die Fähigkeit zum Handeln zugesprochen werden kann. Nun zeigt sich – der Kantischen Einsicht zum Trotz – ein Phänomen, daß von prominenter Seite als »Dialektik der Aufklärung« und von der ideologischen Gegenseite als »Sachzwang« beziehungsweise »Sachgesetzlichkeit« beschrieben worden ist. Gemeint ist die »Eindimensionalität« einer zur Totalität werdenden instrumentellen Vernunft, die sich in der Regel auf die Aristotelische Dichotomie von *poiesis* und *praxis* beruft.[252] Welche Konsequenzen ergeben sich aus dieser Differenzierung? Reicht Philosophie hiermit nicht das Argument für diejenigen Apologeten von Technik nach, die immer schon behaupten, Technik sei wertneutral? Und ist damit nicht gleichzeitig die Unmöglichkeit jeder Technikethik festgeschrieben? Die Tatsache des Vorhandenseins einer großen Anzahl technikethischer Untersuchungen kann zunächst nicht als Gegenargument gewertet werden, im Gegenteil: Wenn oben von der Gefahr einer Instrumentalisierung von Moral die Rede war, dann kann diese Tendenz gerade als Hinweis darauf gelten, daß sich jene Eindimensionalität in zeitgenössischen Ethiken selbst widerspiegelt.

Die drei genannten Punkte bezeichnen verschiedenartige Bedingungen von Technikethik. In den ersten beiden Aspekten werden Bedingungen des Gelingens thematisiert, die für jede Ethik Gültigkeit beanspruchen können. Die Rückbindung an den *common sense* – im Hinblick auf die Aufgabenstellung – ist das konstitutive Merkmal proble-

---

251 Vgl. V. Hösle [1991a], S. 18.
252 Vgl. beispielsweise H. Arendt [1981], cp. 4.

morientierter Ethik. Auch Technikethik ist überhaupt erst das Produkt einer gesellschaftlichen Krise im Umgang mit Technik.[253] Der zweite Aspekt der Kompatibilität ist eine Gelingensbedingung, insofern er die erarbeiteten Forderungen auf ihre Möglichkeiten der Realisierbarkeit relativ zu einer bestimmten gesellschaftlichen Lage überprüft. Im dritten Punkt wird dagegen eine Bedingung der Möglichkeit von Technikethik angesprochen. Nur wenn es gelingt, technische Aktivitäten im Rahmen der Strukturen menschlichen Handelns in dem Sinne zu begreifen, daß sie ethischer Reflexion zugänglich werden und nicht ihre Auflösung voraussetzen, kann von Technikethik – als einem möglichen Bereich von Ethik – überhaupt gesprochen werden.

* * *

Dieser Teil der Untersuchung präsentierte einige Ansichten zu einem aktuellen ethischen Paradigma. Allen Konzepten gemeinsam ist eine zunehmend kritische Wahrnehmung unserer Zivilisation, ihrer wissenschaftlich-technologischen Errungenschaften und ihrer Folgen. Anders als in vergleichbaren – ebenfalls durch technische und technologische Entwicklungen hervorgerufene – Krisenzeiten, etwa in unserem Jahrhundert nach den beiden Weltkriegen, sind die Reaktionen heute weitaus weniger pessimistisch. Gerade das explosiv angewachsene gesellschaftliche Interesse an ethischen Fragen dokumentiert einen verhaltenen Optimismus, setzt eine ethische Perspektive doch voraus, daß eine Wende zum Besseren im Rahmen unserer Handlungsmöglichkeiten realistisch erscheint. Selbst Positionen, die eine »neue Ethik« fordern, halten die vorgefundenen Spielräume immer noch für ausreichend, um jene implementieren zu können. Mit dem für Angewandte Ethik kennzeichnenden Festhalten am *status quo* wandelt sich das der Aristotelischen und Kantischen Ethik attestierte ideologiekritische Moment[254] zu einer – im Kern – systemstabilisierenden Verfahrens- oder Umsetzungskritik. Der affirmative Zug der aktuellen Ethikdiskussion in der Vorstellung von Veränderungen *innerhalb* der Strukturen, statt einem Wandel der Strukturen selbst, ist kennzeichnend für die gegenwärtige Situation und historisch betrachtet in dieser Form neu.

Angewandte Ethik tritt mit dem Anspruch auf, die Realitätsferne deontologischer oder allgemein »theoretischer« Ethiken zu überwinden. Für sie ist die pragmatische Forderung nach Praktikabilität leitend. Aber auch sie muß sich mit der Frage auseinandersetzen, wie realistisch eine Position ist, die von einem Standpunkt aus argumentiert, den sie selber nicht kennt, zumindest nicht reflektiert. Es ist realistisch, davon auszugehen, daß moralische und ethische Argumentationen interessengeleitet sind. Aber sind Argumente realistisch – im Sinne von praktikabel –, die vorgetragen werden, ohne sich ihrer Herkunft und ihrer Absichten zu vergewissern? Was unterscheidet Behauptungen von Argumenten, was ethische Argumente von anderen? Argumente begründen Be-

---

253 Vgl. aber die einschränkenden Bemerkungen von E. Rudolph [1994a], S. 133.
254 Vgl. etwa O. Höffe [1979] und E. Rudolph [1994a].

hauptungen und ethische Argumente versuchen Behauptungen plausibel zu machen, indem sie diese auf bestimmte Maßstäbe – eben: ethische – beziehen. Das Gewicht von Argumenten richtet sich nicht allein danach, wie plausibel und konsistent ihre Begründung ausfällt, sondern ebenso danach, an welchen Kriterien sich ihre Plausibilität und Konsistenz bemißt. Zwei konkurrierende Argumentationen können gleich gut begründet sein. Die eine ist beispielsweise plausibel und konsistent relativ zu einer ökonomischen Theorie, die andere im Hinblick auf eine ethische. Eine Entscheidung kann hier nicht allein durch Rückgriff auf Plausibilitäts- und Konsistenzerwägungen erreicht werden. Notwendig wird – gerade auch in Abgrenzung zu einem postmodernen Relativismus – eine Gewichtung der Theorien oder der Systeme von Annahmen, denen sich die Plausibilitäs- und Konsistenzkriterien verdanken. Es bedarf also einer Metaebene, auf der die konkurrierenden Plausibilitäts- und Konsistenzkriterien selbst zur Sprache gebracht werden können. Der Bereich der Ethik bildet eine solche Metaebene. Sie stellt Theorien zur Verfügung, an denen jene Kriterien ihre eigene Plausibilität und Konsistenz zu erweisen haben.

Im folgenden Kapitel wollen wir einen Blick hinter die Fassade des hier diagnostizierten ethischen Aktivismus werfen. Der »Ethikboom« der letzten Jahre verweist nicht nur auf ein weitverbreitetes Verständnis von Ethik und praktischer Philosophie, sondern ebenso auf ein spezifisches Wirklichkeitsverständnis. Diesem versuchen wir uns zunächst mit der Frage zu nähern, welche Motive sich hinter der Beschäftigung mit problemorientierten Ethiken verbergen. Was steckt hinter der Rede von Krisen und Problemen, worauf wird referiert, welche Einstellungen kommen darin zum Ausdruck und schließlich, welche Verbindung besteht zwischen derartigen Behauptungen und – offensichtlich als Reaktion – einer Beschäftigung mit Ethik?

II Annäherungen: Krisen – Probleme – Fragen und ihre Motive

1 Über die Motive problemorientierter Ethik

Nicht erst seit Historismus, Hermeneutik und Ordinary Language Philosophy besteht im wesentlichen Einigkeit darüber, daß menschliche Äußerungen motiviert sind und daß ein angemessenes Verständnis solcher Äußerungen nur möglich ist, soweit etwas über die Absichten bekannt ist, die eine Person zu der Äußerung veranlaßt haben, um deren Verständnis wir uns bemühen. Dieser Zusammenhang betrifft jede Art menschlicher Kommunikation, gesprochen oder geschrieben, in allgemeinen Kontexten des Alltags oder in speziellen, etwa wissenschaftlichen Zusammenhängen.

In einigen Bereichen der Geisteswissenschaften ist in den letzten Jahren ein erstaunlicher Wandel zu beobachten. In den vorangegangenen Abschnitten über Angewandte und »neue« Ethik klang bereits der Perspektivenwechsel an, der sich derzeit auf dem Gebiet der Ethik abspielt: die Verlagerung der Diskussionen von Grundsatzfragen hin zu praxisorientierten Problemstellungen. Unabhängig davon, ob den angestellten methodischen und inhaltlichen Überlegungen das Prädikat »neu« zugesprochen werden sollte oder nicht, ist in jedem Fall eine »neue Geschäftigkeit« in den Geisteswissenschaften zu beobachten.[1] Der Philosoph O. Marquard hat diese Denkrichtung in den letzten Jahren am publikumswirksamsten vertreten, besonders mit seinem Aufsatz »Über die Unvermeidlichkeit der Geisteswissenschaften«. Seine Kernthese lautet: »Die – durch die experimentellen Wissenschaften vorangetriebene – Modernisierung verursacht lebensweltliche Verluste, zu deren Kompensation die Geisteswissenschaften beitragen.« Und »je moderner die moderne Welt wird, desto unvermeidlicher werden die Geisteswissenschaften.«[2] Gleichgültig ob man geneigt ist, der Kompensationsthese Marquards zuzustimmen oder nicht, an der von ihm thematisierten Herausforderung kommt keine der Aktualität verpflichtete Ethik vorbei.[3]

In diesem Punkt besteht wohl kaum Anlaß, gegenüber einer an einem solchen Diktum orientierten Moralphilosophie Zweifel anzumelden. Im Gegenteil, Ethik scheint sich hier ihrem ursprünglichen Gegenstand als »Philosophie über das zum Menschen Gehö-

---

1 Vgl. C. Türcke [1989c].

2 O. Marquard [1986], S. 102f. u. S. 105. Marquard expliziert: »Die Geisteswissenschaften helfen den Traditionen, damit die Menschen die Modernisierungen aushalten können: sie sind – das betone ich in meiner Skeptikereigenschaft als Modernisierungstraditionalist – nicht modernisierungsfeindlich, sondern – als Kompensation der Modernisierungsschäden – gerade modernisierungsermöglichend« (a. a. O., S. 105).

3 Das Kompensationsmodell übernimmt Marquard von seinem Lehrer J. Ritter, der es dem Rechtshegelianismus entlehnt. Ritter sieht die Kompensationsleistung in der Neuverzauberung via Ästhetik einer versachlichten und entzauberten Welt. Vgl. vor allem die verschiedenen Aufsätze vom Autor in: J. Ritter [1974a]. H. Lübbe hat diesen Gedanken aufgegriffen, wenn er den modernen »änderungstempobedingte[n] Vertrauensschwund« durch den Aufgang von Denkmalschutz und Musealisierung kompensiert sieht (H. Lübbe, *Geschichtsbegriff und Geschichtsinteresse*, S. 313; ders., *Zeit-Verhältnisse*, S. 9ff.); vgl. G. Fitzthum [1992], cp. 1 und kritisch: J. Habermas [1985a], S. 86 – 103; H. Schnädelbach [1988]; E. Tugendhat [1988]; C. Türcke [1988]; ders. [1989a] sowie die kontroverse Diskussion in: Kursbuch 91.

rige« wieder zuzuwenden, wie es Aristoteles programmatisch formuliert hatte.[4] Diese Rückbesinnung der Ethik – nach einer langen Phase kontinental-akademischer Weltabgewandtheit und angelsächsischer Flucht in eine metaethische Wertfreiheit – zieht bedeutsame methodische Konsequenzen nach sich. Ethik folgt nunmehr – ganz im Sinne des Aristoteles[5] – keinem bloß kognitiven Interesse, sondern ist dem sittlichen Engagement, dem praktischen Interesse verpflichtet.[6] Für Aristoteles ist praktische Philosophie anders gar nicht vorstellbar.[7]

Bei aller Attraktivität und Plausibilität einer an aktuellen Fragen orientierten Ethik steht eine solche Herangehensweise vor einer Reihe von Schwierigkeiten. Neben den im letzten Abschnitt bereits angerissenen, betrifft eine sehr gravierende Frage ihre Voraussetzungen, wie ein kurzer Seitenblick auf Aristoteles verdeutlichen mag. Die Aristotelische Ethik ruht wesentlich auf der ontologischen Prämisse, daß das Telos menschlichen Handelns im höchsten Gut des Lebens der freien Bürger in der Polis verwirklicht ist.[8] Das praktische Interesse ist für ihn von Anfang an auf dieses Gut hin ausgerichtet. Der Aristotelischen Ethik liegt also – vermittelt durch seinen politischen Begriff eines höchsten Gutes – eine substantielle Bestimmung des praktischen Interesses zugrunde. Eine derartige Vorstellung eines höchsten Gutes, dem alles von Natur aus zustrebt, ist unserem neuzeitlichen Denken kaum noch vermittelbar. Sowohl seine ontologische Bestimmung wie auch die affirmative Hinwendung darauf sind für den modernen Menschen unverständlich geworden.[9]

---

4 EN X 9, 1181b 15.

5 Vgl. EN I 1, 1095a 5f. Vgl. dazu O. Höffe [1979], S. 41.

6 O. Marquard [1988], S. 17, fordert in diesem Sinne eine von der Fortschrittsidee verschiedene »Nichtkrisentheorie der Moderne«.

7 Wir bewegen uns hier ganz auf der Linie des Programms einer »Rehabilitierung der praktischen Philosophie«, wie sie in Deutschland im Anschluß an J. Ritter seit den 60er Jahren erfolgte. Ritter hat in seinem berühmten Aufsatz von 1956 »Das bürgerliche Leben« mit dem Modell einer hermeneutischen Ethik dem aristotelischen Ansatz zu neuer Aktualität verholfen. »Die ethische Theorie muß hermeneutisch an die Vieldeutigkeit und Mehrsinnigkeit des menschlichen Daseins anknüpfen, weil nur so Begriffe gewonnen werden können, deren Gültigkeit sich auf das, was ist, bezieht, dies zugleich voraussetzt und stehen läßt. Wir besitzen vollendet ausgebaute ethische Systeme, sieht man von ihrer Höhe zurück auf die Wirklichkeit des Menschen, wie sie ist, dann fragt man sich, was die Begriffe des Systems mit ihr zu tun haben. Aus solcher Beziehungslosigkeit ruft die Nikomachische Ethik in einem beispielhaften Sinn zurück. Ihre hermeneutische Methode führt sie auf den Weg der hypoleptischen Anknüpfung an das, ›was gesagt wird‹.« (J. Ritter [1956], S. 64).

8 Vgl. EN V 3, 1129b 18ff. J. Ritter [1966], S. 71ff., hat darauf hingewiesen, daß der aristotelische Polisbegriff sehr eng verstanden werden muß. Er bezieht sich nicht auf irgendein verfassungsmäßig verankertes Stadt- oder Staatengebilde, sondern präzise auf die griechische Polis.

9 F. Volpi [1992], S. 21f., formuliert kritisch gegen die neoaristotelische Renaissance des Phronesisbegriffes: »Bei Aristoteles konnte das Band zwischen Wirksamkeit der Mittel und moralischer Qualität der Ziele, und schließlich das Gelingen des moralischen Handelns deshalb durch die *phronesis* gewährleistet werden, weil diese innerhalb eines durch eine bestimmte Kosmologie und Metaphysik gesicherten Gesamtrahmens operierte […]. In der Hermeneutik läuft die Rehabilitierung der Phronesis Gefahr, ihre Absicht zu verfehlen, da hier das phronetische Wissen in einen wesentlich schwächeren, minimalen Rahmen eingesetzt ist, nämlich in einen post-metaphysischen Horizont, der durch eine Grundlagenkrise und den Mangel an Gesamtgefüge und Anhaltspunkten gekennzeichnet ist. In diesem minimalen Rahmen läßt sich die moralische Leistungskraft der *phronesis*, der *prudentia*, nicht mehr gewärleisten. Die umsichtige Klugheit droht im Nihilismus zu einer

Damit steht die neuzeitliche Ethik vor einem Dilemma: Will sie das Argument von der Notwendigkeit praktischen Engagements in der Ethik aufrechterhalten, muß sie eine Antwort auf die Frage finden, wodurch die – angesichts veränderter Rahmenbedingungen – auftretende Leerstelle in dem Gedankengang ersetzt werden kann, oder alternativ nachweisen, daß auf eine derartige Zielsetzung verzichtet werden kann. Wir sahen bereits, daß der letztgenannte Ausweg ungangbar ist, da auch anwendungsorientierte Ethiken den Begründungsdiskurs nicht umgehen können. Somit werden wir auf die Beantwortung der ersten Frage verwiesen. Was könnte an die Stelle des glückseligen Lebens in der Polis treten? Eine Möglichkeit besteht darin, als Ersatz ein formales Moralprinzip – etwa den kategorischen Imperativ Kants – einzusetzen. Das hätte allerdings zur Folge, daß wir uns mit der Einführung des Universalisierungsprinzips sogleich wieder aus der Diskussion verabschiedet hätten. Gerade die Aufgabe universalistischer Prinzipien, der »Abschied vom Prinzipiellen«, bildet die grundlegende Einsicht, der Praktische Ethik in ihrem Vorgehen folgt. Der Rückgriff auf ein formales Verallgemeinerungsprinzip würde also hinter den Standpunkt zurückführen, der die Schwierigkeit überhaupt erst aufgeworfen hat. Das Verschwinden des Dilemmas wäre dann erkauft mit der Kapitulation vor dem Marquardschen Diktum. Soll das Thema aber an dieser Stelle nicht schon als erledigt gelten, bedarf es eines anderen gemeinsamen Nenners, um die oben entstandene Lücke zu füllen. Erschwerend hinzu tritt für den Bereich Technikethik die – im letzten Absatz als *conditio sine qua non* bezeichnete – Aufgabe einer Vermittlung von Technik und Ethik.

Zu diesem Zweck beschreiten Moralphilosophie und Ethik in jüngerer Zeit einen naheliegenden Umweg, der es offenbar erlaubt, beide Fliegen mit einem Streich zu schlagen. Wenn schon kein positiver gemeinsamer Nenner bezüglich einer allgemeinverbindlichen obersten Norm gefunden werden kann, besteht vielleicht die Möglichkeit, in Ermangelung eines solchen auf eine konsensfähige negative Vorstellung auszuweichen. Die Begriffe »Krise« und »Problem«, die immer häufiger nicht nur in geistes- und gesellschaftswissenschaftlichen Kontexten, sondern auch in politischen Diskussionen Verwendung finden, verweisen auf ein solches, einigendes Band gemeinsamer negativer Wahrnehmungen und Erfahrungen,[10] das zumindest zwei – zunächst erstaunlich

---

bloßen Geschicklichkeit im ›Umgang mit den Menschen‹ zu werden oder gar – wie ihre Kontrahenten meinen – zur Ideologie eines angenehmen Kulturrelativismus konservativer Art.«
Wird aber, trotz des Verlustes einer ontologischen oder metaphysischen Verankerung, an der Notwendigkeit einer affirmativen Hinwendung festgehalten, kann sich diese Haltung nur noch auf historisch kontingente Phänomene richten, wie Marquard mit seiner »Nichtkrisentheorie der Moderne« eindrucksvoll gezeigt hat. Damit entledigen sich die Geisteswissenschaften jedes regulativen und kritischen Potentials, das Aristoteles in seiner Ethik durchaus mit im Blick hatte. Geisteswissenschaften übernehmen so die Aufgabe der Legitimation des Faktischen. Am finanziellen Tropf antagonistischer Interessen werden sie nur dann »toleriert und gefördert, wenn sie Krisenreparatur und Krisenprävention betreiben« (H. Schnädelbach [1988], S. 402).
Zum Problem einer ungeschichtlichen Übertragung der Aristotelischen Ethik auf die Neuzeit, die einer Reduktion der aristotelischen Ethik auf eine bloße Kasuistik gleichkommt, vgl. J. Rohbeck [1993], S. 264f. Auf die Hegelianischen Wurzeln der Ritterschule verweist E. Tugendhat [1993], S. 204ff. Eine Kritik an der Marquardschen Kompensationstheorie findet sich in dem 1988 in Marburg gehalten Vortrag von E. Tugendhat.

10 Vgl. H. Jonas [1979], S. 63f.: »Denn so ist es nun einmal mit uns bestellt: die Erkenntnis des *malum* ist uns unendlich leichter als die des *bonum*; sie ist unmittelbarer, zwingender, viel weniger

anmutende – Möglichkeiten eröffnet: Einerseits verweist es, allen partikularen Differenzen zum Trotz, auf einen – wenn auch zunächst schwer lokalisierbaren – Konsens. Andererseits birgt eine derartige Perspektive die Möglichkeit, die traditionell antagonistischen Begriffe »Technik« und »Ethik« kompatibel zu machen. Die Charakterisierung einer Technik oder Technologie als »kritisch« erlaubt ihre ethische Thematisierung. Im folgenden soll dieser Beobachtung nachgegangen werden. Es soll dabei weniger darauf ankommen, festzustellen, welche Inhalte dort als Krise oder Problem zur Sprache kommen, sondern vielmehr welche Funktion diese Begriffe in der Argumentation übernehmen und welche Konsequenzen sie – mehr oder weniger notwendig – nach sich ziehen.

2 Ethik als Kind der Krise

Die in den letzten Jahren zunehmende Hinwendung von Ethik zu praktischen Fragen und Problemen hat, wie die Verweise auf Aristoteles nahelegen, eher den Charakter einer Renaissance, denn den einer Neuentwicklung. Seit jeher besteht eine eigentümliche Beziehung zwischen Krisensituationen und Ethik. Die großen ethischen Entwürfe des Abendlandes fallen historisch in Zeiten einschneidender gesellschaftlicher und politischer Veränderungen. Die Konstituierung von Ethik als wissenschaftliche Disziplin kann geradezu als Produkt einer Krise angesehen werden, wie die Aristotelische Ethik in der Zeit des Niedergangs der griechischen Polis nahelegt. Die »Tragödie Athens« von der Hegel in seiner Sokratesdeutung spricht,[11] betrifft einerseits die politischen Umstände der Polis, die ihre kurze Blütezeit längst überschritten hatte, andererseits die intellektuelle Situation »der Legitimitätskrise von Sitte und Herkunft«.[12] Die Ausgangssituation der *Nikomachischen Ethik* reflektiert Aristoteles zu Beginn des I. Buches: »Das Edle und Gerechte, das der Gegenstand der politischen Wissenschaft ist,

---

Meinungsverschiedenheiten ausgesetzt und vor allem ungesucht: die bloße Gegenwart des Schlimmen drängt sich uns auf, während das Gute unauffällig da sein und ohne Reflexion (zu der wir besondere Ursache haben müssen) unerkannt bleiben kann. Über das Schlimme sind wir nicht unsicher, wenn wir es erfahren; über das Gute gewinnen wir Sicherheit meist erst auf dem Umweg über jenes.« H. E. Tödt [1982] und W. Lienemann [1996] (vgl. ders. [1993]) haben dieses Phänomen vor dem Hintergrund der Menschenrechtsproblematik expliziert. Wir kommen am Ende unserer Untersuchung darauf zurück.

11 Vgl. dazu J. Derbolav [1979].

12 G. Bien [1972], S. XXII. »Es läßt sich nämlich die Aristotelische Ethik und praktische Philosophie insgesamt […] charakterisieren als das Unternehmen einer Theorie des guten und gelingenden Lebens unter den Bedingungen der Legitimitätskrise von Sitte und Herkunft […]. *Die Aristotelische Theorie der Praxis ist erzwungen durch die Ausbildung von Wissenschaft und Vernunft in kritischer Absetzung von dem ›bürgerlichen und geschäftigen Leben‹ und den es leitenden Vorstellungen vom Guten, Schönen und Gerechten.*« Vgl. auch J. Ritter [1967], bes. S. 121: »*Die Krise des Ethischen, von der Aristoteles ausgeht, ist so die Krise des nómos pátrios,* der Tradition und der Autorität der Väter und Alten«. Kritisch dazu R. Bubner [1976], S. 5ff. Vgl. grundlegend J. Ritter [1974b] sowie O. Gigon [1967], S. 1 – 102.
Bereits an dieser Stelle werden Parallelen zur Gegenwart sichtbar. An den Begriffen »Sitte« und »Herkunft«, die Bien anführt, entzündete sich zugleich die Kontroverse zwischen dem Neoaristotelismus der Ritterschule und seinen Gegnern. Vgl. unter anderem E. Tugendhat [1993], S. 204 – 208.

zeigt solche Unterschiede und solche Unbeständigkeit, daß es so aussieht, als beruhe es nur auf dem Herkommen und nicht auf der Natur.[13] Mit der Formulierung der »Krise des nómos pátrios« greift Aristoteles ein zentrales Problem der Philosophie seit dem 5. Jahrhundert auf, das besonders in der Platonischen Sophistenkritik zur Sprache kommt.[14] Unter Berufung auf den gesellschaftlichen *status quo* kommt ein typisches Merkmal Aristotelischen Philosophierens zum Ausdruck. »Das ›Es sieht so aus‹ (dokein) bringt wie das bei Aristoteles im Ansatz der Theorie ebenso übliche ›Es zeigt sich‹ (phainetai) immer zum Ausdruck, daß die Philosophie nicht von sich aus ein Problem aufwirft, sondern es in der Form aufnimmt, in welcher es ihr vorgegeben ist.«[15] Der Philosoph wird also von der gesellschaftlichen Situation, die er vorfindet und deren Teil er gleichzeitig ist, gerade auch praktisch, das heißt ethisch und politisch herausgefordert. Am Anfang jeder ethischen Bemühung hat die Einsicht zu stehen, »daß die Moraltheorie nicht Macht über die Lage hat, sondern selber Teil der Lage ist«.[16]

Neben dieser – kritischen und nicht apologetischen[17] – Aufnahme der gesellschaftlichen moralischen Standards verweist noch ein zweiter Aspekt der Aristotelischen Ethik auf die spezifischen Umstände ihrer Entstehung, der gerade in unserem Zusammenhang Aufmerksamkeit verdient. E. Vollrath betont, daß die Aristotelische Trennung zwischen *praxis* und *poiesis* der Absicht geschuldet ist, sein Praxis-Konzept »sowohl vor dem Rückfall in zeremonielle Praktiken des Kultus als auch vor dem Untergang in die reine Logik einer wahrheitsfähigen Theorie oder die Aufsaugung durch bloße Technizität zu bewahren.«[18] Diese Spannung – wie wir modern sagen würden – zwischen einer der Aktualität verpflichteten Hinwendung auf die faktischen Zustände und Verhältnisse und gleichzeitig der systematischen Distanzierung von eben diesen findet sich bei Aristoteles genauso,[19] wie in aktuellen Auseinandersetzungen und Reflexionen im Kontext einer zunehmend kritisch wahrgenommenen Wirklichkeit.

---

13 EN I 1, 1094b 19f.

14 Vgl. F. Heinimann [1945], bes. S. 110ff.

15 J. Ritter [1974b], S. 483. Der Aristotelische Ansatz wird – wie E. Vollrath [1989], S. 12ff., ausführt – nur verständlich, wenn er vor dem Hintergrund der Diskriminierung des »existierende[n[Ethos der Polis« durch Platon als Reaktion auf »das Desaster der Polis Athen im Peleponesischen Krieg« gesehen wird. Platon versuchte statt dessen, »die Polis auf die Wahrheit der Theorie zu gründen […]. Aristoteles hat niemals davon abgelassen, diese Lösung zu verwerfen, und zwar deshalb, weil sie den Pluralitätscharakter der Polis, also ihre politische Qualität, zerstören würde« (a. a. O. S. 12). Zu dieser Charakterisierung der Polis vgl. Aristoteles, Pol. I 1, 1252a 7f.; II 2, 1261a 10f.

16 M. Kettner [1992a], S. 21.

17 Vgl. O. Höffe [1979], S. 53.

18 E. Vollrath [1989], S. 13. Verstärkt wird diese Ansicht durch die Tatsache, daß die Unterscheidung zwischen *praxis* und *poiesis* bei Platon in dieser Form noch nicht vorkommt. Vgl. auch R. Bubner [1982], S. 67ff. Anders allerdings C. Castoriadis [1983], S. 197 (mit Verweis auf Platon, *Symposion* 205b).

19 O. Höffe [1979], S. 52ff., hat diesen Zusammenhang am Beispiel der Analyse des Glücks in der *Nikomachischen Ethik* gezeigt. Für die Werke von H. Arendt [1981]; M. Horkheimer/T. W. Adorno [1969]; M. Horkheimer [1967] und J. Habermas [1969] ist diese Dichotomisierung von grundlegender Bedeutung.

Krisenphänomene, hervorgerufen durch die politischen, sozialen und geistigen Umwälzungen, liefern in den ersten Jahrzehnten unseres Jahrhunderts das Motiv für eine ganze Reihe kulturkritischer und lebensphilosophischer Äußerungen.[20] Im Gegensatz zur gegenwärtigen Situation werden diese Phänomene aber selten ethisch relevant. Auch die von K. Jaspers im Jahre 1931 diagnostizierte »Krise der gegenwärtigen Daseinsordnung«, die ebenso in der Staatskrisis manifest wird, wie in dem planetarischen Charakter der technischen und wirtschaftlichen Probleme, der Nivellierung kultureller und ethischer Differenzen oder dem Verlust von Autorität zugunsten eines pseudohumanitären Zynismus, ist weniger ethisch motiviert, dafür ganz dem existentialistischen Motiv der Existenzerhellung verpflichtet.[21] Auch die 1949 – also nach Realwerden der in *Die geistige Situation der Zeit* prognostizierten Entwicklungen – nachgereichte Antwort ist kein Produkt ethischer Reflexion: »Wegen der Größe der Frage, was damit aus dem Menschen werden kann, ist die Technik heute vielleicht das Hauptthema für die Auffassung unserer Lage. Man kann den Einbruch der modernen Technik und ihrer Folgen für schlechthin alle Lebensfragen gar nicht überschätzen.«[22] Diese Äußerung ist aus einem geschichtsphilosophischen Kontext heraus zu verstehen. Die »Sorge um das Menschsein selber« lautet das Thema, welches Jaspers von J. Burckhardt und Nietzsche übernimmt und geschichtsphilosophisch deutet.[23] Es geht ihm nicht darum zu zeigen, wie der Mensch dieser Sorge ethisch gerecht werden kann, sondern welche Konsequenzen sich aus dem Umgang mit derselben ergeben können.

In einem gewissen Gegensatz dazu werden in jüngerer Zeit Gegenwartsanalysen, die zu einem analogen Urteil kommen, – wieder – als Herausforderungen an Moral und Ethik begriffen. Problemaufrisse der aktuellen Lage bilden häufig den Ausgangspunkt oder Anlaß für ethische Überlegungen.[24]

In diesem Zusammenhang stellt sich die Frage, ob aus der Zuordnung von Ethik als einer Disziplin der Krise eine spezifische Funktion von Ethik abgeleitet werden kann. Zu ihrer Beantwortung ist es notwendig, sich den oben eingeführten Begriffen »Krise« und »Problem« zuzuwenden. B. H. F. Taureck definiert »Krise« als »die Beurteilung

---

20 Die schärfste Analyse stammt von E. Husserl, *Die Krisis der europäischen Wissenschaften und die transzendentale Phänomenologie* (Husserliana. Bd. VI). Husserl sieht eine Gefährdung der europäischen Kultur, hervorgerufen durch eine Krise der Philosophie. Diese beruht nicht auf Zweifeln an ihrer Wissenschaftlichkeit, sondern auf der »positivistische[n] Reduktion der Idee der Wissenschaft auf bloße Tatsachenwissenschaft. Die ›Krisis‹ der Wissenschaft als Verlust ihrer Lebensbedeutsamkeit« (§ 2). Ein ähnliches Motiv ist im Neukantianismus, besonders der südwestdeutschen Schule um Windelband und Rickert auszumachen. Die mit einer zunehmenden Expansion des naturwissenschaftlichen und technischen Paradigmas einhergehende Schwächung der Geisteswissenschaften führt zu einer Gefährdung unserer gesamten Kultur. Vgl. dazu einleitend: H. Schnädelbach [1983]; W. Perpeet [1976]; W. Klems [1988]; R. P. Sieferle [1984]. Zu nennen ist auch das bedeutende Werk von P. Hazard [1939].

21 K. Jaspers [1932], S. 72ff.

22 K. Jaspers [1949], S. 131.

23 K. Jaspers [1949], S. 186.

24 Daß derartige Bemühungen auch der Rechtfertigung einer wissenschaftlichen Disziplin gelten können, ist unbestreitbar. Vgl. dazu M. Kettner [1992a], S. 9 und C. Türcke [1988]; ders. [1989a]; ders. [1989b].

eines Zustandes von Menschen, Dingen, Ereignissen, Kulturen, Theorien im Hinblick auf eine Besserung oder Verschlechterung«.[25] Der Beurteilungsgegenstand in dieser Begriffsbestimmung beschreibt im wesentlichen den Bereich, den der griechische Begriff »Ethos«, der im Anschluß an Aristoteles als »Sitte«, »Brauch«, »Gewohnheit«, »Charakter« übersetzt werden kann, thematisiert.[26] Folgt nun aus dieser Beobachtung, daß Ethik und Krisentheorien[27] einen gemeinsamen Gegenstand haben? Oder läßt sich zugespitzt eine Wechselbeziehung ausmachen, derart, daß Ethik nicht nur als Kind der Krise begriffen werden kann, sondern umgekehrt Krisenbewußtsein gerade als Produkt von Ethik gelten muß?[28] Ist – mit anderen Worten – Ethik, jedenfalls solange sie sich an aktuellen Fragestellungen orientiert, nicht immer und notwendig »Krisenethik«, insofern sie in kritischer Abgrenzung zu den bestehenden Verhältnissen durch die Formulierung alternativer Normen und deren Begründung gleichzeitig die Brüchigkeit geltender Regelungen und die Bedrohtheit derer unterstellt, die sie befolgen? Zweifellos besteht der Verdienst einer kritischen Ethik wesentlich darin, das Bedrohliche und Bedrohtsein der Umstände, in die hinein sie entworfen wird, überhaupt erst sichtbar werden zu lassen. Wird damit aber nicht zugleich ein Grundstein für den Verdacht gelegt, eine derartige Position provoziere geradezu die von ihnen diagnostizierten Krisen? Dieser Gedanke gewinnt an Gewicht, wenn neben dem Gegenstand von Ethik ein weiterer krisenhafter Sachverhalt in den Blick gerät: die vielerorts behauptete Krise der Ethik selbst.[29] Hat nicht vielmehr die »Ohnmacht« der Ethik den Boden für die aktuellen Krisen bereitet, und nicht die viel gescholtene »Übermacht« der Technik? Ist Ethik in die Krise geraten, oder hat sie diese letztlich selbst zu verantworten? Oder dient der Begriff der Krise im wesentlichen dazu, Handlungsdefizite zu verschleiern, indem sie quasi als Schicksal deklariert werden?

---

25 B. H. F. Taureck [1992], S. 11.

26 Vgl. EN II 1, 1103a 17ff.; V 2, 1129a 34; X 9, 1180b 3. Aristoteles spricht vom *nóminon* als demjenigen, »zum Brauch Gehörigen« oder von der »Gewohnheit« in Haus und Stadt, die auf das Rechte in der Stadt verweist. O. Gigon [1967], S. 13, betont in dem Zusammenhang, daß die von Aristoteles ins Auge gefaßten Regeln »für uns vielfach mehr gesellschaftlichen als eigentlich ethischen Charakter haben« und J. Ritter [1974b], S. 485, Anm. 26, fügt hinzu: »Ihre Zugehörigkeit zur ›Ethik‹ zeigt aber, wie das Ethische bei Aristoteles im Unterschied zu seiner Begründung in der Innerlichkeit der Subjektivität zuerst das zu Sitte und Brauch Gehörige ist«.

27 Vgl. W. L. Bühl [1988].

28 W. C. Zimmerli [1988d], S. 353, verweist in diesem Zusammenhang auf das »wissenschaftstheoretische« Theorem der »self-fulfilling-prophecy«.

29 Vgl. dazu beispielsweise K.-O. Apel [1973]; die vom gleichen Autor in dem Sammelband [1988] zusammengefaßten Aufsätze; H. Fahrenbach [1972]; A. MacIntyre [1987]; B. Williams [1985]; B. H. F. Taureck [1992]; S. H. Pfürtner [1978]; V. Hösle [1992], Vorwort.

2.1 Zum Begriff der Krise

Die Klärung der aufgeworfenen Fragen würde eine eigenständige Untersuchung erfordern. Dies gilt um so mehr, als umgekehrt zu seiner inflationären Verwendung der Begriff der Krise – jedenfalls an den Stellen seines Auftretens in geisteswissenschaftlichen Kontexten – kaum näher expliziert wird.[30] Gerade die Selbstverständlichkeit, mit der die gegenwärtige Situation als krisenhaft aufgefaßt wird, verweist darauf, daß dem Krisenbegriff eine wichtige interpretatorische Funktion zukommt, die sich offenbar allgemeiner Akzeptanz erfreut. Es scheint, als lebten wir mit der größten Selbstverständlichkeit in einem krisenhaften Zeitalter. Allein diese Eindeutigkeit läßt Zweifel aufkommen.[31] Neben der Frage, welche Bedingungen ein Zustand erfüllen muß, um sinnvoll »krisenhaft« genannt werden zu können, interessiert diejenige, welche Funktionen dem Begriff im Rahmen praktisch philosophischer Überlegungen zukommen. Dient er diagnostischen oder argumentativen Zwecken, erfüllt er eher eine Legitimations- oder eine Begründungsfunktion?[32] Diesen Fragen soll anhand einiger Äußerungen, die sich mit der krisenhaften Gegenwart befassen, nachgegangen werden.

»Das Industriesystem ist in die Krise geraten, bei manchen auch in Verruf. Plötzlich, über Nacht. Industriekritik ist keineswegs mehr beschränkt auf einige Kulturpessimisten. Schwer fortzudiskutierende Fakten, einleuchtende Vermutungen machen Industriekritik zum Diskussionsthema der siebziger und achtziger Jahre.«[33] Diese Sätze stammen von F. Duve aus dem ersten Band der von ihm herausgegebenen Schriftenreihe »Technologie und Politik«.

Der XIII. Deutsche Kongreß für Philosophie 1984 hat die »Krise der technischen Welt« eigens zum Thema erhoben.[34] H. Lenk formuliert in der Einleitung: »Krisen, Krisenerscheinungen sieht man heute überall in unserer industrialisierten Welt. Selbstgemachte, menschengemachte Krisen haben die Naturkrisen, denen vergangene Zeiten gegenüberstanden, definitiv abgelöst. Die Energiekrise, die Umweltkrise, die sich abzeichnende Rohstoffkrise, Wirtschaftskrisen, Arbeitslosigkeitsprobleme – ganz zu schweigen von der militärischen Krise des ständig eskalierenden Overkill-Patts – die

---

30 Ausnahmen bilden – abgesehen von theologischen Untersuchungen etwa zum johannäischen Krisisbegriff und der breiten Diskussion um die Marxsche Krisenthorie – die 1959 aus seiner Dissertation hervorgegangene Arbeit des Historikers R. Koselleck *Kritik und Krise*, die Untersuchung von E. Muthesius *Ursprünge des modernen Krisenbewußtseins* von 1963, das 1973 erschienene Buch von J. Habermas *Legitimationsprobleme im Spätkapitalismus* sowie T. Jahn [1991].

31 Vgl. W. C. Zimmerli [1988d], S. 353: »Wenn es trotz alledem nicht so recht Fortschritte machen will mit der Rettung, dann muß das wohl daran liegen, daß sowohl das, was ›Krise‹ als auch das, was ›Ethik‹ heißt, allzu selbstverständlich genommen wird, so daß *konsistente* Überlegungen zur Beziehung von Krisendiagnose und Ethiktherapie kaum vorgelegt werden, von praktischen Vorschlägen ganz zu schweigen.«

32 Damit soll keineswegs behauptet werden, als erfülle der Krisenbegriff in diesem Kontext nicht noch eine Reihe weiterer Funktionen. Zu denken wäre etwa an das Argument, daß die Krise eine Krise der Ethik sei, die zum Ausdruck bringt, daß diese Disziplin für unser Gesellschaftssystem obsolet geworden ist (vgl. N. Luhmann [1990a]; ders. [1990b]).

33 F. Duve [1975], S. 47.

34 Vgl. den Abschnitt IV »Krise der technischen Welt« in W. Kluxen [1988], Hg., S. 299 – 389.

Krisen sind menschengemachte Strukturprobleme, Systemprobleme und erzeugen Angst, Kritik und eingehende Fragen sozialer Akzeptanz.«[35] Der Technikphilosoph A. Huning unterscheidet auf demselben Kongreß: »Von einer ›Krise der technischen Welt‹ kann nicht gesprochen werden, wenn damit eine Krise in der Welt der Technik gemeint sein soll. Zurecht ist jedoch davon zu sprechen, wenn damit eine Krise in der durch Technik geprägten Welt oder Gesellschaft zum Ausdruck gebracht werden soll: Es gibt eine Krise der Gesellschaft in der technischen Welt.«[36] An gleicher Stelle gibt der Chemiker und Philosoph H. Sachsse zu bedenken: »Die Krise der technischen Welt ist unser Problem, es wird noch zu wenig darüber nachgedacht. Es ist die Krise des modernen Menschen, die durch die Entwicklung der Technik verursacht ist, und sich im Umgang mit der Technik offenbart.«[37] Für W. C. Zimmerli markiert der Ausdruck »Krise unseres Zeitalters« den »Übergang« vom »wissenschaftlich-technischen« in das »technologische Zeitalter«.[38]

Der Technikphilosoph G. Ropohl diagnostiziert eine »Legitimationskrise des technischen Fortschritts«. »Diese Legitimationskrise ist gleichermaßen eine Grundlagenkrise der Technikwissenschaften und eine Orientierungskrise im ›Projekt der Moderne‹.«[39]

Die Verbindung von Wissenschaftskrise und Menschheitskrise war Thema des Göttinger-Physiker-Theologen-Gesprächs in den vierziger und fünfziger Jahren, das danach in Heidelberg und Karlsruhe – im Kontext des dort entstehenden Kernforschungszentrums – fortgesetzt wurde. Zu diesem Kreis zählten unter anderem die Physiker G. Howe, C. F. von Weizsäcker, A. M. K. Müller, W. Häfele und der Philosoph G. Picht. Die Ausweitung von spezifischen Krisensituationen auf gesamtgesellschaftliche beschreibt G. Howe. »Der Abwurf der ersten Atombombe im August 1945 hat die Grundlagenkrise der Physik zu einer Grundlagenkrise der Strategie und Politik ausgeweitet, ein Zeichen für die Schnelligkeit, in der sich heute Grundlagenforschung in radikalste militärische und politische Praxis verwandelt.«[40] Howes Freund und Schüler A. M. K. Müller bemerkt in diesem Sinne, »daß die Politik auf unserem Erdball, lokal und global gesehen, in eine tiefe Grundlagenkrise eingetreten ist. So wie die nach 1900 einsetzende Grundlagenkrise der Naturwissenschaft – die übrigens noch andauert – bereits ein vollständig neues Begriffs- und Deutungssystem hervorgebracht hat und für noch umwälzendere Deutungen offen ist, so müssen wir auch für die Politik erwarten, daß die nächsten Jahrzehnte zu einer radikalen Umstrukturierung führen.«[41] Müller

---

35 H. Lenk [1988b], S. 299.

36 A. Huning [1988], S. 323.

37 H. Sachsse [1988], S. 347.

38 W. C. Zimmerli [1988d], S. 354f.

39 G. Ropohl [1988], S. 360. Die Ursache dieser Krise »wurzelt in unterlassener Ambivalenz-Reduktion« (a. a. O., S. 367). Damit kritisiert Ropohl einen schon bei Condorcet und A. Smith zu beobachtenden naiven Fortschrittsoptimismus, der die Ambivalenz technischen Fortschritts ausblendet, und daher nicht in der Lage ist, in die Entwicklung steuernd – eben ambivalenz-reduzierend – einzugreifen.

40 G. Howe [1970], S. 232.

41 A. M. K. Müller [1972], S. 520. Müller hat den Gedanken im ersten Abschnitt seines Buches unter der Überschrift »Überleben als Krise« präzisiert. Den entscheidenden Punkt der globalen Krise

versteht die aktuelle Krise als ein »Geflecht einander überschneidender Katastrophen«, als da wären »die Hungerkatastrophe; die Wasserkatastrophe, die Energiekatastrophe; die Bildungskatastrophe; die Territorial- oder Kriegskatastrophe; die Wissenschaftskatastrophe; die Katastrophe der wissenschaftlichen Nebenwirkungen; die Anpassungskatastrophe; die Krise der Vernunft oder der Menschlichkeit des Menschen [...]. Die Krise des Überlebens ist vielmehr Inbegriff des Geflechts aller dieser sowie weiterer Katastrophen, die erst im Vollzug der Krise Zug um Zug in unser Blickfeld treten werden.«[42] Und er faßt zusammen: »Die heutige Krise ist die – latente oder offene, in jedem Falle aber technisch vermittelte – Steigerung der mörderischen Kollisionen partikularer Interessen ins Selbstmörderische.«[43]

Der Theologe G. Fuhrmann bemerkt in Anlehnung an H. E. Tödt: »Die bisher fast unangefochtene Vorstellung, daß menschlicher Fortschritt auf grenzenloser technischer Expansion beruhe und in ihrem Gefolge durch unbegrenztes Wirtschaftswachstum garantiert werde, ist in eine tiefe Krise geraten, eine Krise, die letztlich eine Krise des ›modernen szientistisch-technokratischen, das heißt des wissenschaftsgläubigen und auf technische Weltbeherrschung ausgerichteten Denkens‹ ist.«[44]

T. Rendtorff diagnostiziert eine »Vertrauenskrise«, die in einer »›Akzeptanzkrise‹ von Wissenschaft und Technik« ihren Ausdruck findet und die Übertragung eines zentralen Topos religiöser Sprache – dem Topos »Bewahrung der Schöpfung« – auf säkulare Bereiche zur Folge hat.[45]

G. Altner sucht nach dem gemeinsamen Nenner der – je nach ideologischem Standpunkt – verschieden interpretierten »Überlebenskrise«.[46] Viele Argumente zielen »auf die eine entscheidende Grundsatzfrage, ob denn die Krise im letzten nicht hausgemacht sei, eben hervorgerufen durch die Struktur wissenschaftlicher Vernunft selber. Die Inkongruenz zwischen technischer Zivilisation und irdischer Lebenswelt wird nicht nur auf rücksichtslose politische und wirtschaftliche Interessen zurückgeführt, sondern

---

sieht er in der Kollision eines traditionellen, nationalstaatlich ausgerichteten »Territorialprinzips« mit einem globalen, an den naturwissenschaftlichen Methoden orientierten Denken. Einem »partikularen Denken« (a. a. O., S. 30) bleiben aber die Dimensionen und Reichweiten moderner Naturwissenschaften prinzipiell verborgen. Andererseits ist wissenschaftlichem Denken auch eine reduktionistische Tendenz eigen, die im Anschluß an H. Marcuse als Eindimensionalität bezeichnet werden kann. »Eindimensional ist ein Denken, wenn es alle Wirklichkeit nur noch als Netzwerk der funktionalen Verfügungen wahrzunehmen trachtet« (a. a. O., S. 63).

42 A. M. K. Müller [1972], S. 28f. Vgl. dazu G. Picht [1969a].

43 A. M. K. Müller [1972], S. 65.

44 G. Fuhrmann [1983], S. 120. Zum Fortschrittsbegriff vgl. den von W. Lienemann und I. Tödt 1983 herausgegebenen Sammelband *Fortschrittsglaube und Wirklichkeit*, bes. W. Lienemann [1983]; F. Rapp [1992]; J. H. J. van der Pot [1985].

45 Vgl. T. Rendtorff [1988], S. 245. Rendtorff spricht konkret Überlegungen aus dem Jahr 1988 an, den Umweltschutz unter Verwendung der Formulierung »Bewahrung der Schöpfung« in das Grundgesetz aufzunehmen.

46 Die Brisanz der Thematik wird durch die Tatsache verdeutlicht, daß die von J. Sandkühler herausgegebene vierbändige *Europäische Enzyklopädie zu Philosophie und Wissenschaften* der »Überlebenskrise« einen eigenen Artikel – neben einem zum Stichwort »Globale Probleme« (Bd. 2, S. 460 – 470) – widmet (Bd. 4, S. 637 – 638).

insbesondere auf das Wirklichkeitsverständnis der Naturwissenschaften selber.«[47] Die Ablösung der abendländischen Metaphysik durch eine mit Allgemeingültigkeitsanspruch auftretende wissenschaftliche Objektivität – in der »die Erscheinung des als allgegenwärtig und ewig geschauten griechischen Gottes surrogathaft weiterwirkt, aber eben in ihr nicht mehr enthalten ist« – legt die Hypothese nahe, daß die »Krise der technischen Zivilisation [...] im letzten eine theologische Krise ist.«[48]

Der französische Ethnologe M. Augé hält die Rede von »der Krise der Gegenwart« für »eine banale und triviale Feststellung«.[49] Die Postmoderne mit ihren Reflexionen über den Tod der Ideologien oder das Ende der großen Erzählungen[50] ist der zur Epoche geronnene »intellektuelle Zweifel«, der sich als »intellektuelle« oder »Sinnkrise« am Ende unseres Jahrhunderts manifestiert.[51] Augé diagnostiziert als Wurzel dieser Entwicklung eine »Krise im Denken des Raumes«.[52] Diese wird wesentlich bestimmt durch drei Aspekte: »die Vermehrung der Bezugsräume« durch das »planetarische Zeitalter« der globalen medialen Vernetzung, die gleichzeitig gegenläufige Verengung des »wirksamen Raum[es]« hervorgerufen durch Bevölkerungswachstum und Wanderungsbewegungen sowie damit verbunden »das Problem der individuellen wie auch der kollektiven Identität« als Folge der Entterritorialisierung und dem Zerfall der Kollektive.[53] Die Diskrepanz zwischen einem ständig expandierenden »Wahrnehmungsraum« und einem sich umgekehrt proportional entwickelnden »Ereignisraum« – eine Polarität, die wie eine mit negativen Vorzeichen versehene Reformulierung des ethologischen Verhältnisses von »Merkwelt« und »Wirkwelt« erscheint[54] – bringt ein neuartiges anthropologisches Phänomen hervor: die »Nicht-Orte«.[55] Die Krise des Rau-

47 G. Altner [1987], S. 3.

48 G. Altner [1987], S. 208f. Zum metaphysischen Fundament des Verständnisses von wissenschaftlicher Objektivität vgl. G. Picht [1969b], S. 16; ders. [1958], S. 298ff.

49 M. Augé [1994b], S. 33: »Wenn wir von der Krise der Gegenwart sprechen, so ist dies nur eine banale und triviale Feststellung: Die Nachrichten bieten uns täglich Beispiele für lokale Krisen oder für die allgemeine Krise.«

50 Vgl. J.-F. Lyotard [1986].

51 M. Augé [1994b], ebd. Zur Sinnkrise vgl. die Bemerkung von J. Fischer [1989b], S. 192f., Anm. 34.

52 M. Augé [1994b], S. 34.

53 M. Augé [1994b], S. 35, 38f. und 41. »Die Städte füllen sich mit mehr oder weniger ›entwurzelten‹ Elementen‹, wie man so sagt, die dort die materiellen und symbolischen Mittel zum Überleben finden müssen; die Bilder der Moderne, die um so faszinierender sind, als sie unentzifferbar und unfaßbar bleiben, dringen zu den entlegensten Orten vor, und dies im selben Augenblick, da diese Orte sich im Zuge dieser Entwicklung entvölkern. Von daher ist die Krise der kollektiven Identität unlösbar mit der Krise der individuellen Identität verbunden; sie löst jenes Bild auf, wonach das Individuum wesentlich durch ein Netz sozialer Beziehungen bestimmt ist, das sich am Kreuzpunkt von Abstammungslinien und Heiratsallianzen befindet, die durch eine lokale Norm streng definiert und codiert werden. Der Modernisierungsprozeß zielt voll und ganz auf die Individualisierung des Individuums, er strebt danach, es aus jenen Komplexen herauszulösen, die seinem Leben in der Beziehung und durch sie Sinn verliehen« (a. a. O., S. 39). Vgl. ders. [1994a].

54 Vgl. K.-O. Apel [1983b], S. 43 im Anschluß an J. v. Uexküll.

55 Den Begriff des Nicht-Ortes übernimmt Augé von M. de Certeau, Kunst des Handelns. Vgl. M. Augé [1994a], bes. S. 90ff. »Unsere Hypothese nun, daß die ›Übermoderne‹ Nicht-Orte hervorbringt, also Räume, die selbst keine anthropologischen Orte sind und, anders als die Baudelaire-

mes betrachtet den postmodernen Menschen, der sich in einer für einen Reisenden typischen, fiktiven Beziehung zu seiner Umgebung verhält, der aber weder von einem Ort aufgebrochen ist, noch an einen solchen zurückkehren könnte. Anstelle der »Heimat« tritt die »Passage«, der »Nicht-Ort« ist nur ein anderes Wort für die »Ortlosigkeit«.[56]

K.-J. Kuschel hat gezeigt, daß die »Krise des Homo faber« auch für die Literatur ein wichtiges Thema darstellt. »Wenn eines die Haltung moderner Literaten zur Krise des Homo faber, zum Verhältnis Wissenschaft/Technik und Ethik auszeichnet, dann die Reflexion auf den ethisch höchst relevanten Tatbestand, daß wir offensichtlich an Grenzen unserer technischen Verfügungsgewalt über die Welt gestoßen sind, wo sich neue Werte, Prioritäten und Alternativen herausbilden. Wir können technisch mehr, als wir ethisch dürfen; wir wissen aber nicht, was wir sollen: von dieser ethischen Aporie weiß auch die Literatur zu berichten.«[57]

Wenn aber die diagnostizierten Krisen sowohl sehr gravierend als auch von den Menschen selbstgemacht sein sollen, bedarf es triftiger Argumente, die einerseits ein solches in die Katastrophe führendes Handeln erklären und andererseits das Umschlagen subjektiver Handlungsprozesse in objektive Zustände plausibel machen können. Philosophische Verwendung findet der Krisenbegriff in der Regel in kulturkritischen und geschichtsphilosophischen Kontexten.[58] Hier geht es um die Verarbeitung und Interpretation der oben genannten Krisenphänomene. Analog zu dem Verhältnis von physikalischer Grundlagenkrise und Menschheitskrise bei Howe und Müller, wird nun letztere zum Symptom oder zur Folge einer Wissenschaftskrise. Wo diese verortet wird, hängt davon ab, welchem Fachgebiet der jeweilige Autor angehört. Unabhängig davon, ob von einer »Krise des animal rationale«,[59] den »Krisen des homo technologicus«,[60] einer »Krise der menschlichen Natur«,[61] einer »Adoleszenzkrise der Menschheit« im geschichtlichen Übergang zur postkonventionellen Moral,[62] einer »Krise der Moral«,[63] einer »Krise der abendländischen Metaphysik«,[64] oder einer

---

sche Moderne, die alten Orte nicht integrieren [...].« (a. a. O., S. 92). Diese Nicht-Orte sind »das Maß unserer Zeit, ein Maß, das sich quantifizieren läßt und das man nehmen könnte, indem man [...] die Summe bildete aus Flugstrecken, den Bahnlinien und den Autobahnen, den mobilen Behausungen, die man als ›Verkehrsmittel‹ bezeichnet, den Flughäfen, Bahnhöfen und Raumstationen, den großen Hotelketten, den Freizeitparks, den Einkaufszentren und schließlich dem komplizierten Gewirr der verkabelten oder drahtlosen Netze, die den extraterrestrischen Raum für eine seltsame Art der Kommunikation einsetzen, welche das Individuum vielfach nur mit einem anderen Bild seiner selbst in Kontakt bringt« (a. a. O., S. 94).

56 Vgl. M. Augé [1994a], S. 132.

57 K.-J. Kuschel [1982], S. 170.

58 Vgl. dazu R. Koselleck [1959]; ders. [1976].

59 H. Schnädelbach [1992], Vorwort, S. 9; vgl. den 1986 vom Autor herausgegebenen Sammelband; V. Hösle [1990].

60 Vgl. das gleichnamige Buch von R. Ost [1988].

61 Vgl. das gleichnamige Buch von R. P. Sieferle [1984].

62 K.-O. Apel [1986b], S. 135; vgl. ders. [1988a], S. 430f.

63 S. H. Pfürtner [1978], S. 176; B. H. F. Taureck [1992]; W. C. Zimmerli [1988d]; vgl. vorsichtiger: U. Steinvorth [1990], S. 53.

»Metaphysik der ökologischen Krise«[65] die Rede ist, gemeint ist in allen Fällen eine Krise des Denkens, das – je nach Anschauung – ihren Ausgang nimmt bei F. Bacon, R. Descartes, der französischen Aufklärung, I. Kant oder F. Nietzsche. *Homo faber* und *homo sapiens* repräsentieren zwei Kulturen (C. P. Snow) oder zwei Rationalitätstypen (M. Weber, J. Habermas), die, zueinander in Konkurrenz geraten, ihren Sieger längst ermittelt haben: den Homo faber (H. Bergson, H. Arendt), die Eindimensionalität (H. Marcuse) einer zur Totalität gewordenen instrumentellen Vernunft (M. Horkheimer). J. J. Rousseau, W. Dilthey, W. Windelband, H. Rickert, E. Husserl, P. Hazard, M. Weber, H. Marcuse, M. Horkheimer, T. W. Adorno, J. Ortega y Gasset, M. Heidegger, K. Jaspers, H. Arendt, G. Picht, H. Jonas, J. Ellul, I. Illich und viele andere haben diesem Dualismus auf je eigene Weise Ausdruck verliehen. Nicht zuletzt die Prominenz der hier genannten Autoren hat dazu beigetragen, daß als gängiges Erklärungsmuster für die Krise weithin der – wie auch immer geartete – Sieg des *homo faber* über den *homo sapiens* fungiert.

Der Antagonismus hat auch eine spezifisch ethische Variante. Eine in die Krise geratene Wissenschaft befaßt sich mit einem krisenhaften Gegenstand. Dabei werden keine Mühen gescheut, den Sachverhalt terminologisch in den Griff zu bekommen. Aus einer »Krise der Moral« (S. H. Pfürtner) wird eine »Ethikkrise« (B. H. F. Taureck) oder eine »Grundlagenkrise der ethischen Theorie« (J. Nida-Rümelin). In der Zwischenzeit wird aus der Ethik eine »Krisenethik«, so daß beide Entwicklungen auf eine »Krise der Krisenethiken« (W. C. Zimmerli) hinauslaufen. Das grundlegende Dilemma hat K.-O. Apel unter der Überschrift »Die Paradoxie der Problemsituation« bereits in seinem schon klassischen Aufsatz »Das Apriori der Kommunikationsgemeinschaft und die Grundlagen der Ethik« formuliert. Apel betrachtet »das Verhältnis von Wissenschaft und Ethik in der modernen, erdumspannenden Industriegesellschaft« und kommt zu dem Ergebnis: »Einerseits [...] war das Bedürfnis nach einer universalen, d. h. für die menschliche Gesellschaft insgesamt verbindlichen Ethik noch nie so dringend wie in unserem Zeitalter einer durch die technologischen Konsequenzen von Wissenschaft hergestellten planetarischen Einheitszivilisation. Andererseits scheint die philosophische Aufgabe einer rationalen Begründung allgemeiner Ethik noch nie so schwierig, ja aussichtslos gewesen zu sein wie im Zeitalter der Wissenschaft, und zwar deshalb, weil die Idee intersubjektiver Geltung in diesem Zeitalter ebenfalls durch die Wissenschaft präjudiziert ist: nämlich durch die szientistische Idee der normativ neutralen oder wertfreien ›Objektivität‹.«[66] Apel diagnostiziert eine einmalige »Ungleichzeitigkeit« menschlicher Kultursektoren in dem »Mißverhältnis zwischen der Expansion szientifisch-technischer Möglichkeiten und der Beharrungstendenz gruppenspezifischer Moralen«.[67]

---

64 G. Altner [1987], S. 208 und V. Hösle [1990].

65 V. Hösle [1991b], S. 166; vgl. vom Autor die in [1991c] versammelten Aufsätze.

66 K.-O. Apel [1988a], S. 359. Der Autor hat diese Anschauung in zahlreichen Aufsätzen wiederholt und expliziert. Vgl. die Aufsatzsammlung: K.-O. Apel [1988b]; K.-O. Apel/D. Böhler/G. Kadelbach [1984], Hrsg., Teil 1.

67 K.-O. Apel [1973], S. 360. Die klassische Formulierung dieser These vom »cultural lag« stammt von W. F. Ogburn [1969], S. 135ff. Positiv gewendet, im Sinne einer affirmativen Haltung gege-

Die hier erwähnten Krisenvorstellungen bilden eine eher willkürlich zustande gekommene Aufzählung, die sich beliebig ergänzen ließe. Dennoch sind dort alle wichtigen Konnotationen zum Krisenbegriff enthalten, die in nicht-medizinischen und nicht-ökonomischen Kontexten von Bedeutung sind. Am häufigsten dient der Krisenbegriff zur Bezeichnung eines Übergangsstadiums: der Übergang vom wissenschaftlich-technischen zum technologischen Zeitalter (W. C. Zimmerli), der Übergang von einer konventionellen zu einer postkonventionellen Moral (K.-O. Apel im Anschluß an J. Piaget), das Erreichen der Grenzen unserer technischen Verfügungsgewalt (K.-J. Kuschel). Er wird hier analog zu seiner medizinischen Bedeutung gebraucht, wie sie bereits bei Hippokrates zu finden ist und im Lateinischen zur Grundbedeutung wurde.[68] Die Übertragung des Begriffs »Krise« aus der Medizin auf die Bereiche Politik und Ökonomie wurde möglich aufgrund der im 17. und 18. Jahrhundert üblichen Vorstellung vom Staat als einem Körper.[69] J. J. Rousseau prognostizierte vor diesem Hintergrund im Jahre 1762: »Wir nähern uns einer Krise und dem Jahrhundert der Revolutionen.«[70]

---

nüber dem wissenschaftlich-technischen Fortschritt findet sich die These bei C. P. Snow [1967]. Vgl. dazu den 1969 von H. Kreuzer herausgegebenen Sammelband; zur Aktualität des Themas vgl. N. Postman [1992], Einleitung. Ein ähnliche Problematik ergibt sich für W. Lienemann [1978], S. 277f., im Anschluß an N. Luhmann aus einer evolutionstheoretischen Perspektive: »Wer ›theoretisch‹ über mehr Möglichkeiten verfügt, ist ›praktisch‹ zu strengerer Selektivität gezwungen. Diese Relation von Komplexität und Selektivität ist keine begriffliche Spielerei, sondern Ausdruck einer theoriegeleiteten Diagnose hochentwickelter Gesellschaften, welche von unmittelbarer Relevanz für die Auffassung der Möglichkeiten politischer Planung und damit ipso facto auch für die Bestimmung von Handlungsalternativen ist.«

68 Vgl. R. Koselleck [1976]; N. Tsouyopoulos [1986], Sp. 1241: »Die medizinische Lehre von der K[rise] – wahrscheinlich von HIPPOKRATES begründet – basiert auf der Feststellung, daß schwere fieberhafte Krankheiten unter auffallenden Symptomen plötzlich in Genesung oder Verschlechterung übergehen und daß diese Wendungen im Krankheitsgange bestimmte Tage bevorzugen. Der entscheidende Wendepunkt im Verlauf der Krankheit heißt K[rise] (krisis, krinesthai); die für die Wendung der Krankheit bevorzugten Tage sind die entscheidenden Tage (krisimos); an solchen Tagen entscheiden sich (krinontäi) die Fieber.«

69 Vgl. R. Koselleck [1986], Sp. 1236; ders. [1959], S. 140, bes. Anm. 124.

70 J. J. Rousseau, *Emil oder über die Erziehung*, 3. Buch, S. 192. R. Koselleck [1959], S. 101, diagnostiziert auch bei Kant »den Herrschaftsanspruch der Kritik über den Staat«, ein Verständnis von Kritik, daß sich mit seiner politischen Dimension stark absetzte von demjenigen P. Bayles, der unter »›critique‹ im strengen Sinn des Wortes auch die Arbeit an den Texten, die zur Aufklärung ihrer echten Gestalt und ihres wahren Gehalts erforderlich ist« verstand (R. Koselleck [1959], S. 89), und der eine Gelehrtenrepublik im Sinn hatte, in der »jeder Herr und durch jeden richtbar« ist (a. a. O., S. 91), wobei diese Republik als Ort »absoluter Freiheit« *im* Staat gedacht wurde. Koselleck erinnert an Kants berühmten Absatz aus der Vorrede zu seiner *Kritik der reinen Vernunft*: »Unser Zeitalter ist das eigentliche Zeitalter der K r i t i k, der sich alles unterwerfen muß. R e l i g i o n, durch ihre Heiligkeit und G e s e t z g e b u n g, durch ihre M a j e s t ä t, wollen sich gemeiniglich derselben entziehen. Aber alsdann erregen sie den gerechten Verdacht wider sich, und können auf unverstellte Achtung nicht Anspruch machen, die die Vernunft nur demjenigen bewilligt, was ihre freie und öffentliche Prüfung hat aushalten können.« (I. Kant, KrV A XII, Anm.). Kant spezifiziert: »Ich verstehe aber hierunter [unter der Kritik der reinen Vernunft] nicht eine Kritik der Bücher und Systeme, sondern die des Vernunftvermögens überhaupt« (ebd.), und grenzt sich damit explizit von der Bayleschen Position ab.
In seiner Aufklärungsschrift präzisiert Kant die Bedingungen für »den A u s g a n g   d e s   M e n s c h e n   a u s   s e i n e r   s e l b s t v e r s c h u l d e t e n   U n m ü n d i g k e i t« (I. Kant, *Beantwortung der Fra-*

Duve und Lenk sehen in der aufkommenden Kritik ein Symptom für die Krise und kommen damit der ursprünglichen Bedeutung des Krisenbegriffs nahe. Die Worte »Krise« und »Kritik« sind abgeleitet aus dem griechischen Wort »krino« (scheiden, auswählen, beurteilen entscheiden, sich messen, streiten, kämpfen). Mit *krisis* ist ursprünglich der forensische Prozeß gemeint, die Scheidung, der Streit, die Entscheidung als Urteilsspruch oder Beurteilung allgemein. Letztere Bedeutung entspricht unserem Begriff der Kritik. »Die heute getrennten Bedeutungen einer ›subjektiven‹ Kritik und der ›objektiven‹ Krise werden im Griechischen noch mit einem gemeinsamen Begriff erfaßt.«[71] Dem Begriff »Krisis« wohnt also einerseits – als Ausdruck der gerichtlichen Auseinandersetzung – das »Für und Wider« inne, wobei die Entscheidung schon mitgedacht ist, und andererseits – als Ausdruck der richterlichen Entscheidung – ein ordnungsstiftender Sinn.[72] Im Neuen Testament begegnet der Ausdruck im Sinne des menschlichen Richterspruchs (Mt 12,18ff.; 23,23), gewinnt aber im Johannesevangelium in der Anwendung auf das Jüngste Gericht eine neue Bedeutung (vgl. Joh 5,24.28f.; 12,31).[73] An dieser Stelle erfolgt die Trennung der beiden Begriffe »Krise«

---

ge: *Was ist Aufklärung?* A 481): »Zu dieser Aufklärung aber wird nichts erfordert als F r e i h e i t; und zwar die unschädlichste unter allem, was nur Freiheit heißen mag, nämlich die: von seiner Vernunft in allen Stücken öffentlichen Gebrauch zu machen.« (A 484). Kant unterscheidet im folgenden einen »öffentlichen« und »Privatgebrauch« von Vernunft um die scheinbar »paradoxe« Forderung: »r ä s o n n i e r t, soviel ihr wollt, und worüber ihr wollt; nur g e -
h o r c h t !« (A 493) mit dem Aufklärungsgedanken in Übereinstimmung zu bringen. Kant endet damit, daß der »Hang und Beruf zum f r e i e n D e n k e n […] allmählich zurück auf die Sinnesart des Volks« wirkt, »und endlich auch sogar auf die Grundsätze der R e g i e r u n g, die es ihr selbst zuträglich findet, den Menschen, der n u n m e h r a l s M a s c h i n e ist, seiner Würde gemäß zu behandeln.« (A 493f.).
Bereits der Versuch einer Ausräumung des Widerspruchs zwischen Räsonieren und Gehorchen – vgl. auch die Bemerkung von Kant (A 491): »In diesem Betracht ist dieses Zeitalter das Zeitalter der Aufklärung, oder das Jahrhundert F r i e d e r i c h s.« – relativiert die Interpretation Kosellecks und kann als Hinweis für die These von K. Röttgers [1990], S. 892, genommen werden, daß »die politische Forderung nach Freiheit der K[ritik] in Deutschland geradezu Präventiv der politischen Revolution« wird. Kants theoretische Philosophie »ist in einem Maße auf radikale Weise kritisch, daß die ihr korrespondierende praktische Philosophie Kants [diese] nicht einzuholen vermag. Auf diese Weise verhinderte gerade die schulbildende Wirkung der kantischen Philosophie die Politisierung des Begriffs der Kritik im Zeitalter der Revolution; in Deutschland wurde Kritik zum wissenschaftsimmanent zu definierenden Kennzeichen der Vernunft, die sich dadurch in einen Gegensatz zur Gewalt der Französischen Revolution setzte.« (ebd.).

71 R. Koselleck [1959], S. 197. Die ursprüngliche Verbindung von »Krise« und »Kritik« lebt in dem deutschen Wort »kritisch« fort. Es kann sowohl im Sinne von »Kritik« verwendet werden – »X verhält sich äußerst kritisch gegenüber y« – wie auch im Sinne von »Krise« – »Das Verhältnis zwischen X und y ist äußerst kritisch«.
Auch bei Kant findet sich jene terminologische Doppeldeutigkeit in seinem Kritikbegriff. Ein forensisches Verständnis findet sich etwa in der Vorstellung von »dem kritischen Auge einer höheren und richterlichen Vernunft« (I. Kant, KrV B 767/A 739; vgl. B 779/A 751). Das Verständnis einer eher krisenhaften Umbruchsituation suggeriert der oben zitierte Absatz aus der Vorrede der *Kritik der reinen Vernunft* vom dem aktuellen Zeitalter als dem eigentlichen der Kritik (A XII, Anm.).
72 Vgl. Aristoteles, Pol. I 2, 1253a; III 1, 1275ab; VII 4, 1326b. Das seit Platon nachweisbare Adjektiv *kritikos* meint die Befähigung und Kunst des Richtens, allgemein die kritische Tätigkeit der Beurteilung. Die Septuaginta kennt eine analoge Verwendung von *krisis* als Rechtsprechung oder Recht.
73 Vgl. J. Blank [1964].

und »Kritik«. Während »Kritik« als Beurteilung ein öffentlich weit verbreiteter Begriff wird, bleibt »Krisis« als göttliches Weltgericht auf christlich-theologische Kontexte beschränkt. Erst im 18. Jahrhundert dient dieses Verständnis der entstehenden Geschichtsphilosophie als Vorbild für ein prozessuales Krisenmodell, ohne daß dafür aber der Ausdruck »Krise« verwandt worden wäre.[74] Es ist K. Marx, der die ursprünglichen Bezüge zwischen Kritik und Krise wieder aufnimmt.[75]

Lenk, Ropohl und T. Rendtorff betonen den Orientierungs-, Legitimations- und Akzeptanzverlust der Menschen und der von ihnen geschaffenen Wirklichkeit.[76] Den genannten Kennzeichen liegt ein sozialwissenschaftlicher Krisenbegriff zugrunde: Systemkrisen sind gekennzeichnet durch anhaltende Störungen der Systemintegration, die durch strukturelle Widersprüche hervorgerufen werden.[77] Legitimations- und Akzeptanzkrisen bilden die zwei Seiten einer Medaille. Der Akzeptanzverlust in einer Ge-

---

74 Daß der Krisenbegriff im 18. Jahrhundert kaum Verwendung findet, darf nicht als zufälliger Befund gewertet werden. Das aufklärerische 18. Jahrhundert hatte von der Bibelkritik des 17. Jahrhunderts deren Methode übernommen und die Kritik zum Charakteristikum ihrer Zeit erhoben. Der Göttinger Gelehrte J. G. Buhle konnte 1790 in diesem Sinne formulieren: »Unserem Zeitalter gebührt das Lob, mehr als die vorhergehenden mit Kritik untersucht [...] geläutert und aufgeklärt zu haben; deswegen es auch von einigen mit Recht den Beynamen des kritischen erhalten hat« (J. G. Buhle, *Grundzüge einer allgemeinen Encyklopädie der Wissenschaften*, Lemgo 1790, S. 39; zit. nach: R. Koselleck [1959], S. 196 Anm. 151); oder – nochmals – die berühmte Kantische Stelle in I. Kant, KrV A V. Entscheidend ist jedoch, daß das jenem Kritikbegriff zugrundeliegende Verständnis auf einem »Dualismus von Politik und Moral« beruht, der selbst Ausdruck einer politischen Kritik ist (vgl. dazu R. Koselleck [1959], S. 84ff.).

75 Vgl. J. Habermas [1971], S. 244ff. Auch das Jahrhundert der Aufklärung hatte seine Krise, das Erdbeben von Lissabon im Jahre 1755. Voltaires *Candide* ist ein lesenswertes Dokument für den Schock und die Schwierigkeit, den Glauben an den Fortschritt der Vernunft angesichts der Ohnmacht gegenüber dieser Naturkatastrophe aufrechtzuerhalten. »Aber erst als solche Naturereignisse aus dem Boden der Gesellschaft selbst hervorbrachen, als die Wehen des Industriekapitalismus das Beben von Lissabon vergessen machten, also mit den Wirtschaftskrisen des 19. Jahrhunderts – tritt der subjektivierten Kritik die Krise als ein objektiver Zusammenhang, nun freilich aus der Geschichte wieder entgegen. Das eschatologische Krisenbewußtsein kommt zum historischen Bewußtsein seiner selbst.« (A. a. O., S. 245).

76 Zur Legitimationskrise vgl. J. Habermas [1973]; H. Lübbe, *Philosophie nach der Aufklärung*, hat diesem Erklärungsmodell seines von der Orientierungskrise entgegengestellt.

77 Vgl. J. Habermas [1973], S. 11: »Krisen entstehen, wenn die Struktur eines Gesellschaftssystems weniger Möglichkeiten der Problemlösung zuläßt, als zur Bestanderhaltung des Systems in Anspruch genommen werden müßten. In diesem Sinne sind Krisen anhaltende Störungen der *Systemintegration* [...]. Auch gesellschaftliche Systemkrisen werden nicht durch zufällige Umweltveränderungen erzeugt, sondern durch strukturell angelegte Systemimperative, die unvereinbar sind und doch nicht in eine Hierarchie gebracht werden können.« Gegen einen systemtheoretischen Krisenbegriff, der die internen Ursachen von Krisen, die strukturelle Unlösbarkeit von Steuerungsproblemen, ebensowenig berücksichtigt, wie er die Grenzen sozialer Systeme eindeutig bestimmen kann, entwickelt Habermas einen Krisenbegriff, der im Spannungsfeld von System- und Sozialintegration, das heißt im Zusammenhang der Aspekte System und Lebenswelt, angesiedelt ist. Habermas betont die Wechselwirkung von Steuerungsproblemen und Identitätskrisen: »Krisenvorgänge verdanken ihre Objektivität dem Umstand, daß sie aus ungelösten Steuerungsproblemen hervorgehen. Identitätskrisen stehen mit Steuerungsproblemen in Zusammenhang. Dabei sind die Steuerungsprobleme den handelnden Subjekten meistens nicht bewußt; sie schaffen aber Folgenprobleme, die sich auf ihr Bewußtsein in spezifischer Weise auswirken – eben so, daß die soziale Integration gefährdet ist.« (A. a. O., S. 13). Von einer Systemkrise kann gesprochen werden, wenn dieser Zusammenhang gegeben ist (vgl. a. a. O., S. 39).

sellschaft setzt dasjenige, woran oder diejenigen, an denen gezweifelt wird, einem Legitimationsdruck aus, der sich, wenn ihm nicht standgehalten werden kann, zu einer Legitimationskrise ausweitet. Der Loyalitätsverlust ist von zwei Seiten her denkbar. Einerseits kann die Krise des zu legitimierenden Systems dadurch hervorgerufen werden, daß es an seinen eigenen Vorgaben scheitert, insofern es nicht halten kann, was es verspricht und zudem nicht in der Lage ist, zu begründen, warum es zu Abweichungen kommt, andererseits, daß bislang akzeptierte Versprechen als nun nicht mehr ausreichend empfunden werden.[78] Orientierungskrisen entstehen dann, wenn sich die zur Debatte stehenden Fragen nicht im Sinne eines »entweder – oder« strukturieren lassen. Auf der Seite des Subjekts geht der Orientierungsverlust einher mit der Bedrohung von Subjektivität. Orientierungsverlust bedeutet die Einschränkung von Handlungsmöglichkeiten. In diesem Sinne ist der Orientierungsverlust der Kritik entgegengesetzt und beschreibt ein typisches Moment von Krisen aus der Sicht der Subjekte.

Es gibt eine Reihe weiterer Begriffe mit denen der krisenhafte Zustand unserer »technischen Existenz« (M. Bense) zum Ausdruck gebracht wird. Der Terminus *Risiko*[79] taucht häufig in derartigen Kontexten auf. Der Soziologe O. Rammstedt definiert: »Risiko ist das bewußte zur Disposition stehen von Struktur um einer Chance willen.«[80] Wir leben in einer »Risikogesellschaft«, deren Krisenhaftigkeit – nach der Meinung einiger – in ihrer Entscheidungsunfähigkeit besteht.[81] H. Lenk beobachtet eine »krisenhafte Zuspitzung der Risiken«,[82] die dadurch möglich geworden ist, daß Verantwortung zunehmend nur noch selektiv wahrgenommen wird. Die ehemals subjektive Verantwortung wird immer häufiger von Gruppen wahrgenommen, die allgemein größere Risikobereitschaft zeigen, als Individuen.[83] Zudem bewahrheitet sich gerade in der technischen Entwicklung das alte Sprichwort »Wo gehobelt wird, fallen Späne«: Je größer die menschlichen Handlungsmöglichkeiten werden, desto mächtiger und deshalb risikoreicher sind ihre Wirkungen.[84]

---

78 Vgl. J. Habermas [1982], bes. S. 33f., der die neokonservative Ideologie hinter dem Theorem der Legitimationskrise betont.

79 Zum Begriff des Risikos vgl. W. Krohn/G. Krücken [1993], Hg., bes. den einführenden Beitrag der Herausgeber sowie N. Luhmann [1990b]; G. Bechmann [1993], Hg.; W. Bonß [1995]; F.-X. Kaufmann [1995].

80 Persönliche Mitteilung von O. Rammstedt an A. Evers und H. Nowotny, zitiert in: A. Evers/H. Nowotny [1987], S. 34.

81 So etwa U. Beck [1986], S. 12: »Es gibt *der sozialen Struktur nach* im Dickicht des ›Fortschritts‹ keine Entscheidung, keinen Entscheider, keinen Ort und kein Hindernis, das Ab- und Zustimmung erlaubt. Nur extreme und extrem einseitige Beweislasten, die denjenigen aufgehalst werden, die Bedenken geltend machen.«

82 H. Lenk [1988b], S. 299.

83 Zum sogenannten »risky-shift-effect« siehe Abschnitt III 1.1.

84 Vgl. G. Zenkert [1993], S. 874ff. Der Autor diagnostiziert einen Widerspruch in der technologischen Entwicklung: »Heute zu prognostizieren, wie die Welt in fünfzig Jahren aussehen wird, ist unglaublich viel schwieriger als es dies vor fünfhundert Jahren gewesen wäre. Und das ist der Fall, obwohl noch niemals so viel planerische Energie auf die nahe und mittelfristige Zukunft verwandt wurde […]. Mit dem Einfluß technischen Wissens auf die Gegenwart steigt demnach zugleich die Prognoseunsicherheit, ein Prozeß, der sich zunehmend beschleunigt […]. Hier scheint sich nun in der Tat der dämonische Aspekt der Technik zu offenbaren, der dem Zauberlehrling zum Verhäng-

A. M. K. Müller spricht im Rahmen seiner phänomenologischen Krisenbeschreibung von einem Geflecht einander überschneidender *Katastrophen*. Der Begriff erfährt hier eine Bedeutungserweiterung, insofern naturhafte Katastrophen von künstlichen, das heißt menschengemachten oder -verursachten unterschieden werden. Katastrophen kennzeichnen in unserem Kontext den Punkt, an dem ein »Machen« in ein negativ bestimmtes Geschehen umschlägt. Negative Folgen werden zu katastrophalen, wenn der Bezug zum auslösenden Handeln verlorengeht, sei es, daß ein Prozeß sich »eigengesetzlich«, das heißt losgelöst von der »Logik« seines Entstehens fortsetzt, oder sei es, daß keine kausale Verbindung zwischen Ereignissen und ihnen vorhergehenden Ursachen hergestellt werden kann. In jedem Fall bezeichnet das Wort »Katastrophe« den Verlust menschlicher Steuerungs- oder Eingriffsmöglichkeiten im Kontext negativ wahrgenommener und bewerteter Ereignisse oder Prozesse.

Katastrophen gehen weiter als die mit dem Kritik- oder Risikobegriff verbundenen Vorstellungen, insofern die damit einhergehenden Empfindungen nicht mehr in jedem Fall rationalisierbar oder kommunizierbar sein müssen, sondern den Menschen völlig und distanzlos ergreifen können.[85] Hier klingt bereits etwas von der subjektiven Ohnmacht gegenüber offenbar objektiv verlaufenden Ereignissen an. Jenseits der Grenzen unserer technischen Verfügungsgewalt schlägt uns unsere eigene Ohnmacht angesichts objektiver, lediglich noch konstatierbarer Zustände entgegen. J. Habermas betont das Ineinandergreifen von Außen- und Innenwahrnehmung bei der Konstatierung von Krisen. Die Krise im Sinne einer bestimmten Phase im Krankheitsverlauf ist etwas Objektives, vom Bewußtsein des Patienten Unabhängiges. Aber bereits in Situationen, in denen es medizinisch um Leben und Tod des Patienten geht, ist die Krise »nicht von der Innenansicht dessen zu lösen, der ihr ausgeliefert ist: der Patient erfährt seine Ohnmacht gegenüber der Objektivität der Krankheit nur, weil er ein zur Passivität verurteiltes Subjekt ist, dem zeitweise die Möglichkeit genommen ist, als Subjekt im vollen Besitze seiner Kräfte zu sein«.[86] Dieses Verständnis liegt dem dramaturgischen Krisenbegriff zugrunde, wie er in der klassischen Ästhetik von Aristoteles bis Hegel zu finden ist. Das Dramatische des Geschehens besteht nicht allein in einem von äußeren Umständen hervorgerufenen Handlungskonflikt, sondern gerade auch in dem korrespondierenden inneren Widerspruch, der Identitätskrise des Helden. »Das Schicksal erfüllt sich in der Enthüllung widerstreitender Normen, an denen die Identität der Beteiligten zerbricht, wenn diese nicht ihrerseits die Kraft aufbringen, ihre Freiheit dadurch zurückzugewinnen, daß sie eine neue Identität ausbilden.«[87]

---

nis wird. Dennoch ist das geschilderte Planungsparadoxon eine sehr nüchterne Angelegenheit. Denn was sich aus der Perspektive der Technik als schwindelerregender Abgrund zeigt, ist aus der Perspektive des Handelns eine vertraute Erfahrung: Je mehr man tut, desto mehr Risiken geht man ein, und das bedeutet, desto öfter nimmt man die Gefahr in Kauf, zu scheitern.« (a. a. O., S. 875f.).

85 Vgl. in diesem Zusammenhang die Unterscheidung von N. Luhmann [1990] zwischen Risiko und Gefahr. Die Unterscheidung hängt davon ab, wem und wie eventuelle Schäden zugerechnet werden. In Fällen von Selbstzurechnung handelt es sich um Risiken, in solchen der Fremdzurechnung um Gefahren. Lungenkrebs ist für Raucher ein Risiko, für Nichtraucher eine Gefahr.

86 J. Habermas [1973], S. 9f.

87 J. Habermas [1973], S. 10.

Die verschiedenen Vorstellungen, die mit dem Begriff der Krise benannt werden, lassen sich nach zwei übergreifenden Gesichtspunkten ordnen, die sich aus einigen sprachphilosophischen Überlegungen ergeben. Eine solche Herangehensweise erscheint angemessen, da das Reden von Krisen und das Kritisieren sprachliche beziehungsweise sprachlich vermittelte Akte darstellen. Der eine Gesichtspunkt betrifft die Frage, was mit dem Wort »Krise« beziehungsweise »kritisch« zum Ausdruck gebracht wird, das heißt worin der propositionale Gehalt solcher Äußerungen besteht. Der andere Gesichtspunkt bezieht sich auf die Frage, was ein Sprecher tut, wenn er eine Krise konstatiert beziehungsweise Kritik übt. Die Unterscheidung der beiden Fragen folgt dem von J. L. Austin aufgestellten und wesentlich von J. R. Searle weiterentwickelten Verfahren zur Analyse sprachlicher Äußerungen.[88] Sprachliche Äußerungen müssen in zweierlei Hinsicht untersucht werden: Erstens, was ist der Inhalt der Äußerung eines Sprechers und zweitens, was tut er, indem er diesen äußert. Sprechakttheoretisch haben die meisten Äußerungen die Form F(p), wobei die Variable »p« für den propositionalen Gehalt einer Äußerung steht, die Variable »F« für die Mittel, mit deren Hilfe ein Sprecher eine Äußerung tut. Diese Mittel – Searle spricht von dem Indikator der illokutionären Rolle – geben Aufschluß darüber, wie ein Sprecher sein Äußern von »p« verstanden wissen beziehungsweise was er damit bezwecken oder bewirken will, allgemein, welche Absicht ein Sprecher mit seiner Äußerung verfolgt.[89]

Beginnen wir mit den Verwendungsweisen von »kritisch« im Kontext von Propositionen, genauer der Frage, wie der Referenzbereich von »kritisch« genauer bestimmt werden kann. Die Behauptungen »Das Verhältnis zwischen X und Y ist kritisch« und »X verhält sich äußerst kritisch gegenüber Y« sind Aussagen über den Zustand des Verhältnisses zwischen X und Y. Der Ausdruck »kritisch« wird dabei im ersten Satz im Sinne von krisenhaft im zweiten im Sinne von kritisierbar verwandt. Beide Bedeutungen begegneten bereits in unserer Aufzählung von Krisenbehauptungen.

---

[88] Vgl. J. L. Austin [1972]; J. R. Searle [1971]; ders. [1982]; D. Wunderlich [1976]; R. B. Nolte [1978]; R. Wonneberger/H. P. Hecht [1986]. Die Sprechakttheorie ist im deutschsprachigen Raum besonders durch den sprachpragmatischen Ansatz von K.-O. Apel und J. Habermas bekannt geworden. Der Einfachheit halber beziehe ich mich im folgenden ausschließlich auf Überlegungen Searles.
Die spätestens seit dem »linguistic turn« des späten Wittgenstein vorbereitete Erkenntnis, daß sprachliche Äußerungen als Formen menschlichen Handelns aufgefaßt werden müssen, liefert der Sprechakttheorie ihre fundamentale These: »Sprechen ist eine (höchst komplexe) Form regelgeleiteten Verhaltens« (J. R. Searle [1971], S. 24 et passim).

[89] J. R. Searle [1971], S. 51. Später ersetzt Searle die Variable »F« durch »R« (J. R. Searle [1982], S. 17). Die beiden Aspekte lassen sich bei vielen Sätzen leicht unterscheiden. In dem Satz »Ich verspreche, daß ich morgen komme« bildet das »ich verspreche« den Indikator der illokutionären Rolle, das »daß ich morgen komme« den propositionalen Gehalt. Die Entdeckung der Illokution ist also dasjenige, was sprachliche Äußerungen zu Handlungen macht. Vgl. J. R. Searle [1971], S. 48f.: »Eine Proposition ist etwas, das im Akt des Behauptens behauptet, in dem des Aussagens ausgesagt wird [...]. Der Indikator der illokutionären Rolle zeigt an, wie die Proposition aufzufassen ist, oder, um es anders auszudrücken, welche illokutionäre Rolle der Äußerung zukommen soll, das heißt, welchen illokutionären Akt der Sprecher vollzieht, indem er den Satz äußert.«

Auf der einen Seite begegnet Krise als geschichtsphilosophische Kategorie des Wandels oder Übergangs. Der Krisenbegriff ist hier eng verwoben mit dem Fortschrittsbegriff. Es werden jene Punkte bezeichnet, die in der Gegenwart als Bruchstellen, im Nachhinein als Nahtstellen einer größeren Entwicklung diagnostiziert werden.[90] In diesen Kontext gehören die verschiedenen Strukturierungsversuche der Menschheitsgeschichte, etwa die Klassifizierungen der Technikgeschichte nach Revolutionen oder die in zahllosen Schattierungen vorhandenen Reflexionen über die Gegenwart nach dem Raster von »Einst« und »Jetzt«, die nicht nur zum Grundarsenal jeder Kulturkritik und asketisch orientierten Ethik des Verzichts gehören, sondern ähnlich bei den Anhängern der Zauberlehrlingsmetapher, vor allem aber den Vertretern der Technokratiethese zu finden sind. Dahinter verbirgt sich ein deterministisches Verständnis von Zukunft, eine Vorstellung, in der eine Entwicklung quasi naturhafte Züge annimmt, das heißt jenseits menschlicher Zugriffs- und Steuerungsmöglichkeiten verläuft. Ein solches Verständnis stimmt – in der negativen Variante – mit demjenigen von Krise als Ansammlung von Katastrophen darin überein, daß in beiden Fällen ein Verlust von Subjektivität verzeichnet wird. Das Umschlagen erfolgt mit einer »Eigengesetzlichkeit«, um einen zentralen Begriff der Technokratiediskussion aufzugreifen. Solche Situationen sind nicht durch *Steuerungsprobleme* gekennzeichnet, sondern durch einen *Steuerungsverlust*.

Der Verlust von Subjektivität manifestiert sich noch in einer anderen Hinsicht, wie ein Vergleich mit der zweiten Gruppe von Vorstellungen von »kritisch« als »kritisierbar« deutlich macht. Wir sagten, daß Kritik genau jene Vorstellungen voraussetzt, die von Krisen gerade negiert werden: Freiheit und subjektives Vermögen. Daraus folgt, daß der mögliche Referenzbereich von Kritik kleiner ist als derjenige Bereich, dem sinnvoll das Prädikat »krisenhaft« zugesprochen werden kann. Kritik ist begrenzt auf solche Gegenstände, die entweder Handlungen darstellen oder als deren Resultate aufgefaßt werden können.[91] Kritisierbar sind nur Zustände, zu denen Alternativen denkbar sind. In der Kritik ist das »Es hätte auch anders sein können« immer mitgedacht, wobei der tatsächliche Zustand nicht als zufällig angenommen wird, sondern als Ergebnis menschlicher Aktivität. Diese Begrenzung gilt nicht für den Bereich möglicher Krisen. Die medizinische Verwendungsweise des Begriffs dokumentiert gerade die Unabhängigkeit der kritischen Phase einer Krankheit von menschlichen Eingriffsmöglichkeiten.

Die Subjekt-Objekt-Differenz der alternativen Bedeutungen von »kritisch« begegnet auch im Hinblick auf die illokutionäre Rolle von Äußerungen, das heißt hinsichtlich

---

90 Insofern liegt dem Krisenbegriff ein teleologisches Geschichtsverständnis zugrunde. Ein Bruch vollzieht sich prinzipiell zwischen mindestens *zwei bekannten* Punkten und besagt, daß etwas vorher in einer bestimmten Hinsicht Zueinandergehörendes oder Kontinuierliches nun getrennt ist. Ein Bruch kann also nur dann diagnostiziert werden, wenn eine Entwicklung relativ zu einem Ziel ins Auge gefaßt wird, das als Kontinuitäts- oder Einheitskriterium fungiert. Diese Position ist eine gegenüber dem Zeitpunkt des Geschehens nachträgliche.

91 Es ist nicht sinnvoll, die Natur zu kritisieren, jedenfalls solange sie nicht selbst als handelndes Subjekt oder Produkt eines solchen aufgefaßt wird. Zudem hat die Geschichte des Christentums gezeigt, daß der letzte Fall, also die Natur als Schöpfung Gottes, die Menschen weniger zur Kritik als zur Rechtfertigung in Form der Theodizee herausgefordert hat (vgl. etwa die Leibnizsche *Theodizee* im Kontext des Erdbebens von Lissabon).

dessen, was ein Sprecher mit einer kritischen Äußerung intendiert oder bewirken will. Zunächst fällt auf, daß dem Substantiv »Krise« kein Verb entspricht, wie dem Substantiv »Kritik« die Tätigkeit des Kritisierens. Um die Bedeutung dieses lexikalischen Befundes zu verdeutlichen, wollen wir nochmals auf sprechakttheoretische Überlegungen Searles zurückkommen. Nach seinem grundlegenden sprachphilosophischen Essay »Sprechakte« hat der Autor in der Folgezeit eine Reihe von Präzisierungen seiner Theorie vorgenommen und mit dem Aufsatz »Eine Taxonomie illokutionärer Akte« ein Klassifizierungsschema sämtlicher illokutionärer Akte vorgelegt. Searle beginnt mit einer Liste von Kriterien, mit deren Hilfe illokutionäre Akte unterschieden werden können. Von den insgesamt zwölf Kriterien sind in unserem Zusammenhang vor allem drei von Bedeutung. Zuerst unterscheidet Searle zwischen verschiedenen Zwecken von Sprechakttypen. Der »illokutionäre Witz« einer Beschreibung etwa besteht darin, wiederzugeben, wie etwas ist, der »Witz« eines Versprechens, daß der Sprecher damit die Verpflichtung übernimmt etwas zu tun.[92] Das zweite Unterscheidungskriterium betrifft die »Ausrichtung«, das heißt die Art und Weise, wie Wörter und Welt aufeinander bezogen sind. Zwei Möglichkeiten können unterschieden werden: die Wörter können wie beim Beschreiben der Welt angepaßt werden, oder umgekehrt, wie beim Versprechen, die Welt den Worten.[93] G. E. M. Anscombe hat diese Unterscheidung an einem Beispiel verdeutlicht. Ein Mann geht mit einem von seiner Frau geschriebenen Wunschzettel in den Supermarkt zum Einkaufen. Der Wunschzettel fungiert als Aufforderung, die Welt den Worten anzupassen, also die Waren einzukaufen, die auf dem Zettel notiert sind. Diesem Mann folgt nun ein Detektiv, der auf einem Block festhält, was der Mann einkauft. Die Aufzeichnungen des Detektivs stellen eine Beschreibung dar, also das Bestreben, die Worte der Welt anzupassen.[94] Die dritte Unterscheidung berücksichtigt die in Äußerungsakten präsentierten psychischen Zustände, das heißt die Haltung oder Einstellung des Sprechers dem propositionalen Gehalt seiner Äußerung gegenüber. Searle spricht von der »Aufrichtigkeitsbedingung« des Sprechaktes. Mit einer Beschreibung etwa bringt ein Sprecher seine Überzeugung »daß p« zum Ausdruck, mit einem Versprechen seine Absicht, »h zu tun«.[95] Die Dimensionen der Ausrichtung und der Aufrichtigkeit des illokutionären Witzes bilden die wesentlichen Kriterien für Searles Taxonomie illokutionärer Akte. Die verschiedenen Klassen unterscheiden sich nun im Hinblick auf ihre jeweilige Kombination der anhand jener Kriterien gewonnenen Charakteristika.[96]

Kehren wir zu den Begriffen »Krise« und »Kritik« zurück. Kritik wird »geübt«, »formuliert«, »angenommen« etc.; Krisen werden »behauptet«, »konstatiert«, »dokumentiert« etc. Die jeweiligen Tätigkeitsausdrücke können dabei nicht gegeneinander ausgetauscht werden. Kritik kann nicht behauptet werden, obwohl jede Kritik Behauptungen enthält; Krisenbehauptungen können nicht angenommen, wohl aber als wahr, zu-

---

92 J. R. Searle [1982], S. 19.

93 J. R. Searle [1982], S. 19f.

94 G. E. M. Anscombe [1986], S. 88ff.

95 J. R. Searle [1982], S. 21ff.

96 J. R. Searle [1982], S. 31ff., unterscheidet fünf Klassen illokutionärer Akte: Assertive, Direktive, Kommissive, Expressive und Deklarationen.

treffend, angemessen etc. anerkannt werden. Das hängt mit der unterschiedlichen Absicht zusammen, die jemand verfolgt, wenn er kritisiert beziehungsweise eine Krise behauptet. Die entscheidende Frage lautet, was tut oder intendiert jemand, wenn er eine Krise konstatiert beziehungsweise eine Kritik formuliert? Das Behaupten einer Krise weist die Merkmale von Assertiven auf. Searle beschreibt diese Klasse von Illokutionen folgendermaßen: »Der Witz oder Zweck der Elemente dieser Klasse ist es, den Sprecher darauf festzulegen, daß etwas der Fall ist, daß die zum Ausdruck gebrachte Proposition wahr ist. Alle assertiven Äußerungen lassen sich in der Dimension, die wahr und falsch umfaßt, beurteilen [...]. Die Ausrichtung ist: Wort-auf-Welt; der zum Ausdruck gebrachte psychische Zustand ist: glauben (daß p).«[97] Kritisieren gehört dagegen zu den Direktiven, das heißt zu der Gruppe von Ausdrücken wie »auffordern«, »plädieren«, »empfehlen«, »(zu etwas) raten« etc. »Ihr illokutionärer Witz besteht darin, daß sie Versuche des Sprechers sind, den Hörer dazu zu bekommen, daß er etwas tut [...]. Die Ausrichtung ist Welt-auf-Wort, und die Aufrichtigkeitsbedingung ist Wollen (bzw. Wünschen). Der propositionale Gehalt ist immer, daß der Hörer H eine künftige Handlung vollzieht.«[98]

Welche Konsequenzen ergeben sich aus den sprachanalytischen Überlegungen im Hinblick auf die Fragestellung nach den Funktionen von Krisenbehauptungen? Betrachten wir zunächst die Unterschiede, die sich aus einem Vergleich der Klassen illokutionärer Akte ergeben, denen die Ausdrücke jeweils angehören. Ein Unterschied zwischen dem Konstatieren einer Krise und dem Formulieren einer Kritik besteht darin, daß der Sprecher nur im letzten Fall zu der geäußerten Proposition Stellung bezieht im Sinne einer Zustimmung oder Ablehnung.[99] Kritik geht damit über das Behaupten einer Kri-

---

97 J. R. Searle [1982], S. 31. Die Einordnung des »Konstatierens einer Krise« unter die Assertive ist nicht ganz eindeutig. Der Ausdruck weist auch gewisse Affinitäten zur Klasse der Deklarationen auf. Diese sind dadurch definiert, »daß der erfolgreiche Vollzug eines ihrer Elemente eine Korrespondenz von propositionalem Gehalt und Realität zustande bringt; der erfolgreiche Vollzug garantiert, daß der propositionale Gehalt der Welt entspricht. Vollziehe ich erfolgreich die Handlung, dich zum Vorsitzenden zu ernennen, dann bist du der Vorsitzender« (a. a. O., S. 36). Searle hat den Zwittercharakter vieler solcher Ausdrücke gesehen und für diese eine eigene Subgruppe, die assertiven Deklarationen, vorgesehen. In diese Klasse gehören Ausdrücke des Urteilens und Richtens. Sie weisen die Merkmale von Assertiven auf mit dem zusätzlichen, von den Deklarationen übernommenen Charakteristikum einer sowohl Wort-auf-Welt als auch Welt-auf-Wort-Ausrichtung. Wenn der Schiedsrichter beim Fußballspiel »Aus!« ruft, macht er eine Tatsachenbehauptung über die Position des Balles, die überprüft werden kann (Hat der Ball wirklich die Linie in vollem Umfang überschritten?). Aber egal ob die Prüfung das Urteil des Schiedsrichters bestätigt oder nicht, der Ball ist aus, *weil* der Schiedsrichter den Ball für »aus« erklärt hat (vgl. S. 38f.). Das Behaupten einer Krise ist sicherlich den Assertiven näher als der Klasse der Deklarationen. Eine endgültige Entscheidung ist in unserem Kontext allerdings nicht notwendig, da die Besonderheiten, die die Differenz solcher Ausdrücke zum Kritisieren ausmachen, bei Assertiven und assertiven Deklarationen identisch sind.

98 J. R. Searle [1982], S. 32f.

99 Dem alten Streit zwischen Links- und Rechtshegelianern folgend, stehen sich in den Geisteswissenschaften eine negative, kompromittierende oder emanzipatorische Kritik im Sinne der Frankfurter Schule und eine positive, affirmative oder apologetische Kritik im Gefolge der Ritterschule gegenüber. O. Höffe [1989]; ders. [1993], S. 244ff., hat dagegen mit seiner Rehabilitierung der an Aristoteles orientierten »judikativen Kritik« auf das komplementäre Verhältnis von negativer und positiver Kritik aufmerksam gemacht.

se hinaus, insofern nicht nur ein Sachverhalt behauptet, sondern zugleich eine Bewertung desselben vorgenommen wird.[100]

Die entscheidende Differenz liegt jedoch in der grundlegenden Absicht des Sprechers. Bei der Behauptung einer Krise geht es um die Darstellung eines Sachverhaltes, verbunden mit der zusätzlichen Behauptung, daß diese Proposition wahr ist.[101] In einer Analyse der illokutionären Akte »Behaupten«, »Feststellen (daß)«, »Bestätigen« formuliert Searle als wesentliche Regel solcher Ausdrücke: »Gilt als eine Versicherung des Inhalts, daß p eine wirkliche Sachlage darstellt«.[102] Ein in unserem Zusammenhang bedeutsamer Aspekt von Behauptungen wird deutlich, wenn diese einer auf den ersten Blick sehr ähnlichen Ausdrucksform, dem Argumentieren, gegenüber gestellt werden. Das Ziel von Argumentationen besteht darin, die Hörer zu überzeugen. Aus diesem Grund bringt der Sprecher Argumente vor und ist in der Regel bereit, diese gegenüber Einwänden und Kritik zu verteidigen. Ein derartiges Motiv geht Behauptungen ab. Ein Sprecher will mit seiner Behauptung nicht überzeugen, Reaktionen der Hörer sind letztlich irrelevant.[103]

Beim Kritisieren verfolgt der Sprecher demgegenüber die Absicht, nicht nur – wie beim Argumentieren – den Hörer zu überzeugen, sondern ihn zusätzlich dazu zu bringen, eine bestimmte Handlung zu tun oder zu unterlassen. Kritik impliziert immer indirekte Akte des Aufforderns, Empfehlens und Ratens, sich die aus der Kritik ableitende – gegenüber der bisherigen oder üblichen Praxis alternative – Handlungsweise zu eigen zu machen, zumindest aber in Erwägung zu ziehen.[104] Hier bestätigt sich der obige

---

100 Vgl. J. R. Searle [1982], S. 49.

101 Vgl. J. R. Searle [1971], S. 48: »[E]ine Behauptung ist eine (sehr spezielle Art der) Anerkennung der Wahrheit von Propositionen.«

102 J. R. Searle [1971], S. 100.

103 Vgl. J. R. Searle [1971], S. 101: »Im Gegensatz zum *Argumentieren* scheinen diese Akte (Behauptungen etc.) nicht wesentlich mit dem Versuch, jemanden zu überzeugen, verbunden zu sein. So ist ›Ich stelle bloß fest, daß p, und versuche nicht, dich zu überzeugen‹ ohne weiteres möglich; aber ›Ich führe Gründe dafür an, daß p, und versuche nicht, dich zu überzeugen‹ hört sich widersinnig an.«

104 Auffordern, Raten und Warnen bilden graduell verschiedene Versuche des Sprechers, den Hörer zu etwas zu bewegen. Auffordern ist ein stärkerer Versuch, dessen wesentliche Regel lautet: »Gilt als Versuch, H dazu zu bringen, A zu tun«. Raten ist demgegenüber schwächer, und »gilt als Versicherung des Inhalts, daß A ganz in Hs Interesse ist«. Beim Beraten geht es darum, »jemandem zu sagen, was das Beste für ihn ist«, beim Auffordern dagegen darum, »ihn zu überreden«. Warnen entspricht einem Raten mit umgekehrten Vorzeichen, es ist ein Ab-Raten. Seine wesentliche Regel lautet: »Gilt als eine Versicherung des Inhalts, daß E nicht in Hs Interesse ist« (J. R. Searle [1971], S. 100ff.).
Die enge Verbindung von Kritik und Urteil verdeutlicht ein Blick auf die Etymologie des Krisisbegriffs. In forensischen Kontexten zieht das Urteil immer Sanktionen nach sich, das heißt das Urteil erfüllt keinen Selbstzweck, sondern hat die Funktion, Handlungen zu sanktionieren, also die an der Handlung Beteiligten zu belohnen oder zu bestrafen. Diese Bedeutung von Urteil findet sich ebenso in nicht-institutionalisierten und nicht-hierarchischen Kontexten. Fragen wie »Was meinst du dazu?«, »Wie findest du das?« oder »Was würdest du dazu sagen?« werden gestellt, nicht allein um die Meinung des Befragten zu hören, sondern darüber hinausgehend, um diese Meinung in den Entscheidungsprozeß des Fragenden einfließen zu lassen. Urteile implizieren die – zumindest indirekte – Aufforderung, die dort favorisierten Handlungsoptionen auch in die Tat umzusetzen.

Befund, daß Kritik nur an Handlungen beziehungsweise deren Resultaten und Folgen geübt werden kann: wie Direktive nur Handlungen zum Gegenstand haben können, müssen auch mögliche Referenzobjekte von Kritik diesen Anforderungen genügen. Die unterschiedliche Ausrichtung von Akten des Kritisierens und solchen des Konstatierens von Krisen verdeutlicht ein weiterer Blick auf Searles Analyse von Aufforderungen. Die Regel des propositionalen Gehalts von Aufforderungen besagt, daß nur zukünftige Handlungen von H Gegenstand von Aufforderungen sein dürfen. In der Kritik wird eine Verbindung hergestellt zwischen vergangenen und zukünftigen Ereignissen, wobei die Absicht in der Verwirklichung eines in der Kritik – zumindest: negativ – bestimmten Entwurfes besteht. Dieser vorgestellte, neue Zustand ist dem gegenwärtig bestehenden vorzuziehen. Genau dieses Überschreiten des Gegebenen fehlt beim Konstatieren einer Krise. Die Behauptung, daß etwas so ist, wendet sich notwendig an Vergangenes oder bereits Bestehendes. Selbst wenn in das Konstatieren einer Krise eine negative Bewertung mit eingeht, gehört es zu den Eigenarten von Krisen, daß eine Lösung oder ein Ausweg gerade nicht herbeigeführt werden können. Klar ist, es wird etwas geschehen, unvorhersehbar bleibt, welches Ereignis zu welchem Zeitpunkt eintritt.[105] Der Rückzug auf die bloße Feststellung wird also vom Begriff selbst erzwungen. Es würde einen Widerspruch bedeuten, eine Krise lösen zu wollen. In diesem Sinne sind Krisen keine Probleme. Auch hier besteht eine Differenz zur Kritik. Als implizite Aufforderung muß sie sich nicht nur auf Handlungskontexte beziehen, sie kann darüber hinaus nur zu solchen Handlungen auffordern, raten etc., die der Hörer zu tun auch in der Lage ist.[106]

Eine dritte Differenz betrifft die sogenannte »Aufrichtigkeitsbedingung«, das heißt die Einstellung, die ein Sprecher gegenüber dem propositionalen Gehalt seiner Äußerung hat. Beim Konstatieren einer Krise glaubt der Sprecher, daß seine Behauptung mit der Wirklichkeit übereinstimmt, und seine Absicht ist mit dem Dokumentieren seiner Anerkennung der Wahrheit der Proposition vollständig erreicht. Ein Kritiker muß keinesfalls der Wahrheit seiner Äußerungen gleichgültig gegenüberstehen, allerdings verfolgt er ein anderes Ziel. Der Sprecher will oder wünscht, daß seine Kritik die Hörer zu dem Handeln anleitet, welches er in der Situation für angemessen hält. Die Aufrichtigkeitsbedingungen »für wahr halten« und »wollen« stehen nicht nur für unterschiedliche Absichten, sondern spiegeln zugleich ein bedeutendes philosophisches Problem

---

105 Vgl. R. Koselleck [1959], S. 105: »Es liegt im Wesen einer Krise, daß eine Entscheidung fällig ist, aber noch nicht gefallen ist. Und es gehört ebenso zur Krise, daß offenbleibt, welche Entscheidung fällt. Die allgemeine Unsicherheit in einer kritischen Situation ist also durchzogen von der einen Gewißheit, daß – unbestimmt wann, aber doch bestimmt, unsicher wie, aber doch sicher – ein Ende des kritischen Zustandes bevorsteht. Die mögliche Lösung bleibt ungewiß, das Ende selber aber, ein Umschlag der bestehenden Verhältnisse – drohend und befürchtet oder hoffnungsfroh und herbeigewünscht – ist den Menschen gewiß. Die Krise beschwört die Frage an die geschichtliche Zukunft.«

106 Vgl. J. R. Searle [1971], S. 100: Eine Einleitungsregel von Aufforderungen lautet: »H ist in der Lage, A zu tun. S glaubt, daß H in der Lage ist, A zu tun«.

wider, dasjenige zwischen Sein und Sollen. Der Sprecher, der eine Krise konstatiert, meint »so ist es«, der Kritiker »so soll es sein«.[107]

2.3 Das Paradoxon der Krisenethik

Welche Konsequenzen ergeben sich nun aus den Überlegungen zum Krisenbegriff für sein Auftreten in ethischen Kontexten? Auf den Krisenbegriff waren wir im Zusammenhang der Suche nach möglichen Motiven von Technikethik gestoßen. Es gilt also, mögliche Funktionen des Krisenbegriffs im Hinblick auf seine Verwendung in ethischen Kontexten zu benennen. Krisenbehauptungen stellen allgemein das Ergebnis von Analysen bestimmter Situationen oder Entwicklungen dar. Sie implizieren in jedem Fall eine Wertung, insofern etwas als kritisch in Bezug auf etwas anderes erscheint.[108] Dabei kann analytisch zwischen zwei Bewertungsakten unterschieden werden. Der erste betrifft die Isolierung eines Aspektes aus einer komplexen Situation. Erst diese Fokussierung auf einen Teilaspekt ermöglicht die Wahl eines Bezugsobjektes für den folgenden Vergleich. Steht dieses Bezugsobjekt fest, erfolgt in einem zweiten Schritt die Bewertung als Resultat des vorgenommen Vergleichs.[109]

Wenn der Begriff »Krise« analog zu einem medizinischen Verständnis, als Wendepunkt hin zu einem besseren oder schlechteren Zustand aufgefaßt wird, dann ist *per definitionem* ausgeschlossen, daß der Zustand der Krise als dauerhafter behauptet werden kann. Es gehört zum Begriff der Krise, daß der damit bezeichnete Zustand wahrnehmbar von den vorherigen Zuständen unterschieden ist und zugleich verschiedene, auch gegensätzliche Möglichkeiten des Fortschreitens sichtbar werden läßt. Einem dauerhaft oder anhaltend wahrgenommenem Zustand kann nicht das Prädikat »kritisch« (im Sinne von »Krise«) zugesprochen werden, weil ein solcher Zustand weder von einem Vorher noch von einem – die Frage nach dem Fortschreiten auflösenden – Nachher unterschieden werden kann. Das Behaupten einer Krise gilt in diesem Sinne als Hinweis auf anstehende Veränderungen.

---

107 An dieser Stelle muß allerdings angemerkt werden, daß J. R. Searle seine Sprechakttheorie gerade als Weg sah, den Naturalistischen Fehlschluß zu überwinden. Vgl. ders. [1971], II. Teil, bes. cp. 8.

108 Der Zustand des Patienten ist kritisch, insofern der Krankheitsverlauf aktuell nicht in einer spezifischen Weise manipulierbar und prognostizierbar ist. Kritisch ist der Zustand im Hinblick auf die zwei gegenüberliegenden – unkritischen – Zustände: der diagnostizierbare Krankheitsverlauf, im Sinne einer kontinuierlichen Entwicklung zum Besseren *oder* (im auschließenden Sinn) zum Schlechteren.

109 Die hier vertretene Auffassung deckt sich mit dem Urteilsbegriff von E. Herms [1991], S. 47: »Aus der Gesamtklasse von Handeln überhaupt grenzt sich das *Urteilen* zunächst dadurch aus, daß es zur Klasse der symbolischen Handlungen zählt, durch die eine Person reale Sachverhalte (gegebene Situationen) nicht zu verändern, sondern nur für sich darzustellen, sie *als* das und das vorzustellen *beabsichtigt* (ob sie die dar- und vorgestellte Situation dadurch dennoch *faktisch* auch immer in irgendeiner Weise verändert, steht auf einem andern Blatt und berührt jedenfalls nicht die Eigenart der beschriebenen Intentionen und der sie realisierenden Wahl, also Handlung).«

Diese Kristallisationspunkte längerer Entwicklungen sind wesentlich durch ihre Eigendynamik oder Zwangsläufigkeit gekennzeichnet. Auch im neuzeitlichen Krisenbegriff bleibt das Moment des Tragischen, des Ausgeliefertseins erhalten. Die Beteiligten werden auf die Zuschauerränge verwiesen. Das Geschehen verläuft gemäß seiner inneren Logik. Wir haben es hier mit einem geschichtsphilosophischen Gedanken zu tun, einem, der genauer besehen, der Ethik die Tür weist, um der Theodizee den freigewordenen Platz zu überlassen.[110] Krisen benennen keinen Gegenstand von Ethik. Der Zustand der Krise suspendiert die ethische Fragestellung. Soll auf allerlei dialektische Zaubereien verzichtet werden, um gerade in ihrer Suspendierung die Möglichkeit und Aufgabe von Ethik zu entdecken, bleibt nur der Schluß: so kann das Reden von Krisen – jedenfalls in dem hier ins Auge gefaßten Kontext – nicht gemeint sein.

In der Tat verfolgt das Argumentieren mit krisenhaften Zuständen einen anderen Zweck. Das Behaupten von Krisen fungiert in den oben genannten Beispielen als Argument für die Installierung einer »neuen Ethik«, rigiderer moralischer Prinzipien oder allgemein für die Notwendigkeit eines »Umdenkens«. Das Argumentationsmuster ist einfach: Weil etwas in die Krise geraten ist, müssen die Bedingungen oder Ursachen, die für diesen Zustand verantwortlich sind, verändert werden. Das Argument kann als praktischer Syllogismus formuliert werden: Obersatz: »Handlungen, die krisenhafte Zustände nach sich ziehen, sind zu vermeiden und durch alternative zu ersetzen«. Untersatz: »Die Handlung h führt in eine Krise«. Konklusion: »Die Handlung h ist zu vermeiden und durch eine alternative zu ersetzen«. Weitaus schwieriger gestaltet sich der Nachweis der Plausibilität und Korrektheit dieses Syllogismus. Die Argumentationsfigur unterstellt, daß es sich bei den Prämissen um kategorische Urteile handelt, die in ihrer Verknüpfung durch einen gemeinsamen Mittelbegriff ein drittes Urteil nach sich ziehen. Genauer betrachtet handelt es sich in allen drei Fällen um moralische Urteile. Ein kurzer Blick quasi von hinten – also bei der Konklusion beginnend – soll die Behauptung verdeutlichen. Die Schlußfolgerung enthält die Handlungsaufforderung, daß Krisensituationen um jeden Preis zu vermeiden sind beziehungsweise dringend überwunden werden müssen. Damit wird impliziert, daß der krisenhafte Sachverhalt menschlicher Aktivität prinzipiell zugänglich ist, ansonsten wäre eine Handlungsaufforderung paradox. Zugriffsmöglichkeiten im Sinne alternativer Handlungsentwürfe oder Vermeidungsstrategien bestehen nur bezüglich solcher Ereignisse, die selbst als Handlungen oder deren Resultate identifizierbar sind. Die gemeinte Krisensituation ist also sowohl als Ergebnis menschlicher Aktivität nachvollziehbar, als auch Veränderungen via menschlicher Aktivität zugänglich, das heißt sie ist nach unserer eingeführten Definition keine Krise. Nur in diesem Falle sind die gemeinten »Krisen« einer moralischen Bewertung zugänglich. Daß eine moralische Bewertung vorliegt, daß also die genannten »Krisensituationen« in einem moralischen Sinne verwerflich sind, zeigen schon die Gründe, die für ihr Zustandekommen genannt werden. Es sind *unisono* moralisch zweifelhafte Handlungen oder Handlungszusammenhänge, die als Ursachen angegeben werden (können).

---

110 Vgl. G. Fitzthum [1992].

An dieser Stelle stoßen wir auf den eigentlichen Sinn des Redens von Krisen in ethischen Kontexten. Krisenbehauptungen verfolgen – nach N. Luhmann – allgemein das Ziel, »Aufmerksamkeit« zu erregen beziehungsweise »Themen« aufzuwerfen.[111] In unserem Kontext erreichen sie diesen Effekt durch das Formulieren einer Kritik. Beide Ausdrücke gehören in diesen Fällen – um nochmals auf sprachphilosophische Überlegungen zurückzugreifen – zu ein und derselben Kategorie illokutionärer Akte. Sie bilden quasi eine Mittelstellung zwischen dem aktiv das Geschehen bestimmenden Supermarktkunden und dem dieses nur beobachtenden Detektiv. Gemeint sind indirekte Sprechakte,[112] in denen das Behaupten einer Krise dazu dient, einen Zustand zu *beklagen* oder zu *begrüßen*. Verben wie »etwas beklagen« oder »etwas begrüßen« gehören ebenfalls zu der Gruppe der Assertive. Zusätzlich zu den oben genannten Charakteristika sind sie dadurch gekennzeichnet, daß der Sprecher mit seiner Äußerung sein Interesse beziehungsweise seine Haltung gegenüber dem propositionalen Gehalt zum Ausdruck bringt. Die Prädikation »x ist krisenhaft« entpuppt sich somit als Volition mit der Bedeutung »x soll anders werden«.[113] In diesem Sinn geht der Ausdruck »eine Krise konstatieren« über seine Grundbedeutung hinaus, indem der Sprecher sein Mißfallen über den behaupteten Zustand mit kundtut, während das Verb »kritisieren« in dieser Verwendung einen entscheidenden Aspekt seiner Grundbedeutung – die Intention, die Welt den Worten anzupassen, also aktiv in das Welt-Geschehen eingreifen zu wollen – einbüßt.[114]

Das Behaupten von Krisen kann so zum gemeinsamen Nenner in der ethischen Diskussion – im Sinne eines gemeinsamen Motivs – werden. Der Rückzug auf jene Begrifflichkeit garantiert die Offenheit des ethischen Diskurses hinsichtlich der Gruppe potentieller Teilnehmer. Gleichgültig ob kritisch oder apologetisch, anthropologisch oder geschichtsphilosophisch, sinnhaft oder sinnlos, eine so vorgebrachte Problematik ist

---

[111] N. Luhmann [1973], S. 15f. Luhmann geht davon aus, »daß sich in allen komplexen, mit Entscheidungsprozessen befaßten Sozialsystemen eine Differenzierung von ›attention rules‹ und ›decision rules‹ einspielt […].« Diese Einsicht aus der Organisationstheorie bedeutet für den Begriff der »öffentlichen Meinung«: »Aufmerksamkeitsregeln steuern die Konstruktion politischer Themen; Entscheidungsregeln steuern die Meinungsbildung, unter anderem in den entscheidungsbefugten Instanzen.« Luhmann unterscheidet anschließend vier Regeln, die »bei der Verteilung von Aufmerksamkeit und der Themenbildung befolgt werden.« Dazu zählt er auch »Krisen und Krisensymptome«. Diese haben in sozialen Systemen sowohl einen »Integrationseffekt«, der darin besteht, daß »sie den Erfüllungszustand zahlreicher Werte […] gefährden«, als auch »Innovationseffekte«, »die auf die Veränderung der Entscheidungsregeln durch Ausnahmelagen zurückgehen«. In allen sozialen Systemen dürften Krisen zu den Aufmerksamkeitsregeln gehören; die Differenzen liegen in der Frage, welche Ereignisse […] eine Krise wahrnehmbar und unterstellbar machen und wieviel Endscheidungszeit noch verbleibt.«

[112] Vgl. J. R. Searle [1982], S. 51ff.

[113] Vgl. dazu K.-H. Ilting [1974], S. 19ff. In seiner Unterscheidung zwischen theoretischen und praktischen Sätzen stellt er die Prädikation der Volition gegenüber (a. a. O., S. 21f.). Zum Begriff des »Sollens« vgl. J. L. Mackie [1981], S. 79ff., 92ff. sowie U. Wolf [1984].

[114] Auch hinsichtlich des propositionalen Gehalts erscheint ein indirektes Verständnis naheliegend. »Krisenhaft« wird häufig synonym zu Begriffen wie »risikoreich«, »unsicher«, »gefährlich« etc. gebraucht. Betont wird die mangelnde Kontrollier- und Prognostizierbarkeit des Fortschreitens aktueller Zustände.

jeder Position zugänglich.[115] Damit wird aber zugleich eine universalistische Obernorm präsentiert, diejenige, die einen krisenhaften Zustand für moralisch relevant und
gleichzeitig für kritisierbar oder moralisch verwerflich erklärt. Vorausgesetzt wird ein
Konsens hinsichtlich der Frage, welcher Gegenstand als krisenhaft gilt. Da – wie oben
bemerkt – Gegenstände aber nicht von »sich aus« problematisch oder krisenhaft sind,
sondern als solche erst im Licht normativer Vorstellungen erscheinen, kann sich also
der Konsens nicht auf die Gegenstände selbst beziehen, sondern nur auf ihre einheitliche Bewertung. Die Norm, relativ zu der etwas als krisenhaft wahrgenommen wird,
bildet damit die Grundlage des Konsenses und wird *ipso facto* als allgemein anerkannt
vorausgesetzt.[116]

Gegen einen vorschnellen Übergang von empirischen Annahmen auf normative Überzeugungen hat J. Nida-Rümelin eingewandt, daß »ein Gutteil vermeintlicher Wertdiffe-
renzen auf divergierende Überzeugungen in empirischen Fragen zurückzuführen« sei.
Er warnt vor »eine[r] gefährliche[n] Verzerrung der tatsächlichen Diskussionslage,
diese empirischen Überzeugungsunterschiede in Wertkonflikte zu übersetzen und sie
damit gemäß der subjektivistischen Interpretation moralischer Überzeugungen zu
entrationalisieren.«[117] Bei der Frage etwa, ob dezentrale Energiesysteme zentralen
vorzuziehen sein, könnte ein Proponent den »Wert der Dezentralität« mit der geringeren Fehleranfälligkeit, der effizienteren Nutzung der Abwärme und der geringeren,
besser von außen kontrollierbaren Planungshierarchie begründen. Es sind die empirischen Annahmen, die den »Wert der Dezentralität« begründen. »Die vermeintliche
Werthaltung entpuppt sich also als eine auf fundamentalere Normen und Werte zu-
rückführbare Folge bestimmter Annahmen, die grundsätzlich auch empirisch-
einzelwissenschaftlich überprüfbar sind.«[118] Die Argumente Nida-Rümelins widersprechen unserer Auffassung keineswegs. Natürlich sind empirische Fragen gerade in technikethischen Zusammenhängen von zentraler Bedeutung. Gleichwohl läßt sich etwa
die Entscheidung für oder gegen dezentrale Energiesysteme nicht aus den empirischen
Annahmen allein gewinnen. Um überhaupt zu einem Urteil zu gelangen, müssen die
»divergierende[n] Überzeugungen in empirischen Fragen« gegeneinander abgegolten
werden. Es ist eine Frage, ob unsere empirischen Annahmen den Tatsachen entsprechen; es ist eine andere Frage, welches Gewicht wir unseren empirischen Annahmen in

---

115 Vgl. W. C. Zimmerli [1988d], S. 353: »Das Substantiv ›Krise‹ wird im politischen Jargon unserer Tage häufig im Zusammenhang mit dem Verb ›herbeireden‹ verwendet – und das hat seinen
   (guten) Grund. Uns allen ist das wissenschaftstheoretische Theorem der ›self-fulfilling-prophecy‹
   ebenso geläufig wie dessen Kehrseite, das der ›self-denying‹ oder ›self-denying-prophecy‹: je
   nach den Randbedingungen sorgt, wer den Teufel an die Wand malt, dafür, daß aus dem Bild-
   haften der Leibhaftige wird oder gerade nicht.« Inwiefern geschichtsphilosophische und anthropologische Argumente gerade die technikethische Diskussion prägen, wird noch zu zeigen sein.
116 J. L. Mackie [1981], S. 101ff., spricht in diesem Zusammenhang von Institutionen. »Sobald wir
   zu einer präskriptiven Deutung übergehen, sprechen wir innerhalb der Institution« (a. a. O., S.
   101). »Innerhalb einer Institution reden bedeutet die für sie charakteristischen Begriffe verwenden, ihre Regeln und Prinzipien gutheißen oder sich auf sie berufen, in jener spezifischen Weise
   denken und reden, die dazu beiträgt, die Institution zu begründen und aufrechtzuerhalten« (a. a.
   O., S. 103).
117 J. Nida-Rümelin [1996a], S. 59.
118 Ebd.

der Argumentation beimessen. Ein Verteidiger zentraler Energiesysteme könnte beispielsweise auf ökonomische Vorteile bei der Beschaffung der Rohstoffe zur Energiegewinnung, auf die Möglichkeit des Einsatzes kostspieligerer aber effektiverer Technologien oder auf die Sicherheit der Energieversorgung bei Störfällen durch den Vernetzungsgrad und die hohen Kapazitäten dieser Systeme verweisen. Die verschiedenen Argumente von Befürwortern und Kritikern können nicht ohne weiteres gegeneinander abgeglichen werden. Es bedarf sozusagen eines »gemeinsamen Nenners«, um die Argumente zueinander in Beziehung setzen zu können. Dieser »gemeinsame Nenner« beruht – genau darin besteht die Pointe des zuletzt zitierten Satzes von Nida-Rümelin –, auf einer normativen Entscheidung und legt fest, welche Rolle den empirischen Annahmen in der Argumentation zukommen soll. Das *Gewicht* der empirischen Annahmen für die Entscheidung bestimmt letztendlich das Resultat, unabhängig davon, ob die normativen Überzeugungen und Wertmaßstäbe, die das Gewicht festlegen in der Entscheidungsprozedur explizit sind oder nicht.

Genau auf dieser Linie attestiert K. Röttgers der Kritik ein tendenziell revolutionäres Potential und beschreibt sie als »Spielregelverletzung«. Mit der Kritik der Sachverhalte werden »zugleich die Kriterien ihrer Gültigkeit« revidiert.[119] Es ist genau jener Konsens hinsichtlich der Revision ehemals wirksamer Kriterien für die Geltung von Sachverhalten, die einer Kritik ihre allgemeine Überzeugungskraft verleiht. So beginnt die Arbeit Angewandter Ethik als problemorientierter mit einem normativen Konsens, der seinen Ausdruck findet im Evidenzcharakter des thematisierten Problems. Wird dieses Charakteristikum nicht auf seine Inhalte und damit auf seine Funktion in der Argumentation hin überprüft, reduziert sich Angewandte Ethik auf ein mechanistisch verkürztes Kompensationsmodell. Sie rekurriert auf einen unhinterfragten *status quo* und verschreibt sich damit vorschnell der Aufgabe, mit nicht zuletzt normativen Mitteln einen bedrohten Standard zu stabilisieren.

3 Ethische und technische Probleme

Der Krisenbegriff erfüllt in ethischen Kontexten ein doppelte Funktion. Auf der einen Seite bildet er das konsensuale Moment im moralischen Diskurs einer Gesellschaft, insofern er – in seiner hier explizierten Verwendungsweise – auf normative Prämissen zurückgreift, ohne ein bestimmtes *explizites* moralisches Urteil vorauszusetzen. Auf der anderen Seite ermöglicht diese »ethische Neutralität« eine Vermittlung zwischen ethischen Fragestellungen und diesen direkt nicht zugänglichen Gegenständen.

Die grundlegende Bedeutung normativer Orientierung bei der Diagnose gesellschaftlicher oder ökologischer Zustände wird noch anschaulicher, wenn das Behaupten kritischer Zustände als eine Vorstufe des Problematisierens aufgefaßt wird. Der Problembegriff tauchte bereits an verschiedenen Stellen auf, besonders im Hinblick auf die Charakterisierung von Angewandter Ethik als problemorientierter. Im Abschnitt I 3.1 wurden verschiedene Modelle Angewandter Ethik mit Hilfe des Kriteriums der von ih-

---

[119] K. Röttgers [1990], S. 890.

nen diagnostizierten Problemsituation unterschieden. Angewandte und »neue« Ethik wurden als außertheoretisch induzierte Bemühungen gekennzeichnet. Grundlage und Fundament dieser Modelle bilden – so sagten wir – interpretierte Wahrnehmungen der Umwelt. Hinzu treten Defizite auf der ethischen Theorieebene, die aber allein die Notwendigkeit Angewandter Ethik nicht begründen können. Daß die Beantwortung praktischer Fragen nicht allein theoretisch erfolgen kann, ist seit Aristoteles Kennzeichen der praktischen Wissenschaften[120] und liegt in deren wissenschaftlichem Selbstverständnis begründet. Daß allerdings ganz bestimmte praktische Probleme Gegenstand jener Wissenschaften werden, ist ein Spezifikum problemorientierter Ethik, wie sie in den Entwürfen Angewandter Ethik vorliegen.

Dieser Befund gilt vor allem für den Bereich der Technikethik. Ethik konstituiert sich in der Gegenwart häufig als problemorientierte Ethik und Technik bildet als Problem ihren Gegenstand. Diese Verhältnisbestimmung findet sich etwa in der eingangs zitierten Äußerung H. Sachsses: »Nicht die Lösung der technischen, sondern der ethischen Probleme wird unsere Zukunft bestimmen.«[121] Es besteht eine Verbindung zwischen ethischen und technischen Problemen. Ethik und Technik treten als Kandidaten auf einer Ebene auf. Sie charakterisieren zwei Arten von Problemen, denen Sachsse im Rahmen seiner Erörterung der Ambivalenzen des technischen Fortschritts begegnet. Dabei bekommt Ethik den Bereich zugewiesen, der keiner kausalen Erklärung zugänglich sind. Das Argument lautet: Die Vorstellung, der technische Fortschritt verlaufe quasi naturgesetzlich, ist »ein moderner Mythos. Die Technik ist das Werk von Menschen und nicht von anonymen gut- oder bösartigen Dämonen [...]. Hinter der Idee von der notwendigen Automatik der technischen Entwicklung wirkt der menschliche Wunsch, sich von der Verantwortung zu entlasten, aber ob diese Entwicklung zum Guten oder zum Bösen führen wird, hängt allein von menschlichen Entscheidungen ab [...]. In diesem umfassenden Prozeß steht der Techniker an den zahlreichen Schaltstellen der Entscheidung, und er muß anders als früher die Folgen seiner Entscheidung bedenken.« Dazu ist es notwendig einzusehen, »daß im Fortgang der technischen Arbeit auch außertechnische Gesichtspunkte ins Spiel kommen, daß der Techniker, anders als früher, im Vollzug seiner Arbeit vor ethische Entscheidungen gestellt wird.«[122]

Weil technische Entwicklung nicht naturwüchsig stattfindet, müssen Entscheidungen über das »wie« der Entwicklung gefällt werden; weil dieser Prozeß entweder zum Guten oder zum Bösen führt, verlangen die Entscheidungen eine ethische Fundierung; weil technischer Fortschritt Teil der gesellschaftlichen Entwicklung ist, benötigt der Techniker gesellschaftsrelevante Entscheidungskriterien für seine Tätigkeit. Das hier zugrundegelegte Schema M. Webers von Wert- und Zweckrationalität, das sich im Rahmen technikphilosophischer Erörterungen aus einsichtigen Gründen großer Beliebtheit erfreut, soll uns an dieser Stelle nicht weiter beschäftigen. Das Augenmerk soll vielmehr darauf gelenkt werden, wie bei Sachsse Technik als ethisches Problem in

---

120 Aristoteles zählte zu diesen die Politik, Ökonomik und Ethik.
121 H. Sachsse [1987], S. 50f.
122 H. Sachsse [1991], S. 49.

den Blick gerät. Zweimal wird darauf aufmerksam gemacht, daß sich die Situation des Technikers heute gegenüber der Vergangenheit verändert habe. Als neue Entscheidungsparameter nennt Sachsse die Berücksichtigung von Technikfolgen und außertechnische Gesichtspunkte. Der Grund für die ethische und gesellschaftstheoretische Ausweitung technischer Entscheidungsprozeduren liegt in der durch die technische Entwicklung hervorgerufenen »Revolutionierung unserer gesamten Lebensverhältnisse im öffentlichen und privaten Bereich. Es ist wie ein Sturz nach vorne: die Erfolge der Technik sind es, die ungewöhnliche Probleme aufwerfen.«[123] Nachfolgend benennt Sachsse eine Reihe solcher Schwierigkeiten, etwa die Überforderung unserer Organisationsformen durch das Tempo der technischen Entwicklung, die Tötungspotentiale der modernen Kriegstechnik, die Umweltprobleme, die soziologischen Folgen von Pharmakologie, Genetik und Informationstechnik, die Unmöglichkeit, den technischen Fortschritt seelisch ausreichend zu verarbeiten. Diese Situationsanalyse liefert die Folie für die anfangs zitierte These Sachsses, Technik schaffe Probleme, die nur ethisch gelöst werden können.

Der Begriff »Problem« fungiert in diesem Sinne als gemeinsamer Nenner von Technik und Ethik. Ethik ist dort gefordert, wo Probleme auftreten, die den Rahmen spezifischer Sachfragen sprengen – und verschärfend kann, wie die Unterscheidung zwischen der Situation des Technikers damals und heute nahelegt, konstatiert werden: nur dort. Technologien, deren soziale Dimensionen zunehmend erkannt werden, verlangen einen Umgang und ein Reflexionsniveau, das nicht mehr nur unter technischen Gesichtspunkten geleistet werden kann. Damit ist eine der Grundimplikationen von Technikethik formuliert: Ethik wird verstanden als ein Problemlösungsverfahren auf komplexem Niveau.

3.1 Zum Problembegriff

Aristoteles bestimmt in der »Topik« das »dialektische Problem« gegenüber dem »dialektischen Satz« und der »These« als »eine zur Untersuchung gestellte Frage«.[124] H.-G. Gadamer hat in seiner Kritik am neukantianischen Problembegriff an dieses Verständnis angeknüpft. »Der Begriff des Problems formuliert offenbar eine Abstraktion, nämlich die Ablösung des Frageinhalts von der ihn allererst aufschließenden Frage. Er meint das abstrakte Schema, auf das sich wirkliche und wirklich motivierte Fragen reduzieren und worunter sie sich subsumieren lassen.«[125] Gadamer betont zwei Aspekte, die in unserem Zusammenhang bedeutungsvoll sind: Zum einen stellen Probleme Abstraktionen von Fragen dar, zum anderen sind diese Fragen motiviert. In konkreten und komplexen Situationen aufgeworfene Fragen werden in allgemeinere oder typische Fälle transformiert und so einer methodischen Bearbeitung zugänglich gemacht. Die Bemerkung Gadamers legt den Gedanken nahe, die Abstraktheit der

---

123 H. Sachsse [1991], ebd.
124 Vgl. *Topik* A 104b.
125 H.-G. Gadamer [1965], S. 381f.

Problemstellung sei gekennzeichnet durch den Verlust des eigentlichen Fragemotivs.[126] Daraus darf jedoch nicht geschlossen werden, Problemstellungen seien ihrerseits nicht motiviert. Vielmehr unterliegen die genannten Motive ebenfalls einer Modifikation, wie Gadamer mit seiner Forderung nach einer Rückbindung des Problems an das motivierte Fragen zum Ausdruck bringt. Die Betonung liegt auf dem Ausdruck »motiviert« als Kennzeichen der prinzipiell »geschichtlichen Bedingtheit«[127] von Fragen und Problemen. Motivierte Fragen veranlassen also dazu, ihre Inhalte auf einer abstrakteren Ebene in ebenfalls motivierte Problemstellungen zu transformieren. Der zweimal verwendete Begriff der Motivation soll darauf verweisen, daß der hier skizzierte Prozeß zwei nicht auf Beobachtung objektiver Phänomene reduzierbare Akte des Subjekts erfordert.[128]

Die Motivation des Fragens bestimmt Gadamer als etwas »In-die-Schwebe-bringen«.[129] Fragen ist kein »potentielles Verhalten« wie das Meinen, »weil Fragen nicht Setzen, sondern selbst ein Erproben von Möglichkeiten ist«.[130] Wird vorausgesetzt, daß die genannten Möglichkeiten als gedachte oder wahrgenommene präsent sind, also eine Idee[131] davon selbst bereits Teil des Fragemotivs ist, und wird vor diesem Hintergrund die Betonung auf die gesehenen Möglichkeiten gelegt, dann kann paraphrasiert werden: Fragen werden vor dem Hintergrund eines »In-Hinsicht-auf« formuliert.[132] Etwas in Frage stellen heißt, den in der Frage thematisierten Zustand mit alternativen Vorstellungen zu konfrontieren. Die Kriterien, aufgrund derer ein In-Frage-Stellen überhaupt erst sinnvoll möglich wird, sind selbst Ausdruck dieser alternativen Vorstellungen.[133] Die Umschreibung von Motivation als »In-Hinsicht-auf« betrifft in glei-

---

126 Der Anschein entsteht, weil Gadamer einen »objektiven« Problembegriff im Blick hat, den er aus seiner hermeneutischen Perspektive heraus als Illusion entlarvt. »Die Besinnung auf die hermeneutische Erfahrung verwandelt die Probleme zurück in Fragen, die sich erheben und ihren Sinn aus ihrer Motivation haben« (H.-G. Gadamer [1965], S. 382f.). Die Differenz zwischen einem hermeneutischen und einem meta- oder ahistorischen Problembegriff ergibt sich allerdings nicht aus einer methodischen Abstraktion, sondern aus einer, die die »geschichtliche Bedingtheit« ihres Auftauchens verkennt.

127 Vgl. H.-G. Gadamer [1965], S. 381.

128 Die Gadamersche Kritik an der illusionären Ansicht, es gäbe »die Probleme wie die Sterne am Himmel« (H.-G. Gadamer [1965], S. 382), betont deren *Geschichtlichkeit* und damit gleichzeitig deren »*Gemachtheit*« oder auch »*Konstruiertheit*«.

129 H.-G. Gadamer [1965], S. 380: »Fragen läßt immer in der Schwebe befindliche Möglichkeiten sehen.«

130 H.-G. Gadamer [1965], S. 381.

131 Zum Verhältnis von »Idee« und »Wahrnehmung« vgl. W. Schapp [1910], Abschnitt III.

132 Zur Bedeutung der Perspektive beim Problemlösen in ethischen Kontexten vgl. H. E. Tödt [1984], S. 71ff.; ders. [1987], S. 37ff.

133 In diesem Sinne heißt es bei H.-G. Gadamer [1965], S. 381: »Verstehen von Fragen heißt dann Verstehen der jeweiligen Voraussetzungen, deren Hinfälligkeit die Frage selbst hinfällig macht.« Vgl. dazu W. Lienemann [1978a], S. 262, der mit Verweis auf N. Luhmann bemerkt, »daß die Artikulation von Problemen voraussetzt, daß Alternativen wahrgenommen oder entworfen und miteinander verglichen werden [...]. Ohne Wahrnehmung und Bestimmung von Alternativen, wie selektiv dies zunächst immer erfolgen mag, wird kein Problem artikuliert.«

cher Weise die Metaebene der Problemkonstruktion. Die dort vorgenommene Abstraktion geschieht ebenfalls in einer bestimmten Hinsicht.[134]

Das abstrakte Fragen »In-Hinsicht-auf« kann genauer als oszillierender Prozeß zwischen Wissen und Nichtwissen beschrieben werden.[135] Fragen haben nach der von R. Descartes in seinen *Regulae* aufgestellten Bedingungen die folgende Struktur: 1. In jeder Frage muß etwas unbekannt sein; 2. dieses Unbekannte muß bezeichnet sein und 3. diese Beziehung kann nur durch etwas Bekanntes erfolgen. Darüber hinaus enthält der Cartesianische Begriff der *quaestio perfecta* ein viertes Merkmal: das Moment der Konstruktion. Dieser letzte Aspekt bildet das wesentliche Charakteristikum des Problembegriffs und die *differentia specifica* zwischen jenem und dem Begriff der Frage. »Probleme sind ›konstruiert‹, sie werden ›gestellt‹ in dem Sinne, daß sie in einem Kontext unproblematischer Vorstellungen situiert sind, in dem sie überhaupt erst formulierbar und schließlich lösbar werden. Fragen können ›ins Blaue hinein‹ gestellt werden, Probleme sind Produkte einer geistigen Konstruktion; sie resultieren aus einem erstellten Zusammenhang, der als zumindest vorläufig unproblematisch den Rahmen möglicher Fragen absteckt.«[136] Ein Problem markiert somit die Grenze eines Wissens oder Könnens, das dadurch als nicht in sich geschlossenes gekennzeichnet ist. Das vorhandene Wissen bringt als Voraussetzung die Vorstellung eines Nichtwissens hervor. Analog zu der Wittgensteinschen Überlegung »Das Spiel des Zweifelns selbst setzt schon die Gewißheit voraus«,[137] gilt: das im Problem ausgedrückte Nichtwissen setzt ein Wissen immer schon voraus.[138]

Dieser Gedanke besagt in unserem Kontext zweierlei: Auf der einen Seite ist mit der Formulierung eines Problems bereits darüber entschieden, um welche Art von Problem es sich handelt. Diese Einsicht, daß somit technische Probleme technische Lösungen und ethische Probleme ethische Lösungen erwarten, erscheint trivial, jedoch wird sich

---

134 Auf der Ebene des praktischen Urteilens spricht H. E. Tödt [1987], S. 27ff., hier vom »Sichverhalten-zu«, als Ausdruck der Relationalität menschlicher Existenz. Zu Affinitäten zwischen diesen Vorstellungen und dem Husserlschen Horizontbegriff siehe Abschnitt IV 2.1.

135 Vgl. zum folgenden C. Wild [1973].

136 C. Wild [1973], S. 1141.

137 L. Wittgenstein, *Über Gewißheit*, § 115.

138 Ein analoges Problemverständnis liegt den Kognitionswissenschaften und der KI-Forschung zugrunde. Der Gedanke der »künstlichen Intelligenz« wird in größerem Maße erstmals – wenn auch bisher bruchstückhaft – in den aktuellen Expertensystemen realisiert. Die Pointe dieser Systeme besteht darin, daß als Problemlösungsstrategien anstelle der bisher üblichen, von der sogenannten Von-Neumann-Architektur der Rechner vorgegebenen, algorithmischen Verfahren heuristische Prozeduren Verwendung finden, die das in der Wissensbasis eines Systems aquirierte Wissen »intelligent« anwenden und modifizieren. Ein Problem besteht nach kognitionstheoretischer Definition dann, »wenn ein unerwünschter Ausgangszustand in einen erwünschten Zielzustand transformiert werden soll, aber eine Barriere das Erreichen des Ziels im Moment verhindert, das heißt das Problemlösen besteht in der Beschaffung und Anwendung der Mittel zur Überwindung der Barriere und die Problemlösung in dem Erreichen des Zielzustandes. Bezogen auf Expertensysteme muß eine konkrete Ausgangssituation, die durch unzureichendes Wissen gekennzeichnet ist, in einen Zielzustand transformiert werden, in dem das benötigte Wissen bereit steht.« G. Heidegger u. a. [1991], S. 302; vgl. B. Becker [1986]; dies. [1992]; M. Daniel/D. Striebel [1993].

zeigen, daß sie keineswegs allgemeine Berücksichtigung findet. Auf der anderen Seite wird deutlich, daß technische und ethische Probleme jeweils eine technische beziehungsweise ethische Kompetenz voraussetzen. Diese Kompetenz ist unerläßlich, um einen zunächst unspezifischen Konflikt als ein spezifisches Problem zu identifizieren. Allein weil ich einen unspezifischen Zustand als ein technisches Problem konstruiere, suche ich nach einer technischen Lösung, weil ich etwas als ethisches Problem definiere, bemühe ich mich um eine ethische Lösung.[139] Die Art und Weise eines Problems wird also von zwei Seiten her bestimmt: vom Gegenstand als einem problematischen und von einer Vorstellung davon, wie dieser problematische Sachverhalt in einen unproblematischen überführt werden kann.[140]

Gerade vor dem Hintergrund von Szenarien, die die gewaltigen Wirkungen moderner Großtechnologien und die von ihnen ausgehenden globalen Gefährdungen zum Inhalt haben, wird schnell übersehen, daß Probleme jenseits aller unmittelbaren Eingängigkeit und Evidenz ihrer Inhalte – analog zu Fragen – stets sprachlich vermittelt sind. Probleme begegnen uns in Form von *Problemartikulationen*. Diese enthalten – und an dieser Stelle decken sich unsere epistemologischen Überlegungen mit den semantischen Kategorisierungen Searles – keine »vollständige[n] Propositionen« sondern »propositionale Funktionen«.[141] Problemartikulationen verdanken sich einem spezifischen kognitiven Rahmen. In der Problemartikulation wird das Problem als Gegenstand der phänomenalen Wahrnehmung vor dem Hintergrund unserer Kategorisierungsschemata *auf den Begriff gebracht*. Probleme sind das Produkt einer mehrstelligen Relation. Ein Ereignis – als Gegenstand der phänomenalen Wahrnehmung – wird in Beziehung gesetzt zu bestimmten – in der Problemartikulation implizit oder explizit zur Sprache gebrachten – normativen Orientierungen und Annahmen, die festlegen, daß es sich bei dem dargestellten Sachverhalt um ein Problem und darüber hinaus, um welch ein Problem es sich handelt.[142]

---

139 N. Luhmann [1984], S. 86, spricht in diesem Zusammenhang von einer »Leistung der funktionalen Orientierung«, die »in der Ausweitung und Limitierung des Möglichen« besteht.

140 W. Lienemann [1978a], S. 278f., betont an dieser Stelle die notwendig zirkuläre Struktur von Diagnose und Therapie.

141 J. R. Searle [1971], S. 51. In semantischer Hinsicht stimmen Fragen, die Searle im Blick hat, und Problemartikulationen überein. Sie gehören beide zu einem Typ illokutionärer Akte, allerdings unter der Einschränkung, daß Ja-Nein-Fragen ausgeklammert werden. So gilt nur der zweite Teil sowohl der Regel des propositionalen Gehalts wie der Einleitungsregeln, die Searle (a. a. O., S. 102f.) formuliert: »Einleitungsregeln[:] 1. S kennt ›die Antwort‹ nicht, das heißt [...] verfügt [...] nicht über die nötige Information, um die Proposition richtig vervollständigen zu können.« Dies unterscheidet »wirkliche Fragen« von »Prüfungsfragen«. »Bei wirklichen Fragen geht es S um die Antwort, bei Prüfungsfragen will S wissen, ob H die Antwort weiß.« (Ebd.). Sicherlich gilt diese Regel nicht für alle Problemartikulationen. Problemlösungen sind erstens nicht generell reduzierbar auf die richtige Vervollständigung von Propositionen. Und zweitens: was ist mit dem Ausdruck »richtig« gemeint? Welcher Maßstab steht für eine Beurteilung zur Verfügung? Hier greifen die Differenzierungen, die Gadamer zwischen Fragen und Problemstellungen vorgenommen hat. Entscheidend ist an dieser Stelle zweierlei: Erstens sind Probleme via Problemartikulationen sprachlich vermittelt, zweitens geht es um Antworten.

142 In der sozialwissenschaftlichen Risikoforschung hat man daher zwischen einem *Objektivismus*, das heißt der Zunahme tatsächlicher Gefährdungen, und einem *Konstruktivismus*, das heißt der Zunahme sozialer Sensibilität, unterschieden. Vgl. zur ersten Position U. Beck [1986]; ders.

3.2 Praktische Fragen

Das menschliche Leben wird wesentlich bestimmt durch das Aufwerfen und Lösen praktischer Fragen. Das ist in einem ganz unphilosophischen Sinne gemeint. Die Bewältigung des Lebens ist zuerst eine ganz handfeste, praktische Aufgabe. Und – um die seit Platon und Aristoteles gängige Unterscheidung zwischen Theorie und Praxis ins Spiel zu bringen – aus einer Alltagsperspektive erscheinen Theorie oder Denken dann gerechtfertigt, wenn sie der Praxis oder dem Handeln nützlich sind. Dieser Gedanke motiviert nicht zuletzt die Gruppe Praktischer Ethiker, die sich bewußt gegen praxisferne Reflexionen wenden. Aus diesem Grunde nennen sie ihre Disziplin »Praktische Ethik«, was, wenn der Ausdruck »Ethik« durch den der »Praktischen Philosophie« ersetzt wird, zu dem scheinbaren Pleonasmus »Praktische Praktische Philosophie« führt.

Sinn erhält der Ausdruck, wenn zwischen Gegenstand und Methode unterschieden wird. Auf der einen Seite kann zwischen praktischen und theoretischen Gegenständen unterschieden werden, auf der anderen Seite zwischen theoretischen und praktischen Methoden.[143] Da nun aus der methodischen Perspektive Philosophie selbst eine theoretische Disziplin darstellt, kann zwischen einer »Theorie der Theorie« und einer »Theorie der Praxis«[144] unterschieden werden. Praktische Philosophie thematisiert also Praxis unter theoretischen Bedingungen. Damit nun diese theoretischen Reflexionen *über* die Praxis praktisch relevant werden können, bedarf es einer methodischen Transformation, denn das Gegensatzpaar Theorie und Praxis unterstellt, daß aus einer Theorie nicht ohne weiteres eine Praxis werden kann. In diesem Transformationsprozeß wird allgemein das Thema von Angewandter Ethik gesehen. Er bildet in diesem Sinne ein Verbindungsglied zwischen Theorie und Praxis,[145] und betrifft methodisch den Bereich der Pragmatik.[146] Die Theorie stellt »Denkmittel«[147] bereit, die dazu dienen,

---

[1988], bes. S. 155, zur zweiten Position M. Douglas/A. Wildavsky [1982]. Eine Synthese versuchen W. Krohn/G. Krücken [1993]; vgl. auch A. Evers [1993].

143 Die Begriffe »theoretisch« und »praktisch« entsprechen nicht der klassischen Unterscheidung von »Theorie« und »Praxis« in der Philosophie der Antike. Das oben als wechselseitige Verschränkung dargestellte Verhältnis von Gegenstand und Methode war für das griechische Denken unvorstellbar. Vgl. dazu G. Picht [1964]; C. Link [1977]. Theorie und Praxis präsentieren sich in der Antike als die – erstmals bei Xenophanes auftauchende, über Anaxagoras bis hin zu Aristoteles reichende – Unterscheidung zweier Lebensformen, der von der Philosophie bestimmten Geistigkeit und der althellenischen Lebensordnung. Sie dienen Aristoteles gleichzeitig zur Unterscheidung zwischen dem göttlichen und menschlichen Leben (EN X 7, 1177 b 26ff.). Beide Unterscheidungen beruhen auf der ontologischen Unterscheidung zwischen Sein und Zeit. Das Göttliche ist das Unvergängliche, das der Zeitlichkeit enthobene Sein. Theoretisch ist für Platon eine Lebensform, die der *noesis* dient und auf die Erkenntnis des »immer nach den gleichen Maßen Seiende[n]« gerichtet ist (*Timaios* 27 df.). Zur Auflösung dieses Verständnisses vgl. G. Picht [1969d]; ders. [1966], bes. S. 355ff.; ders. [1969e].

144 W. Vossenkuhl [1991], S. 219.

145 Vgl. I. Kant, KU BA VI, der in bezug auf das Erkenntnisvermögen die Urteilskraft als das »Mittelglied« zwischen Verstand und Vernunft bezeichnet.

146 Pragmatisch ist bei Kant ein »Prinzip des Gebrauchs der Mittel zu einem gewissen Zweck« (I. Kant, *Verkündigung des nahen Abschlusses eines Traktats zum ewigen Frieden in der Philosophie* A 502). »Pragmatisch werden« nach I. Kant, GMS BA 44, Anm., »die Sanktionen ge-

»praktische Zwecke« zu erreichen. Praktische Fragen sollen solche Fragen heißen, die sich in praktischer Absicht oder Hinsicht auf Praxis beziehen. Wenn der Unterscheidung zwischen Theorie und Praxis diejenige zwischen Denken und Handeln entspricht, dann ist mit praktischen Fragen der Anspruch verbunden, sich nicht denkend, sondern handelnd auf Praxis zu beziehen. Die Art der »Denkmittel« legt dann fest, welcher Typ von Handlungen zur Lösung praktischer Fragen gewählt wird.[148]

Worin unterscheiden sich etwa die Fragen »Was sollen wir tun?«, »Was müssen wir tun, um der ökologischen Schwierigkeiten Herr zu werden?« und »Was muß ich tun, um diesen Autoreifen zu reparieren?«?[149] Diese drei Fragen weisen eine Gemeinsamkeit auf. Der Ausdruck »was sollen/müssen wir tun« fragt in allen drei Beispielen nach einer Handlungsanweisung. Dabei wird sichtbar, daß die Fragen in einer Reihenfolge absteigender Abstraktion oder Allgemeinheit stehen. Das »Was sollen wir tun?« im ersten Fall wird in den folgenden Fragen zunehmend präzisiert. Gleichzeitig verschärft sich die in der Frage mit ausgedrückte Selbstaufforderung von einem »Sollen« zum »Müssen«.[150] Die erste Frage, mit der Kant das Thema von Moralphilosophie formuliert, ist motiviert durch die allgemeine Erkenntnis, daß die Handlungsfähigkeit des Menschen als eines Freiheitswesens von der Möglichkeit und zugleich auch von der Notwendigkeit abhängt, Entscheidungen zu treffen. Für unseren Zusammenhang bedeutsam ist die Einsicht, daß die Kantische Frage kein spezifisches Problem aufgreift. Menschen handeln immer auch unabhängig davon, ob sie diese Frage explizit gestellt haben. In diesem Sinne problematisiert Kant mit der Frage einen allgemeingültigen – anthropologischen – Sachverhalt, der jenseits seiner Formulierung als Frage durchaus unproblematisch ist.

Während also die erste Frage ein Problem überhaupt erst konstituiert, thematisiert die zweite Frage ein bereits vorgefundenes. Hierin besteht – wie wir im vorausgegangenen Abschnitt festhielten – der Unterschied zwischen allgemeiner und Angewandter Ethik. Mit der Fragestellung wird – wie wir weiterhin behaupteten – die Richtung der Antwort beziehungsweise Lösung bereits präformiert. Denn die Art der Frage impliziert bereits eine Antwort in Form einer affirmativen Haltung gegenüber der Bewertung, die den zugrundeliegenden Gegenstand als Problem charakterisiert.

---

nannt, welche eigentlich nicht aus dem Rechte der Staaten, als notwendige Gesetze, sondern aus der Vorsorge für die allgemeine Wohlfahrt fließen. Pragmatisch ist eine Geschichte abgefaßt, wenn sie klug macht, d. i. die Welt belehrt, wie sie ihren Vorteil besser, oder wenigstens eben so gut, als die Vorwelt, besorgen könne.« In KrV B 828 grenzt Kant die »pragmatische[n] Gesetze des freien Verhaltens, zu Erreichung der uns von den Sinnen empfohlenen Zwecke« von den »völlig a priori« bestimmten »reine[n] Gesetze[n]« ab. In KrV B 852 definiert Kant »den pragmatischen Glauben« als »zufälligen Glauben, der aber dem wirklichen Gebrauche der Mittel zu gewissen Handlungen zum Grunde liegt.«

148 Vgl. J. Dewey, *Pragmatism*, S. 27ff.: »Concepts are *Denkmittel*.«

148 In diesem Sinne G. Picht [1978a], S. 215: »Wir handeln falsch, weil wir falsch denken.«

149 Es geht im folgenden ausdrücklich nicht um eine differenzierte Analyse von Akten des Fragens, sondern lediglich darum, eine für unseren Kontext wichtige Differenzierung zu veranschaulichen. Zur Grammatik und Handlungsform von Fragen vgl. R. Lakoff [1980]; U. Maas/D. Wunderlich [1972], S. 213ff.; D. Wunderlich [1976], cp. V.

150 Zur Unterscheidung von »Sollen« und »Müssen« vgl. J. L. Mackie [1981], S. 92ff.

Worin unterscheiden sich nun die fundamentale Fragestellung Kants sowie diejenige problemorientierter Ethik von Fragen des dritten Typs? Die Frage nach der Reparatur eines Autoreifens ist eine technische, sie zielt auf eine Reparaturanleitung als Antwort. Eine Reparaturanleitung besteht aus Hinweisen zu diagnostischen Fragen, solchen der Handhabung von Werkzeugen, also Gebrauchsanweisungen, und Hinweisen dazu, wie die Werkzeuge auf den reparaturbedürftigen Gegenstand effektiv anzuwenden sind. Wir hatten oben technische Handlungsanweisungen als solche charakterisiert, die über die geeigneten Mittel zur Erreichung vorgegebener Zwecke Auskunft geben. Davon seien ethische Fragen, die wie die Kantische auf die Einstellung, oder wie die Aristotelische auf Zwecke gerichtet sind, streng zu unterscheiden. Diese allgemein akzeptierte Differenz zwischen Fragen des ersten und dritten Typs verschwimmt jedoch bei einem Vergleich zwischen der zweiten und dritten Frage. Ihrer Struktur nach sind beide identisch. Beide fragen nach Mitteln hinsichtlich eines in der Frage bereits mitgenannten Zwecks. In der Tat besteht die Differenz zwischen ethischen und technischen Fragen nicht *unbedingt* hinsichtlich ihrer Struktur, sondern im Falle problemorientierter Ethik in der Art und Weise des in der Frage angegebenen Zwecks. Der Zweck »Reparatur eines Autoreifens« unterscheidet sich von dem der »Überwindung der ökologischen Schwierigkeiten« darin, daß für den letztgenannten keine Gebrauchsanweisungen in dem Sinne vorliegen, wie sie für den ersten Zweck zur Verfügung stehen. Genau in diesem Punkt manifestiert sich auf dieser Ebene das *Problematische* der gegenwärtigen ökologischen Situation.

Der Fall eines defekten Autoreifens erhält seine Problematik genau genommen nicht aufgrund der Tatsache, daß der Reifen platt ist, denn die Lösung ist offensichtlich: der Reifen muß geflickt oder ausgetauscht werden. Dem Ausdruck »defekt« korrespondiert die Vorstellung von einem intakten Reifen und wie dieser Zustand herzustellen ist, bereitet kaum Probleme. Probleme werden erst durch gewisse Umstände aufgeworfen, die zu der Situation hinzutreten, etwa keinen Ersatzreifen zur Verfügung zu haben, kein Werkzeug zu besitzen oder einen wichtigen Termin durch die Reparatur zu verpassen. An dieser Stelle erscheint es angebracht, zwischen *Problemen* und *Fehlern* zu unterscheiden. Fehler können wohl Probleme aufwerfen, aber Probleme sind keine Fehler. Der Grund besteht darin, daß Fehler Abweichungen darstellen, das heißt Fehler bestehen relativ zu einer Norm die durch den Status der Fehlerlosigkeit gekennzeichnet ist. Diese Norm oder der darin ausgedrückte Normalzustand sind immer bekannt und vorausgesetzt, wenn von einem Fehler die Rede ist. Fehler sind rekonstruierte Abweichungen von Normen. Die Rekonstruktion beschreibt den Weg der Abweichung ausgehend vom Normalzustand. Fehler können als *Rekonstruktion* einer Abweichung vom Normalzustand beschrieben werden, Probleme als *Konstruktion* vor dem Hintergrund kritischer Situationen. Probleme sind in diesem Sinne keine Abweichungen, weil sie immer den Rahmen des Gewußten sprengen, jenseits dessen nichts besteht, von dem etwas abweichen könnte.[151] Daher kennzeichnet Aristoteles in der oben genann-

---

151 Die kognitionspsychologische Unterscheidung zwischen »Problemen« und »Aufgaben« beruht auf eben diesem Kriterium von der Verfügbarkeit beziehungsweise Unverfügbarkeit eines Lösungswissens. Vgl. W. Hussy [1993], S. 20. Ein wesentliches Merkmal von Problemen ist das Vorhandensein eines Hindernisses oder einer Barriere zwischen Ausgangs- und Zielzustand. Für

ten Stelle der *Topik* die auf ein Problem verweisende Frage als eine, »worüber entweder gar keine bestimmte Meinung besteht, oder entgegengesetzte zwischen dem Volk und den Gelehrten oder auch jedem dieser beiden Teile unter sich selbst«.[152] Fehler im Sinne impliziter Rekonstruktionen provozieren einen Blick zurück: zu einem vorangegangenen Zustand der Fehlerlosigkeit. Probleme als Konstruktionen geben eine nach vorne gerichtete Perspektive vor: auf einen idealen, nicht realisierten und daher zukünftigen Zustand hin. Während bei einem Fehler das Ergebnis seiner Behebung prinzipiell von vornherein feststeht, ist bei einem Problem lediglich die Richtung seiner Lösung vorgegeben. Sprachlich findet diese Differenz ihren Ausdruck in der Art und Weise, wie der Umgang mit Problemen beziehungsweise Fehlern bezeichnet wird. Probleme erfordern Lösungen, während Fehler korrigiert, rückgängig gemacht oder beseitigt beziehungsweise behoben werden.

An dieser Stelle drängt sich die Überlegung auf, ob ethischen und technischen Fragen jeweils eindeutige Kategorien von Sachverhalten entsprechen. Sind ethische Fragen prinzipiell problematisch, während technische Fragen sich mit Fehlerhaftigkeit befassen? Oder umgekehrt: Kann der Umstand, daß technische Fragen auf Probleme verweisen, als prinzipieller Hinweis darauf gewertet werden, daß damit der Boden technischer Fragestellungen verlassen worden ist?[153] Es wäre verfrüht, an dieser Stelle eine Antwort zu versuchen. Zudem macht eine solche Fragestellung nur dann Sinn, wenn wir die prinzipielle Unterschiedenheit von technischer Aktivität und praktischem Handeln, wie es die traditionelle Aristotelesinterpretation anbietet, anerkennen würden. Aber unabhängig davon muß ein entscheidendes Dilemma von Technikethik darin gesehen werden, daß die Verschiedenheit der beiden hier genannten Fragerichtungen häufig übersehen wird. Fehler sind von Problemen streng zu unterscheiden. Die Verwendungsweisen der Begriffe »Fehler« und »Problem« verleiten häufig zu der Annahme, die Kontexte, in denen diese Begriffe auftauchen, seien identisch. Wir haben es hier mit einer jener berüchtigten »Verhexung[en]« unseres Verstandes durch die Mittel unserer Sprache« zu tun, deren Bekämpfung Wittgenstein zur Hauptaufgabe der Philosophie erklärt hat.[154]

---

ein Individuum ist es nicht »ohne weiteres« möglich, eine Lösung zu produzieren. »Ohne weiteres bedeutet, daß die Lösung nicht schon bekannt ist und somit nicht einfach aus dem Gedächtnis abgerufen werden kann, sondern daß Denkprozesse [...] – ein zielgerichtetes (Neu-)Verknüpfen der Merkmale – eingesetzt werden muß. Kann man dagegen den Ausgangszustand durch Abrufen der Lösung aus dem Gedächtnis in den Zielzustand überführen, handelt es sich nicht um ein Problem, sondern um eine *Aufgabe*, es fehlt die Barriere.«

Die Grenze zwischen Problemen und Fehlern verläuft parallel zu jener systemtheoretischen zwischen »Zweckprogrammen« und »Konditionalprogrammen«, die N. Luhmann [1970], S. 260, benennt. »Konditionalprogramme« sind dadurch gekennzeichnet, daß sie »– wenigstens in ihrer Idealgestalt – zugleich das Kalkül mitenthalten, welches das Problem löst, im Grunde also Mechanismen für die Lösung schon gelöster Probleme darstellen. Zweckprogramme beschränken sich demgegenüber darauf, die heuristische Funktion einer Problemstellung zu programmieren.«

152 *Topik* A 104.

153 Um Mißverständnissen vorzubeugen: Es geht hier nicht um die Frage, ob Techniken und Technologien prinzipiell problematisch sind oder nicht, sondern vielmehr darum, was jene problematisch erscheinen läßt oder nicht.

154 L. Wittgenstein, *Philosophische Untersuchungen*, § 109; vgl. § 119.

Allgemein fragwürdige Sachverhalte lassen sich also in fehlerhafte und problematische einteilen. Bei der Thematisierung ersterer determinieren die Fehler die Art und Weise des Vorgehens, um einen fragwürdigen in einen – im Hinblick auf die Frage – fraglosen Zustand zu überführen. Wie liegt nun der Fall bei problematischen Sachverhalten? Bereits oben wurde mit Bezug auf Gadamer das Moment der Motiviertheit von Problemformulierungen betont. Das Motiv liegt in einer vorausgehenden Entscheidung darüber, in welcher Hinsicht ein Gegenstand oder Ereignis als problematisch angesehen wird. Die Perspektive, aus der etwas kritisch erscheint, bestimmt die Art und Weise, wie dieser Gegenstand problematisiert werden kann, womit gleichzeitig über die Art und Weise des Umgangs mit dem problematischen Gegenstand entschieden wird. Insofern ist es unmöglich, daß ein technisches Problem ein ethisches wird und umgekehrt, wohl aber daß ein Gegenstand unter gewissen Umständen, eben unter ethischen als ethischer, unter technischen als technischer erscheint.[155]

Aus dem Gesagten folgt: Krisen- und Problembehauptungen sind Mittel zur Strukturierung negativ empfundener Wirklichkeitswahrnehmungen. Die Begriffskette unterscheidet sich durch den ansteigenden Grad, Lösungen oder Auswege aus dem als negativ bewerteten Ist-Zustand zu präformieren. Wird mit dem Behaupten von Krisen ein eher unspezifischer Wunsch nach Veränderung zum Ausdruck gebracht, sind in Problemkonstruktionen Lösungswege immer schon mitpräsentiert. Die jeweiligen Lösungswege unterscheiden sich durch das Potential und Wissen, das dem Identifikationsakt in der Problemformulierung zugrunde liegt und das in die Konstruktion des Problems eingeht. Ein Lösungsentwurf orientiert sich an den Möglichkeiten und Verfahren, die mit diesem Wissen zur Verfügung stehen.[156] Probleme machen in dieser Hinsicht sowohl auf die Begrenztheit wie auf die Unabgeschlossenheit des Wissens aufmerksam, das als Bedingung der Möglichkeit jeder Problemwahrnehmung vorausgeht. Als *aufgeworfenes* verweist ein Problem auf die Grenze, Unvollständigkeit, Widersprüchlichkeit eines Wissens, als *herausforderndes* auf die Möglichkeit der Überwindung seiner Begrenztheit.[157] Ethische und technische Probleme können ein und denselben Gegenstand als Referenzobjekt aufweisen, da ein Problem jedoch konstitutiv auf ein spezifisches Wissen angewiesen ist, können ethische und technische Lösungen nicht identisch sein oder – als »Antwort« auf eine Problemformulierung – gegeneinander ausgetauscht werden. In Anlehnung an den Gedanken Gadamers, daß ein Problem

---

155 Vgl. H. E. Tödt [1987], S. 30: »Die Wahrnehmung [des Problems] ist von dem *Horizont* abhängig, den das Wirklichkeitsverständnis dem Urteilenden vorgibt, und von der Bereitschaft, von dem Willen, das betreffende Problem in diesem Horizont zu sehen und zu bedenken.« Vgl. ders. [1979], S. 49.

156 Vgl. P. Weingart [1982], S. 118. Technologie gibt »als kognitives System einen wichtigen Orientierungsrahmen ab [...]. Zu einem gewissen Maß strukturiert es die Wahrnehmung technischer Probleme und deren Lösung.«

157 Zum Begriff der Grenze – im Gegensatz zu demjenigen der Schranke – vgl. I. Kant, *Prolegomena zu einer jeden künftigen Metaphysik, die als Wissenschaft wird auftreten können*, § 57: »Grenzen (bei ausgedehnten Wesen) setzen immer einen Raum voraus, der außerhalb einem gewissen bestimmten Platze angetroffen wird, und ihn einschließt; Schranken bedürfen dergleichen nicht, sondern sind bloße Verneinungen, die eine Größe affizieren, so fern sie nicht absolute Vollständigkeit hat.« (A 167).

aus dem »motivierten Fragezusammenhang [...] die Eindeutigkeit seines Sinns empfängt« können wir pointiert formulieren:[158] Es macht keinen Sinn, ein ethisches Problem etwa als technisches lösen zu wollen oder umgekehrt.[159]

4 Zum Verhältnis von Krisen und Problemen

Übertragen auf die Ausgangssituation der Aristotelischen Ethik bildet somit die Krise der Polis den Anlaß für die Formulierung eines Problems. Die Art und Weise der Problemformulierung selbst legt fest, *wie* der Anlaß dann zum Thema wird.[160] Vor diesem Hintergrund läßt sich dann auch die obige Äußerung Ritters dahingehend präzisieren, daß mit Krisenbehauptungen Fragen aufgeworfen werden und die Philosophie die Aufgabe hat, diese – in Form von Problemstellungen – zu thematisieren.[161]

---

158 H.-G. Gadamer [1965], S. 382.

159 D. Wandschneider [1991], S. 253, hat diesen Sachverhalt am Beispiel von Expertengutachten expliziert. Er spricht in diesem Zusammenhang von »Wert-« oder »Fragehinsichten«, die jedem Gutachten inhärent sind: »Der Sachverständige soll Projektfolgen möglichst *vollständig* angeben, doch was heißt hier ›vollständig‹? Offenbar kann nicht Vollständigkeit schlechthin, sondern nur in bezug auf die hier einschlägigen *Werthinsichten* gemeint sein [...].« Warum der Autor diesen Tatbestand negativ beurteilt – er spricht von »partikularer Projektfolgenabschätzung«, »partikularer Projektfolgenbewertung« und interpretiert diese als »Partikularisierung von Wahrheit« oder »Verzerrung der Sachstrukturen« (a. a. O., S. 252, 260) – ist nicht einzusehen, denn er bemerkt bereits zu Beginn seines Aufsatzes, »daß Werthinsichten grundsätzlich gar nicht ausgeschaltet werden *können*« (a. a. O., S. 252). Zuzustimmen ist seiner Kritik dann, wenn die Motive des Gutachters absichtlich ausgeblendet werden, also unreflektiert als objektiv angesehen werden. Der Autor führt zu diesem Zweck sein »Prinzip der Prämissendeutlichkeit« (a. a. O., S. 264f.) ein. Es fordert die »Selbstkritik und Redlichkeit des Gutachters bezüglich der *Bedingungen*, unter denen sein Gutachten steht. Es ist solchermaßen auch und gerade *ethisch* gefordert, daß der Sachverständige seine eigenen Voraussetzungen in theoretischer und wertmäßiger Hinsicht mitreflektiert und auch öffentlich macht; also seine eigenen spezialistischen Einschränkungen sieht, die Attitüde des Allwissenden zurücknimmt, seine Finitheit eingesteht und schließlich auch das Eingehen persönlicher Wertvorstellungen offenlegt« (a. a. O., S. 264f.).
Die Unvermeidbarkeit des hier als »Partikularität« bezeichneten Phänomens, erläutert N. Luhmann [1986], bes. S. 40ff., 96ff., 218ff., mit Hilfe seines systemtheoretischen Begriffs der »Resonanz«. Dieser – von A. Gehlen übernommene Begriff – beschreibt das Verhältnis von System und Umwelt, genauer: wie Systeme und Subsysteme mit Umwelteinflüssen umgehen. Der Resonanzbegriff »weist darauf hin, daß Systeme nur nach Maßgabe ihrer eigenen Struktur auf Umweltereignisse reagieren können« (a. a. O., S. 269). Resonanz oder biologisch »Kopplung« ist notwendig selektiv; andernfalls »würde das System sich nicht von seiner Umwelt unterscheiden, es würde nicht als System existieren« (a. a. O., S. 41). Auch Luhmann koppelt den Grad der Resonanzfähigkeit – analog zum Begriff des »motivierten Fragezusammenhangs« bei Gadamer – an den Sinnbegriff: »Diese Beschränkungen der Resonanzfähigkeit von Gesellschaftssystemen sind abgestimmt auf den Modus der Informationsverarbeitung, den die Gesellschaft und das Bewußtsein psychischer Systeme gemeinsam verwenden: auf die Eigentümlichkeiten von Sinn [...]. Sinn ist [...] eine aktualitätsfähige Repräsentation von Weltkomplexität im jeweiligen Moment« (a. a. O., S. 43f.).

160 Vgl. E. Herms [1991], S. 52: »*Anlaß* ist eine Hemmung des normalerweise in alltäglichen ›Selbstverständlichkeiten‹ eingebetteten Handlungsverlaufs.« Vgl. auch H. E. Tödt [1987], S. 30.

161 Diese Zuordnung geht in eine andere Richtung als die Erörterung Gadamers. Während dieser an einer hermeneutischen Rekonstruktion der Frage, für die ein gegebener Text die Antwort darstellt

Krise und Problem verhalten sich zueinander wie Anlaß und Mittel zum Zweck.[162] Krisen stellen durch ein Urteil aufgeladene Behauptungen über Gegenstände oder Ereignisse dar. Probleme sind relationale Konstruktionen, die einen bestimmten Zustand eines Bezugsobjektes zu einem potentiellen oder idealen, relativ zu einem Referenzmaßstab erzeugten, anderen Zustand in Beziehung setzen, wobei die Differenz das Problematische des Gegenstandes ausmacht. Sie gelten dem Zweck, den als Problem formulierten Zustand mit jenem Maßstab in Übereinstimmung zu bringen, vor dessen Hintergrund der aktuelle Zustand als problematisch erscheint. Daß an dieser Stelle in gewisser Weise Problem- und Zweckbegriff konvergieren, macht N. Luhmann in einer Definition des Zweckbegriffs deutlich: »Zwecke sind Probleme, die eine mehr oder weniger bestimmte Fassung als zu erstrebende Wirkung erhalten haben.«[163] Der Transformationsprozeß eines Zustandes, der einem bestimmten Maßstab oder Zweck zuwiderläuft, in einen solchen, der mit jenem Maßstab oder Zweck übereinstimmt, wird als »Problemlösen« bezeichnet. Das Ergebnis dieses Prozesses ist zwar mit dem zugrundegelegten Maßstab kompatibel aber nicht identisch. Darin unterscheiden sich Probleme von Fehlern. Erstere sind das Produkt einer Konfrontation von Zuständen mit normativen Vorstellungen oder Wertmaßstäben; letztere verdanken sich einer Gegenüberstellung verschiedener Zustände selbst. Mit dem Lösen von Problemen werden in diesem Sinne neue Zustände geschaffen, mit der Beseitigung von Fehlern wird zu einem *status quo ante* zurückgekehrt.

Neben der Bestimmung von Krise und Problem als ein – nicht kausal mißzuverstehendes – Verhältnis von Anlaß und Reaktion, bietet sich in unserem Zusammenhang eine weitere, hierarchische Relation an. Die Grenze zwischen beiden Begriffen verläuft hier analog zu derjenigen zwischen Themen- und Aufgabenstellungen. Es macht einen Unterschied, ob ein *Thema* vorgegeben oder eine *Aufgabe* gestellt wird. Ein Thema benennt das »Was« einer möglichen Beschäftigung, eine Aufgabenstellung legt fest, wie mit dem so selektierten Gegenstand umgegangen werden soll. Es wird deutlich, daß die Hierarchie »Thema – Aufgabenstellung« eine Rangfolge mit zunehmender Konkretion darstellt.[164] Aus der hierarchischen Perspektive bestätigt sich – wenn auch aus einem ganz anderen Grund – die bereits oben formulierte Beobachtung von der dem Krisenbegriff anhängenden Assoziation der Ohnmacht gegenüber dem als Krise dia-

---

(H.-G. Gadamer [1965], S. 379) interessiert ist, geht es uns um eine Verhältnisbestimmung der mit den Begriffen »Krise« und »Problem« bezeichneten Sachverhalte.

162 Dieses Verhältnis ist nicht mißzuverstehen als die aus der Handlungstheorie bekannte Dichotomie von Ursache und Wirkung versus Mittel und Zweck. Anlaß meint nicht Ursache in einem kausalen Sinn, denn – wie oben dargelegt – ist der Anlaß ein Sachverhalt, der erst als ein in bestimmter Hinsicht interpretierter seine Funktion erhält. Vgl. in diesem Zusammenhang T. Ebert [1977], S. 35, der Zwecken fast ausschließlich Interpretationsfunktionen zuschreibt.

163 Vgl. N. Luhmann [1973], S. 311. Vgl. S. 314: »Zwecke sind [...] als problematisch und erwünscht vorgestellte Wirkungen des Handelns«.

164 N. Luhmann [1971a], S. 206, unterscheidet in ähnlicher Absicht zwischen »Themen« und »Realproblemen«. Themen stellen für Luhmann in diesem Kontext »übergeneralisierte Fragestellungen« dar, die »noch keinen Leitfaden für mögliche Reformen« artikulieren. Anstatt von Themen zu Realproblemen vorzudringen, müsse der umgekehrte Weg beschritten werden, um »eine sinnlose Überlastung mit unpraktikablen Quantitäten [zu] vermeiden«.

gnostizierten Sachverhalt. Krisenbehauptungen können als globale, undifferenzierte, »übergeneralisierte« Anfragen oder als negative Formulierungen von »Komplexzielen«[165] aufgefaßt werden. Ihre Komplexität bringt es mit sich, daß sie einer Bearbeitung kaum zugänglich sind. Komplexe Situationen lassen von sich aus keine differenzierte Zielbestimmung zu, die am Anfang jeder überlegten Re-Aktion stehen. D. Dörner nennt als vorrangigen Grund für das häufige Mißlingen strategischen Denkens in komplexen Situationen die Unfähigkeit zur »Dekomposition des Komplexzieles«.[166] Die Folge sind Unsicherheit und »Ad-hocismus«[167] oder in unserem Fall die resignative Anerkennung des scheinbar Unvermeidbaren.[168]

In »sozialen Systemen« verhalten sich Krisen- und Problembegriff zueinander wie »attention rules« und »decision rules«. Während erstere die Konstruktion politischer Themen steuern, regeln letztere die Meinungsbildung.[169] Die Krisenbehauptung impliziert so etwas wie den normativen Kern mit dem sich die Problemformulierung konstruktiv auseinandersetzt. Eine Behauptung darüber, was auf dem Spiel steht, wird zurückgeholt in den Raum der Verfügbarkeit durch eine Präzisierung dessen, wie dieses Etwas auf dem Spiel steht. Die relationalen Strukturen von Krisenbehauptungen und Problemformulierungen verweisen auf das »ideologische Potential« der hier thematisierten Begrifflichkeiten, dem wir uns im nächsten Kapitel zuwenden wollen.

* * *

Als Ergebnis dieses Teils können wir festhalten: Erstens, Krisen- und Problembegriff – jedenfalls in den hier thematisierten Zusammenhängen – haben eine normative Dimension. Zweitens, ihre Kategorisierungsfunktion und ihren Aufforderungscharakter verdanken sie ihrer relationalen Struktur. Drittens, diese Relationalität ermöglicht das Konvergieren von technischen und ethischen Sachverhalten. Viertens, die Konvergenzleistung besteht in der Fähigkeit, ontologisch disparate Gegenstände zueinander in Beziehung zu setzen: Wirkungen und Zwecke.

Bezogen auf unsere grundsätzliche Frage nach der Möglichkeit von Technikethik können wir nun den Ort benennen, an dem Technik und Ethik aufeinandertreffen. Zugleich bestätigt sich der im ersten Teil formulierte Verdacht von dem impliziten normativen Fundament problemorientierter Ethiken. Diesem zunächst sprachanalytischen Befund

---

165 D. Dörner [1989], S. 87ff.

166 D. Dörner [1989], S. 88f. Die fehlende Dekomposition, das heißt die fehlende Zergliederung eines Komplexbegriffes in seine einzelnen Elemente, führt unweigerlich zu einem »Reparaturdienstverhalten: Man löst eben die Probleme, die gerade anstehen«. »Die Sequenz ›mangelnde Komponentenanalyse‹ → ›Reparaturdienstverhalten‹ hat ihre Logik. Was soll man in einer unklaren Situation auch sonst tun, wenn man gar nicht weiß, was man eigentlich will?«

167 D. Dörner [1989], S. 93f.

168 Die soziologischen Begriffe »Sachzwang« und »Sachgesetzlichkeit« etwa haben längst Eingang in unsere Alltagssprache gefunden.

169 Vgl. N. Luhmann [1973], S. 15f.

über die Verwendungsweise des Krisen- und Problembegriffs in bestimmten Sprachspielen soll im folgenden weiter nachgegangen werden. Vor dem Hintergrund der Unterscheidung zwischen der Frage, wie etwas tatsächlich funktioniert und derjenigen nach der Angemessenheit dieses Funktionierens, muß es im Fortgang der Untersuchung darum gehen, die im ersten Teil bereits vorgetragenen theoretischen und methodischen Voraussetzungen angesichts unserer hier präsentierten Befunde weiter zu explizieren. Bei allen in diesem Zusammenhang auftauchenden Fragen bewegen wir uns auf der Ebene von Argumentationen. Ethische und moralische Argumente sind praktisch sowohl hinsichtlich ihrer Form – als Sprechakte – wie hinsichtlich ihres Gegenstandes. Damit unterstehen sie zugleich bestimmten Rationalitätsanforderungen. Der Erfolg vernünftigen Argumentierens hängt einerseits davon ab, daß der thematisierte Gegenstand adäquat erfaßt wird und andererseits davon, daß die Argumentation Kriterien der Konsistenz und Angemessenheit genügt. Wir wollen uns im folgenden Kapitel diesen Forderungen aus einer praktischen Perspektive nähern. Anhand der Betrachtung zweier Beispiele – der Reaktorkatastrophe von Tschernobyl und des Unglücks der amerikanischen Raumfähre »Challenger« – sollen Mechanismen des Umgangs mit solchen Ereignissen und ihrer Verarbeitung auf verschiedenen gesellschaftlichen Ebenen sichtbar gemacht werden. Parallel dazu wird versucht, sukzessiv eine ethische Perspektive zu entwickeln sowie Kriterien abzuleiten, denen ethische Theoriebildung angesichts praktischer – technologisch bedingter – Herausforderungen zu genügen hat. Sodann sollen aus einer ethischen Perspektive einige erkenntnistheoretische Implikationen diskutiert werden, die ein starkes Argument für die Möglichkeit von Technikethik darstellen würden. Im dritten Themenkomplex wird dieselbe Frage unter handlungstheoretischen Gesichtspunkten erörtert. Die genannten Aspekte kommen weiterhin vor dem Hintergrund unserer Frage aus dem zweiten Kapitel nach den Motiven von Technikethik zur Sprache.

III Knoten: Probleme als gemeinsamer Nenner von Ethik und Technik

1 Die Selbstbegrenzung problemorientierter Ethik und die Komplexität moralischer Fragestellungen

Der Umweg über den Krisen- und Problembegriff erlaubt es nun, die ethischen Implikationen, aber auch Defizite problemorientierter Ethiken präziser zu erfassen. Thema des letzten Kapitels war die doppelte Herausforderung, mit der sich jede Technikethik konfrontiert sieht: *Einerseits* hat sie den Nachweis zu erbringen, daß Technik und Ethik zwei kompatible Bereiche darstellen, *andererseits* steht sie als Ethik in einer pluralistischen Gesellschaft vor der grundsätzlichen Aufgabe, ein Fundament zu schaffen, das einen ethischen Diskurs überhaupt erst sinnvoll möglich macht. Der literarische Befund ergab, daß die Begriffe »Krise« und »Problem« jene doppelte Aufgabe in der gegenwärtig geführten Diskussion erfüllen. Bei der Analyse beider Ausdrücke stießen wir auf zwei Aspekte, die für anwendungsorientierte Ethiken eine schwerwiegende Herausforderung darstellen: einerseits die Gefahr des paradoxen Effektes einer *ethischen Neutralisierung* bei der Verwendung des Krisenbegriffs, andererseits die Tendenz zu einer positivistischen oder naturalistischen Verkürzung angesichts des objektiven Scheins einer *Selbstevidenz des Kritischen*. Beide »Effekte« einer zunächst lediglich spezifischen, terminologischen Verwendungsweise sollen in den nächsten Abschnitten daraufhin befragt werden, welche praktischen Konsequenzen sich aus einem solchen Verständnis ergeben. Gegenstand der folgenden Überlegungen sind nicht charakteristische *Verfahrensweisen* bei der Lösung moralischer Probleme, sondern spezifische *Thematisierungsweisen* problemorientierter Ethiken. Im Hintergrund steht weiterhin die grundsätzliche Frage, wieviel Ethik bereits im Spiel ist, bevor diese – häufig infolge lautstarker Aufforderungen – explizit auf den Plan tritt.

1.1 Der Effekt der ethischen Neutralisierung

Die Gegenüberstellung von Krisen- und Problembegriff hat gezeigt, daß Krisenbehauptungen dazu neigen, das Bezeichnete als etwas tendentiell Schicksalhaftes darzustellen. In diesem Sinne beschreibt der Effekt der ethischen Neutralisierung einen Vorgang, bei dem ein ursprünglich in (subjektiven) Handlungszusammenhängen verorteter Sachverhalt den Status eines objektiven Ereignisses annimmt.[1] In dem Maße, wie ein

---

1 Diese Tendenz zur Entsubjektivierung beziehungsweise Verobjektivierung ist in gleicher Weise für das Spannungsverhältnis zwischen den Begriffen »Risiko« und »Gefahr« kennzeichnend. Vgl. N. Luhmann [1988], S. 269: »Bei Gefahren wie bei Risiken handelt es sich um etwaige künftige Schäden, deren Eintritt gegenwärtig unsicher und mehr oder weniger unwahrscheinlich ist. Bei Gefahren wird der Schadenseintritt der Umwelt zugerechnet, bei Risiken wird er als Folge des eigenen Handelns oder Unterlassens gesehen. Der Unterschied läuft also auf eine Frage der Zurechnung hinaus. Die Risikoübernahme beruht mithin auf einer Vergegenwärtigung von Gefahr. Sie ist immer dann möglich, wenn es Technologien gibt, die Alternativen an die Hand geben, so daß der etwaige Schaden auf die Wahl der Handlung oder Unterlassung zugerechnet werden kann.« Vgl. auch ders. [1990b]; ders. [1993a].

Sachverhalt jenseits menschlicher Handlungsmöglichkeiten angesiedelt wird, wird zugleich jede Frage nach der moralischen Zurechenbarkeit, das heißt danach, wer für jenen konkreten Zustand die Verantwortung trägt, obsolet.[2] Das Kriterium bildet hierbei die Frage, ob der fragliche Zustand auf Entscheidungen zurückgeführt werden kann oder nicht.[3] Paradox ist nun, daß mit der Charakterisierung eines Gegenstandes als krisenhaften die *Absicht* verfolgt wird, jenen als Thema von Ethik auszuweisen und zu rechtfertigen, mit der *Wirkung*, daß sich derselbe als krisenhafter einer ethischen Zugangsweise tendenziell verschließt.

Bei genauerer Betrachtung drängt sich allerdings die Frage auf, ob jener »Neben«-Effekt bei der Thematisierung kritischer Zustände und Entwicklungen unserer Industriegesellschaft nicht seinerseits als Ausdruck einer ganz spezifischen Motivlage angesehen werden muß. Dieser Gedanke verweist auf die schwierige – weil emotional aufgeladene – Frage nach dem »ideologischen Kern« einer als »Krisenmanagement«[4] betriebenen Ethik.

Katastrophen in technologischen Kontexten markieren – so definierten wir im Anschluß an A. M. K. Müller – den Punkt, an dem ein Machen in ein negativ bestimmtes Geschehen umschlägt. Sie bezeichnen negativ wahrgenommene und beurteilte Vorgänge, die jenseits menschlicher Eingriffs- oder Korrekturmöglichkeiten objektiv ablaufen. Krisen und Katastrophen erleben – und das ist entscheidend – alle Menschen im Modus des Erleidens.[5] Es gibt keine »Täter«, das Ereignis ist prinzipiell keiner Person zurechenbar.

Im Rahmen von Technikphilosophie ist die mit der Konsequenz der ethischen Neutralisierung behaftete Verabschiedung des Subjektes an prominenter Stelle diskutiert worden: Sie bildete das Thema der in den 60er und 70er Jahren in Deutschland geführten Technokratiedebatte. Diese, besonders von den Soziologen H. Schelsky, H. Freyer und dem Anthropologen A. Gehlen inspirierte Diskussion, befaßte sich – pointiert – mit der Frage, inwiefern die durch den Menschen geschaffenen Techniken unter den Bedingungen unserer technologischen Zivilisation den Status von »Sachzwängen« (Gehlen) beziehungsweise »Eigengesetzlichkeiten« (Freyer) annehmen. Die starke Variante der Technokratiethese enthält gleichzeitig die radikalste Absage an jede Ethik.

---

2 Vgl. G. Picht [1967], S. 324: »Handeln heißt: im Bereich des Möglichen eine Richtung wählen. Auch für das Handeln gibt es Möglichkeit nur, weil es zugleich Grenzen des Handelns gibt. Der Bereich des Notwendigen ist, wie der Bereich des Unmöglichen, dem Handeln verschlossen. Im Handeln bewährt sich die Verantwortung. Man ist verantwortlich nur im Bereich dessen, was möglich ist. Hingegen ist das, was notwendig oder unmöglich ist, der menschlichen Verantwortung immer entzogen.«

3 Vgl. N. Luhmann [1990b], S. 146.

4 So K. P. Rippe [1995], S. 95, über den jüngst auch in Deutschland zu verzeichnenden Boom in der Bioethik.

5 H. E. Tödt [1987], S. 27f., unterscheidet drei Aspekte des »Sich-verhaltens-zu«, die für unsere Existenz als eine »in *Relationen*« konstitutiv sind: Handeln, Leiden und Identitätsstreben. »Vom Handeln sprechen wir, wenn die Einwirkung des Menschen ›nach außen‹ überwiegt; vom Leiden, wenn die Einwirkungen ›von außen‹ überwiegen, wenn also das Erfahren oder die Macht der Widerfahrnisse das Übergewicht hat (›pathische‹ Dimension).«

Nicht ethische Prinzipien oder moralische Normen, sondern »Sachgesetzlichkeiten«, »Sachzwänge« oder gar die »Eigengesetzlichkeit technischer Kategorien« bestimmen die (Handlungs-)Wirklichkeit. Die vor allem soziologisch und kulturphilosophisch geprägte Debatte scheint derzeit im Rahmen von Krisenszenarien und Ethikboom eine Renaissance zu erleben. Die damals diagnostizierte Ohnmacht droht heute in der ethischen Konsequenz einer Verabschiedung der Verantwortungsfrage zurückzukehren. Im Krisenbegriff schwingt diese Assoziation einer *negativen Technokratie*[6] als Ausdruck des Verlustes jeglicher Handlungsmöglichkeit – ungewollt oder gewollt – immer mit.[7]

Natürlich behauptet niemand, daß die Klimakatastrophe oder der Super-GAU von Tschernobyl Naturkatastrophen seien wie etwa Erdbeben.[8] Die beiden erstgenannten Ereignisse zeitigen katastrophale Folgen, verweisen jedoch auf eine Genese, die das Ergebnis menschlichen Handelns darstellt. Die Havarie des Tschernobyl-Reaktors war ebenso die Folge einer expliziten Mißachtung von Sicherheitsbestimmungen wie das Challenger-Unglück von 1986.[9] Die Rekonstruktion beider Ereignisse hat deutlich gemacht, welche Entscheidungen zu den bekannten Wirkungen führten, und es liegt nahe, die konkreten Entscheidungsträger für die Folgen – ihres eigenen Handelns – verantwortlich zu machen. Daß eine solche Schlußfolgerung jedoch weder aus einer verantwortungsethischen noch aus einer praktischen Perspektive realistisch beziehungsweise angemessen wäre, zeigen sowohl die Verantwortungsdiskussion der letzten Jahre als auch die faktischen Konsequenzen, die sich für die an den genannten Ereignissen Beteiligten ergaben.[10]

N. Luhmann hat im Rahmen der aktuellen Diskussion um den Vertrauensschwund in der Gesellschaft gegenüber ihren Politikern auf einen Aspekt hingewiesen, der gerade die Schuldzuweisung an einzelne unter systemtheoretischen Bedingungen als interes-

---

6 Der Begriff »negative Technokratie« soll in Opposition zu jenem einer »positiven Technokratie« auf eine gegensätzliche Motivlage verweisen. Die Technokratie-Debatte in Deutschland war wesentlich kulturkritisch geprägt, während die ursprüngliche Bewegung in den USA in den 20er Jahren um Scott und Veblen die positive Idee einer langfristigen Organisation und Steuerung des Staates angesichts von Ressourcenknappheit und Labilität der Sozialsysteme verfolgte. Eine moderne Variante dieser Idee bieten die Szenarien des »Club of Rome« (vgl. C. Eisenbart [1979]; G. Klein [1973], S. 53), und auch in der Ethikdiskussion wird – wie später gezeigt werden soll – dieser Gedanke vertreten.

7 Diesen Zusammenhang beleuchtet aus einer marxistischen Perspektive T. Jahn [1991], hier bes. S. 24ff.

8 Bei sogenannten »Flutkatastrophen« werden die Grenzen schon wesentlich unklarer.

9 Vgl. D. Dörner [1992], S. 47ff. im Anschluß an J. T. Reason: The Chernobyl Errors. Bulletin of the British Psychological Society, 1987, 40, S. 201 – 206; R. Kollert [1993]; J. Benecke [1995]; C. Hubig/H. Lenk/M. Maring [1994], S. 10, sowie die dort angegebene Literatur.

10 Nicht der Direktor der Ingenieurabteilung von Morton Thiokol, des Raketenherstellers, der die Bedenken der Ingenieure – wegen der niedrigen Temperaturen in Cape Canaveral und der damit verbundenen kritischen Abnahme der Elastizität der Dichtungsringe – mit den Worten »Take off your engineering hat and put on your management hat!« abgeschmettert hatte, wurde sanktioniert; vielmehr wurden die Ingenieure, die auf das Problem hingewiesen hatten, versetzt. Im Gegensatz dazu führte die Havarie des Tschernobyl-Reaktors zur Absetzung des Direktors des Atomkraftwerkes.

sengeleitetes Ablenkungsmanöver entlarvt. Die modernen Massenmedien haben dafür eigens eine Form etabliert: den *Skandal*. Skandale sind Katastrophen gegenüberliegend angesiedelt. Ihre Folgen sind teilweise mit Katastrophen vergleichbar, häufiger überwiegt aber das Interesse, einen Vorfall als Katastrophe verstanden wissen zu *wollen*. Die entscheidende Differenz zwischen beiden Szenarien besteht in ihrer unterschiedlichen Verweisfunktion. Steht bei der Rede von Katastrophen das Ereignis im Vordergrund, verbunden mit einer tendentiellen Suspendierung der Frage nach der Zurechenbarkeit, so rückt bei der Inszenierung von Skandalen der Vorfall selbst in den Hintergrund zugunsten einer Konzentration auf die Schuldfrage. Skandale fordern persönliche Konsequenzen für den oder die Täter. Das Ereignis wird individualisiert, und wie die Rede von Katastrophen eher den Eindruck vermitteln (will), daß sich diese jenseits menschlicher Verursachungen und Beeinflussungen ereignen, suggerieren Skandale, daß die so bezeichneten Zustände ohne ein *individuelles* Fehlverhalten gar nicht zustandegekommen wären.[11]

Die Alternativen »Niemand-ist-verantwortlich« und »Die-Person-X-ist-verantwortlich« erfüllen in kritischen Systemzuständen somit beide – in entgegengesetzter Weise – eine Legitimations- oder Stabilisierungsfunktion. Die Probleme werden durchaus zugestanden, aber entweder jenseits der Systemgrenzen oder innerhalb eines Subsystems angesiedelt.[12] Der Super-GAU des Tschernobyl-Reaktors ist im Hinblick auf die Freisetzung von Radioaktivität und den daraus resultierenden Folgen für Mensch und Umwelt gewiß eine Katastrophe. Und die Fahrlässigkeit, mit der sich die verantwortlichen Ingenieure über Sicherheitsbestimmungen hinweggesetzt haben, ist ohne Zweifel skandalös. Aber wer sind die *verantwortlichen* Personen?[13] Und in welchem Verhältnis stehen Katastrophe und Skandal zueinander? Skandalös ist in diesem Zusammenhang eine Handlungsweise, die katastrophale Folgen zeigt. Nicht die katastrophalen Wirkungen an sich, sondern die Wirkungen als Folge einer näher bestimmten – häufig grob fahrlässigen – *Handlungsweise* rechtfertigen die Rede von Skandalen. Woran aber bemißt sich das Urteil »grob fahrlässig«, und woher nimmt der zugrunde gelegte Maßstab seine Plausibilität? Der Maßstab besteht allgemein aus dem Ensemble von

---

11 N. Luhmann [1993b], S. 39: »In einer durch Massenmedien verwalteten Moral nimmt dieses Anliegen der moralischen Kontrolle der Funktionssysteme und speziell der Politik die Form von *Skandalen* an. Das hat viele Vorzüge. Man weiß wenigstens, was zu vermeiden ist und worin man sich vorsehen muß. Skandale heben die Einmaligkeit hervor, sie markieren individuelles Fehlverhalten und lassen damit den normalen Betrieb unmarkiert passieren. Wen es erwischt, der wird geopfert, damit alles andere unverändert weiterlaufen kann. Das erfordert hohe Eindeutigkeit des individuellen Fehlverhaltens mit der Möglichkeit, daß alle Unbeteiligten sich bei der Aufdeckung überrascht und entrüstet zeigen können. All dies ist auf die Selektionsbedingungen der Berichterstattung der Medien abgestellt.« Vgl. dazu den Fallbericht von H. Lenk [1988], S. 103.

12 Ganz im Sinne der zynischen Definition von A. Bierce, *Aus dem Wörterbuch des Teufels* (1966), S. 96: »Verantwortung: Eine abnehmbare Last, die sich leicht Gott, dem Schicksal, dem Zufall oder dem Nächsten aufladen läßt.«

13 Diese Frage verschärft sich angesichts der Tatsache, daß der weitaus größte Teil der Personen, die an derartigen Projekten beteiligt sind, »in höchstem Maße abhängig arbeiten«, also »weisungsgebunden« sind, »so [in Deutschland] im Bereich der Ingenieurwissenschaften 75% der Ingenieure, denen bloß 15% freiberuflich arbeitende und 10% in der Verwaltung entscheidend tätige Ingenieure gegenüberstehen«. Dieser Befund gilt in gleicher Weise auch für den Bereich der Wirtschaft (C. Hubig [1993a], S. 101).

Handlungsanforderungen, die – in diesem Fall – eine Technologie an die Betreiber und Ingenieure stellt. Die Plausibilität der Handlungsanforderungen bemißt sich schlicht an dem Funktionieren der Technologie. Der Maßstab für die Beurteilung der Handlungsweisen wird also durch die spezifische Technologie gesetzt. Es sind – pointiert formuliert – technologische Standards, an denen sich ein Fehlverhalten bemißt. Wird dieses Fehlverhalten darüber hinaus als skandalös bezeichnet, scheinen in gewisser Weise technologische Standards und moralische Vorstellungen zu konvergieren. Genau dieser eigentümliche Übergang von technologischen »Anforderungen« zu einer moralischen Bewertung provoziert die Frage, ob die Ursache für die Katastrophe nicht gerade darin gesehen werden muß, *daß* das Verhalten des Reaktorpersonals als skandalös empfunden wird. Sind es nicht gerade die – an jenem technologischen Maßstab ausgerichteten – Handlungsanforderungen, die zu der Katastrophe führten? Oder andersherum: Hätte die Katastrophe nicht vermieden werden können, wenn die Handlungsweise der Ingenieure gerade *nicht* als skandalös eingestuft worden wäre? Diese Fragen erscheinen – angesichts der Folgen – zunächst zynisch und widersprechen unserem intuitiven Vorgehen bei der Analyse von Handlungszusammenhängen. Verantwortlichkeit lernen wir in der Regel, indem wir irgendeinen negativen Zustand als Folge einer *bestimmten* Handlungsweise einer *bestimmten* Person begreifen lernen. Die typischen Erwachsenen-Fragen an Kinder: »Wer war das?« oder: »Wer hat das getan?« bilden das Grundmuster, nach dem wir gewöhnlich Fragen der Zurechnung zu klären pflegen.[14] Und wenn nun die eben formulierten Fragen Erstaunen hervorrufen, dann zeigt diese Reaktion zum einen, daß das »Wer-war-das?«-Muster auch in den hier genannten Fällen Anwendung findet. Zum anderen aber verweist sie gerade darauf, daß die eben behauptete Legitimationsstrategie tatsächlich greift.

Mit der Benennung der Verantwortlichen ist die Frage nach dem Zustandekommen der Katastrophe geklärt. Der *Auf*-Klärungsbedarf ist gedeckt, und es besteht kein Grund zu weiterreichender Beunruhigung.[15] Das Ablenkungsmanöver arbeitet in zwei Richtungen. Es bietet einerseits eine plausible Erklärung, die in der Form eines Wenn-dann-Satzes ein Gefühl von Sicherheit vermittelt: »Wenn x nicht y getan hätte, dann wäre die Situation z nicht eingetreten«. Und weil bekannt ist, warum es zu der Situation z kam, ist zugleich geklärt, wie z hätte vermieden werden können. Und genau von diesem Wissen über die Vermeidung eines befürchteten Zustandes hängt es ab, ob eine Situation Anlaß zur Beunruhigung gibt oder nicht.[16] Auf der anderen Seite suggeriert die öffentliche Bekanntgabe eines oder mehrerer »Täter« die ehrliche Bereitschaft,

---

14 Zu dem dialogischen Charakter des Kausalitätsschemas vgl. J. Fischer [1989b], bes. cp. 2 und 3; ders. [1994], S. 35ff.

15 Diese Motivlage läßt sich anhand der Reaktionen auf das Challenger-Unglück studieren: »Solange die Ursache völlig unklar war – und dieser Zustand dauerte immerhin fast eine Woche –, wurde ernsthaft an einen Abbruch des Gesamtprogramms gedacht. Denn ohne eine wie auch immer geartete plausible Erklärung konnte der Unfall nicht zu einem einmaligen Ereignis stilisiert werden, und solange dies nicht möglich war, war es kaum denkbar, derartige Flüge weiter zu betreiben.« (W. Bonß [1995], S. 202).

16 Daß der Sicherheitsbegriff an dieser Stelle auf einer »sozialen Fiktion« beruht und in der Risikodebatte allein die Funktion eines formalen »Reflexionsbegriffes« einnimmt, verdeutlicht N. Luhmann [1990], S. 141ff.

Fehler offen einzugestehen und nicht zu vertuschen.[17] Die Strategie folgt dem scheinbar paradoxen Prinzip: Je unverhüllter das »Bauernopfer«, um so undurchschaubarer die Absicht und desto überzeugender seine Wirkung.[18]

Die Überzeugungskraft einer solchen Strategie ruht wesentlich auf der Plausibilität des von ihr unterstellten Kausalitätsverhältnisses. Genau genommen wird sie nicht erreicht mit der Beantwortung der Wer-war-das-Frage, sondern über den Umweg der gedanklichen Konstruktion alternativer Ursache-Wirkungsverhältnisse oder Möglichkeiten in der Beantwortung der Was-wäre-wenn-Frage. Erhellend ist in diesem Zusammenhang die Unterscheidung von M. Weber zwischen »objektiver Möglichkeit« und »adäquater Verursachung«, die er in seiner kritischen Auseinandersetzung mit dem Historiker E. Meyer entwickelt hat.[19] Weber fragt zunächst, wie »eine Zurechnung eines konkreten ›Erfolges‹ zu einer einzelnen ›Ursache‹ überhaupt prinzipiell *möglich* und vollziehbar« sei.[20] Er stellt fest: »[K]ausale Zurechnung vollzieht sich in Gestalt eines Gedankenprozesses, welcher eine Serie von *Abstraktionen* enthält. Die erste und entscheidende ist nun eben die, daß wir von den tatsächlichen kausalen Komponenten des Verlaufs eine oder einige in bestimmter Richtung abgeändert *denken* und uns fragen, ob unter den dergestalt abgeänderten Bedingungen des Hergangs der (in den ›wesentlichen‹ Punkten) gleiche Erfolg oder *welcher andere* ›zu erwarten gewesen‹ wäre.«[21] Dabei zerlegen wir das Gegebene solange in »Bestandteile«, bis wir über Elemente verfügen, die jedes für sich »in eine ›*Regel* der Erfahrung‹« eingefügt werden kann. Die »Kategorie der ›Möglichkeit‹« nimmt also Bezug »auf ein positives *Wissen* von ›Regeln des Geschehens‹, auf unser ›nomologisches‹ Wissen«.[22] Und Weber faßt zusammen: »Um die wirklichen Kausalzusammenhänge zu durchschauen, *konstruieren wir unwirkliche*.«[23]

M. Weber sieht klar die Gefahr eines Relativismus wenn er fragt, ob die Einführung der Kategorie der Möglichkeit nicht »den Verzicht auf kausale Erkenntnis überhaupt bedeute«.[24] Aber die Einsicht in die Unmöglichkeit einer Objektivität im strengen Sinne muß keineswegs in einen epistemischen Relativismus münden. Weber votiert statt

---

[17] Dieser Effekt ist auch in der gegenwärtigen Verantwortungsdiskussion kaum zu übersehen. Vgl. dazu O. Neumaier [1990], S. 43. Wenn schon die allseits geforderte verantwortungsethische »Wende« nicht gelingt, »können wir unser Gewissen zumindest etwas entlasten, indem wir zunächst einmal von Verantwortung *sprechen*.«

[18] H. Otway/B. Wynne [1989], S. 110, sprechen in diesem Zusammenhang von dem »Glaubwürdigkeits-Authentizitäts-Pradox«: »Die Wahrheit, die anderen eröffnet wird, ist abhängig von der Beziehung, die die Kommunikation zu stützen sucht.«

[19] Vgl. M. Weber [1906], bes. S. 266ff.

[20] M. Weber [1906], S. 271.

[21] M. Weber [1906], S. 273. Vgl. S. 271 und 275. Weber nennt die Produkte der Heraushebung bestimmter Bestandteile aus der »*Unendlichkeit* von ursächlichen Momenten« »Phantasiebilder«, um sie von der »Wirklichkeit« scharf abzugrenzen. »Schon dieser erste Schritt verwandelt mithin die gegebene ›Wirklichkeit‹, um sie zur historischen ›Tatsache‹ zu machen, in ein *Gedankengebilde*: in der ›Tatsache‹ steckt eben, mit Goethe zu reden, ›Theorie‹.«

[22] M. Weber [1906], S. 276.

[23] M. Weber [1906], S. 287.

[24] M. Weber [1906], S. 282.

dessen für einen Gradualismus, für die Unterscheidung zwischen »Graden der *Bestimmtheit*« oder »Graden der Begünstigung«.[25] Der Grad der Begünstigung eines bestimmten Erfolges oder einer bestimmten Wirkung durch bestimmte Bedingungen oder Ursachen läßt sich einschätzen, wenn wir diese Bedingungen mit der Überlegung konfrontieren, wie alternative, fiktive Ursachen die ins Auge gefaßte Wirkung begünstigt hätten.[26] In diesem Sinne isolieren wir bestimmte »Bedingungen«, die wir für wesentlich halten, von solchen, die uns »unwichtig« sind, und ohne solche Urteile wären – wie M. Weber betont – weder unser Alltagsleben noch die Geschichtswissenschaften möglich. Aufgrund dieser fiktiven Konstruktionen sind wir nun in der Lage, zwischen »adäquater« und »zufälliger Verursachung« zu unterscheiden. Eine »adäquate Verursachung« liegt dann vor, wenn die aus einem bestimmten Ereignis extrahierten kausalen Momente in dem Sinne eine Wirkung wahrscheinlich machen, daß »relativ wenige Kombinationen jener isoliert herausgehobenen mit anderen kausalen ›Momenten‹ *vorstellbar* sind, von welchen wir nach *allgemeinen Erfahrungsregeln* ein anderes Ergebnis ›erwarten‹ würden.«[27] Eine »zufällige Verursachung« liegt dort vor, wo gedanklich isolierte kausale Momente und der erwartete Erfolg nicht in einem Verhältnis der Adäquanz stehend gedacht werden können, also die Erwartung, daß die isolierten Momente zu eben jenem Erfolg führen, eher gering ist. M. Weber demonstriert diese Unterscheidung an den beiden Schüssen, die zu Beginn der Märzrevolution in Berlin fielen.[28] Betrachten wir die Märzrevolution als das Resultat bestimmter allgemeiner sozialer und politischer Zustände und die Schüsse als eher unwesentliche Begleitumstände, dann ist das Ereignis die adäquate Folge jener Zustände, das heißt wenn immer solche Zustände vorliegen, ist gemäß unserer Erfahrungsregeln eine Revolution wahrscheinlich, und es sind nur schwerlich Möglichkeiten vorstellbar, bei denen solche Zustände nicht zu einer Revolution geführt hätten. Würden wir dagegen die Ansicht vertreten, daß die Märzrevolution ohne die Schüsse vor dem Berliner Schloß nicht stattgefunden hätte, weil die besagten Zustände allein nach unseren allgemeinen Erfahrungsregeln eine solche Entwicklung nicht oder kaum begünstigt hätten, dann läge hier ein Fall von »zufälliger Verursachung« vor, und wir wären gezwungen, die Märzrevolution kausal jenen beiden Schüssen zuzurechnen.

Neben dem Nachweis, daß Behauptungen über die Kausalität von Handlungen auf komplexen Annahmen über konstruierte Möglichkeiten beruhen und der Differenzierung zwischen adäquater und zufälliger Verursachung, trifft Weber in seiner Schrift eine weitere wichtige Unterscheidung, die zwischen einem historischen und einem juristischen Kausalitätsbegriff. Geschichtswissenschaften wie Jurisprudenz fragen beide nach der kausalen Bedeutung menschlicher Handlungen. Beiden geht es nicht um die »Ergründung abstrakter ›Gesetzlichkeiten‹«, sondern um »die Zurechnung konkreter

---

25 Vgl. M. Weber [1906], S. 283ff. Daß Weber an dieser Stelle die aktuelle, intern realistische Position von H. Putnam bereits in einigen entscheidenden Punkten vorwegnimmt, wird im nächsten Abschnitt III 1.2 deutlich.

26 Vgl. M. Weber [1906], S. 285.

27 M. Weber [1906], S. 289. Vgl. S. 286.

28 Vgl. M. Weber [1906], S. 287.

Erfolge zu konkreten Ursachen«.[29] Die Jurisprudenz hat es aber noch mit einer weiteren Fragestellung zu tun:»ob und wann die *objektive*, rein kausale, Zurechnung des Erfolges zu der Handlung eines Individuums auch zu deren Qualifizierung als seiner *subjektiven* ›Schuld‹ ausreichend ist. Denn diese Frage ist nicht mehr ein rein kausales, durch bloße Feststellung ›objektiv‹, durch Wahrnehmung und kausale Deutung, zu ermittelnder Tatsachen lösbares Problem, sondern ein solches der an ethischen und anderen Werten orientierten Kriminalpolitik.« Schuld im Sinne des betreffenden Rechtssatzes hängt »in erster Linie von gewissen *subjektiven* Tatbeständen auf Seite des Handelnden (Absicht, *subjektiv* bedingtes ›Voraussehenkönnen‹ des Erfolges u. dgl.) ab[…], und dadurch kann die Bedeutung der kategorialen Unterschiede der kausalen Verknüpfungsweise erheblich alteriert werden.«[30] Das moderne Recht fragt nach dem Täter, die Geschichte als empirische Wissenschaft nach der Tat.

Mit der Frage nach der Zuständigkeit oder Zurechenbarkeit befinden wir uns mitten in der – in den letzten Jahren sehr lebhaft geführten – Verantwortungsdiskussion.[31] Ohne in diese weitverzweigte Debatte einsteigen zu können, wollen wir – gemäß unserer Suche nach Motiven – einen Augenblick der Frage nachgehen, welche Ziele die Argumentation mit der Verantwortung in den beiden genannten Beispielen verfolgt.

Die Ausgangslage der gegenwärtig geführten Verantwortungsdebatte besteht in einem Dilemma. Nach traditionellem Verständnis sind Handlungs- und Verantwortungssubjekt identisch. Dahinter steckt jene Vorstellung von *Kausalität*, daß eine Person für dasjenige einzustehen hat, was sie verursacht beziehungsweise unterlassen hat.[32] Den Maßstab für die Beurteilung des Verursachten beziehungsweise Unterlassenen bildet die Verantwortungsinstanz. Angesichts der zunehmend systemisch verknüpften Technologieentwicklung verliert jedoch ein auf individuelle Zurechenbarkeit hin angelegtes, subjektivistisch geprägtes Handlungsmodell ebenso seinen Sinn, wie angesichts der strukturell bedingten Unabsehbarkeit der Folgen das mehr oder weniger solipsistisch und monokausal gedachte Kausalitätsschema. Handlungssubjekt und Verantwortungssubjekt fallen zunehmend auseinander.[33] Die Frage der Zuständigkeit scheint nahezu

---

29 M. Weber [1906], S. 270.

30 M. Weber [1906], S. 270f.

31 Die Literatur zum Verantwortungsbegriff ist inzwischen unüberschaubar geworden. Dennoch haben die beiden klassischen Untersuchungen von W. Weischedel [1933] und G. Picht [1967] (vgl. ders. [1966a]; ders. [1978a]) nach wie vor paradigmatischen Charakter. Zum derzeitigen Stand der Verantwortungsdiskussion vgl. H. Lenk [1992]; ders. [1994], S. 113 – 144; C. Hubig [1993a] und K. Bayertz [1995], Hg.

32 Zum Kausalitätsschema beim Verantwortungsbegriff vgl. W. Weischedel [1933], S. 19f. und G. Picht [1967], S. 326f. Eine völlig andere Interpretation, im Anschluß an J. König, versucht J. Fischer [1989b]; ders. [1994], S. 35ff. Zum Kausalitätsbegriff in Erklärungen vgl. den folgenden Abschitt III 1.2.

33 W. C. Zimmerli [1987], notiert zwei grundlegende Veränderungen im Zusammenhang von Technikentwicklung und Verantwortungsbegriff: das Auseinanderfallen von Individuum und Handlungssubjekt und die Entzweiung von Handlungs- und Verantwortungssubjekt. Dieses Auseinanderfallen ursprünglich zusammengehöriger Aspekte betrifft auch die Ebene der Verantwortungsinstanzen. J. Fischer [1994], S. 25ff., spricht in diesem Zusammenhang von einer »Flexibilisierung des ethischen Bewußtseins« (a. a. O., S. 29) als Folge einer Anonymisierung der Handlungsträger (a. a. O., S. 27). Fischer nennt hierfür zwei Gründe, einerseits die *systemische* Ver-

unlösbar geworden zu sein, zugleich wird sie als immer unverzichtbarer angesehen.[34] Die Verantwortungsfrage stellen heißt, eine in Zuständigkeitsbereiche strukturierbare Welt anzunehmen.[35] Zuständigkeit legt Aufgabenbereiche fest, und die Aufgaben schreiben vor, wie jenen verantwortungsvoll, das heißt in der dort festgelegten Weise, nachgekommen werden kann. Die Zuständigkeit selbst wird bestimmt durch die Strukturen, die den Rahmen abgeben für jegliche Form menschlicher Aktion und Interaktion. Die Frage nach der Zuständigkeit verweist somit zurück auf diejenige nach den Strukturen.

Das Challenger-Unglück stellt in der Literatur den typischen Fall einer Interessenkollision zwischen Sicherheitsbedenken und ökonomischen Interessen dar. Die Tschernobyl-Katastrophe beschreibt ein psychologisches Phänomen und gilt als Beispiel für den sogenannten »risky-shift-effect«. Betrachtet man beide Vorfälle im Hinblick auf die jeweiligen strukturellen Bedingungen, so beschreibt das Beispiel aus den USA einen Prioritätenkonflikt infolge einer divergierenden Interpretation strukturell vorgegebener Verpflichtungen, dasjenige aus der ehemaligen Sowjetunion ein Problem der adäquaten Übertragung struktureller Bedingungen auf menschliche Handlungszusammenhänge.

Der Prioritätenkonflikt besteht darin, daß der Direktor der Ingenieurabteilung dem – weitverbreiteten – Irrtum verfiel, über zwei Hüte – einen moralischen und einen ökonomischen – zu verfügen, die beliebig ausgewechselt werden können. Der Konflikt entzündete sich daran, welcher der beiden Hüte der angemessene sei. Die Aufforderung des Direktors der Ingenieurabteilung, den Ingenieurhut gegen denjenigen des Ökonomen zu tauschen, ist unpräzise formuliert. Genau besehen entspricht die Differenz zwischen beiden Anschauungen nicht derjenigen zwischen einer Ingenieur- und einer ökonomischen Perspektive. Das Risiko aus der Konstrukteursperspektive verliert bei ökonomischer Betrachtung keineswegs an Brisanz. Der Unterschied besteht vielmehr darin, daß das wahrgenommene Risiko dem Ingenieur als ausreichendes Kriterium gilt, den Start abzubrechen, während der Ökonom angesichts derselben Umstände eine andere Konsequenz zieht.[36]

---

fassung des Handelns, die zu einer »Entkoppelung von ethischer Einsicht und faktischem Verhalten« (a. a. O., S. 25) führt, und andererseits – eng damit verbunden – den überwiegend *kollektiven* Charakter des Handelns in Systemkontexten.

34 An die Stelle treten nicht selten Rückzugsgefechte auf dem Feld rechtlicher Haftungsregelungen. Vgl. das Argument eines Jülicher Atomphysikers auf die Frage nach der Verantwortung im Falle eines GAU in H. Lenk [1988], S. 103; ders. [1994], S. 114: »Wenn er einträte, sei rechtlich alles sauber geregelt – wenigstens in der Bundesrepublik.«

35 Vgl. G. Picht [1967], S. 336: »Wo immer von Verantwortung gesprochen wird, geht man von der Voraussetzung aus, daß unsere geschichtliche Welt eine Struktur hat, die es erlaubt, in ihr Zuständigkeitsbereiche auszugrenzen. Die ganz elementare Voraussetzung liegt jeder überhaupt möglichen gesellschaftlichen und politischen Ordnung zugrunde.«

36 G. Ropohl [1996b], S. 121f., dokumentiert diese Diskrepanz an dem bekannten Fall des Einsturzes der Berliner Kongreßhalle im Jahr 1980. Verursacht wurde das Unglück durch einen Konstruktionsfehler, auf den der am Bau maßgeblich beteiligte Spannbeton-Entwicklungschef den Vorstand seines Unternehmens seit 1973 mehrmals mündlich und schriftlich aufmerksam gemacht hatte. Die Unternehmensleitung sah keine Veranlassung einzugreifen, der kritische Ingenieur wurde kurzerhand in den vorzeitigen Ruhestand versetzt.

Die Differenz besteht also in der unterschiedlichen *Bewertung* eines Sachverhaltes. Dabei war das Risiko einer Startverzögerung für den Ökonomen sicherlich größer, während für die Ingenieure das Risiko eines Absturzes höher bewertet wurde. Dennoch waren die fachinternen Überlegungen allein nicht ausschlaggebend für die abweichenden Urteile. Die getadelten Ingenieure beurteilen einen Sachverhalt zwar mit Hilfe ihrer Fachkompetenz, das Urteil selbst ist aber kein fachliches, sondern ein moralisches. Das mit der fachlichen Kompetenz gegebene Wissen bildet wohl die kognitive Voraussetzung für die Ingenieure, um eine Entscheidung treffen zu können, aber jene ist nicht mit dieser identisch. Das Wissen, um das es bei der anfallenden Entscheidung ging, nämlich das hohe Risiko für die Shuttlebesatzung bei einem Start unter den damals bestehenden Witterungsverhältnissen, war für beide Parteien, Ingenieure wie Ökonomen in gleicher Weise gegeben. Der Unterschied bestand darin, daß der Risikobegriff in den Argumenten jeweils auf etwas anderes referierte. Für den Ökonomen wurde sein Aufgabenbereich zum entscheidenden Maßstab: Risiko bedeutete für ihn die Gefahr steigender Kosten bei einer Startverzögerung. Die Prioritäten der Ingenieure lag auf dem möglichst reibungslosen Funktionieren der Technik und *damit* einer möglichst hohen Sicherheit für die Shuttlebesatzung. Hier werden die strukturellen Abhängigkeiten der Astronauten erkannt, während sie dort ignoriert werden. Insofern stehen an dieser Stelle nicht Ingenieur- und ökonomischer Hut zur Debatte, sondern Fürsorgepflicht contra Eigeninteresse.

Der Zusammenhang wird deutlicher, wenn man die Hüte als Symbole zweier Rationalitätstypen beschreibt.[37] Aus diesem Blickwinkel entpuppt sich das Entscheidungsdilemma als Scheinproblem, denn es suggeriert die Wahl zwischen zwei Möglichkeiten, die gar keine Alternativen darstellen. Ökonomische Verpflichtung und moralische Verantwortung auf ein und derselben Ebene zu verorten bedeutet, einen Kategorienfehler zu begehen. Es besteht eine »logische Asymmetrie zwischen kommunikativer und strategischer Rationalität insofern [...], als eine Welt ohne strategische Rationalität (im Sinne von Lug und Trug) durchaus denkbar ist, während das Umgekehrte nicht gilt — auch der Bösewicht muß etwa seinen engsten Mitarbeitern zumindest seine unmittelba-

---

Bezeichnend ist auch der Fall einiger Mediziner eines Pharmaunternehmens, die sich weigerten, ein Strahlenschutzpräparat zu untersuchen, weil es in einem möglichen Atomkrieg auch militärisch genutzt werden könnte. Die Ärzte wurden entlassen, klagten dagegen und wurden von den ersten beiden Instanzen abgewiesen. Gegen eine Arbeitsverweigerung aus Gewissensgründen argumentierte das Arbeitsgericht Mönchengladbach: »[...] die subjektiven Moralanschauungen des einzelnen sind hier nicht maßgebend. Die Vorschrift schützt ein für alle Billig- und Gerechtdenkenden ethisches Minimum, nicht dagegen das in eine bestimmte Richtung besonders stark ausgeprägte Gewissen einzelner« (Urteil 5 Ca 585/87 vom 12.8.1987, S. 12). Das Landesarbeitsgericht Düsseldorf bestätigte das Urteil mit dem Argument, der Beitrag der Mediziner sei »zu gering«, als daß sie sich »mit dem fertigen Produkt und seinen Anwendungsmöglichkeiten identifizieren« müßten (Urteil 11 Sa 1349/87 vom 22.4.1988, S. 25). Erst das Bundesarbeitsgericht hat das Recht auf subjektive Gewissensentscheidung anerkannt (vgl. dazu G. Ropohl [1996b], S. 124).
Ropohl berichtet von seinen erfolglosen Bemühungen bei der Suche nach weiteren derartigen Fällen. Trotz diverser Aufrufe in Ingenieurzeitschriften und Mitteilungsblättern gab es so gut wie keine Reaktionen. Der Autor macht das Arbeitsplatz-Risiko für die Reserviertheit der Ingenieure verantwortlich (vgl. a. a. O., S. 122).

37 K. Ott [1996b], S. 79ff., spricht an dieser Stelle von dem »Problem der gemischten Rationalitätstypen« und sieht darin ein grundlegendes Strukturproblem Angewandter Ethik.

ren Ziele kommunizieren.«[38] Das Dilemma verweist also auf ein Prioritätenproblem und nicht auf die Frage, ob der eine Rationalitätstyp gegen den anderen ausgewechselt werden könne. Es geht darum, welches Argument den Ausschlag geben sollte, mit anderen Worten, welche Instanz zugrunde gelegt werden sollte, der gegenüber eine Verpflichtung besteht.

G. Picht hat diese Differenz auf zweierlei Weise expliziert. Einerseits unterscheidet er zwischen der rechtlichen Verpflichtung, auf deren Grundlage etwa ein Untergebener seinem Vorgesetzten Rechenschaft schuldet. Der Bereich entspricht demjenigen, wofür jemand haftbar gemacht werden kann. Verantwortung überschreitet diese rechtlichen Grenzen, sie ist eine »ethisch begründete Fürsorgepflicht, die weit und wiederum prinzipiell unabgrenzbar über das hinausgreift, wofür man haftbar gemacht werden kann.«[39] W. Vossenkuhl unterscheidet an dieser Stelle in gleicher Absicht zwischen zwei Typen von Verantwortung, einem *symmetrischen* und einem *asymmetrischen* Typ.»Die eine [Verantwortung] beruht auf der *asymmetrischen* Beziehung zwischen dem Verursacher von Kosten und dem oder den Betroffenen, die andere auf einer *symmetrischen*. Im ersten Fall gibt es einen institutionalisierten Dritten, der nach expliziten Regeln entscheidet, welche und wie hohe Kompensationen für rechtliche, aber auch für ökonomische Kosten zu leisten sind. Wiedergutmachung hat der Verursacher der Kosten dann geleistet, wenn er die Maßnahmen, die vom institutionalisierten Dritten festgelegt wurden, erfüllt hat [...]. Im Unterschied dazu sind moralische und soziale Kosten, also das, was wir *Schuld* im engeren moralischen Sinn nennen, nicht ohne das Verzeihen bzw. die Anerkennung der Wiedergutmachung durch die Betroffenen abgegolten. Die Verantwortung setzt in diesem Fall *symmetrische Beziehungen* zwischen Schuldigem und Betroffenen voraus. Einen institutionalisierten Dritten, der über das Maß der Schuld und die Höhe der Kompensation entscheidet, gibt es für diesen Typ von Verantwortung nicht.«[40]

Der Bereich der Verantwortung ist identisch mit demjenigen des Machbaren. »Die menschliche Verantwortung reicht also genau so weit wie die Möglichkeit der Ausübung menschlicher Macht. Da durch die Entwicklung von Wissenschaft und Technik der Menschheit universale Machtmittel zur Verfügung stehen, kann sie sich auch der Universalität, die im Begriff der Verantwortung enthalten ist, nicht länger entzie-

---

38 V. Hösle [1993], S. 35. Bei Augustinus begegnet dieser Zusammenhang – im 12. Kapitel des XIX. Buches von *De civitate Dei* – als das Streben alles Seienden nach Frieden dokumentiert. Genauso wie Kriege nur angefangen und geführt werden, um des Friedens willen, erstrebt der Räuber den Frieden mit Gleichgesinnten, um effektiver agieren zu können, zumindest aber den Frieden der Hausgemeinschaft, um sich ihres Gehorsams zu erfreuen. Und selbst der Halbmensch Cacus, den Augustin bei Vergil entlehnt, dem sämtliche menschlichen und auch tierischen Gefühle abgehen, strebt immer noch nach Frieden in Form von Gesundheit seines Körpers und Stillung seines Hungers.

39 G. Picht [1967], S. 320. Zum Verantwortungsbegriff Pichts vgl. die beiden von C. Eisenbart [1985] und C. Link [1984] herausgegebenen Sammelbände sowie R. Schröder [1990] und B. Thomassen [1991].

40 W. Vossenkuhl [1983], S. 123f.

hen.«[41] Wollten wir diese Kongruenz von Verantwortungsbereich und dem Bereich des Machbaren beschneiden, würden wir aufhören, uns als absichtsvoll handelnde Wesen zu begreifen. Entscheidend ist dabei, daß Rechenschaft und Verantwortung nicht zwei alternative Referenzsysteme darstellen, sondern erstere immer auf letztere bezogen bleibt – jedenfalls solange Menschen dadurch ausgezeichnet sind, daß sie erstens über die Möglichkeit der Ausübung von Macht verfügen und zweitens die einzigen Wesen sind, von denen vernünftigerweise Rechenschaft eingefordert werden kann.

Das zweite Argument steckt in dem vieldiskutierten Satz von G. Picht:»Nicht das Subjekt setzt sich die Aufgabe, sondern die Aufgabe konstituiert das Subjekt.«[42] Als Träger der durch die Aufgabe vorgezeichneten Zuständigkeit erfüllt ein Subjekt seine »Rolle«. Genau diese Rolle ist es, die den Menschen zur »Person« macht. Picht führt in diesem Zusammenhang den Begriff der Rolle ein, um deutlich zu machen, daß verantwortlich sein heißt,»aus sich herauszutreten«. Verantwortung darf nicht auf Selbstverantwortung zurückgeführt werden, sondern ist»Selbstentäußerung«. Verantwor-

---

41 G. Picht [1967], S. 334. G. Picht [1978a], S. 203, deutet gerade die neuzeitliche säkulare Umdeutung des spätmittelalterlichen eschatologischen Verantwortungsbegriffs als Ursache für die wissenschaftlich-technische Entwicklung:»Hätte der menschliche Geist nicht, am Leitfaden der Lehre von der Gottesebenbildlichkeit, für sich selbst die absolute Vollmacht der letzten Instanz aller Verantwortung in Anspruch genommen, so hätte sich jenes Subjekt nicht aufbauen können, das von einem Standort jenseits der Natur über diese verfügt, als ob es die richtende Gewalt des Schöpfers besäße [...]. Die wissenschaftlich-technische Zivilisation konnte sich nur im christlichen Europa entwickeln, denn sie ist aus einer Umdeutung christlicher Lehren hervorgegangen.«

42 G. Picht [1967], S. 336f.:»Der Inhalt der Aufgaben bestimmt sich nicht aus dem souveränen Willen des Subjektes, das sich diese Aufgaben setzt, sondern er bestimmt sich durch die Struktur der Sachprobleme, die der jeweils Zuständige zu lösen hat [...]. Die Struktur der Aufgabe, nicht die Struktur des Subjektes, zeichnet die Bahnen vor, in denen der Träger der Zuständigkeit sich darum bemühen muß, in seine Aufgabe, wie man zu sagen pflegt, ›hineinzuwachsen‹. Nicht das Subjekt setzt sich die Aufgabe, sondern die Aufgabe konstituiert das Subjekt.«
Die Äußerungen Pichts müssen vor dem Hintergrund seiner Überlegungen zur Entstehung des neuzeitlichen Verantwortungsbegriffs gelesen werden. In G. Picht [1978a], S. 202, verweist er auf einen radikalen Bedeutungswandel auf der Schwelle zur Neuzeit. Wurde der – aus der Rechtssprache entlehnte – Verantwortungsbegriff »im Spätmittelalter häufig für die Rechtfertigung vor Gottes Richterstuhl gebraucht« und war damit ein zentraler Begriff in der Rechtfertigungslehre, wandelt sich nun die »Verantwortung vor Gott zur Selbstverantwortung«. Die Instanz vor der sich der mittelalterliche Mensch zu verantworten hatte: Gott, fällt in der Neuzeit mit dem sich zu verantwortenden Subjekt – in der Vorstellung des eigenen Gewissens als Verantwortungsinstanz – zusammen. »Das Selbst verdoppelt sich und erscheint zugleich als Angeklagter und als Richter. Damit ist aber dieses Selbst aus jener Welt herausprojiziert, in der sein verantwortliches Denken und Handeln sich zu bewähren hätte. Es ist zum naturlosen Selbstbewußtsein geworden, dem die Natur als ethisch indifferente Materie, als bloßer Rohstoff autonomen Handelns gegenüberliegt.« Die so für das neuzeitliche Denken nicht mehr selbstverständliche Unterscheidung, wie sie Picht oben zwischen »Verantwortung« als Aufgabe und ihrem »Träger« als Empfänger jener Aufgabe vornimmt, hat genau jene Subjektzentrierung und Entnaturalisierung auf der Schwelle vom Spätmittelalter zur Neuzeit im Blick.
Vgl. auch aus einer subjektzentrierten Perspektive W. Weischedel [1933], S. 25f.: »Verantwortung weist [...] als Antwort zurück auf eine Frage. Als was der Mensch sich vor dieser Frage darstellt, das entscheidet sich von daher, als war er aufgerufen ist. Dieses aber bestimmt sich je von dem Aufrufenden her. Nun ist das Aufrufende das, vor dem der Mensch sich verantwortet, das ›Wovor‹ der Verantwortung.«

tung meint das Bewußtsein »der Priorität der gestellten Aufgabe vor dem Subjekt des Handelns«.[43]

Die Denkweise des Direktors der Ingenieurabteilung bedeutet nun – um im Bild zu bleiben –, den Hut mit dem Kopf zu verwechseln auf dem er sitzt. Das Kriterium der Wirtschaftlichkeit bleibt subjektiven Interessen verpflichtet. Die Rechenschaft einfordernde Instanz bildet die Konzernleitung, der Chef des Unternehmens oder der Abteilung, die eigene Karriere oder der Wunsch nach Anerkennung oder Erfolg. Damit ist aber der Bereich der Verantwortung noch gar nicht berührt. Rechenschaft und Verantwortung referieren auf verschiedene Bereiche oder Instanzen. Der Rechenschaftsbegriff beruht auf der Vorstellung von der funktionalen Differenzierung unserer Gesellschaft in institutionalisierte Subwelten. Der Verantwortungsbegriff rekurriert dagegen auf die anthropologische Vorstellung vom Menschen als handelndem Wesen in der einen, unteilbaren Welt. Verantwortung ist somit nicht ein von außen Übergestülptes, sondern ergibt sich aus den Strukturen, die wir handelnd ausbilden, verändern und festigen. Der Mensch *ist* als handelndes Wesen zugleich ein verantwortliches. Verantwortung gehört zur Konstitution des Menschen und ist somit ein *anthropologischer* Begriff.[44] Mit dem Rückzug auf eine Rechenschaft einfordernde Sub-Instanz verkennt das Subjekt ein wesentliches Merkmal seiner Identität, nämlich gesellschaftliches Subjekt zu sein, und damit seine Aufgabe, genauer die Anforderungen durch die Strukturen, die eine Aufgabe als eine spezifische konstituieren.[45] Die Verkürzung beruht – aus soziologischer Perspektive – auf einer Nivellierung der Differenz zwischen *Rolle* und *Subjekt*. Verschwindet das Subjekt hinter seiner funktionalen Relevanz, rückt also die sich in der Funktionsbeschreibung konstituierende »Welt« an die Stelle der »Welt« des Subjekts, geht der umfassende Kontext verloren, auf den menschliches Handeln als *Handeln* referiert. An seine Stelle treten rollenspezifische Sub-Welten, die scheinbar unverbunden nebeneinander »funktionale Totalitäten« ausbilden. Aus einer gesellschaftlichen Perspektive stellt sich diese Verkürzung dar als eine a-soziale Atomisierung und Sektoralisierung der sozialen Welt des Subjekts in beliebige, interessengebundene Mikrowelten. Die anhand des Challenger-Unglücks in der Literatur diskutierte Frage nach einem Interessenausgleich zwischen Ökonomie und Moral macht nur

---

43 Vgl. G. Picht [1967], S. 338.

44 Vgl. G. Picht [1967], S. 340. Zum Verantwortungsbegriff als anthropologischer Kategorie bei G. Picht vgl. B. Thomassen [1991], bes. S. 189 – 198. Zum gleichen Sachverhalt in der Rechtsphilosophie vgl. J. J. M. van der Ven [1983], S. 49 und die dort genannte Literatur.
F. Nietzsche, *Zur Genealogie der Moral*, II, 2, spricht von dem »außerordentliche[n] Privilegium der *Verantwortlichkeit*«, einer »seltenen Freiheit«, einer »Macht über sich und das Geschick«, welches das »*souveräne Individuum*« vom Tier unterscheidet (vgl. dazu W. Lienemann [1993a], S. 239).

45 Vgl. G. Picht [1967], S. 339: »Die Verantwortung richtet sich nicht nach ihrem Träger, sondern der Träger muß sich nach seiner Verantwortung richten, weil jede überhaupt mögliche Verantwortung ihn in den beiden Richtungen des ›für‹ und des ›vor‹ aus sich selbst heraus verweist und zur Entäußerung zwingt. Wird die Verantwortung auf den herrschenden Willen reduziert, so löst sich die doppelte Verweisung auf. Der herrschende Wille versteht sich absolut. Der Bereich, für den er da sein sollte, verwandelt sich in einen Bereich, der für ihn da ist; und als die Instanz, vor der er verantwortlich sein sollte, versteht er nur noch sich selbst. Damit wird das Wesen der Verantwortung überhaupt aufgehoben.«

dann Sinn, wenn man bereit ist zu unterstellen, daß ökonomisch handelnde Menschen und (moralische) Subjekte Wesen unterschiedlicher Gattung sind. Jenseits solcher Absurditäten bleiben nur die Fragen, ob es vertretbar ist, eine mit der übernommenen Aufgabe akzeptierte Zuständigkeit zu verweigern und ob das Verhalten gegenüber jener eingegangenen Verpflichtung beliebig ist. Die letzte Frage ist unter Umständen eine rechtliche, die erste in jedem Fall eine ethische.[46]

Die Tschernobyl-Katastrophe präsentiert ein meta-strukturelles Problem, daß als *Anforderungs-Erfüllungs-Gefälle* bezeichnet werden kann. Es besteht zunächst in der Sein-Sollens-Differenz zwischen den in die konkreten technologischen Strukturen eingelassenen Verhaltensanforderungen an diejenigen, die für das Funktionieren der Technologie zuständig sind, und dem faktischen Verhalten des Reaktorpersonals. Es

---

[46] Ein aktuelles Beispiel für die Diskussion um die Verantwortungsinstanzen liefert die Denkschrift zu Forschung und Forschungsfreiheit der »Deutschen Forschungsgemeinschaft« und die Erwiderung der »Vereinigung Deutscher Wissenschaftler«. (Eine Zusammenfassung der Argumente beider Seiten findet sich in der FR vom 26.06.1996, S. 11). Angesichts einer – im Vergleich zu Japan und den USA – rigiden gesetzlichen Reglementierung der gentechnologischen Forschung in Deutschland fordert die DFG eine Erweiterung der politischen Kompetenzen des Bundesministeriums für Bildung, Wissenschaft, Forschung und Technologie sowie die »Selbstbeschränkung des Gesetzgebers auf unbedingt notwendige Eingriffe und Regulierungen«. »Hierzu gehört auch der Mut, den Grundsatz ›nicht hinter geltendes Recht zurückzugehen‹, immer dann in Frage zu stellen, wenn das geltende Recht sich als schädlich erwiesen hat.« Begründet wird die Forderung damit, »daß das Zurücktreten zum Beispiel des Grundrechts auf Leben oder das Staatsziel Umwelt gegenüber dem Grundrecht auf Forschungsfreiheit letztlich zu deren eigenem Schutz […] geboten sein kann.« Anstelle gesetzlicher Reglementierungen gälte es, die »Selbstkontrolle der Wissenschaft auf der Grundlage des Standesethos wissenschaftlicher Gesellschaften und ihrer Institutionen« zu stärken.
Zwar wird anerkannt, daß Forschung »heute mehr denn je ein in eine Vielzahl sozialer Bezüge eingebetteter Prozeß« ist, und daß der Forscher »für die Wahl seiner Methoden […] und die absehbaren Folgen der Anwendung des Wissens« moralische Verantwortung trägt. »Diese Verantwortung sollte jedoch durch das Ethos der Wissenschaftsgemeinschaft bestimmt werden; die Ausbildung und Weiterentwicklung dieses Ethos ist primär eine Angelegenheit der ethischen Urteilsbildung des einzelnen Wissenschaftlers. Für die komplexen moralischen Probleme, die durch die von den Wissenschaften eröffneten neuen Handlungsmöglichkeiten entstehen, sollen wissenschaftliche Institutionen zuständig sein, die sich mit diesen Fragen nach den Standards wissenschaftlicher Urteilsbildung befassen.«
Die Motive der Denkschrift liegen – wie der VDW bemerkt – in der Bewahrung beziehungsweise Wiederherstellung der »deutsche[n] Wettbewerbsfähigkeit« und in der Zurückweisung des Mißtrauens, das – wie die Denkschrift formuliert – dem Forscher in einer »forschungsfeindliche[n] Umwelt« entgegenschlägt. Die Argumentation der Denkschrift ist in vielerlei Hinsicht bedenklich, worauf die Einwände des VDW verweisen. In unserem Zusammenhang von Bedeutung ist aber besonders die Funktionalisierung des Verantwortungsbegriffs.
Die Schwierigkeiten für die gentechnologische Forschung in Deutschland ergeben sich – nach dem Verständnis der DFG – aus einer »forschungsfeindlichen Umwelt«, die als Verantwortungsinstanz definiert, welche Verpflichtungen sich aus der Forderung nach einer verantwortbaren Forschung ergeben. Statt dessen votiert sie für einen Verantwortungsbegriff, der sich an den eigenen Standards und Interessen orientiert. Verantwortung reduziert sich so – in den Worten G. Pichts – »auf den herrschenden Willen«, das heißt an die Stelle anthropologischer Bedingungen tritt das Primat gruppenspezifischer Interessen. Verantwortung hat an dieser Stelle lediglich die Funktion, gruppenspezifische Privilegien vor der ehemaligen Verantwortungsinstanz (Welt-)Gesellschaft zu rechtfertigen. Entscheidend ist, daß dabei die gesellschaftlichen Kriterien nach Maßgabe der gruppenspezifischen Interessen definiert werden. In diesem Sinne spricht Picht von dem herrschenden Willen, der sich absolut versteht.

142

zeigt sich darüber hinaus in der Kollision der technologischen Anforderungen mit unseren Erkenntnissen darüber, welche Erwartungen hinsichtlich der Verhaltensweisen von Menschen in bestimmten Situationen realistisch sind. So absurd es zunächst klingen mag – Tschernobyl ist auch das Symbol für eine Kollision zweier Menschenbilder: einem technologisch definierten und einem aus den Humanwissenschaften bekannten. Wie D. Dörner im Anschluß an J. T. Reason darlegt, war die Reaktorkatastrophe nicht die Folge menschlichen Versagens im Sinne eines unbeabsichtigten Fehlverhaltens, etwa daß jemand während der Arbeit eingeschlafen wäre, ein Signal übersehen oder einen falschen Schalter bedient hätte. Dem Geschehen lagen bewußte und aus voller Überzeugung getroffene Entscheidungen zugrunde.[47] Die Rekonstruktion der technischen Abläufe und der Verhaltensweisen des Reaktorpersonals machen deutlich, daß der aus der Sozialpsychologie bekannte »risky-shift-effect« wesentlich zur Genese der Katastrophe beigetragen hat. Der »risky-shift-effect« besagt, »daß die Gruppeninteraktion auf frühere individuelle Entscheidungen einen *risikoerhöhenden* Einfluß ausübt.«[48] Ein solcher »Schub zum Risiko« war bei der Mannschaft der ersten amerikanischen Mount-Everest-Expedition beobachtet worden: »Die Gruppe tendierte zu viel risikoreicheren Entscheidungen, als jeder einzelne sie verantwortet hätte.«[49] Ein ganz ähnlicher Effekt ist unter dem Begriff »group-think«-Phänomen diskutiert worden. Die Tendenz einer Gruppe von Fachleuten, Bedenken wegzurationalisieren, »sich selbst zu bestätigen, alles richtig und gut zu machen, Kritik in der Gruppe implizit durch Konformitätsdruck zu unterbinden« hat der amerikanische Psychologe I. Janis etwa beim Team der Kennedy-Berater während der sogenannten »Schweinebuchtaffäre« diagnostiziert.[50] Entscheidend ist nun, daß diese Effekte oder Verhaltensweisen kein pathologisches Phänomen beschreiben, sondern eine in verschiedensten Kontexten beobachtbare, übliche Verhaltensweise von Gruppen.

Eine Reihe sozialpsychologischer Studien zur Altruismusforschung haben sich mit der allgemeineren Frage nach den Bedingungen für die Bereitschaft zur Übernahme von Verantwortung in Gruppen befaßt. Anlaß für diese Fragestellung war der 1964 begangene Mord eines Triebtäters an der 28jährigen New Yorkerin Catherine Genovese. Die Gewalttat, an deren Ende das schwerverletzte Opfer vor ihrer Wohnungstür erstochen wurde, dauerte 35 Minuten und geschah vor den Augen von insgesamt 38 Zeugen.

---

47 Vgl. D. Dörner [1992], S. 56: »Wenn man aber von Versagen in dem Sinne redet, daß jemand eine Leistung, die er hätte erbringen sollen, nicht erbracht hat, so liegt im Hinblick auf die einzelnen Verhaltensbestandteile, aus denen sich schließlich der Unfall von Tschernobyl ergab, an keiner Stelle ein Versagen vor.«

48 N. Kogan [1972], Sp. 1925f. Der Autor nennt vier diskutierte Erklärungen für den »risky-shift-effect«: 1. das Aufteilen von Verantwortung, 2. das stärkere Risikoverhalten des Gruppenführers, 3. der Gewöhnungseffekt und 4. die kulturelle Relativität von Risiken. Vgl. aus einer entgegengesetzten Perspektive S. Schulz-Hardt/C. Lüthgens [1996].

49 Vgl. im Anschluß an den amerikanischen Sozialpsychologen J. A. F. Stoner, H. Lenk [1992], S. 105 und 182.

50 D. Dörner [1989], S. 55f. Vgl. auch P. R. Hofstätter [1971]. Das »group-think«-Phänomen ist, wie J. D. Moreno [1996], S. 189ff., feststellt, auch in Ethikkommissionen zu beobachten.

Zweimal ließ der spätere Mörder vom Opfer ab, zweimal rief das Opfer um Hilfe.[51] Im Zusammenhang der Diskussion um die Motive für die Untätigkeit der Zeugen wurde der Begriff »diffusion of responsibility« geprägt, ein Gruppenphänomen, das seither in vielen Untersuchungen bestätigt und differenziert worden ist. Eine ganze Reihe experimenteller Untersuchungen, bei denen die Probanden mit simulierten Notsituationen dritter (etwa Unfallopfern und Behinderten), aber auch mit Szenarien, in denen ein dritter in Abhängigkeit zu den Probanden geriet (etwa Abhängigkeitsstrukturen in Arbeitsprozessen), konfrontiert wurden, haben den »Anzahl-Effekt« als sehr robustes Theorem bestätigt.[52] Er besagt allgemein, daß die Hilfsbereitschaft von Personengruppen gegenüber Einzelpersonen rapide abnimmt. Zwei Hemmungsmechanismen spielen dabei eine herausragende Rolle: eine »*Diffusion der Verantwortung*« und »*pluralistische Ignoranz*«. Im ersten Fall wird »die Gesamtverantwortung [...] unter den Zeugen gewissermaßen aufgeteilt und jeder einzelne fühlt sich weniger verantwortlich als in einer Allein-Bedingung.« Im zweiten Fall »ist die Kenntnis der Reaktion der anderen Zeugen [ausschlaggebend]. Wenn diese sich passiv verhalten, geben sie ein Beispiel für die Unterlassung von Hilfeleistung. Eine solche Entwicklung ist in echten Gruppen, die mit Unfällen konfrontiert werden, durchaus plausibel. Denn das unerwartete Ereignis überfordert und verunsichert die meisten Zeugen, die dementsprechend mit ratlosem Abwarten reagieren. Diese Ratlosigkeit wird dann von den anderen Zeugen, die alle zunächst einmal ratlos sind, als Hinweis darauf gedeutet, daß ein Eingreifen nicht angemessen ist, da sie die Ratlosigkeit als Vorbild für Passivität nehmen.«[53] Auch wenn diese Effekte ausdrücklich für Situationen gelten, in denen es um die Frage nach dem Verantwortungsbewußtsein von *Laien* und nicht um das professioneller Berufsgruppen geht – die Differenz verläuft parallel zu derjenigen zwischen Verantwortung als anthropologischer Kategorie und Auftragsverantwortung –, veranschaulichen auch diese Zusammenhänge spezifische Merkmale von Gruppenverhalten im Gegensatz zu jenem von Einzelpersonen.

Kehren wir nun zurück zum Personal des Tschernobyl-Reaktors. D. Dörner hat die Folgen des »group-think«-Phänomens genauer beschrieben. Voraussetzung war, daß die Fachleute aufgrund ihrer »hohen Selbstsicherheit« ganz selbstverständlich – und »keineswegs zum ersten Mal (›ausnahmsweise‹)« – die Sicherheitsvorschriften verletzten. Statt dessen verließen sie sich auf ihre Intuition. Die »intuitive« Herangehensweise ist durch eine Reihe kognitiver Fehleinschätzungen gekennzeichnet: die Überdosierung von Maßnahmen unter Zeitdruck, die Unfähigkeit zum nichtlinearen Denken in Kausalnetzen anstatt in Kausalketten und die Unterschätzung exponentieller Abläufe. Mit anderen Worten: »Man reguliert den *Zustand* und nicht den *Prozeß* und erreicht

---

51 Vgl. H. W. Bierhoff [1990], S. 112ff.: »Die Polizei wurde erst von einem Nachbarn verständigt, nachdem der Mord geschehen war. Der Nachbar hatte erst noch in einem Ferngespräch mit einem Bekannten geklärt, was zu tun sei, und dann eine Bekannte beauftragt, den Anruf bei der Polizei auszuführen. Die Polizei war in zwei Minuten am Tatort.« Vgl. auch E.-M. Engels [1993], S. 124ff., die den Sachverhalt vor dem Hintergrund der Ergebnisse von L. Kohlberg und seiner Schule zur moralischen Entwicklung diskutiert.

52 Vgl. H. W. Bierhoff [1990], bes. S. 18ff., 60ff., 114ff.

53 H. W. Bierhoff [1990], S. 116f.

damit, daß das Eigenverhalten des Systems und die Steuerungseingriffe sich überlagern und die Steuerung überschießend wird«.[54] Wenn nun die Ursache für das Unglück »zu hundert Prozent auf *psychologische* Faktoren zurückzuführen« ist,[55] dann stellt sich die Frage, ob nicht mit der Kritik an der Fahrlässigkeit der verantwortlichen Ingenieure das eigentliche Problem geradezu verschleiert wird. Wenn kein Versagen vorlag, worauf kann sich dann noch eine Kritik – auch aus einer ethischen Perspektive – berufen? An diesem Punkt gewinnt die oben gestellte Frage an Plausibilität, ob das Unglück nicht hätte vermieden werden können, wenn das Verhalten des Reaktorpersonals nicht als skandalös eingestuft worden wäre. Es handelt sich hierbei um keine psychologische Frage, sondern – als Konsequenz aus psychologischen Daten – um eine ethische. Die Bewertung als Skandal verläuft parallel zu der Argumentation der Atomlobby – der Störfall im Atomkraftwerk wird zum *Störfaktor Mensch*. Vor dem Hintergrund der Analyse Dörners stehen uns zwei mögliche Konsequenzen zur Verfügung. Entweder sind wir gezwungen, psychologische Phänomene moralisch zu kategorisieren,[56] oder wir sehen uns mit der Frage konfrontiert, ob die technologisch bedingten Handlungsanforderungen realistisch sind im Hinblick auf die Bedingungen, denen menschliches Handeln und menschliche Interaktion unterworfen sind. Eine Position, die den Skandal reklamiert, unterstellt ein Menschenbild, dem nach R. Musil »die Utopie des exakten Lebens«[57] zugrundeliegt, und das W. Lienemann aus einer ethischen Perspektive als »anthropologische Unterbestimmung« beschrieben hat.[58] Positiv gewendet begegnet dieser Sachverhalt aus einer kultur- und techniksoziologischen Perspektive in dem Plädoyer von B. Guggenberger für ein »Menschenrecht auf Irrtum« ebenso, wie in der Forderung von C. und E. U. von Weizsäcker nach dem Prinzip »Fehlerfreundlichkeit«

---

54 D. Dörner [1992], S. 50ff.

55 D. Dörner [1992], S. 48.

56 Es geht hier wohlgemerkt um psychologische Faktoren, die ein bestimmtes Verhalten erklären, das bestimmte Wirkungen hat, und nicht um die Wirkungen selbst.

57 R. Musil [1978], Bd. 1, S. 244ff. Musil beschreibt diese Utopie als eine »Geistesverfassung, die für das Nächste so scharfsinnig und für das Ganze so blind ist« (a. a. O., S. 245), und er empfiehlt: »Die These, daß der große Umsatz an Seife von großer Reinlichkeit zeugt, braucht nicht für die Moral zu gelten, wo der neuere Satz richtiger ist, daß ein ausgeprägter Waschzwang auf nicht ganz saubere innerliche Verhältnisse hindeutet. Es würde ein nützlicher Versuch sein, wenn man den Verbrauch an Moral, der (welcher Art sie auch sei) alles Tun begleitet, einmal auf das äußerste einschränken und sich damit begnügen wollte, moralisch nur in den Ausnahmefällen zu sein, wo es dafür steht, aber in allen anderen über sein Tun nicht anders zu denken wie über die notwendige Normung von Bleistiften oder Schrauben. Es würde dann allerdings nicht viel Gutes geschehn, aber einiges Besseres [...].« (a. a. O., S. 246).

58 Vgl. W. Lienemann [1993a], S. 239. Die »anthropologische Unterbestimmung« gerade in deontologischen Ethiken besteht – wie W. Lienemann [1988b], S. 172, im Anschluß an W. Bonhoeffer bemerkt – in der Gefahr einer »permanente[n] Selbstüberforderung« des ethischen Subjekts, der nur dann entgangen werden kann, »wenn die *Begrenztheit* jeden Lebens und aller Handlungsmöglichkeiten bewußt ist.« D. Bonhoeffer, *Werke* 6, S. 267, bemerkt in seiner Ethik: »Wirklichkeitsgemäßes Handeln steht in der *Begrenzung durch unsere Geschöpflichkeit*. Wir schaffen uns die Bedingungen unseres Handelns nicht selbst, sondern wir finden uns in ihnen bereits vor. Wir stehen handelnd nach vorwärts wie nach rückwärts in bestimmten Grenzen, die nicht übersprungen werden können. Unsere Verantwortung ist nicht eine unendliche, sondern eine begrenzte. Innerhalb dieser Grenzen freilich umfaßt sie das Ganze der Wirklichkeit [...].«

in der Technologieentwicklung.[59] Die »anthropologische Unterbestimmung«, die Vernachlässigung der Reflexion darüber, »was wir sind«, behindert ein sinnvolles Nachdenken darüber, »was wir tun sollen«.[60] Eine derart entfaltete, verkürzte Moral bleibt repressiv, weil sie auf ein willkürliches, technikkonformes Menschenbild zurückgreift, das mit aller Macht – und dem Motto »Skandal« – gegen jegliches bessere Wissen verteidigt werden kann.[61] Gleichzeitig verstellt sie den Blick auf das strukturelle Problem hinter ihrem Rücken.

Es wäre verkürzt, an dieser Stelle allein einen »ideologischen Rigorismus« zu vermuten. Unter Umständen leisten gewisse »disziplinäre Eigenarten« einer solchen Tendenz Vorschub, behindern zumindest eine kritische Distanz, um der Gefahr einer Instrumentalisierung wirksam begegnen zu können. W. Lienemanns Diagnose von der »anthropologischen Unterbestimmung« benennt ein Symptom jener disziplinären Eigenart, die mit ihrem Hang zu einer »sektoralen« Wahrnehmungsweise[62] und – damit verbunden – einem sektoralen Erkenntnisinteresse immer auch die eigene methodische Zersplitterung dokumentiert. In seinem Aufsatz »Hermeneutik und Ethik« benennt J. J. Kockelmans ein grundlegendes Problem neuzeitlicher Ethiktheorien: »Das Problem der meisten Ansätze zu moralischen Fragen scheint darin zu liegen, daß sie sozusagen zu spät anfangen. Sie machen Annahmen über Fragestellungen, die eigentlich zum philosophischen Diskurs gehört hätten. Viele Autoren geben die genaue Ebene, auf der der Diskurs über Moralprobleme stattfinden soll, nicht sorgfältig genug an, und sie untersuchen somit auch nicht sorgfältig genug, wie die auf der einen Diskursebene gewonnenen Einsichten auf Einsichten bezogen werden sollen, die auf einer anderen Ebene gewonnen wurden.«[63] Diese – teilweise durch den Kanon der Disziplinen vorgegebenen, teilweise selbstauferlegten – Beschränkungen haben weitgehende sozialphiloso-

---

59 Vgl. B. Guggenberger [1987]; ders. [1994]; C. und E. U. v. Weizsäcker [1984].

60 H. E. Tödt [1977], S. 86, stellt drei Fragen, die verschiedene ethische Themenfelder benennen: Neben der traditionellen Frage »*Was sollen wir tun?*«, diejenigen »*Wie können wir leben?*« und »*Was sind wir, und was wollen wir werden?*«.

61 Die Koalition von Moral und Psychologie ist ein hochsensibler Bereich. Die Gefahr einer Aufhebung von Ethik angesichts ihrer »Anthropologisierung« und »Soziologisierung« hat unter anderem W. Schulz [1972], S. 629ff. (vgl. ders. [1989]) eindringlich beschrieben. Das Resultat, »der Raum der Ethik wird kleiner, weil viele ethische Fragen zu wissenschaftlichen Problemen ›umfunktioniert‹ werden« (a. a. O., S. 637), muß aber nicht zwangsläufig als *wissenschaftliches Hegemoniestreben* ausgelegt werden. E.-M. Engels [1993], S. 124, fordert, daß gerade psychologische Erkenntnisse für die Ethik fruchtbar zu machen seien, »indem sich auf ihrer Grundlage Strategien für eine effektivere Verwirklichung des Ziels einer humaneren Gestaltung der Welt [...] entwickeln lassen.«
In diesem Sinne bemerkt auch O. Höffe [1979], S. 398, im Rahmen der Diskussion der Theorie sittlicher Urteilsfindung von H. E. Tödt: »Da eine Theorie sittlicher Urteilsfindung die Dimension menschlicher Verantwortung absteckt, muß sie sich mit diesen und anderen Theorien über die *Grenzen von Verantwortung* auseinandersetzen. Erst dann gelingt es ihr, auf dem zeitgenössischen Stand der Problematik sowohl Verantwortlichkeit zu begründen als auch Hindernisse und Barrieren zu erkennen, Wege für deren Überwindung zu überlegen sowie im Gegensatz zu Vorstellungen, nach denen der Mensch der souveräne Herr über sich und seine Geschichte sei, prinzipielle Grenzen einzusehen.«

62 Vgl. H. E. Tödt [1987], S. 30.

63 J. J. Kockelmans [1982], S. 651.

146

phische, psychologische und anthropologische Konsequenzen. Kockelmans rät, »daß Reflexion über die Grundlagen der Moral auf einer Ebene beginnen sollten, wo die klassische Unterscheidungen zwischen Ontologie und Metaphysik, philosophischer Anthropologie und Ethik noch nicht relevant sind. Reflexionen über moralische Fragen, die mit Untersuchungen über moralische Freiheit, moralische Autonomie oder über moralisches Versagen und moralische Schuld beginnen, fangen meines Erachtens bereits zu spät an, da bei einem solchen Vorgehen dem menschlichen Akteur wahrscheinlich zu viel eingeräumt wird oder die ganze Last des Bösen und des Unrichtigen allein auf seine Schultern gebürdet wird.«[64]

Es zeigt sich, daß gerade auch traditionelle Moralreflexion an dieser Stelle zum methodischen Pendant des oben beschriebenen funktionalen Kontrollmechanismus in Form von Skandalen wird. Kockelmans spricht von »der exemplarischen Ethik für den Helden« und stellt sie – in der Aristotelischen und Hegelschen Tradition – einer Ethik gegenüber, die sich damit befaßt, »was richtig und was schicklich ist (*to deon*).[65] Die Folge einer verkürzten ethischen Reflexion äußert sich in der Tendenz, »die fehlbare Handlung des Menschen auf einen idealen Bezugsrahmen zu projizieren, der nichts mit der konkreten ethischen Ordnung gemeinsam hat, in welcher sich der moralisch Handelnde befindet, und ebenso tendieren diese Überlegungen dazu, das in der Situation vorgefundene aktuelle Ethos mit einem Reich der Werte zu vergleichen und es ebenso negativ zu beurteilen wie die Handlungen des moralisch Handelnden, einfach weil diese niemals vollkommen sind.«[66] Kockelmans hermeneutische Überlegungen zu der klassischen Kontroverse Kant contra Aristoteles beziehungsweise Hegel verdeutlichen auf überraschende Weise ein Phänomen, das als »idealistisches Relikt« einerseits einer mit den zweckrationalen Kriterien der sie umgebenden Welt harmonisierten Moral gegenübersteht, dem aber andererseits, aus einer übergeordneten Perspektive, zugleich eine zentrale systemstabilisierende Kontrollfunktion zukommt. Die Kontroverse Kant – Aristoteles/Hegel tritt unter gegenwärtigen Vorzeichen auf als diejenige zwischen der Utopie des idealistischen Helden und der poietisch-pragmatischen Realität des *homo faber*.

Die technologischen Strukturen, in die sich der Mensch handelnd hinein entwirft – W. Lienemann spricht an dieser Stelle von »funktionalen Imperative[n]«[67] –, bilden den Rahmen menschlicher Handlungsmöglichkeiten. »Handeln heißt« – in den Worten G. Pichts – »im Bereich des Möglichen eine Richtung wählen.«[68] Wie bedingen aber die strukturenbildenden Möglichkeiten zu *schaffen* diejenigen – demgegenüber internen oder bedingten Möglichkeiten – zu *handeln*? Kann die Tschernobyl-Katastrophe nicht gerade als ein Beispiel für den Verlust der Wahl im Bereich des Möglichen gelten? Zwingen die modernen Großtechnologien nicht zu einer Operationalisierung derjenigen Aspekte menschlicher Motive, Antriebe und Eigenarten, die traditionell als Spezi-

---

64 J. J. Kockelmans [1982], S. 655.

65 J. J. Kockelmans [1982], S. 654.

66 J. J. Kockelmans [1982], S. 656.

67 W. Lienemann [1978], S. 285.

68 G. Picht [1967], S. 324.

fika von Handeln jeglicher Tendenz zur Algorithmisierung fundamental entgegenstehen? Welche Möglichkeiten sind gemeint: jene, die den Menschen als handelndes Wesen in den Blick nehmen oder jene, die das technische Funktionieren garantieren?

Die strukturelle Dimension des Sachverhaltes verdeutlicht auch eine Analyse des Verantwortungsbegriffs selbst. Diejenigen, die den »Skandal« reklamieren, berufen sich auf das Kausalitätsschema von Ursache und Wirkungen und machen die technologischen Anforderungen zum Kriterium ihres Urteils. Skandalös ist im Hinblick auf die zugeschriebenen Folgen offenbar, daß die Ingenieure nicht so *funktionierten*, wie es die Technologie *verlangte*.[69]

In Teil II dieser Arbeit war von der Appellfunktion die Rede, die jeder Kritik inhärent sei. An welche Verantwortung wird entsprechend in diesem Zusammenhang appelliert? Überhaupt: Wann wird Fahrlässigkeit zum Skandal? Auf die letzte Frage könnte geantwortet werden: Tschernobyl wurde zum Skandal, als die radioaktive Strahlung, aus dem Inneren des Reaktors nach außen gelangte. Die Reaktorhülle bildet hier – bildlich gesprochen – die Grenze zwischen einem internen technischen Problem und einem demgegenüber externen gesellschaftlichen. Dieser Zusammenhang erscheint aus gutem Grund unplausibel, macht an dieser Stelle aber dreierlei deutlich: Erstens, daß vor dem Hintergrund unserer aktuellen technologischen Entwicklung jede Problemdiskussion zu spät ansetzt, die einen Fall erst dann thematisiert, wenn dieser bereits eingetroffen ist. Zweitens, die Unmöglichkeit, aus einer gesellschaftlichen Perspektive sinnvoll zwischen technischen und moralischen Problemen zu unterscheiden, es sei denn, man wäre geneigt, die Reaktorhülle als Schutzschild gegenüber ethischen Anfragen ins Feld zu führen. Drittens, und diesem Aspekt soll das weitere Augenmerk gelten, daß sich hinter der Thematisierung technischer Fragen in gesellschaftlichen Zusammenhängen häufig ganz andere Absichten verbergen.

Zuständigkeiten in technologischen oder wirtschaftlichen Kontexten werden durch explizite Regeln festgelegt. Verursacher und Betroffene stehen in einem *asymmetrischen* Verhältnis zueinander, das heißt es gibt »einen institutionalisierten Dritten, der nach expliziten Regeln entscheidet, welche und wie hohe Kompensationen für rechtliche, aber auch für ökonomische Kosten zu leisten sind.«[70] Dies ist – im Anschluß an G. Picht – der Bereich, in dem gesetzlich geregelt ist, wofür und in welchem Umfang jemand *haftbar* gemacht werden kann. Aus der Sicht der handelnden Subjekte entspricht dieser Bereich demjenigen, wofür sie – in der Terminologie E. Sprangers – *Auftragsverantwortung* tragen. Die Kritik orientiert sich aber gerade nicht an diesem Paradigma, denn sie tritt weder als Instanz auf, die an die Einhaltung von Sicherheitsbestimmungen appelliert, noch nimmt sie eine Position ein, die schlichte Pflichterfüllung reklamiert.

---

69 Zu diesem Anthropomorphismus vgl. B. Guggenberger [1987], S. 29. Gleichwohl lief die gesellschaftliche Kritik im Zusammenhang der Tschernobyl-Katastrophe in eine völlig andere Richtung.

70 W. Vossenkuhl [1983], S. 123.

Vergleicht man die Argumentation der Kernkraftbetreiber und ihrer Kritiker vor dem Hintergrund der Relationalität des Verantwortungsbegriffs,[71] so zeigt sich, daß die Relate *Träger*, *Bereich* und *Instanz* von den Kontrahenten unterschiedlich besetzt werden. Die Kernkraftbetreiber erklärten den Direktor von Tschernobyl für verantwortlich – genau er wurde entlassen –, das Verantwortungsobjekt war der Reaktor, und die Rechenschaft einfordernde Instanz waren die technischen Regelungen einschließlich der damit verbundenen Pflicht, jene umzusetzen. Der Protest der Kritiker richtete sich ebenso gegen die Betreiber von Kernkraftwerken wie auch gegen eine Politik, die dieser Strategie der Stromerzeugung unkritisch folgt. Entscheidend aber ist die Reichweite der eingeklagten Verantwortung und die Instanz, auf die sich jene Forderung beruft. Die Tschernobyl-Katastrophe wurde unter der Perspektive der globalen ökologischen Gefahren diskutiert, und die Argumente basierten auf einem, wenn auch heterogenen, ethisch-moralischen Fundament. Pointiert und mit dem Vokabular aus der Verantwortungsdiskussion steht hinter der Kritik an der internationalen Atomenergiepolitik die Forderung nach einer Ersetzung der internen *Auftragsverantwortung* durch eine umfassendere *Stellvertreterverantwortung*. Die Differenz besteht in einer Ausweitung des Verantwortungsobjektes und einer Modifikation des Verantwortungsinhaltes.

Von einer »Stellvertreterverantwortung« wird gesprochen, »*wenn andere Personen* als Objekt der Verantwortung genannt werden, wobei diese anderen Personen entweder selbst keine (oder nur sehr beschränkt) Verantwortung übernehmen können oder aber in einem solchen Verhältnis zum Verantwortungsträger stehen, daß sie aufgrund dieses Verhältnisses nicht in jeder Hinsicht entscheiden können [...].«[72] Das klassische Beispiel für eine solches Verhältnis ist die Eltern-Kind-Beziehung. Der Ausdruck »x ist verantwortlich für y« meint aber genau genommen – wie O. Neumaier im Anschluß an J. M. Bochenski bemerkt – nicht die Person y als solche, sondern das Wohlergehen, das Verhalten, den Charakter – allgemein einen *Zustand* p von y, für den x verant-

---

71 Vgl. G. Picht [1967], S. 319: »In dem Begriff der Verantwortung liegt eine doppelte Weisung: man ist verantwortlich *für* eine Sache oder *für* einen Menschen, und man ist verantwortlich *vor* einer Instanz, welche den Auftrag erteilt, der die Verantwortung begründet [...].« Die wechselseitige Bedingtheit der einzelnen Relate und ihr theologisches Fundament in der Rechtfertigungslehre betont G. Picht [1978a], S. 203f.: »Jede Verantwortung ist Verantwortung vor.... Der Sinn dieses ›vor...‹ wird uns durch das mythische Bild des Weltenrichters zugleich eröffnet und verhüllt. Die neuzeitliche Philosophie hat an seine Stelle die Autonomie des Subjektes gerückt, dessen absolute Freiheit Ursprung und Quelle des Sittengesetzes ist. Aber der Inhalt der Verantwortung vor... ergibt sich daraus, daß sie Verantwortung für... ist. Als Verantwortung vor... bildet die eine und unteilbare Verantwortung des Menschen in der Theologie den Rahmen für die Rechtfertigungslehre. Als Verantwortung für... kann sie nur wahrgenommen werden, wenn wir den Bereich, in dem sie sich bewähren soll, erkennen. Der weiteste Name für diesen Bereich heißt ›Welt‹ [...]. Das Verhältnis von Verantwortung vor... und Verantwortung für... entspricht dem Verhältnis von Rechtfertigung und Gerechtigkeit.« Vgl. auch O. Neumaier [1990], der den Verantwortungsbereich weiter aufgliedert in den der Verantwortungsobjekte und Verantwortungsinhalte.

72 O. Neumaier [1990], S. 46.

wortlich ist, »insofern, als dieser Zustand p der Person y von den Handlungen h der Person x abhängt«.[73]

Nun zeigt besonders die in den letzten Jahren einsetzende Diskussion um eine *Zukunftsverantwortung*, daß p nicht immer einen direkten Zustand einer Person y bezeichnen muß. Die Forderung nach einer Verantwortung für zukünftige Generationen etwa hat Zustände von Personen im Blick, die zum Zeitpunkt der Forderung noch gar nicht existieren. In diesem Fall impliziert die Verantwortung für einen zukünftigen Zustand p_1 einer zukünftigen Person y die Verantwortung für einen Zustand p_2 einer Sache z, die als Bedingung der Möglichkeit für $p_1(y)$ gilt.[74] Die heute geforderte Bewahrung der Ökosphäre betrifft nicht direkt den Zustand einer zukünftigen Person, bildet aber eine notwendige Voraussetzung für alle wünschenswerten Zustände – im Sinne einer Aufrechterhaltung der prinzipiellen Möglichkeit zu wählen – zukünftiger Generationen.

Eine solche indirekt wirksame Stellvertreterverantwortung gilt nicht nur für Fälle, die durch längere Zeiträume beziehungsweise zeitliche Verzögerungen gekennzeichnet sind. Handlungswirkungen weisen neben dieser zeitlichen Dimension auch eine räumliche Ausdehnung auf, die sich daran bemißt, wer durch die Wirkungen einer Handlung zum Betroffenen wird und damit in ein Abhängigkeitsverhältnis zu dem als Verursacher auftretenden Handelnden gerät. Die Begriffe »Verursacher« und »Betroffener« sind Ausdruck einer sozialen Beziehung, sie beschreiben eine soziale Konstellation. Im konkreten Fall gehen die Abhängigkeitsverhältnisse so weit, wie die radioaktive Strahlung reicht.[75] Radioaktivität wird hier zum Indikator eines gesellschaftlichen Verhältnisses.

Die gesellschaftliche Dimension der Verantwortung ergibt sich nicht – wie in der Regel argumentiert wird – allein aus dem Gefahrenpotential, das einer Technologie anhaftet, sondern ebenso aus dem Status derjenigen, die für ihr Funktionieren verantwortlich sind. Im Abschnitt I 2.3 zur Kritik des ethischen Anthropozentrismus wurde zwischen

---

73 O. Neumaier [1990], S. 47f. »x ist verantwortlich für y« steht manchmal für »x ist verantwortlich, daß p«.

74 Vgl. O. Neumaier [1990], S. 48: »Eine Person x kann etwa auch verantwortlich für eine Person oder Sache y *und* einen Zustand p sein, wobei dieser Zustand p nicht ein Zustand des Objekts y ist, sondern ein Zustand p einer davon unterschiedenen Person oder Sache z. Allerdings ist die Verantwortung einer Person x für eine Person oder Sache y nicht getrennt von ihrer Verantwortung für einen Zustand p einer Person oder Sache z zu sehen. Vielmehr ist das Erreichen oder Bewahren des Zustands p (bzw. genauer p_2) von z ein *Mittel* (bzw. notwendig) dafür, daß die Person x den *Zweck* ihrer Verantwortung für y erfüllen kann, nämlich einen Zustand p_1 von y zu erreichen bzw. zu bewahren. Genauer müßten wir also sagen, daß x in solchen Fällen für einen Zustand p_1 von y *und* einen Zustand p_2 von z verantwortlich ist, wobei die Verantwortung für $p_2(z)$ durch eine Zweck-Mittel-Beziehung mit jener für $p_1(y)$ zusammenhängt [...]. *Eine Person x ist verantwortlich für eine Person oder Sache y in Hinblick auf einen Zustand p*, wobei p ein Zustand von y sein kann, aber nicht muß.«
Die Beschreibung des Sachverhalts von Neumaier als zwei – mit »und« verbundene – Verantwortlichkeiten ist etwas verwirrend. Vielmehr gilt: *Indem* ich für einen Zustand p_2 von z verantwortlich bin, übernehme ich für einen Zustand p_1 von y die Verantwortung.

75 Das gilt ebenso für alle Menschen, die als Folge der Havarie in Räumen mit erhöhter Radioaktivität leben, wie im Hinblick darauf, wer alles von kontaminierter Nahrung betroffen ist usw.

Möglichkeiten und *Fähigkeiten* zu handeln unterschieden. Der erste Ausdruck spielt an auf die Handlungsumstände, der zweite thematisiert die objektiv vorgegebene Lage oder Konstitution des Handelnden. Stellvertretung wird genau dort zur moralischen Pflicht, wo ein Handeln irgendwelche Wesen zu Betroffenen macht, die aufgrund ihrer Fähigkeiten ausschließlich Betroffene sein können, das heißt deren Konstitution es unmöglich macht, diesen Zustand des Betroffenseins mitzubestimmen oder gar zu überwinden. Die oben ins Auge gefaßte grundlegende Differenz zwischen Menschen und Tieren kehrt hier – wenn auch auf einer anderen Stufe – wieder in der Unterscheidung zwischen *Experten* und *Laien*. Als Unterscheidungskriterium fungiert anstelle der spezifischen Konstitution die fachliche Kompetenz, die wiederum Ausdruck spezifischer gesellschaftlicher Strukturen ist. Die Überlegenheit in der »zweiten«, technischen »Natur« besteht in der Fähigkeit, diese absichtsvoll zu steuern. Nach der zitierten Definition von O. Neumaier ergibt sich eine Stellvertreterverantwortung aus einem Verhältnis zwischen einem Verantwortungsträger und solchen Personen, die »aufgrund dieses Verhältnisses nicht in jeder Hinsicht frei entscheiden können (so daß also ihre Eigenverantwortlichkeit eingeschränkt ist).«[76] Die technologischen Strukturen erheben die fachliche Kompetenz zur qualifizierenden Fähigkeit.[77] Wer über diese verfügt, bestimmt damit – neben den eigenen – die Lebensbedingungen jener, die mangels Kompetenz nicht über die erforderlichen Fähigkeiten und damit über eine institutionalisierte Machtposition verfügen.[78]

Diese, gegenüber der evolutionsgeschichtlichen Hierarchie künstliche oder sekundäre – weil technologisch herausgebildet und gesellschaftlich wirksam – läßt sich nun gera-

---

[76] O. Neumaier [1990], S. 46.

[77] Dies ist nicht in einem diskriminierenden, sondern in einem strukturellen Sinne gemeint. Die Aussage spiegelt die enge, konstitutive Beziehung zwischen Wissen und Handeln wider. J. Fischer [1983], S. 13, hat diese Relation herausgehoben, für die gilt, daß der Handelnde – um handeln zu können – wissen muß, »a) was geschieht und b) daß er den Umständen, insbesondere seinen Fähigkeiten nach in der Lage ist, das Geschehen zu beeinflussen. Offenbar handelt es sich hier um eine nicht nur notwendige, sondern auch hinreichende Bedingung.«

[78] Dieser Gedanke bildete das zentrale Motiv der Technokratie-Bewegung. H. Lenk [1973], S. 12, sieht im Anschluß an Ellul, Frisch, Freyer, Schelsky »die allgemeineren Probleme des sozialen und politischen Einflusses der wissenschaftlich-technischen Intelligenz, der Experten überhaupt, als das Zentralproblem der Technokratie an. Dabei wird die ›Expertokratie‹ sich je nach spezieller Betonung als ›Herrschaft‹ der Wissenschaftler (›Szientokratie‹), der Manager, der Planer, der Operations Research-Spezialisten, der (Ministerial-)Bürokratie, der Computerfachleute, der Ökonomen, ja, der Juristen, der Militärs o. a. deuten lassen. Sogar Platons Idee von der Herrschaft der Philosophenkönige im Staate ließe sich u. U. als Expertokratie der ›Spezialisten für das Allgemeine‹ deuten […].« Vgl. ders. [1986]; ders. [1994], S. 17ff.; W. Klems [1988], S. 146ff.; sowie die Sammelbände H. Lenk [1973], Hg. und C. Koch/D. Senghaas [1970], Hg. Der Ruf nach Experten und wissenschaftlicher Rationalisierung gesellschaftlicher Prozesse in Krisenzeiten scheint auch für die Gegenwart eine attraktive Alternative darzustellen. Die alte Idee der »Technokratie« – der Begriff wurde von dem Ingenieur W. H. Smyth in drei Aufsätzen im Jahre 1919 geprägt (vgl. D. Bell [1975], S. 249, Anm. 4) – kehrt ebenso wieder in dem Bestreben nach einer Extrapolation gegenwärtiger Zustände mit Hilfe von Computersimulationen, als auch in der »technokratischen Ideologie«, gesellschaftliche Entwicklungen mit Hilfe (sozial-)technischer Methoden steuern zu können.

de nicht allein im Sinne asymmetrischer, das heißt rechtlicher Beziehungen regeln.[79] Als hierarchisches, die Handlungsmöglichkeiten anderer beschränkendes Verhältnis kollidiert es mit dem Gedanken von Freiheit als Bedingung apriori der Möglichkeit zu handeln. Nicht weil eine Technologie in einer bestimmten Weise beschaffen ist, sondern insofern sie gesellschaftlich strukturbildend ist, das heißt soziale – im Regelfall: hierarchische – Beziehungen prägt, weist sie eine ethische Dimension auf und *ist* damit Gegenstand des verantwortungsethischen Diskurses. An dieser Stelle bekommt die Beziehung *symmetrischen* Charakter, nicht »weil alle Menschen die gleichen rationalen, sozialen oder natürlichen Voraussetzungen hätten, die Gründe ihres Handelns zu bestimmen. Sie ist vielmehr *symmetrisch* im Hinblick auf das *menschliche Vermögen, frei zu handeln*, die determinierenden Bedingungen und Antriebe des Handelns durch moralisch gerechtfertigte Gründe zu *ersetzen*.«[80]

Auch eine Stellvertreterverantwortung ist diesem Symmetriegedanken verpflichtet. Es reicht keineswegs aus, wenn ein Verantwortungssubjekt seine Fürsorgepflicht allein nach Maßgabe der eigenen Vorstellungen wahrnimmt. Nicht nur *daß* einem Subjekt in bestimmten Situationen eine Stellvertreterverantwortung zukommt, sondern auch *wie* es diese wahrzunehmen hat, ist eine moralische Frage. Die Gründe für das Verhalten des Verantwortungssubjektes gegenüber dem Verantwortungsobjekt müssen für letzteres prinzipiell einsehbar und moralisch akzeptabel sein. Das Handeln des Verantwortungssubjektes muß auch aus der Perspektive des Verantwortungsobjektes moralisch gerechtfertigt sein. M. Kettner hat diese Forderung mit Hilfe des Paternalismuskonzepts expliziert.[81] Der Kern paternalistischen Verhaltens besteht darin, daß die sich paternalistisch gegenüber einer Person B verhaltende Person A unterstellen muß, daß B unter Umständen weder in der Lage ist, das ihren eigenen Interessen Förderliche zu tun, noch – im zugespitzten Fall – fähig ist, das der eigenen Person Dienliche überhaupt zu erkennen. Die Interventionen von A orientieren sich also ausschließlich an deren eigenen Überzeugungen, unabhängig davon, ob B diesen zustimmt oder nicht. »Moralisch *verwerflich* wird paternalistisches Verhalten genau dann,« wie Kettner resümiert, »wenn Wahl- oder Überlegensmöglichkeiten von B, die von A beschnitten

---

79 In diesen Zusammenhang gehört auch das schwierige Problem der Haftungsregelungen, wie es besonders gravierend bei der Frage nach der Versicherung von Kernkraftwerken auftaucht. Vgl. J. Benecke [1995], S. 378f.: »In einer aktuellen Abschätzung der finanziellen Unkosten eines katastrophalen Kernschmelzunfalls, die im Auftrag der Bundesregierung durchgeführt wurde und die sich auf Leistungsreaktoren, sprich Kraftwerksreaktoren der gängigen Größe bezieht, werden als Schadenssumme 11 Billionen DM angegeben, die im Ernstfall auf einen Schlag benötigt werden.« Dazu ein Beamter des Bundeswirtschaftsministeriums: »Der Betreiber eines deutschen Atomkraftwerkes muß selbst nur für eine Deckungssumme von 200 Millionen vorsorgen. Über einen Pool stünden maximal 500 Millionen bereit. Bis zu einer Schadenshöhe von einer Milliarde Mark zahlt dann der Staat. Danach ist Schluß […]. Die Versicherungslücke beträgt 99,99 Prozent. Das ist Vorsorge nicht einmal dem Prinzip nach.«

80 W. Vossenkuhl [1983], S. 130.

81 M. Kettner [1992b], S. 340, Anm. 28, formuliert im Anschluß an D. Archards Paternalismusanalyse: »Eine Person A verhält sich paternalistisch zu einer Person B genau dann, wenn (1) A versucht zuwege zu bringen, daß im Hinblick auf einen Zustand, der Bs Interessen betrifft, Bs Wahlmöglichkeiten oder Überlegungsmöglichkeiten geringer werden oder entfallen; (2) As Überzeugung, daß sein Verhalten Bs Interessen förderlich ist, ist der Hauptgrund für As Verhalten; (3) A diskontiert gegebenenfalls Bs Überzeugung, daß As Verhalten *nicht* Bs Interessen förderlich ist.«

werden, solche sind, auf die B *ein Recht* (bzw. einen moralisch legitimen Anspruch) hätte.«[82]

Die Betreiber von Kernkraftwerken tragen also eine Stellvertreterverantwortung, insofern das reibungslose Funktionieren dieser Technologie – aufgrund der massiven Folgen bei auftretenden Störungen – eine Bedingung der Möglichkeit zu handeln nicht nur für diejenigen bedeutet, die als Experten mit ihrem Handeln ihre eigenen zukünftigen (Handlungs-)Möglichkeiten festlegen, sondern auch für jene, die als mögliche Betroffene in gleicher Weise in ihren Lebensmöglichkeiten determiniert würden. Entscheidend ist dabei, daß dasjenige, was unter dem Begriff der Lebensmöglichkeit subsumiert wird, nur von den Subjekten selbst bestimmt werden kann und nicht von außen gesetzt werden darf. Die Verantwortung für das Bestehen oder Nichtbestehen dieser Möglichkeiten tragen all diejenigen, die in der Lage sind, Einfluß zu nehmen. Der Bereich dessen, worauf Einfluß genommen werden kann, reicht wesentlich weiter als derjenige, der sich mit dem Handeln einer Person konstituiert.[83]

Natürlich gibt es graduelle Unterschiede bei der Einlösung dieser moralischen Forderung. Die elterliche Wahrung der Interessen ihres Kleinkindes oder die Forderung der politischen Weltgemeinschaft nach der Durchsetzung von Menschenrechten in Diktaturen stellt andere Anforderungen an die Verantwortungssubjekte, als etwa die Rücksichtnahme christlicher Missionare gegenüber den Eigenarten einer animistischen, heidnischen Kultur. Die Stellvertreterverantwortung von Experten gegenüber Laien erscheint im Hinblick darauf weit weniger problematisch. Die Hauptschwierigkeit einer stellvertretenden Formulierung der Rechte beziehungsweise moralisch legitimen Ansprüche von Abhängigen, die nicht in der Lage sind, diese selbst zu reklamieren oder einzufordern, stellt sich in unserem Fall gar nicht. Was dort im Wege steht, sind allein ökonomische, ideologische und politische Interessen. Eine Politik, die auf Vorfälle wie die Tschernobyl-Katastrophe in einer Weise reagiert, daß sie den Direktor oder Leiter absetzt, bezieht sich somit einerseits auf einen verkürzten Verantwortungsbegriff und überträgt andererseits einem Personenkreis die Verantwortung für Strukturen, die jene nicht bestimmt haben, sondern deren Teil sie als Funktionsträger sind.

Die ethische Neutralisierung wird erreicht über den Umweg einer Verschiebung auf der Ebene der Träger oder Subjekte von Verantwortung. Eine solche Übertragung gelingt nur um den Preis einer doppelten Verkürzung: Die Ausblendung des strukturellen Charakters eines Problems einerseits entlarvt mit ihrer Strategie der Individualisierung nur die Willkür eines Menschenbildes andererseits, das einer »taktischen« Moral zugrundeliegt. Die moralische Inszenierung auf einem Nebenschauplatz trägt ihre Suspendierung bereits in sich, und es spricht einiges für den mancherorts erhoben Vorwurf, daß sie genau zu diesem Zweck stattfindet.

---

82 M. Kettner [1992b], S. 340f., Anm. 28.

83 Insofern greift auch jede Definition von Verantwortung zu kurz, die diese allein auf die Folgen der Handlungen von Personen beschränkt. Vgl. dazu O. Neumaier [1990], S. 49.

Die im letzten Kapitel herausgearbeitete konstitutive Bedeutung der Problemkonstruktion für die Lösung fragwürdiger Zustände und Ereignisse bestätigt den zuvor
formulierten Verdacht, daß Angewandte Ethik als problemorientierte auf einer Reihe
wichtiger Voraussetzungen aufbaut. In der Konzentration auf spezifische Problemsituationen liegt sowohl die Stärke als auch die Schwäche ihrer Ansätze. Die Stärke
besteht in der nicht nur methodischen, sondern auch gegenständlichen Hinwendung auf
die Praxis, die Schwäche in einer »praktizistischen« Verkürzung ethischer Reflexion.
Der ethische Reduktionismus beruht wesentlich auf einer Anschauung, die man als
Selbstevidenz des Kritischen bezeichnen könnte. Dieses Phänomen wird sichtbar,
wenn wir die Gründe betrachten, mit denen die Fragestellungen und die Arbeit von
Angewandter Ethik gerechtfertigt werden. Dabei ist zu berücksichtigen, daß – eben
aufgrund des Phänomens der Selbstevidenz – die herausdestillierten Gründe für das
Vorgehen Angewandter Ethik keine Rolle spielen und überhaupt nur in der Rekonstruktion des Ansatzes greifbar werden. Im Kapitel über Krisen und Probleme wurden
einige weitverbreitete Argumente für Angewandte Ethik genannt. Umweltverschmutzung, Erwärmung der Erdoberfläche, Bevölkerungswachstum, Gefahren der »friedli-
chen« wie militärischen Nutzung der Kernenergie, die unabsehbaren Möglichkeiten
und Gefahren der Reproduktionsmedizin sowie die Entfremdung und soziale Isolation
durch die Digitalisierung unserer Alltagsräume bilden die derzeit am häufigsten genannten Problemkreise. Drei Momente sind kennzeichnend für die so beschriebene Lage der Menschheit am Ende des zweiten Jahrtausends: erstens die dramatischen Aus-
maße bedrohlicher Entwicklungen, zweitens das exponentielle Wachstum der Gefahren
und der in gleichem Maß ansteigende Zeitdruck bei der Suche nach geeigneten Maßnahmen und drittens der emotionsgeladene Umgang mit den einzelnen Themen. Besonders das diesen Szenarien anhaftende Bedrohungspotential, also deren emotionale
Schubkraft entwickelt eine Eigendynamik, die den Versuch eines klaren, nüchternen
Blicks nicht nur erschwert, sondern bisweilen als blanken Zynismus erscheinen läßt.[84]
Persönliche Betroffenheit wird zum Maßstab und Kriterium mancher rigiden und auch
zweifelhaften ethischen Forderung.

Aber nochmals, was hat diese Bestandsaufnahme – einmal abgesehen von der allgemeinen Feststellung, daß jede Handlung eine ethische Dimension hat – mit Ethik zu
tun? Warum sollte sich Ethik mit Fragen der Umweltverschmutzung oder Computertechnologien befassen? Welches sind die ethischen Implikationen dieser Technologien
und Entwicklungen? Was gibt ihnen ihre ethische Dimension? Diese Fragen werden
methodisch greifbar, sofern man bereit ist, für einen Augenblick seinen ethischen
Standpunkt zu verlassen, um die in den Fragen thematisierten Bezüge zunächst ganz
elementar als *Meinungen* über Sachverhalte in den Blick zu nehmen. Die Frage da-

---

84 Hierhin gehört der Vorwurf, anstatt sich kritisch (dieser Begriff fällt in solchen Diskussionen nicht
   selten mit dem des Akademischen zusammen) mit Angewandter Ethik auseinanderzusetzen, solle
   man – wiederum angesichts der Bedrohlichkeit der Lage – vielmehr froh sein, daß Ethik sich endlich praktischen Aufgaben zuwendet und deren Bemühungen unterstützen. M. Kettner [1992a], S.
   18ff., spricht an dieser Stelle vom dem »*Relativismus-Zynismus-Dilemma*« Angewandter Ethik.

nach, was Ethik mit Computertechnologien zu tun hat, erscheint aus der hier vorge-schlagenen Perspektive als diejenige danach, was uns zu der Meinung führt, Compu-tertechnologien als Thema von Ethik zu begreifen. Bei der Debatte um den epistemo-logischen Charakter von Meinungen hat es sich als hilfreich erwiesen, zwischen *Anläs-sen* oder *Motiven* und *Gründen* zu unterscheiden, oder mit J.-C. Wolf zwischen der »spontane(n) kausale(n) *Entstehung*« von Meinungen und ihrer »*Rechtfertigung*«.[85] Vor dem Hintergrund dieser Differenzierung erscheinen unsere Fragen dann in einem anderen, erkenntnistheoretischen Licht: Unbestreitbar gibt die beschriebene Lage An-laß zu großer Sorge. Unbestritten sind auch die globalen Gefahren und das damit ein-hergehende Gefühl des Bedrohtseins. Ungeklärt ist dagegen zweierlei: Erstens, wie kommen wir zu unseren spontanen Meinungen und zweitens, was können diese Mei-nungen und die Betroffenheit angesichts der Lage zur Rechtfertigung ethischen Enga-gements beitragen?

Sind die ethischen Implikationen von Kohlekraftwerken Tatsachen wie deren meßbare Emissionen? Legt der Standort des Geigerzählers fest, wann Radioaktivität zum ethi-schen Problem wird: diesseits oder jenseits der Reaktorhülle? Läßt sich Gentechnolo-gie mit dem Argument rechtfertigen, daß »die Natur«, wie J. Reich bemerkt, »Gen-transfer und Genmanipulation seit Milliarden Jahren (betreibt)«,[86] oder läuft die damit suggerierte »Bierhefe-Unschuld der Gentechnologie«, wie U. Beck kontert, auf eine »*Demokratisierung Gottes*«[87] hinaus? In Bezug auf die Gentechnologie beraubt uns J. Reich mit seinem Verweis auf die Natur allerdings einer – teilweise vorschnell als Ar-gument vorgebrachten – Illusion: »Das Genom ist nicht der unberührte heilige Tempel des Lebens, von dem der frevelnde faustische Geist unter allen Umständen fern-zuhalten wäre. Daraus resultiert ein prinzipielles pragmatisches Dilemma: Es lassen sich keine logisch stimmigen Gesetze, Regeln und Verbote ableiten, wie die neue Bio-logie mit den möglichen Folgen ihres Forschens umzugehen hätte. Es gibt keine Hand-lungskategorien, die die Unterscheidung von zulässig und unzulässig ableitbar gestal-ten würden.«[88] Unabhängig davon, ob dieser Behauptung nicht etwas vorschnell ge-troffen wird, gilt die Warnung, auf der anderen Seite nicht ebenso vorschnell einem Naturalistischen Fehlschluß auf den Leim zu gehen. Diese Mahnung verdient weit über den Rahmen gentechnologischer Fragestellungen hinaus Beachtung.

Dessen ungeachtet bestehen ganz offensichtlich Bedenken, die von einer solchen Plau-sibilität sind, daß sie zumindest den Anschein erwecken, sie wären ebenso »objektiv«, wie die Ergebnisse naturwissenschaftlichen Forschens und Experimentierens selbst.[89] Wie aber kommen diese Meinungen und unsere Gewißheit über deren Angemessenheit

---

85 J.-C. Wolf [1995], S. 350.

86 J. Reich [1994a], S. 52.

87 U. Beck [1994], S. 54 und 56.

88 J. Reich [1994a], S. 52f.

89 Daß das naturwissenschaftliche Experiment selbst auf einer Reihe ganz wesentlicher Vorentschei-dungen beruht, zeigt bereits Kant in der Vorrede zur 2. Auflage seiner *Kritik der reinen Vernunft* (I. Kant, KrV B XIV). Vgl. dazu S. Moser [1958], S. 22; P. Janich [1981]; K. Knorr-Cetina [1984]; L. Hack [1988] sowie M. Wolff [1989].

zustande, wenn sie doch – wie Reich bemerkt – nicht dem Gegenstand selbst anhängen? Was genau bestimmt unsere Haltung: Wenn es schon nicht der Gegenstand selbst ist, der unsere Fragestellungen provoziert, mithin tut er dies dann mittelbar, insofern er zugleich das Raster vorgibt, mit dessen Hilfe wir jenen betrachten? Entspricht dem Ereignis ein Urteil, das in analoger Weise wahrnehmbar ist, wie der Gegenstand selbst? Beruht die Eindeutigkeit oder Evidenz unserer Ansichten also darauf, daß wir moralische Sachverhalte – als Tatsachen – wahrnehmen können (wie etwa grüne Wände), oder darauf, daß allgemein anerkannte, eindeutige Beziehungen bestehen zwischen bestimmten Gegenständen und »dazugehörigen« moralischen Urteilen (wie beispielsweise im Fall eines kaltblütigen Mordes oder der grausamen Folterung von Regimegegnern)?[90]

Angewandte Ethik sagt nichts darüber und unterstützt gerade damit die Vermutung von der Fraglosigkeit ihres Vorgehens. Die Rechtfertigung ihrer Beschäftigung scheint mit der Konstituierung der Disziplin erfüllt. Die so unterstellte Evidenz bei der Themenwahl (vielleicht sollte präziser von einer *Evidenz des Anlasses* gesprochen werden) suggeriert auf der disziplin-internen Ebene – mit den Worten Gadamers –, »als gäbe es die Probleme wie die Sterne am Himmel«.[91] Die Sterne selbst leuchten entweder in einem moralischen Licht oder die Linsen der Teleskope, durch die wir sie betrachten, haben einen moralischen Schliff. Aus einer erkenntnistheoretischen Perspektive haben wir es hier mit den beiden alternativen Positionen zu tun: ethischer Naturalismus beziehungsweise Realismus[92] oder ethischer Universalismus.

Grundsätzlich kann zwischen zwei Gruppen von Prämissen unterschieden werden, die problemorientierten Ethiken konstitutiv zugrunde liegen. Zunächst wird vorausgesetzt, daß ein Ereignis, indem dieses – als kritisch identifiziertes – zu ethischer Aktivität Anlaß gibt, eine ethische Dimension hat. Die Art und Weise des Zugangs weist einen Gegenstand als ein bestimmtes Exemplar – hier als einen Fall für Ethik – aus. Die grundlegende Annahme vom ethischen Charakter eines Gegenstandes wird dann in der Art und Weise seiner Problematisierung – oder allgemeiner: seiner Exposition oder Explikation – näher bestimmt. Die Konfrontation mit einem bestimmten Maßstab aus unserem Repertoire an Schablonen – unseren Begriffen – gibt einem Sachverhalt seine spezifische Qualität. Zwei Aspekte können analytisch unterschieden werden: Die Wahl eines (beliebigen) moralischen Maßstabes drückt zunächst aus, *daß* ein Ereignis als Thema von Ethik aufgefaßt wird, die spezifischen Charakteristika des Maßstabes geben an, *wie* jener Sachverhalt Gegenstand von Ethik ist. Beide hier unterschiedenen Schritte sind Weisen der Diskrimination[93] und – gemäß unserer These – nicht irgend-

---

90 Über die Vieldeutigkeit dieser Fragen aus der Sicht des einzelnen Subjektes läßt R. Musil [1978], Bd. 1, S. 247 – 257, seinen Protagonisten Ulrich reflektieren.

91 H.-G. Gadamer [1965], S. 382.

92 Zur Frage eines ethischen Realismus vgl. G. Syre-McCord [1988], Hg.; darin bes. R. N. Boyd [1988].

93 Der Begriff »Diskrimination« meint hier die »Fähigkeit zu unterscheiden« (vgl. P. Bieri [1987], S. 15), und soll auf die erkenntnistheoretischen Implikationen bei der Wahrnehmung eines Gegenstandes verweisen. Vgl. in diesem Zusammenhang auch die Bemerkung von N. Luhmann [1986],

wie gegeben, etwa indem sie einem Gegenstand oder Ereignis *von Natur aus* anhängen, sondern beruhen auf einer *hergestellten* Relation.[94] Ein Gegenstand wird kritisch beurteilt hinsichtlich eines Maßstabes, mit dem – und das ist entscheidend – jener Gegenstand kollidiert. Eine Kollision läßt sich in diesem Zusammenhang beschreiben als mißlungener Versuch, etwas miteinander in Übereinstimmung zu bringen. Grundsätzlich lassen sich zwei Weisen des Mißlingens unterscheiden: Die Gründe dafür liegen entweder in einer falsch konstruierten Relation – in dem Sinne wie umgangssprachlich von dem sinnlosen Vergleich zwischen Äpfel und Birnen gesprochen wird – oder verweisen auf ein Defizit bei einem der Relate. Die erste Variante würde auf einen logischen Kategorienfehler verweisen, die Kollision wäre also nur eine scheinbare,[95] im zweiten Fall würde von einer Hierarchie der Relate ausgegangen, womit zugleich ein Urteil über die mangelnde Übereinstimmung des subdominanten Relates mit dem übergeordneten verbunden wäre. Unterstellt, daß in unserem Zusammenhang Beziehungen aufgrund bestimmter Merkmale, die als Klassifikationskriterien fungieren, hergestellt werden, verweist eine Kollision auf die Inkompatibilität von kriterienstiftendem Relat und demjenigen, von dem Anpassung gefordert wird hinsichtlich bestimmter Merkmale.

Zwei Fragen rücken an dieser Stelle ins Zentrum: Erstens, wie können Anpassungsdefizite von Kategorienfehlern unterschieden werden; was schafft die Gewißheit, daß eine wahrgenommene Inkompatibilität auf ein Problem des subdominanten Relates verweist und nicht als Indiz für die Falschheit des zugrundeliegenden Vergleichs selbst angesehen wird? Und zweitens, welche Verbindungen bestehen zwischen einem Gegenstand und den Merkmalen, die für das kollidierende Verhältnis relevant sind?

Beide Fragen hängen viel enger zusammen, als ein erster Blick vermuten läßt. Dem expliziten Beziehungsgeflecht, das das Verhältnis der beiden Relate konstituiert in der Weise, wie es in der Kollision zum Ausdruck kommt, ist ein weiteres, eher implizites vorangestellt. Phänomenologisch zeigt es sich – so können wir an dieser Stelle zunächst unspezifisch formulieren – in der Stärke des zugrundegelegten Maßstabes gegenüber dem Angriff durch ein wahrgenommenes Ereignis, wie er in der Kollision manifest wird. Dafür sprechen eine Reihe von Indizien, wie wir allgemein auf moralische Herausforderungen reagieren:[96] 1. daß die Frage des Kategorienfehlers gar nicht vor-

---

S. 47: »Selbst Tatsachen haben Kommunikationswirkungen nur als Feststellung von Tatsachen, und die Feststellung einer Tatsache ist die Feststellung einer Differenz.«

94 Natürlich kann man sagen, daß die erste Kategorisierung, einen Gegenstand als ethischen auszuweisen, diesem *von Natur aus* zukommt, genau dann, wenn mit diesem Gegenstand eine *Handlung* gemeint ist. Damit ist aber nicht zugleich über die Art und Weise der Problematisierung entschieden. Und selbst wenn unterstellt würde, es gäbe eine allgemein akzeptierte universelle Norm, nach der jede Handlung unter ethischen Gesichtspunkten beurteilt werden müßte, wäre keineswegs ausgemacht, unter *welcher* moralischen oder ethischen Perspektive eine solche Beurteilung zu erfolgen hätte.

95 Es macht keinen Sinn von »bösen Tischen« zu reden, weil Tische nicht mit moralischen Maßstäben kollidieren können.

96 Bemerkenswert ist, daß wir in der Regel von moralischen Herausforderungen sprechen, nicht aber von Angriffen auf unsere moralischen Anschauungen. Moralische Probleme lösen bedeutet immer auch, unsere moralischen Vorstellungen zu verteidigen.

kommt – präziser: gar nicht vorkommen kann, weil 2. die Ursachen, die zu der Kollision führen, nicht eigens zur Sprache kommen, sondern stillschweigend vorausgesetzt werden, damit aber 3. die Perspektivenfrage hinter dem Schein von der Eindeutigkeit des Gegenstandes verschwindet oder 4. – wenn überhaupt – nur in Form ideologischer, politischer oder lobbyistischer Emphasen zum Ausdruck gebracht wird. All dies sind Hinweise auf jenes Phänomen, das wir mit dem Ausdruck »Selbstevidenz des Kritischen« bezeichnet haben.

In den folgenden Abschnitten geht es nicht darum, diese »Evidenz« zu kritisieren. Vielmehr soll uns die Frage, warum bestimmten Meinungen eine derartige Plausibilität anhängt, die eine Begründung offensichtlich überflüssig macht. Woher nehmen wir die Selbstverständlichkeit, mit der wir uns bestimmten ethischen Themen widmen? Eine Antwort auf diese Frage zerfällt in zwei Teile: Neben die inhaltliche Frage nach den Argumenten, die eine Meinung stützen, tritt die logische nach dem Status moralischer Urteile und dem strukturellen Aufbau der Argumentation innerhalb der sie auftreten. Ein Blick hinter die erkenntnistheoretischen Voraussetzungen ist an dieser Stelle aufschlußreich.

Auf den ersten Blick scheint es so, als könnten Probleme durch die Form »x ε P« dargestellt werden. Dabei benennt »x« einen Gegenstand, der durch die Kopula »ist« (ε) mit dem Merkmal[97] »P«, für »Problem« oder »problematisch«, verbunden wird. Der Ausdruck »problematisch« in der Äußerung »Die Technologie x ist problematisch« stellt eine Prädikation dar, analog zu dem Ausdruck »grün« in der Behauptung »Diese Wand ist grün«.[98] In beiden Fällen wird eine Eigenschaft y von einem Gegenstand x behauptet, das heißt ein bestimmter Gegenstand wird im Hinblick auf etwas anderes vorgestellt.[99] Bei G. E. Moore bezeichnet der Ausdruck »gut« – wie das Farbwort »gelb« – eine »einfache«, »nicht-definierbare«, nicht-zerlegbare Eigenschaft, mit dem Unterschied, daß das Farbwort auf eine natürliche, der Ausdruck »gut« auf eine nicht-natürliche Eigenschaft referiert.[100]

Hinsichtlich der Überprüfbarkeit der zur Debatte stehenden Merkmale oder Eigenschaften »Grünheit« und »Problematisch-Sein«, das heißt des »logischen Verhalten[s] beider Attribute«,[101] bestehen nun gewichtige Unterschiede. Bei der Begründung der

---

[97] Die Terminologie folgt K.-H. Ilting [1974], S. 19ff. Ein »Merkmal« – beziehungsweise eine »Eigenschaft« (vgl. E. Tugendhat/U. Wolf [1983], cp. 6; E. Tugendhat [1976], S. 176 – 179; 331 – 336) – ist ein Allgemeinbegriff, der »an Gegenständen vorkommen und uns nie anders als an Gegenständen gegeben sein kann« (a. a. O., S. 19). Dieses Verständnis entspricht der Aristotelischen Auffassung von »Name« und »Zeitwort« in De Interpretatione, IV.

[98] Vgl. K.-H. Ilting [1974], S. 20: »Durch die Prädikation wird […] behauptet: Der Sachverhalt stelle den Gegenstand als einen so und so bestimmten dar«. Vgl. E. Tugendhat/U. Wolf [1983], S. 80.

[99] K.-H. Ilting [1974], S. 19, nennt diesen Akt »Subsumtion« und sein Ergebnis »Sachverhalt«. Vgl. E. Tugendhat/U. Wolf [1983], S. 80: »Das Prädikat steht immer für einen Begriff (oder eine Klasse), und mit dem prädikativen Satz wird gesagt, daß etwas […] unter diesen Begriff (bzw. in diese Klasse) fällt.«

[100] Vgl. G. E. Moore [1970], S. 36 – 46; 76 – 79.

[101] B. Williams [1978], S. 49.

Behauptung von der grünen Wand würden wir auf diese zeigen und könnten uns auf die allgemeine Konvention zurückziehen, daß wir Farben dieser Wellenlänge beziehungsweise an dieser Stelle des Farbspektrums »grün« nennen.[102] Für das Zusprechen des Prädikats »problematisch« stehen keine derartigen Konventionen zur Verfügung. Denn wir haben es hier semantisch mit einer anderen Form von Prädikaten zu tun. Der Ausdruck »problematisch« steht nicht für eine Eigenschaft (wie der Ausdruck »grün«), sondern für eine Relation, in der ein Gegenstand zu etwas anderem steht. Problematisch ist etwas im Hinblick auf etwas anderes. Entsprechend können wir nur den Maßstab explizieren, relativ zu dem uns etwas als problematisch erscheint.[103] Wir müßten aber zugleich zugeben, daß auch andere Maßstäbe, die zu anderen Beurteilungen führen würden, denkbar sind. Es ist eine Frage des (begründeten) Meinens ob etwas problematisch ist, nicht aber ob etwas grün ist. Farbzuschreibungen sind – sieht man einmal von bestimmten kulturspezifischen Besonderheiten ab – »schlichtweg« wahr oder falsch. Eine »grüne Wand« ist entweder richtig oder falsch charakterisiert. Die Behauptung, etwas sei »problematisch« kann unter Umständen auch wahr oder falsch sein, aber nur relativ zu einem unterstellten Maßstab. Ob die Wahl des Maßstabes *selbst* wahr oder falsch ist, ist aber eine ganz andere, für die Behauptung des Problematisch-Seins allerdings entscheidende Frage.[104]

B. Williams hat gegen Moore darauf hingewiesen, daß moralische Ausdrücke wie »gut« – im Gegensatz zu sekundären Qualitäten (etwa Farben) – in vielen Fällen *attributiv* und nicht prädikativ verwendet werden. B. Williams definiert: »›Gelb‹ z. B. ist ein prädikatives Adjektiv, da es in einem Satz wie ›Dies ist ein gelber Vogel‹ durch ›Dies ist ein Vogel und er ist gelb‹ analysiert werden kann. Ebenso können wir aus den beiden Sätzen ›Dies ist ein gelber Vogel‹ und ›Ein Vogel ist ein Tier‹ folgern: ›Dies ist ein gelbes Tier‹. Dagegen läßt sich der Satz ›Er ist ein guter Kricketspieler‹ nicht umformen zu ›Er ist ein Kricketspieler, und er ist gut‹, und ebensowenig können wir aus ›Er ist ein guter Kricketspieler‹ und ›Ein Kricketspieler ist ein guter Mensch‹ und ›Ein Kricketspieler ist ein Mensch‹ schließen: ›Er ist ein guter Mensch‹. Adjektive, die auf diese Weise an ihrem Substantiv ›kleben‹, sollen attributive Adjektive heißen oder genauer: wenn ein Adjektiv so verwendet wird, daß es auf die gekennzeichnete Weise am

---

102 L. Wittgenstein, *Philosophische Untersuchungen*, § 57f., bezeichnet Farbwörter als »Namen«, wobei der Sprachgebrauch regelt, wie diese »Namen« verwandt werden. Vgl. P. M. S. Hacker [1978], S. 246ff.

103 In gewisser Weise kann die Behauptung »X ist problematisch« als eine elliptische Aussage aufgefaßt werden. Grammatikalisch handelt es sich bei Ellipsen um »syntaktisch verkürzte[...] und gewöhnlich auch syntaktisch unvollständige Ausdrücke, die nur innerhalb des Kontextes, das heißt in der spezifischen Gebrauchssituation interpretierbar sind, wobei die in ihnen gegebene Information durch kontextuelle Information ergänzt wird.« (*Lexikon der Germanistischen Linguistik* I, S. 67; vgl. W. Welte [1974], Band 1, S. 124). Während bei der Behauptung »Die Wand ist grün« keine zusätzlichen Informationen notwendig sind, um diese zu verstehen, benötigt man bei der Behauptung »X ist problematisch« zusätzliche Informationen darüber, in welcher Hinsicht der Gegenstand als problematischer charakterisiert wird, um die Behauptung zu verstehen. Diese zusätzlichen Informationen, also der Maßstab, können expliziter Natur sein oder aus dem Kontext erschlossen werden.

104 Zur Unterscheidung zwischen absoluter und relativer Rechtfertigung vgl. E. Tugendhat [1976], S. 113ff. et passim.

Substantiv ›klebt‹, soll die Verwendung attributiv heißen.«[105] Attributive Prädikate verweisen auf einen Maßstab,[106] der wesentlich durch das Substantiv, auf das es bezogen ist, bestimmt wird.[107] Wie A. Graeser sagt, weisen attributiv verwendete Prädikate eine Handlung als »ein bestimmtes Exemplar (aus), das diese oder jene Charakteristika an den Tag legt und diese oder jene Beurteilung verlangt.«[108] Nach der attributiven Verwendungsweise moralischer Ausdrücke ist es also nicht mehr völlig beliebig, auf welche Maßstäbe wir uns berufen, wenn wir moralische Urteile fällen. Das Substantiv enthält gewissermaßen den Maßstab, der festlegt, wie die mit dem Adjektiv ausgedrückte Prädikation aufgefaßt werden muß.

Für A. Graeser bildet die attributive Verwendungsweise von Prädikaten eine Brücke zwischen der klassischen Dichotomie von der Objektivität natürlicher Eigenschaften und der Subjektivität moralischer Wertungen. Moralische Eigenschaften – wie sie etwa mit dem Ausdruck »gut« bezeichnet werden – sind *Einstufungsausdrücke* die analog etwa zu der Einteilung von Äpfeln oder Eiern in verschiedene Güteklassen funktionieren. Die Pointe dieses Verweises besteht darin, daß damit – gegen einen reduktionistischen Naturalismus – die Objektivität moralischer Wertungen und darüber hinaus unter Umständen die Existenz moralischer Fakten als wahrheitsfähige Gebilde begründet werden kann. Zunächst gilt für das Einstufen, wie J. O. Urmson betont, erstens ein enger Zusammenhang zwischen dem jeweiligen Einstufungsausdruck und denjenigen empirischen Eigenschaften, die den Gebrauch jenes Einstufungsausdrucks rechtfertigen, zweitens daß es sich bei diesem Zusammenhang um keine Identität der Bedeutung handelt und drittens daß die Tätigkeit des Einstufens objektiven Charakter hat.[109] Wie

---

[105] B. Williams [1978], S. 48f. Die Unterscheidung geht zurück auf P. T. Geach, Good and Evil, in: *Analysis* 17 (1956). Vgl. dazu auch A. Graeser [1996]; ders. [1997]; E. Tugendhat [1993], S. 56 und in Auseinandersetzung mit Hare, J.-C. Wolf [1995], S. 347ff. E. Tugendhat [1981], S. 69f., Anm. 3, diagnostiziert bereits bei Aristoteles eine attributive Verwendung des Prädikats »gut«.

[106] Vgl. B. Williams [1978], S. 49: »Ein anderes wichtiges attributives Adjektiv ist ›echt‹ – die Behauptung, etwas sei echt, kann nur verstanden werden, wenn wir die Frage beantworten können ›Echt (als) *was*?‹«.

[107] Vgl. B. Williams [1978], S. 51f.: »Da ›gut‹ dieser Interpretation zufolge mit dem von ihm qualifizierten Substantiv eng verknüpft ist, muß die Bedeutung der Wendung ›ein gutes x‹ im ganzen analysiert werden, wobei sie zum Teil durch das bestimmt wird, was für ›x‹ jeweils eingesetzt wird.« Und Williams bejaht die weiterführende Frage: »Können wir noch einen Schritt weitergehen und sagen, daß bei Wendungen dieser Art die Bedeutung des Ganzen *wesentlich* von der Bedeutung des für ›x‹ eingesetzten Ausdrucks abhängt? [...] das Verstehen, was ein x ist, [schließt] ein allgemeines Verständnis derjenigen Kriterien ein [...], nach denen sich entscheiden läßt, was ein gutes x ist; es steht uns nicht frei, Kriterien für das Gutsein einfach zu erfinden.«

[108] A. Graeser [1997], S. 13. Vgl. ders. [1996], S. 54f.: »Insofern sind Sätze, die moralische Beobachtungen zum Ausdruck bringen, ebenso wahrheitsfähig wie Einstufungen, die etwas als besonderes Exemplar seiner Art klassifizieren. In beiden Fällen folgen wir Regeln, die bestimmen, welche Entitäten zu einer bestimmten Art gehören, und spezifizieren, daß die Erfüllung dieser oder jener Bedingung(en) diese oder jene Einschätzung rechtfertigt oder verlangt. Zwar mag die empirische Evidenz im Falle geläufiger Einstufungsurteile (›x ist ein gutes Auto‹, i. e. es beschleunigt in 8 Sekunden auf 100 km usw.) gelegentlich härter sein als im Falle moralischer Einschätzungen. [...] Indes scheint dieser Unterschied nur gradueller Art zu sein. Lebten wir in einer kulturell geschlossenen Szenerie, so würde auch der Bereich moralischer Wahrnehmung sehr homogene und vielleicht geradezu stereotype Züge aufweisen.«

[109] Vgl. J. O. Urmson [1974], S. 154.

kann die Relation zwischen einem Einstufungsausdruck und seinen empirischen Kriterien näher beschrieben werden? Urmson wählt hierfür das Beispiel einer Mannschaftsaufstellung. Es besteht ein logischer Unterschied zwischen der nichtdeskriptiven Tätigkeit des Mannschaftskapitäns, jemanden als Spieler auszuwählen, eben weil er ihn für »gut« hält, und den für diese Wahl gültigen deskriptiven Kriterien (etwa die alphabetische Reihenfolge der Spielernamen oder die Anzahl der von den einzelnen Spielern zuletzt erzielten Tore). Die Verknüpfung ist zwar eng, aber weder analytisch noch synthetisch.[110] Entscheidend ist nun, daß Einstufungsausdrücke »nur dort erfolgreich zur Kommunikation *verwendet* werden (können), wo es akzeptierte Kriterien gibt. Wo dies nicht der Fall ist, da kann es nur Konfusionen und ein Aneinandervorbeireden geben [...].«[111] Urmson sieht in moralischen Zusammenhängen den gleichen Einstufungsmechanismus am Werk, wie etwa bei der Einteilung von Eiern oder Äpfeln in Güteklassen. Der Blick für die Übereinstimmung wird allein dadurch verstellt, daß »moralische Einstufungen um so viel wichtiger sind.«[112]

Das empirische Fundament von Einstufungen scheint zunächst auch die Evidenzbehauptung von Krisen zu stützen. In diesem Sinne präsentiert A. Graeser Urmsons Überlegungen als Argument für die Wahrheitsfähigkeit moralischer Beobachtungen.[113] An dieser Stelle ist allerdings Vorsicht geboten, um die empirische Basis nicht vorschnell als Indiz für die Objektivität des Urteils mißzuverstehen. Objektivität besteht nicht schlechthin, sondern nur relativ zu einem Bezugssystem.[114] Urmson betont in diesem Zusammenhang zwei Aspekte: Erstens: »Beschreiben bleibt Beschreiben. Einstufen bleibt Einstufen und das Ausdrücken von Gefühlen bleibt eben das Ausdrücken von Gefühlen. Keiner dieser drei Tätigkeiten kann auf eine der beiden anderen reduziert werden.« Zweitens: Die Frage, »ob es überhaupt objektive und akzeptierte Einstufungskriterien gibt und wie diese funktionieren, stellt ein ganz anderes Problem dar

---

110 Vgl. J. O. Urmson [1974], S. 156f.

111 J. O. Urmson [1974], S. 169.

112 J. O. Urmson [1974], S. 170f.: »Daß auch in der Moral der ganz gewöhnliche Einstufungsmechnismus am Werk ist, diese Erkenntnis wird oft durch die gar nicht zu bestreitende Tatsache verbaut, daß moralische Einstufungen um so viel wichtiger sind. Es geht uns eben weitaus mehr um die Erreichung möglichst guter moralischer Einstufungen als um sonstige.«

113 Vgl. A. Graeser [1996], S. 53f.

114 A. Graeser [1996], S. 56ff., führt an dieser Stelle die Unterscheidung zwischen metaphysischem und internem Realismus ein. Nur erstgenannter fordert eine vollständige Subjekt-Unabhängigkeit der das Bezugssystem bildenden Prinzipien. Der interne Realismus begnügt sich damit, daß Personen und Handlungen Träger von Eigenschaften sind, aber als Personen und Handlungen in einem »Universum eigener Art«. Vgl. dazu die Bemerkungen von H. Putnam [1990], S. 195ff., zum Verhältnis von Ethik und Physik: »Die Ethik steht nicht *in Konflikt mit* der Pysik, wie der Ausdruck ›unwissenschaftlich‹ suggeriert; es ist einfach so, daß ›gerecht‹ und ›gut‹ und ›Gerechtigkeitssinn‹ Begriffe einer Sprachebene sind, die nicht auf die Sprachebene der Physik *reduzierbar* ist. Wie wir eben gesehen haben, gibt es auch noch *weitere* wesentliche Sprachebenen, die sich nicht auf die physikalische zurückführen lassen, ohne daß sie aus diesem Grund illegitim wären. Das Sprechen von ›Gerechtigkeit‹ kann, ebenso wie das Sprechen von ›Bezugnahme‹, *nicht*-wissenschaftlich sein, ohne deshalb *un*-wissenschaftlich zu sein.« Vgl. in diesem Zusammenhang das Sprachspielkonzept Wittgensteins (dazu M. B. Hintikka/J. Hintikka [1990]). Vgl. auch das Argument von G. Harman [1981], S. 153f., für die Evidenz »relationaler moralischer Tatsachen«.

als das Problem, warum wir diese Kriterien verwenden und akzeptieren.«[115] Selbst wenn das Verfahren der Zuordnung objektivierbar ist und selbst wenn die Kriterien, die dieser Zuordnung zugrunde liegen, empirisch sind, ist damit die Frage, welche Tatsachen denn als Maßstab genommen werden sollten, noch gar nicht berührt. Urmson macht hierzu eine kleine aber entscheidende Bemerkung: »Daß wir unterschiedliche Kriterien verwenden, geht auf unterschiedliche Bedürfnisse zurück. Jede Menge von Kriterien ist für ihren jeweiligen Bereich adäquat.«[116] Der moralische Konflikt, die Frage danach, warum wir etwas so und nicht anders beurteilen, hat sich also nur verlagert von der Ebene moralischer Gründe auf die unserer Bedürfnisse und also unserer Motive, warum wir bestimmte Gründe und Bezugssysteme als die für uns relevanten anerkennen.

Auch eine weitere Relativierung des rigiden Naturalismus verweist, wie die Überlegungen von T. Sorrell und J.-C. Wolf zeigen, wohl auf weiterreichende Analogien zwischen Tatsachen- und Werturteilen, die aber die benannte Problematik eher verschärfen denn abschwächen. T. Sorrell geht in seiner Auseinandersetzung mit G. Harman und J. L. Mackie der Frage nach, ob es – entgegen einer traditionell naturalistischen Position – moralische Fakten, das heißt eine Objektivität der Werte und damit eine spezifisch ethische Wahrnehmung gäbe, Fragen, die dann positiv entschieden werden können, wenn es etwa gelänge, moralische Werte analog zu sekundären Qualitäten – zum. Beispiel Farben – aufzufassen. Hinter dieser Vorstellung verbirgt sich das folgende gedankliche Schema: 1. (Sinnliche) Wahrnehmungen beziehen sich auf wirkliche Gegenstände; 2. es gibt eine ethische Wahrnehmung; 3. also sind die Objekte ethischer Wahrnehmung wirkliche Gegenstände. Sorrell zeigt zunächst, daß sekundäre Qualitäten, entgegen einer traditionell empiristischen Auffassung, selbst relativ sind. »Rot zu sein, ist eine irreduzibel relationale Eigenschaft, und eines der relevanten Relationsglieder ist ein physiologisch in bestimmter Weise geartetes Subjekt.«[117] Objektivität wird suggeriert, weil der *common sense* bereits jene Normalbedingungen unterstellt, die beispielsweise die Unterscheidung zwischen Erscheinung und Wirklichkeit überhaupt erst möglich machen. Spontane Wahrnehmungsurteile, etwa daß es heute nachmittag regnet, sind zwar – wie J.-C. Wolf im Anschluß an R. M. Hare betont – »immun gegen Denken«, aber nur – wie Wolf weiter ausführt – »weil wir uns auf die Metaregel festgelegt haben, daß unsere Wahrnehmungsurteile *mit hoher Wahrscheinlichkeit* zuverlässige Informationen über die Wirklichkeit transportieren.«[118]

---

115 J. O. Urmson [1974], S. 154f. und 165.

116 J. O. Urmson [1974], S. 171.

117 T. Sorrell [1985], S. 160: »Gegenständen Farben zuzuschreiben, ist hinsichtlich der Wahrheit dieser Zuschreibungen abhängig davon, wie es sich mit den *Subjekten* der Farberlebnisse verhält. Spezifischer ausgedrückt, Farbzuschreibungen sind wahr aufgrund von Fakten über die Erlebnisse, die ein normaler Betrachter hätte, wenn Gegenstände mit bestimmten Oberflächenarten unter normalen Lichtverhältnissen auf seine Sinnesorgane einwirken. Daß etwas rot ist, heißt demnach, daß es unter normalen Lichtverhältnissen in jemandem mit normal funktionierenden Sinnesorganen Roterlebnisse hervorruft.«

118 J.-C. Wolf [1995], S. 349f. Und er fährt fort: »Einige dezisionistische Elemente, wie z. B. die Metaprinzipien über die Zuverlässigkeit unserer Wahrnehmungsmeinungen, sind so tief in unserer biologischen Konstitution verwurzelt, daß wir sie leicht übersehen. Es sind Entscheidungen,

Sorrells Ausführungen über die Relationalität sekundärer Qualitäten scheinen den Schluß nahezulegen, als verhielten sich moralische Urteile – die wir ebenfalls als relationale Konstrukte gekennzeichnet hatten –, völlig analog zu jenen. Die Übereinstimmung bestünde darin, daß die »Richtigkeits- und Verfehltheitszuschreibungen hinsichtlich [der] Wahrheit [moralischer Werte] ebenso von den Empfindungsfähigkeiten der menschlichen Normalkonstitution abhängen [würden].«[119] Ein solcher Ansatz könnte dann auch das Vorgehen problemorientierter Ethiken rechtfertigen, insofern das Behaupten von Krisen als Ausdruck einer auf der menschlichen Normalkonstitution beruhenden Empfindung begriffen wird. Tatsächlich hat G. Harman – mit dem sich Sorrell auseinandersetzt – einen vergleichbaren Fall konstruiert: »Wenn Sie um eine Straßenecke gehen und sehen, wie eine Gruppe jugendlicher Rowdies eine Katze mit Benzin überschütten und sie anzünden, brauchen Sie nicht zu *schließen*, daß das, was sie tun, falsch ist; Sie brauchen keine Überlegungen anzustellen; Sie können *sehen*, daß es falsch ist.«[120] In gleicher Weise könnten Situationen beschrieben werden, aus denen nicht erst gefolgert werden müßte, sondern unmittelbar einsichtig wäre, daß es sich hierbei um kritische Situationen im Sinne von Krisen handelt. Damit wäre dann der Nachweis erbracht, daß Behauptungen über Krisen wohl subjektiv sind in dem Sinne, daß es sich um eine relationale Eigenschaft handelt und eines der relevanten Relationsglieder ein bewußtes Subjekt ist, aber zumindest quasi-objektiv im Hinblick darauf, daß alle Subjekte, deren Empfindungsfähigkeiten der menschlichen Normalkonstitution entsprechen, in diesem Fall gleiche Erlebnisse hätten. Auf unser Ausgangsbeispiel bezogen: Ein Gegenstand ist grün, sofern er Beobachtern die Farbempfindung des Grünen vermittelt, ebenso wie etwas kritisch ist, sofern es bei Beobachtern die Empfindung der Mißbilligung, der Angst, des Zweifels oder der Verunsicherung auslöst.[121]

Sorrell unterzieht diese Auffassung einer eingehenden Kritik. Ein Aspekt ist dabei in unserem Zusammenhang von besonderem Gewicht: die fehlende Unterscheidung zwischen *Beobachter* und *Beobachtung*. Die moralische Beobachtung hängt – wie Harman selbst einräumt – davon ab, daß der Beobachter zunächst einen völlig unbeteiligten und unbefangenen Standpunkt einnimmt und darüber hinaus nicht von falschen

---

die uns vom Interesse am Überleben der Spezies diktiert werden. Hume hat sie als ›natural beliefs‹ bezeichnet. Zu dieser Klasse von Metaregeln gehört z. B. der Glaube an die Konstanz von Naturvorgängen. Das Merkmal der Lebensdienlichkeit und eine darwinistische Betrachtungsweise läßt sich vermutlich auch auf einige nahezu universelle moralische Intuitionen übertragen. Wie dem auch sei: Wahrnehmungsurteile sind ebensowenig unmittelbare und normativ neutrale Entdeckungen von ›harten Fakten‹ wie moralische Urteile. Nur die *Routine* und die *Spontaneität der Entstehung* von Wahrnehmungsmeinungen verdecken die Sicht für die ihrer Rechtfertigung zugrunde liegenden Interessen und Dezisionen.«

119 T. Sorell [1985], S. 160.

120 G. Harman [1981], S. 14.

121 G. Harman [1981], S. 58, der – die Position von D. Hume kommentierend – von Farben und moralischen Eigenschaften als »dispositionelle Eigenschaften« spricht. Für sie gilt, daß sie »in Begriffen einer entsprechenden beobachtbaren Eigenschaft zu definieren« sind. »Bei Farben besteht die beobachtbare Eigenschaft darin, daß ein Gegenstand in einer bestimmten Farbe erscheint. Wir könnten von Farbempfindungen sprechen. [...] Und etwas ist falsch, wenn es bestimmten Beobachtern ›Empfindungen der Mißbilligung‹ gibt. Falschheit ist eine Disposition, Mißbilligung hervorzurufen.«

Überzeugungen geleitet wird. Diese komplexen, schwer zu fassenden Prämissen entfallen beim Farberleben. Der entscheidende Unterschied ergibt sich hinsichtlich der
Frage, wie es bei einem Subjekt zu entsprechenden Erlebnissen kommt. Sorrell stellt
fest: »Wenn die Wahrnehmung moralisch verfehlter Handlungen bestimmte Gefühle
hervorruft, so geschieht dies vermittels der Gedanken des Beobachters über diese
Handlungen. Seine Auffassung ergibt sich nicht daraus, wie er die Sache empfindet,
sondern seine Gefühle leiten sich daraus ab, wie er die Sache auffaßt. […] Sofern
Verfehltheit also ›eine Disposition‹ ist, in einem unbefangenen Beobachter ›Mißbilli-
gungsempfindungen zu bewirken‹, hat die Mißbilligung nur in abgeleiteter Weise einen
sinnlichen Aspekt, und zwar vermittels Gedanken oder durch Auffassungen des Wahrgenommenen. Bei der Farbe verhält es sich umgekehrt. In diesem Fall wären es Empfindungen oder Erlebnisse, die bewirkt würden, Auffassungen oder Urteile dagegen
nur in abgeleiteter Form. […] Es ist zwar plausibel zu behaupten, jede Art von Beobachtung habe eine sinnliche und eine begriffliche Komponente, doch es scheint, daß sie
sich in diesen beiden Fällen verschiedenartig verbinden. Wie eine Handlung ›empfunden‹ wird, hängt im moralischen Fall davon ab, wie sie aufgefaßt wird; im Fall der Farbe hängt, wie sie aufgefaßt wird, davon ab, wie sie erlebt wird.«[122]

Die hier diagnostizierte Asymmetrie zwischen Farben und Werten wird deutlicher,
wenn wir uns ansehen, wie Meinungsverschiedenheiten hinsichtlich farblicher Wahrnehmungen einerseits und moralischer Urteile andererseits zustande kommen. Daß der
Farbenblinde eine andere Meinung über die Farbe der betreffenden Wand hat als der
Normalsichtige, beruht nicht auf widerstreitenden Urteilen, sondern auf einer divergierenden sinnlichen Wahrnehmung. Der Farbenblinde *glaubt* nicht, daß die Wand rot ist
(und nicht grün), sondern er *sieht* die Wand rot, das heißt er wird »von einem Erlebnis
von etwas Rotem affiziert«.[123] »In einem unmittelbaren Sinne ist der sinnliche Unterschied die Grundlage für den Konflikt in ihren Urteilen.« Bei moralischen Urteilen verhält es sich genau umgekehrt. Meinungsverschiedenheiten bezüglich des Katzenbei-
spiels beruhen darauf, ob die folgenden Behauptungen akzeptiert oder ob (zumindest
eine) bestritten werden: »daß Schmerzen von Übel sind; daß das Üble an den Schmerzen generell wahrgenommen werden kann; daß die Katze unter Schmerzen leiden
kann; daß das Üble der Schmerzen ein Grund ist, die Katze nicht anzuzünden.« Es sind
solche moralischen Grundsätze und Annahmen, die uns dazu führen, im Hinblick auf
eine Handlung Zustimmung oder Mißbilligung zu empfinden, über die in moralischen
Konflikten Uneinigkeit besteht.

Die strukturelle Analogie bei Farb- und moralischen Urteilen besteht in ihrer spezifischen Relationalität, dem Rückgriff auf einen Maßstab. Während dieser im ersten Fall
eine bestimmte Konstitution meint, die als Normalkonstitution mehrheitliche Standards
fixiert, beruht er im zweiten Fall auf bestimmten Meinungen oder Grundsätzen. Beide
Weisen des Urteilens unterscheiden sich darin, in welchem Verhältnis jeweils Wahr-
nehmungs- und Urteilsakt zueinander stehen. Während beim Farbensehen die Wahrnehmung das Urteil steuert, legen bei der moralischen Beurteilung bestimmte Grund-

---

122 T. Sorell [1985], S. 161f.
123 Zum folgenden vgl. T. Sorell [1985], S. 162ff.

sätze fest, wie ein Gegenstand wahrgenommen wird. Die visuelle Wahrnehmung des Farbenblinden ist zwar falsch im Hinblick darauf, was er als »Ergebnis« seiner Wahrnehmung schildern würde, dennoch hat er ein eindeutiges, klassifizierbares visuelles Erlebnis. Wahrnehmung funktioniert hier ohne das Vorhandensein eines Maßstabes in Form vorauslaufender Grundsätze. Moralische Wahrnehmung käme dagegen ohne einen zugrundeliegenden Maßstab gar nicht zustande.[124] Die Angemessenheit beziehungsweise Unangemessenheit eines Urteils hängt im ersten Fall allein davon ab, was die Mehrheit tatsächlich wahrnimmt, im zweiten Fall davon, welche Grundsätze die moralische Wahrnehmung leiten. Eine Änderung des Maßstabs wird im ersten Fall hervorgerufen durch einen Wandel der tatsächlichen mehrheitlichen Wahrnehmung, im zweiten Fall durch eine Modifikation der moralischen Grundsätze. Etwas erscheint uns dann anders, nicht weil wir es anders wahrnehmen, sondern weil wir – zumindest retrospektiv – aus Gründen unsere Überzeugungen oder Meinungen verändern, und daraus folgt, daß etwas in anderer Weise aufgefaßt wird.

J.-C. Wolf geht noch einen Schritt weiter, wenn er den dezisionistischen Kern von Tatsachenurteilen hervorhebt. Er wendet sich kategorisch gegen die Dichotomie objektiver, fixer Kriterien in Tatsachenbehauptungen und kontingenter moralischer Kriterien.[125] Dies gilt auch für den hier gewählten Vergleich zwischen Farbwahrnehmungen und moralischen Urteilen. »Daß es Wahrnehmungstraining gibt und daß wir in bezug auf Wahrnehmung lernen und umlernen können, ist geradezu das Credo von Künstlern wie Cézanne und Rilke. Sie waren Farb- und Wahrnehmungsreformer. [...] Umgekehrt gibt es auch in der Moral relativ abstrakte Prinzipien wie z. B. das Utilitätsprinzip, die sich kaum radikal reformieren lassen.«[126] Dem widerspricht keineswegs, daß wir Farbwahrnehmungen in der Regel spontan erleben und auch unsere Entrüstung über die Harmansche Katzenszene als spontane wahrnehmen – zumindest dann nicht, wenn zwischen der *Entstehung* oder *Ursache* und der *Rechtfertigung* von Beobachtungs- oder Wahrnehmungsurteilen unterschieden wird. Jeglicher – auf der Spontaneität ihres Erlebens beruhenden – Evidenz von Meinungen zum Trotz, »kommt es jedoch nur aufgrund einer Konjunktion von Annahmen organisierter Meinungen zur rationalen Rechtfertigung dieser Meinungen.«[127] Aber selbst wenn der Dualismus zwischen Wert- und Tatsachenurteilen unhaltbar ist, also der Standpunkt hinfällig würde, von dem aus das ethische Werturteil traditionell ausgehebelt worden ist und werden könnte, bleibt die Anfrage bestehen, welche Gründe wir angeben können, die unsere Motive allgemeinverständlich und -verbindlich machen, mit anderen Worten wie wir die Entstehung von Urteilen, die das Fundament für ein bestimmtes Vorgehen, eine Strategie oder eine Ansicht, Forderung, ein weiterführendes Urteil oder Handlungsanweisung bilden, rechtfertigen können.

---

124 Vgl. hierzu die jüngsten Untersuchungen, die die Neurologen Antonio R. und Hanna Damasio an der University of Iowa an Patienten durchgeführt haben, deren emotionales und soziales Verhalten durch Läsionen bestimmter Hirnregionen gestört ist. Vgl. A. R. Damasio [1995].

125 Vgl. bereits H. Putnam [1990].

126 J.-C. Wolf [1995], S. 349. Wolf bezieht sich hier auf eine R. M. Hare zugeschriebene Äußerung, daß es zwar Moralreformer gäbe, aber keine Farbreformer.

127 J.-C. Wolf [1995], S. 350.

L. BonJour hat im Rahmen seiner Verteidigung der Kohärenztheorie empirischen Wissens eingehender untersucht, wie Rechtfertigungen von Meinungen zustande kommen. BonJour präsentiert folgenden einfachen Fall: »Wenn ich auf meinen Schreibtisch sehe, gelange ich zu der Meinung, neben vielen anderen, daß ein rotes Buch auf dem Schreibtisch liegt.«[128] Zunächst stellt sich die Frage, wie ich zu dieser Meinung komme. Sie ist nicht das Ergebnis eines bewußten Schließens, sondern *kognitiv spontan*, d. h. »sie entsteht einfach in mir, kommt mir in den Sinn«. Was macht nun diese spontane, sinnliche – genauer: visuelle – Meinung zu einem »Fall von Wissen«,[129] wofür gilt: »etwas zu wissen heißt mindestens, etwas zu glauben oder zu meinen, was *wahr* ist«?[130] Es ist – jedenfalls im Rahmen nicht-fundamentalistischer Theorien der Erkenntnis – die Frage danach, wie eine Meinung inferentiell gerechtfertigt werden kann.[131] BonJours Rechtfertigung lautet folgendermaßen:

»(i) Ich habe eine spontane visuelle Meinung, daß auf dem Tisch ein rotes Buch liegt.

(ii) Spontane visuelle Meinungen über die Farbe und allgemeine Klassifikationen von mittelgroßen physikalischen Gegenständen sind unter (bestimmten) Bedingungen wahrscheinlich wahr.

(iii) Die Bedingungen sind so wie in (ii) angegeben.

Also ist meine Meinung, daß auf dem Schreibtisch ein rotes Buch liegt, sehr wahrscheinlich wahr.

Also liegt (wahrscheinlich) ein rotes Buch auf dem Schreibtisch.«[132]

Den Angelpunkt in diesem Schlußschema bildet das Wissen von den Beobachtungsbedingungen (ii), etwa gute Lichtverhältnisse, funktionierende Augen, keine störenden Umstände etc. Dieses empirische Wissen – denn es beruht auf Beobachtungen und

---

128 L. BonJour [1987], S. 249.

129 Ebd.

130 P. Bieri [1987], S. 39.

131 Der Begriff der »inferentiellen Rechtfertigung« bezeichnet den Kern der »Kohärenztheorie empirischen Wissens«, die BonJour in seinem Aufsatz gegen fundamentalistische Positionen verteidigt. Die gegensätzlichen Positionen entzünden sich an der Frage, wie Meinungen gerechtfertigt werden können, ohne dabei der lauernden Gefahr eines infiniten Regresses in die Arme zu fallen. Der klassischen Auffassung von dem Dilemma, daß die Rechtfertigung einer Meinung immer die logisch frühere Rechtfertigung von einer oder mehreren Meinungen voraussetzt, begegnen fundamentale Ansätze damit, daß sie gewisse fundamentale oder basale Meinungen annehmen, deren Berechtigung nicht wiederum das Ergebnis einer Konklusion aus selbst noch zu begründenden Meinungen als Prämissen darstellt. Vor diesem Fundament basaler Meinungen endet der Rechtfertigungsregreß.
Die Kohärenztheorie empirischen Wissens lehnt eine solche fundamentale Basis mit der Behauptung ab, daß alle epistemische Rechtfertigung für einzelne empirische Meinungen inferentiellen Charakter hat. Den Rechtfertigungsregreß betrachtet sie als geschlossenes System, indem dieser kreisförmig zu sich selbst zurückkehrt. Das System selbst ist durch seine interne Kohärenz gerechtfertigt. (Vgl. L. BonJour [1987], S. 240f.).

132 L. BonJour [1987], S. 249.

Erfahrungen und nicht auf apriorischen Wahrheiten – bezieht sich sowohl auf das in (iii) ausgedrückte Bestehen der – wie man verkürzt formulieren könnte – Standardbedingungen von Wahrnehmung, als auch darauf, daß unter den genannten Umständen meine spontanen visuellen Meinungen im hohen Grade zuverlässig und damit (in hohem Maße) wahr sind.[133] Allein das Wissen um die Umstände meiner Wahrnehmung sowie um ihre Zuverlässigkeit unter jenen Bedingungen führt zu der Überzeugung von der Wahrheit der Konklusion.

BonJour betrachtet noch einen weiteren Fall, denjenigen, daß mir ein Blick auf denselben Schreibtisch zeigt, daß dort *kein* blaues Buch liegt. Wie kommt nun dieses Wissen zustande, daß zwar ebenfalls auf Beobachtung beruht, aber keiner spontanen visuellen Meinung entspringt (jedenfalls solange ich nicht behaupten will, ein Nicht-Buch, ein Nichtvorhandensein oder allgemeiner einen negativen Gegenstand sehen zu können)? BonJours Rechtfertigung lautet in diesem Fall:

> »(i) Ich habe keine spontane visuelle Meinung, daß ein blaues Buch auf meinem Schreibtisch liegt.
>
> (ii) Läge ein blaues Buch auf meinem Schreibtisch, dann wäre es unter (bestimmten) Bedingungen in hohem Maße wahrscheinlich, daß eine solche Meinung erzeugt würde.
>
> (iii) Die Bedingungen sind so wie in (ii) angegeben.
>
> ---
>
> Also liegt (wahrscheinlich) kein blaues Buch auf meinem Schreibtisch.«[134]

Das zweite Beispiel veranschaulicht ein weiteres Charakteristikum von Meinungen. Spontane Meinungen sind »nicht nur (unter bestimmbaren Bedingungen, bei bestimmbaren Gegenständen) sehr wahrscheinlich wahr; sondern sie werden auch sehr wahrscheinlich erzeugt (unter bestimmbaren Bedingungen, bei bestimmbaren Gegenständen), sofern sie wahr wären, wenn sie erzeugt würden.«[135] Hinter dieser zunächst tautologisch anmutenden Formulierung verbirgt sich der grundlegende Sachverhalt von der Mittelbarkeit der Wahrnehmung.[136] Was mich zu der Überzeugung bringt, daß

---

133 Vgl. W. Sellars [1987], S. 213: »Soll eine *Konstatierung* wie ›Dies ist grün‹ Beobachtungswissen ausdrücken, so muß sie nicht nur ein *Symptom* oder *Zeichen* für die Gegenwart eines grünen Gegenstandes unter Standardbedingungen sein, sondern der Wahrnehmende muß auch *wissen*, daß Satztoken von ›Dies ist grün‹ Symptome für die Gegenwart von grünen Gegenständen *sind* unter Bedingungen, die für visuelle Wahrnehmungen Standardbedingungen sind. [...] Denn worauf es speziell ankommt, ist, daß Beobachtungswissen von irgendeiner Einzeltatsache – z. B. Wissen, daß dies grün ist – vorausetzt, daß man Wissen von generellen Tatsachen der Form *X ist ein verläßliches Symptom für Y* besitzt.«

134 L. BonJour [1987], S. 251.

135 Ebd.

136 J.-C. Wolf [1995], S. 350, spricht an dieser Stelle von der »Mittelbarkeit von Wahrnehmungsurteilen«. Wolf verwendet den Begriff »Urteil« synonym zu dem Begriff »Meinung« in dem Ausdruck »Wahrnehmungsmeinung«. »Urteil« darf hier nicht im Sinne der traditionellen Dichotomie von Wertung und Beschreibung mißverstanden werden. Damit wäre die Pointe des BonJour-

kein blaues Buch auf dem Schreibtisch liegt, ist mein Hintergrundwissen darüber, was passieren würde, wenn ein solches dort läge, eben daß dann eine solche Meinung erzeugt worden wäre. Dieser Fall einer »negativen Rechtfertigung« macht deutlich – und genau darin besteht die Pointe des BonJourschen Argumentes, daß Wahrnehmung – man könnte sagen – kognitiv wirksam ist nur vor dem Hintergrund eines Wissens *über* unsere Wahrnehmung. Die aktuelle Meinung über das Vorhandensein beziehungsweise Nichtvorhandensein eines bestimmten Gegenstandes an einem bestimmten Ort beruht auf einem System von wiederum empirischen Meinungen, dessen einzelne Elemente in einem Verhältnis von Kohärenz zueinander stehen.[137]

Das hier kurz skizzierte antifundamentalistische Argument für die Möglichkeit empirischen Wissens richtet sich – wie einer ihrer bedeutendsten Vertreter, W. Sellars, formuliert – gegen den »Mythos vom Gegebenen«.[138] Eine solche »mythische« Position unterscheidet zwischen zwei Arten von Meinungen: basalen Meinungen, die andere Zustände oder Meinungen rechtfertigen können ohne selbst begründungsbedürftig zu sein, die also »*intrinsische* Glaubwürdigkeit«[139] zu besitzen scheinen, und Meinungen, die die Fähigkeit zur Rechtfertigung genau dann besitzen, wenn sie selbst gerechtfertigt sind. Sellars bestreitet die Möglichkeit des ersten Falles. Was zur Rechtfertigung einer anderen Meinung taugt, ist ihr propositionaler Gehalt, und genau dieser, kann hinsichtlich seines Wahrheitswertes bezweifelt werden, bedarf also eigens der Rechtfertigung um Begründungsfunktion zu erlangen.[140]

---

schen Argumentes verkannt. »Wahrnehmung« und »Urteil« gilt es als Einheit zu denken, etwa in der Weise, daß Wahrgenommenes im Urteil bewußt und als Urteil gewußt wird.

137 Vgl. L. BonJour [1987], S. 254. Kohärenz ist hier ein Kriterium für die epistemische Rechtfertigung von Meinungen und Meinungssystemen und stellt eine Alternative zu der Vorstellung dar, unsere empirische Erkenntnis ruhe auf einem Fundament von Gegebenem. Um dieser starken («mythischen«) Annahme einerseits, der Gefahr des infiniten Regresses bei der Rechtfertigung von Meinungen andererseits zu entgehen, vertritt die Kohärenztheorie einen zweigeteilten – zunächst der fundamentalistischen Annahme basaler Meinungen analogen – linearen und – darüber hinausgehend – nicht-linearen, schleifenförmigen Weg der Rechtfertigung. Die Rechtfertigung *einzelner* Meinungen erfolgt linear relativ zu anderen Meinungen. Entscheidend ist nun, daß diese *rechtfertigenden* Meinungen nicht auf dem Fundament basaler, evidenter Meinungen ruhen, sondern in einem System von Meinungen eingebettet sind, in dem die einzelnen Meinungen nicht in einem Verhältnis linearer Abhängigkeit, sondern in einem Verhältnis gegenseitiger epistemischer Unterstützung stehen. Das Verhältnis ist derart, daß in dem System jede Meinung durch andere gerechtfertigt werden kann. Die Rechtfertigung einzelner Meinungen hängt damit ab vom ganzen System und dessen Kohärenz. (Vgl. dazu einleitend P. Bieri [1987], S. 183ff.).

138 W. Sellars [1987], S. 209. Die Position richtet sich vor allem gegen B. Russell und die Philosophen des Wiener Kreises.

139 W. Sellars [1987], S. 210.

140 P. Bieri [1987], S. 20ff., erläutert die Unterscheidung zwischen »phänomenaler« und »semantischer« Information je nach dem, wie die Wendung »etwas/jemanden *als* etwas/jemanden erkennen« aufgefaßt wird. Geht es lediglich darum, wie ein Gegenstand X mir *erscheint*, also um seine »phänomenalen Konturen« und noch nicht um seine Klassifikation unter Begriffe, sprechen wir von phänomenaler Information. Wird dagegen von X gesagt, *daß* er zu einer bestimmten Klasse von Gegenständen gehört (etwa daß X die-und-die Farbe hat) sprechen wir von semantischer Information. Entscheidend ist nun, daß nur im letzten Fall die Frage aufkommen kann, ob der Gegenstand X *richtig* kassifiziert worden ist.

Werden empirische Meinungen gerechtfertigt mittels ihrer Beziehung zu anderen Meinungen und Systemen »organisierter Meinungen«, dann stellt sich allerdings die – immer wieder als Kritik vorgebrachte – Frage, welche Bedeutung überhaupt der Welt für unsere Meinungen über die Welt zukommt. Wie kann ich zu empirischem Wissen gelangen, wenn allein Kohärenz mit einem kognitiven System – das heißt einer weiteren oder einem weiteren System von Meinungen – den Grund für die Richtigkeit einer Meinung abgeben soll?

L. BonJour bestreitet nicht die Notwendigkeit der Bindung einer solchen Theorie an die Welt, im Gegenteil: »Eine adäquate Erklärung empirischen Wissens muß den Input aus der Welt in das kognitive System *verlangen*, nicht bloß zulassen – denn ohne einen solchen Input wäre jegliche Übereinstimmung zwischen dem System und der Welt gänzlich zufällig, und folglich wären die Meinungen des Systems kein Wissen.«[141] Die Pointe besteht darin, »daß dieser Input eher *kausal* als epistemisch verstanden werden muß. Die Welt wirkt auf das System von Erkenntnissen, indem sie kognitiv spontane Meinungen verschiedener Art verursacht, aber diese Meinungen werden nur von innerhalb des Systems [...] gerechtfertigt oder begründet. Und jede Art von kausaler Wirkung der Welt, die in der Lage ist, solche Meinungen auf verläßliche Weise hervorzubringen, ist, im Prinzip wenigstens, in der Lage, als eine Art von Beobachtung gerechtfertigt zu werden.«[142]

Was können nun jene erkenntnistheoretischen Überlegungen zur Klärung des von uns betrachteten Phänomens von der Selbstevidenz des Kritischen beitragen? Die vorangegangenen Abschnitte enthalten zunächst einige Hinweise für die Vorstellung von dem universalisierbaren Fundament unserer Problemwahrnehmungen. »Jegliche kooperative Tätigkeit«, so formuliert J. O. Urmson, »jeder Gebrauch von Sprache muß von etwas ausgehen, das jeder anerkennt. Man braucht einen archimedischen Punkt, um die Welt aus den Angeln heben zu können.«[143] Diese Hebelauflage könnte aus einem ganz pragmatischen Argument bestehen: Da alle Theorien und jedes Wahrnehmungsurteil über einen dezisionistischen Kern verfügen, dieser Tatbestand aber offensichtlich für unser alltägliches Handeln völlig unspektakulär ist, kann er auch für den Bereich Angewandter Ethik vernachlässigt werden. Darüber hinaus verweist die spontane Zustimmung beziehungsweise Übereinkunft hinsichtlich der Frage, was denn als kritisch anzusehen ist, genau auf jenes konsensuale Moment, das unseren Wahrnehmungsurteilen ihre – für unseren Alltag so unerläßliche – unmittelbare Plausibilität verleiht. *Evidenz* ist nach diesem Verständnis ein Garant für das Funktionieren unserer alltäglichen Lebenszusammenhänge. Unsere grundlegenden Urteile haben den Status von Institutionen.

Phänomenale Informationen sind hinsichtlich der Frage ihrer richtigen Klassifikation nicht begründungsbedürftig, erfüllen damit also das Kriterium für basale Meinungen. Zugleich macht sie jedoch ihre Indifferenz gegenüber der Wahrheit und Falschheit ihres propositionalen Gehalts unbrauchbar als Kandidat zur Begründung von Meinungen.

141 L. BonJour [1987], S. 258.
142 L. BonJour [1987], S. 257.
143 J. O. Urmson [1974], S. 173.

Dieser Zusammenhang ist unbestreitbar und gilt trivialerweise auch für die Wahrnehmung kritischer Situationen. Man könnte auch sagen, kritische Sachverhalte sind »evidenterweise« kritisch, insofern sie mit (notwendigen) Evidenzen kollidieren.[144] Dasjenige, das uns dazu veranlaßt, etwas kritisch – im Sinne von Krise – zu sehen, sowie die charakteristische Form jener Auffassung selbst sind Funktionen eben dieser Evidenz. Evidenz hat in gewisser Hinsicht den Charakter einer *Universalität hinter unserem Rücken.* Bezeichnenderweise funktioniert dieser »Mechanismus« implizit, stellt also kein Kriterium dar oder hält ein solches bereit, wie es in der Diskussion um den ethischen Universalisierungsgrundsatz gefordert ist. Das Charakteristische von Evidenz besteht eben darin, daß sie der letzte Berufungsgrund für Überzeugungen ist, der jede Begründung überflüssig macht. Evidenz – und hierin stimmt sie überein mit dem Gehlenschen Begriff der Institution – entlastet insofern ihr blind gefolgt wird. Ein System von Evidenzen entspricht dem Wissen, das für Wittgenstein »mein Weltbild« ausmacht: »Aber mein Weltbild habe ich nicht, weil ich mich von seiner Richtigkeit überzeugt habe; auch nicht, weil ich von seiner Richtigkeit überzeugt bin. Sondern es ist der überkommene Hintergrund, auf welchem ich zwischen wahr und falsch unterscheide.« Und er fährt in den nächsten beiden Paragraphen fort: »Die Sätze, die dies Weltbild beschreiben, können zu einer Art Mythologie gehören. Und ihre Rolle ist ähnlich der von Spielregeln, und das Spiel kann man auch rein praktisch, ohne ausgesprochene Regeln lernen. [...] Man könnte sich vorstellen, daß gewisse Sätze von der Form der Erfahrungssätze erstarrt wären und als Leitung für die nicht erstarrten, flüssigen Erfahrungssätze funktionierten; und daß sich dies Verhältnis mit der Zeit änderte, indem flüssige Sätze erstarrten und feste flüssig würden.«[145] Die Übereinstimmung mit jenen »starren Erfahrungssätzen« – wir können auch sagen: mit jenen Evidenzen – ist ein wichtiges Kriterium für die Richtigkeit unserer alltäglichen Urteile. Und ebenso, wie Übereinstimmung häufig den einzigen Grund für die Geltung eines Urteils oder einer Meinung darstellt, ist häufig unmittelbar klar, was im umgekehrten Fall – der Abweichung – kritisch gesehen werden muß. Genaugenommen gibt es auf dieser Stufe gar keine Gründe im Sinne von Argumenten für eine kritische Haltung, außer eben der Tatsache, daß etwas von etwas Evidentem, also nicht weiter Begründetem und Be-

---

144 Zum Evidenzbegriff vgl. F. v. Kutschera [1981], S. 36 – 42, hier S. 36: »Sachverhalte, von denen wir überzeugt sind, ohne uns auf eine Begründung zu stützen, die uns unmittelbar einleuchten, nennt man *evident.*« Zwei Deutungen von »evident« können unterschieden werden. Das übliche Verständnis von »evident« hat die Form: »V(a,p) ≡ G(a,V(a,p)) – Ist es der Person evident, daß p gilt, so glaubt sie auch, daß ihr das evident ist, und umgekehrt.« Evidenz ist »ein rein subjektives Kriterium für Wahrheit, so daß Sachverhalte des Evidentseins immer problemlos sind.« (A. a. O., S. 38). Davon kann ein »echter« Evidenzbegriff unterschieden werden, der nicht unproblematisch ist – wie der erste – dafür aber *verläßlich* im Sinne von »wahr«. Er hat die Form: »V(a,p) ε p – Evidente Sachverhalte bestehen« (a. a. O., S. 37). Diese »echte« Evidenz verlangt nun zusätzlich die Einführung einer »Scheinevidenz«, da wir uns bezüglich der Wahrheit der Evidenz eines Sachverhaltes irren können müssen. F. v. Kutschera votiert im Anschluß an M. Schlick für den ersten Evidenzbegriff, da der zweite die Pointe von »evident« gerade verfehlt: »Nur wenn Evidenz unproblematisch ist, kann sie auch als letzter Berufungsgrund für Überzeugungen dienen, der Begründungen überflüssig macht. In diesem Sinn ist dann auch der Begriff einer Scheinevidenz leer, d. h. man kann sich in den Annahmen über eigene Evidenzen nicht irren.« (A. a. O., S. 38).

145 L. Wittgenstein, *Über Gewißheit*, §§ 94 – 96.

gründungsbedürftigem abweicht. Genau das macht unsere »Weltbilder« aus aber genau darin besteht auch die Herausforderung für die Ethik.[146]

Aber auch die Vorstellung von Kausalität oder kausaler Erklärung bringt uns den moralischen Tatsachen im Sinne harter Fakten nicht näher. Kausalität besteht, wie L. BonJour bemerkt, stets relativ zu einem Bezugs- oder Regelsystem.[147] Kausalität ist etwas Epistemisches und kein Zustand *an sich*.[148] In seiner Zurückweisung des Materialismus (Physikalismus und Naturalismus) äußert sich H. Putnam skeptisch gegenüber der Frage, ob Kausalität eine physikalische Beziehung sei.[149] In der überwiegenden Anzahl der Fälle, in denen wir von Kausalität sprechen, meinen wir nicht physikalische Kausalität («A verursacht B« heißt, »Wann immer ein Ereignis des Typs A passiert, folgt zeitlich eine Ereignis des Typs B«. Die Ursache A ist eine hinreichende Bedingung für ihre Wirkung B) – J. S. Mill spricht an dieser Stelle von der »totalen Ursache« –, sondern »erklärende« Kausalität. Putnam bezeichnet eine Auffassung, »nach der ›Kausalität‹ und ›kausale Erklärung‹ in die Welt eingebaut sind« als eine »metaphysische«. Eine Erklärung wird damit – wie Putnam im Anschluß an F. Will formuliert – aus der »Institution des Wissens [...] jene[r] ererbte[n] Tradition, welche für uns definiert, was eine Hintergrundbedingung und was ein betonter Parameter ist –« herausgerissen und »in die Struktur der Wirklichkeit hineinprojiziert.«[150] Für einen Fall Angewandter Ethik gilt das Gleiche wie für ein physikalisches Experiment. Wie das Experiment nur vor dem Hintergrund komplexer theoretischer Annahmen ein Ergebnis haben kann, das wiederum nur in dem – von der Theorie vorgegebenen – Begriffssystem faßbar wird, läßt sich der ethische Fall ebenfalls nur innerhalb eines Rahmens, der einen Gegenstand oder ein Ereignis in einer bestimmten Hinsicht – die in der zugrun-

---

146 Dies ist ein wesentlicher Grund dafür, daß bereits die Aristotelische Ethik sich nicht damit begnügt, ein gesellschaftlich gültiges Ethos zu beschreiben. Zum Erreichen des guten Lebens bedarf es der *phronesis* und der *prohairesis*, um »das in dieser zweiten Natur, dem Ethos, Implizierte zu explizieren« (K. Günther [1988], S. 216ff., hier S. 225).

147 Vgl. auch J. Fischer [1989b].

148 Vgl. bereits das Resümee von M. Webers Überlegungen zum Begriff der »adäquaten Verursachung« in den historischen Wissenschaften, »daß alle unsere ›Erkenntnis‹ sich auf eine kategorial geformte Wirklichkeit bezieht, also z. B. die ›Kausalität‹ eine Kategorie ›unseres‹ Denkens sei« (M. Weber [1906], S. 290).

149 Vgl. H. Putnam [1993b], bes. S. 181ff.

150 H. Putnam [1993b], S. 185. Die Unterscheidung zwischen »Hintergrund« und »betontem Parameter« übernimmt Putnam von J. S. Mill. Mit der Behauptung »Das nichtgelöschte Lagerfeuer verursachte den Waldbrand« ist nicht gemeint, daß das brennende Lagerfeuer die »totale Ursache« (im Millschen Sinne) für den Waldbrand ist. Viele andere Faktoren, etwa die Trockenheit der Blätter oder die Nähe des Feuers zu den Bäumen, gehören dazu. »Mills Pointe besteht nun darin, daß wir gewisse Teile der totalen Ursache als ›Hintergrund‹ ansehen und nur die interessanten Teile als ›Ursache‹ bezeichnen.« (A. a. O., S. 182). Und wie wir die einzelnen Faktoren strukturieren – also als Ursache oder Hintergrund – ist nicht mit dem Gegenstand selbst gegeben, sondern »hängt vom Hintergrundwissen und unserem Grund ab, die Frage zu stellen.« (A. a. O., S. 184). Angenommen irgendwelche Wesen von der Venus landen auf der Erde und sehen einen Waldbrand. »Einer von ihnen sagt, ›Ich weiß, was das verursacht hat – die Atmosphäre des verfluchten Planeten ist mit Sauerstoff gesättigt.‹« (Ebd.). Auch dies ist *eine* entscheidende Ursache für den Waldbrand, aber eben auch nicht die einzige. Entscheidend ist – darin besteht die Pointe des Putnamschen Argumentes –, »Betonung und Relevanz sind Attribute von Denken und Vernunft, nicht von Natur.« (A. a. O., S. 186).

degelegten ethischen Theorie, Norm etc. zum Ausdruck kommt – bewerten. W. Sellars erläutert diesen Sachverhalt im Zusammenhang der Frage, was ein Sprecher sagt, wenn er den Satz »Jones *weiß*, daß p« äußert. Zunächst kann dieses Wissen von Jones durchaus nur eine Episode, beispielsweise eine Beobachtung sein. »Der wesentliche Punkt ist, daß, wenn wir eine Episode oder einen Zustand als die bzw. den eines *Wissens* charakterisieren, wir keine empirische Beschreibung dieser Episode oder dieses Zustandes geben; wir lokalisieren sie bzw. ihn im logischen Raum der Gründe – des Rechtfertigens und der Fähigkeit zur Rechtfertigung dessen, was man sagt.«[151] Das argumentative Gewicht eines Ereignisses verdankt sich also nicht diesem selbst, sondern dem »logischen Raum« oder der »Konjunktion von Annahmen organisierter Meinungen«,[152] in den dieses gestellt oder zu dem es in Beziehung gesetzt wird – mit anderen Worten im Rahmen dessen es erkannt wird. Das Ereignis selbst hat den Charakter eines Impulses in dem Sinne, wie die Welt kausal »auf ein System von Erkenntnissen« wirkt.[153]

Aus einer umgekehrten Perspektive wird das in dieser Weise kausal wirksame Ereignis zu einem *Indiz* oder *Symptom* für die Beschaffenheit jenes »Systems von Erkenntnissen«, von dem seine Wirksamkeit abhängt. Allein die Art und Weise, wie das Ereignis wahrgenommen wird, welche Deutungen es provoziert, macht die Annahme plausibel, daß den spezifischen Merkmalen, die ein Ereignis »als...« erscheinen lassen, eine spezifisches Verhältnis von Ereignis und Erkenntnissystem zugrundeliegt.

Um die Differenz zwischen einem Ereignis und dem, worauf jenes als Indiz verweist beziehungsweise was mit jenem gleichsam indiziert ist, sichtbar werden zu lassen, gilt es, genau diese Schnittstelle als Ort Angewandter Ethik aufzusuchen. Ethisch relevant sind ein Gegenstand oder Ereignis nicht als Gegenstand beziehungsweise Ereignis an

---

151 W. Sellars [1987], S. 214.

152 J.-C. Wolf [1995], S. 350.

153 L. BonJour [1987], S. 257. H. Putnam [1993c], S. 207f., hat diese Form von Kausalität an einem Beispiel zur Referenz von Eigennamen expliziert. Am Anfang der Analytischen Philosophie stand die leitende Frage: Wie hängt die Sprache an der Welt? Gibt es so etwas wie einen »metaphysischen Klebstoff« (H. Putnam), der unsere Begriffe und dasjenige, worauf diese referieren zusammenhält? Gibt es eine *intrinsische* Beziehung zwischen unseren geistigen Repräsentationen und den Dingen, auf die sie referieren? Oder, werden diese Fragen verneint, welches Verhältnis besteht dann zwischen Worten und Gegenständen in der Welt? Putnam wendet sich nun zugleich gegen die Möglichkeit einer identifizierenden Beschreibung, also einer Synonymie von Namen mit den Beschreibungen derjenigen Personen oder Dinge, auf die sich jene beziehen, wie gegen einen wie immer gearteten Relativismus. Menschen, die von »Moses« sprechen referieren auf die biblische Gestalt, unabhängig davon, ob diese Person gelebt hat oder ob die identifizierende Beschreibung falsch sein könnte («Wir können selbst dann auf Moses als ›Moses‹ referieren, wenn wir wissen, daß das nicht der Name ist, den er tatsächlich getragen hat.«). Das Verhältnis zwischen den Namen und der Person, die damit bezeichnet wird beschreibt Putnam so: »Der ›richtige‹ Mosche oder Moses ist jener am Ende einer *Kette*, die zeitlich zurückreicht. Oder, um die Sache richtig herum zu beschreiben, der ›richtige‹ Moses – jener, auf den wir referieren – ist der *am Anfang einer Geschichte*, die unsere gegenwärtigen Gebräuche kausal unterstützt und die von den Intentionen der Sprecher geknüpft wird, auf die Person zu referieren, auf die vorherige Sprecher referierten.« Dies gilt in gleicher Weise für andere Wörter, mit denen wir uns auf die Welt beziehen. Es hängt »von anderen Leuten und der Einbettung der gesamten Gesellschaft in ihre Umwelt ab[...], worauf ein Ausdruck referiert [...]« (A. a. O., S. 209).

sich, sondern als Repräsentanten normativer Kategorisierungen. Im ethischen Kontext steht der Name eines Gegenstandes oder Ereignisses für etwas anderes als in einem phänomenologischen oder etwa naturwissenschaftlichen Zusammenhang. Diese Differenz droht besonders dann zu verschwimmen, wenn – wie im Fall Angewandter Ethik – von vornherein eine starke – allein schon terminologische – Fokussierung auf den Gegenstand stattfindet. Die Tendenz zur Nivellierung jener Differenz kann – in Analogie zum Naturalistischen Fehlschluß – *ontologischer* oder *epistemischer Fehlschluß* genannt werden. Er bezeichnet das Mißverständnis, das benannte Ereignis oder den genannten Gegenstand mit demjenigen zu verwechseln, auf das es beziehungsweise er in ethischen Zusammenhängen – unter gleichem Namen – verweist.

Die grundsätzliche Schwierigkeit besteht darin, wie ein ontologisches Argument über die Beschaffenheit der Welt in ein erkenntnistheoretisches beziehungsweise in ein Wissen überführt oder mit diesem verbunden werden kann. Die Grenze verläuft ungefähr parallel zu derjenigen zwischen »phänomenaler« und »semantischer Information« bei P. Bieri.[154] Daß etwas (wirklich) ist, sagt noch nichts darüber aus, zu welcher Klasse von Gegenständen es gehört. Was unterscheidet ein Naturschauspiel von einer Naturkatastrophe? Allein der Umstand, welche Merkmale aus der Summe aller Charakteristika gewählt werden, die das Ereignis als das Exemplar einer bestimmten Klasse kennzeichnen. Aus dem Gegenstand selbst kann die Eindeutigkeit der in Anspruch genommenen Unterscheidungskriterien nicht abgeleitet werden, das heißt ein und derselbe Gegenstand kann aus einer bestimmten Perspektive – für die bestimmte Kriterien stehen – als etwas anderes wahrgenommen werden und für etwas anderes stehen, als aus einer anderen Perspektive – die durch andere Kriterien konstituiert wird. Die Kriterien sind nichts anderes als unsere Begriffe und Begriffsschemata, in denen sich unser Wissen manifestiert und mit deren Hilfe wir über uns und die Welt kommunizieren. Es ist ohne weiteres ein Wissen vorstellbar, etwa dasjenige über eine Welt, in der Raumfähren und Kernreaktoren als technische Gebilde nicht vorkommen, unter dessen Bedingungen das Challenger-Unglück oder die Tschernobyl-Katastrophe als Naturschauspiele erscheinen, wie umgekehrt eine Naturkatastrophe vor dem Hintergrund spezifischer Annahmen als apokalyptischer Hinweis auf eine Krise der Menschheit oder des Kosmos gelten kann.[155]

In die gleiche Richtung zielt auch die oben erwähnte Äußerung von J. Reich, daß aus der Beschaffenheit des Genoms allein keine »logisch stimmigen Gesetze, Regeln und Verbote« abgeleitet werden können, »wie die neue Biologie mit den möglichen Folgen ihres Forschens umzugehen hätte.« Diese Reformulierung des Naturalistischen Fehl-

---

154 Vgl. P. Bieri [1987], S. 20ff. Wie fundamental die Unterscheidung zwischen ontologischen und erkenntnistheoretischen Argumenten besonders im Rahmen der aktuellen neurophysiologischen und kognitionspsychologischen Diskussion um »[d]as Rätsel des Bewußtseins« ist, veranschaulicht J. R. Searle in seinem gleichnamigen, 1996 erschienenen Aufsatz.

155 Es ist an dieser Stelle nicht entscheidend, ob ein solches Wissen von *falschen* Annahmen ausginge beziehungsweise – nach aktuellem Stand – unvollständig wäre. Auch unser heutiges Wissen ist einerseits höchst heterogen und befindet sich andererseits in einem zeitlichen und kulturellen Kontinuum. Als einziger Garant für seine Angemessenheit gelten Zeitpunkt und Ort seiner Formulierung, wie sie in der Rede von der *Aktualität* des Wissens zum Ausdruck kommen.

schlusses bestätigt unsere Überlegungen, dokumentiert aber zugleich die Gefahr, am anderen Ende des Arguments genau jenem doch zu erliegen. Das ist dann der Fall, wenn aus der Tatsache, daß die Natur »Gentransfer und Genmanipulation seit Milliarden Jahren« betreibt,[156] auf die prinzipielle Rechtfertigung gentechnologischer Forschung geschlossen wird – gemäß dem Motto: was in der Natur geschieht, kann nicht schlecht sein, ergo auch nicht das Werk des Menschen, der die Natur imitiert. Lassen sich »aus der Natur der Sache« keine moralischen Limitierungen ableiten, dann ist damit zugleich gesagt, daß sie auch kein Argument für eine moralische Rechtfertigung bereitstellen kann.[157] Andernfalls kehrt an dieser Stelle sogleich der Naturalistische Fehlschluß durch die Hintertür zurück. Daß es Radioaktivität gibt, ist weder ein Argument dafür, Kernkraftwerke von vornherein als eine bedenkliche Technologie zur Energiegewinnung anzusehen, noch dafür, diese Technologie – weil sie natürliche Vorgänge imitiert – grundsätzlich für gerechtfertigt zu halten.

Bei der Behauptung von der »Selbstevidenz des Kritischen« geht es also um eine Verhältnisbestimmung von natürlichen und moralischen Eigenschaften, und wir können jetzt festhalten, daß dieses Verhältnis ein logisch kontingentes ist. Damit soll keineswegs bestritten werden, daß moralische Sachverhalte ohne Bezug auf natürliche Tatsachen bestehen. Bestritten wird dagegen die Ansicht, es könne ohne weiteres von natürlichen Eigenschaften auf moralische geschlossen werden. Eine solche naturalistische Position hat bereits G. E. Moore mit dem sogenannten »Argument der offenen Frage« bestritten[158] und R. M. Hare hat diese Kritik an der – von ihm so genannten – Supervenienzthese weiterentwickelt.[159] Ein weiteres Argument gegen die These, moralische Eigenschaften seien logische »Folge-Eigenschaften«[160] von natürlichen Eigenschaften, findet sich – im Anschluß an S. Blackburn – bei P. Schaber.[161]

Aus der Behauptung, supervenente (moralische) A-Eigenschaften folgen aus den zugrundeliegenden (nicht-moralischen) B-Eigenschaften folgt zweierlei: *Erstens*, wenn etwas die B-Eigenschaften B_1 und B_2 sowie die A-Eigenschaft A («gut sein«) besitzt, dann kann es nicht aufhören, gut zu sein, ohne daß sich zumindest eine seiner B-Eigenschaften verändert; und *zweitens*, wenn etwas die Eigenschaften B_1 und B_2 sowie die Eigenschaft A hat, dann hat jedes Ding, das dieselben B-Eigenschaften hat, auch dieselbe A-Eigenschaft A. Entscheidend ist nun folgendes: »Die Tatsache, daß etwas die B-Eigenschaften B_1, B_2 hat, läßt jedoch nicht den Schluß zu, es habe auch die moralische Eigenschaft A. [...] Doch das bedeutet, daß das Verhältnis von moralischen

156 J. Reich [1994a], S. 52.

157 Vgl. die Präzisierungen in J. Reich [1994b], S. 57f.

158 G. E. Moore [1970], S. 41ff.

159 R. M. Hare [1983], S. 110ff. Zu Revisionen der Auffassung Hare's vgl. A. Corradini [1995].

160 R. M. Hare [1983], S. 110.

161 Zum folgenden P. Schaber [1995], S. 326f. Dazu zwei grundsätzliche Bemerkungen: In der Supervenienz-Diskussion geht es erstens grundsätzlich um das Verhältnis zwischen verschiedenen *realen* Eigenschaften und nicht um die Beziehung zwischen moralischen Bewertungen und natürlichen Eigenschaften. In unserem Zusammenhang ist zweitens lediglich der *logische Status* des Verhältnisses zwischen den normativen und natürlichen Eigenschaften eines Sachverhaltes von Interesse.

und nicht-moralischen Eigenschaften logisch kontingent ist.«[162] Es ist eine andere Welt denkbar, in der etwas die Eigenschaften B_1 und B_2 hat, nicht jedoch die moralische Eigenschaft A. Nicht-moralische und moralische-Eigenschaften sind also nicht in der Weise verbunden, daß man sagen könnte »X ist gut, weil es die Eigenschaften B_1 und B_2 hat«. Dieser Befund gilt in gleicher Weise für alle Prädikate, mit denen normative Eigenschaften ausgedrückt werden könnten, also auch für die uns interessierenden negativen Zuschreibungen.

Die zumeist implizite Prämisse von der Selbstevidenz des Kritischen und der oben vorgestellte Effekt der ethischen Neutralisierung sind also nicht nur ideologisch motiviert, sondern auch bestimmten erkenntnistheoretischen Annahmen geschuldet. Beide Tendenzen stellen sich als komplementäre Größen dar, die gemeinsam die Einheit von Wissen und Handeln ausmachen. Der Ausblendung der Verantwortungsdimension auf der Handlungsebene entspricht die Reduktion komplexer Gegenstände auf harte, objektive Fakten auf der Ebene des Wissens. Übersehen wird dabei erstens die Differenz zwischen deskriptiven und präskriptiven Sätzen, zwischen Sein- und Sollensaussagen,[163] zweitens die Komplexität der – wie wir zusammenfassen können – kognitiven und psychologischen Prozesse, die unseren Wahrnehmungen, unserem Wissen und unseren Entscheidungen zugrunde liegen, sowie drittens die fundamentalen Unterschiede zwischen Äußerungen über Wahrnehmungen, ontologischen Aussagen und den erkenntnistheoretischen Bedingungen, wie uns Wahrnehmungen und unsere Aussagen darüber als ein Wissen gegeben sind.

Aus der reduktionistischen Annahme, Krisenbehauptungen hätten den Status logisch verifizierbarer Sätze, folgt die Blindheit gegenüber dem normativen Fundament, das diesen Anschauungen zugrunde liegt und zugleich gegenüber der normativen Funktion, die diesen Behauptungen in der Argumentation zukommt. Evidenz ist – so könnte man in diesem Zusammenhang pointiert formulieren – normativ nicht einholbar. Sie repräsentiert selbst ein normatives Fundament, daß aber – gemäß ihrer spezifischen Funktion – gerade nicht zur Disposition gestellt werden kann. Evidenz »arbeitet im Verborgenen«. Sie ist in diesem Sinne eher Medium von Erkenntnis als ihr Gegenstand.

Die moralische Beurteilung wird in der sogenannten Situationsbeschreibung bereits vorweg genommen, der »Prozeß der Entscheidungsfindung« ist damit schon im Vorfeld präformiert.[164] Mit den Prädikaten »kritisch«, »bedrohlich« etc. versehen, ist über

---

162 P. Schaber [1995], S. 327.

163 Daß in diesem Punkt erkenntnistheoretische Überlegungen mit handlungstheoretischen konvergieren, soll in Abschnitt III 2.4 gezeigt werden.

164 Vgl. die Definition »Problemsituation« bei H. E. Tödt [1977], S. 83: »[D]ie ›Situation‹ entsteht durch Ausgrenzung aus der komplexen Umwelt für den einzelnen oder für mehrere oder viele interagierende Subjekte als ›meine‹, als ›unsere‹ Lage.« W. Lienemann [1978a], S. 264, bemerkt dazu aus der Perspektive des Problembegriffs: »Je grundsätzlicher nun […] eine Problemstellung ansetzt, um so stärker ist eben damit der gesamte Kontext betroffen. Die von Tödt unterschiedenen Schritte der Urteilsbildung: Problemfeststellung und Situationsanalyse, lassen sich dann nur noch als *ein* Sachzusammenhang auffassen […]. Den sogenannten ›Kontext‹ bildet dann nicht mehr eine Fülle von Rahmenbedingungen, von denen die Lösung des ›eigentlichen‹ Problems zumindest teilweise abstrahieren könnte, sondern in der Problembestimmung selbst konzentrieren sich gleichsam die wesentlichen Merkmale der ›Situation‹.«

die moralische Fragwürdigkeit des Themas bereits entschieden, die Aufgabe Angewandter Ethik reduziert sich auf die Explikation des vorweggenommenen Urteils. Da das Aufwerfen von Problemen selbst einen Urteilsakt impliziert, spielt Angewandte Ethik beim Subsumtionsmodell die Rolle eines Subunternehmens für eine nicht weiter thematisierte Moral; und wie bei Subunternehmen weder klar sein muß, noch häufig klar ist, welchem Zweck der auszuführende Auftrag schließlich dienen soll, bleibt auch für eine derart vorgehende Ethik verborgen, welchen – im Problem mitformulierten – Moralvorstellungen sie zuarbeitet. Ihre Aufgabe besteht in der rein technischen, Wirklichkeit und (vorgefundene) Moral kompatibel zu machen. Grundlegende moralische Fragen, etwa die Kantische »Was sollen wir tun?« oder die Aristotelische nach dem »Worumwillen«, sind an dieser Stelle obsolet geworden, insofern bereits in der Problemstellung ihre Antwort vorweggenommen wird. Das Problem vor Augen, reduziert sich die ethische Fragestellung auf das »Wie« seiner Lösung. Die Schwierigkeit liegt in der bereits ausführlich beschriebenen verkürzten Wahrnehmung. Der Blick geht verloren für den Kontext – oder mit C. Hubig: für das »Paradigma«,[165] – aufgrund dessen sich ein Ereignis überhaupt als Problem präsentieren kann.[166] H. E. Tödt spricht in diesem Zusammenhang von einer »sektoralen« Problemwahrnehmung, die ein Kennzeichen unserer hochgradig differenzierten Zivilisation darstellt.[167] Wir können nun präzisieren: Praktische Ethik – jedenfalls im Sinne eines strikten Subsumtionsmodells – versucht nicht nur, Ethik unter Verzicht auf Begründungsfragen zu betreiben, sondern folgt darüber hinaus blind den in den Problemstellungen eingeschlossenen (moralischen) Maßstäben.

Zu der Kritik von J. Fischer [1989a], S. 95f., am Tödtschen Urteilsschema, der diesem ebenfalls eine affirmative, unkritische Quintessenz vorwirft, siehe Abschnitt IV 2.1.

[165] Vgl. C. Hubig [1993], S. 44ff., der im Anschluß an T. Kuhn die konstitutive Bedeutung spezifischer Paradigmen für den Forschungsprozeß betont. »Da die jeweiligen Paradigmen dem Forschungsprozeß vorausliegen, sind sie nicht durch den Forschungsprozeß zu überprüfen, sondern machen allererst die Bedingungen des Forschens aus. Sie sind in einer anderen als der ›wissenschaftlichen‹ Weise rechtfertigungsbedürftig. Der Akt der Anerkennung macht sich meistens durch den Eintritt in eine bestimmte wissenschaftliche Disziplin augenfällig. Wenn man sich die Abhängigkeiten von Paradigmen bewußt macht, wird man auf ihre Rechtfertigungsbedürftigkeit aufmerksam […]. Im Lichte der Paradigmen erscheinen also allererst bestimmte wissenschaftliche Problemstellungen als solche.« (a. a. O., S. 45).

[166] Vgl. W. Lienemann [1978a], S. 263: Ein Problem kann »nur näher bestimmt und womöglich einer ›Lösung‹ nähergebracht werden, wenn man zuvor die Rahmenbedingungen klärt, unter denen das in Rede stehende Problem als Problem erst formuliert werden kann.«

[167] H. E. Tödt [1987], S. 30: »Indessen geben sich die meisten Probleme als sektorale Probleme, die technisch, ökonomisch, politisch, medizinisch, juristisch, also ›praktisch‹ gelöst sein wollen und entsprechende Sachkompetenz fordern. Probleme wollen in ihrer Eigenart und Begrenzung erkannt sein als eine Aufgabe, der mit geeigneten Mitteln möglicherweise beizukommen ist. Es gehört zur hochgradigen Differenzierung unserer Zivilisation, daß wir Probleme meist als sektorale erfassen. In ihnen allen aber gibt es eine latente sittliche, übergreifende Dimension.«
Folgt man der Argumentationslinie Tödts, der der »sektoralen« eine »ganzheitliche« Wahrnehmung gegenüberstellt und parallel dem praktischen Problemlösen ein sittliches, dann liegt die Vermutung nahe, daß zumindest die »harte« Megglesche Variante Praktischer Ethik das ethische Parkett längst verlassen hat. Nach Tödtscher Terminologie handelt es sich bei dem Ausdruck »Praktische Ethik« jedenfalls um eine *contradictio in adjecto*.

Das Modell produktiver Anwendung, wie es von Bayertz, Hastedt, Rohbeck und Taureck vertreten wird, erkennt das »autonormative« Potential von Anwendungsverfahren. Problemlösungen stellen sich als doppelter Anpassungsprozeß dar: Welt an Norm und Norm an Welt. Aber auch dieses Verfahren kann den Akt des Problematisierens selbst nur in indirekter Weise reflektieren. Angesichts unserer Überlegungen zum Problembegriff steht dieser Ansatz allerdings – neben den bereits in Abschnitt I 1.6 genannten – vor einer ganz anderen Schwierigkeit.

Diese betrifft zunächst einmal das Vorgehen jeder problemorientierten Ethik, in besonderem Maße jedoch solche Entwürfe, die für einen wie immer gearteten Normenrelativismus plädieren. Die Wahrnehmung eines Problems hängt ab von dem Vorhandensein eines Referenzmaßstabes. Dieser Maßstab repräsentiert – gleich einem Lineal – eine oder ein Ensemble von Normen. Moralische oder ethische Probleme sind dadurch gekennzeichnet, daß sie auf moralische oder ethische Maßstäbe bezogen sind. Moralische oder ethische Probleme setzen konstitutiv moralische beziehungsweise ethische Normen oder Prinzipien voraus, in der Regel solche, zu denen eine konkrete Situation in Konflikt gerät. Eine Kollision liegt trivialerweise immer dann vor, wenn etwas auf etwas anderes, offenbar Unvereinbares trifft. Etwas kann eben nicht mit nichts kollidieren. Wenn nun die genannten, normenrelativistisch orientierten Ethiken pauschal moralische Normen in Frage stellen, dann auch diejenigen, aufgrund derer sie überhaupt ihre Aufgabe in Form von Problemstellungen erhalten.[168] Wie unschwer zu erkennen ist, setzen sie sich damit in letzter Konsequenz immer auch der Gefahr aus, ihr eigenes Fundament anzuzweifeln und damit ihr Thema – das Problem – zum Verschwinden zu bringen, ohne daß es gelöst worden wäre. Das Phänomen, daß Probleme, die infolge einer moralischen Beurteilung aufgeworfen werden, durch eine Veränderung eben dieser Beurteilungsgrundlage eliminiert werden, kann psychologisch und soziologisch als Anpassungs- oder Gewöhnungsprozeß beschrieben werden.[169] Wird

---

168 Vgl. hierzu auch die Fragen von W. Lienemann [1978], S. 281, an Tödts Explikation des Prozesses der Urteilsfindung als ein Verfahren produktiver Normenanwendung:»Woher aber bestimmt sich der Maßstab, welcher Regel folgt die Scheidung der Geister zwischen affirmativem und kritischem Gehalt der Tradition, die in der Gegenwart lebt oder leben kann? Unter welchen Bedingungen veralten Normen?«

169 Ein Beispiel für eine solche Dynamik liefert die von D. Dörner [1989], S. 47ff., beschriebene Verletzung von Sicherheitsvorschriften bei der Tschernobyl-Katastrophe. H. Arendt [1991], S. 27, macht im Rahmen ihrer Überlegungen zum Verantwortungsbegriff in der Diktatur die analoge Beobachtung, »daß diejenigen, die das kleinere Übel wählen, rasch vergessen, daß sie sich *für* ein Übel entscheiden«. Vgl. dazu K.-M. Kodalle [1994], S. 189ff.
W. van den Daele [1989], S. 211ff., untersucht den Gewöhnungseffekt und seine Konsequenzen im Zusammenhang des gesellschaftlichen Umgangs mit neuen Techniken. »Veralltäglichung und Gewöhnung« führen zu einem »Natürlichwerden neuer Technik« und einer »Auflösung von Tabus«. Moralische Normen, die etwa »die Unantastbarkeit der menschlichen Natur verbürgen sollen«, »lösen sich in dem Maße auf, wie technische Möglichkeiten entstehen, in diese Natur gezielt einzugreifen. Ungebrochen gelten sie nur, solange die normativen Schranken, die sie aufrichten, zugleich auch Grenzen unseres technischen Könnens sind.« Da nun moralische Normen »Weltbildfunktion« haben, jene aber abhängen von dem Stand technischer Möglichkeiten, ergibt sich: »Technische Möglichkeiten lösen nicht nur bestehende Wertungen auf, sie bilden auch neue. Sofern Techniken die Optionen erweitern, in der Kultur etablierte Werte zu verwirklichen, definieren sie die Reichweite dieser Werte um.« Und damit gilt auch umgekehrt: »Gesellschaftliche Werte sind nicht nur ein Gegengewicht zu technischer Dynamik, sondern auch deren Vehi-

also der »methodische Relativismus« nicht selbst zum Gegenstand ethischer Reflexion, droht hier erneut das Dogma von der »Normativität des Faktischen«.

2 Technikethik zwischen Handeln und Herstellen

Ethische Fragen zur Technik werden in der Regel im Rahmen von Angewandter Ethik thematisiert. Ihre diversen Typen stellen ein präzises Spiegelbild der technologischen Entwicklung dar. Angewandte Ethik ist somit ein Ausdruck des gesellschaftlichen Reflexionsniveaus der sie prägenden technologischen Standards. Sie kennzeichnet auf der subjektiven Ebene den Grad gesellschaftlicher Sensibilität für die eigenen Strukturen und auf der objektiven Ebene das Maß der Gefährdungen, die durch diese hervorgerufen werden. Angewandte Ethik gilt als die Einlösung der verbreiteten Forderung nach der Vermittlung von Fachwissen und ethischer Kompetenz.[170] Im Mittelpunkt unserer Überlegungen standen zwei Thesen, erstens, daß Angewandte Ethik ihre Themen in Form von Problemstellungen vorfindet und zweitens, daß Probleme, vermittels der sie konstituierenden Referenzmaßstäbe, nicht nur Urteile enthalten, sondern darüber hinaus als negativ formulierte Handlungsaufforderungen zu lesen sind. Rückt somit der Akt des Problematisierens aus einer handlungstheoretischen Perspektive in den Blick, dann liegt es nahe, diesen Vorgang in den Kategorien von »Mittel« und »Zweck« zu erfassen.[171]

Handlungsaufforderungen wollen beim Angesprochenen ein angemessenes Verhalten hinsichtlich bestimmter Zwecke bewirken. Sie enthalten also unter anderem zwei Elemente, die Zweckbestimmung und mehr oder weniger explizite Angaben über die Wege und Mittel, wie dieser Zweck erreicht werden soll. Für Angewandte Ethik gilt dann: Wenn in dem hier relevanten Typ von Problemstellungen ein Handlungszweck immer schon mitformuliert ist, zu dem sich der Akt des Problematisierens selbst und dasjenige, was aus dieser Prozedur folgt wie Mittel zum Zweck verhalten, dann präsentiert sich Angewandte Ethik – idealtypisch – als eine Form zweckrationalen Handelns im Sinne einer instrumentellen Rationalität der Mittel.[172] Dieses Verfahren ist – sowohl in Kantischer als auch in Weberscher Terminologie – seinem Charakter nach ein techni-

---

kel. Die Einbeziehung in den Schutzbereich individueller Ansprüche schirmt technische Möglichkeiten gegen politische Eingriffe ab.« Subjektive Gewöhnung wird damit auf gesellschaftlicher Ebene zur »kulurelle[n] Legitimation innovatorischen Handelns«. Vgl. K. H. Hörning [1988].

170 Der Begriff der »ethischen Kompetenz« wird hier in einem ganz allgemeinen Sinn verstanden. Was sich hinter einer solchen Befähigung verbirgt, wird noch eingehender zu überprüfen sein. Vgl. die Zusammenstellung von Kriterien bei M. Gatzemeier [1994], S. 290ff.

171 Vgl. dazu N. Luhmann [1973], S. 311ff.

172 Entgegen der geläufigen Identifikation von Zweckrationalität und Mittelrationalität beziehungsweise instrumenteller Vernunft, muß – um der Weberschen Systematik gerecht zu werden – an der Verschiedenheit beider Begriffe festgehalten werden (vgl. dazu die eingehenden Analysen von J. Rohbeck [1993], S. 122 – 166).

sches.[173] Technische Verfahren sind traditioneller weise – in Abgrenzung zu praktischen beziehungsweise moralischen Handlungsweisen – wesentlich dadurch gekennzeichnet, daß sie sich nicht um das Setzen von Handlungszwecken bemühen, sondern um deren Erfüllung. Technisches oder instrumentelles Handeln ist, isoliert betrachtet, moralisch indifferent, mit Kants Worten: »Mittel zum beliebigen Gebrauch«,[174] als es sich prinzipiell – das heißt aufgrund seiner Struktur – affirmativ zum Zweck seines Bestrebens verhält. Kant spricht in diesem Zusammenhang von »Imperativen der Geschicklichkeit« und bemerkt einleitend zu seinem bereits oben zitierten Gedanken über die Gemeinsamkeiten von Arzt und Giftmischer: »Ob der Zweck vernünftig und gut sei, davon ist hier gar nicht die Frage, sondern nur was man tun müsse, um ihn zu erreichen.«[175]

Auf der Problemebene selbst, das heißt auf der Ebene, die sich vor dem Hintergrund der Problemformulierung konstituiert – im Gegensatz zu der fundamentaleren Ebene auf der das Problem zuallererst aufgeworfen wird –, gilt allein der Imperativ »Löse das vorgefundene Problem so gut du kannst«, eine Variante des technologischen Imperativs »Can implies ought«.[176] Auf der Problemebene wird ausgeführt, was die im Problem enthaltene (moralische) Bewertung fordert. Wird diese Ebene absolut gesetzt, das heißt wird die spezifische Relationalität von Problemen ausgeblendet, reduzieren sich diese auf das Niveau bloßer Sach- beziehungsweise Fachfragen. Hier ist der eigentliche Ort zweckrationalen Handelns. Wenn Angewandte Ethik als problemori-

---

173 Vgl. I. Kant, GMS BA 39ff.; ders., KpV A 46, Anm.; ders., MS AB 12; ders., KU BA XIII; M. Weber [1921], S. 12f. und 32ff.; Vgl. dazu J. Rohbeck [1993], S. 80ff. und 124ff.; J. Habermas [1981], Bd. 1, S. 239ff.; R. Döbert [1989].

174 I. Kant, GMS BA 64.

175 I. Kant, GMS BA 41. Kant greift hier einen Gedanken von Aristoteles, EN VI, 13 1144a 23ff., auf: »Es gibt ein Vermögen, das man als *Geschicklichkeit* bezeichnet. Der Geschicklichkeit ist es eigen, daß sie das, was zum vorgesetzten Ziele führt, zu tun versteht und zu treffen weiß. Ist nun das Ziel gut, so ist sie löblich; ist es schlecht, so ist sie Schlauheit und Durchtriebenheit. Daher nennen wir die Klugen wie die Schlauen geschickt. Die Klugheit ist nicht die Geschicklichkeit, aber sie ist nicht ohne dieses Vermögen.« Während aber bei Aristoteles die Geschicklichkeit, als Bestandteil der Klugheit, in den Bereich der Ethik gehört, geht die kantische Formulierung gerade dahin, jene aus der Ethik zu verbannen (vgl. J. Rohbeck [1993], S. 82).

176 Vgl. H. Ozbekhan, *The Triumph of Technology: ›Can‹ implies ›Ought‹*. Der Ausdruck »technologischer Imperativ« geht auf S. Lem [1976] zurück.
Daß dieser Imperativ keinesfalls aus der Zeit eines vergangenen naiven Technikoptimismus stammt, dokumentiert das Wissenschaftsverständnis von fünf großen deutschen Forschungseinrichtungen in ihrem – im Januar 1997 veröffentlichten – forschungspolitischen Manifest »Priorität für die Zukunft« (wiederabgedruckt in: *Die Zeit*, 52. Jahrgang, Nr. 5, S. 33). Damit Deutschland nicht in Gefahr gerät, »entscheidende Zukunftschancen zu verspielen«, muß erkannt werden: »Die Schaffung neuen Wissens, dessen intelligente Nutzung und schnelle Anwendung werden in der modernen Industriegesellschaft immer wichtiger.« So wichtig die Mahnung der Unterzeichner – W. Frühwald (DFG), W. Lepenies (Wissenschaftskolleg zu Berlin), R. Lüst (Alexander von Humboldt-Stiftung), H. Markl (Max-Planck-Gesellschaft) und D. Simon (Berlin-Brandenburgische Akademie der Wissenschaften) – gegen einen Rückgang der deutschen Forschungsausgaben ist, und so richtig die Beobachtung von dem weltweiten Wandlungsprozeß der Arbeitsgesellschaft, stellt sich doch die Frage, ob die intendierte »Zukunftssicherung« auf dem Wege eines offenbar völlig unkritischen Befolgens dieses wissenschaftlich-technologischen Imperativs zu erreichen ist. Die These von der »Superstruktur« aus Technik, Wissenschaft und Wirtschaft, die für A. Gehlen Kennzeichen unserer Industriegesellschaft ist, findet hier ihre Bestätigung.

entierte dazu tendiert, ganz in dieser Strategie aufzugehen, wenn für sie also Moral selbst bloß noch zu einem Mittel für eine davon unabhängige Strategie wird, entlarvt sie sich als ein Verfahren, das traditionell als technisches schlechthin gilt: die Suche nach geeigneten Mitteln für vorgegebene Zwecke.[177]

Aber selbst bei der Einlösung der Forderung nach einer Ergänzung Angewandter Ethik um die Reflexion ihrer Motive und Voraussetzungen wäre nur die eine Seite der Medaille ins Blickfeld gerückt. Neben dem elementaren Bestreben nach Kompensation, also letztlich einer Versöhnung unserer Alltagswelt mit unseren Moral- und Wertvorstellungen, gilt es, das andere, komplementäre Bedürfnis, die Sehnsucht gewissermaßen nach einem Gegenmodell zu demjenigen, als dessen Teil wir uns erleben, nicht aus dem Blick zu verlieren. Moralische Normen und Wertvorstellungen sind nicht nur Instrumente zur Regulierung unseres Handelns, sondern zugleich Ausdruck des menschlichen Selbstverständnisses, seiner Ziele und grundlegenden Motive. Sie sind – mit anderen Worten – Ausdruck gesellschaftlicher Idealvorstellungen und dies im doppelten Sinne von »Ideal«. Auf der einen Seite repräsentieren sie idealisierte Vorstellungen, die in der Realität nur annäherungsweise zu erreichen sind. Auf der anderen Seite dokumentieren sie das Idealbild, das die Mitglieder einer Gesellschaft von sich haben. Das Vorhandensein solcher Vorstellungen von der »idealen Gesellschaft« macht erst den Gedanken plausibel, moralische Normen könnten *freiwillig* als Regulativ für das eigene Handeln ernstgenommen werden. Diese Dimension bleibt einer problemorientierten Ethik verschlossen. Sie muß zwangsläufig unterstellen, daß mit der Lösung der thematisierten Probleme der »Idealfall« realisiert ist.[178] Eine an Praktikabilitätserwägungen orientierte Ethik kann diese komplementären Aspekte nicht einfangen und käme – zu *dem* Paradigma von Ethik erhoben – einem fatalen Reduktionismus gleich: Ethik würde zur »Reparaturethik«.[179]

---

177 Diese auf Aristoteles zurückgehende Begriffsbestimmung von Technik, findet sich bei zahllosen Autoren. Fundamental für die Technikdiskussion im 20. Jahrhundert ist die Definition des Ökonomen F. v. Gottl-Ottlilienfeld [1914], S. 206: »Technik im *subjektiven* Sinne ist die Kunst *des rechten Weges zum Zweck* [...]. Technik im *objektiven* Sinne ist das *abgeklärte Ganze der Verfahren und Hilfsmittel des Handelns, innerhalb eines bestimmten Bereichs menschlicher Tätigkeit.*« K. Jaspers [1949], S. 131ff., definiert analog: »Technik entsteht durch Zwischenschiebung von Mitteln zur Erreichung eines Zieles.« Vgl. ebenso M. Heidegger [1962], S. 6f.: »Es bleibt richtig: auch die moderne Technik ist ein Mittel zu Zwecken.« Aber: »Die richtige instrumentale Bestimmung der Technik zeigt demnach noch nicht ihr Wesen.«

178 Daß Angewandte Ethik diese Behauptung nicht aufstellt, zeigt lediglich, daß sie nur über einen sehr eingeschränkten Ethikbegriff verfügt.

179 Vgl. J. Mittelstraß [1989]; D. Dörner [1989], S. 87ff. Diesen reduktionistischen Standpunkt von Ethik hat U. Beck [1988], S. 194, – mit Betonung der antagonistischen und aussichtslosen Rollenverteilung von wissenschaftlich-technischer und praktischer Rationalität – bildreich zum Ausdruck gebracht: »Die Kassandra spielt eine Angestellte im Außennebendienst der Wissenschaft: die Ethik. Wissenschaftlich zerrupft und grundlagenlos muß sie die Kritikrufe dem Publikum vortragen [...]. Die Ethik spielt im Modell der verselbständigten Wissenschaften die Rolle einer Fahrradbremse am Interkontinentalflugzeug.« W. Huber [1992a], S. 132f., führt diesen Gedanken fort und betont die gegenwärtig drohende Instrumentalisierung von Ethik als Rechtfertigungsorgan, als – im Anschluß an U. Beck – »Beschwörung nach getaner Tat«: »Von der Ethik wird erwartet, daß sie zur Wettbewerbsfähigkeit auf dem Weltmarkt beiträgt. Angesichts solcher Erwartungen gerät die Ethik ins Zwielicht; ihre kritische Funktion wird durch die Erwartungen

Für diese verkürzte Sichtweise kann ein sehr naheliegender Grund verantwortlich gemacht werden. Wenn über Moral oder Ethik gesprochen wird, stehen in der Regel Normen, Wertvorstellungen und Regeln im Vordergrund. Dies ist nicht zuletzt ein Erbe unserer jüdisch-christlichen Tradition. Angewandte Ethik verdankt ihren Namen genau dieser Vorstellung: Ethik präsentiert Normen, die umgesetzt werden müssen. Unzweifelhaft besteht eine wesentliche Aufgabe von Moral darin, Normen zu fixieren und von Ethik, diese auf der Metaebene zu begründen. Damit ist aber längst nicht das gesamte Gebiet von Moral und Ethik erfaßt. Der Abschnitt über Krisen und Probleme sollte einen Einblick gegeben haben, wie komplex der Bereich von Moral ist. Dazu gehören ebenso der Prozeß des Aufwerfens moralischer Fragestellungen, das Problematisieren, allgemein: das Hinterfragen menschlicher Aktivität im Hinblick auf ihre Notwendigkeit oder Zufälligkeit, auf Vernünftigkeit oder Unplausibilität, auf Sinn und Zweck usw. Zur Moral gehören zunächst alle Überlegungen, die eine Situation nicht als *geschehene*, sondern als *gemachte* begreifen. Jeder Gedanke von Nichtnotwendigkeit im Sinne von Naturkausalität, von Geschichtlichkeit, Freiheit, Macht oder Ohnmacht, Verhindern oder Zulassen, jeder Gedanke des »es hätte auch anders sein können« gehört grundsätzlich zum Bereich von Moral. Schließlich: Auch die Diskussion um moralfreie Räume menschlicher Aktivität ist selbst eine moralische.

Zum Bereich von Moral gehören viele Fragen, die für sich genommen ihren moralischen Charakter kaum erkennen lassen. Die ethische Literatur ist an dieser Stelle wenig hilfreich. Sie präsentiert überwiegend Laborsituationen, idealtypische oder konstruierte Fälle, die isoliert ohne Umwelt erscheinen und damit das Wechselverhältnis von Normenbildung und Lebenspraxis unterschlagen. Im Alltag sind es die weitaus wenigsten Situationen, in denen das Bewußtsein besteht, hier handele es sich um einen Fall oder eine Frage von Moral. Zudem konkurriert Moral im Alltag mit anderen Normensystemen, die ihrem Ursprung nach nicht moralisch sind, die aber durchaus den Status moralischer Normen annehmen können, also als Moral auftreten können. Benimmregeln zeigen oft fließende Übergänge. Technische Regeln, etwa TÜV-Bestimmungen definieren »Verantwortung« im Umgang mit Fahrzeugen, Maschinen und Apparaten. Der Vorwurf moralischen Versagens kann dann erhoben werden, wenn es Regeln oder Normen gibt, die verletzt werden können *und* eine moralische Norm besteht, die die Einhaltung oder Befolgung der zuerstgenannten Regeln oder Normen einfordert. Die moralische Norm befindet sich den Normen und Regeln gegenüber, deren Einhaltung sie einfordert, auf einer Metaebene und bleibt in aller Regel implizit. Der Vorwurf etwa, es sei unverantwortlich, ein nicht TÜV-zugelassenes Auto zu fahren, weil damit eine Selbstgefährdung und eine Gefährdung anderer Verkehrsteilnehmer in Kauf genommen wird, ist ein moralischer, beruht aber zunächst auf rein technischen Konventionen. Die hier vollzogene Analogisierung von technischen Regeln und

---

an ihre legitimierende Wirkung in den Hintergrund gedrängt. Daraus erklärt sich die tiefe Zweideutigkeit des Ethik-Booms, der nun die Vorstandsetagen wie die kirchlichen Bildungsstätten, die Wirtschaftsseiten großer Zeitungen wie den Sachbuchmarkt ergriffen hat.« Huber stimmt mit Kritikern dieses Ethikbooms darin überein, »daß der Ruf nach Ethik in Wahrheit die Ohnmacht nur noch verstärkt, in der die Ethik den mächtigen Interessen und Sachgesetzlichkeiten der Gegenwart gegenübersteht [...] Ethik, die sich als Legitimationsinstrument mißbrauchen läßt, gibt sich selber auf.«

moralischen Normen erscheint durchaus praktikabel und plausibel. TÜV-Normen werden so zum Material für moralische Normen, obwohl allgemein bekannt ist, daß es sich eindeutig um technische Regeln handelt. Es ist eine ethische Frage, ob technische Regeln die Grundlage für moralische Normen abgeben können oder nicht. Es ist zugleich ein folgenschwerer Irrtum anzunehmen, technische Regeln seien moralische Normen.[180]

Das wesentliche Kriterium von Angewandter Ethik, die Praktikabilität von Normen, erhebt berechtigten Anspruch auf einen zentralen Platz im ethischen Diskurs. Regeln erfüllen nur dann ihren Zweck, wenn nach ihnen auch wirklich gespielt werden kann. Unrealistische Normen können nicht zum Handeln anleiten. Die damit aber sogleich provozierte Frage, was denn unter Praktikabilität zu verstehen sei, beziehungsweise was eine realistische von einer unrealistischen[181] Norm unterscheidet, verweist auf die Notwendigkeit einer anthropologischen, psychologischen und soziologischen Einbettung von Ethik.[182] Wir stoßen an dieser Stelle auf einen weiteren wichtigen Unterschied zwischen »theoretischer« und Angewandter Ethik. Erstere nimmt – wie etwa die Kantische Ethik – ihren Ausgangspunkt bei der anthropologischen Grundbestimmung vom Menschen als Freiheitswesen. Gerade die Schwierigkeiten, in die Kant bei seiner Argumentation gerät, veranschaulichen auf der einen Seite, daß er durchaus nicht von einem idealistisch verkürzten Menschenbild ausgeht und auf der anderen Seite, wie zentral der Freiheitsbegriff für eine normative Ethik ist.

---

180 Gleichwohl gilt auf der anderen Seite, daß der Zweck etwa von TÜV-Normen nicht mit der Festlegung technische Normen erfüllt ist. An dieser Stelle bietet sich die Unterscheidung zwischen dem *Charakter* und dem *Zweck* von Normen an. TÜV-Normen sind technische Regeln, deren Einhaltung die Sicherheit der Benutzer oder Anwendung zum Ziel hat. »Sicherheit« wird zwar technisch definiert – technische Regeln formulieren in diesem Kontext Sicherheitsstandards –, aber das Kriterium »Sicherheit im Umgang mit Geräten, Maschinen« etc. ist selbst kein technisches, sondern ein moralisches. Die Forderung »X muß einen sicheren Betrieb oder Umgang gewährleisten« ist eine moralische.

181 Der Ausdruck »unrealistisch« bezieht sich genau auf jene anthropologischen, soziologischen und psychologischen Prämissen, die jeder moralischen Norm notwendig zugrunde liegen. Die Frage nach der Angemessenheit dieser Prämissen ist unter Umständen von sehr grundsätzlichem Charakter. W. Lienemann [1993a], S. 233, formuliert eine solche grundlegende Frage, die sicherlich nicht nur an den dort genannten Adressaten, den Utilitarismus, gerichtet ist: »Der rational-kognitivistische Ansatz des Utilitarismus läßt kaum die Frage zu, ob es denn rational ist, sich stets *nur* rational zu verhalten oder ob es wirklich immer nützlich ist, den Nutzen möglichst vieler zu maximieren.«
Wenn moralische Normen Verhaltenserwartungen formulieren, unterstellen sie, um sich selbst als sinnvoll zu qualifizieren, daß die Adressaten dieser Moral auch in der Lage sind, diesen zu genügen. Eine Erwartung ist nur dann berechtigt, wenn unterstellt werden kann, daß sie erfüllbar ist. Realistisch ist dann eine Norm, wenn die impliziten anthropologischen, soziologischen und psychologischen »Unterstellungen« angemessen sind. Die Kriterien der Angemessenheit wiederum sind nicht starr, sondern einem ständigen historischen und kulturellen Wandel unterworfen. Um dieser Dynamik gerecht zu werden, bedarf Ethik der interdisziplinären Einbettung.

182 Gefordert ist eine »Einbettung« und keine »Ablösung« etwa im Sinne des Vorschlags von G. E. M. Anscombe [1974], S. 236, die, im Anschluß ihrer Analyse des Begriffs des moralischen Sollens, für »eine *völlige Verbannung der Ethik* aus unserem Denken« plädiert, um an ihre Stelle eine Begriffsanalyse (etwa der Begriffe »Handlung«, »Absicht«, »Lust«, »Wollen«) »im Rahmen der Philosophie der Psychologie« zu setzen.

Der Ausgangspunkt von Angewandter Ethik als problemorientierter weist in die genau entgegengesetzte Richtung. Probleme als »Grenzpfähle« menschlicher Handlungsmöglichkeiten deuten gerade auf die Begrenztheit menschlicher Fähigkeiten und Möglichkeiten hin, seien diese nun situationsbedingt oder prinzipieller Natur. Angewandte Ethik richtet in diesem Sinne ihren Blick auf die Mängel menschlicher Aktivitäten und deren Resultate und diese Fokussierung wird beibehalten. Natürlich unterstellt auch sie beim Menschen gewisse Möglichkeiten und Fähigkeiten, aber diese werden verengt auf die konkrete Problemsituation und den dort geforderten Reflexions- und Handlungsbedarf.

2.1 Exkurs: Zur historischen Entwicklung eines ethischen Grundbegriffs I. Handeln als Gegenstand von Ethik

Wir bewegen uns hier in dem Spannungsfeld eines vieldiskutierten und gerade für Technikethik zentralen Dualismus: die seit Aristoteles bekannte Dichotomie von *poiesis* und *praxis*, Herstellen und Handeln, die in dem Weberschen Schema der Rationalitätstypen in den Begriffen von Wert- und Zweckrationalität ebenso wiederkehrt, wie in dem Habermasschen Gegensatz von instrumentellem und kommunikativem Handeln. Die Frage nach den Bedingungen der Möglichkeit von Technikethik wird nur dann in ihrem vollen Umfang erkennbar, wenn der historische Hintergrund explizit wird, vor dem jene zuerst ihre Berechtigung als auch ihre Brisanz erhält. Zwei Aspekte rücken hierbei in den Vordergrund: Der Handlungsbegriff als Grundbegriff von Ethik und der Technikbegriff in seiner Abgrenzungsfunktion bei der Konstituierung des Handlungsbegriffs.

Fragen nach dem guten Leben waren seit jeher Thema philosophischer Reflexion. Es war aber Aristoteles vorbehalten, die Frage nach dem Thema von Ethik erstmals in systematischer Weise beantwortet zu haben. Ethik oder Praktische Philosophie haben das menschliche Handeln oder umfassender die menschliche Praxis zum Gegenstand. Aristoteles beginnt sein ethisches Hauptwerk, die *Nikomachische Ethik* mit der Bemerkung:»Jede Kunst [*techne*] und jede Lehre, ebenso jede Handlung [*praxis*] und jeder Entschluß scheint irgendein Gut zu erstreben. Darum hat man mit Recht das Gute als dasjenige bezeichnet, wonach alles strebt. Es zeigt sich aber ein Unterschied in den Zielen: denn die einen sind Tätigkeiten [*energeia*], die andern sind bestimmte Werke [*ergon*] außer ihnen. Wo es Ziele außerhalb der Handlungen gibt, da sind ihrer Natur nach die Werke besser als die Tätigkeiten.«[183] Die Unterscheidung zwischen Tätigkeiten und Werken reflektiert die für Aristoteles fundamentale Differenz zwischen *praxis* und *poiesis*, die er anhand seiner Antwort auf die Frage nach dem Ziel oder

183 EN I 1, 1094a 1 – 6; vgl. *Politik* I,1; 1252 a 3. Die Diskussion des aristotelischen Handlungs- und Technikverständnis würde eine eigenständige Arbeit rechtfertigen. Nützliche und durchaus kontroverse Hinweise zum Thema finden sich bei H. Arendt [1981]; K. Bartels [1965]; R. Bubner [1982]; T. Ebert [1976]; ders. [1977]; M. Ganter [1974]; O. Höffe [1971]; ders. [1995], Hg.; J. Kube [1969]; A. W. Müller [1982a]; ders. [1982b]; G. Picht [1959]; H. Rumpf [1977]; W. Schadewaldt [1957]; ders. [1960]; ders. [1965]; ders. [1979]; H. Schneider [1990]; E. Vollrath [1989]; F. Volpi [1992]; W. Vossenkuhl [1991].

Worumwillen menschlicher Aktivität gewinnt. Das sechste Buch der *Nikomachischen Ethik* – besonders die ersten vier Kapitel – thematisieren dieses Verhältnis. »Das Denken für sich allein bewegt nichts, sondern nur das auf einen Zweck gerichtete und praktische Denken. Dieses ist auch der Ursprung des hervorbringenden Denkens. Denn jeder Hervorbringende tut dies zu einem bestimmten Zwecke, und sein Werk ist nicht Zweck an sich, sondern für etwas und von etwas. Das Handeln ist dagegen Zweck an sich. Denn das rechte Verhalten [*eupraxia*] ist ein Ziel, und das Streben geht darauf.«[184] Gegenstand der praktischen Philosophie ist nun das – an der Vollkommenheit orientierte – um seiner selbst willen erstrebte sittlich gute Handeln. »Vollkommener nennen wir das um seiner selbst willen Erstrebte gegenüber dem um anderer Ziele willen Erstrebten […]. Allgemein ist das vollkommene Ziel dasjenige, was stets nur an sich und niemals um eines anderen willen gesucht wird.«[185]

Den Unterschied zwischen einem sich in sich selbst vollendenden Handeln und einer durch einen außenliegenden Zweck determinierten produktiven Tätigkeit verdeutlicht Aristoteles mit Hilfe der naturphilosophischen Bewegungskategorie (*kinesis*).[186] Vernünftiges Handeln ist dadurch gekennzeichnet, daß es ein Ende, eine Grenze (*peras*) hat. Der Zweck bildet eine solche Grenze, der ein Handeln von einem bloß fortschreitenden Bewegungsprozeß (*kinesis*) abgrenzt.[187] Alle produktiven Tätigkeiten würden unendlich fortschreiten, wenn nicht ein außenliegender Zweck das Ende oder Ziel vorgeben würde. Die verschiedenen Arbeiten, die zur Errichtung eines Hauses notwendig sind, bleiben für sich genommen unvollkommen und als »Werden eines Teils« prinzipiell unabgeschlossen. Nur das jenseits der verschiedenen Einzelaktivitäten liegende Telos des fertigen Hauses begrenzt die Tätigkeiten.[188] Demgegenüber erweisen sich Aktivitäten wie Leben, Sehen oder Denken als wirkliche Tätigkeiten (*energeia*), weil sie eine immanent terminierte *praxis* darstellen. »So kann man wohl sagen: er sieht und hat zugleich (immer schon) gesehen, er überlegt und hat zugleich (immer schon) überlegt, er denkt und hat zugleich (immer schon) gedacht, aber man kann nicht sagen: er lernt und hat zugleich (immer schon) gelernt, er wird gesund und ist zugleich (immer schon) gesund geworden. Dagegen: er lebt gut und hat zugleich gut gelebt, er ist glücklich und ist zugleich glücklich geworden.«[189]

Handeln begegnet bei Aristoteles immer schon als *richtiges* Handeln. »Das Handeln ist dagegen Zweck an sich. Denn das rechte Verhalten ist ein Ziel, und das Streben geht darauf. So ist denn die Willensentscheidung entweder strebende Vernunft oder vernünftiges Streben, und das entsprechende Prinzip ist der Mensch.«[190] Im menschlichen Handeln bilden Begehren und Denken eine Einheit, die mit Hilfe der *phronesis*, der

184 EN VI 2, 1139a 36 – b 3; vgl. *Metaphysik* II 2, 994b 13 – 17.

185 EN I 5, 1097a 31ff.

186 Vgl. dazu R. Bubner [1982], S. 71ff.

187 *Metaphysik* II 2, 994b 13 – 17; IX 6, 1048b 17 – 36.

188 EN X 3.

189 *Metaphysik* IX 6, 1048b 23 – 26.

190 EN VI 2, 1139b 2ff. Vgl. dazu O. Höffe [1971], S. 137; ders. [1979], S. 311 – 333; W. Vossenkuhl [1985], S. 220.

praktischen Klugheit, auf das Gute hin ausgerichtet ist. In diesem Zusammenhang benennt Aristoteles ein entscheidendes Charakteristikum teleologischen Handelns. »Gegenstand der Willensentscheidung kann kein Vergangenes sein; denn niemand beschließt, Ilion zerstört zu haben. Man berät sich auch nicht über Vergangenes, sondern über Zukünftiges und Mögliches.«[191]

Als Ausgangspunkt seiner Tugendlehre wählt Aristoteles die im Ethos einer Gesellschaft geronnenen Traditionen überlieferter Handlungsregeln und Wertmaßstäbe. »Die Tugend ist also von doppelter Art, verstandesmäßig und ethisch. Die verstandesmäßige Tugend entsteht und wächst zum größten Teil durch Belehrung; darum bedarf sie der Erfahrung und der Zeit. Die ethische dagegen ergibt sich aus der Gewohnheit; daher hat sie auch, mit einer nur geringen Veränderung ihren Namen erhalten.«[192] Wenig später expliziert Aristoteles den ethischen Teil der Tugend. »Die Tugenden dagegen erwerben wir, indem wir sie zuvor ausüben, wie dies auch für die sonstigen Fertigkeiten gilt. Denn was wir durch Lernen zu tun fähig werden sollen, das lernen wir eben, indem wir es tun.«[193] Für den Aristotelischen Tugendbegriff, wie für seine gesamte Ethik, ist der Handlungsbegriff fundamental. Ethik stellt die Frage nach dem guten Leben im Sinne einer auf das Streben nach Glückseligkeit hin ausgerichteten Praxis.[194] So definiert J. Rohls in der Einleitung seiner Ethikgeschichte im Anschluß an Aristoteles: »Die ethische Theorie befaßt sich [...] mit dem Handeln des Menschen, und zwar nicht mit dem praktischen Tun des Menschen schlechthin, sondern nur mit jenem praktischen Tun, das zu einem gelungenen Leben des freien Bürgers in der sozialen Gemeinschaft der griechischen Polis erforderlich ist. Die Ethik ist dementsprechend bezogen auf das Handeln des Individuums in einem umfassenden sozialen Gefüge.«[195]

Kontroverse Ansichten bestehen hinsichtlich der Tragweite der Aristotelischen Unterscheidung zwischen *poiesis* und *praxis*. T. Ebert[196] verweist auf begriffliche Inkonsistenzen. EN III 1, 1110a 9 – 14 spricht *expressis verbis* vom Ziel einer *praxis*, das nicht dieser *praxis* immanent ist, und in EN X 7, 1177b 1 – 2 wird über die *theoria* gesagt, was traditionell für die *praxis* gilt: Sie habe kein Ziel außerhalb der Betrachtung. Das gilt aber gerade nicht für das Handeln im Krieg und in der Politik (vgl. EN X 7, 1177b 6 – 9, 16 – 18).

Die entscheidende Frage besteht für Ebert darin, ob der Poiesis- und Praxisbegriff in EN VI 4, 1140b 3 – 4, 6 – 7 als singuläre oder generelle Termini aufgefaßt werden: »Man kann nämlich die Unterschiedenheit bzw. Nicht-Unterschiedenheit des Telos, von der hier die Rede ist, *entweder* auf die *jeweilige* Poiesis resp. Praxis beziehen *oder* auf Poiesis und Praxis *überhaupt*.«[197] »Ist aber das von Aristoteles angegebene Unter-

---

191 Ebd.
192 EN II 1, 1103a 14 – 19.
193 EN II 1, 1103a 31 – 34.
194 Vgl. dazu O. Höffe [1979], S. 43ff.
195 J. Rohls [1991], S. 1.
196 Vgl. T. Ebert [1976], S. 18.
197 T. Ebert [1976], S. 13.

scheidungskriterium im Sinne der zweiten Alternative aufzufassen, dann ist es nicht mehr ausgeschlossen, daß ein und dasselbe Tun sowohl als Poiesis wie als Praxis angesprochen werden kann. Das ergibt sich einfach daraus, daß die Herstellung von etwas normalerweise ein direktes oder indirektes Mittel zu Ermöglichung einer (anderen) Praxis und häufig jener Praxis ist, die Aristoteles Eupraxia nennt.«[198] Und Ebert resümiert: »Aristoteles hat erkannt, daß Herstellen und Handeln nicht disjunkte Tätigkeitsklassen unter sich befassen, sondern daß sie unterschiedliche Aspekte an Tätigkeiten auszeichnen.«[199]

Die kategoriale Differenz zwischen *poiesis* und *praxis* löst sich ebenfalls auf vor dem ontologischen Hintergrund der griechischen Unterscheidung zwischen Theorie und Praxis, wie sie G. Picht expliziert. Sie beruht auf der »Unterscheidung zwischen Sein und Zeit, zwischen dem Absoluten und dem Kontingenten, zwischen dem Gott der griechischen Philosophie und dem an die Sterblichkeit ausgelieferten Menschen.«[200]

Trotz dieser Revisionen gilt es, das Motiv der traditionellen Aristotelesinterpretation und ihrer Wiederaufnahme zu erkennen. E. Vollrath betont den kulturellen und politischen Kontext der Aristotelischen Ethik. »Das Desaster der Polis Athen im Peleponesischen Krieg hatte Plato veranlaßt, das existierende Ethos der Polis zu diskriminieren und die Polis auf die Wahrheit der Theorie zu gründen.«[201] Aristoteles versucht demgegenüber mit seinem Praxis-Konzept »den Optionscharakter von Tätigkeiten herauszustellen, um ihn sowohl vor dem Rückfall in zeremonielle Praktiken des Kultus als auch vor dem Untergang in die reine Logik einer wahrheitsfähigen Theorie oder die Aufsaugung durch bloße Technizität zu bewahren.«[202] Diese modernistisch anmutende Beschreibung des Motivs der Aristotelischen Ethik schlägt eine Brücke zu den aktuellen Motiven ihrer Rehabilitierung: »Die Wiederaufnahme der Aristotelischen Disjunktion zweier Tätigkeitsklassen von Praxis und Poiesis in der neueren Diskussion ist durch ein einziges Motiv veranlaßt: die Befürchtung der Überwältigung unserer natürlichen und kulturellen Lebenswelt durch Technik«,[203] wie sie etwa in M. Horkheimers und T. W. Adornos *Dialektik der Aufklärung*, M. Horkheimers *Zur Kritik der instrumentellen Vernunft*, H. Arendts *Vita activa* oder J. Habermas' *Technik und Wissenschaft als »Ideologie«* zum Ausdruck kommt. Die Aufnahme der Dichotomie bei Habermas – im Anschluß an H.-G. Gadamer und H. Arendt – ge-

---

198 T. Ebert [1976], S. 20.

199 T. Ebert [1976], S. 29. Vgl. ähnlich A. W. Müller [1982b], 48ff. und E. Vollrath [1989], S. 15: »Der Sinn der Differenzierung ist der, analytisch den Primat von Praxis vor Poiesis sicherzustellen und alle Poiesis stets nur als Moment von Praxis auftreten und daher von dieser her bestimmt sein zu lassen.« Vgl. die Bemerkung Vollraths (a. a. O., S. 20f.) – im Zusammenhang des von Clausewitzschen Handlungsverständnisses –, daß »alle instrumentelle Tätigkeit ausschließlich analytisches Moment eines ganzen Handlungszusammenhanges darstellt, welches synthetisiert werden muß«, damit »überhaupt erst so etwas wie Mittel und Zwecke und ihr Verhältnis zueinander« beurteilt werden können.

200 G. Picht [1964], S. 135.

201 E. Vollrath [1989], S. 12.

202 E. Vollrath [1989], S. 13.

203 E. Vollrath [1989], S. 16f.

schieht in Abgrenzung zum Marxschen Begriff der Arbeit und stellt damit einen Bruch zur Tradition der Kritischen Theorie dar.[204] Die Aristotelische Unterscheidung steht – modern gesprochen – im Dienst der Verteidigung einer emanzipatorischen Idee von Vernunft und es ist wohl kein Zufall, daß sie im sogenannten Neoaristotelismus der Ritterschule keine Rolle spielt.

Die andere große Ethik des Abendlandes – in gewisser Weise der Gegenentwurf – von I. Kant stellt ebenso grundsätzlich das menschliche Handeln in den Mittelpunkt seiner Überlegungen.[205] Im zweiten Teil seiner *Kritik der reinen Vernunft*, der »Transzendentalen Methodenlehre«, entwickelt Kant eine »Architektonik der reinen Vernunft«. Wissenschaft, als das System der reinen Vernunft, bezeichnet er als »Metaphysik«. Diese setzt sich zusammen, je nachdem, ob sie sich auf den spekulativen oder praktischen Gebrauch der reinen Vernunft bezieht, aus der »Metaphysik der Natur« und der »Metaphysik der Sitten«. »Jene enthält alle reinen Vernunftprinzipien aus bloßen Begriffen (mithin mit Ausschließung der Mathematik) von dem *theoretischen* Erkenntnisse aller Dinge; diese die Prinzipien, welche das *Tun und Lassen* a priori bestimmen und notwendig machen. Nun ist die Moralität die einzige Gesetzmäßigkeit der Handlungen, die völlig a priori aus Prinzipien abgeleitet werden kann.«[206] In unserem Zusammenhang ist von Bedeutung, daß auch Kants Suche nach der »Quelle der a priori in unserer Vernunft liegenden Grundsätze, [...] weil die Sitten selber allerlei Verderbnis unterworfen bleiben, solange jener Leitfaden und oberste Norm ihrer richtigen Beurteilung fehlt,«[207] das menschliche Handeln, wenn auch in vermittelter Form, – in eben der Aristotelischen Absicht, als Hinterfragen des traditionellen Ethos – zum Thema hat.

Die moderne analytische Ethik schließlich wählt ebenfalls den Bereich menschlichen Handelns zum Gegenstand ihrer Reflexion. W. F. Frankena bemerkt zum »Wesen der Ethik oder Moralphilosophie«: »Wir treiben Moralphilosophie, wenn wir, wie Sokrates, die Ebene verlassen, auf der wir uns von herkömmlichen Regeln leiten lassen, und auch jene Ebene, auf der wir solche Regeln internalisiert haben, so daß man von einer ›Innensteuerung‹ sprechen kann; und wenn wir uns auf eine Stufe begeben, auf der wir kritisch und selbständig denken (womit die Griechen in Sokrates' Tagen begannen) und im sittlichen Handeln eine Art von Autonomie erlangen.«[208]

Die Untersuchungen von J. Fischer und M. Kuch bestätigen den Befund vom Primat des Handelns auch für den Bereich der christlichen (protestantischen) Ethik. Auf der Suche nach dem größten gemeinsamen Nenner christlicher Ethik konstatiert Fischer: »Dieses Gemeinsame aber ist der Begriff der *Handlung*. Daß die christliche Ethik den Menschen als Handelnden in den Blick nimmt, wird von keiner Seite bestritten.«[209]

---

204 Vgl. J. Habermas [1973], S. 58f.

205 Zu der paradigmatischen Bedeutung der Aristotelischen und Kantischen Ethik vgl. den Vortrag von E. Tugendhat [1980], bes. S. 37ff.

206 I. Kant, KrV B 869.

207 I. Kant, GMS, Vorrede, S. 6.

208 W. F. Frankena [1972], S. 20.

209 J. Fischer [1983], S. 6f.

Kuch schließt sich dem Votum Fischers an, benennt sogleich aber das Dilemma, das längst nicht nur christlichen Ethiken eigen ist: »Es wird zwar in der Regel als selbstverständlich angesehen, daß die theologische Ethik den Menschen als Handelnden in den Blick nimmt. Dabei korrespondiert aber häufig die Ausführlichkeit, mit der ethische Einzelthemen aufgenommen und dargestellt werden, nicht mit der Sorgfalt, die im Hinblick auf die ethische Grundlegung, welche die Behandlung bestimmter Einzelfragen überhaupt erst strukturiert, erforderlich und angezeigt ist.«[210] Gleichwohl kann als gemeinsamer Nenner festgehalten werden: »Die Ethik als eine Disziplin der Philosophie versteht sich als *Wissenschaft vom moralischen Handeln*«.[211]

2.2 Technikphilosophische Erblasten und ihre Spuren in der Gegenwart

Die vorherigen Abschnitte präsentieren den Handlungsbegriff als Grundbegriff von Ethik. Vor dieser historischen Kulisse wird plausibel, welcher Tradition jene Kritiker folgen, die in apologetischer Absicht auf das Gegensatzpaar von Handeln und Herstellen verweisen. Angewandte Ethik bricht ganz explizit mit dieser Tradition. Doch entgegen übereilten Vorwürfen,[212] unter Rückgriff auf die ethisch fundamentale Dichotomie, gilt es einzusehen: Das Dilemma von Angewandter Ethik liegt nicht in der Anwendung zweckrationaler Verfahren an sich, sondern in ihrer Beschränkung darauf. Die Begrenzung besteht in einem tendenziellen Ausblenden der Zweckfrage, also darin, daß Angewandte Ethik ihre Aufgabe lediglich im Lösen von Problemen erkennt, nicht jedoch im Aufwerfen oder Thematisieren dieser selbst.[213]

Der Problematik eines vorschnellen Rückzugs auf die oben genannte Dichotomie steht auf der anderen Seite die Gefahr ihrer tendenziellen Ausblendung gegenüber. Gerade Technikethik neigt dazu, alleine schon aufgrund ihres Begriffs, den für sie so fundamentalen Gegensatz zu übersehen, lautet dieser doch in einer anderen Begrifflichkeit schlicht: Technik *versus* Ethik. Der Begriff »Technikethik« scheint in dieser Hinsicht geradezu einen wissenschafts- und erkenntnistheoretischen »Quantensprung« zu demonstrieren. Was seit Aristoteles als Gegensatz erscheint, fällt im Namen dieser Disziplin von vornherein und scheinbar völlig unkontrovers zusammen. Dieser Gegensatz ist auch – jenseits philosophischer Kategorisierungen – in unseren alltäglichen Vor-

---

210 M. Kuch [1991], S. 1. H. E. Tödt [1977], S. 92, verschärft die Kritik, wenn er an dieser Stelle einen »spätidealistische[n] Grundzug vieler theologischer Konzepte und situationsethischer Entwürfe« diagnostiziert, der sich in einer »Ausklammerung der Handlungsdimensionen, der konkreten Verhaltensalternativen und also der Normen« ausdrückt.

211 A. Pieper [1985], S. 13.

212 Vorsicht ist schon allein deswegen geboten, weil die idealtypische Differenzierung M. Webers nicht als reale mißverstanden werden darf. Ein derartiges Mißverständnis führt zu der absurden Konsequenz, daß mit einem solchen Votum pro Ethik, ihre Relevanz für weite Bereiche unseres Alltagslebens – all jene nämlich, die dem zweckrationalen Handlungsschema zugerechnet werden – gerade bestritten wird.

213 Vgl. die Unterscheidung von N. Luhmann [1971a], S. 206, zwischen den Ebenen der Problemfindung und -beurteilung sowie derjenigen der Problemlösung. Die erstgenannte Ebene formuliert eine soziologische Aufgabenstellung, die letztgenannte eine entscheidungstheoretische.

stellungen lebendig. Die Sätze »Die Person X ist verantwortlich für den Wohnungs-brand« und »Das Stromkabel ist verantwortlich für den Wohnungsbrand« kommen beide in der Umgangssprache vor.[214] Die Nachfrage, ob mit dem Ausdruck »verant-wortlich sein für« das genannte Ereignis dem Subjekt des Satzes zugerechnet werden solle, verweist jedoch auf eine unterschiedliche Verwendung der Ausdrücke in den Äußerungen. Die Frage läßt sich nur für den ersten Satz bejahen, andernfalls wären wir gezwungen, über die Handlungs- und Zurechnungsfähigkeit von Stromkabeln zu be-finden. Mit der Wendung »ist verantwortlich für« wird in beiden Sätzen zunächst ein Kausalitätsverhältnis zum Ausdruck gebracht. Etwas ist die Ursache für etwas anderes. Nur im ersten Satz wird zugleich – genau das impliziert der Begriff der Verantwortung – darauf abgehoben, daß einerseits eine Handlung beziehungsweise Unterlassung von X den Wohnungsbrand zur Folge hatte, und daß andererseits diese Handlung bezie-hungsweise Unterlassung der Person X freiwillig und in Vollbesitz ihrer geistigen und körperlichen Kräfte zustande kam, mit anderen Worten daß diese Handlung bezie-hungsweise Unterlassung der Person X als *ihre* Handlung beziehungsweise Unterlas-sung zurechenbar ist. In dem Verhältnis von Ursache – als Ereignis – und moralisch zurechenbarer Ursache – als Handlung – spiegelt sich die oben beschriebene Differenz wider. Vor diesem Hintergrund konfrontiert sowohl die Philosophiegeschichte wie auch unser Alltagsverständnis jede Technikethik mit der schlichten aber grundsätzli-chen Frage: Wenn sich Technik und Ethik als Gegensätze gegenüberstehen, denen zwei ebenfalls gegensätzliche Vernunfttypen zugeordnet werden, erscheint dann nicht jede ethische Reflexion über Technik apriori ausgeschlossen? Wenn Technik nichts mit Ethik zu tun hat, was kann dann Ethik mit Technik zu tun haben?

Es gibt eine lange und wichtige Diskussion über Fragen hinsichtlich der Gründe für diesen Gegensatz und des Verhältnisses, in dem beide Größen zueinander stehen. Ebenso bedeutsam sind Fragen nach dem Status der Dichotomie, die besonders von der Kulturkritik thematisierte Frage, ob eine spezifische Relation beider Vernunfttypen und Handlungsweisen kennzeichnend für unser »Zeitalter« ist, oder diejenige, ob die hier behauptete Trennung allenfalls analytisches Gewicht hat. Zwar gab es immer wie-der Versuche, diese Gegensatzpaare zu harmonisieren, aufzulösen oder hierarchisch anzuordnen. Philosophiegeschichtlich entflammt das Interesse an der Betonung eines Gegenpols zu einer bloß technischen, instrumentellen oder Mittelrationalität immer dann, wenn Praxis oder modern gesprochen Interaktion in einem System technischer oder strategischer Verfahren aufzugehen droht. Mit dieser »technischen Verkürzung von Praxis«[215] sahen sich Platon und Aristoteles in Form eines technischen Politikver-ständnisses seitens der Sophistik genauso konfrontiert,[216] wie W. Dilthey in Gestalt des naturwissenschaftlich orientierten Positivismus von A. Comte und J. S. Mill,[217] der Neukantianismus – allen voran W. Windelband und H. Rickert – im Gewand eines an

---

214 Vgl. K. Bayertz [1995], S. 5.

215 R. Bubner [1982], S. 69.

216 Platon, *Gorgias* 467; Aristoteles, EN I 1, 1094a 1ff.; vgl. dazu R. Bubner [1982], S. 66ff.

217 Vgl. W. Dilthey, *Einleitung in die Geisteswissenschaften*, Gesammelte Schriften Bd. I, Göttingen
    8 1979.

den Naturwissenschaften orientierten »nomothetischen«[218] Erkenntnisinteresses[219] oder die Kritische Theorie in Form des als Dialektik der Aufklärung interpretierten Prozesses vom Absolutwerden der instrumentellen Vernunft.[220]

Diese Aufzählung benennt den philosophiegeschichtlichen Kontext, vor dessen Hintergrund Technikethik problematisch wird. Der intern entfaltete Antagonismus Technik versus Ethik spiegelt ein in der Philosophiegeschichte grundlegendes erkenntnis-, wissenschaftstheoretisches, geschichts- und kulturphilosophisches Thema wider. Alle hier genannten Positionen können als Versuche gelten, auf der einen Seite einer Verabsolutierung des teleologischen Handlungsmodells in seinem neuzeitlichen Gewand, dem Utilitarismus entgegenzuwirken, wie gleichzeitig auf der anderen Seite einem allein naturwissenschaftlich orientieren, kausalen Erklärungsschema.[221] Das innere Gleichgewicht zwischen beiden Teilen der Dichotomie ist ins Wanken geraten und hat sich zu einem hierarchischen Verhältnis gewandelt.[222] Angewandte Ethik kann unter dieser Perspektive als Ausdruck der Entwicklung erscheinen, die jene Position kritisch im Blick hat, die mit dem Vernunftbegriff der Aufklärung im Gepäck, einer Welt zunehmend instrumentell organisierter Verhältnisse entgegentritt. Die Reaktionen lassen sich nach den ihnen jeweils zugrundeliegenden geschichtsphilosophischen Anschauungen differenzieren. An den Polen stehen sich Hegelscher Weltgeist und Goethes Zauberlehrling in Form eines naiven Wissenschafts- und Technikoptimismus einerseits und Visionen einer technokratischen Apokalypse andererseits gegenüber. Dazwischen befinden sich Positionen, wie etwa diejenige Heideggers und Pichts, die an die Tradition appellieren, um das in die Schräglage geratene Gleichgewicht wiederzugewinnen, eher konservative Meinungen, die sich um eine Renaissance des Aristotelischen Praxisbegriffs als übergeordnetem Ganzen bemühen sowie solche Ansichten, die die Lösung in einem emanzipatorischen Vernunftbegriff suchen. Alle Positionen bewegen sich in dem Raster zweier polarer Vernunftbegriffe oder an dessen Rändern. Entscheidend für die

218 W. Windelband, *Geschichte und Naturwissenschaft*, in: Ders., *Präludien* II, Tübingen [9]1924.

219 Vgl. H. Schnädelbach [1983], S. 77ff.

220 Vgl. M. Horkheimer/T. W. Adorno [1944]; M. Horkheimer [1967].
Die Diskussion ist mit gleicher Intensität von der Gegenseite geführt worden, mit der ungleich schärferen Absicht, Ethik überhaupt in Frage zu stellen. Vorläufer dieses Ansinnens sind etwa N. Macchiavelli, F. Bacon und T. Hobbes, zu den klassischen Vertretern werden K. Marx, C. Darwin, F. Nietzsche und S. Freud gezählt. Vgl. dazu zuletzt T. Rentsch [1994].

221 Vgl. H. Arendt [1981], S. 140: »Jede wirklich durch und durch, konsequent utilitaristisch organisierte Welt befindet sich, wie Nietzsche gelegentlich bemerkte, in einem ›Zweckprogressus in infinitum‹ [F. Nietzsche, *Wille zur Macht*, Aphorismus 666]. Theoretisch kann man diese Aporie des konsequenten Utilitarismus, der die eigentliche Weltanschauung von Homo faber ist, als eine ihm inhärente Unfähigkeit diagnostizieren, den Unterschied zwischen dem Nutzen und dem Sinn einer Sache zu verstehen, den wir sprachlich ausdrücken, wenn wir dazwischen unterscheiden, ob wir etwas im Modus des ‚Um-zu‘ oder des ‚Um-willen‘ tun.«

222 M. Riedel beschreibt im Vorwort zum ersten Band von *Rehabilitierung der praktischen Philosophie* dieses Vehältnis als die verlorene Einheit von Theorie und Praxis: »Die *Einheit von Theorie und Praxis*, die im Konzept der ›praktischen Philosophie‹ reflektiert und begründet worden war, entzieht sich der Rechtfertigung durch den Begriff und nimmt – gewissermaßen außerhalb der Grenzen praktischer Vernunft – die naturwüchsige Gestalt der *Technologie* (der zur materiellen Gewalt gewordenen Naturwissenschaft) und *politischen Ideologie* an« (M. Riedel [1972], Hg., S. 10).

Disziplin »Technikethik« ist nun, daß all diese Fragen und Positionen einer gründlichen Diskussion bedürfen und nicht mit einem definitorischen Handstreich – wie der Begriff »Technikethik« nahezulegen scheint – zu erledigen sind. Erstaunlicherweise wird diese Dichotomie, die den Prüfstein schlechthin für jede Technikethik darstellt, – wenn überhaupt – nur am Rande in technikethischen Untersuchungen thematisiert.

Die Technikethik von C. Walther[223] kann als Beleg dafür gelesen werden, wie leicht die Überwindung einer Differenz mit ihrer Nivellierung verwechselt werden kann. Der Autor definiert: »Technikethik ist reflektierter Umgang mit Technik. [...] Reflexion aber bedeutet, daß Größen eingeführt werden, mit deren Hilfe abgeklärt werden kann, woraufhin Handeln sich orientieren soll.«[224] Zu diesem Zweck führt Walther in Anlehnung an H. Jonas den Verantwortungsbegriff ein und bemerkt: »Die Betonung des gemeinschaftlichen Charakters der Verantwortung mit der Zielrichtung: strategische Verhinderung von Gefährdungen und Erhaltung des Lebens sowie seiner Möglichkeiten stellt jetzt einen weiteren, bedeutsamen Schritt dar, den Verantwortungsbegriff aus der Beliebigkeit einer rein individualistischen Interpretation herauszuführen.«[225]

Interessant in unserem Zusammenhang ist die Charakterisierung der »Zielrichtung« von Verantwortung als »strategischer Verhinderung«. Walther bedient sich hier eines technischen Vokabulars, um eine moralische Forderung zu explizieren. Damit ist – gemäß der Arendtschen Kritik am Utilitarismus – die Differenz zwischen Nutzen und Sinn eines Tuns aufgehoben, insofern die ethische Frage nach dem »Um-willen« auf die technische nach dem »Um-zu« reduziert wird. An dieser Stelle diagnostiziert Habermas ein technokratisches Bewußtsein, das als »ideologischen Kern« *die Eliminierung des Unterschieds von Praxis und Technik«* enthält.[226] Der Reduktionismus beruht auf einer mangelnden Unterscheidung von Technikethik und Technikfolgenabschätzung,[227] wie sie beispielsweise H. Hastedt vorschlägt.[228] Walther hat wohl beide Perspektiven im Blick, folgt man seiner Suche nach Gründen für die Notwendigkeit von Technikethik: »Die Frage nach den Gründen für eine Technikethik stellt sich jedoch nicht nur im Kontext obsolet gewordener Universalentwürfe, indem danach Ausschau gehalten wird, wodurch sie ersetzt werden können. Sie stellt sich vor allem auch in einer sehr spezifischen Weise als Anfrage und Herausforderung an das menschliche Steuerungsvermögen: Welche Potentiale sind vorhanden oder lassen sich entwickeln, um die Entwicklung der Technik so zu steuern, daß z. B. die von vielen Zeitgenossen befürchtete Zerstörung der Erde nicht eintritt?«[229] Die Vermittlung jener Fragen – danach, was der Mensch moralisch tun soll und welche Möglichkeiten ihm zur Verfü-

---

223 C. Walther [1992]. Die Untersuchung des Theologen C. Walther geht hervor aus Veranstaltungen des Autors mit Studenten der Ingenieurwissenschaften.

224 C. Walther [1992], S. 106.

225 C. Walther [1992], S. 139.

226 J. Habermas [1969], S. 91.

227 Einen allgemeinen Überblick bieten W. Bungard/H. Lenk [1988], Hg.; R. Huisinga [1985]; H. Paschen/K. Gresser/F. Conrad [1978].

228 Vgl. H. Hastedt [1991], cp. 2, vgl. S. 105f.

229 C. Walther [1992], S. 59 – 105, hier S. 72.

gung stehen – mit einer technologisch geprägten und an technologisch vermittelten Interessen ausgerichteten Wirklichkeit läßt die ursprüngliche Differenz verschwimmen. Verantwortlich dafür ist sicherlich auch eine unzulässige Übertragung eines idealtypisch differenzierenden Zweck-Mittel-Schemas auf die Wirklichkeit: »Vielmehr bedingt die Verantwortung ebenso die ständige Überprüfung der Zwecke wie der technischen Voraussetzungen ihrer Erfüllung. Damit ist aber bereits die weitergehende Frage impliziert, woran sich solche Reflexion inhaltlich orientieren kann.«[230] Die kategorische Trennung von Zwecksetzung und Umsetzung, als zwei genuine, isoliert bestehende Handlungsbereiche und -kompetenzen, läßt nur eine technische Vermittlung zu. Technikethik wird somit zum funktionalen Element des technologischen Systems[231] und selbst Mittel im Rahmen dessen, was seit den 60er Jahren unter den Namen »Technology Assessment«, »Technikfolgenabschätzung« beziehungsweise »Technikbewertung« firmiert. Technikbewertung meint aber, wie die *VDI-Richtlinie 3780: Technikbewertung* deutlich macht,[232] nichts anderes, als »Gleiches mit Gleichem«, also Technik mit Technik zu heilen.[233] Damit unterwirft sich Technikethik ganz dem technischen Paradigma und wandert aus dem Gebäude der Ethik aus.[234]

Noch deutlicher wird Walthers technizistische Verkürzung wenn er fordert: »allein eine dienende Funktion kann Technikethik haben: Sie soll den Dialog der verschiedenen Lebensbereiche mit der Technik fördern und darin die Argumentationskultur pflegen

---

230 C. Walther [1992], S. 105.

231 Vgl. dazu die Kritik an dem Subsumtionsmodell von G. Meggle sowie C. Hubig [1993a], S. 17.

232 Vgl. VDI 1991, S. 62: »das planmäßige, systematische, organisierte Vorgehen, das
 – den Stand einer Technik und ihre Entwicklungsmöglichkeiten analysiert,
 – unmittelbare und mittelbare technische, wirtschaftliche, gesundheitliche, ökologische, humane, soziale und andere Folgen dieser Technik und möglicher Alternativen abschätzt,
 – auf Grund definierter Ziele und Werte diese Folgen beurteilt oder auch weitere wünschenswerte Entwicklungen fordert,
 – Handlungs- und Gestaltungsmöglichkeiten daraus herleitet und ausarbeitet, so daß begründete Entscheidungen ermöglicht und gegebenenfalls durch geeignete Institutionen getroffen und verwirklicht werden können.«

233 W. König/F. Rapp [1994], S. 2/21. Die Autoren kommentieren die VDI-Richtlinie: »Angesichts einer ›entfesselten‹ wissenschaftlich-technisch-industriellen Entwicklung versucht man Abhilfe zu schaffen, indem man Gleiches mit Gleichem heilt: Selbst auf einem zielgerichteten, zweckmäßig gestalteten, instrumentell eingesetzten – und insofern technischen – Verfahren beruhend, soll die Technikbewertung zu einer vernünftigen, sinnvollen Nutzung der technischen Möglichkeiten führen. In der Tat ist keine andere Lösung denkbar, als die Technik mit Hilfe einer technischen Verfahrensweise zu bändigen: Weil alles zielgerichtete, effiziente Vorgehen im weiteren Sinne technischer Art ist, muß zwangsläufig auf dieses Mittel zurückgegriffen werden, wenn es darum geht, die gegenwärtige technische Entwicklung in sinnvolle Bahnen zu lenken.«

234 Vgl. dazu die Bemerkung von W. Schulz [1972], S. 662. Dieser sieht in dem »Herausstellen von Wissenschaft und Technik als eines Raumes der Verwirklichung humaner Ziele« die Gefahr der »Verwissenschaftlichung ethischer Probleme und damit möglicherweise ihre *Neutralisierung* [...]. Es ist nun eben die Frage, ob nicht die in der wissenschaftlichen Analyse durchgeführte ethische Neutralisierung sich dahin auswirkt, daß nun *auch* der Wirklichkeitsbezug nach rein technologischen Gesichtspunkten ohne jeden ethischen Bezug inszeniert wird. Daß eine solche Tendenz heute weithin herrschend ist, dürfte kaum anzuzweifeln sein. In der »Umformung«, das heißt der zunehmenden Versachlichung und Rationalisierung des Verhaltens gerade auch in ethischen Kontexten, »bahnt sich eben die Möglichkeit einer *Aufhebung der Ethik überhaupt* an.«

helfen«.[235] Wiederum bemüht Walther eine Begrifflichkeit, die in der Formulierung von F. Dessauer vom »*Dienst*wert«[236] der Technik geradezu zum geflügelten Wort in der technikapologetischen Tradition avancierte. Wenngleich Walthers Forderung im letztgenannten Zitat nach einer integrativen Funktion von Technikethik zuzustimmen ist, muß dem Eindruck widersprochen werden, Technikethik habe in dieser Funktion völlig aufzugehen. Hier liegt eine ganz ähnliche »Sektoralisierung« vor, wie sie im Zusammenhang von Angewandter Ethik anzutreffen ist. Angesichts dieses funktionalistischen Verständnisses von Ethik[237] stellt sich die Frage, worin der spezifische Unterschied zwischen Ethik und Technik noch besteht, beziehungsweise ob nicht an dieser Stelle »aus der Ethik der Technik eine ›Technik der Ethik‹ wird«.[238] Genaugenommen haben wir es hier mit einer »Techniktechnik« oder »Metatechnik« zu tun, das heißt einem technischen Verfahren, das auf technischem Wege Technik steuert.[239] Der Zweck, dem dieses Verfahren dient, kann durchaus ein ethischer sein. Aber als – wie Walther selbst verlangt – Reflexionsorgan verschließt sich Ethik einer solchen Instrumentalisierung.[240]

---

235 C. Walther [1992], S. 47.

236 F. Dessauer [1956], S. 141.

237 Vgl. C. Walther [1992], S. 55ff. Der Autor rückt Technikethik ganz explizit in die Nähe der Systemtheorie, wobei er dort den komplementären Charakter von Systemtheorie und Ethik betont.

238 C. Hubig [1993a], S. 6.

239 Vgl. S. Moser [1958], S. 16. Moser definiert eine von ihm geforderte »Metaphysik der Technik« als »metatechnische Bestrebungen, die Mathematiker, Physiker, Techniker, Philosophen usw. zu einem gemeinsamen Grundlagengespräch vereinigen«.
Pointiert könnte eine solche Position – in Opposition zu dem im letzten Kapitel eingeführten Begriff einer negativen Technokratie – als »positive Technokratie« bezeichnet werden. Dahinter steht das »Modell einer rational-institutionalisierten Gesellschaft«, wie es in der amerikanischen Technokratie-Bewegung nach dem Ersten Weltkrieg besonders um den Sozialökonom T. B. Veblen und den Naturwissenschaftler und Techniker H. Scott und die von ihnen gegründeten Gruppen herum entworfen wurde (vgl. dazu bes. G. Klein [1973] und D. Senghaas [1970]). Veblen hatte bereits in seinem 1899 erschienen Werk *The Theory of Leisure Class* den sich zu radikalen Krisen verdichtenden gesellschaftlichen Konflikt des »cultural lag« (W. F. Ogburn) beschrieben, das heißt das Auseinanderklaffen einer sich permanent fortentwickelnden Technik und demgegenüber trägen Institutionen und gesellschaftlichen Werten (vgl. dazu die kritischen Bemerkungen von T. W. Adorno [1953]). Angesichts solcher Kassandrarufe ging es der Technokratiebewegung darum, »einen Plan zu Rettung der amerikanischen Zivilisation bereitzuhalten, sobald die gegenwärtige Demokratie mit den zerstörerischen Kräften nicht mehr fertig würde« (G. Klein [1973], S. 49). Im März 1933 wurde die »Technocracy Inc.« mit H. Scott als Direktor gegründet. Sein Programm bestand in der Etablierung eines Gesellschaftsmodells, innerhalb dessen die soziale Evolution wissenschaftlich kontrolliert werden kann. Dabei kam den »Technologen« die zentrale Rolle zu, ein funktionsfähiges Produktions- und Distributionssystem zu konzipieren.

240 Im Rahmen des Zweck-Mittel-Schemas gilt für eine so verstandene Ethik, was K. Jaspers [1949], S. 153f., über die Grenzen von Technik bemerkt: »Grenze der Technik ist, daß sie nie sich selbst für sich da sein kann, sondern Mittel bleibt. Dadurch ist sie zweideutig. Weil sie selbst keine Ziele steckt, steht sie jenseits oder vor allem Gut und Böse. Sie kann dem Heil und dem Unheil dienen. Sie ist beidem gegenüber an sich neutral.« Für eine so verstandene Technik gilt ebenso wie für die Angewandte Ethik: die Neutralität »an sich« – eben als Methode – ist nur die Kehrseite ihrer Instrumentalisierbarkeit. Methoden begegnen niemals »an sich« sondern ausschließlich als auf einen Gegenstand oder ein bestimmtes Erkenntnisinteresse bezogen.

Die Differenz zwischen funktionalistischer und ethischer Perspektive verläuft parallel zu der von H. E. Tödt aufgestellten Dichotomie von »sektoraler« und »ganzheitlicher Wahrnehmung« oder Sach- und sittlicher Kompetenz. Dabei darf das Attribut »ganzheitlich« nicht holistisch mißverstanden werden, denn damit wäre die funktionalistische Sichtweise nicht überwunden. Die Differenz besteht in der verschiedenen Ausrichtung. Während Sachkompetenz sich an dem thematisierten Gegenstand orientiert und ihre Kompetenz aus der Kenntnis ihrer Objekte gewinnt, beruht sittliche Kompetenz auf dem Vermögen des wahrnehmenden Subjektes, sich selbst zu thematisieren. Sachbezogenheit versus Selbstbezüglichkeit als Akt der Konstitution von Identität und Intersubjektivität lauten hier die Alternativen.

Die auf der Methodenebene zu beobachtende Tendenz zur Nivellierung des Unterschiedes zwischen Praxis und Technik begegnet auf der inhaltlichen Ebene als Gefahr eines *strukturellen Determinismus*. Der Zugang zu einer Technologie wird über ein vorausgehendes – in diesen Fällen: ablehnendes – moralisches Urteil geleistet und kann als ein vorreflexives bezeichnet werden. Es bezieht sich auf eine Technologie vermittels bestimmter Wirkungen, deren moralische Fragwürdigkeit Selbstevidenz besitzt. Diese Folgerung – von einem Urteil über bestimmte Wirkungen auf ein Urteil über die diese verursachende Technik oder Technologie – beruht auf der Unterstellung eines Kausalitätsverhältnisses von Ursachen und Wirkungen. Indem eine Technologie über bestimmte Wirkungen erschlossen wird – denn auf letztere ist das vorausgehende moralische Urteil bezogen –, und diese Wirkungen als kausal unterstellt werden – denn nur so ist ein zwingender Rückschluß möglich –, wird einerseits ein nur sehr beschränkter Zugang zu der fraglichen Technologie eröffnet und andererseits die Neigung zu einem »Reparaturverhalten« verstärkt. Kausale Verhältnisse legen einen technischen Umgang nahe. Damit bewegt sich der moralische Diskurs unkritisch auf den ausgetretenen Wegen der durch die fragliche Technologie vorgeprägten Strukturen.[241] Der Rahmen, der den Bereich möglichen Handelns absteckt und der damit zugleich die Grenzen ethischer Reflexion bestimmt, ist aus einem technologischen Holz. Ein moralischer Rigorismus korrespondiert hier einem technologischen Determinismus.

Auf der Gegenseite lauert – komplementär – eine andere Gefahr, die der *moralischen Überdeterminierung*. Dahinter verbirgt sich eine Vorgehensweise, die J. Rohbeck als »äußerliche Reflexion« beschreibt. Sie liegt dann vor, »wenn die Ethik zwar auf die technologische Herausforderung reagiert, aber zu deren Problemlösung davon unabhängige Inhalte heranzieht. In diesem Fall beziehen sich nur Abstrakta aufeinander, wie der Naturalistische bzw. normativistische Fehlschluß verdeutlicht: Auf der einen Seite stehen abstrakte Normen, die eine unmittelbare Geltung suggerieren; und auf der anderen Seite stehen ›wertneutrale‹ Mittel, von deren zielbestimmender Potenz abstrahiert

---

241 Der Einwand von J. Rohbeck [1993], S. 273, gegen eine praxisferne Prinzipienethik lautet: »Selbst die ›neue Ethik‹, die sich als Gegenpol zum technischen Fortschritt versteht, reagiert ja auf die Entwicklung der Technik, indem sie ziemlich genau deren Tendenzen wiedergibt: Der Bedrohung der Natur entspricht ein normativ aufgeladener Naturbegriff; den räumlich und zeitlich expandierenden Technikfolgen korrespondiert eine ebenso erweiterte moralische Verantwortung; je bedrohlicher die Gefahr, desto anspruchsvoller das geforderte ethische Bewußtsein; kurz: eine Super-Technik soll durch eine ebensolche Super-Ethik eingedämmt werden.«

wird.«[242] Dieser Vorwurf richtet sich auf ethischer Seite üblicherweise gegen deontologische Ethiken.

Um der Wahl zwischen zwei unbefriedigenden Alternativen – einem strukturellen Determinismus oder einer moralischen Überdeterminierung – zu entgehen, muß das in Abschnitt I 1.5 vorgestellte, von B. H. F. Taureck und H. Hastedt favorisierte Reflexionsmodell Angewandter Ethik erweitert werden. Der als Oszillationsprozeß[243] beschriebene Vorgang zwischen Theorieebene und Lebenswirklichkeit muß ergänzt werden um die Reflexion des Oszillationsprozesses selbst. Es reicht nicht aus, nur die Aspekte ins Auge zu fassen, die quasi als Schnittmenge von Norm und Anwendungsfall in Frage kommen, sondern auch die dieser Relation zunächst äußerlichen Aspekte.[244] Es bietet sich an, das Feld der Ethik als vielfältig rückgekoppeltes, vernetztes System zu begreifen. Ethik ist vielmehr Teil komplexer Verhältnisse, als daß sie diese bestimmt. Je differenzierter Ethik sich selbst als eingebunden in komplexere Zusammenhänge begreift, desto besser ist sie in der Lage, ihrer Aufgabe nachzukommen.

Kennzeichen dieser Verflechtung ist ein für die Gegenwart wesentliches und scheinbar paradoxes Phänomen. Die Forderung von Angewandter Ethik nach Konkretion folgt einem Charakteristikum moderner Technologien: Auf der einen Seite schließen sich einzelne Technologien zunehmend zu Systemen – in denen verschiedenste Technologien miteinander kooperieren – zusammen.[245] Gentechnologie, Neuro- und Kognitionswissenschaften etwa wären ohne die modernen Informationstechnologien überhaupt nicht denkbar.[246] Auf der anderen Seite nötigen aber gerade diese Systembildungen zu einer singulären Betrachtungsweise. Die »Kombinationsfähigkeit« moderner Technologien ist Ausdruck ihres wesentlichen Kennzeichens: der Multifunktionalität.[247] Diese

---

242 J. Rohbeck [1993], S. 272f. Von einer »bestimmenden Reflexion« spricht Rohbeck dagegen dann, »wenn die Erfahrung mit den technischen Handlungsmöglichkeiten zu einer konkreten Bestimmung von Zielvorstellungen führt« (ebd.).

243 H. E. Tödt [1987], S. 29, spricht in diesem Zusammenhang von einem »iterativen Prozeß«. Vgl. ders. [1977], S. 84.

244 Nur in der Reflexion dieses Prozesses kann das Phänomen in den Blick kommen, das N. Luhmann [1986] als Resonanz beschrieben hat (siehe oben).

245 C. Eurich [1988], S. 13, spricht angesichts des hohen Vernetzungsgrades moderner Technologien von »der Konvergenztechnologie«.

246 Der Kommunikationswissenschaftler N. Bolz [1992], S. 123f., beschreibt diesen Zusammenhang anhand des Films »Space Odyssee« von Stanley Kubrick: »Es ist ein Film über Medien (Bildtelefon, Video, Satellitenfernsehen) – und im Kern natürlich: ein computergestützter Film über Computer. Kubrick führt nicht nur beispielhaft vor, daß der Inhalt eines Mediums immer ein anderes Medium ist, sondern, wichtiger noch: daß es keine Einzelmedien gibt. Man trifft immer auch einen Medienverbund, auf Schaltungen und Vernetzungen verschiedener Medien. Die Störanfälligkeit an den Koppelungsstellen, als das Rauschen, gibt Stoff für Geschichten. So erzählt die ›Space Odyssee‹ von der Schnittstelle Mensch-Computer, von Menschen, die in computergesteuerte Rückkopplungsschleifen eingebaut sind: *people-in-the-loop*. Kommunikationsästhetik hätte sich demnach nicht vorrangig auf die eigensinnige Evolution von Medien, sondern auf deren Schnittstellen und Hybridisierungen zu konzentrieren. Aus erfolgreichen Kopplungen entstehen die neuen Hypermedia-Technologien.«

247 Ein Beispiel für die Multifunktionalität sind die aus der KI-Forschung hervorgegangenen Expertensysteme (Einen Überblick bietet B. Becker [1986], S. 64ff.). Diese haben in der Regel nicht den Charakter eines vollständigen Programms, sondern eher den von »Werkzeuge[n] zur Erstel-

Unbestimmtheit und Komplexität verschließt sich jeder prinzipiellen Erörterung und Beurteilung. Wenn in unserem Zusammenhang von problematischen Technologien die Rede ist, werden darunter ganz bestimmte Funktionen und Möglichkeiten verstanden und nicht irgendwelche spekulativen Potentiale. Die Komplexität und das Potential moderner Technologien läßt sich nur erfassen, wenn das Spezifische in den Blick kommt. Die konkrete Vernetzung wird nur aus einer Binnenperspektive sichtbar.

Der Systemcharakter moderner Technologien ist gleichzeitig ein Hinweis auf die Vernetzung der menschlichen Aktivitäten innerhalb dieser Systeme. Das hat zwei grundsätzliche Konsequenzen. Auf der einen Seite können die Folgen einzelner Handlungen immer schwerer vom Handlungssubjekt überblickt werden. Auf der anderen Seite stellt sich die grundsätzlichere Frage, ob von einem Handlungssubjekt überhaupt noch sinnvoll gesprochen werden kann. Wie läßt sich eine Einzelhandlung, eine singuläre Verantwortlichkeit, die über die Einhaltung einer spezifischen, teilweise kodifizierten Rolle weit hinausgeht, ausmachen? Die Verantwortungsdiskussion im Rahmen von Technikphilosophie und -ethik demonstriert die Schwierigkeiten, die sich an dieser Stelle für eine Ethik ergeben, die sich traditionell an das einzelne Handlungssubjekt wendet. Das Votum für die Thematisierung singulärer Fälle darf nicht mißverstanden werden als Plädoyer für die Reduzierbarkeit auf singuläre Handlungen.

Diese Ausgangslage für jede zeitgenössische Ethik wird zusätzlich erschwert durch das Ergebnis unserer Bestandsaufnahme aus dem ersten Teil, daß die Antworten der traditionellen Ethiken für die heutige Situation kaum noch zureichen. Der Megglesche Einwand mit dem Hinweis auf die Dringlichkeit der Probleme wiegt ebenfalls schwer. Soll dennoch der Anspruch von Ethik, menschliches Handeln und Verhalten möglichst allgemeingültig und verbindlich zu begründen, nicht irgendwelchen kurzsichtigen Aktualitätsargumenten – und damit einer wie immer gearteten Beliebigkeit – zum Opfer fallen, gilt es, die in der traditionellen ethischen Begründungsdiskussion nur implizit thematisierte Frage nach den Gründen und Bedingungen, die etwas zu einem Gegenstand von Ethik machen – oder nicht – explizit zu stellen. Welche Voraussetzungen müssen erfüllt sein, wie kommen sie zustande und auf welcher Ebene im (wissenschaftlichen) Diskurs werden sie thematisiert? Oder allgemeiner: Was macht etwas zu einem Thema von Ethik?

---

lung von Expertensystemen« (M. Daniel/D. Striebel [1993], S. 45). Diese sogenannten »Shells« müssen selbst, etwa durch das »Auffüllen« mit einer Wissensbasis durch entsprechende Fachleute, komplettiert werden. Damit sind sie für viele Bereiche einsetzbar. Die Systeme beispielsweise, die heute zur Motordiagnose in Kfz-Werkstätten eingesetzt werden, gehen ursprünglich auf medizinische Diagnoseprogramme zurück.

2.3 Exkurs: Zur historischen Entwicklung eines ethischen Grundbegriffs II. Von der Auswanderung der Handlungstheorie aus der Ethik

In den vorangegangenen Abschnitten wurden eine Reihe von Behauptungen und Fragen formuliert, die angesichts ihrer vordergründigen Plausibilität verwundern. Es ist kaum nachvollziehbar, daß die Frage nach dem Verhältnis von Herstellen und Handeln in technikethischen Diskussionen eigentlich nicht vorkommt. Ebenso ungeklärt bleibt in der Regel die Frage nach den Charakteristika ethischer Fragestellungen. Dessen ungeachtet baut jede (Technik-)Ethik auf eine Position hinsichtlich der hier genannten Fragen auf. Allerdings werden die Standpunkte in der Regel nicht im Rahmen ethischer Theoriebildung gewonnen, sondern stellen das Ergebnis eher soziologisch oder philosophisch orientierter Handlungstheorien dar. Die Folgen einer »dysfunktional gewordenen Abschottung ausdifferenzierter Sachgebiete« auf dem Gebiet der »praktischen Wissenschaften«,[248] das historische Faktum des Auseinanderbrechens der ursprünglich wechselseitigen Verschränkung von Handlungstheorie und Ethik seit der Renaissance, sind gerade in der technikethischen Diskussion unübersehbar. Aus einer wissenschaftsgeschichtlichen Perspektive lassen sich idealtypisch zwei Entwicklungsstränge extrahieren: wissenschaftstheoretisch das Auseinanderfallen der Identität von Handeln und ethisch gutem Handeln, methodisch der Verlust der Einheit von Ethik und Handlungstheorie. Beide Entwicklungen, die auf der Schwelle vom Mittelalter zur Renaissance greifbar werden, haben Auswirkungen auf die Verhältnisbestimmung von Technik und Ethik. Erfüllt der Technikbegriff bei Aristoteles allein eine Abgrenzungsfunktion, so daß Technikethik für Aristoteles eine *contradictio in adjecto* darstellen würde, bedeutet die ethische Neutralisierung des Handlungsbegriffs zunächst eine Aufhebung der ethischen Abschottung gegenüber der Technik. Der gewonnene Anschluß geht allerdings sogleich wieder verloren, wenn der Bereich, innerhalb dem die Dichotomie von Handeln und Herstellen ihren Sitz hat, selbst aus der Ethik auswandert. Die Folge ist eine ethische Fixierung auf den Handlungsbegriff, ohne daß dieser noch einer expliziten Thematisierung im Rahmen von Ethik zugänglich wäre. Damit schwindet dann zugleich und zwangsläufig das Bewußtsein für die Brisanz der ursprünglichen Dichotomie von Handeln und Herstellen.

Konstitutiv für den Bereich menschlichen Handelns war seit Platon und Aristoteles die – oben erwähnte – Unterscheidung zwischen *poiesis* und *praxis*. Diese Differenzierung wurde möglich vor dem Hintergrund eines teleologischen Handlungsmodells, nach dem jedes Handeln die Orientierung an einem für alle Menschen gemeinsamen Ziel – der Eudaimonia – voraussetzt.[249] Medium und Ort dieses Endzweckes ist für Aristoteles das Leben des freien Bürgers in der griechischen Polis, das – in Übereinstimmung mit seinem teleologischen Naturbegriff – die Erfüllung der naturgemäßen Bestimmung des Menschen darstellt.[250]

---

248 O. Höffe [1982], S. 234; vgl. auch F. Volpi [1992], S. 8.

249 Zum Begriff der »Eudaimonia« bei Aristoteles vgl. M. Ganter [1974], cp. 1.

250 *Politik* I 2; III 9. Vgl. dazu J. Ritter [1974b], bes. S. 492f.: Praktische Philosophie »fragt nach der menschlichen Praxis in dem genauen, durch die allgemeine biologische Bedeutung der Praxis festgelegten Sinn, daß sie verwirklichte Natur des Lebendigen ist [...]. Aber dazu gehört zu-

Ein solches, naturrechtlich fundiertes, teleologisches Denken, das auch für das Mittelalter bestimmend blieb, geriet infolge der massiven Umwälzungen der Renaissance in eine tiefe Krise. Im Übergang vom christlichen Mittelalter zur Neuzeit wird es zunehmend von einem kausalen, allein auf die Entdeckung von Ursache-Wirkungs-Relationen beschränkten Denken abgelöst: »Das ›Sich-Messen des Menschen mit der Natur wird zum Messen der experimentellen Wissenschaft«.[251] Anstelle eines Naturverständnisses als eines »teleologischen Sinnzusammenhanges« tritt nun das Erklären natürlicher Vorgänge im Rahmen kausaler Gesetzmäßigkeiten, »die zuvor theoretisch als Gesetzeshypothesen entworfen worden sind«.[252] Damit ist zweierlei erreicht. Die ursprünglich Aristotelische Identifikation von Sein und Sollen – als Telos der Natur – wird aufgehoben, die qualitative, auf einen Zweck hin ausgerichtete Deutung wird abgelöst durch ein Erklärungsmodell, das auf einem bloß quantitativen Erkenntnisinteresse beruht und nach theoretischer Objektivierung und technischer Beherrschung strebt. Die Übertragung der Galileischen Naturwissenschaften auf den Menschen bei N. Machiavelli und F. Bacon gilt dem Versuch, eine »empirische Ethik« anstelle der durch die Bestreitung ihrer Voraussetzungen unplausibel gewordenen teleologischen Ethik zu konzipieren. Ein in diesem Sinne naturgesetzliches Verhalten des Menschen, also eines, das als Ursache-Wirkungs-Schema erklärbar und in seiner Gesetzmäßigkeit formal ist, verliert jegliche Bindung an ein übergeordnetes, allgemein erstrebenswertes Ziel.

Die Konsequenzen dieser Entwicklung für die Ethik und den Handlungsbegriff sind unübersehbar. »Machiavelli und Luther markieren je auf ihre Weise den Bruch mit der hierarchischen, Synthesen bauenden Gesellschaft des Mittelalters und vollziehen die entscheidenden Schritte in die moderne Welt. Bei beiden tritt eine Gestalt auf, die in den moralischen Theorien jener Zeiten, die von Platon und Aristoteles dominiert wurden, völlig fehlt: die Gestalt des ›Individuums‹.«[253] Mit Luther kommt jener »Prozeß vom Status zum Kontrakt«[254] in Gang, der bei T. Hobbes seine erste theoretische Fundierung findet. In unserem Zusammenhang bedeutsam ist Luthers Rechtfer-

---

gleich, daß Aristoteles in der praktischen Philosophie den Weg verläßt, auf dem die Biologie die Natur untersucht: Sie wird zur politischen Theorie. Während die übrigen Lebewesen ›von Natur‹ werden, was sie sein können, ist der Stand des verwirklichten Menschseins an den Stand gebunden. Die allgemeine Bestimmung, daß die Natur lebendiger Wesen als aktuale Natur erkannt werden muß, wird von Aristoteles in der ›Politik‹ aufgenommen; die Polis ist in dem gleichen Sinn Ende und Zweck für die menschliche Natur, wie es allgemein die aktuale Natur für das von Natur Seiende ist.« Vgl. auch O. Höffe [1979], cp. 1, der die Aristotelische Beschreibung der Entwicklung der Polis nicht als idealisierte Darstellung des griechischen Stadtstaates liest, sondern als Strukturdarstellung. M. Ganter [1974], S. 23 – 31, nennt drei Aspekte, die für die Aristotelische Eudaimonia wesentlich sind: Sie ist etwas, »was den Menschen insgesamt umfaßt und vollendet,« etwas, »woraufhin die menschliche Natur anlagemäßig ausgerichtet ist« sowie etwas, »was dem menschlichen Handeln Dauer und Festigkeit verleiht« (a. a. O., S. 31).

251 K.-O. Apel [1968], S. 7.

252 D. Böhler [1984], S. 133.

253 A. MacIntyre [1984a], S. 117. Für einen ersten Überblick vgl. K. Schilling [1957], S. 255ff; H. Fenske u. a. [1981], S. 201ff.; D. Böhler/D. Braun/F. W. Veauthier [1984]; C. Gremmels [1988]; J. Rohls [1991], S. 176ff.; U. Duchrow [1970], cp. IV.

254 A. MacIntyre [1984a], S. 119.

tigungslehre. In seiner Schrift *Grund und Ursach aller Artikel D. Martin Luthers, so durch römische Bulle unrechtlich verdammt sind* verteidigt Luther seine Lehre vom »peccatum remanens«, die in der römischen Bulle von Papst Leo X. verdammt worden war. Die Thesen 31. und 32. lauten: »Ein frommer Mensch sündigt in allen guten Werken« und »Ein gutes Werk aufs allerbeste getan ist dennoch eine tägliche Sünde.«[255] Diese Sätze implizieren zweierlei. Einerseits behaupten sie die Gleichheit aller Menschen im Status des Sünder-Seins, andererseits durchbrechen sie die Synthese aus Aristotelischer Tugend- und christlicher Gnadenlehre, wie sie bei Thomas von Aquin zu finden ist. »Das ist Luthers eigentliche Leistung in der Rechtfertigungslehre, daß er die Gerechtigkeit nicht vom Werk her versteht, sondern ein Gerechtsein, ein Gerechtgesprochen-Werden des Menschen kennt, das sich in einer Sphäre vollzieht, die der seines Wirkens von daher vorgeordnet ist.«[256] Es existiert kein letztes Telos mehr, daß im irdischen Leben verwirklicht und geschaffen werden könnte. Der Mensch wird nicht mehr als Gemeinschaftswesen von Natur aus betrachtet, der Staat bildet nicht mehr den Ort, an dem sich die Bestimmung des Menschen zu realisieren hätte. Diese naturrechtliche Neutralisierung des Staates hindert Luther aber nicht daran, »die absoluten Rechte der weltlichen Autoritäten zu verteidigen. Darin liegt seine Bedeutung für die Geschichte der Theorie der Moral.«[257] Die Ablösung der Bereiche Arbeit, Wirtschaft und Politik von der kirchlichen Autorität einerseits und die »sittliche Qualifikation des weltlichen Berufslebens«[258] andererseits schaffen die Voraussetzung für den Gedanken einer ethisch offenen, säkularen Welt. Die Person, als Untertan beider Reiche geht nicht mehr auf in einer natürlich vorgegebenen Hierarchie sozialer Verhältnisse. »Zum ersten Mal steht das absolute Individuum dem absoluten Staat gegenüber.«[259] Die noch für das Mittelalter bestimmende Einheit gesellschaftlicher und politischer Bindungen ist an dieser Stelle aufgelöst.

Der völligen Ohnmacht des Menschen – bezogen auf die Frage seines Heils – entspricht durchaus dessen ethische Kompetenz. Mit der auf Paulus und Augustinus zurückgehenden Dichotomie der Relationsbegriffe *coram mundo* und *coram deo*, innerer und äußerer Mensch, schafft Luther die Voraussetzung für ein Verständnis von Welt, die – durch die »relative Eigenbedeutung« des Coram-mundo-Seins – Ort vernünftigen und ethischen Handelns werden kann.[260] Entsprechend werden im *Sermon von der doppelten Gerechtigkeit* die »iustitia aliena«, die ohne menschliches Zutun als Gnadenakt wirksam ist, und die »iustitia nostra«, die das Werk der christlichen Nächstenliebe bezeichnet, unterschieden.

Die Aufspaltung der Totalität menschlicher Existenz in zwei komplementäre Teile erlaubt es nun, einerseits einen Bereich menschlichen Handelns zu denken, der eine gewisse Eigenständigkeit gegenüber dem Gottesverhältnis erhält, ohne dabei andererseits

---

255 WA 7, S. 433 u. 437.

256 H. J. Iwand [1974], S. 69.

257 A. MacIntyre [1984a], S. 118.

258 M. Weber [1920], S. 72.

259 J. N. Figgis, zitiert in: A. MacIntyre [1984a], S. 119.

260 Vgl. dazu U. Duchrow [1970], S. 447ff. hier S. 450f.

den Gedanken der grundlegenden Beziehung zwischen Gott und Mensch aufgeben zu müssen. Die fundamentale Erfahrung des Menschen in der Renaissance kehrt bei Luther wieder: Die Zerstörung des Verwobenseins des Einzelnen in einer »Ontologie der Endlichkeit« samt der dadurch erfahrenen Geborgenheit. Der Mensch »wird frei und er wird ortlos«.[261] Damit wird zugleich die Frage nach der moralischen Rechtfertigung politischer Macht, die Augustinus in seinem großen Werk *De civitate Dei* erstmals in scharfer Form gestellt hatte, erneut aufgeworfen.

Die nachmittelalterliche Ortlosigkeit des Menschen, verbunden mit der uns schon bei Aristoteles begegneten Erfahrung einer politischen Krise, geben den Hintergrund ab für die staatstheoretischen Entwürfe von Machiavelli und Hobbes. Die Beseitigung der Republik in Florenz durch die Mediceer auf der einen Seite, die Bedrohung Englands durch die spanische Armada im Geburtsjahr Hobbes' 1588 sowie der konfessionelle Bürgerkrieg andererseits haben das Denken beider Philosophen allerdings in eine völlig andere Richtung gelenkt als das Aristotelische. Lediglich die Ausgangsfrage ist geblieben: Wie ist das gemeinschaftliche Zusammenleben der Menschen im Staat möglich? Appelliert Aristoteles in der Situation der Krise gerade an die Tugenden im Menschen und beschreibt die politische Krise einen Ausnahmezustand, so wird die Situation des Menschen in der Krise für Machiavelli und Hobbes geradezu zum Paradigma ihrer Anthropologie. Die fundamentalen Implikationen ihrer Staatsphilosophien sind das Produkt ihrer Beschäftigung mit der Geschichte.[262]

Handlungstheoretisch von Bedeutung ist der Tatbestand, daß beide menschliches Handeln als wesentlich strategisches auffassen. Ausgehend von der anthropologischen Behauptung, menschliches Handeln sei immer auf Selbstbehauptung und Macht hin ausgerichtet, ordnen sie auch Moral und Religion diesen Intentionen unter. Sie verwerfen die Aristotelische Bestimmung des Menschen als *zoon politikon* zugunsten des auf Demokrit, die griechischen Sophisten und Platon zurückgehenden Verständnisses, der Mensch sei durch Not, Hunger und Naturkatastrophen gezwungen, sich gemeinschaftlich zu organisieren.[263] Die handlungsleitenden Motive des Menschen sind dessen – prinzipiell asozialen – Triebe und Affekte.[264] Diese sind im naturwissenschaftlich

---

261 H.-B. Gerl [1989], S. 212.

262 In den *Discorsi* widmet sich Machiavelli den ersten zehn Büchern der *Römischen Geschichte* des Livius. Hobbes übersetzte in seiner Jugend die *Geschichte des Peleponesischen Krieges* von Thukydides ins Englische. Hinzu kamen die eigenen Erfahrungen mit der jüngsten Geschichte. Machiavelli mußte 1513 seinen diplomatischen Dienst in Florenz aufgeben, weil er der Verschwörung gegen die gerade zurückgekehrten Mediceer verdächtigt wurde. Hobbes mußte 1640 ein zehnjähriges Exil in Frankreich antreten, weil er von seinen Gegnern des Atheismus bezichtigt worden war.

263 Vgl. bes. T. Hobbes, *De Cive* I, 2.

264 Machiavelli schreibt in *Il Principe* (cp. 17): »Von den Menschen läßt sich im allgemeinen sagen, daß sie undankbar, wankelmütig und heuchlerisch sind, voll Angst vor Gefahr, voll Gier nach Gewinn. Solange sie von dir Vorteil ziehen, sind sie dein mit Leib und Seele; sie sind bereit, dir ihr Blut, ihre Habe, ihr Leben, ihre Kinder zu opfern – solange die Not fern ist. Kommt sie aber heran, so wenden sie den Rücken und empören sich.«

analytischen Sinn kalkülisierbar und quantifizierbar.[265] Für den so berechenbar gewordenen Menschen gilt es nun, politische Regeln zu formulieren, die ihn im gesellschaftlichen Zusammenleben für den Mitmenschen berechenbar machen. Machiavelli sieht in seinem Buch vom Fürsten die Lösung in einem möglichst mächtigen Herrscher, der auch imstande sein muß, »nicht gut zu handeln und das Gute zu tun und zu lassen, wie es die Umstände erfordern«.[266] Hobbes dagegen wählt eine vertragstheoretische Lösung, und wird damit zu einem Vorläufer des Utilitarismus. Die Motive im Naturzustand des Menschen, Machtstreben und Vermeidung des Todes lassen sich mittels der Vernunft kanalisieren. Das Naturrecht des Menschen im Naturzustand auf alles wird im Gesellschaftsvertrag eingeschränkt, damit aber faktisch überhaupt erst möglich. Es ist für Hobbes eben vernünftig und in Übereinstimmung mit den egoistischen Motiven des Menschen, auf einen Teil seiner nur theoretisch vorhandenen Freiheiten der Rechtlosigkeit zu verzichten. Hobbes teilt dabei die Ansicht Machiavellis, daß das Funktionieren des Staates abhängt von einem starken, mächtigen Herrscher.

Bei Machiavelli und Hobbes tritt an die Stelle des Aristotelischen »Worumwillen« die Vorstellung von Ursachen, die Handlungen als deren Wirkungen hervorbringen. Das Studium der Geschichte überzeugte beide von der relativen Gleichförmigkeit des menschlichen Handelns zu verschiedenen Zeiten. Von den Naturwissenschaften hatten sie gelernt, daß das immer in gleicher Weise Wiederkehrende als *Funktionieren nach Regeln oder Gesetzen* aufgefaßt werden kann. Wenn es also gelingt, das beobachtbare menschliche Verhalten mit Hilfe von Gesetzeshypothesen analog zu naturwissenschaftlichen Vorgängen zu erklären, dann ist damit auch die Möglichkeit geschaffen, menschliches Handeln zu prognostizieren und zu lenken.[267]

Die Bedeutung des Staates auf der Schwelle zur Neuzeit, die Machiavelli und Hobbes betonen, gilt aber auch – wie G. Picht darlegt – in einer anderen Hinsicht. Der Wandel des Erkenntnisinteresses der neuzeitlichen Naturwissenschaften, die nicht mehr untersuchen, wie das Seiende »von sich aus *ist*«, sondern von dem Gedanken geleitet werden, »die *Gesetze* zu entdecken, denen es *gehorcht*«, hat fundamentale Auswirkungen auf »das Selbstverständnis des erkennenden und urteilenden Subjektes«.[268] Bei Descartes ist es letztlich der Wille als »Wesensgrund des Verstandes«, der nun auf dem ehedem göttlichen Richterstuhl sitzt und über die Wahrheit oder Falschheit unserer Erkenntnis entscheidet. Das Experiment wird für Kant zum Modell für die Verfahrensweise der neuzeitlichen Wissenschaften. Der Forschende wird in dem bekannten

---

265 Hobbes hatte sich schon früh mit der Geometrie und Mechanik Galileis beschäftigt, Machiavelli nimmt diese naturwissenschaftliche Entwicklung in gewisser Weise vorweg. »Technik, Kalkül und Beherrschung der Situation in der Politik waren viel früher als die eigentliche Technik der Maschinen.« (K. Schilling [1957], S. 258).

266 Machiavelli, *Il Principe*, cp. 15.

267 Machiavelli formuliert in den *Discorsi* (I, 39): »Bei der Betrachtung der gegenwärtigen und alten Begebenheiten erkennt man leicht, daß in allen Städten und bei allen Völkern von jeher die gleichen Wünsche und Stimmungen herrschten. Wer also sorgfältig die Vergangenheit untersucht, kann leicht die zukünftigen Ereignisse in jedem Staat vorhersehen und dieselben Mittel anwenden, die von den Alten angewandt wurden. Oder wenn er keine angewandt findet, kann er bei der Ähnlichkeit der Ereignisse neue ersinnen.«

268 G. Picht [1978a], S. 204.

Absatz aus der Vorrede zur 2. Auflage der *Kritik der reinen Vernunft* zum »bestallten Richter«, der Erkenntnisgegenstand, die Natur, »zum Zeugen«, den eben jener Richter »nötigt, auf die Fragen zu antworten, die er ihr vorlegt«. Die Fragen wiederum richten sich nach den Prinzipien der Vernunft, »nach denen allein übereinstimmende Erscheinungen für Gesetze gelten können.«[269] Verstand und gesetzgebende autonome Vernunft, positive Wissenschaft und Philosophie bilden damit »das Verhältnis von Richter und Gesetzgeber«.[270]

Die – wie G. Picht zeigt – der Gotteslehre des Nominalismus entlehnte Trennung der Vernunft in einen theoretischen und einen praktischen Teil, also die Polarität von der Erkenntnis der Wahrheit und der Freiheit als die Souveränität der gesetzgebenden Vernunft, bildet das Fundament neuzeitlicher Wissenschaft und Erkenntnis. Hier »usurpiert« nun die gesetzgebende Vernunft »die Stellung, die früher der Weltenrichter einnahm.«[271] Entscheidend ist, zu erkennen, welche Konsequenz sich aus dieser Konstellation notwendig ergibt: »Was sich uns von der Wahrheit zeigt, ist vorgeprägt durch jene Auffassung vom Recht, die, ohne daß wir darauf reflektieren, unsere Verhaltensformen und unsere Stellung in der Welt reguliert.« Die Rechtsauffassung, die diesem Zusammenhang korrespondiert, ist im Modell des neuzeitlichen souveränen Staates verwirklicht. Analog zum Individuum als Subjekt entworfen, ist er keiner übergeordneten Instanz mehr verantwortlich. »Seine ›Staatsräson‹ ist die ›suprema lex‹; das einzige Prinzip, dem er gehorcht, ist eine Konsistenz in sich selbst, die in der Rationalität der staatlichen Organisation ihren Ausdruck findet. Hegel ist der letzte Philosoph gewesen, der gewußt hat, daß man von Subjektivität nicht reden kann, ohne vom Staat zu reden. Die Subjektivität des Individuums, die Subjektivität des ›logischen Ich‹ (Kant), das als kollektives Subjekt der neuzeitlichen Wissenschaft denkt und handelt, und die Subjektivität des Staates sind gleichen Wesens und haben den gleichen metaphysischen Ursprung. Ihr gemeinsames Prinzip ist die als Autonomie verstandene Freiheit. Autonomie heißt souveräne Jurisdiktion. Diese Idee der Freiheit und das ihr zugeordnete Verständnis von Wahrheit konstituieren sich durch die Leugnung jeder Instanz, der das Subjekt als solches Verantwortung schuldig wäre.«[272]

---

269 I. Kant, KrV B XIV. Hier ist eine Entwicklung auf den Punkt gebracht, die in der Spätscholastik ansetzt. Vgl. G. Picht [1978a], S. 204: »Unter der Perspektive des Richters ist die Sprache der Gerechtigkeit der Richterspruch, das Urteil. Seit der Spätscholastik erhält die Form, in der wir eine erkannte Wahrheit aussprechen, die griechische ›apóphansis‹, den Titel ›iudicium‹. Unsere Erkenntnis der Wahrheit wird dadurch in ihrem gesamten Umfang unter die Perspektive des Richtens gerückt.«

270 G. Picht [1978a], S. 206.

271 Ebd. Vgl. aber mit anderer Gewichtung E. Rudolph [1994a]; ders. [1994b].

272 G. Picht [1978a], S. 206f. Wichtig bei der Gegenüberstellung von der neuzeitlichen Vorstellung der souveränen Vernunft als Gesetzgeber und den griechischen Vorstellungen von *dike* und *dikaiosyne* ist für Picht die Stellung der Wahrheit beziehungsweise *aletheia*. In der griechischen Philosophie treten Freiheit und Wahrheit noch – wie in der neuzeitlichen Philosophie – auseinander. »Der Logos der Rechenschaft ist zugleich Logos der Gerechtigkeit; er ist aber auch mit dem Logos der Wahrheit identisch. Das hat seinen Grund darin, daß Dike nicht auf die Ordnungen und Verhaltensweisen der Menschen eingeschränkt ist, sondern das Grundgefüge der Physis bestimmt. Wenn wir die Dike erkennen, erkennen wir die Wahrheit der Natur.« (A. a. O., S. 208). Seit der Neuzeit setzt die »Wahrheit der Welt [...] den richterlichen Entscheidungen der

Der Übergang vom mittelalterlichen zum neuzeitlichen Denken stellt einen für die Handlungstheorie wichtigen Einschnitt dar. Die Schwelle gilt in der Tradition als geschichtlicher Ort für die Herausbildung der fundamentalen Kontroverse, die heute unter den konkurrierenden Begriffen von Erklären und Verstehen firmiert. Die Konfrontation ist das Ergebnis eines antiteleologischen und letztlich auch antitheozentrischen Weltbildes in den Naturwissenschaften.[273] Zu diesem Aufeinandertreffen von Aristotelischer und Galileischer Tradition,[274] das sich, in der Übertragung des kausalen Erklärungsmodells auf die Bereiche von Anthropologie, Ethik und Politik, zu der Unterscheidung zwischen teleologischem und kausalistischem Handlungsmodell ausweitet, tritt eine weitere Entwicklung, die Modifikation des teleologischen Handlungsmodells zu einem formal-teleologischen.

Für Aristoteles war jede menschliche Aktivität abbildbar auf der Folie von Zweck-Mittel-Relationen.[275] Handeln ist ausgezeichnet durch ein internes Verhältnis, die Identität von Zweck und seiner Realisierung, Herstellen dagegen durch ein Innen-Außen-Verhältnis.[276] Entscheidend ist die hierarchische Struktur: Jede menschliche Aktivität ist im rechten Streben auf das eine Ziel hin orientiert.[277] Mit dem Verlust des alles bestimmenden letzten Zieles verliert der Telosbegriff seinen ontologischen Kern. Aus dem teleologischen Handlungsmodell wird ein formal-teleologisches oder intentionales.[278] Das naturrechtlich begründete Streben bei Aristoteles und in der scholastischen Rezeption reduziert sich auf ein bloß formales Strukturschema. Die Ersetzung eines obersten, für alle Menschen verbindlichen Zieles durch allein subjektiv gültige, egoistisch wählbare Zwecke führt zugleich zu einer ethischen Neutralisierung des Handlungsbegriffs. Handeln ist nicht mehr *per se* in einem ethischen Sinne gutes Handeln, als die Zielgerichtetheit nicht mehr mit dem einen, natürlichen Streben zusammenfällt. Die Zielgerichtetheit wird nun in der ethisch indifferenten Begrifflichkeit von Absichtlichkeit oder Intentionalität zum grundlegenden Kriterium für die Konstituie-

---

menschlichen Vernunft keine Schranken entgegen. Die Zeugen dürfen nur auf Fragen antworten, welche die autonome Vernunft nach ihrer eigenen Gesetzgebung erdacht hat. Das Prinzip der Wahrheit liegt nicht mehr in der Physis, sondern im Willen des Menschen.« (A. a. O., S. 212).

273 Daß die neuzeitliche Befreiung der Naturwissenschaften von der »Heilsfrage mit ihren Unfehlbarkeitspflichten« (O. Marquard) nicht notwendig die Diskreditierung von christlicher Religion und Theologie einschließt, zeigt E. Rudolph [1994a]. Vgl. dazu Abschnitt I 2.2.

274 Vgl. dazu G. H. v. Wright [1974], S. 16ff.; F. v. Kutschera [1981], cp. 2; R. Bubner [1982], bes. S. 123 – 156.

275 Vgl. bes. A. W. Müller [1982a], S. 209 – 230, 236 – 241; ders. [1982b]; O. Höffe [1971], S. 131 – 142; T. Ebert [1976].

276 Vgl. R. Bubner [1982], S. 128; A. W. Müller [1982b], S. 43.

277 Vgl. O. Höffe [1971], S. 136: »[...] dem Modell vernünftigen Strebens entsprechend fordert Aristoteles für die Entscheidung eine doppelte Richtigkeit: die Richtigkeit der Überlegung und die Richtigkeit des Strebens; jene verbürgt den rechten Weg, diese das rechte Ziel.« I. Düring [1966], S. 435, bemerkt, der aristotelische Telosbegriff reiche über die Bedeutungen »Ziel« und »Zweck« weit hinaus, »denn das *telos* schließt auch den Prozeß ein, durch den etwas seine vollendete Form erreicht. Alles, was von Natur aus ist, hat einen Ursprung von Bewegung und Stillstand in sich selbst und nicht in etwas anderem. Alles entwickelt sich in Richtung auf einen Kulminationspunkt hin.«

278 Vgl. W. Vossenkuhl [1991], S. 221 sowie F. Volpi [1992], S. 21f.

rung einer neuen Dichotomie, derjenigen von Handeln und Verhalten.[279] Gleichzeitig verliert aber auch die grundlegende Gegenüberstellung von Handeln und Herstellen ihren Sinn. Denn die allein formale Bestimmung einer internen beziehungsweise Innen-Außen-Relation unterschlägt den spezifischen Kern des Aristotelischen Kriteriums.[280] Ihren differenzierenden Charakter kann das Argument erst dann entfalten, wenn Zielgerichtetheit mit der Idee einer naturgemäßen Motiviertheit verbunden wird. Die Grundlegung des Handlungsbegriffs erfolgt nun nicht mehr als Gegenüber zum Begriff des »Herstellens« oder »Produzierens«. Vielmehr wird das Herstellen selbst als eine Form des Handelns unter diesem subsumiert.[281]

---

[279] »Handeln«, so lautet die bekannte Definition von M. Weber »soll [...] ein menschliches Verhalten (einerlei ob äußeres oder innerliches Tun, Unterlassen oder Dulden) heißen, wenn und insofern als der oder die Handelnden mit ihm einen subjektiven *Sinn* verbinden«. Und Weber fährt wenig später fort: »Die Grenze sinnhaften Handelns gegen ein bloß (wie wir hier sagen wollen:) reaktives, mit einem subjektiv gemeinten Sinn nicht verbundenes, Sichverhalten ist durchaus flüssig. Ein sehr bedeutender Teil alles soziologisch relevanten Sichverhaltens, insbesondere das rein traditionelle Handeln [...] steht auf der Grenze beider.« (M. Weber [1921], S. 1f.). Weber macht Handeln an zwei Bedingungen fest: Einerseits werden Handlungen immer von Subjekten oder – wie er kurze Zeit später betont – von »*einzelnen* Personen« (a. a. O., S. 9) vollzogen und andererseits verbindet der Handelnde mit seinem Tun immer einen subjektiven Sinn. »Handeln im Sinn sinnhaft verständlicher Orientierung des eigenen Verhaltens« (ebd.) ist wesensmäßig gekoppelt an einen Handlungsmotiv oder einer Handlungsintention des handelnden Subjektes (Die Umschreibung »Intention« wählt V.-M. Bader [1989], S. 305).
Die fundamentale Bedeutung der Absicht des handelnden Subjektes als Kriterium für den Handlungsbegriff wird besonders anschaulich in der – auch von Weber implizierten – Gegenüberstellung von Verhalten und Handeln (vgl. dazu C. F. Graumann [1979]). Zielgerichtetheit, Kontextualität und normative Regulierung bilden für T. Parsons die Merkmale, die ein Handeln von einem Verhalten unterscheiden. N. Rescher [1985], S. 1, hat – über das Ensemble der Merkmale bei Parsons hinausgehend – den Versuch unternommen, einen umfassenden »Katalog der zentralen generischen Elemente von Handlungen« zu erstellen. Ziel ist ein erschöpfendes Beschreibungsmodell für Handlungen, wobei er selbst auf Ähnlichkeiten zwischen seiner Kriterientabelle und den aristotelischen Kategorien verweist. Rescher unterscheidet im einzelnen: (1) Handlungssubjekt, (2) Akt-typ, (3) Modalität der Handlung (Art und Weise, Mittel), (4) Kontext der Handlung (zeitlich, räumlich, Umstände) und (5) Gründe (Kausalität, Finalität, Intentionalität). Spätestens die Ordinary Language Philosophy etwa mit ihren Vertretern G. E. M. Anscombe und G. H. v. Wright, allen voran aber die sprechakttheoretischen Überlegungen von J. L. Austin, P. Grice und J. R. Searle haben die Intentionalität beziehungsweise Absichtlichkeit zum herausragenden Merkmal von Handlungen erhoben (vgl. grundlegend G. E. M. Anscombe [1986]; J. L. Austin [1972]; J. R. Searle [1971]; ders. [1987]; G. H. v. Wright [1974]; zur angelsächsischen Rezeption – aber auch zur Ignoranz gegenüber Brentano und Husserl – vgl. J. v. Düffel [1991]).

[280] In der neueren Aristotelesinterpretation begegnet immer wieder das Problem, daß die Unterscheidung zwischen »um seiner selbst willen« und »um eines anderen willen« als rein formale Differenz aufgefaßt wird, wie es ein neuzeitliches Verständnis tatsächlich nahelegt.

[281] Es ist bezeichnend, daß Technik und »technisches Handeln« in der klassischen Soziologie entweder gar nicht auftauchen oder nur in einer Abgrenzungsfunktion (vgl. zu M. Webers weit gefaßtem Technikbegriff H. Linde [1972], bes. S. 33ff.; B. Joerges [1989], S. 48ff.; L. Hennen [1992], S. 109). In der angelsächsischen Handlungstheorie spielt die aristotelische Dichotomie überhaupt keine Rolle.

Die allerorts und mit großer Vehemenz erhobene Forderung nach technikethischer Reflexion und Besinnung entpuppt sich, wie die bisherigen Überlegungen deutlich gemacht haben, häufig als ein lediglich rhetorischer Konsens. Auf den ersten Blick erscheint die Notwendigkeit einer Reflexion nicht allein technischer, sondern auch technikethischer Standards allgemein anerkannt. Und in der Tat sucht man seit der Publizität des Jonasschen Verantwortungsprinzips und spätestens seit Tschernobyl vergebens nach einer gesellschaftlich relevanten Diskussion über Sinn und Zweck einer ethischen Bestandsaufnahme und Begutachtung unserer Technologiegesellschaft. Ihre Angemessenheit wird schlicht vorausgesetzt. Das Fehlen einer solchen Diskussion sollte jedoch nicht als Indiz für einen Konsens auch hinsichtlich der sich daraus ableitenden Folgen mißverstanden werden. Aus einer ethischen Perspektive ergibt sich ein anderes Bild: Tatsächlich ist die Diskussion im Rahmen von Technikethik lediglich von der externen auf eine interne Ebene abgewandert. Sie findet gleichermaßen und viel effektiver – weil unspektakulär – hinter dem Rücken moralischer Willensbekundungen statt. Die externe Diskussion um Themenstellungen, das heißt danach, *was* Gegenstand ethischer Beschäftigung sein kann oder werden soll, verlagert sich auf die interne Ebene, als Frage nach der Art und Weise, *wie* ein Gegenstand zum Thema wird. Dabei finden dann Methoden und Verfahren Anwendung, die über ihr Vokabular hinaus nur noch wenig mit Ethik zu tun haben. Diese Entwicklung ist, wie gezeigt wurde, nicht rein zufällig das Ergebnis einer auf Anwendbarkeit und Problemorientiertheit ausgerichteten Ethikentwicklung.

In den Abschnitten II 3.1 und II 3.2 ermittelten wir den Problembegriff als Konvergenzpunkt der beiden alternativen Aktionsmodi Herstellen und Handeln in der gegenwärtigen Ethikdiskussion. In der Problemformulierung wird die strikte Grenze zwischen Ethik und Technik durchlässig. Das der Problemkonstruktion zugrundeliegende Wissen war entscheidend dafür, ob ein Problem als ethisches oder technisches zur Sprache kommt – und damit, ob eine technische oder ethische Lösung angestrebt wird, ob sich an technischen oder ethischen Kriterien orientiert wird. Unsere diesbezügliche These lautete, es sei unmöglich, daß ein technisches Problem ein ethisches wird und umgekehrt, wohl aber daß ein Gegenstand unter gewissen Umständen, eben unter ethischen als ethischer, unter technischen als technischer Sachverhalt *erscheint*. Diese Behauptung ist erklärungsbedürftig. Allem voran stellt sich die Frage, wie denn der Ausdruck »unter gewissen Umständen« zu verstehen ist. Die Rede von den Umständen als ausschlaggebendem Kriterium suggeriert auf den ersten Blick eine gewisse Beliebigkeit, besagt sie doch, daß Gegenstände nicht eine ethische Dimension *an sich* aufweisen,[282] sondern erst unter bestimmten Bedingungen oder in entsprechenden Kontexten eine ethische Betrachtungsweise nahelegen.[283] Damit ist gleichzeitig gesagt, daß ein

---

282 Vgl. K. Bayertz [1991], S. 18.

283 Vgl. H. E. Tödt [1987], S. 30: »Die Herausforderung durch ein begegnendes Problem ist zunächst nur ein Anlaß, auf dieses zu reagieren. Solche Anlässe sind bloß Bedingungen, daß es zu Urteilsprozessen kommt [...]. Diese Wahrnehmung ist von dem *Horizont* abhängig, den das Wirklichkeitsverständnis des Urteilenden vorgibt, und von der Bereitschaft, von dem Willen, das betreffende Problem in diesem Horizont zu sehen und zu bedenken.«

durch bestimmte Umstände qualifizierter Gegenstand unter sich verändernden Bedingungen seine ethische Dimension einbüßen kann.

Um unserer These von der Kontextualität ethischer Fragestellungen auch begrifflich gerecht zu werden, wurde in den vorangegangenen Abschnitten die Unterscheidung zwischen »Gegenständen« beziehungsweise »Ereignissen« und »Sachverhalten« eingeführt. Ein Sachverhalt wurde – im Anschluß an einen terminologischen Vorschlag von K.-H. Ilting – als ein durch eine Prädikation näher bestimmter Gegenstand beziehungsweise näher bestimmtes Ereignis definiert.[284] Entscheidend ist nun, daß sich ethische Themen auf Sachverhalte beziehen und nicht auf Gegenstände wie Stühle oder Kaffeetassen. Dieser Hinweis erscheint notwendig, weil die für problemorientierte Ethiken typische Fokussierung auf den Gegenstand – »Gegenstand« hier im Sinne der Gegenüberstellung von Gegenstand und Methode – allzuleicht suggeriert, als hätte es Ethik mit Objekten zu tun, die als bestimmte Geräte, Maschinen, Techniken oder Technologien »für sich«, das heißt »objektiv« bestehen. Zweifelsohne *gibt* es Kernspaltungen und Software. Die physikalischen Prozesse beziehungsweise die in Form binärer Codes gespeicherten Algorithmen *selbst* sind allerdings ethisch belanglos. Ethisch interessant werden sie erst, wenn zu den Gegenständen und Verfahren etwas »hinzutritt«, etwas, das sie zu einem ethisch relevanten Thema macht. Die einfachste Form einer Relation ist die Prädikation, das Herstellen einer Verbindung zwischen einer Eigenschaft und einem Gegenstand: der Sachverhalt.[285] Letztere stellen die grundlegenden Einheiten ethischer Beschäftigung dar.

Die Unterscheidung zwischen Gegenständen, Ereignissen und Sachverhalten ist deshalb für unser Thema von Bedeutung, weil die Ausdrücke – wie bereits die erkenntnistheoretischen Überlegungen in Abschnitt III 1.2 nahelegten – auf verschiedene ontologische Ebenen verweisen. Gerade die Vehemenz und Brisanz technikethischer und ökologischer Probleme verleiten dazu, jene Differenz zu verwischen. Die genannten Probleme sind in der Regel sehr real greifbar. Dies gilt in zugespitzter Weise für Zustände und Ereignisse, denen das Prädikat »krisenhaft« beziehungsweise »kritisch« in der oben explizierten Weise zugesprochen wird. Technikethiken befassen sich mit Wirkungen bestimmter Technologien oder wissenschaftlicher Verfahren. Häufig erschließen sich bestimmte Technologien erst über deren Wirkungen. Ich benötige kein theoretisches Wissen über die Funktionsweise von Kernkraftwerken, um eine Reaktorkatastrophe als Bedrohung zu erleben. Gerade das Beispiel Tschernobyl zeigt, daß die gesamtgesellschaftliche Auseinandersetzung mit Kernenergie erst mit der Wahrnehmung der Katastrophe eingesetzt hat. Entscheidend sind an dieser Stelle nicht die Gründe für diese Reaktion, sondern der hergestellte Zusammenhang zwischen der Wahrnehmung technologischer Wirkungen und ihrem Effekt, der ethischen Herausforderung.

Angewandte Ethik reagiert auf solche Herausforderungen zunächst mit der Markierung des Problems beziehungsweise mit der Adaption einer vorliegenden Problemformulierung. In der Problemartikulation findet nun die entscheidende Transformation

---

284 Vgl. K.-H. Ilting [1974], S. 20.
285 Vgl. E. Herms [1991], S. 47.

statt: die Reformulierung eines realen Ursache-Wirkungs-Zusammenhanges auf der teleologischen Ebene moralischer Zwecksetzungen. Diese Kontext- oder Perspektivenverschiebung bedeutet das Überschreiten einer ontologischen Schwelle: Reale Ursache-Wirkungs-Zusammenhänge kehren wieder auf der Ebene der Absichten, Dispositionen oder allgemein: Sie werden im Rahmen menschlicher Intentionen, Werthaltungen und Handlungsziele interpretiert. Zwecke sind Interpretationskonstrukte und keine Ereignisse in der Wirklichkeit. *Zwecke* sind – im Sprachgebrauch der Logik – intensional, *Wirkungen* dagegen extensional. T. Ebert hat diesen Zusammenhang sehr plastisch am Aufeinandertreffen von Ödipus und seinem Vater Laios deutlich gemacht: »Wo wir über Wirkungen reden, da haben wir es nicht mit einem intensionalen, sondern einem extensionalen Kontext zu tun: hier kann man *salva veritate* unterschiedliche Beschreibungen derselben Wirkung durcheinander ersetzen: der Gebrauch den Ödipus auf dem Weg nach Theben im Streit mit dem ihm unbekannten Mann von seinen Waffen macht, *bewirkt* den Tod dieses Mannes; und diese Wirkung kann man ebenso auch als den Tod von Ödipus' Vater Laios beschreiben. Reden wir aber über den Zweck, den Ödipus hier möglicherweise durch Anwendung von Waffengewalt erreichen wollte, dann können wir diesen Übergang nicht machen: der Zweck, den er durch sein Handeln erreichen wollte, mag ganz wohl der Tod des ihm unbekannten Mannes gewesen sein, den Tod seines Vaters hatte er ebenso sicher dadurch nicht erreichen wollen.«[286]

Der kategoriale Unterschied zwischen Ursachen und Wirkungen auf der einen Seite sowie Mitteln und Zwecken auf der anderen Seite zeigt sich auch darin, daß von »Ursache« und »Wirkung« nur dann gesprochen werden kann, wenn die Wirkung auch tatsächlich eingetreten ist.[287] Im Gegensatz dazu können wir jederzeit eine Handlung als »Mittel« zu einem »Zweck« bezeichnen, völlig unabhängig davon, ob dieser Zweck mit der vollzogenen Handlung auch eingetroffen ist. T. Ebert resümiert: »Daß Zwecke eben *keine* Wirkungen von Handlungen sind, macht nun aber umgekehrt besser verständlich, welche Rolle die Rede von Zwecken, die jemand erreichen will, eigentlich positiv spielt: sie hat nämlich so gut wie ausschließlich die Funktion der *Interpretation* von Handlungen und Verhaltensweisen. [...] Wo von den ›möglichen Wirkungen‹ einer Handlung die Rede ist, da reden wir über möglicherweise eintretende Ereignisse; wo wir von ›möglichen Zwecken‹ reden, da wägen wir Dispositionen gegeneinander ab, die eine Person bei einem Tun möglicherweise hat oder hatte. Bei ›möglichen Wirkungen‹ blicken *wir* in die Zukunft, bei ›möglichen‹ Zwecken blicken wir auf jemanden, der in die Zukunft blickt.«[288]

Die Analogien zwischen Zweck- und Problembegriff – die wir bereits im letzten Kapitel mit Verweis auf den Luhmannschen Zweckbegriff angesprochen haben – sind unübersehbar und stützen unsere Überlegungen zum Problembegriff. Zugleich beleuchten

---

286 T. Ebert [1977], S. 34.

287 Vgl. T. Ebert [1977], S. 34: »Das Eintreten der Wirkung ist eine notwendige Bedingung, um überhaupt von ›Ursache‹ und ›Wirkung‹ reden zu können.«

288 T. Ebert [1977], S. 35. Dabei gilt es jedoch zu beachten, daß nicht *Zwecke* Dispositionen von Handlungssubjekten sind, sondern das *Haben* oder *Verfolgen* eines Zwecks und »daß wir von Zwecken nie *außerhalb* eines solchen Verfolgens (oder Habens) reden können. Zwecke *hat* man nur solange, wie man sie *nicht* erreicht hat.«

sie eine fundamentale Herausforderung für jede Ethik, die sich an Handlungsfolgen im Sinne tatsächlicher Wirkungen orientiert. Gegenüber Ethiken, die sich im weitesten Sinne auf Dispositionen – Maximen, Absichten, Gefühle, Wünsche, Gesinnungen etc. – beziehen, sind alle folgenorientierten Ethiken – jedenfalls solange sie tatsächliche Wirkungen zum Gegenstand haben[289] – mit dem Problem konfrontiert, zwischen verschiedenen ontologischen Ebenen vermitteln zu müssen. Das gilt nicht nur für die Formulierung ethischer Fragestellungen und ihre Explikationen, sondern in gleicher Weise für ihre Ergebnisse. Dort begegnet das Problem in Form der Diskrepanz zwischen »vorgestellter« und faktisch eingetretener Wirkung.[290]

Die Unterscheidung zwischen vorgestellten und tatsächlichen Wirkungen birgt außerdem eine mögliche Erklärung für die scheinbar paradoxe Situation, der sich Ethik in der Gegenwart zu stellen hat: Auf der einen Seite ist eine wachsende Sensibilität für ethische Fragen in unserer Gesellschaft zu verzeichnen, bei weitgehender Übereinstimmung in konkreten ethischen Fragen, auf der anderen Seite nimmt die Zahl der ökologischen, technisch verursachten – und damit verbunden: der gesellschaftlichen – Probleme nicht ab, wie als Folge dieser Entwicklung zu vermuten wäre, sondern steigt beständig an. Dies liegt sicherlich zu einem großen Teil daran, daß eine Reihe von Folgen und Wirkungen moderner Technologien erst nach längerer Zeit sichtbar werden.[291] Ein weiterer – in der Regel übersehener – Grund besteht aber auch darin, daß die Frage ungestellt bleibt, welche gesellschaftliche Reichweite ethische Sensibilität und ethischer Konsens überhaupt haben beziehungsweise haben sollten. Die Megglesche Beobachtung von der Uneinigkeit in Grundsatzpositionen und dem Konsens hinsichtlich der Beurteilung konkreter Fragen kehrt sich hier um. Die prinzipielle Übereinstimmung hinsichtlich der Notwendigkeit (auch) einer ethischen Orientierung findet offenbar selten ihre praktische Umsetzung.[292]

---

289 Diese Einschränkung ist notwendig, insofern hiermit nur ein Gegenstandsbereich von Angewandter Ethik und Verantwortungsethik benannt wird. Unsere Überlegungen im ersten Teil, ob Angewandte Ethik auf Prinzipienentscheidungen verzichten könne, sowie die Diskussion des verantwortungsethischen Modells von H. Jonas haben deutlich gemacht, daß Ethik sich nicht allein auf die Beschäftigung mit tatsächlichen Folgen beschränken darf, sondern daß ihr – im Gegenteil – zunehmend die Aufgabe zuwächst, über mögliche Folgen von Handlungen, Handlungssystemen, Technologien etc. nachzudenken.

290 Vgl. I. Kant, KU B 381. Kant definiert hier den »Zweck« als »die vorgestellte Wirkung«, erklärt diese aber zugleich als Unterklasse der Wirkungen: »[...] die vorgestellte Wirkung, *deren Vorstellung* zugleich der Bestimmungsgrund der verständigen wirkenden Ursache zu ihrer Hervorbringung ist [...].« T. Ebert [1977], S. 36, unterstützt den ersten Teil der Kantischen Definition, kritisiert aber, daß die vorgestellte Wirkung natürlich nicht eine Unterklasse der Wirkungen dieses Handelns sei, sondern »eine Unterklasse der Vorstellungen des Handelnden. Eine vorgestellte Wirkung ist nichts anderes als die *Vorstellung* einer Wirkung.«

291 Vielleicht ist das Maß des zeitlichen Abstandes zwischen dem Einsatz von Technologien und ihren Folgen das einzige sinnvolle Kriterium, um die eher verzerrende Differenzierung zwischen »Folgen« und »Nebenfolgen« zu rechtfertigen.

292 Die Betroffenheit im heimischen Wohnzimmer angesichts der katastrophalen Entwicklungen, die die Medien verkünden, bleibt ebenso wirkungslos wie der ethische Konsens im Elfenbeinturm. Sie sind eher ein Beleg dafür, wie facettenreich sich die oben beschriebene Beliebigkeit präsentiert.

* * *

Technikethik – so können wir die Befunde und Überlegungen aus diesem Teil zusammenfassen – bewegt sich in dem Spannungsverhältnis der beiden Pole von strukturellem Determinismus und moralischer Überdeterminierung. Das für jede Ethik charakteristische Anspruch-Wirklichkeits-Gefälle verdankt sich an dieser Stelle einer zweifachen Überforderung: einer strukturellen und einer anthropologischen. Beide Aspekte fallen zusammen in dem Versuch, die »Kontrolle der Funktionssysteme« (N. Luhmann) vor dem Hintergrund des Risikos ihrer Auflösung zu garantieren. In diesem Sinne *ist* die strukturelle Überforderung eine anthropologische. Damit werden zugleich die anthropologischen Bestimmungen als abhängige Variable der strukturellen Bedingungen festgeschrieben. Das Challenger-Unglück und die Reaktorkatastrophe von Tschernobyl zeigen auf jeweils spezifische Weise, wie »Sicherheit« – im Sinne einer möglichst umfassenden Reduktion von Gefahr – im Rückgriff auf moralische Kategorien »hergestellt« wird. Diese Prozedur verläuft in zwei Teilschritten: Zunächst werden (objektive) Gefahren in (subjektive) Risiken transformiert; anschließend werden – mit Hilfe der verantwortungsethischen Begrifflichkeiten »Zuständigkeit« und »Zurechenbarkeit« – die riskanten Sachverhalte in den Kompetenz- und Handlungsbereich einzelner Subjekte verlagert. Entscheidend ist, daß die »definitorische Transformation« einer Gefahr in ein Risiko das Vorhandensein subjektiver Handlungsräume voraussetzt, in denen der riskante Sachverhalt verortet werden kann.

Aus einer ethischen Perspektive bedeutsam sind – wie sich anschaulich an dem Zustandekommen der Tschernobyl-Katastrophe zeigen läßt – die moralischen und ethischen Voraussetzungen für eine solche Verschiebung. Der »ideologische Kern« besteht in der Abhängigkeit der moralischen Forderung von dem strukturbedingten Legitimationsdruck. Wenn es richtig ist, daß Sicherheit in diesen Zusammenhängen eine »soziale Fiktion« darstellt, dann wird damit zugleich auf den fiktionalen Charakter der diese ermöglichenden Voraussetzungen verwiesen: auf den fiktionalen Charakter einer die Idee der Sicherheit ermöglichenden Zuschreibung von Verantwortung. Die von G. Picht dargestellte Entwicklung von der Verantwortung vor Gott hin zur Selbstverantwortung auf der Schwelle vom Spätmittelalter zur Neuzeit,[293] scheint hier ihre folgerichtige Fortsetzung zu finden. Wurde in der Neuzeit das eigene Gewissen – »das in der Verantwortung seiner Freiheit und damit seiner selbst bewußt wird«[294] – zur Verantwortungsinstanz, so wird diese nun zur Manövriermasse im Dienst der Legitimation und Durchsetzung ökonomischer und politischer Interessen: zum Herrschaftsinstrument. Dem korrespondiert auf der anderen Seite ebenso folgerichtig die Tendenz zu einer Auflösung von Ethik in »Ethik-Technik«.

Vor diesem Hintergrund kommt der Ethik zunächst eine auf den ersten Blick paradox anmutende Aufgabe zu. Sie hat den »moralischen Helden«, der nur propagiert wird, um das persönliche Fehlverhalten des Menschen zu dokumentieren, als ideologische

---

293 Vgl. G. Picht [1978a], S. 202.
294 Ebd.

Figur zu entlarven. Der Verweis auf die anthropologischen Fundierung in der Rede von der »anthropologischen Unterbestimmung« (W. Lienemann) des Menschen in der ethischen Theorie erhält hier eine erkennbare ideologiekritische Wendung. Entgegen dem Verdacht einer Relativierung des ethischen Anspruchs etwa im Sinne einer Soziologisierung oder Psychologisierung von Moral, geht es um die Wiedergewinnung einer ethischen Perspektive, die erst – wie wir bei Kant lernen können – in der Verschränkung von Anthropologie und Ethik greifbar wird.[295]

Damit ist die Aufgabe für den letzten Teil unserer Untersuchung bereits genannt. Ausgehend von der Ortsbestimmung für eine der gegenwärtigen Situation verpflichteten Ethik im Sinne einer Markierung des menschlichen Handlungsraumes, soll anhand des von H. E. Tödt ausgearbeiteten »Versuchs einer ethischen Theorie sittlicher Urteilsfindung« der Frage nachgegangen werden, wie die benannte ethische Perspektive unter den Bedingungen der Industriegesellschaft und vor dem Hintergrund der menschlichen Wirklichkeit methodisch und argumentativ eingeholt werden kann.

---

[295] Vgl. dazu G. Picht [1978b], S. 140ff.

IV Ent-Faltungen: Perspektivenwechsel oder die Frage der Wahrnehmung als ethisches Problem

1 Zu einigen handlungstheoretischen Aporien in der Ethik

Kehren wir nun zurück zu der Frage nach den Kriterien, die ein Thema als ethisches ausweisen. Vor dem Hintergrund der in dem vorangegangenen Abschnitt skizzierten Entwicklung ist es kaum verwunderlich, daß auch in der gegenwärtigen Ethikdiskussion die Suche nach einer Antwort lange vergeblich verläuft. Es liegt in der Eigenart der neuzeitlichen, besonders kontinentaleuropäischen Ethikgeschichte, ethische Fragen auf solche nach dem richtigen Handeln zuzuspitzen. Fragen nach den Bedingungen der Möglichkeit von Handeln, nach Willens- und Handlungsfreiheit, nach den Voraussetzungen von Willentlichkeit, Intentionalität und Rationalität sind – als handlungstheoretische Themen – der Disziplin Ethik gegenüber externe Fragestellungen.[1] Ethik als normative oder als Verantwortungsethik befaßt sich mit Fragen guten beziehungsweise verantwortlichen Handelns und setzt allgemein Handeln als Bedingung der Möglichkeit ihrer Beschäftigung einfach voraus. Weil es Ethik nach diesem Verständnis nur geben kann, insofern der Phänomenbereich »menschlicher Handlungen« wirklich vorkommt, gehört die Annahme der Möglichkeit menschlichen Handelns definitorisch zum Begriff von Ethik als praktischer Wissenschaft. In der Literatur bestätigt sich der oben bereits zitierte Befund von M. Kuch, der nicht nur für den Bereich theologischer Ethik Gültigkeit hat: »Es wird zwar in der Regel als selbstverständlich angesehen, daß die theologische Ethik den Menschen als Handelnden in den Blick nimmt. Dabei korrespondiert aber häufig die Ausführlichkeit, mit der ethische Einzelthemen aufgenommen und dargestellt werden, nicht mit der Sorgfalt, die im Hinblick auf die ethische Grundlegung, welche die Behandlung bestimmter Einzelfragen überhaupt erst strukturiert, erforderlich und angezeigt ist.«[2] Ein derartiges Vorgehen provoziert eine zweifache Verkürzung: Ausgespart bleibt auf der einen Seite die Frage, was es denn heißt, den Menschen als Handelnden in den Blick zu nehmen, das heißt wodurch sich Handlungen von anderen Ereignissen unterscheiden, auf der anderen Seite diejenige nach den Bedingungen, vor deren Hintergrund menschliche Aktivitäten sich als Handeln konstituieren. Die Frage nach den *handlungstheoretischen* Kriterien, die etwas als eine Handlung identifizieren und diejenige nach den – allgemein – *anthropologischen* Bedingungen, die den Menschen zu einem handelnden Wesen machen, bilden nur die beiden Seiten einer Medaille. Ein kurzer Blick auf zwei prominente ethische Versuche soll

---

1 Dieser Sachverhalt spiegelt sich wider in der aktuellen Diskussion um die Verhältnisbestimmung von Handlungstheorie und Ethik. Ob nun die Handlungstheorie, die die »empirisch-anthropologischen und ethisch fundamentale[n] Bedingungen der Möglichkeit einer Handlung überhaupt erörtert« (M. Riedel [1978], S. 139), als »propädeutische Disziplin zur Ethik« (ebd.), oder ob das Verhältnis von Handlungstheorie und Ethik als dasjenige »eine[r] allgemeine[n] zu einer besonderen Theorie« (W. Vossenkuhl [1991], S. 231; vgl. ders. [1982]) aufgefaßt wird, in beiden Fällen sind die oben angesprochenen Fragen der Disziplin Ethik gegenüber externe. Gegen eine solche »dysfunktional gewordene Abschottung ausdifferenzierter Sachgebiete« betont Höffe das wechselseitige Aufeinanderverwiesensein von Ethik und Handlungstheorie und fordert, die »ausgewanderte Handlungstheorie wieder mit der Ethik zu verbinden« (O. Höffe [1982], S. 234).

2 M. Kuch [1991], S. 1.

im folgenden die Notwendigkeit der hier geforderten anthropologischen und handlungstheoretischen Ergänzung von Ethik unterstreichen. Daran schließt sich die kritische Erörterung eines Entwurfes an, der sich explizit um die Einlösung jener Aspekte bemüht.

1.1 Hans Jonas

Für das erste Beispiel kehren wir noch einmal zu dem Modell einer Verantwortungsethik von H. Jonas zurück. Dieser versucht in seiner »Ethik für die technologische Zivilisation« dem Tatbestand der »Eingriffstiefe« und »Reichweite« moderner Technologien sowie der Unmöglichkeit ihrer langfristigen und exakten Prognostizierbarkeit gerecht zu werden. Angesichts dieser allerorts zu beobachtenden Phänomene fordert er ein stärker zukunftsorientiertes Denken. Teil einer solchen notwendig gewordenen Futurologie bildet ein Denkmodell, das er als »Heuristik der Furcht« bezeichnet.[3] Gemeint ist eine Denkbewegung die dem Grundsatz folgt: »In dubio pro malo« anstelle des altbekannten und wohlvertrauten Mottos: »Wer wagt gewinnt«. Die schlechteste aller denkbaren Wirkungen einer Technologie soll als entscheidendes und hinreichendes Kriterium für ihre Implementierung oder Ablehnung gelten.[4] Wie und worauf läßt sich nun ein solch rigides Kriterium anwenden? Ganz offensichtlich hat Jonas Technologien im Blick, die entweder radikal irreversible Wirkungen zeitigen, wie etwa die Gentechnologie, oder solche, die, wie etwa Kernkraftwerke, bei Störungen unvorstellbar zerstörerische Wirkungen zur Folge haben. Gemäß des Jonasschen Grundsatzes wären derartige Technologien abzulehnen. Taugt der Grundsatz aber wirklich als Unter- und damit Entscheidungskriterium? Zu welchem Ergebnis führt er, wenn wir ihn auf eine beliebige andere Technik anwenden, etwa auf eine primitive Werkzeugtechnik, wie den Hammer, dem Jonas einen eigenen Abschnitt gewidmet hat?[5] Dort formuliert er: »Der Hammer ›hat‹ den Zweck des Mit-ihm-hämmern-Könnens: mit ihm und für ihn wurde er geschaffen [...]. Der Zweck, so können wir auch sagen, gehört zum *Begriff* des Hammers.«[6] Aber genauer besehen hat der Hammer seinen »Zweck gar nicht selbst, sondern nur ihr Hersteller und Benutzer ›hat‹ ihn. Dies ist so bei allen leblosen Geräten: der ihnen als Kunstprodukten *wesentliche* Zweck ist doch nicht der *ihre*; ihrer totalen Zweckhaftigkeit ungeachtet – oder gerade wegen ihrer – sind sie eigener Zwecke bar.«[7] Und schließlich fügt Jonas hinzu, »daß ›eindeutig ein Zweckgebilde sein‹ nicht notwendig Eindeutigkeit des Zweckes selbst besagt: mehrere Zwecke können sich in seiner ursprünglichen Konzeption vereinigen oder in seiner späteren Funktion hinzugesellen, einschleichen, usw., bis zur Entfremdung vom anfänglichen Zweck.«[8] Jonas eigene Überlegungen führen nun zu einem paradoxen Ergebnis: Arte-

---

3 Vgl. H. Jonas [1979], S. 63ff. und 392.

4 Vgl. H. Jonas [1979], S. 61 – 75.

5 Vgl. H. Jonas [1979], S. 107 – 114.

6 Vgl. H. Jonas [1979], S. 107.

7 Vgl. H. Jonas [1979], S. 108.

8 Vgl. H. Jonas [1979], S. 114.

fakte treten lediglich als Träger der Zwecke oder als Materialisierungen der Absichten ihrer Anwender oder Benutzer in Erscheinung. Werkzeuge und Maschinentechniken stecken den funktionalen Rahmen ab, innerhalb dem beliebige Anwendungen »entwickelt« werden können.[9] Sind also diese Techniken ihrer »Zweck-Entfremdung ohnmächtig ausgeliefert«, dann kann ein Hammer etwa auch als Mordwaffe dienen oder durch seine unglückliche Handhabung zu einer solchen werden. Damit hätte dieser aber gemäß dem Jonasschen Grundsatz gar nicht erfunden werden dürfen. Techniken fehlt jenes normative Potential, das Jonas ihnen mit seiner Maxime unterstellen muß.[10] Auch wenn sich, wie Hubig zeigt, der individuelle Handlungsspielraum im Übergang von den Werkzeug- über die Maschinentechniken hin zu den Großtechnologien beständig verkleinert, fehlt ihnen jene Eindeutigkeit, die, um dem Jonasschen Anspruch gerecht zu werden, in einer Eindeutigkeit sowohl ihrer Zweck-Funktionen als auch ihrer Ursache-Wirkungs-Verhältnisse bestehen müßte. Der Fehler liegt in der Unterstellung monokausaler Relationen. Diese sind nur unter der Bedingung denkbar, daß technische oder technologische Wirkungen sich in eine selbst technisch hergestellte Umwelt hinein entwerfen. Die Jonassche Maxime fordert somit eine Welt im Labor, ein geschlossenes System von Absichten, Umständen und Relationen. Da zu jeder Handlung unglückliche Umstände sowie tragische oder katastrophale Folgen denkbar sind, führt das Hammerbeispiel zu jener fundamentalen Konsequenz, daß schließlich jegliches Handeln vor dem Jonasschen Grundsatz kapitulieren muß (wobei selbst die Position des Nicht-Handelns – sofern vorstellbar – uneinnehmbar wäre, als das Unterlassen

---

9 Das kommt allein schon in der tautologischen Definition von »Hammer« bei H. Jonas zum Ausdruck. Zum Verständnis von Technik als »Rahmenprinzip« vgl. C. Hubig [1993a], S. 22. 54ff.

10 An dieser Stelle wird eine Unterscheidung wichtig, auf die H. Poser [1990], S. 14, hingewiesen hat, jene zwischen Technikfolgenabschätzung und Ethik. Die erste Disziplin befaßt sich mit der Anwendung von Resultaten wissenschaftlich-technischer Forschung, die letztgenannte mit deren Zielen und – über Poser hinausgehend – den Modi ihres Erreichens. Der Hammer als Mordwerkzeug wäre dann ein Fall für Technikfolgenabschätzung, Waffen ein Thema für Ethik. Poser selbst verweist auf die Vagheit und Begrenztheit einer solchen Entscheidung, droht hier doch die Gefahr einer Wiederbelebung des alten Ideals von der wertfreien Wissenschaft/Technik. Genau besehen benennt die von Poser eingeführte Differenzierung zwei relative Hierarchien: auf der einen Seite die Unterscheidung zwischen graduell verschiedenen »Zweckdeterminationen« von Techniken, auf der anderen Seite eine Abstufung der Abweichungsgrade faktischer Zwecksetzungen von den durch die jeweiligen Techniken vorgegebenen.
Das Hammerbeispiel verweist auf die Notwendigkeit eines solchen *Kriteriums der Zweckentfremdung*. Es besteht ein intuitiv einsichtiger Unterschied zwischen einem Werkzeug, das als Mordwaffe verwandt wird und einer eigens dafür konstruierten Waffentechnologie (Zum intuitiven Charakter von Komplexitätsreduktion bei sittlichen Urteilen vgl. H. E. Tödt [1984], S. 57). Im ersten Fall wäre es völlig angemessen von einem Mißbrauch zu sprechen, im zweiten Fall macht eine solche Rede keinen Sinn. Der Unterschied zwischen beiden Techniken besteht in unserem Zusammenhang in den unterschiedlichen Konstitutionsbedingungen, die beide als ethisches Problem erscheinen lassen. Beim Hammerbeispiel besteht ein ethisches Problem in der Art und Weise, wie dieses Werkzeug gebraucht wird, bei der Waffe in dem Tatbestand, daß diese Technik benutzt wird. Liegt die ethische Problematik im ersten Fall ganz – und nur – auf der Ebene des Benutzers, rückt sie im Fall der Mordwaffe auf die Ebene der Technik selbst. Das Argument einer differenzierenden Betrachtung wirft allerdings zugleich die Frage auf – aus diesem Grund die vorsichtige Formulierung von der »relativen Hierarchie« und »intuitiven Einsicht« –, welche Kriterien zur Verfügung stehen, um eine solche Kategorisierung vorzunehmen. Eine willkürliche Handhabung bei der Zuordnung würde genau die Problematik verkennen, die Jonas völlig zu Recht thematisiert.

jeglicher Tätigkeit den baldigen Existenzverlust zur Folge hätte und damit ebenfalls gegen die Maxime verstoßen würde).[11] Als Ausweg aus dieser absurden Lage böte sich an, die »Eindeutigkeit des Zweckes« zur Entscheidungsgrundlage zu machen. Aber auch dieser Weg führt nicht weiter, denn genauso wie wir einem Kritiker vorhalten würden, daß ein Hammer nicht den Zweck habe, als Mordwaffe mißbraucht zu werden, könnten wir fortfahren, daß der Zweck eines Atomkraftwerkes eben auch nicht darin besteht, Radioaktivität an die Umwelt abzugeben. Der Jonassche Grundsatz – zumindest in seiner kategorischen Formulierung – führt also entweder in die Absurdität oder verfehlt seine Intention, weil er genau das Phänomen negieren muß, welches das Problem überhaupt aufwirft: die prinzipielle Offenheit und Risikoverhaftetheit jedes – in komplexen Kontexten eingebundenen – menschlichen Handelns.[12]

1.2 Trutz Rendtorff

Dem Dilemma, angesichts der Brisanz der technologischen Gefährdungen zu einer Maxime zu gelangen, die dazu veranlaßt, »von Handeln überhaupt Abstand zu nehmen«,[13] versucht eine zweite, von T. Rendtorff entwickelte Position zu entgehen. Ethische Probleme mit Technik resultieren nach seiner Ansicht wesentlich aus dem Konflikt, »wenn die unbeabsichtigten Folgen den Gewinn der beabsichtigten Folgen zunichte machen oder eine Korrektur des eingeschlagenen Weges nicht mehr zulassen würden.« Der scheinbaren Irreversibilität der Folgen technischen Handelns, die in der fortschreitenden Umweltverschmutzung und -zerstörung zum Ausdruck kommt, setzt Rendtorff seine Forderung nach der prinzipiellen Korrekturfähigkeit von Handlungs-

---

11 Sicherlich wollte Jonas seinen Grundsatz nicht in einer derart rigiden Weise ausgelegt wissen. So präzisiert H. Jonas [1979], S. 391: »Nicht die vom Handeln abratende, sondern die zu ihm auffordernde Furcht meinen wir […].« Aus einer handlungstheoretischen Perspektive würde jede andere Interpretation jedoch eine Reihe von (relativierenden) Zusatzannahmen erfordern, über die Jonas nichts sagt.

12 R. Spaemann [1979], S. 182ff.; vgl. 189ff., hat die Frage nach der Zumutbarkeit von Handlungsfolgen näher erörtert und stellt dabei zwei extreme Auffassungen gegenüber: die *anarchistische* und die *konsensuelle*. Erstere geht davon aus, »daß es kein anderes Kriterium für Zumutbarkeit gibt, als die wirkliche Zustimmung aller Betroffenen« (a. a. O., S. 182). Eine solche Position stößt aber auf einige grundsätzliche Schwierigkeiten: »Da jedes Handeln Nebenfolgen zeitigt, durch welche andere in Mitleidenschaft gezogen werden, würde jedes Handeln vereitelt werden können, wenn nur einer der auch noch so entfernt in Mitleidenschaft Gezogenen Widerspruch erhöbe […]. Unterlassung jeden Handelns aber ist erst recht unzumutbar für ein freies Wesen« (a. a. O., S. 182f.). Die anarchistische Position wäre damit auf zumindest eine der beiden folgenden Hilfsannahmen angewiesen. Sie müßte entweder unterstellen, »daß die menschlichen Wünsche ›von Natur‹ mit den vorhandenen begrenzten Mitteln zu ihrer Befriedigung in prästabilisierter Harmonie stehen. Oder sie muß voraussetzen, daß alle Menschen ihre Ansprüche bis aus auf ein ›gerechtes Maß‹ zurückschrauben. Die eine Voraussetzung macht den Menschen zum Tier, die andere zum Heiligen« (a. a. O., S. 183). Spaemann kommt schließlich zu dem Ergebnis: »Müßten wir stets versuchen, uns die unendlich komplexe Gesamtheit der langfristigen Folgen unseres Tuns vor Augen zu halten, ja darüber hinaus sogar die Folgen unserer Unterlassungen, d. h. die mutmaßlichen Folgen aller alternativen Handlungsmöglichkeiten, dann würde die selektive Funktion der Zwecksetzung hinfällig und damit Handeln selbst illusorisch« (a. a. O., S. 189). Zur Kritik am Jonasschen Handlungsbegriff vgl. J. Fischer [1994], S. 12.

13 Dieses und die folgenden Zitate in: T. Rendtorff [1981], S. 133.

strategien durch deren Folgen entgegen: »Handele so, daß Du Dich durch die Folgen Deines Handelns korrigieren lassen kannst.« Rendtorff kommt einem naheliegenden Mißverständnis seines Imperativs zuvor, wenn er ihn sogleich gegenüber der Maxime »Handele so, daß Du die Folgen Deines Handelns in jedem einzelnen Falle korrigieren kannst« abgrenzt. Ein solches Verständnis wäre in der Tat lediglich eine Reformulierung der Jonasschen Position. Gemeint ist vielmehr jenes reflexive Moment, »daß die tatsächlichen Folgen des Handelns in der Differenz von beabsichtigten und unbeabsichtigten Folgen so auf das Handeln zurückwirken, daß sie eine korrigierende Wirkung haben und zu einer jeweiligen Neudefinition der Handlungsintentionen und der Handlungsinstrumente führen.« Nur solche Technologien sollen als akzeptabel gelten, deren Folgen eine Entscheidungssituation gewährleisten, wie sie vor ihrer Implementierung bestanden hat. Rendtorff plädiert mit anderen Worten für »fehlerfreundliche Technologien«,[14] die die Zukunft offen halten für Fehler und Irrtümer, ohne daß bei ihrem Eintreten der Fortbestand der Menschheit oder der Ökosphäre auf dem Spiel stünde, also das Eingestehen einer Fehlentscheidung oder eines Irrtums unmöglich geworden wäre, weil sie sich als unkorrigierbare Katastrophe manifestieren würden.

Die Attraktivität dieser Position beruht darauf, daß sie anstelle eines weitverbreiteten Reparaturcharakters von Technikethik dieser ein grundsätzliches Korrekturpotential einräumt. Dreh- und Angelpunkt der Argumentation bildet die Unterscheidung zwischen beabsichtigten und unbeabsichtigten Folgen.[15] Die beabsichtigten Folgen definiert Rendtorff als den »konsensfähige[n] Gehalt des Fortschrittes«, der sich in den für jedermann erfahrbaren »Verbesserungen der Lebenswelt« zeigt, die unbeabsichtigten Folgen als dasjenige, »was keiner will«. Wie kommt nun diese vielerorts verwendete Argumentationsfigur zustande? Der positive Wert »Verbesserung der Lebensqualität« oder »was alle wollen« wird mit dem negativen »was keiner will« konfrontiert. Die Unterscheidung liegt auf der Ebene des Wollens. Der Begriff »Nebenwirkung« heißt zunächst nichts anderes als: »Das habe ich nicht gewollt«. Das Verhältnis zwischen den beabsichtigten und tatsächlichen Folgen entspricht dem zwischen Wunsch und Wirklichkeit. Die Differenz zwischen beiden bildet den Bereich der »Nebenwirkungen«. Sie ist Ausdruck der interpretierenden Zuordnung der Wirkungen einer Handlung oder eines Handlungskomplexes relativ zu ihrem beabsichtigten Zweck. »Allein der vorausgesetzte Zweck entscheidet, was eine Hauptfolge zu sein hat, und ordnet ihm alle nicht bezweckten Folgen unter.«[16]

Das Verführerische dieser Begrifflichkeit besteht nun darin, die *Interpretation* eines Zustandes im Hinblick auf unterstellte Zwecke mit dem Zustand selbst zu verwechseln. Das Behaupten von Zwecken ist ein interpretierender Vorgang, der sowohl die Identifikation von Handlungen als einheitliche Akte, als die Beziehung zwischen Hand-

---

14 Vgl. C. und E. U. von Weizsäcker [1984], B. Guggenberger [1987], bes. S. 145ff.

15 Zur Argumentation mit »Nebenwirkungen« vgl. kritisch etwa U. Beck [1986], S. 284ff.; J. Rohbeck [1993], S. 256f. und die dem Vortrag von C. Hubig [1993] folgende Diskussion in: F. Rapp [1993], Hg., S. 155 – 159.

16 J. Rohbeck [1993], S. 256.

lungssubjekten und deren Handlungen überhaupt erst ermöglicht.[17] Die Rede von Haupt- und Nebenwirkungen macht Sinn aus der Perspektive des Handlungssubjektes, das um eine Erklärung bemüht ist, warum es so und nicht anders gehandelt hat. In der vorgetragenen Begründung geht es immer auch darum, die erlebte Differenz zwischen *Wollen* und *Bewirken* zu klären.[18] Der Erweis der Legalität und Legitimität des Gewollten dient dabei in der Regel als Rechtfertigung für das faktisch Bewirkte. Wird dieses Erklärungsmuster auf die Beobachterperspektive übertragen – und diese bildet den Ausgangspunkt jeder ethischen Reflexion über Technik –, erhält sie den Status einer »teleologisch inspirierte(n) Metaphysik«.[19] »Nebenwirkungen« sind nicht die Folge schicksalhafter Katastrophen, sondern konkreter Handlungen. Sie sind nicht vom Handlungssubjekt[20] abzuspalten, obwohl und gerade weil sie unter Umständen Ausdruck seiner Unwissenheit, Risikobereitschaft oder Fahrlässigkeit sind.[21] Das von Rendtorff verwandte Schema erlaubt, eine Kosten-Nutzen-Rechnung über Technik anzustellen. Problematisch ist der Effekt dieses Ordnungsmusters. Es suggeriert eine Laborsituation, die es zu ermöglichen scheint, durch Veränderung gewisser Bedingungen die »Nebenwirkungen« abzuschwächen oder auszuschalten, ohne dabei die beabsichtigten Zwecke einer kritischen Prüfung oder Revision unterziehen zu müssen. Die unerwünschten Folgen bilden dann keine untrennbar mit den gewünschten Wirkungen verbundene Einheit, quasi den zwangsläufig anfallenden »Preis« für die gewollten Effekte, sondern eine unabhängig von letzteren bestehende, disponable Größe.[22] Darüber hinaus wirkt es seltsam zynisch, angesichts gewisser katastrophaler Folgen – etwa der Havarie des Tschernobyl-Reaktors – weiterhin von »Nebenfolgen« zu sprechen.[23]

Fundamentaler gestaltet sich ein zweites Problem der Rendtorffschen Maxime. Technologische Wirkungen werden nicht – im Sinne einer *Verantwortung*sethik – als Handlungsfolgen Gegenstand ethischer Reflexion, sondern verweisen in Form von Symp-

---

17 Zur Identität von Handlungen vgl. etwa G. E. M. Anscombe [1986].

18 Vgl. R. Spaemann [1979], S. 180f.: »Es liegt im Wesen menschlicher Handlungen, daß sie Nebenwirkungen hervorbringen. Dieser Satz ist nur die Kehrseite des anderen, daß Handeln auf Zwecke gerichtet ist. ›Zweck‹ heißt jene Folge, die der Handelnde aus der Gesamtheit seiner Handlungsfolgen intentional heraushebt und im Verhältnis zu welchen er alle anderen Folgen als Nebenfolgen, zu Mitteln oder Kosten herabsetzt. Nur durch solche Selektion wird Handeln überhaupt möglich, und nur durch sie wird es von ›blinden‹ Naturereignissen unterscheidbar.«

19 J. Rohbeck [1993], S. 257.

20 Der Begriff des Handlungssubjektes muß dabei keine einzelne Person bezeichnen.

21 Eine wichtige, aber völlig andere Frage ist diejenige, ob Unwissenheit im Sinne einer nur begrenzten Prognostizierbarkeit nicht das »Schicksal« jedes Handelnden ist.

22 Vgl. J. Rohbeck [1993], S. 256: »Der einmal festgelegte Planungszweck bleibt als gewünschte Wirkung bestehen, während andere Wirkungen als auszuschaltende Größen behandelt werden. Sie sind zwar keine *quantité negligeable* mehr, wohl aber noch eine *quantité secondaire*.«

23 Vgl. J. Rohbeck [1993], S. 256f.: »Betrachtet man etwa unvoreingenommen ein Atomkraftwerk, so handelt es sich um eine gigantische Maschine, die Gewässer erwärmt, schon bei normalem Betrieb schädliche Strahlen verbreitet und einen Abfall übrigläßt, dessen Risiken noch in Jahrtausenden unbewältigt sein werden. ›Nebenbei‹ erzeugt ein solches Kraftwerk auch noch Strom, der sofort verbraucht wird und dessen Nutzung schon in wenigen Jahren nicht mehr interessieren dürfte. Angesichts eines solchen Wirkungsgefälles noch von ›Nebenwirkungen‹ zu sprechen grenzt inzwischen an Zynismus.«

tomen auf das eigentliche Thema, die richtige *Gesinnung*, die in der Grenzziehung zwischen Wirkungen und »Nebenwirkungen« manifest wird. Rendtorff bewegt sich in einer Zwitterposition von Verantwortungs- und Gesinnungsethik. Einerseits fordert er – entgegen einem rigiden Zweck-Nebenwirkungs-Schema – einen regulativen Effekt der »Nebenwirkungen« auf die ursprünglichen Handlungsabsichten, auf der anderen Seite versperrt er sich mit seiner Definition der beabsichtigten Folgen als »konsensfähigen Gehalt des Fortschrittes« jede Möglichkeit der Rückwirkung. Denn eine Revision der Absichten kann – gemäß der vorgeschlagenen Definition – nur die Auflösung der gesellschaftlichen Übereinstimmung zur Folge haben. Mit welchem Recht und auf welchem Wege könnte dieser lebensweltlich eingebundene Konsens, der gleichzeitig den Stand der Reflexivität unserer technisch-wissenschaftlichen Kultur darstellt, überwunden, das heißt revidiert werden? Die grundlegende Absicht, die in den gewünschten Folgen zum Ausdruck kommt, ist nicht disponabel. Rendtorff verfängt sich an dieser Stelle in den Netzen eines relativistischen Neoaristotelismus. Sein verantwortungsethischer Blick für komplexe Wirkungszusammenhänge geht angesichts seiner gesinnungsethischen Aufspaltung der Folgen verloren. Am Ende verschleiert die gute Absicht nur die zweifelhaften Resultate, und es entsteht auch hier eine paradoxe Situation: alle wollen dasjenige, was zugleich niemand will.

Eine dritte Schwierigkeit betrifft Rendtorffs impliziten Technikbegriff. Die rigide Formulierung der Jonasschen Maxime schöpfte ihre große Überzeugungskraft aus der Einsicht in die spezifischen Wirkungsweisen moderner Technologien. Moderne technologische Systeme machen »ein Umdenken in den Grundlagen der Ethik« notwendig. Eine Ethik, die bei singulären Handlungen einzelner Handlungssubjekte stehen bleibt, muß in dem Augenblick unzureichend werden, wo sie auf Verhältnisse stößt, die derartig eindeutige Zuordnungen nicht mehr zulassen. Rendtorffs Maxime setzt weiterhin die Handlungssituation voraus, wie sie die traditionellen Ethiken vor Augen haben.

An dieser Stelle ist ein kurzer Blick auf die grundlegenden Veränderungen der Handlungssituation unter den Bedingungen fortschreitender Technisierung hilfreich. C. Hubig[24] diagnostiziert ein dreistufiges, parallel angelegtes Strukturmodell der Technik- und Wissenschaftsentwicklung. Die einzelnen Stufen unterscheiden sich hinsichtlich einer »Schwerpunktverlagerung sowohl bzgl. des Handelnden, also des Subjektes dieser Prozesse, als auch bzgl. der Handlungstypik.«[25] Der Prozeß insgesamt beschreibt »ein ›Gefälle‹ von der Wirklichkeit des Handelns zum Umgang mit vorgegebenen Möglichkeiten des Handelns.«[26] Die Entwicklung der technischen Handlungsfelder als Gefälle »Wirklichkeit – Möglichkeit – Bedingung der Möglichkeit«[27] verläuft parallel zu der fortschreitenden Verschränkung von Wissenschaft und Technik. Im einzelnen unterscheidet Hubig zwischen *Werkzeugtechniken*, denen die intellektuelle Leistung gedanklicher Operationen entspricht, *Maschinentechniken*, die analog zu wissen-

---

24 Vgl. C. Hubig [1993a], S. 53ff; ders. [1990]; ders. [1993b].
25 C. Hubig [1993a], S. 53.
26 C. Hubig [1993a], S. 57.
27 Ebd.

schaftlichen Methoden Handlungs- oder Zweck-Mittel-Schemata bereitstellen, sowie *Systemtechnologien*, die den Status wissenschaftlicher Paradigmen einnehmen und fundamentale Bedingungen der Möglichkeit menschlichen Handelns darstellen.

Vor diesem Hintergrund stellt sich die Frage nach der Angemessenheit der Rendtorffschen Maxime neu. Seinem teleologischen – mit Hilfe des Zweck-Mittel-Schemas entfalteten – Technikbegriff bleiben die aktuellen systemtechnologischen Strukturen verschlossen. Rendtorff setzt die Möglichkeit eines singulären Rückbezuges von Wirkungen auf Handlungen sowie die Möglichkeit, letztere einzelnen Subjekten zuzuschreiben, voraus. Hubig gesteht nur auf der Ebene des Werkzeuggebrauchs eine Kontrollierbarkeit der Mittel und Zwecke zu. Bereits bei den Maschinentechniken sind lediglich die Zwecke disponabel, die Zweck-Mittel-Verknüpfungen liegen fest. Als methodische Materialisierungen von Handlungsschemata sind bei Maschinentechniken Zwecke und Mittel, also auch Intentionen und die Wege ihrer Umsetzung, nicht mehr voneinander isolierbar. Die dritte Ebene der Systemtechnologien legen den Rahmen fest, innerhalb dem allein eine Zweck- oder Mittelwahl möglich ist. Diese Systeme »stehen nicht mehr im Dispositionsbereich individueller Subjekte«,[28] sie »werden weder bloß genutzt, noch bloß bedient oder ausgelöst, sondern wir leben in diesen Systemen«.[29] Gleichwohl darf diese paradigmatische Ebene nicht technokratisch mißverstanden werden. Der Tatbestand, daß menschliche Aktivitäten immer vor dem Hintergrund bestimmter »instrumenteller Paradigmen«[30] als Bedingungen der Möglichkeit von Handeln stattfinden – wir sind heute existentiell angewiesen auf Verkehrssysteme, solche der Energiegewinnung, der Datenkommunikation, der Kulturindustrie etc. –, besagt eben auch, daß wir als Teil jener Systeme zugleich deren jeweilige Charakteristika mitbestimmen.[31]

---

28 C. Hubig [1993a], S. 59.

29 C. Hubig [1993a], S. 56f.

30 Vgl. C. Hubig [1993a], S. 44ff.

31 Hubigs latent technokratische Interpretation beruht auf einer mangelhaften Unterscheidung zwischen explizit technischen Aktivitäten und stärker reflektierenden Handlungsformen. Allein die Tatsache, über einen Begriff wie den des Paradigmas zu verfügen, verweist bereits auf die Möglichkeit, die Strukturbedingungen unserer Existenz als Handelnde in den Blick zu bekommen und kritisch zu hinterfragen. Bereits jede als Selbstverständnis explizit formulierte Selbstwahrnehmung impliziert jene Möglichkeit zur Distanzierung. Wenn wissenschaftlich-technische Systeme festlegen, »welche Handlungen als individuelle oder schematische Handlungen überhaupt noch möglich sind« und damit zugleich bestimmte Handlungsalternativen ausgrenzen (C. Hubig [1993a], S. 57), dann ist damit nichts darüber gesagt – wie der Paradigmenbegriff deutlich macht –, ob zu den Systemen selbst keine Alternativen denkbar sind. Bereits die für erfolgsorientiertes, technisches Handeln geforderte Anerkennung der dem konkreten Handeln vorausgehenden Strukturen, macht deutlich, daß Alternativen vorstellbar sind – zumindest in dem Sinne, daß die Möglichkeit besteht, sich den faktischen Strukturen zu verweigern. Vgl. dazu auch W. Lienemann [1978], S. 285f., der diesen Sachverhalt an dem strukurellen Dilemma der Bürgerinitiativen gegen Kernkraftwerke verdeutlicht, die sich in ihrer Kritik »zumindest partiell selbst zum Gegner« haben. »Das Signal ›Verzicht‹ ist erster Ausdruck der Tatsache, daß dieser Sachverhalt begriffen wird: man muß gegen sich selbst hart werden und Dinge und Wünsche negieren, um deren erhoffter Erfüllung willen man doch nicht zuletzt an die Legitimität der herrschenden Strukturen glaubt.«

Die Rede von den »instrumentellen Paradigmen« rückt in unmittelbare Nähe zu Rendtorffs Definition der beabsichtigten Folgen als gesellschaftlich akzeptiertem Konsens. Seine Maxime steht vor dem gleichen Dilemma wie das rigide Modell Angewandter Ethik. Sie fordert nur die Einhaltung des gesellschaftlichen *common sense* und verzichtet – indem sie ihn zum alleinigen Kriterium erhebt – explizit darauf, diesen ethisch zu befragen. Rendtorffs Ansatz verkennt die Eigenart moderner technologischer Systeme. Ethik selbst hat sich als Teil dieser Systeme zu begreifen und nicht als externe Größe.[32] Gegenstand von Ethik ist somit auch diese selbst. Ethische Reflexion in systemischen Kontexten heißt immer auch Selbstreflexion. Im Verzicht darauf degeneriert Ethik zu einer pragmatischen Strategie mit dem Ziel der Aufrechterhaltung der diesen Systemen inhärenten Paradigmen. Ethik wird zum Erfüllungsgehilfen technologischer Zielsysteme wider Willen – weil unerkannt.[33]

Ein weiteres Problem betrifft die auf die Spitze getriebene Irreversibilität technologischer Wirkungen. Der antidemokratische Kern der Jonasschen Ethik verdankt sich genau jener Einsicht. Auch C. Hubig votiert gegen eine sogenannte »Bürgerethik als einem Normensystem, das von allgemeinem und wechselndem Konsens getragen wird«, denn die damit unterstellte »Zumutbarkeit des Unterwerfens unter Mehrheitsbeschlüsse« gründet gerade darauf, »daß die unterliegende Minderheit prinzipiell davon ausgehen können muß, daß sie möglicherweise in Zukunft einmal eine Mehrheit zustande bringt, die den zugestandenen und akzeptierten Kompromiß rückgängig macht oder transformiert.«[34] Diese Bedingung wird durch die tiefgreifende Irreversibilität technologischer Wirkungen in Frage gestellt. Damit entpuppt sich das ethische Fundament des *common sense* als technologischer Opportunismus.

Die vorgestellten Modelle von Jonas und Rendtorff versuchen je auf ihre Weise, der Dynamik unserer technisierten Welt gerecht zu werden. Das Charakteristikum der Irreversibilität technologischer Wirkungen wird zum Prüfstein und zur Herausforderung von Technikethik. Irreversibilität gibt sich als Einschränkung von Handlungsfreiheit oder gar als Bedrohung allen Lebens zu erkennen. Aber nicht das Faktum der Unumkehrbarkeit selbst markiert das Problem, sondern die Vorstellung dessen, was als irreversibel gedacht wird.[35] Unumkehrbarkeit ist zunächst lediglich ein wesentliches

---

32 Vgl. H. E. Tödt [1979], S. 37: »Aus dem Zirkel, daß die von uns organisierte Lebenswelt rückwirkend auch unser Leben organisiert, können wir nicht heraus.« In diesem Sinne auch der Greenpeace-Slogan: »Nicht: ich stehe im Stau – sondern: ich bin der Stau.«

33 Grundsätzlich gilt, was J. Fischer [1994], S. 24, Anm. 6, im Hinblick auf marxistische Ethiken formuliert. »Wo die Eigenperspektive der Ethik durch eine Außenperspektive substituiert wird, da droht der Umschlag in den Zynismus.«

34 C. Hubig [1990], S. 7f.

35 Wenn von der Unumkehrbarkeit technischer Wirkungen die Rede ist, wird implizit unterstellt, es gäbe graduelle Unterschiede von Unumkehrbarkeit. Irreversibilität erscheint zunächst als Ausdruck menschlicher Aktivität schlechthin. Handeln und Herstellen sind allein wahrnehmbar als raum-zeitliche Veränderungen, die einen vorgängigen Zustand X in einen folgenden Zustand Y überführen, oder einen Zustand X gegen irgendwelche Einwirkungen als X erhalten. Irreversibilität benennt schlicht ein Charakteristikum historischer Existenz, die Einmaligkeit jedes geschichtlichen Ereignisses unter Bedingungen, die Kant in der transzendentalen Elementarlehre der *Kritik der reinen Vernunft* formuliert. (Zur Bedeutung der Bedingungen von Raum und Zeit für die Ethik vgl. im Anschluß an G. Picht H. E. Tödt [1984]). Zustände aufgrund ihrer Unumkehrbarkeit zu

Kennzeichen von Machbarkeit. Jonas und Rendtorffs Blick geht aber nicht auf das Phänomen Machbarkeit schlechthin, sondern auf das Vermögen, die Bedingungen der Möglichkeit von Machbarkeit selbst manipulieren zu können.[36] Das Damoklesschwert derjenigen denkbaren technologischen Wirkungen, die »das Überleben der Gattung Mensch« selbst in Frage stellen, hängt für Jonas an einem wesentlich dünneren Seil als für Rendtorff. Entsprechend fällt die Maxime des ersteren weit rigider aus als die des letzteren. Wie wir sahen, verweisen beide Versuche auf je eine gravierende Schwierigkeit. Jonas Maxime läuft – tendentiell – darauf hinaus, menschliche Aktivitäten auf einfache und basale Handlungen zu reduzieren, Rendtorffs Regel umgeht das Paradox, indem er einer antiquierten, am einzelnen Subjekt und singulären Handlungen orientierten Handlungsvorstellung verhaftet bleibt. In beiden Fällen verstellt der Blick auf die katastrophalen Folgen eines möglichen technologischen Supergaus denjenigen auf die Handlungswirklichkeit. Das Motiv der Bewahrung der Bedingungen der Möglichkeit menschlicher Handlungsfreiheit führt zu der paradoxen Konsequenz seiner Umkehrung.

Beide Versuche verweisen auf die konstitutive Bedeutung handlungstheoretischer Überlegungen nicht nur für die ethische Lösungsfindung, sondern bereits für ihre Problemstellungen. Zu diesem Defizit normativer Ethik hinsichtlich der internen Frage, was darunter zu verstehen ist, wenn vom Menschen als einem handelnden Wesen die Rede ist, tritt die externe Frage nach den Rahmenbedingungen von Handeln, also den

---

kritisieren, würde ein unhistorisches, unendlich statisches Weltverständnis voraussetzen. Handeln und Geschehen wären unter diesen Bedingungen völlig undenkbar (in diesem Sinne spricht G. Picht [1967], S. 324, von der »Irreversibililität der Zeit«). Auch die moralische Entscheidung selbst hat – wie H. E. Tödt [1984], S. 79 betont – als folgenschwere Entscheidung prinzipiell einen irreversiblen Charakter. Mit dem Hinweis auf Irreversibilität muß also ein anderer Zusammenhang gemeint sein.

Das Irreversibilitätskriterium in technikethischen Argumentationen problematisiert nicht Unumkehrbarkeit schlechthin, sondern den *Grad* gewollter, wahrscheinlicher, möglicher oder riskierter Veränderungen. Der mit einem Hammer in die Wand geschlagene Nagel trifft schlimmstenfalls eine Stromleitung oder hinterläßt bei seinem Entfernen ein Loch. Die Folgen bei der Havarie eines Kernreaktors oder eines Chemieunglücks sind – wie Tschernobyl und Bopal zeigen – ungleich gravierender. Die Plastizität der Beispiele verschleiert jedoch eher das Problem. Wieviele Autos dürfen über die Straßen rollen, ohne daß damit unrevidierbare ökologische Folgen verbunden wären? Wieviele Bäume dürfen gefällt werden, ohne daß dies klimatische Veränderungen zur Folge hätte? Und wieviele Fragen dieser Art werden auf die Menschheit in Zukunft zukommen, von denen wir heute nicht einmal eine Ahnung haben? Das Problem, das sich an dieser Stelle herausdestilliert, könnte im Anschluß an einen Aufsatztitel von C. Mitcham als »problem of incontinence« bezeichnet werden. Nicht daß die Folgen technologischen Handelns irreversibel sind, gibt Anlaß zur Beunruhigung, sondern die prinzipielle Unüberschaubarkeit systemtechnologischer Folgen, also die Ungewißheit darüber, welche irreversiblen Folgen wir heute produzieren, von denen wir erst morgen erfahren, daß wir uns jene bereits gestern eingehandelt haben.

36 Vgl. R. Spaemann [1979], S. 191: »Angesichts der ökologischen Probleme der Gegenwart, insbesondere der Frage der Nutzung der Kernenergie, sind wir dabei auf elementare Überlegungen angewiesen, denn die ökologische Situation stellt uns vor moralische Fragen, die ohne Beispiel sind. Die ›Natur‹ im Ganzen war von der Antike bis zur Gegenwart nicht Gegenstand menschlichen Handelns, sondern Voraussetzung desselben.«

Kontexten, die eine Handlungssituation – und damit den Gegenstandsbereich von Ethik – wesentlich mitbestimmen.[37]

2 Die Falten des Vorhanges

2.1 Heinz Eduard Tödt

Der »Versuch einer ethischen Theorie sittlicher Urteilsfindung«[38] von H. E. Tödt bildet in unserem Zusammenhang in zweierlei Hinsicht einen Kulminationspunkt ethischer Theoriebildung. Er wird hier an dritter Stelle erwähnt, weil sich dieser Ansatz – im Gegensatz zu den beiden vorher genannten – ausdrücklich handlungstheoretischen Überlegungen verpflichtet weiß. Dieses Spezifikum erklärt sich aus dem Kontext seiner Entstehung. Tödts Modell ist – ohne, daß diese Begrifflichkeit fällt – zugleich Produkt und Vollzug »Angewandter Ethik«.[39] In seiner ersten Fassung gibt der Autor Auskunft über Motiv und Entstehung seines Urteilsschemas. Dabei unterscheidet er zwischen einer *analytischen* Funktion, etwa bei der Analyse von biblischen Weisungen oder Fall-Berichten aus der Beratungspraxis, und einer *orientierenden*, beispielsweise der methodischen Erarbeitung konkreter ethischer Probleme bei der Examensvorbereitung von Studenten oder der Entwurf von Gutachten in entsprechenden Gremien.[40] Den Anlaß für die Entfaltung seines Schemas in einer weiteren Veröffentlichung bildete der »Gemeinsame Brief der katholischen und evangelischen Bischöfe in Baden-Württemberg an die Gemeinden zu Fragen der Kernenergie« vom 15. Februar 1977.[41]

---

37 Im Rahmen dieser Arbeit soll lediglich der zweiten Frage nachgegangen werden. Ein Blick in die Literatur rechtfertigt diese Entscheidung. Handlungstheoretische Fragen gerade auch in ethischer Hinsicht sind in einer Fülle von Abhandlungen diskutiert worden. Zur angelsächsischen Diskussion vgl. etwa G. E. M. Anscombe [1986]; D. Davidson [1985]; G. H. v. Wright [1974]; J. Fischer [1983]; ders. [1989b]; W. Vossenkuhl [1991] sowie die von G. Meggle beziehungsweise A. Beckermann 1977 und von U. Pothast 1978 herausgegebenen Sammelbände. Zur deutschsprachigen Diskussion vgl. R. Bubner [1982]; C. Hubig [1985]; G. Kohler [1988]; M. Kuch [1991] mit Literaturangaben; die Sammelbände von H. Lenk [1977ff.], Hg.; C. Hubig [1982], Hg.; H. Poser [1982], Hg.; G. Prauss [1986], Hg. sowie Heft 9/1976 der *Neuen Hefte für Philosophie*.

38 So der Titel der dritten Fassung (1987) des Autors zum Thema (vgl. H. E. Tödt [1977]; ders. [1979]; ders. [1984]).

39 Vgl. H. E. Tödt [1987], S. 22. Gegenüber einer Verkürzung von Ethik auf reine Normentheorie formuliert Tödt als Motiv seiner Überlegungen: »Ich will mich vielmehr auf sittliches Urteilen beschränken, und zwar auf solches, das durch anfallende konkrete Probleme herausgefordert wird und in handlungssteuernde Entscheidungen mündet.«
Das gesamte Schaffen H. E. Tödts ist gekennzeichnet durch eine außergewöhnlich starke gesellschaftlich und interdisziplinär ausgerichtete Praxiorientierung. Charakteristisch für sein Engagement ist die langjährige Mitarbeit bei der »Forschungsstätte der Evangelischen Studiengemeinschaft« (FEST), die sich zur Aufgabe gesetzt hat, »wissenschaftliche Arbeiten anzuregen und zu fördern, die dazu bestimmt sind, die Grundlagen der Wissenschaft in der Begegnung mit dem Evangelium zu klären, der Kirche bei ihrer Auseinandersetzung mit der Welt zu helfen und den in den Evangelischen Akademien auftauchenden Fragen in ihrem wissenschaftlichen Zusammenhang nachzugehen« (zit. nach W. Lienemann [1979]). Zur Bedeutung H. E. Tödts für die theologische Ethik vgl. W. Huber [1992b].

40 H. E. Tödt [1977], S. 82.

41 H. E. Tödt [1979], S. 31.

In diesem Aufsatz begegnen die beiden oben genannten – hier als deskriptive und präskriptive bezeichneten[42] – Funktionen wieder: die Analyse des Briefes und die methodische Erarbeitung des ethischen Problems des Ausbaus der Kernenergie.[43] Der dritte Text, ursprünglich vorgetragen auf der Jahrestagung der Societas Ethica 1979, hat wesentlich systematischen Charakter und speist sich unter anderem aus der Auseinandersetzung mit einem alternativen Entwurf von E. Herms.[44]

H. E. Tödts Bemühungen gelten der ethischen Orientierung in einer als ambivalent wahrgenommenen Wirklichkeit aus einer spezifisch theologisch-ethischen Perspektive. Orientierung meint die Prozesse sittlichen Urteilens, mit Hilfe derer wir uns aktiv zu uns selbst und gegenüber unserer Umwelt verhalten. »*Ethische* Reflexion« – als ethische Theorie sittlichen Urteilens – bezeichnet für Tödt »das methodisch geordnete Nachdenken« über »*sittliche* Urteile [...], mit denen wir unser *eigenes* Verhalten zu klären und zu steuern versuchen.«[45] Wie ist eine solche Orientierung möglich? Die Tradition der evangelischen Situationsethik einerseits, wie sie besonders im Anschluß an Kierkegaard beispielhaft von R. Bultmann vertreten wurde,[46] redet einem willkürlichen Dezisionismus das Wort. Die Antwort der (katholischen) Kasuistik andererseits besteht in der Annahme eigenständiger, situations- und zeitüberdauernder Normen. Ein solches Normenverständnis wirft für Tödt mindestens drei schwerwiegende Probleme auf, die wir bereits aus der Diskussion um das Subsumtionsmodell Angewandter Ethik kennen: Erstens sind Normen ebensowenig eindeutig wie Sachverhalte.[47] Zweitens – und dieser Vorwurf trifft vor allem theologische Ethiken – seien diese häufig zu unkonkret, so daß bei Entscheidungen letztlich andere Kriterien Anwendung finden und Ethik nur noch die Aufgabe einer nachträglichen Legitimation zufällt. Diese Rechtfer-

---

42 H. E. Tödt [1979], S. 32.

43 Die Kernenergiediskussion der 70er und 80er Jahre hat neben der Debatte um die atomare Bewaffnung in den 50er Jahren (vgl. dazu etwa G. Altner [1987], S. 9 – 57 sowie J. Hübner [1987], Abschnitt B) für den Bereich »Angewandte Ethik« paradigmatischen Charakter. Lange bevor dieser Begriff in die Wissenschaftssprache einging und disziplinprägend wurde, war das darunter subsumierte Motiv prägend für das Selbstverständnis der evangelischen Sozialethik und interdisziplinär arbeitender Institutionen, wie in beispielhafter Weise die FEST. Vgl. dazu neben den genannten Aufsätzen von H. E. Tödt etwa G. Howe [1970]; ders. [1971]; G. Altner [1977]; W. Lienemann u. a. [1978]; W. Lienemann [1978a]; ders. [1979]; A. Roßnagel [1979]; C. Eisenbart/G. Picht [1978], Hg.; W. Korff [1979]; T. Rendtorff [1981], S. 68ff. 131ff. sowie die dort angegebene Literatur; J. Hübner [1987], Abschnitt B und die dort genannte Literatur; E. Stock [1989].

44 Vgl. E. Herms [1991], bes. den Hinweis auf S. 44, Anm. 1.

45 H. E. Tödt [1987], S. 22; ders. [1984], S. 50f. Vgl. auch die bescheidene Formulierung in ders. [1983], S. 153: Christliche Ethik begründet »nicht die Evidenz bestimmter Werte und Normen, die in unserer Zeit gelten. Sie verhilft vielmehr zu begründeter Orientierung gegenüber den Ambivalenzen, die uns in unserer Lebenswelt und ihren Werten begegnen.«

46 Vgl. R. Bultmann [1933], S. 239.

47 Vgl. H. E. Tödt [1983], S. 143: »Aber die erhabensten Werte – wie Menschenwürde, wie Freiheit, Gerechtigkeit und Solidarität – erweisen sich, konkret genommen, ihrerseits als ambivalent. Radikale Verwirklichung von Freiheiten zum Beispiel negiert unentbehrliche Gleichheitsrechte. Und extreme Durchsetzung sozialer Grundrechte geht zu Lasten der Persönlichkeitsentfaltung. In abstracto mag der Kern aller dieser Rechte evident erscheinen, im Spannungsgefüge des Lebens aber muß ein jedes auf die anderen abgestimmt werden, soll es nicht ambivalent wirken.« Vgl. ders. [1977], S. 91.

tigungsfunktion trage zudem wesentlich dazu bei, die hinter gefällten Entscheidungen stehenden Interessen und Abhängigkeiten zu verschleiern.[48] Drittens führe der ambivalente Charakter von Normen besonders im Rahmen christlicher Ethik zu der politischen Konsequenz eines ethischen Relativismus. Vor dem Hintergrund eines Dualismus von Glaube und Vernunft werden ethische Probleme zu »Ermessensfragen«.[49]

Für Tödt stellt sich damit eine Ausgangslage, die vergleichbar ist mit derjenigen Position, die wir als »hermeneutische« gekennzeichnet haben.[50] Für eine Perspektive, die ein »an sich« sowohl für Sachverhalte als auch für Normen und Werte bestreitet, bietet ein – wie immer geartetes – Subsumtionsmodell keine Lösung. Nicht *Normen* bilden den Bezugspunkt ethischer Urteilsbildung, sondern der *Umgang* mit denselben.[51] Analyse und Orientierung, Deskription und Präskription präsentieren sich somit als komplementäre Größen. Tödt bewegt sich hier, ohne dies explizit zu machen, auf den Spuren der Aristotelischen Aporetik.[52] Damit rehabilitiert er einen Zug von Ethik, der ursprünglich Kennzeichen dieser Disziplin war: ihre normativ-kritische, aufklärerische Funktion.[53] G. Bien stellt das Verhältnis von ethischer Reflexion und Praxis schematisch als »P_1 - Th - P_2« dar, wobei »P_1 die vorphilosophische, vorausgesetzte Praxis und ihr Ethos bezeichnet, P_2 die durch Philosophie ›verbesserte‹, weil aufgeklärte Praxis [...]. Th ist die in der Schule realisierte Theorie als ›praktische Philosophie‹.« Dieses Verständnis von Theorie/ethischer Reflexion und Praxis impliziert einen Zirkel:

---

48 H. E. Tödt [1979], S. 32; vgl. ders. [1977], S. 89f.

49 Vgl. H. E. Tödt [1979], S. 33: Damit wird »bestritten, daß zwischen vernunftbegründeter und christlich ethischer Urteilsbildung überhaupt ein Zusammenhang möglich sei. Der aus der Jurisprudenz unscharf übernommene Ermessensbegriff verknüpft sich unklar mit dem alten ethischen Begriff der *adiaphora*. Indem man strittige Fragen als Ermessensfragen qualifiziert, schafft man sich die Nötigung vom Hals, sie ›aus Glauben‹ verbindlich zu beantworten.«

50 Eine interessante Fragestellung in diesem Zusammenhang – die aber einer eigenständigen Arbeit bedürfte – bestünde in einem Vergleich zwischen dem Tödtschen Modell der Urteilsfindung und der – besonders im ersten Teil von *Sein und Zeit* entwickelten – »Hermeneutik der Faktizität« beziehungsweise »Hermeneutik des Daseins« Heideggers (vgl. etwa die Analogien zwischen der Tödtschen Explikation seiner Sachmomente und den Bemerkungen zum Heideggerschen Verstehensbegriff bei H.-G. Gadamer [1959], S. 59ff.).

51 Vgl. H. E. Tödt [1977], S. 82. Gegen eine kasuistische Moraltheologie gewandt, fragt Tödt, »welche Rolle der Umgang mit Normen in dem *konkreten Prozeß der ethischen Urteilsbildung* spielt.« Diese Perspektivenverschiebung erinnert an den »linguistic turn« in den *Philosophischen Untersuchungen* L. Wittgensteins. Vgl. etwa den berühmten § 432: »Jedes Zeichen scheint *allein* tot. *Was* gibt ihm Leben? Im Gebrauch *lebt* es.«

52 Vgl. H. E. Tödt [1983], S. 143f.: »Theologische Ethik sollte nicht Bibel und Tradition benutzen, um aus ihnen Werte und Normen zu begründen. Viel dringlicher ist es, die rechten *Perspektiven* [im Erstabdruck kursiv] für den Umgang mit den Werten unserer Lebenswelt zu finden. Urteile theologischer Ethik müssen daher freilich mit der Durchsicht der Phänomene und der Kritik der Werte beginnen, um dann zu der Frage vorzudringen, welche Perspektiven helfen, uns ihnen gegenüber sinnvoll zu orientieren.« Daß Tödt die Parallelen seines Urteilsschemas zur aristotelischen Ethik übersieht, kritisiert O. Höffe [1979], S. 397.

53 Mit Verweis auf EN I 3, 1095 b 12 – 22; X 6, 1176 b 9ff., resümiert O. Höffe [1979], S. 53: »Ähnlich wie schon die Klugheit übt die Ethik eine normativ-kritische Funktion aus. Im Unterschied zur Klugheit betrifft diese aber nicht konkrete Mittel und Wege des Handelns. Sie übt vielmehr jene wissenschaftliche Kritik aus, die nicht über das konkrete Handeln, sondern über dessen Elemente und Prinzipien belehrt. Die Erkenntnis der Prinzipien aber erlaubt es, sich von den gängigen Vorstellungen sittlicher Praxis bewußt und systematisch zu distanzieren [...].«

»Ethische Theorie setzt ethische Praxis voraus, von ihr geht sie aus; sie spricht über sie und aus ihr heraus [...]. Zugleich hat sie sie zum Ziel.«[54] Diesem zirkulären Verhältnis von ethischer Theorie und Praxis korrespondiert jener fundamentalere Zirkel, »daß die von uns organisierte Lebenswelt rückwirkend auch unser Leben organisiert.«[55] Diese Aussage ist sowohl soziologisch und erkenntnistheoretisch als auch kulturphilosophisch zu lesen. Im ersten Sinne spielt sie an auf die systemischen Verknüpfungen moderner Technologien zu einer – in der klassischen Terminologie A. Gehlens – triadischen »Superstruktur« aus Wissenschaft, Technik und Wirtschaft.[56] Die erkenntnistheoretische Lesart verweist auf eine Vernunft in der neomodernen Welt, die nicht »selbstgenügsam« ist, sondern »angesichts der ihr innewohnenden Ambivalenzen immer Rückhalt sucht – an Bedürfnissen, an Interessen, an weltanschaulichen Sinnentwürfen, an szientistischer Selbstvergewisserung oder auch an einem Glauben«.[57] Aus einer kulturphilosophischen Perspektive reflektiert die Tödtsche These den Gedanken W. Benjamins aus dessen berühmtem Kunstwerkaufsatz über das dialektische Verhältnis von Wahrnehmungsweise und Wahrnehmungsobjekt.[58]

Dem postmetaphysischen Denken[59] fehlt ein archimedischer Punkt, der es erlauben würde, die Wirklichkeit als objektive in den Blick zu bekommen. Es mangelt zugleich an einem Subjekt, das »aus sich« und »für sich selbst« Wirklichkeit wahrnehmen und erfahren könnte.[60] Distanzierung wird allein möglich in der Erkenntnis der Verwoben-

---

54 G. Bien [1968], S. 299.

55 H. E. Tödt [1979], S. 37; vgl. ders. [1984], S. 55.

56 H. E. Tödt [1979], S. 37 und [1983], S. 144ff., greift in seiner Charakterisierung der modernen technologischen Welt auf Vorstellungen und Formulierungen zurück, die an A. Gehlens Erwägungen über *Die Seele im technischen Zeitalter* erinnern. Zugleich ist er bis in die Terminolgie hinein der Habermasschen Reflexion über die moderne Technik verpflichtet, wie dieser sie etwa in seiner Kritik an dem Marcuseschen Technikoptimismus formuliert hat (vgl. J. Habermas [1969], S. 48 – 103).

57 H. E. Tödt [1979], S. 33.

58 Vgl. W. Benjamin, Ges. Schr. I.2, S. 478: »*Innerhalb großer geschichtlicher Zeiträume verändert sich mit der gesamten Daseinsweise der menschlichen Kollektiva auch die Art und Weise ihrer Sinneswahrnehmung.* Die Art und Weise, in der die menschliche Sinneswahrnehmung sich organisiert – das Medium, in dem sie erfolgt – ist nicht nur natürlich sondern geschichtlich bedingt.«

59 Vgl. H. E. Tödt [1987], S. 27.

60 Die Absage an eine metaphysisch oder positivistisch aufgeladene Objektivität negiert notwendigerweise auch die Annahme eines cartesianischen Subjektes. Oder mit den Worten von J. Habermas [1971], S. 16: Die Erkenntnisinteressen »ergeben sich vielmehr aus Imperativen der an Arbeit und Sprache gebundenen soziokulturellen Lebensform. Daher sind technisches und praktisches Erkenntnisinteresse nicht Steuerungen der Kognition, die um der Objektivität der Erkenntnis willen ausgeschaltet werden müßten; sie selbst vielmehr bestimmen den Aspekt, unter dem die Wirklichkeit objektiviert, und damit der Erfahrung allererst zugänglich gemacht werden kann. Sie sind die für sprach- und handlungsfähige Subjekte notwendigen Bedingungen der Möglichkeit von Erfahrung, die auf Objektivität Anspruch erheben kann. Der Ausdruck ›Interesse‹ soll freilich die Einheit des Lebenszusammenhanges anzeigen, in den Kognition eingebettet ist: wahrheitsfähige Äußerungen beziehen sich auf eine Realität, die in zwei verschiedenen Handlungs-Erfahrungskontexten als Wirklichkeit objektiviert, d. h. *zugleich* freigelegt und konstruiert wird; das zugrundeliegende ›Interesse‹ stiftet die Einheit zwischen diesem Konstitutionszusammenhang, an den Erkenntnis zurückgebunden ist, mit der Struktur der möglichen Verwendungen, die die Erkenntnisse finden können.«

heit von Erkennendem und Erkanntem. Entsprechend gilt für das Urteilen: Es geht darin »nicht nur um kognitive Akte, sondern auch um Akte der Willensbestimmung und der Selbstdefinition.«[61] Einer analogen Struktur begegneten wir bereits im Rahmen unserer sprechakttheoretischen Überlegungen zum Krisenbegriff. Eine einfache sprachliche Äußerung setzt sich zusammen aus propositionalem Gehalt und illokutionärer Rolle. Wie nun im Übergang von einem Satz – im Sinne eines propositionalen Gehaltes – zu einer Äußerung – als Verbindung von jenem mit dem Hinweis auf die Absichten des Sprechers, ihn zu äußern – ein semantischer Gegenstand zu einer Handlung wird, wandelt sich im Urteil der theoretische Akt der Kognition durch die Verbindung mit einer Willensbestimmung zum praktischen Akt einer komplexen identitätsstiftenden Handlung.[62] Eben das im Urteil zum Ausdruck Gebrachte berechtigt uns, vom Menschen als Subjekt zu sprechen. An die Stelle des solipsistischen, introspektiven cartesianischen *cogito* tritt der intersubjektive Akt der identitätsstiftenden Handlung. Daher rücken bei Tödt die sittlichen Urteile selbst – und nicht nur der Bereich, auf den diese referieren – »als Handlungen« ins Blickfeld.

Um das Tödtsche Urteilsschema angemessen zu begreifen, ist es notwendig, sich im folgenden diese Prämissen seiner Ethik zu vergegenwärtigen. Sie zeigen eine große Übereinstimmung mit den Annahmen, die unserer Kritik an »Angewandter Ethik« zugrunde lagen. In diesem Sinne könnte das Tödtsche Modell einen alternativen Ethikentwurf begründen, der den Kriterien genügt, die sich als Konsequenzen aus unserer kritischen Position ergaben.

Tödts Urteilsschema[63] beginnt mit der »Wahrnehmung, Annahme und Bestimmung eines Problems als eines sittlichen«.[64] Als »Herausforderung«,[65] die »Betroffenheit« auslöst,[66] bildet die Wahrnehmung eines Problems den Anlaß dafür, den Prozeß der Urteilsbildung in Gang zu setzen. Bereits dieses »erste Sachmoment« ist ein hochkomplexes. Die Betonung des Wahrnehmungsaspektes zielt auf das Wirklichkeitsverständnis des beziehungsweise der Urteilenden, der/die die angesprochene Situation als »Pro-

---

61 H. E. Tödt [1987], S. 22. »Diese Urteile sind also *integrierte kognitive und voluntative Akte*, und gerade das letztere Moment herauszuarbeiten ist von großer Bedeutung.« Gegen eine systemtheoretische Verkürzung von Moral (vgl. N. Luhmann [1978]) bezieht Tödt eine erkenntnistheoretische Position, wie sie J. Habermas in seiner Frankfurter Antrittsvorlesung »Erkenntnis und Interesse« (in: Ders. [1969], S. 146 – 168) aus dem Jahr 1965 formuliert hat.

62 H. E. Tödt [1987], S. 21. Vgl. S. 28: »Im Handeln wie im Erleiden steht jeweils die Bestimmtheit des Selbstseins, die Identität, auf dem Spiel. Es geht jedem Menschen darum, ein Selbst zu sein, Identität zu gewinnen. Im Verhaltensakt des sittlichen Urteils macht es gerade das Sittliche aus, daß die Vielheit der Beziehungen im Verhältnis zu dem, was den Menschen ›unbedingt angeht‹ und ihm selbst als das Wichtigste erscheint, zusammengebracht wird.« Zum Tillichschen Begriff des »Unbedingten« vgl. etwa P. Tillich, *Gesammelte Werke* VI, S. 9, Anm. 1 sowie W. Schüßler [1986], Ses. 58ff. Vgl. auch H. E. Tödt [1984], S. 57. Zum Begriff der Identität als ethischer Kategorie vgl. D. Lange [1993], S. 228ff. und G. W. Hunold [1992].

63 Die folgende zusammenfassende Darstellung bezieht sich auf den letzten Stand der Ausarbeitung des Schemas.

64 H. E. Tödt [1987], S. 30.

65 Ebd.

66 H. E. Tödt [1984], S. 56.

blem für sich/uns« erkennt beziehungsweise erkennen. Die Beantwortung der Frage, »inwiefern ein Problem ein mich bzw. uns angehendes, sittliches Problem ist« verweist ihrerseits darauf, »nach welchen *Prinzipien* ein anfallendes Problem als ein sittliches identifiziert wird.«[67] Kennzeichnend für sittliche Probleme ist die Bereitschaft des Wahrnehmenden zum »Selbsteinsatz«. Das »Sich-verhalten-zu« hat zugleich immer einen selbstreflexiven Charakter.

In unserem Zusammenhang von Bedeutung ist der Ausdruck »Problem *für mich*«.[68] Die Wirklichkeit konfrontiert uns mit unendlich vielen Problemen. Darüber hinaus sind Problemwahrnehmungen zuerst unbestimmt und von höchst komplexer Natur. Notwendig wird also bereits an dieser Stelle ein zweifacher Akt von Komplexitätsreduktion. Erstens sind wir »in der Begrenztheit unserer Lebensbedingungen und Gaben zur Selektion genötigt.« Diese wird »durch das Wirklichkeitsverständnis des Urteilenden und seine Intentionen gesteuert.«[69] Zweitens gilt: Nur wenn ich die sittlichen Problemen eigentümliche »Komplexität begründet zu reduzieren und das Problem in seiner charakteristischen Eigenheit zu bestimmen vermag, kann der Vorgang der sittlichen Urteilsbildung als methodisch geordneter Prozeß in Gang kommen.«[70] Entscheidend ist nun, daß die anfallenden Selektionsprozesse, die im Alltag in aller Regel intuitiv ablaufen, selbst bereits sittliche Urteile implizieren.

Im zweiten Schritt, der »Situationsanalyse« geht es um die Rekonstruktion der Verwurzelung eines selektierten Problems in seinem Kontext. Ihr Ziel besteht in der Subsumtion der singulären, konkreten Situation unter ein generalisierendes Situationsschema.[71] Die Situationsanalyse folgt der Frage, »wie das Erfassen und Lösen des betreffenden Problems durch diesen Kontext *bedingt* ist.«[72] Eine Situation »entsteht durch Ausgrenzung aus der komplexen Umwelt für den einzelnen oder für mehrere oder viele interagierende Subjekte als ›meine‹, als ›unsere‹ Lage.«[73] Als Selektionskriterium fungiert »die Verflochtenheit der Betroffenen in die Situation.«[74] Die Situation bezeichnet den Ort, an dem der Betroffene auf »sein« Problem trifft. Situation und Problem sind das Produkt zweier komplementärer Selektions- oder Interpretationsprozeduren. »Die Analyse des Problems in seiner Situation verweist auf die Frage, in welcher Hinsicht die gegebene Situation sittlich problematisch ist.«[75] Problem- und Situationsanalyse sind zwei sich wechselseitig bedingende Prozesse. Daß die Situation dem

---

67 H. E. Tödt [1987], S. 31.

68 Zum folgenden H. E. Tödt [1984], S. 56f.

69 H. E. Tödt [1987], S. 31.

70 H. E. Tödt [1984], S. 57.

71 H. E. Tödt [1987], S. 33: »In wiederkehrenden Situationen sind Situationsschemata leichter zu erkennen als in neuartigen. Soll ein Situationsschema für die sittliche Urteilsfindung geeignet sein, so muß es soweit generalisiert werden, daß es jeden, der in eben diese Situation gerät, vor das gleiche Problem stellt, wobei freilich die Beantwortung, die Lösung des Problems durch individuelle Lebenseigenarten mitbedingt sein wird.«

72 H. E. Tödt [1977], S. 83; ders. [1979], S. 48.

73 Ebd.

74 H. E. Tödt [1984], S. 59.

75 H. E. Tödt [1987], S. 33.

Wahrnehmenden als eine zur Verantwortung herausfordernde erscheint, betont die sittliche Relevanz der Situationsanalyse selbst.

Der dritte Schritt, die »Beurteilung von Verhaltensoptionen«, reagiert auf die Frage: »Was ist zu tun?«,[76] das heißt welche Verhaltensoptionen erscheinen als Antwort auf ein Problem geeignet und (vorläufig) sittlich geboten.[77] Die Kasuistik bemüht sich an dieser Stelle um eine Vermittlung der konkreten Problemsituation mit einer Norm. Tödt hält diese Vorgehensweise für unrealistisch. Anstelle der kasuistischen Sequenz Problem – Norm – Verhalten votiert er für das erweiterte Schema: Problem/Situation – Verhaltensoptionen – Norm – Verhalten.[78] Die Reflexion von alternativen Verhaltensweisen darf nicht technizistisch mißverstanden werden. »Sektorale Problemlösungsvorschläge werden [...] fraglich hinsichtlich ihrer Bedeutung für eine humane Zukunft.« Daher geht es darum, pragmatische Lösungsstrategien »sektoral zu entschränken«.[79] Auf dieser Ebene stellt sich somit zugleich die Aufgabe einer Vermittlung von Zielen und Mitteln unter sittlichen Gesichtspunkten. Verhaltensoptionen sind Entwürfe, mit denen ein Betroffener zu einem Problem Stellung bezieht und zugleich immer auch ein Stück seines Lebens entwirft, »weil er als Person von seinem Handeln und Verhalten nicht abzulösen ist.«[80]

Erst im vierten Schritt, der »Prüfung von Normen, Gütern und Perspektiven«, wendet sich Tödt dem klassischen Gegenstand von Ethik, den Normen, zu. Dabei favorisiert er ein funktionalistisches Normenverständnis, um deren spezifische Verknüpfungsleistung zu verdeutlichen.[81] Die integrative Potenz wirkt in zwei Richtungen. Einerseits ist eine Norm dasjenige, »wodurch man im Urteil ein(e) Situation(sschema) mit einer Handlung (Verhaltensweise) verknüpft.«[82] Im sittlichen Urteil wird andererseits jede »sektorale Norm integriert in eine umfassendere, welche sich am Begriff des Humanen als freier Verwirklichung der Menschlichkeit des Menschen orientiert – worin ein Maßgeblich-Letztes als definitiver Sinnbezug für menschliches Verhalten ausgesprochen wird.«[83]

Im Prozeß sittlicher Urteilsfindung spielen Normen eine wesentlich vermitteltere Rolle als in kasuistischen Subsumtionsmodellen. Da die verschiedenen vorausgegangenen Selektionsszenarien immer schon Wertbezüge, also – zumindest implizit – Werturteile

---

76 H. E. Tödt [1977], S. 83; ders. [1979], S. 48.

77 H. E. Tödt [1984], S. 62.

78 Ebd.: »Vielmehr gehe ich davon aus, daß der heutige Mensch auf die Wahrnehmung eines Problems in der Regel mit der Erwägung antwortet, welche Verhaltensweisen ihm gegenüber angemessen sind. Die Normenabwägung erfolgt erst anschließend, also nicht abstrakt, sondern im Blick auf vorgestellte Verhaltensoptionen.«

79 H. E. Tödt [1987], S. 34.

80 H. E. Tödt [1984], S. 63.

81 H. E. Tödt [1987], S. 38. Es geht hier »nicht um die allgemeine Geltung von Normen, sondern um die Geltung der beteiligten spezifischen Verhaltensnormen angesichts des spezifischen Problems einer bestimmten Situation.«

82 H. E. Tödt [1977], S. 83; ders. [1979], 48.

83 H. E. Tödt [1987], S. 38f.

enthalten, bringt die Normenprüfung »zunächst nichts Neues hinzu, sondern betreibt die Klärung eines Sachmoments, das bei allen Stadien des Urteilsverlaufs immer schon mitgespielt hat. Neu ist bei diesem vierten Sachmoment nur, daß nun die Frage nach dem sittlichen Geltungsanspruch der immer schon mitspielenden Normen so kritisch gestellt wird, daß sie (im Urteilsentscheid) zu einer Antwort gebracht werden kann.«[84] Gegen die Verengung einer Theorie sittlicher Urteile auf den Norm-Begriff sprechen zwei weitere Gründe. Auf der einen Seite werden Urteile über den Normenbezug hinaus sowohl mit »Blick auf *Güter*« gefällt, als auch hinsichtlich der Frage, »in welcher *Perspektive* auf die Wirklichkeit sie gewonnen werden«.[85] Auf der anderen Seite werden im Urteilsprozeß – im Sinne eines oben beschriebenen produktiven Verfahrens – häufig neue Normen generiert. Gegen ein simples Subsumtionsmodell spricht die alltägliche Erfahrung, daß Normen, denen Menschen im Regelfall in entsprechenden Situationen folgen, nicht selten zueinander in Spannung geraten oder gar miteinander konfligieren, »so daß es bestimmter Meta-Kriterien bedarf, um das zwischen ihnen Strittige zu entdecken und ihnen die Chance einer weiterreichenden Zustimmung und Befolgung zu sichern.«[86] Normen, Güter und Perspektiven stehen in einem hierarchischen Verhältnis zueinander. »Normen und Güter haben, um mit Dietrich Bonhoeffer zu reden, ihr Gewicht im Vorletzten, doch dieses muß im Blick auf das Letzte wahrgenommen werden, also in eschatologischer Perspektive.«[87] Die Perspektive fungiert an dieser Stelle als Metakriterium, das den Umgang mit Normen und Gütern bestimmt.[88]

Der fünfte Schritt, die »Prüfung der sittlich-kommunikativen Verbindlichkeit von Verhaltensoptionen« taucht in den älteren Versionen noch nicht auf. Er stellt in gewisser Weise den Tribut an ein Denken dar, das an die Stelle einer metaphysisch begründeten Einheit der Vernunft deren Geschichtlichkeit gesetzt hat. Ethik sieht sich vor diesem Hintergrund mit dem gravierenden Problem der drohenden Partikularität von Normen konfrontiert. Die Vorstellung bloß subjektiv gültiger, singulärer sittlicher Urteile bildet für Tödt eine *contradictio in adjecto*. Jedes sittliche Urteil enthält implizit die Forderung: »Jeder Mensch sollte in dieser Situation und unter gleichen lebensgeschichtlichen Voraussetzungen sich so verhalten, wie es der in Aussicht genommene Urteilsentscheid gebietet; denn etwas, was uns unbedingt angeht, ist nicht dem Belieben des In-

---

84 H. E. Tödt [1987], S. 38.

85 Ebd. Die Erweiterung des Blickes auf die Güter ist neu und verdankt sich einer diesbezüglichen Anregung von W. Huber und W. Lienemann (vgl. W. Lienemann [1978], S. 267f.).

86 H. E. Tödt [1987], S. 37.

87 H. E. Tödt [1984], S. 71.

88 Vgl. H. E. Tödt [1984], S. 68: »Wie wir mit sozialen Normen und mit Gütern umgehen, ist also immer bedingt durch unser Personsein und die mit ihm verbundenen Sehweisen, Ansichten von der Welt. Es geht hier um die Perspektiven, in denen wir erfahren, erleiden, handeln möchten und dabei immer urteilen. Von dort her bestimmt sich die Grundrichtung unseres Willens (Intentionen). Von dorther bestimmen sich unsere Affekte, Gestimmtheiten und Motivationen. Für diese Dimension soll als Kürzel das Wort Perspektiven stehen, obwohl dieser Terminus nur die kognitive Seite hervorhebt, die voluntative und affektive (emotive) hingegen nicht direkt zum Ausdruck bringt.«

dividuums anheimgestellt, sondern realisiert den Bezug auf ein Maßgeblich-Letztes, welches zugleich die Einheit der Menschen in ihrer Menschlichkeit gewährleistet.«[89]

Das sechste Sachmoment, der »Urteilsentscheid«, gliedert sich in den älteren Versionen in zwei Schritte, den »Urteilsentscheid« und die »rückblickende Äquivalenzkontrolle«. Als Fazit präsentiert dieser Aspekt das Urteil beziehungsweise den Urteilsentscheid und bildet damit den Kulminationspunkt im Prozeß sittlicher Urteilsfindung. »Aus dem Erkennen des *situativen Sachverhalts*, der möglichen *Verhaltensalternativen*, der einschlägigen *Normen* ergibt sich – im Blick auf das anstehende *Problem* – als ein synthetischer Akt das Urteil(sergebnis).«[90]

Der Urteilsentscheid ist ein »konstruktive(r) Verhaltensentwurf, der in kreativer Synthese die Sachmomente zusammenbringt.« Er ist das »Fazit«, in dem »eine (urteilende) kognitive *Einsicht* und ein (willentlicher) verhaltensbestimmter *Entschluß* zusammenkommen.«[91] Der Urteilsentscheid ist also weder das Produkt einer rein logischen Verknüpfung noch ein Akt dezisionistischer Willkür. Unsere Lebenswirklichkeit erschließt sich uns weder durchgängig rational noch bleibt sie jeder Einsicht verschlossen. Auch als »kreativer Akt« bleibt das Urteil dem »Kompatibilitätsprinzip« verpflichtet: Der Urteilende »kann ein Verhalten nur als sittlich sich zu eigen machen, wenn es mit dem im Urteilsakt Erkannten vereinbar ist – auch wenn der Entschluß zu diesem Verhalten nicht nur als logische Folge aus der Verknüpfung der Sachmomente zu deduzieren ist.«[92]

Als drittes Charakteristikum – neben einem kognitiven und einem voluntativen Akt – impliziert der Urteilsentscheid »eine Handlung des Sich-selbst-Bestimmens. ›Ich entscheide *mich*, das und das zu tun.‹«[93] Damit bestimmt der Urteilende sich selbst zu einem Verhalten, »das heißt zu einem Tun und Lassen, das seiner Identität und Integrität gerecht wird, für das er also einzustehen bereit ist.«[94] Das Urteil stellt für den Urteilenden eine Selbst-Verpflichtung dar. Er erklärt sich für das mit dem Urteil in Gang Gesetzte verantwortlich. Angesichts der Zukunftsoffenheit, das heißt »der Unvorhersehbarkeit von Verhaltensfolgen« auf der einen Seite und »einer letzten Undurchsichtigkeit eigener Maximen« auf der anderen, nimmt das Urteil den »Charakter des Wagnisses wie der möglichen Schuld« an.[95]

---

89 H. E. Tödt [1987], S. 40.

90 H. E. Tödt [1977], S. 83; ders. [1979], S. 48f.

91 H. E. Tödt [1987], S. 41. Die konstruktive Funktion sittlicher Normen im Gegensatz zu dem repressiven Charakter rechtlicher Regelungen betont H. E. Tödt [1984], S. 70.

92 H. E. Tödt [1987], S. 42.

93 H. E. Tödt [1977], S. 83; ders. [1979], S. 49.

94 H. E. Tödt [1987], S. 41.

95 Ebd. D. Bonhoeffer, *Ethik* (DBW 6), S. 275f., spricht in diesem Sinne davon, »daß zur Struktur verantwortlichen Handelns *die Bereitschaft zur Schuldübernahme und die Freiheit gehört.*«

Das Tödtsche Urteilsschema ist in seinen verschiedenen Entwicklungsphasen immer wieder aufgenommen, kritisiert und modifiziert worden.[96] W. Lienemann hat den Entwurf einer eingehenden Analyse unterzogen. »Im Blick auf die Klärung der Frage, ob, und wenn ja, unter welchen Bedingungen, ein Widerstand gegen angebbare Entwicklungen im Bereich der Kernenergie als legitim erwiesen werden kann«,[97] fragt er nach der Tragfähigkeit und praktischen Brauchbarkeit des Modells. Vor dem Hintergrund unserer durch ihren hohen funktionalen Differenzierungsgrad gekennzeichneten Gesellschaft kommt Lienemann zu einem einschränkenden Resultat: »Deshalb gilt vermutlich generell, daß die Verwendbarkeit des Schemas genau in dem Maße *abnimmt*, wie *umfassendere strukturelle Sachverhalte* dem ethischen Urteil unterworfen werden. Das Urteilsschema ist möglicherweise auf eine Politik der kleineren, aber nicht der umfassenden Alternativen anwendbar; es funktioniert als Entscheidungshilfe überwiegend bei inkrementalistischen Strategien. Je grundsätzlicher aber die Alternativen werden, um so mehr gilt, daß der Teufel schon in den Prämissen steckt.«[98]

Dieses Ergebnis ruht wesentlich auf zwei Pfeilern, einem methodischen, das Schema selbst betreffenden und einem soziologischen, aus einer Analyse des Gegenstandsbereiches gewonnenen. Methodisch bedarf das Tödtsche Schema einer Erweiterung um den Schritt einer »Analyse der *Rechtslage*«. Dieses zwischen dem dritten und vierten Aspekt einzuordnende Sachmoment reflektiert den Umstand, daß der »Entscheidungs-*raum*« sittlicher Problemstellungen in der Regel durch die bestehenden Rechtsverhältnisse begrenzt wird.[99] Das Faktum eines begrenzten Spielraumes des Legalen verweist zugleich auf ein naheliegendes Prioritätenproblem. Was geschieht, wenn das sittliche Urteil den Legalitätsrahmen sprengt, das heißt wenn innerhalb dieses rechtlich festgelegten Spielraumes »keine Alternativen vorhanden sind«? Diese fundamentale Frage nach einem »jus contra legem als ultima ratio«[100] – die sich, wie Lienemann bemerkt, nicht generell, sondern nur für den konkreten Einzelfall beantworten läßt – stellt sich für Tödt gar nicht, weil er die rechtliche Dimension in seinem Schema nicht berücksichtigt.

Der zweite, soziologische, Aspekt betrifft die im zweiten Schritt vollzogene Trennung von Situation und Kontext. Wir haben bereits mehrfach auf den analytischen oder auch strategischen Charakter dieser Differenzierung hingewiesen. Sie ist sinnvoll und notwendig, insofern sie zur Operationalisierbarkeit von Konflikten beiträgt. Genau dort

---

96 Vgl. W. Lienemann [1978]; C. Link [1978]; C. Frey [1978]; ders. [1990], S. 229 – 239; O. Höffe [1979], S. 394 – 403; H. Ringeling [1984]; A. Rich [1984], S. 224ff.; D. Lange [1993], S. 508ff.; J. Fischer [1989a]; ders. [1994], S. 226ff.; vgl. auch W. Huber [1992b].

97 W. Lienemann [1978], S. 260.

98 W. Lienemann [1978], S. 288. Lienemann verweist auf die beschränkenden Hinweise, die Tödt selbst seinem Schema auferlegt hat, insbesondere, »daß sein Schema auf *konkrete* Probleme anzuwenden sei, und dies läßt sich vielleicht so verstehen, daß damit Probleme gemeint sind, die *wohlbegrenzt* sind und die *Wahl* zwischen verschiedenen rationalen Lösungsstrategien tatsächlich *offen* lassen. Dem entspricht ein als *Entscheidung* gefaßter *Urteilsbegriff*.« (a. a. O., S. 287).

99 W. Lienemann [1978], S. 271: »Sobald aber die Sphäre des Öffentlichen erreicht wird, kommen immer auch Rechtsfragen in's Spiel.«

100 W. Lienemann [1978], S. 276.

findet sie aber auch ihre Grenze. W. Lienemann[101] hat darauf hingewiesen, daß es von der Grundsätzlichkeit der Problembestimmung abhängt, wie stark der zunächst als »Kontext« ausgegrenzte Bereich die Situation – und damit die Problembestimmung selbst – beeinflußt. Bei Problemen von solch fundamentaler Bedeutung, wie etwa der Frage der Kernenergie, die Überlebensfragen miteinbeziehen, wo also »der Bestand des Ganzen« und damit »das System selbst« auf dem Spiel stehen, macht eine solche Differenzierung keinen Sinn mehr. »Problemfeststellung und Situationsanalyse lassen sich dann nur noch als *ein* Sachzusammenhang auffassen [...].«[102] Die anhand der Problemformulierung ausdifferenzierte Situation (S_1) beschreibt somit lediglich die Perspektive, unter der jene komplexere Situation ($S_2 = S_1 + $ Kontext) in den Blick genommen wird. Jene unreduzierbare Komplexität kehrt wieder im nächsten Schritt, der Beurteilung von Verhaltensoptionen. Die Gründe, auf deren Fundament die Problemwahrnehmung ruht, bestimmen ebenso den Bereich dessen, was an Verhaltensalternativen denkbar ist.

Das Tödtsche Schema berücksichtigt sowohl die zirkuläre Struktur von Problemen und Normen als auch die von Norm und Situation. Allerdings steht, wie W. Lienemanns praktische Überprüfung zeigt, Tödts Funktionsbestimmung von Normen im Urteilsprozeß – trotz seiner, wie wir es nannten, hermeneutischen Perspektive – seltsam unverbunden dar. So sind denn auch kritische Einwände besonders gegen den Tödtschen Normenbegriff erhoben worden.[103] Tödt selbst hat diese Schwäche erkannt, wie seine späteren Modifikationen hinsichtlich dieses Begriffs zeigen. In den beiden ersten Fassungen hatte Tödt seinem funktionalistischen Normbegriff[104] – gegen eine Situations- und Ethos-Ethik – eine Schlüsselrolle eingeräumt. Die Norm schlägt im Urteil eine Brücke zwischen Situationen und Handlungen. Dabei verfolgt normative Orientierung das Ziel, die Integrität des Handelnden zu bewahren beziehungsweise herzustellen.

J. Fischer hat gegen das Tödtsche Normenverständnis schwerwiegende Einwände geltend gemacht: »Wenn nun die Norm ihr Kriterium haben soll in der Integrität der Handelnden, wie sie in der konkreten ethischen Entscheidungssituation auf dem Spiel steht, dann setzt dies vorab aller Normreflexion eine bestimmte Disposition der Handelnden schon voraus, in bestimmten Situationen so und so handeln zu müssen, um ihre Integrität zu wahren. Das heißt, die Vermittlung von Situation und Handlung wäre nicht erst Leistung der Norm im ethischen Urteil, sondern etwas, das in der Wahrnehmung der Situation durch die Handelnden schon erbracht sein muß, damit das ethische Urteil darin sein Kriterium finden kann.«[105] Damit zehrt das ethische Urteil »*sozu-*

---

101 Vgl. W. Lienemann [1978], S. 264ff.

102 W. Lienemann [1978], S. 264. Bei A. Rich [1960], der unabhängig von Tödt ein analoges Urteilsschema entwickelt hat, fallen die beiden ersten Schritte der Problemfeststellung und Situationsanalyse zusammen. Vgl. ders. [1984] S. 224, Anm. 4, sowie O. Höffe [1979], S. 401.

103 Vgl. W. Lienemann [1978], S. 281ff.; C. Link [1978]; J. Fischer [1989a], S. 92ff.; ders. [1994], S. 233ff.

104 Dabei erkennt er durchaus die vielfältige psychische Besetzung von Normen an. Vgl. H. E. Tödt [1977], S. 89.

105 J. Fischer [1989a], S. 95f.

sagen von der Wahrnehmung, die vorhanden ist, ohne selbst Wahrnehmung zu begründen.«[106] An dieser Stelle sehen wir uns mit genau jenem Problem konfrontiert, das für die Modelle Angewandter Ethik symptomatisch war: »Die entscheidende Voraussetzung, welche letztlich das ethische Urteil dirigiert, nämlich die zugrundeliegende Wahrnehmung der Wirklichkeit, bleibt im Prozeß der ethischen Urteilsfindung unhinterfragt. *Das ethische Urteil fixiert nur den status quo der ethischen Wahrnehmung der Wirklichkeit.*«[107]

Fischers Bilanz wirft die Frage auf nach den Ursachen einer solchen, für jede Ethik fatalen Konsequenz. Wenn das »ethische Urteil« schon gefällt ist, bevor jene Prozedur, die eben dieses zum Ziel haben soll, überhaupt in Gang kommt, worin besteht dann das Charakteristische des Schemas, das Tödt dazu veranlaßt, von einer Theorie *ethischer* Urteilsfindung zu sprechen? Was ist das spezifisch Ethische – beziehungsweise später und präziser: Sittliche – an dem Tödtschen Modell? In den beiden älteren Ausformulierungen des Schemas findet sich tatsächlich nur ein einziger Hinweis darauf, der es als ein ethisches beziehungsweise sittliches ausweist: die im dritten Sachmoment auf den Aspekt der Identität und Integrität des Handelnden zurückverweisende Frage danach, ob es »gut« ist, sich so oder so zu verhalten. Dabei wird, wie O. Höffe betont, »die Dimension des Sittlichen [...] allenfalls benannt, aber nicht wirklich begriffen und in die Struktur aufgenommen.«[108]

Ein Dilemma des Tödtschen Normenbegriffs verbirgt sich hinter zwei nur gering voneinander abweichenden Formulierungen über das Verhältnis von Norm und Identität und Integrität des Handelnden. Im Urteilsschema lautet diese Verknüpfung: »*Sittliche* Normen intendieren, diese Verknüpfung [von Urteils- und Situationsschema] in sittlich vertretbarer (das heißt die Integrität der Handelnden durchhaltenden) Weise geschehen zu lassen.«[109] Später betont Tödt die normenkritische Funktion seines Urteilsschemas und bemerkt: »Normen, die sich in der Verknüpfung von Situation und Handlungsalternativen wiederholt *nicht bewähren*, verlieren an Geltung. Normen hingegen, die in der Verknüpfung beider und zugleich in der Relation auf Identität und Integrität des Urteilenden sich als *relevant* erweisen, erfahren einen Geltungsgewinn, der sich auch

---

[106] J. Fischer [1989a], S. 96.

[107] Ebd.

[108] O. Höffe [1979], S. 400: »Denn diese Urteilsschritte scheinen, gegenüber der Sittlichkeit indifferent, das Schema für jegliche Urteilsfindung abgeben zu wollen. Man braucht nur die gelegentlichen Epitheta ›ethisch‹ bzw. ›sittlich‹ durch ›ökonomisch‹, ›rechtlich‹, ›politisch‹ usw. zu ersetzen, und der Vorschlag wird auch auf diese Bereiche anwendbar.«
H. E. Tödt [1977], formuliert in dieser Hinsicht selbst nicht ganz eindeutig. Einerseits nennt er sein Modell ein »technisches Urteilsschema« (a. a. O., S. 88), andererseits betont er den Unterschied zwischen technischen Problemlösungsverfahren und seinem Entwurf: »Technische Modelle setzen voraus, daß es sich um Probleme bloß im Bereich des Objektiven, um objektive Sachaufgaben handelt. Das ethische Urteil hingegen hat zu berücksichtigen, daß das *urteilende Subjekt* immer schon selbst involviert ist in das Sachproblem, so daß es im Urteilsentscheid zugleich auch über sich selbst entscheidet, *sich selbst zu etwas bestimmt* [...]. Beim ethischen Urteil ist also die objektivierende Trennung von Subjekt und Objekt nicht möglich; vielmehr ist immer auch der Selbsteinsatz des oder der Urteilenden gefordert.« (a. a. O., S. 85f.).

[109] H. E. Tödt [1977], S. 83.

schließlich im inhaltlichen Konzept niederschlagen muß.«[110] Die in der Formulierung des Urteilsschemas unterstellte Funktion von Normen, die Integrität des Handelnden bei der Wahl von Verhaltensalternativen zu garantieren, können Normen nach der zweiten Aussage *per se* nicht erfüllen, weil im Urteilsschema wohl die »Sachgemäßheit« von Normen thematisiert wird, nicht aber dasjenige, was Tödt deren »Wirklichkeitsgemäßheit«[111] nennt, die sich an eben jenem Kriterium der Identität und Integrität des Urteilenden zu erweisen hat.[112] Dieses letzte Kriterium wirkt in zweierlei Richtung. Zunächst konstituiert es überhaupt erst das Bewußtsein für ein ethisches Problem, gleichzeitig bildet es den Maßstab, an dem sich alle denkbaren Lösungswege zu orientieren haben.[113]

Gelten nun Normen auf der einen Seite als Garant für die Bewahrung oder Gewinnung von Integrität, so werden auf der anderen Seite Normen gerade vor dem Hintergrund jenes Kriteriums als deren Geltungsbedingung zur Disposition gestellt. Handelte es sich an dieser Stelle tatsächlich um widersprüchliche Formulierungen, träfen die Einwände Höffes und Fischers zu. Allerdings scheint hier eher eine sprachliche Inkonsistenz vorzuliegen, hinter der sich ein mehrdimensionales Normenverständnis verbirgt. Ein kleiner Umweg mag dies verdeutlichen.

Mit den Begriffen »Sach-« und »Wirklichkeitsgemäßheit« bezeichnet Tödt jenen zirkulären, iterativen Prozeß von Normenfindung und Normenanwendung. Normen werden im Urteil, also im Zusammenhang des Vermittlungsprozesses von Situation, Verhaltensalternativen und normativen Orientierungen, »immer wieder auf die Probe gestellt.«[114] Das klingt plausibel, gerade auch vor dem Hintergrund der Forderung nach einer »realistischen« Ethik.[115] Eine solche – der jüngsten Ethikdiskussion bescheinigten – Rückkehr »auf den Boden der Tatsachen«, birgt die häufig übersehene, aber kaum zu übersehende Gefahr eines Naturalistischen Fehlschlusses. Wie kann aus einer solchen Perspektive eine Situation Normen in Frage stellen und umgekehrt? Die Antwort kann nur lauten: Nicht die Situation als Tatsache beziehungsweise als

---

110 H. E. Tödt [1977], S. 89. Vgl. auch S. 93f., wo Tödt das hierarchische Verhältnis von Meta-Norm und sozialen Normen expliziert. Meta-Normen sind danach solche, »von [denen] her und auf die hin alle partikularen Normen zu interpretieren sind.« Eine Metanorm »erlaubt und gebietet [es], soziale Normen einheitlich zu interpretieren.«

111 H. E. Tödt [1979], S. 46.

112 Vgl. hierzu auch die Unterscheidung zwischen den Begriffen des »Sachgemäßen« und des »Menschengerechten« bei A. Rich [1984], S. 76ff.

113 Insofern trifft der Einwand von O. Höffe [1979], S. 401, im Tödtschen Schema fehle das »Moment der *Prinzipien*- oder *Kriterienbestimmung*, nämlich auf die Frage, nach welchen sittlichen Prinzipien und Kriterien (Zielen, Zwecken, Grundsätzen, normativen Leitlinien o. dgl.) die gegebene Situation als sittlich problematisch, defizient und Handlungsalternativen als unter sittlichem Aspekt empfehlenswert zu beurteilen sind« nicht völlig. Tödts Metakriterium impliziert zumindest in der zweiten Formulierung die Einsicht Höffes: »*Mit der Art der höchsten Prinzipien und Kriterien entscheidet es sich, ob es tatsächlich um sittliche und nicht um wirtschaftliche, rechtliche oder andere Urteilsfindung geht*« (ebd.). Allerdings sind Tödts Formulierungen in diesem Punkt widersprüchlich und sein Metakriterium ist angesichts der fehlenden Explikation und mangelnden strukturellen Integration völlig überfrachtet.

114 H. E. Tödt [1977], S. 89.

115 Vgl. etwa die programmatischen Titel von J.-C. Wolf [1990] und G. Gerhardt [1993].

empirisches Ereignis stellt eine Norm zur Disposition, sondern die der Situation inhärente normative Orientierung. Genauso kann eine Norm eine Situation nur in
Hinsicht auf die dieser inhärenten Wertmaßstäbe kritisch befragen. In beiden Fällen bilden implizite oder explizite Normen die Referenzpunkte. Die Disponibilität von
Normen verweist in jedem Fall auf das Vorhandensein kollidierender oder konkurrierender Normen, mit anderen Worten auf Normenkonflikte.[116] Zu deren Auflösung
bedarf es dezidierter Verfahren, die ganz verschieden sein können, aber ausnahmslos
auf hierarchische Normenmodelle rekurrieren. Auf diesen ruhen auch die kritischen
Einwände von Fischer und Höffe. Darüber hinaus ist jede Ethik, die sich hermeneutischen Einsichten verpflichtet weiß, auf solche Metanormen angewiesen. Jede Normenkritik bedarf derartiger – in der Kantischen Bedeutung[117] – »Regulative«, im Sinne
der Fragestellung W. Lienemanns: »Welcher Regel folgt die Scheidung der Geister
zwischen affirmativem und kritischem Gehalt der Tradition, die in der Gegenwart lebt
oder leben kann?«[118]

Wie wir sahen, enthält das Tödtsche Modell mit dem Kriterium Bewahrung oder Gewinnung der Integrität und Identität des Handelnden ein Metakriterium, dem am
Schluß ein weiteres zur Seite gestellt wird: die Liebe.[119] Tödt formuliert also einen
eher formalen und einen inhaltlichen Maßstab. Problematisch ist deren Abstraktheit.
Einerseits kommen diese Perspektiven im Urteilsschema lediglich implizit, als unbe-
gründete Behauptungen, vor und finden keinen Niederschlag in der Struktur seines
Schemas. Andererseits präsentiert Tödt Kriterien, die für sich genommen im Urteilsschema wertlos bleiben, weil sie – ganz im Gegensatz zu Tödts ursprünglicher Absicht
– als Kriterien nichtoperationalisierbare Größen darstellen, die noch nichts darüber
aussagen, wie diese in konkreten Entscheidungssituationen relevant werden können.

In den Fassungen von 1984 und 1987 bemüht sich Tödt um eine weitere Präzisierung
seiner Position. Zentrale Bedeutung kommt dabei seiner Einführung des Begriffs der
Perspektive zu. Der Perspektivenbegriff ist Ausdruck seiner zunehmend relativistischen Haltung gegenüber dem Normenbegriff und begegnet wirkungsvoll seiner Über-
frachtung, wie sie für die kontinentaleuropäische Ethikgeschichte der Neuzeit kennzeichnend ist.[120] Zugleich räumt er auf mit den Mißverständnissen, die Fischer dazu
veranlaßten, der Tödtschen Ethik eine affirmative, systemstabilisierende Funktion vor-
zuwerfen. Darüber hinaus erlaubt er eine präzisere Strukturierung all jener Elemente,
auf die wir uns im Prozeß des Urteilens beziehen.

---

116 In diesem Sinne betont H. E. Tödt [1977], S. 93, daß gerade der Normenkonflikt das Problem der
    Ethik wachruft. Vgl. dazu auch C. Link [1978], S. 191.
117 Vgl. I. Kant, KrV B 828.
118 W. Lienemann [1978], S. 281.
119 H. E. Tödt [1977], S. 93. Daß es sich hierbei nicht um Metanormen handeln kann, betont H. E.
    Tödt [1984], S. 69.
120 Bemerkenswert ist, daß H. E. Tödt [1984], S. 77, explizit das Universalisierbarkeitskriterium im
    Hinblick auf Normen aufgibt und statt dessen die umfassende Perspektive des Evangeliums be-
    tont. »Das Bekenntnis, das auf dieses Evangelium antwortet, hat die Tendenz zur Universalität.«

Das sittliche Urteil vermittelt im einzelnen zwischen sozialen Normen, Rollen und Institutionen, deren wesentlicher Zweck darin besteht, »dem Alltagsleben und den gesellschaftlichen Prozessen Zuverlässigkeit zu geben«, dabei jedoch »erhebliche Verhaltensspielräume frei(geben)«.[121] Hinzu treten Güter, die der Mensch als Bedürfniswesen erstrebt und die bestimmte Werte markieren, sowie all jene Aspekte, die den Menschen in seiner Individualität kennzeichnen, seine Wünsche, Präferenzen, Hoffnungen, Ängste etc. und schließlich Rechtsnormen, die den Rahmen sittlicher Entscheidungsräume markieren.[122] Sittliche Normen selbst versteht Tödt – in der Tradition der Diskurstheorie und Universalpragmatik – als dasjenige, was »in Einigungsprozessen zwischen den Beteiligten ausgehandelt wird.« »Sie machen das Zusammenleben verläßlich, oft auch erfreulich.« Sie helfen, »leichter zu leben.«[123] Der Urteilsakt verfolgt das Ziel, »die akzeptierte Norm oder das gewählte Gut wirklich werden zu lassen.«[124]

Entscheidend ist an dieser Stelle die Einsicht, daß Institutionen wie soziale Normen »erhebliche Verhaltensspielräume« freigeben. »Man kann mit ihnen sehr verschieden umgehen, und es ist recht bezeichnend für den Lebensstil eines Menschen, wie er das tut. Dem übermäßigen Wunsch nach normativen Regelungen, jeder Bürokratie eigen, ist entgegenzutreten. Herrschafts- und Sicherungsbedürfnisse sind die Antriebe, gegen welche Freiräume hartnäckig zu verteidigen sind.«[125] Angesichts der hier geforderten Spielräume bricht nun fast zwangsläufig die Frage auf, wie Urteile im Sinne definitiver Entschlüsse überhaupt noch möglich sind, denn Normen und Institutionen *allein* sind nach dieser Auffassung nicht hinreichend für deren Zustandekommen. Auch an dieser Stelle begnügt sich Tödt lediglich mit einigen Hinweisen: »Wie wir mit sozialen Normen und Gütern umgehen, ist also immer bedingt durch unser Personsein und die mit ihm verbundenen Sehweisen, Ansichten von der Welt. Es geht hier um die Perspektiven, in denen wir erfahren, erleiden, handeln möchten und dabei immer urteilen. Von dorther bestimmt sich die Grundrichtung unseres Willens (Intentionen). Für diese Dimension soll als Kürzel das Wort Perspektiven stehen […].« Der alles entscheidende Umgang mit Normen wird »durch Einbettung in umfassendere Zusammenhänge bestimmt,« die in jedem Urteil mitwirken, aber in der Regel »unbewußt« bleiben.[126]

Der Perspektivenbegriff verweist auf die Zirkularität von Urteils- und Entscheidungsprozeduren und deckt sich mit demjenigen des »In-Hinsicht-auf«, den wir in Abschnitt II 3.1 im Zusammenhang des Gadamerschen Gedankens vom »motivierten Fragezusammenhang« eingeführt hatten. Wie das konkrete Fragen auf einen größeren, diesem vorgeordneten Zusammenhang verweist, werden analog in der Art und Weise des

---

121 H. E. Tödt [1984], S. 67.

122 Aus diesem Grunde betont H. E. Tödt [1984], S. 69, die Notwendigkeit, im Sinne von rechtlichen Regelungen »normfreie Räume« zu erhalten, weil sittliche Orientierung prinzipiell nur dort möglich ist, wo für die Durchsetzung von Normen auf Zwang verzichtet werden kann.

123 H. E. Tödt [1984], S. 70.

124 H. E. Tödt [1984], S. 71.

125 H. E. Tödt [1984], S. 67.

126 H. E. Tödt [1984], S. 68.

Umgangs mit einer oder verschiedenen Normen im konkreten Urteilsakt die Spuren eines solchen übergeordneten Hintergrundes sichtbar.

Bei H.-G. Gadamer finden sich zwei Begriffe, die diesen Sachverhalt verdeutlichen helfen. In seinen Überlegungen zum hermeneutischen Zirkel spricht Gadamer – einen diesbezüglichen Gedanken M. Heideggers in *Sein und Zeit* weiterführend – von dem »Vorgriff« beziehungsweise »Vorurteil der Vollkommenheit«, der beziehungsweise das als Voraussetzung »alles Verstehen leitet«.[127] Noch plastischer wird der Zusammenhang mit Hilfe der Horizont-Metapher, die Gadamer besonders in Auseinandersetzung mit dem Husserlschen Horizontbegriff gewinnt und der sich auch Tödt bedient. »Horizont ist der Gesichtskreis, der all das umfaßt und umschließt, was von einem Punkt aus sichtbar ist. In der Anwendung auf das denkende Bewußtsein reden wir dann von Enge des Horizonts, von möglicher Erweiterung des Horizonts, von Erschließung neuer Horizonte usw. [...]. Wer keinen Horizont hat, ist ein Mensch, der nicht weit genug sieht und deshalb das ihm Naheliegende überschätzt. Umgekehrt heißt ›Horizont haben‹, Nicht-auf-das-Nächste Eingeschränktsein, sondern über es Hinausgehenkönnen.«[128]

Wesentlich für ein angemessenes Verständnis ist es, diesen Horizont als einen beweglichen zu begreifen: »Der Horizont ist vielmehr etwas, in das wir hineinwandern und das mit uns mitwandert. Dem Beweglichen verschieben sich die Horizonte.«[129] Die Perspektive bestimmt die Konstellation von Projektionsfläche und projiziertem Gegenstand, und somit – in der jeweiligen Festlegung des Verhältnisses –, als was der projizierte Gegenstand erscheint.[130] Die Tödtsche Norm ist vergleichbar mit dem Wittgensteinschen dreieckigen Prisma, das – mit Hilfe einer bestimmten »*Projektionsmethode*« – als Würfel erscheint.[131] Der Projektionsmethode entspricht in normativen Kontexten der jeweilige Umgang mit der oder den betreffenden Normen. Die Beweglichkeit des Horizontes oder – in der Terminologie Husserls – der »Lebenswelt« begründet die prinzipielle Unabgeschlossenheit normativer Orientierung. Die Lebenswelt ist – wie Gadamer formuliert – »in einer Bewegung der ständigen Geltungsrelativität«.[132]

Der Begriff der »Geltungsrelativität« kennzeichnet in treffender Weise den spezifischen Normenrelativismus des Tödtschen Ansatzes. Der Perspektivenbegriff erfüllt eine Klammerfunktion. Er rekurriert einerseits auf die Einsicht, daß moralische Pro-

---

127 H.-G. Gadamer [1959], S. 61f. Und er führt aus: »Die erste aller hermeneutischen Bedingungen bleibt somit das Sachverständnis, das Zu-tun-haben mit der gleichen Sache. Von ihm bestimmt sich, was als einheitlicher Sinn vollziehbar wird und damit der Anwendung des Vorgriffs der Vollkommenheit. So erfüllt sich der Sinn der Zugehörigkeit, d. h. das Moment der Tradition im historisch-hermeneutischen Verhalten, durch die Gemeinsamkeit grundlegender und tragender Vorurteile.« Vgl. M. Heidegger [1957], S. 153.

128 H.-G. Gadamer [1965], S. 250ff., 307ff., 379ff. (hier: S. 307).

129 H.-G. Gadamer [1965], S. 309.

130 Bei Husserl konstituieren »Intentionalität« und »Horizont« die Einheit des Erlebnisstromes und der Dingwahrnehmung.

131 L. Wittgenstein, Philosophische Untersuchungen § 139.

132 H.-G. Gadamer [1965], S. 251.

bleme immer auf Normenkonflikte verweisen,[133] das heißt, daß sich Probleme dem normativen Fundament unserer Wahrnehmung verdanken. Andererseits markiert der Perspektivenbegriff vor diesem Hintergrund von Normenkonflikten eine Alternative zu dem an dieser Stelle traditionell vollzogenen Rückzug auf die Ebene der Metanormen. Tödt verläßt den eng gesteckten Rahmen einer normativen Ethik, wenn er anstelle eines – in seinen älteren Fassungen noch auftauchenden – Metakriteriums auf einen Maßstab verweist, welcher den repressiven Rahmen normativer Orientierung sprengt.[134] Entgegen einer deontologischen Lösung betont er den Risiko- und Wagnischarakter jeder Entscheidung und damit die prinzipielle Unauflösbarkeit moralischer Konflikte in dem Sinne, daß der Urteilende »durch die Wahl einer Verhaltensoption sich selbst in bestimmter Hinsicht festlegt und damit aufs Spiel setzt.«[135] Tödt an dieser Stelle eine dezisionistische Position zu unterstellen, hieße, ihn mit genau demjenigen Maßstab zu konfrontieren – nämlich einem deontologischen –, den er gerade überwinden will.[136] Vielmehr ruht sein Resultat auf der Einsicht, daß »die Spannung gelebter Konflikte nicht in rationale Alternativen aufgelöst werden (kann). Wäre es anders, so bedürfte es keiner *Ethik*, sondern lediglich einer Konflikttheorie.«[137]

Nun muß das Tödtsche Modell sittlicher Urteilsfindung grundsätzlich vor einem möglichen fundamentalen Mißverständnis geschützt werden. Wenn von einem »Normenrelativismus« die Rede ist, darf diese Vorstellung von der »Geltungsrelativität« von Normen auf keinen Fall mit einem wie immer gearteten (postmodernen) Relativismus identifiziert werden. Normenrelativismus im Sinne Tödts meint gerade keinen ethischen Relativismus. Die Position Tödts wird deutlicher, wenn wir uns zunächst klar machen, worin der Kern einer relativistischen Auffassung besteht. Wenn eine Person P

---

133 Vgl. H. E. Tödt [1977], S. 93; E. Tugendhat [1993], S. 26f.

134 Entscheidend ist an dieser Stelle, die Bedeutung eines solchen Normenrelativismus zu erkennen. Tödt [1984], S. 76, folgt hier dem oben explizierten Verantwortungsbegriff von G. Picht, der die Inkompatibilität von universalistischer Norm und Verantwortung herausgearbeitet hat: »Wenn der Begriff ›Norm‹ ein feststehendes, allgemeines, für jeden Menschen verbindliches Prinzip bezeichnet, so widerspricht er der anthropologisch fundierten Struktur, die wir ›Verantwortung‹ nennen.«

135 H. E. Tödt [1984], S. 78. Vgl. auch H.-G. Gadamer [1972], S. 342, der in analoger Weise vom »Wagnis« des Verstehens spricht, das »niemals die einfache Anwendung eines allgemeinen Regelwissens auf das Verstehen gegebener Aussagen oder Texte gestattet.«

136 H. E. Tödt [1984], S. 77, wehrt sich explizit gegen »eine individualistische Unterhöhlung des Normbegriffs«.

137 C. Link [1978], S. 191. Vgl. auch die bereits zitierte Kritik von W. Lienemann [1993a], S. 233, an dem rational-kognitivistischen Ansatz des Utilitarismus.
Ein Blick auf die gegenwärtig intensiv geführte Risikodiskussion veranschaulicht die Brisanz der Tödtschen Formulierungen. Wie W. Bonß [1995], S. 12ff., in seiner materialreichen Studie zum soziologischen Risikobegriff feststellt, tauchen Begriffe wie »Risiko« und »Unsicherheit« in soziologischen Diskussionen bis in die jüngste Zeit »gar nicht oder nur negativ auf: wenn überhaupt, so erscheinen sie als Abweichung von der Ordnung und damit als ein Problem der sozialen Kontrolle« (a. a. O., S. 12). Diese »Standardposition der Moderne«, »die Verdrängung der Unsicherheit als soziales und technisches Problem«, wie sie sich auch im Rahmen des »risk assessment« wiederfindet (a. a. O., S. 42), verkennt die Unmöglichkeit einer – unterstellten – »restlosen Transformation von Ungewißheit in Gewißheit, Unordnung in Ordnung und Uneindeutigkeit in Eindeutigkeit« (a. a. O., S. 25)

relativ zu einer bestimmten Perspektive X behauptet, »daß Y«, dann impliziert diese Behauptung – neben derjenigen, daß P glaubt »daß Y« – auch, daß P *glaubt*, »daß X«. Die Tiefenstruktur der Argumentation für Y ist wesentlich komplexer als die Oberflächenstruktur der vorgebrachten Argumente selbst. Was passiert nun, wenn eine andere Person eine gegenteilige Behauptung Z vertritt. Für eine relativistische Position gilt, daß wohl über Wahrheit und Falschheit von Y beziehungsweise Z aus dem Blickwinkel einer bestimmten Perspektive entschieden werden kann, nicht aber über Wahrheit und Falschheit der spezifischen Perspektive selbst. Werden nun Y und Z aus verschiedenen Perspektiven heraus behauptet, können beide wahr sein, unabhängig davon, ob sie miteinander übereinstimmen oder einander widersprechen. Ein Standardargument gegen Relativismus lautet nun, daß eine solche Auffassung nicht auf sich selbst angewendet werden kann. Wenn der Relativismus unterstellt, auch gegenteilige Auffassungen können wahr sein, wenn es eine Perspektive gibt, von der aus beide wahr sind, dann gilt, daß auch das Gegenteil der relativistischen Position, der Realismus, der seinerseits behauptet, daß etwas und sein Gegenteil nicht gleich wahr sein können, möglich sein muß. Genau diese Position kann aber der Relativismus nicht begründen. Da es Relativismus nur geben kann, wenn der Realismus falsch ist, widerlegt sich der Relativismus selbst.

Entgegen einem so verstandenen Relativismus korrespondiert bei Tödt einem Normenrelativismus kein Relativismus hinsichtlich der Perspektiven. Wenn Tödt – mit Blick auf Bonhoeffer – die eschatologische Perspektive von Ethik betont, wenn er gegen jede Sektoralisierungstendenz als Ziel allen Handelns die Identität und Integrität des Handelnden bestimmt oder wenn er die partikularen oder sektoralen Normen an jene umfassendere Vorstellung »des Humanen als freier Verwirklichung der Menschlichkeit des Menschen« zurückverwiesen betrachtet, dann rückt die Tödtsche Ethik – ohne daß er diese Position im Blick gehabt hätte – in die Nähe einer intern realistischen Position im Sinne Putnams. Auch Tödt betont die Einheit vor Erkennen und Handeln, und genau wie jenem geht es auch ihm nicht um den Nachweis der *Relativität* sondern der *Relationalität* von Erkenntnis. Das, was uns – mit Tillich – »unbedingt angeht«, der »Bezug auf ein Maßgeblich-Letztes, welches zugleich die Einheit der Menschen in ihrer Menschlichkeit gewährleistet«, kann nicht zur Disposition gestellt werden. Nun weist eine eschatologische Perspektive – die quasi den geometrischen Mittelpunkt bildet, von dem her die einzelnen Sektoren entworfen werden – die Tödtsche Ethik als theologische aus, und konfrontiert sie so mit genau jenem Vorwurf eines Relativismus, gegen den sie sich gerade wendet: Das, worauf in der Ethik perspektivisch verwiesen wird, kann eben nicht gewußt, sondern nur geglaubt werden.

Wie wir gesehen haben, besteht das Anliegen Tödts in seinem Modell sittlicher Urteilsfindung darin, genau jener Vorstellung eines Dualismus von Glaube und Vernunft und damit einer Reduktion von christlicher und theologischer Ethik auf den Status von »Ermessensfragen« subjektiver Glaubenssätze entgegenzutreten. Tödt spricht von der »Nötigung«, strittige Fragen »›aus Glauben‹ verbindlich zu beantworten«. Die Vorstellung von der Vermittelbarkeit von Glaube und Vernunft verweist auf den Kern des Tödtschen Perspektivenbegriffs. Während im Relativismus mit dem Perspektivenbegriff nur auf die Subjektivität der Ausgangssituation verwiesen wird, geht es Tödt um

dessen doppelte Verweisfunktion. Etwas aus einer bestimmten Perspektive wahrzunehmen, bedeutet nicht nur, eine bestimmte Ausgangsposition einzunehmen, sondern
auch, etwas Bestimmtes in den Blick zu nehmen. Wenn wir ethisch reflektieren, verfügen wir über einen gemeinsamen Gegenstand, unabhängig davon, worauf eine Frage
unseren Blick lenkt und von welchem Standpunkt aus wir uns dieser Frage zuwenden.
Dieser gemeinsame Gegenstand ist das in der Interaktion auf persönliche Identität und
Integrität hin ausgerichtete Subjekt.

Angesichts der Frage, wie einem drohenden Relativismus in der Ethik wirksam entge-
gengetreten werden könne, taucht fast zwangsläufig der Gedanke von der Einheit oder
Vollständigkeit von Moral auf. M. Weber hat in seinem Vortrag »Politik und Beruf«
die Frage aufgeworfen, ob es eine Moral gäbe, die in der Lage wäre, auf alle praktischen Fragen eine gemeinsame Antwort zu geben.[138] M. Kettner ist dieser Frage unter der Überschrift »Das Problem der bereichsspezifischen Relevanz« nachgegangen.[139] Die Webersche Frage geht in zwei Richtungen. Bezogen auf den Bereich normativer Moraltheorie markiert sie das »Problem des *Einheitsfokus*«, im Blick auf die
Praxis – »als den Horizont der Anwendung jeder Moraltheorie« – das »Problem der
Praxissegmentierung oder -sektoralisierung«.[140] Es ist wohl nicht zufällig, daß hier
der Begriff der Sektoralisierung erneut auftaucht. »Praxissektorierung« meint nach
Kettner »eine irgendwie systematische Einteilung von Bereichen menschlichen Handelns [...], die den Blick freigibt auf Relevanzunterschiede unterschiedlicher Mo-
raltheorien in unterschiedlichen Handlungsbereichen.«[141] Für Kettner bringen »*traditionelle* Ethosformen« im Gegensatz zu »*postkonventionelle[n]*« »von sich her schon
eine eigene, ihnen gleichsam auf den Leib geschriebene Praxissektorierung mit.« So
sprechen wir von einem »Ethos der Freundschaft«, von einer »Ethik des Arztberufes«
oder von »Sexualethik«, »und niemand der ›Bescheid weiß‹, käme auf die Idee, etwaige Vorschriften der Sexualethik mit etwaigen Vorschriften der Ärzteethik zu kon-
fundieren – jedenfalls dann nicht, wenn er sich Skandale ersparen will.«[142] Soziologische Kategorien, die M. Weber seiner Aufzählung zugrundelegt, sind unter Umständen
dafür geignet, Objekt- oder Anwendungsbereiche von Ethik zu katalogisieren. Solche
Schematisierungen eignen sich nicht für die Subjekte oder den Adressatenkreis von
Ethik. Selbst wenn man Praxis systemfunktionalistisch auslegt, bleibt das ethische

---

138 Vgl. die rhetorische Frage von M. Weber in: M. Weber [1919], S. 537f.: »Aber ist es denn wahr:
daß für erotische und geschäftliche, familiäre und amtliche Beziehungen, für die Beziehungen zu
Ehefrau, Gemüsefrau, Sohn, Konkurrenten, Freund, Angeklagten die inhaltlich *gleichen* Gebote
irgendeiner Ethik der Welt aufgestellt werden könnten?«

139 M. Kettner [1992b], S. 319.

140 M. Kettner [1992b], S. 318f.

141 M. Kettner [1992b], S. 329.

142 M. Kettner [1992b], S. 320. Gerade der Bereich der Sexualethik weist jedoch genau in die entgegengesetzte Richtung. Daß Sexualethik nicht unabhängig oder gar gegen übergeordnete sittliche
Standards betrieben werden kann, zeigt etwa die Untersuchung *Kirche und Sexualität* des katholischen Theologen S. H. Pfürtner und die Konsequenzen, die sich daraus für den Autor ergaben.
Die Thematik selbst sträubt sich, wie S. H. Pfürtner [1972], S. 7, bemerkt, gegen jede Sektoralisierung: »Das Religiöse scheint nicht weniger als das Sexuelle zu jenen ›Urphänomenen‹ zu gehören, in denen der Mensch seine Selbstauslegung vollzieht, die wenn auch unterschiedlich und
wandelbar, doch ihm prinzipiell zugehörig sind.«

Subjekt – genau darin besteht die Pointe des Pichtschen Verantwortungsbegriffs – immer das in gesellschaftliche Zusammenhänge eingebettete, nicht in einzelne Funktionen oder Rollen aufgehende, menschliche Subjekt.

Ob diese Einheit des Subjektes auf der Ebene von Moraltheorie eingeholt werden kann, ist eine – wie M. Kettner zu Recht betont – für deontologische Ethiken unabwendbare Frage. Bei H. E. Tödt taucht sie hingegen genau genommen gar nicht auf. Zwar erkennt auch er die ethische Metaebene als Regulativ für unsere Moralvorstellungen an, aber sie bildet nicht das letzte Fundament für die Gewinnung und Rechtfertigung unserer moralischen Standards und Meinungen, sondern ist selbst noch eingebettet in einen übergeordneten Zusammenhang. Die moraltheoretische Frage nach dem Einheitsfokus verweist bei Tödt zurück auf die Praxis als den Anwendungsbereich von Moraltheorie. Die Bedeutung dieser Zirkelbewegung: Praxis – Theorie – Praxis wird erst deutlich, wenn wir uns ein zweites Problem vor Augen führen, das der Relativismusgefahr quasi gegenüberliegt: die – bereits in Abschnitt III 1.1 angesprochene – Gefahr eines Paternalismus. Im Anschluß an M. Kettner kann darunter der Versuch verstanden werden, die Handlungen einer Person A in einem Praxisbereich Pb nicht vor dem Hintergrund ihrer Intentionen relativ zu ihren Moralvorstellungen zu beurteilen, sondern aus einer anderen moralischen Perspektive M, die der Person A damit gleichsam übergestülpt wird. Damit werden in der Regel »die Motive der Akteure, in Pb entsprechende Handlungen zu vollziehen, zum Verschwinden [gebracht]. M treibt unseren Handlungen in Pb dann nämlich deren Sinn aus, indem M diejenigen Begriffe beiseite schiebt, unter denen wir unsere Handlungen in Pb intendieren.«[143] Daraus folgert Kettner: »Eine Person A ist prima facie berechtigt, ihre Handlungen in Pb zunächst einmal unter eben denjenigen Begriffen zu intendieren, die zum Einheitsfokus derjenigen Moral (oder Moraltheorie) gehören, mit der A sich bewußt identifiziert. Demzufolge ist dann aber jede *Imputation* eines *anderen* Einheitsfokus (z. B. durch B, einen Moralphilosphen, der eine andere Moraltheorie vertritt und mit A einen Konflikt regeln will) ein Fall von *Paternalismus* im Namen einer bestimmten Moralauffassung.«[144]

Die eigentliche Brisanz des beschriebenen Zusammenhangs enthüllt sich erst in der Praxis. Dem überwiegenden Teil der gegenwärtigen technikethischen und ökologischen Fragestellungen liegt genau ein solches Paternalismuskonzept zugrunde. Entscheidend ist, daß nicht nur Anschauungen oder Theorien durch andere – mächtigere – substituiert werden, sondern daß dieser Verdrängungsprozeß in gleicher Weise die Handlungsmotive und Interessen betrifft. Motive und Interessen können – das ist trivial und wird dennoch regelmäßig übersehen – nur durch (andere) Motive beziehungsweise Interessen ersetzt werden. Moraltheoretischer Paternalismus manifestiert sich – im Hinblick auf jenes Dominantwerden spezifischer Motive oder Interessen – in der Praxis als politische Herrschaft oder – im Sinne H. Arendts – als politische Gewalt. Der fundamentale Gegensatz zwischen Macht und Gewalt in der politischen Philosophie H. Arendts, die »Ohnmacht« als »Kennzeichen der Tyrannis [...], in der die Un-

---

[143] M. Kettner [1992b], S. 340.
[144] M. Kettner [1992b], S. 341.

tertanen der menschlichen Fähigkeiten zum Miteinandersprechen und Handeln beraubt sind«,[145] orientiert sich nicht zufällig an dem Kriterium der Instrumentalität. Entspricht Macht »der menschlichen Fähigkeit, nicht nur zu handeln oder etwas zu tun, sondern sich mit anderen zusammenzuschließen und im Einvernehmen mit ihnen zu handeln«,[146] ist für Gewalt ihr instrumenteller Charakter wesentlich.[147] Die Staatsform der Tyrannis als »die Kombination von Gewalt und Ohnmacht« ist gekennzeichnet durch die »Ohnmacht und Vergeblichkeit, zu der sie die Herrschenden wie die Beherrschten verurteilt.«[148] H. Arendt hat wohl als erste den drohenden Verlust der Handlungsfähigkeit durch die Dominanz des instrumentellen Paradigmas und – hier folgt sie dem Aristotelischen Praxisbegriff mit seiner Unterscheidung zwischen Handeln und Herstellen – seine politischen Konsequenzen in aller Klarheit durchdacht.[149] Die Vereinzelung des Subjektes, die »Atomisierung der Gesellschaft« als Charakteristikum der Tyrannis,[150] steht »dem politischen Wesen des Menschen, seiner Pluralität und dem menschlichen Miteinander, gerade entgegen[…].«[151] So entpuppen sich moraltheoretischer Paternalismus auf der einen Seite und praktische politische Herrschaft auf der anderen Seite als Instrumentarien, die nicht nur die Handlungsmöglichkeiten des Subjektes einschränken, sondern das politische Wesen des Menschen selbst angreifen und damit der Auflösung von Subjektivität Vorschub leisten. Vor diesem Hintergrund erhält die Tödtsche Rückbindung seines Urteilsschemas an die Praxis und an das Kriterium Bewahrung der Identität und Integrität des Handelnden zusätzliches Gewicht.

Das Tödtsche Urteilsschema bewegt sich mit seinem Perspektivenbegriff also auf dem schmalen Grat zwischen Relativismus und Paternalismus. Dieser Balanceakt ist von jeder Ethik gefordert, die den gesellschaftlichen Pluralismus in moralischen Fragen anerkennt und sich gegen einen vorschnellen Rückzug auf ein Universalitätskriterium sträubt. Der Beitrag Tödts mag im Gegensatz zu traditonellen deontologischen Konzeptionen bescheiden erscheinen. Er ist »postmodern« insofern er als Resultat jener Entwicklung gelesen werden kann, die das Ende der großen Erzählungen und umfassenden Entwürfe verkündet. Um so mehr verdient seine Verteidigung der Einheit des Subjekts Beachtung, sein Plädoyer für Pluralität, die sich weder in Partikularität auflöst noch einem Relativismus das Wort redet. Gerade der antireduktionistische Kern seines – im Gegensatz zu deontologischen Positionen zunächst relativistisch anmutenden – Perspektivenbegriffs mit seiner starken Praxisorientierung ermöglicht es Tödt, Ethik unter den Bedingungen der Gegenwart vom Kopf auf die Füße zu stellen, ohne dabei etwa einem neoaristotelischen Relativismus zu verfallen. Der Verschärfung

---

145 H. Arendt [1981], S. 197.

146 H. Arendt [1970], S. 45.

147 Vgl. etwa H. Arendt [1970], S. 47.

148 H. Arendt [1981], S. 196.

149 Vgl. in diesem Zusammenhang H. Popitz [1986], der technisches Handeln im Rahmen seiner Soziologie der Macht erörtert. In seinem Buch erscheint Technik am Ende der Linie anwachsender Machtverhältnisse »Autorität – Herrschaft – Gewalt – Technik«.

150 H. Arendt [1970], S. 56.

151 H. Arendt [1981], S. 196.

des Begründungsanspruchs, die E. Tugendhat der neuzeitlichen Ethik attestiert, kann nicht durch rigidere ethische Forderungen oder Prinzipien nachgekommen werden, sondern durch eine Ausweitung der Begründungsprozedur. Gerade Tödt geht es darum, den Menschen nicht auf ein Prinzip – den guten Willen, den Hedonismus, das Gefühl oder die Nützlichkeit – zu reduzieren, sondern in seiner Gesamtheit als Subjekt und Gegenstand von Ethik und Moral zu erfassen. In diesem Sinne spricht Tödt von dem Wagnischarakter der Entscheidung, in der sich das Subjekt, indem es sich auf eine Verhaltensoption festlegt, ein Stück weit selbst auf's Spiel setzt.

Die Schwierigkeiten bei der Aneignung des Tödtschen Urteilsschemas bestehen nicht zuletzt darin, daß der Autor in zwei Hinsichten eine vermittelnde Position einnimmt. Einerseits ist sein Modell zwischen den traditionellen Dichotomien von Situations- und Pflichtethik auf der einen Seite sowie normativer und Verantwortungsethik auf der anderen Seite angesiedelt. Andererseits bewegt er sich erkenntnistheoretisch zwischen den Stühlen realistischer und hermeneutischer Positionen.[152] Bleiben diese Prämissen verborgen, geht das Spezifische seiner Ethik verloren.[153]

Welchen Beitrag leistet nun die ethische Konzeption von H. E. Tödt für unsere Ausgangsfrage nach einer handlungstheoretischen Fundierung von Ethik? Bezogen auf die vorangegangenen Überlegungen zu H. Jonas und T. Rendtorff nimmt Tödt auch hier eine vermittelnde Position ein. Die an der Kantischen Ethik orientierte Verantwortungsethik von Jonas geriet ebenso in fundamentale Aporien wie die der neoaristotelischen Tradition nahestehende Ethik Rendtorffs. Aus einer Tödtschen Perspektive müssen sich eine Kantische wie eine Aristotelische Ethik zwangsläufig in den »Netzen der Lebenswelt« verfangen. Das Resultat erscheint auf den ersten Blick paradox: Eine Ethik, die um Relevanz im Sinne »handlungssteuernder Entscheidungen« bemüht ist, muß die Beschränkungen, die ihr gerade der Handlungsbegriff auferlegt, überwinden.[154] Den Ausgangspunkt für jede Ethik bildet die fundamentale Erkenntnis: »Aus dem Zirkel, daß die von uns organisierte Lebenswelt rückwirkend auch unser Leben organisiert, können wir nicht heraus.«[155] Eine vorschnelle Fixierung auf die Frage nach den Handlungs*bedingungen* verstellt den Blick auf jene grundlegendere nach deren

---

152 Zur erkenntnistheoretischen Position des Tödtschen Urteilsschemas vgl. C. Frey [1978].

153 Die Einwände von W. Huber [1992b], S. 249, Anm. 31, gegen J. Fischers Kritik an der Handlungsorientiertheit – im Gegensatz zu einer Wahrnehmungsorientierung – des Tödtschen Modells (in: J. Fischer [1989a]) verdeutlichen jenes erkenntnistheoretische Mißverständnis. Huber verteidigt die Tödtsche Position mit dem Hinweis darauf, daß »auch Wahrnehmung eine Handlung« sei. Damit verkennt er jedoch genau jene Relationalität von Wahrnehmung, um die es Fischer geht und die bereits bei H. E. Tödt [1987], S. 36, anklingt: »Wahrnehmen und Erfahren sind spezifische Weisen der ›Passivität‹, nämlich des Getroffenseins von fremden Einwirkungen. In ihnen spielt freilich die Verarbeitung dieser Einwirkungen eine so starke Rolle, daß das Empfinden des Erleidens darüber oft zurücktritt. Es sollte aber nicht vergessen werden, daß die ›Eindrücke‹, die im Wahrnehmen und Erfahren der Ausgangspunkt sind, nicht in der Verfügung des Wahrnehmenden liegen, sondern auf ihn eindringen.« Tödt grenzt sehr bewußt das aktive Handeln von dem pathischen Leiden und Erfahren ab, ohne daß letzte damit zu einem rein passiven Geschehen würden (vgl. a. a. O., S. 34f.).

154 Vgl. H. E. Tödt [1987], S. 43.

155 H. E. Tödt [1979], S. 37.

Bedingtheit. Kant hatte Fragen der Bedingtheit menschlichen Handelns wohl im Blick. In seiner Formulierung des rein formalen Sittengesetzes als »Faktum der Vernunft« blendet er jene aber bewußt aus.[156] Aristoteles wiederum gesteht diesen Fragen einen breiten Raum zu. Die Perspektive geht allerdings in der neoaristotelischen Tradition mit der Relativierung beziehungsweise Aufgabe des ursprünglich aporetischen Ansatzes verloren. Beide Ethikmodelle implizieren somit eine Verkürzung. Die Kantische Position bleibt auf der Ebene kategorischer Imperative stecken, während die neoaristotelische Position bei dem verharrt, »was« – mit Wittgenstein gesprochen – »der Fall ist«.[157] Der erste Ansatz reduziert Ethik auf Metanormen, der zweite jene auf ein geltendes, kulturgeschichtlich gewachsenes System »sozialer Normen«, das heißt letztendlich auf »bloße Tautologien«.[158]

Tödt kann die systemische Verknüpfung von Handlungskontexten berücksichtigen, weil es ihm gelingt, beide Ansätze oder Ebenen miteinander zu vermitteln. Sein Modell ist relativistisch in seiner kritischen Funktion: »Es setzt die Norm aufs Spiel, um dem Handelnden Spielräume zu eröffnen und neue Möglichkeiten zu erschließen.«[159] Es ist zugleich deontologisch, insofern es die regulative Funktion eines hierarchischen Normenverständnisses betont. Schwierigkeiten ergeben sich dort, wo die einzelnen Schritte des Schemas hinter den Ergebnissen der Analyse des Urteilsgeschehens zurückbleiben. So wird wohl gesehen, daß bereits der erste Schritt der Wahrnehmung und Bestimmung eines Problems, also »die Selektion der Probleme, die ich als die meinigen annehme«, eine »Frage des sittlichen Urteils« ist,[160] und daß die »Betroffenheit« durch ein Problem bereits darauf verweist, »nach welchen *Prinzipien* ein anfallendes Problem als ein sittliches identifiziert wird«.[161] Gleichzeitig spielt aber diese fundamentale Vorentscheidung im weiteren Verlauf des Urteilsschemas keine Rolle mehr. Daß diejenigen »Prinzipien«, die ein Problem überhaupt erst konstituieren, zugleich jene sind, die den Lösungsweg bestimmen, mit anderen Worten, daß die Problemformulierung und die Bedingungen ihres Zustandekommens wiederum den Lösungsweg konstitutiv mitbestimmen, wird von Tödt gesehen, aber kaum berücksichtigt.[162] Auch andere in der Analyse herausgearbeitete Aspekte finden im Urteilsschema

---

156 Vgl. I. Kant, KrV A 56.

157 Vgl. L. Wittgenstein, *Tractatus logico-philosophicus*, § 1.

158 Vgl. C. Link [1978], S. 189.

159 C. Link [1978], S. 199.

160 H. E. Tödt [1984], S. 57.

161 H. E. Tödt [1987], S. 31.

162 H. E. Tödt [1987], S. 30, spricht davon, daß die Problemwahrnehmung »von dem *Horizont* abhängig [ist], den das Wirklichkeitsverständnis dem Urteilenden vorgibt,« und daß »die Art der Wahrnehmung des Problems als eines sittlichen [...] seine weitere Behandlung [steuert].« Es ist aber nicht zu sehen, an welcher Stelle im Schema dieser Horizont reflektierend aufgegriffen wird. Das Schema enthält keine Rückkoppelungsschleife, etwa die Aufforderung im vierten Sachmoment, im Zuge einer kritischen Prüfung des sittlichen Geltungsanspruchs der implizierten Normen eine Reformulierung des Ausgangsproblems zwischenzuschalten. Statt dessen versteht Tödt seine Normenkritik nur im Hinblick auf die »Antwort« im Urteilsentscheid (vgl. a. a. O., S. 38). So haftet auch bei Tödt dem Problem – entgegen der eigenen Analyse – der Charakter des Objektiven an.

keinen Niederschlag. Der fundamentale Perspektivenbegriff im vierten Sachmoment beispielsweise wirkt in den Fassungen von 1984 und 1987 nachgeschoben und wird mehr erwähnt als – seiner Tragweite angemessen – in das Schema eingearbeitet. Wenngleich alle wichtigen Aspekte einer normenkritischen Ethik bereits *in nuce* vorhanden sind, bleiben sie doch, nicht zuletzt aufgrund einer abweichenden Fragestellung, zumeist unexpliziert.

Sein kritisches Potential erwächst den analytischen Kapazitäten des Modells und macht das Schema wertvoll für die Beratungspraxis. Dabei entfaltet es seine spezifische Größe – wie die Anwendung von W. Lienemann deutlich macht – teilweise erst hinter dem Rücken und – genau genommen – sogar entgegen den darin formulierten Absichten. Die Quintessenz Lienemanns, daß jeder einzelne Schritt im Prozeß der Urteilsbildung »kein lineares Fortschreiten bedeuten kann, sondern gleichsam eine Zunahme der inneren Komplexität einer zirkulären Argumentationsstruktur darstellt,«[163] enthält ein weitaus positiveres Votum, als die Formulierung zunächst anzudeuten vermag. Die Gewißheit um die Richtigkeit einer Entscheidung in einer Urteilssituation entpuppt sich als diejenige darüber, daß eine »Quasi-Objektivität«, wie sie die auf Universalisierbarkeit gründenden und damit geschlossenen Normenmodelle suggerieren, nicht zu erreichen ist. Die subjektive Dimension, die Tödt mit Hilfe der Termini »Sich-verhalten-zu«, »was uns unbedingt angeht«, »Wagnis« sowie mit seinem Perspektivenbegriff expliziert, ist unhintergehbar.[164] Diese Grundeinsicht darf nicht als Tribut an die normenkritische Tradition theologischer Ethik[165] mißverstanden werden. Denn entgegen einer sich an den Naturwissenschaften herausbildenden Hierarchisierung zugunsten einer wie immer gearteten Objektivität, gehören für Tödt Subjektivität – genauer: Intersubjektivität – und Entsektoralisierung untrennbar zusammen.

---

163 W. Lienemann [1978], S. 280. Vgl. S. 288: »Unterstellt man aber *radikaler* Kritik an Strukturen einen propositionalen Gehalt und subjektive Wahrhaftigkeit, dann kann auch das ethische Urteil nicht mehr fallbezogen, wohlabgegrenzt und überschaubar auftreten, sondern muß schon in der anfänglichen Explikation seines diagnostischen Potentials klarstellen, daß es um's Ganze geht.« Zu einer analogen Einschätzung kommt auch O. Höffe [1979], S. 400f.

164 Die »subjektive Dimension« bezeichnet jene »Unbestimmtheit«, die für jedes posttraditionalistische Moralkonzept kennzeichnend ist. Jedes rationale ethische Verfahren bleibt – wie E. Tugendhat [1993], S. 332 bemerkt – an seinen Rändern grundsätzlich offen »und impliziert in allen tiefen moralischen Fragen einen irreduziblen persönlichen Entscheidungsfaktor.« Vgl. J. Fischer [1994], S. 238: »Die Theorie der sittlichen Urteilsfindung schärft das Bewußtsein dafür, daß es gilt, der Beruhigung des Gewissens durch Rückzug auf die Ebene der ethischen Theorie zu widerstehen und auf der Notwendigkeit und Unvertretbarkeit des sittlichen Urteilsentscheids des Einzelnen zu insistieren.«

165 Vgl. dazu C. Link [1978].

2.2 Entsektoralisierungsstrategien

2.2.1 Synchrone und diachrone Entsektoralisierung

Zentral für die gesamte Tödtsche Ethik ist sein Motiv der sektoralen Entschränkung.[166] Sektoralisierung ist zunächst kennzeichnend sowohl für die Wahrnehmungsebene als je spezifische Wahrnehmung als auch für die Entscheidungsebene als der jeweils konkrete Umgang mit Normen und Gütern. Tödt bedient sich jenes Husserlschen Begriffspaares »Horizont« und »Intentionalität«, wenn er Wahrnehmung als »von dem *Horizont* abhängig« begreift, »den das Wirklichkeitsverständnis dem Urteilenden vorgibt, und von der Bereitschaft, von dem Willen, das betreffende Problem in diesem Horizont zu sehen und zu bedenken.«[167] Eine Situation wiederum entsteht durch »*Selektion*, welche ihrerseits durch das Wirklichkeitsverständnis und die Intentionen des Urteilenden gesteuert wird.«[168] Auch an dieser Stelle erschwert eine begriffliche Ungenauigkeit das Verständnis. Verwirrend ist die Behauptung, eine Person verhalte sich absichtlich beziehungsweise willentlich zu einem Horizont, der – wie Tödt selbst an anderer Stelle im Zusammenhang des Perspektivenbegriffs expliziert[169] – in der Regel unbewußt das Urteil mitsteuert. »Horizont« und »Intentionalität« sind komplementäre Begriffe. Die Absicht repräsentiert den jeweils aktuell ausgegrenzten Teil aus der »faktischen« Welt der Möglichkeiten.[170] Diese »faktische« Welt der Möglichkeiten – oder in der Terminologie Husserls: »Lebenswelt« – ist wiederum als Horizont – in der griechischen Bedeutung des Wortes – das »Eingrenzende«, »Umschließende«.[171] Selektion und Sektoralisierung verweisen auf jenen Bereich, von dem abgegrenzt, aus dem ausgewählt wird. Sie sind sozusagen Horizont im Horizont. Entsektoralisierung ist in diesem Sinne »Horizontverschmelzung« und damit eine hermeneutische Kategorie.[172]

Genauer kann zwischen zwei Weisen von Sektoralisierung unterschieden werden: einer *synchronen* und einer *diachronen*. Erste ist in der gegenwärtigen ethischen Literatur hinreichend thematisiert worden. Die kritische Diskussion etwa im Rahmen rationaler Entscheidungstheorien, holistische Positionen oder die Kritik an technisch-pragmatischen Problemlösungsstrategien stützen sich wesentlich auf das Argument eines verkürzten Problem- oder Wirklichkeitsverständnisses.[173] Für unsere Fragestellung auf-

---

166 Vgl. H. E. Tödt [1987], S. 30ff., bes. S. 34.

167 H. E. Tödt [1987], S. 30.

168 H. E. Tödt [1987], S. 31.

169 H. E. Tödt [1984], S. 68.

170 Der Begriff der Faktizität meint jene Tatsächlichkeit des Lebens, die Heidegger – in Abgrenzung zum »transzendentalen Ich« Husserls – zum Ausgangspunkt seiner hermeneutischen Phänomenologie macht (vgl. dazu O. Pöggeler [1990], S. 67ff.).

171 Vgl. M. Heidegger [1978] S. 268.

172 Der Begriff der Horizontverschmelzung begegnet – obgleich in verschiedenen Zusammenhängen – sowohl bei H.-G. Gadamer (vgl. ders. [1965], S. 311) als auch bei H. E. Tödt (vgl. ders. [1984], S. 56).

173 Vgl. etwa O. Höffe [1975]; K. M. Meyer-Abich [1988]; H. E. Tödt [1987], S. 30. Vgl. auch G. Picht [1978a], S. 204, der vor dem Hintergrund seiner Entfaltung des Verantwortungsbegriffs eine Sektoralisierungstendenz auch in der gesamten »neuere[n] Philosophie« ausmacht. Verantwortung könne nur angemessen wahrgenommen werden, wenn es gelänge, den Bereich der »Ver-

schlußreicher ist der Prozeß der diachronen Sektoralisierung und seine Gegenbewegung. Dieser Aspekt – der in der gegenwärtigen Diskussion kaum Erwähnung findet – führt uns noch einmal zurück auf das Gebiet hermeneutischer Überlegungen.

Abstand der Zeit und Sprachlichkeit sind zwei wesentliche Charakteristika, die Verstehen und Urteilen gemeinsam sind.[174] Überlieferung begegnet in sprachlicher Form und ihr Inhalt liegt dem Moment seiner Präsentation als Überlieferung zeitlich voraus. Zugleich ist sie wiederum als Überlieferung Gegenwart als Repräsentantin von Tradition. Hier zeigt sich die wesentliche Zirkularität von »Einigkeit« und »Unverbundenheit« oder »Fremdheit und Vertrautheit«, die Gadamer in dem Verhältnis von Leser und überliefertem Text diagnostiziert.[175]

Werden nun der Kontext des Überlieferten und derjenige des Lesers als je eigene Horizonte verstanden, so entstünde ein Bild von vielen gleichsam geschlossenen und somit wechselnden Horizonten. Gemäß dem hermeneutischen Diktum von der Unmöglichkeit der schlechthinnigen Standortgebundenheit begreift Gadamer dagegen den Horizont als etwas, »in das wir hineinwandern und das mit uns mitwandert. Dem Beweglichen verschieben sich die Horizonte. So ist auch der Vergangenheitshorizont, aus dem alles menschliche Leben lebt und der in der Weise der Überlieferung da ist, immer schon in Bewegung. Es ist nicht erst das historische Bewußtsein, das den umschließenden Horizont in Bewegung bringt. In ihm ist sich diese Bewegung nur ihrer selbst bewußt geworden.«[176] Historisches Verstehen bedeutet das sich Hineinversetzen in »den einen großen, von innen her beweglichen Horizont, der über die Grenzen des Gegenwärtigen hinaus die Geschichtstiefe unseres Selbstbewußtseins umfaßt.«[177] Diese »Horizontverschmelzung« ist Ausdruck der Kontinuität unserer geschichtlichen Existenz, deren Erkenntnis uns der »Abstand der Zeit« zuallererst ermöglicht.[178] Die hermeneutische Perspektive fordert, die vollzogenen Antizipationen im Prozeß des

---

antwortung für ...« zu erkennen. »Der weiteste Name für diesen Bereich heißt ›Welt‹. Deshalb ist diese Dimension der Verantwortung Aufgabe der ›Weltweisheit‹, der Philosophie.« Aber im Unterschied zur Platonischen Aufgabenbestimmung, wo die »Philosophie im ganzen zu erweisen [habe], was ›Gerechtigkeit‹ heißt«, kennt die neuere Philosophie »keinen Titel, der das Ganze ihrer Erkenntnis unter die Perspektive der Verantwortung rücken würde.«

174 Zu der »nachbarlichen Verwandtschaft der Hermeneutik mit der praktischen Philosophie« vgl. H.-G. Gadamer [1972], (hier S. 342). Daß der Heideggersche Verstehensbegriff in *Sein und Zeit* weiter gefaßt ist, zeigt etwa G. Figal [1982].

175 H.-G. Gadamer [1959], S. 63: »Die Stellung zwischen Fremdheit und Vertrautheit, die die Überlieferung für uns hat, ist also das Zwischen zwischen der historisch gemeinten, abständigen Gegenständlichkeit und der Zugehörigkeit zu einer Tradition.« Die Erkenntnis von der konstitutiven Bedeutung des Zeitenabstandes für das Verstehen begründet einen wesentlichen Unterschied zwischen der Hermeneutik Heideggers und Gadamers und derjenigen von Schleiermacher und Dilthey.

176 H.-G. Gadamer [1965], S. 309.

177 Ebd.

178 Vgl. H.-G. Gadamer [1959], S. 63. M. Heidegger [1957], S. 152, betont ausdrücklich, daß es sich an dieser Stelle um keinen methodischen, sondern um einen ontologischen Zirkel handelt.

Verstehens »sich selber bewußt zu machen«; es geht mit anderen Worten um »die Aufgabe der Konkretisierung des historischen Bewußtseins«.[179]

Die historische Dimension kommt im Rahmen von Technikethik wesentlich in den Diskussionen um den Fortschrittsbegriff zur Sprache. Trotz eines zunehmenden Pragmatismus gelten nach wie vor die kulturphilosophischen Paradigmen von den »two cultures« (C. P. Snow) beziehungsweise dem »cultural lag« (W. F. Ogburn), wonach der gesellschaftliche Wertekanon mit seinen starken Bindungen an Traditionen der naturwissenschaftlich-technologischen Entwicklung weit »hinterherhinkt«.[180] Von diesem – man könnte sagen – *trivialen* Verständnis von Geschichtlichkeit im Sinne des historischen Gewachsenseins eines je aktuellen Normen- und Wertegeflechts kann ein *nicht-triviales* Verständnis unterschieden werden. Ein solches hat H. E. Tödt im Anschluß an die Zeitphilosophie von G. Picht in Grundzügen entwikkelt.[181]

Picht benennt – in Abgrenzung zum Zeitbegriff der klassischen Physik – zwei Grundbestimmungen der Zeit: Irreversibilität und Gerichtetheit. Der Kern der Pichtschen Zeitphilosophie steckt in der Formel: »[…] nichts, was vergangen ist, vergeht.«[182] Aus dem jedem Naturgesetz zugrundeliegenden Axiom, »daß nichts, was einmal geschehen ist, wieder ungeschehen gemacht werden kann,« folgt die Unumkehrbarkeit beziehungsweise Irreversibilität der Zeit. »Wenn aber nichts, was einmal geschehen ist, sich wieder aufheben, also bewegen läßt, so kann die Zeit sich nur nach vorne bewegen. Das erste Grundaxiom der Zeit legt zugleich ihre Richtung fest.«[183] Zeit ist somit kein homogenes Kontinuum, wie der klassische Zeitbegriff suggeriert, innerhalb dessen sich die Unterschiedenheit der drei Zeitmodi (Vergangenheit, Gegenwart, Zukunft) lediglich aus dem zufälligen Standort des Beobachters im Zeitenstrom ergibt. Vielmehr gilt es zu erkennen, daß die verschiedenen Zeitmodi nicht »strukturgleich« sind, sondern jedem Modus der Zeit eine spezifische Modalität eigen ist. Unaufhebbarkeit und Irreversibilität von Vergangenheit bilden mit den Modalitäten Notwendigkeit und Unmöglichkeit die Grenzen, innerhalb derer ein Bereich liegt, »in dem nicht feststeht, was geschehen wird.«[184] Der sich so – in der Fortdauer der Vergangenheit – konstituierende Spielraum ist Zukunft in der Modalität der Möglichkeit. Picht begreift – wie zuvor Heidegger – die Zukunft konstituierende Modalität der Notwendigkeit von Vergangenheit – eben in Abgrenzung zu dem diskriminierenden Verständnis der klassischen Physik als »subjektiven Schein« – als ontologische Bestimmung. Im dritten Zeitmodus, der Gegenwart, verschränken sich Vergangenheit und Zukunft zu einer Einheit von Zeit, »in der der ganze Raum des Vergangenen aufbewahrt, die ganze Weite der Zu-

179 H.-G. Gadamer [1959], S. 61.

180 J. Nida-Rümelin [1996a], beobachtet ein solches »Hinterherhinken« von Ethik auch auf der methodischen Ebene relativ zu anderen Bereichen der Philosophie.

181 Vgl. H. E. Tödt [1984]; G. Picht [1971]; ders. [1958]; ders. [1966], S. 420ff.; ders. [1983]; M. Theunissen [1984]; W. Wieland [1985]; B. Thomassen [1991], S. 164ff.

182 G. Picht [1971], S. 370.

183 G. Picht [1966], S. 421.

184 Ebd.

kunft als ein Spielraum der Möglichkeit schon erschlossen ist.«[185] Die Modalität der Gegenwart ist die Wirklichkeit, in dem Sinne, daß »möglich [...] alles [ist], was wirklich sein kann; und notwendig [...] alles, was wirklich sein muß. Entsprechend nennen wir zukünftig, was einmal gegenwärtig sein kann, vergangen, was einmal gegenwärtig war. Als möglich bezeichnen wir den Spielraum zwischen dem, was notwendig sein muß, und dem, was unmöglich sein kann.«[186] Die Modalitäten Notwendigkeit und Möglichkeit beziehen sich auf die Wirklichkeit, wie die Zeitmodi Vergangenheit und Zukunft auf die Gegenwart. In diesem Sinne spricht G. Picht nun von der Gegenwart als »Einheit der Zeit« und vom »Wesen der Zeit« als »Vergegenwärtigung«.[187] Entscheidend ist nun – ganz in Übereinstimmung mit der Gadamerschen Metapher vom mitwandernden Horizont –, daß diese Einheit der Zeit keine »unbewegte Identität« darstellt, sondern selbst über eine Geschichte verfügt.[188]

Welche Konsequenzen haben die vorangegangenen Überlegungen für den Prozeß sittlicher Urteilsfindung? H. E. Tödt ist dieser Frage nachgegangen und hat festgestellt, »daß in den unterschiedlichen Typen sittlicher Orientierung die drei Modi der Zeit [...] ein unterschiedliches Gewicht haben und daß ihre Verknüpfung in unterschiedlicher Weise geschieht, oft übrigens ganz ›unbedacht‹.«[189]

Viele ethische Modelle neigen ganz wesentlich dazu, jeweils einen Zeitmodus zu verabsolutieren. Im einzelnen können – analog zu den drei Zeitmodi – drei Vorstellungen unterschieden werden: diejenige der Zeitmaschine von O. Wells, die von der unhistorischen Existenz der – im Modus der Vergessenheit – weidenden Herde Nietzsches und die des schwärmerischen Utopisten.[190] In kasuistischen Moralvorstellungen dominiert die Vergangenheit. Via Zeitmaschine wird die Vergangenheit nach Lösungen für die Probleme der Gegenwart befragt. Eine solche Position muß eine »zuverlässige Kontinuität zwischen Vergangenheit und Gegenwart« unterstellen.[191]

Die zweite Vorstellung sieht Tödt einerseits in der Tradition der evangelischen Situationsethik und in den verschiedenen Ausprägungen des moralischen Dezisionismus, andererseits im »Empirismus« gegenwärtiger funktionalistischer Theorien in den Sozialwissenschaften und allgemein in der Neigung einer reduktionistischen Problemfixie-

---

[185] G. Picht [1966], S. 423.

[186] G. Picht [1971], S. 371.

[187] G. Picht [1966], S. 423.

[188] Vgl. ebd.: »Die Zeit produziert ihre Einheit ständig neu [...]. Das Absolute ist nicht ausgelöscht, aber wir haben entdeckt, daß es sich bewegt.« Vgl. ders. [1971], S. 371f. Picht greift an dieser Stelle auf den Horizontbegriff zurück und definiert Gegenwart als den »vieldimensionale[n] Horizont, innerhalb dessen Wirkliches erscheint«, beziehungsweise als den »Horizont der Phänomenalität von Phänomenen innerhalb eines universalen Kommunikationszusammenhanges«.

[189] H. E. Tödt [1984], S. 51.

[190] Vgl. H. E. Tödt [1984], S. 52 und 82; G. Picht [1966], S. 421; F. Nietzsche, *Unzeitgemäße Betrachtungen* II, 1, S. 211ff.

[191] Vgl. H. E. Tödt [1984], S. 51f.: »Aus dem Gegebenen wird für die Gegenwart erschlossen, was jetzt zu tun ist, als ob eine zuverlässige Kontinuität zwischen Vergangenheit und Gegenwart bestünde und die Zukunft nur die Fortschreibung des Bisherigen sein könnte.«

rung repräsentiert.[192] Die Verabsolutierung der Gegenwart ist – wie unsere bisherigen Überlegungen gezeigt haben – kennzeichnend für weite Bereiche Angewandter Ethik. Die Art und Weise der in Deutschland geführten Euthanasie-Diskussion läßt sich kaum trefflicher zusammenfassen, als mit den Worten Nietzsches. Die bewußt historische Kontexte ausblendende Argumentation der Protagonisten entspricht der Sichtweise eines Kindes, »das noch nichts Vergangenes zu leugnen hat und zwischen den Zäunen der Vergangenheit und der Zukunft in überseliger Blindheit spielt«.[193]

Die dritte Position ortet Tödt dort, wo die »Kategorie des Novum« (E. Bloch) dominiert. Derartige Vorstellungen verlieren ihren Anschluß an die Gegenwart und können sich nicht mehr »auf die Situationen in ihrer vorgegebenen Konkretheit beziehen«.[194] Die Vergangenheit verliert gänzlich ihr Gewicht. Das aktuelle moralische Bewußtsein besteht rein zufällig und kann aus diesem Grund beliebig ausgewechselt werden. Die den Möglichkeitsspielraum der Gegenwart konstituierende Vergangenheit fällt schlicht unter den Tisch. An ihre Stelle tritt der Entwurf als Grenzzaun des Möglichkeitsspielraumes.

Die Bedeutung der Zeitmodi in sittlichen Urteilen hat Tödt besonders im Zusammenhang der Entstehungsgeschichte von Problemen deutlich gemacht: »Bei der Problemfeststellung scheinen alle Dimensionen der Zeit ins Spiel zu kommen. Ein Problem wird hier und jetzt, also als gegenwärtig wahrgenomen. Aber ohne einen Blick auf seine Entstehungsgeschichte, also auf Vergangenheit, ist es nicht zu ›begreifen‹. Zugleich steckt in jeder Problemstellung ein Vorgriff auf eine Lösung, ist also Zukunft im Blick. Nur wenn man die Problemfeststellung ›isoliert‹, dominiert in ihr Gegenwart.«[195] Entscheidend ist nun das »Zusammenspiel« der verschiedenen Zeitmodi. Die Vergangenheit »gibt die inhaltliche Bestimmtheit her« der Normen und Güter, auf die wir uns im sittlichen Urteil beziehen beziehungsweise die dabei zur Disposition gestellt werden. Ganz in Übereinstimmung mit dem Gadamerschen Begriff der »Abhebung« formuliert Tödt, daß ein Verständnis von Gegenwart als eine »ausgedehnte Konstellation zwischen Vergangenheit und Zukunft« nur über den Schritt der Distanzierung von eben dieser Gegenwart möglich wird.[196] Die verantwortungsethische Frage nach den

---

192 Vgl. H. E. Tödt [1984], S. 52ff.

193 F. Nietzsche, *Unzeitgemäße Betrachtungen* II, 1, S. 212.

194 H. E. Tödt [1984], S. 52.

195 H. E. Tödt [1984], S. 58. Vgl. S. 59: »Aber auch das Problem selbst ist durch die Fortwirkung von Vergangenem im Gegenwärtigen mitbestimmt. Vergangenheit wirkt weiter im Sinne von nötigender Festlegung und ermöglichender Vorhabe.«

196 H. E. Tödt [1984], S. 60: »Von solcher Gegenwart muß man sich distanzieren können, um ein Verhältnis zu ihr zu gewinnen.« Der hier geforderte Akt bleibt aber ganz dem Zirkel unserer Existenz verhaftet, denn er kann nicht – mit den Worten von H.-G. Gadamer [1959], S. 60f. – in »sachliche[r] ›Neutralität‹ noch gar Selbstauslöschung« bestehen, »sondern schließt die abhebbare Aneignung der eigenen Vormeinungen und Vorteile ein.« Es gilt ja gerade, »der eigenen Voreingenommenheit inne zu sein«. Diesen Zusammenhang expliziert H.-G. Gadamer [1965], S. 310f., mit Hilfe des Begriffs der Abhebung: »Abhebung ist immer eine Wechselbeziehung. Was zur Abhebung kommen soll, muß sich von etwas abheben, das umgekehrt sich selber von ihm abheben muß. Alle Abhebung läßt daher das, wovon etwas sich abhebt, mit sichtbar sein.« Vor diesem Hintergrund wird es zuallererst möglich, »den Abstand der Zeit als eine positive und produktive Möglichkeit des Verstehens zu erkennen.« (H.-G. Gadamer [1959], S. 63).

Folgen eines Entwurfes oder einer Handlung schließlich fragt nach dem Zukünftigen.[197] »Das ›Woraufhin‹ des verantwortlichen Urteilens liegt also in der Zukunft.«[198]

Entscheidend für unseren Zusammenhang ist das Bewußtsein, daß Vergangenes auf die Gegenwart einwirkt als Eingrenzung aber damit eben auch als Ermöglichung des je aktuellen Möglichkeitsspielraumes. Vergangenheit begegnet als »ermöglichende Vorgabe« und als »einengende Nötigung«[199] In welcher der beiden Weisen Vergangenheit jeweils wahrgenommen wird, wird bestimmt durch die gegenwärtige Perspektive, aus der die Vergangenheit ins Bewußtsein kommt. Die beiden Erscheinungsmodi »Nötigung« beziehungsweise »Vorgabe« erhalten ihre spezifische Charakteristik – wie das Kriterium der Möglichkeit deutlich macht – von einer zukünftigen Perspektive her.

Entsektoralisierung betont in einem diachronen Verständnis die Geschichtlichkeit des Problems, seiner Wahrnehmung und der Situation des jenes Wahrnehmenden. Es geht um ein angemessenes Verständnis dessen, was ein konkretes Problem *ist*. Das hermeneutische Fragen bewegt sich in konzentrischen Kreisen ausgehend von der Peripherie dessen, als was ein Problem zuerst erscheint, hin auf das Zentrum dessen zu, was das Problem im Kern ist.[200] Analog zu der Aufgabenbestimmung Gadamers – »daß eine philosophische Hermeneutik mehr an den Fragen als an den Antworten interessiert ist. Oder besser, daß sie Aussagen als Antworten auf Fragen, die es zu verstehen gilt, auslegt«[201] – sind Probleme als Antworten auf Fragen zu begreifen, die verstanden werden wollen.

2.2.2 Methodische Entsektoralisierung

Die vorgestellten Ethikmodelle enthalten drei Antworten auf unsere Ausgangsfrage nach den Möglichkeiten einer Vermittlung von Technik und Ethik beziehungsweise deren Rationalitätstypen. Bei Jonas mißlang der Versuch infolge eines überzogenen Kriteriums für die Handlungsorientierung. Das Rendtorffsche Modell entging dieser Falle, konnte aber den strukturellen Bedingungen menschlicher Aktion und Interaktion nicht

---

197 Vgl. zusammenfassend H. E. Tödt [1984], S. 78: »Ein Urteil geschieht in der Gegenwart. In ihr schießen Zukunft und Vergangenheit zusammen. Jede der drei Zeitdimensionen muß im Urteilsentscheid angemessen berücksichtigt sein: Die Vergangenheit, deren Nötigungen und Vorgaben sich darin kundtun, daß ein Problem sich stellt und wie es sich stellt. Die Gegenwart, an welche die Erkenntnis dessen, was jetzt wirklich ist, gebunden bleibt. Und die Zukunft, auf die hin ein Entschluß das Verhalten und damit auch das Sein des Urteilenden entwirft und von der her eine Entscheidung mit beleuchtet und motiviert wird.«

198 H. E. Tödt [1984], S. 73. Das »Woraufhin« ist aber zugleich das »Worum-willen« des griechischen *ou eneka*. Vgl. dazu M. Heidegger [1957], S. 84.

199 H. E. Tödt [1984], S. 83.

200 Vgl. dazu die Methode des »Sokratischen Gesprächs« bei D. Horster [1994], bes. S. 55ff.

201 H.-G. Gadamer [1972], S. 339f. Und Gadamer fährt fort: »Tatsachen begegnen in Aussagen. Alle Aussagen sind Antworten. Das ist aber noch nicht alles. Die Frage, auf die jede Aussage Antwort ist, ist ja selber wieder motiviert, und so ist in einem gewissen Sinne jede Frage selber wieder eine Antwort. Sie antwortet auf eine Herausforderung. Ohne eine innere Spannung zwischen unseren Sinnerwartungen und den allverbreiteten Ansichten und ohne ein kritisches Interesse an den allgemein herrschenden Meinungen würde es überhaupt keine Frage geben.«

gerecht werden. Der Tödtsche Entwurf führte hier am weitesten, weil ihn seine eingehende Analyse zu einem realistischeren Hintergrund für eine gegenwärtige Ethik führt. Dieser »Realismus« ist zwischen den Stühlen »einer deformierten Wahrnehmung der Wirklichkeit«, die Tödt bei H. Jonas diagnostiziert,[202] und einem sowohl den Sektoralisierungsmechanismus als auch einen dem Subjekt verhafteten Modernismus letztlich nicht überwindenden Neoaristotelismus angesiedelt.[203] Pointiert formuliert erliegen Jonas und Rendtorff – je auf ihre Weise – dem klassischen Antagonismus von Zweck- und Wertrationalität, beide um die Rettung des ethischen Erbes bemüht, während Tödt dieses Ziel auf dem entgegengesetzten Weg – der Auflösung jener Dichotomie – zu erreichen sucht.

Mit seinem Zug – Entsektoralisierung durch die »Rückbindung« an die Person als einem geschichtlichen Wesen, im Gegensatz zu ihrer Auflösung in aktuelle, »geschichtslose« Rollen oder Funktionen – bleibt Tödt einerseits der Tradition derjenigen verpflichtet, die sich um eine Lösung des offenen Problems der »Dialektik der Aufklärung« bemühen, als er andererseits über diese hinausgeht. Wenngleich er sich bei der Beschreibung der Sektoralisierungsmechanismen technizistisch verkürzter Problemlösungsstrategien eines der Kritischen Theorie entlehnten Vokabulars bedient, teilt er nicht – wie bereits mit dem Terminus »Sektoralisierung« zum Ausdruck kommt – die dort prognostizierte Tendenz hin zu einer Totalität der »instrumentellen Rationalität«. Eine solche Position liefe darauf hinaus – wie W. Korff treffend bemerkt hat –, die Fähigkeit des Menschen zu Verantwortung und Sittlichkeit prinzipiell bezweifeln zu müssen.[204] Tödt entwickelt an dieser Stelle eine differenziertere Position, die als methodische Entsektoralisierung beschrieben werden kann. Es lohnt sich daher, gerade vor dem Hintergrund unserer Ausgangsfrage, nochmals einen Blick auf einige Überlegungen Tödts zu richten.

Der Schlüssel für den Tödtschen Vermittlungsansatz findet sich in seinem Fortschrittsaufsatz. Dieser nimmt einen erstaunlichen Auftakt mit der Beschreibung einer *doppelten Ambivalenzerfahrung*: »Die Technik scheint ambivalent zu sein, zwiespältig im Wert, zweischneidig in den Folgen.« Angesichts dieser beunruhigenden Ausgangslage sähen sich vor allem Kirche und Theologie mit der Erwartung konfrontiert, eindeutige, evidente Werte zu begründen und religiös zu legitimieren. Tödt erteilt nun ei-

---

202 H. E. Tödt [1983], S. 153.

203 Gerade vor dem Hintergrund seines Fortschrittsaufsatzes wird deutlich, daß ein wesentliches Motiv des Tödtschen Urteilsschemas darin gesehen werden muß, den Ort des ethischen Subjekts in einer Welt – wesentlich durch den technischen Fortschritt konstituierter – systemischer Strukturen zu bestimmen.

204 Vgl. W. Korff [1988], S. 407: »Der Mensch ist von Natur verantwortungs- und sittlichkeitsfähig […]. Alle Kritik am Mißbrauch der instrumentellen Vernunft kann somit immer nur als Kritik am tatsächlich geübten Verhalten, als Mangel an moralischem Verantwortungsbewußtsein gefaßt werden, nicht aber als Infragestellung der sittlichen Kompetenz und Verantwortungsfähigkeit des Menschen überhaupt. Es irren also jene, die von dem faktischen Fehlverhalten des Menschen auf eine grundsätzliche, unaufhebbare Dysfunktionalität zwischen sittlicher und instrumenteller Vernunft schließen und im Namen der sittlichen Vernunft eine neue, *gegen* die instrumentelle Vernunft gerichtete Ethik fordern.« Vgl. dazu auch die Deutung des Kantischen Vernunftbegriffes im Abschnitt I 2.2.

ner solchen, dieser Forderung inhärenten Hoffnung eine klare Absage: Auch »die erhabensten Werte [...] erweisen sich, konkret genommen, ihrerseits als ambivalent.«[205] Es fehlt – wie bereits oben bemerkt – ein archimedischer Punkt im Sinne eines übergeordneten fixen Maßstabes, gleichgültig ob in Form eines kategorischen Imperativs oder eines gesellschaftlich akzeptierten *common sense*.

Im Gegensatz zu dem auf einem Dissens beruhenden problemorientierten Vermittlungsgedanken erlaubt der Ambivalenzbegriff eine positive Verbindung von Technik und Ethik in Form einer Analogisierung. Wie ist diese Analogie näher zu bestimmen? Tödt spricht von analogen Erfahrungen im Umgang mit Techniken und Werten. Wichtig ist an dieser Stelle die exakte Formulierung: Technik »scheint« und Werte »wirken« ambivalent. Nicht Technik oder ethische Normen sind ambivalent, sondern »Sachverhalte« und »Empfindungen«. Diese Unterscheidung ist fundamental. Das Prädikat »ambivalent« kommt Erfahrungen mit technischen oder ethischen Sachverhalten zu und nicht den Gegenständen selbst. Daß wir derartige Sachverhalte als ambivalent erfahren, wurzelt »letzten Endes in der unaufgehobenen Ambivalenz des Menschen.«[206] Technik und Ethik bilden somit zwei Bereiche des menschlichen Sichselbst-Entwerfens in seine Umwelt und Ambivalenzerfahrungen bekommen so den Status indirekter Selbsterfahrungen.

Das Charakteristikum der Ambivalenz begegnet etwa in »Enttäuschungserfahrungen« über das Verfehlen von Zielen oder in der Erfahrung von »unvorhergesehenen Nebeneffekten« sowohl bei technologischen als auch sozialen oder politischen Entwicklungen. Die »Nebenwirkungen« erscheinen hier nicht – wie bei Rendtorff – als ein Techniken oder Technologien eigenes Phänomen, sondern als Charakteristikum des »auf Selbstverwirklichung zielende[n] Handeln[s] des Menschen«. Sie sind damit gleichermaßen Kennzeichen aller anderen Bereiche menschlicher Aktion und Interaktion. Mit dem Charakteristikum des auf *Selbstverwirklichung zielenden Handelns* benennt Tödt eine Perspektive, aus der heraus technische und ethische Aspekte zu einer Einheit verschmelzen. Das Kriterium tritt nicht an die Stelle handlungs-, wissenschafts- und erkenntnistheoretischer Überlegungen, sondern schafft ein – zunächst jenseits davon angesiedeltes – Interpretations- und Kommunikationsschema, das wie ein Brennglas

---

205 H. E. Tödt [1983], S. 143. Tödt führt weiter aus: »Radikale Verwirklichung von Freiheiten zum Beispiel negiert unentbehrliche Gleichheitsrechte. Und extreme Durchsetzung sozialer Grundrechte geht zu Lasten der Persönlichkeitsentfaltung. In abstracto mag der Kern aller dieser Rechte evident erscheinen, im Spannungsgefüge des Lebens aber muß ein jedes auf die anderen abgestimmt werden, soll es nicht ambivalent wirken.« Vgl. a. a. O., S. 150f.: »Die Suche nach evidenten Grundwerten, die meint, man könne die Ambivalenzen auf der Werteebene überwinden und brauche nur diese eindeutig guten Werte gesellschaftlich zu realisieren, täuscht uns hinsichtlich der Wirklichkeit, in der wir leben.«

206 H. E. Tödt [1983], S. 150. Tödt fährt fort: »Ambivalenz in diesem Sinne heißt, daß alles produktive Handeln aus sich heraus auch destruktive Potenzen setzt, daß insbesondere das auf Selbstverwirklichung zielende Handeln des Menschen zugleich Tendenzen der selbstnegatorischen Zerstörung in sich erzeugt.«
Zum Ambivalenzbegriff vgl. A. Huning [1987], S. 150: »Die Welt der Technik als Spiegelbild des Menschen enthält alle Ambivalenzen des Menschen selbst; sie ist der äußere Mensch selbst«. Vgl. auch W. Oelmüller [1980]; J. H. J. van der Pot [1985]; G. Ropohl [1985]; H. E. Tödt [1981]; L. Tondl [1968].

wirkt. Was im Problembegriff lediglich in negativer Form und implizit anklang, das Faktum, daß ethisch motivierte Probleme in technischen beziehungsweise technologischen Kontexten vorkommen, wird hier in positiver Weise explizit und erhält seine Begründung.

Vor dem Hintergrund unserer bisherigen Überlegungen zum Bereich Angewandter Ethik bedeutet der Tödtsche Ansatz eine Erweiterung und Konkretisierung. Seine Aufgabenbeschreibung beginnt mit einem ähnlich bereits bei Meggle begegnenden, begründungskritischen Gedanken: »Theologische Ethik sollte nicht Bibel und Tradition benutzen, um aus ihnen Werte und Normen zu begründen.« Und er fährt fort: »Viel dringlicher ist es, die rechten Perspektiven für den Umgang mit den Werten unserer Lebenswelt zu finden. Urteile theologischer Ethik müssen dann freilich mit der Durchsicht der Phänomene und Werte beginnen, um dann zu der Frage vorzudringen, welche Perspektiven helfen, uns ihnen gegenüber sinnvoll zu orientieren.«[207]

Worin unterscheidet sich der Tödtsche Ansatz von den vorgestellten Modellen Angewandter Ethik? Die entscheidende Differenz besteht zunächst in seiner theologischen Ausrichtung. Dies hat nicht allein inhaltliche, sondern auch strukturelle Konsequenzen. Sein Perspektivenbegriff erlaubt es, zwischen den *Normen*, um deren Anwendung es geht, den *Metanormen* ihrer Begründung und den *Regulativen*[208] ihres Umgangs zu unterscheiden. Der Perspektivenbegriff fungiert als vermittelndes Organ zwischen der Begründungs- und Anwendungsebene. Damit wird aber – und hierin besteht ein weiterer wesentlicher Unterschied – die Instanz, die das Anwendungsverfahren reflektiert, nicht in den Raum theoretischer Begründungsdiskurse verlegt, sondern bleibt Teil derselben Praxis, die auch den Schauplatz für die thematisierten Anwendungsverfahren abgibt. Die konstitutive Differenz aller Subsumtionsmodelle zwischen Grundnorm und angewandter Norm – dies ist ein dritter Aspekt – macht nur noch beschränkt Sinn. »Anwendungsfremde« – also jenseits der Praxis angesiedelte – Normen haben keinen Wert, insofern sie praktisch nicht vorkommen.[209] Tödt stellt in gewisser Weise die normative Ethik vom Kopf auf die Füße. Begründungsfragen werden virulent in Normenkonflikten und nehmen ihren Ausgang in Normenanwendungsverfahren. Nach traditionellem Verständnis – so auch in der eingangs konstruierten Philosophenrunde – verweisen Situationen konkurrierender Normen auf die Notwendigkeit eines Begründungsdiskurses. Eine derartige Vorstellung suggeriert, mit der Argumentation für die allgemeine Geltung einer Norm wäre zugleich der Nachweis erbracht, daß diese Norm jener konkurrierenden im Hinblick auf die konkrete Konfliktsituation vorzuziehen sei. Es ist sofort einsichtig, daß eine solche Lösung auf der traditionellen Begründungsebene nicht zu erreichen ist. Aus dieser Perspektive verschwindet das Tödtsche Thema

---

207 H. E. Tödt [1983], S. 144.

208 Mit dem Begriff des Regulativs soll an dieser Stelle auf Affinitäten zwischen dem Tödtschen Perspektivenbegriff und dem Konzept »impliziter Axiome« beziehungsweise »regulativer Sätze« bei D. Ritschl [1984] hingewiesen werden.

209 Vgl. H. E. Tödt [1977], S. 88. Tödt vertritt dort die – wie er selbst im nächsten Satz zugesteht – wohl zu relativierende, dennoch naheliegende Ansicht, »daß die *Normenwelt im Urteilen erzeugt wird.*«

– »die rechten Perspektiven für den Umgang mit den Werten unserer Lebenswelt zu finden« – in einem toten Winkel.

E. Tugendhat hat darauf hingewiesen, daß moralische Konflikte nicht zwischen moralischen und amoralischen Menschen ausgetragen werden, sondern zwischen solchen mit konfligierenden Moralvorstellungen. Dieser Gedanke läßt sich nun in zweierlei Hinsicht fortführen. Auseinandersetzungen, die wir Normenkonflikte nennen, brechen vielleicht viel seltener darüber aus, daß Menschen mit konkurrierenden moralischen Vorstellungen in einer Handlungssituation aufeinandertreffen, als vielmehr darüber, daß sich die Beteiligten in ihren *Motiven* – im Gegensatz zu ihren *Gründen* – hinsichtlich der Umgangsweise mit den zur Debatte stehenden Werten und Normen unterscheiden.[210] Sodann verweist das Tödtsche Modell auf ein weiteres Konfliktpotential, das im Rahmen ethischer Diskurse regelmäßig unbeachtet bleibt. Gerade die Begründungsdiskussion verleitet – aus der gängigen Vorgehensweise, eine bestimmte Norm oder einen bestimmten Typ von Normen in den Blick zu nehmen – zu der Annahme, die Lebenswirklichkeit ließe sich in ähnlich differenzierte Zonen aufteilen.[211] Normenkonflikte betreffen immer Ensembles verschiedenster Normen und Werte oder Normenkonstellationen, so daß dem von Tugendhat als *interpersonal* beschriebenen Normenkonflikt häufig ein *intrapersonaler* zur Seite tritt im Hinblick auf die Frage, welchen Stellenwert ich den verschiedenen zur Debatte stehenden – das heißt nicht den in einer Situation möglichen, sondern den in einer Situation vorgegebenen, faktischen – Normen und Werten einräume. Konflikte sind zu einem wesentlichen Teil nicht die Folge verschiedener moralischer Anschauungen, sondern unterschiedlicher *Gewichtungen.* Die Frage der Gewichtung ist nun weniger eine allgemeine Frage der Begründung von Normen, noch eine konkrete ihrer Umsetzung, sondern eine perspektivische Frage des Umgangs mit Normen und Werten.[212]

Der Perspektivenbegriff weist zudem einen Weg aus einem bisher nicht benannten Dilemma unserer Überlegungen. Unsere These, daß sich problemorientierte Ethiken in ihren Problemformulierungen bereits normativer Orientierungen bedienen, die zu suchen sie zu ihrer Aufgabe erklären, könnte zu der absurden Ansicht verleiten, moralische Probleme seien reine Fiktionen oder hätten allenfalls analytischen Charakter. Denn wenn die Problemformulierung den Kern ihrer Lösung bereits in sich trägt, dann

---

210 Zu der Unterscheidung zwischen Motiven und Gründen vgl. E. Tugendhat [1993], S. 27ff. und S. 85.

211 Die gleiche Gefahr stellt sich für problemorientierte Verfahren, da der Akt der Problematisierung eine Fokussierung auf die zugrundeliegende Norm oder den zugrundeliegenden Normentyp provoziert.

212 Vgl. J. Nida-Rümelin [1996a], S. 61: »Man sollte besser von ›moralischen Überzeugungen‹ sprechen, denen wir in unterschiedlichem Grade Gewicht beimessen, wobei sich das relative Gewicht danach bestimmt, welche dieser moralischen Überzeugungen wir im Konfliktfalle aufzugeben bereit sind. Konflikte zwischen moralischen Überzeugungen treten jedoch häufig erst im Verlaufe der Theoriebildung auf, da diese moralische Überzeugungen in Beziehung setzt, die vordem unvermittelt nebeneinanderstanden. Systematisierung moralischer Überzeugungen heißt Subsumtion moralischer Überzeugungen unter allgemeinere...« Die Aussage des letzten Satzes muß allerdings dahingehend ergänzt werden, daß Theoriebildung selbst häufig die Folge praktischer Probleme – die Normenkollisionen implizieren – ist.

hat sich damit zugleich das Problem zu einem wesentlichen Grad erledigt. Das ist evidenterweise nicht der Fall. Dennoch bleibt zutreffend, daß die Problemformulierung konstitutiv auf eine ganz spezifische moralische Orientierung verweist. Nach traditionellem Verständnis wären die beiden Behauptungen nicht widerspruchsfrei zu vermitteln.

Die Tödtsche Trias aus Metakriterien, Normen und Perspektiven für ihren Umgang weist einen Weg aus dem Dilemma. Die traditionellen normativen Ethiken suchen Problemlösungen auf dem Wege des Entwerfens und Begründens von Normen. Damit müssen sie zugleich unterstellen, daß die bisher gültigen Normen entweder unzureichend, falsch interpretiert beziehungsweise angewendet oder nicht zur Geltung gekommen sind.[213] Das differenzierte Schema von H. E. Tödt läßt einen anderen und – wie verschiedenste Beobachtungen nahelegen – weitaus realistischeren Schluß zu. Problematische Sachverhalte kommen nicht unabhängig von dem Stand ethischer Reflexion zustande, daraus aber irgendwelche Schlüsse hinsichtlich der Konsequenzen – im Sinne von Problemlösungen – abzuleiten, wäre ein schwerer Irrtum. Gerade die letzten Jahre zeigen, daß trotz wachsender Sensibilisierung etwa für das Thema Umweltverschmutzung, diese – scheinbar dessen ungeachtet – unaufhaltsam und in bestimmten Bereichen sogar exponentiell fortschreitet beziehungsweise zunimmt. Die Schwierigkeit kann offenbar gerade nicht in einer moralischen Unbefangenheit im Sinne einer mangelhaften moralischen Reflexion gesucht werden. Vielmehr scheinen die Anerkennung der Geltung von Normen oder Einsichten in die Notwendigkeit prinzipieller Reglementierungen relativ unverbunden und daher folgenlos neben unseren konkreten, alltäglichen Handlungsräumen zu stehen.[214] Die Frage lautet also weniger, welche Normen sollen gelten, als vielmehr, was sollte aus der Geltung von Normen und ihrer Anerkennung sinnvollerweise folgen.

Die letzte Frage ist nur eine Reformulierung des einen Aspekts in der Tödtschen Frage nach den »rechten Perspektiven für den Umgang mit den Werten unserer Lebenswelt«. Der andere Aspekt betrifft die Art und Weise, wie mit Hilfe dieses Ansatzes technische und technologische Sachverhalte zur Sprache kommen können. Tödt spricht am Schluß seines Fortschrittsaufsatzes von »einer kommunikativen Technik, die dialogfähig wird gegenüber all den anderen Lebens-, Handlungs- und Organisationsbereichen und den Wissenschaften, mit denen sie verflochten ist.«[215] Die Forderung nach einer »kommunikativen Technik« impliziert zugleich diejenige, diesen kommunikativen Charakter auch aus einer analysierenden Perspektive in den Blick zu bekommen. Das gelingt dann, wenn das Zweck-Mittel-Schema, als traditionelles Sezierwerkzeug der

---

213 Es wäre eine eigene Untersuchung wert, der Frage nachzugehen, wie deontologische Ethiken die Differenz zwischen normativem Konsens und faktischem Verhalten erklären können.

214 In diesem Zusammenhang gehört die Kritik von D. Horster [1995], S. 50ff., an den Versuchen einer ethischen Letztbegründung bei Apel und Habermas. Beide unterstellen, »daß Moralischsein sich erschöpft in der Kenntnis der Norminhalte und in der Einsicht ihrer Richtigkeit. Affekte, also moralische Empfindungen oder Gefühle, finden keine Erwähnung. Offenbar gehen Apel und Habermas wie Lawrence Kohlberg [...] davon aus, daß diejenigen, die die Normen kennen, auch automatisch moralisch handeln.« (A. a. O., S. 58).

215 H. E. Tödt [1983], S. 155.

technikphilosophischen und -ethischen Beschäftigung mit Technik durch eine Analyse der Werthaftigkeit der betreffenden Techniken und Technologien im gesellschaftlichen Kontext ergänzt wird. Vor diesem Hintergrund könnte ein Dialog zwischen Ethik und Technik auf ein und derselben Ebene beginnen.

Auch die traditionelle Verhältnisbestimmung von Technik und Ethik verweist auf eine spezifische Perspektivenwahl.[216] Bei der Darstellung des Tödtschen Urteilsmodells war bereits deutlich geworden, daß sein Perspektivenbegriff mehrdeutig besetzt ist. Eine Differenzierung zwischen dem Perspektivenbegriff auf der einen und dem Horizontbegriff auf der anderen Seite konnte nicht befriedigend geleistet werden. Die Tödtsche Einführung der Begriffe läßt mehrere Lesarten zu: Der »Horizont« präsentiert dasjenige, was dem Urteilenden als sein »Wirklichkeitsverständnis« vorgegeben ist, die »Perspektive« legt fest, in welchem Hinblick auf die »Wirklichkeit« ein Urteil gewonnen wird und welcher »Umgang mit Normen« gewählt wird.[217] Werden die Begriffe »Wirklichkeitverständnis« und »Wirklichkeit« hier als Synonyme aufgefaßt, liegt ein *hierarchisches* Verhältnis nahe: Der Horizont repräsentiert die persönlichkeitskonstituierende »Weltsicht« des Subjektes, die Perspektive den aktualisierten Ausschnitt dieser »Weltsicht« hinsichtlich einer konkreten Urteilssituation. In einer *komplementären* Lesart – in der »Wirklichkeit« das Material für den persönlichkeitsstiftenden Entwurf des »Wirklichkeitsverständnisses« abgibt – präsentieren Horizont und Perspektive zwei entgegengesetzte Blickrichtungen: einerseits den Blick von außen auf den Gegenstand, andererseits – den Gegenstand im Rücken – von diesem her.

Unabhängig davon, welche Lesart – besonders hinsichtlich der erkenntnistheoretischen Implikationen – für angemessener gehalten wird, geht es in beiden Fällen um spezifische Abbildungsverhältnisse. Diese Vorstellung kann mit einem Bild aus der Leibnizschen Monadologie als »Falten« dargestellt werden.[218] Wie in den Monaden nur ein – in den unterschiedlichsten Abschattungen vorkommender – Teil der äußeren Welt als innere Vorstellung repräsentiert wird, kann auch das Verhältnis zwischen dem, was uns zu unseren Anschauungen und Urteilen führt und dem, was wir als explizite Gründe für unsere Sichtweisen angeben, als ein faltenwerfender Vorhang begriffen werden. Reflexion der Absichten und Motive gleicht somit dem *Entfalten* eines Vorhanges, von

---

216 Der Perspektivenbegriff und der des Sprachspiels verweisen wechselseitig aufeinander, insofern in dem Perspektivenbegriff eine spezifische Wirklichkeitssicht zum Ausdruck kommt, zu der spezifische Sprachspiele gehören. Eine bestimmte Perspektive einnehmen heißt, bestimmte Sprachspiele zu verwenden.

217 Vgl. H. E. Tödt [1987], S. 30 und 38; ders. [1984], S. 68. Vollständig lautet der Satz in H. E. Tödt [1987], S. 30: »Diese Wahrnehmung ist von dem *Horizont* abhängig, den das Wirklichkeitsverständnis dem Urteilenden vorgibt, und von der Bereitschaft, von dem Willen, das betreffende Problem in diesem Horizont zu sehen und zu bedenken.« Die beiden hier genannten Momente machen als »Perzeption« und »Appetition« bei Leibniz das Wesen seiner »Monaden« aus (vgl. G. W. Leibniz, *Monadologie*, Lehrsatz 14f.). Die unterschiedlichen Ansichten von dem »einzigen Universum«, die sich nach den verschiedenen Gesichtspunkten jeder einzelnen Monade richten, nennt Leibniz »Perspektiven« (vgl. a. a. O., Lehrsatz 57; ders., *Theodizee*, § 147).

218 Leibniz verwendet dieses Bild zur Beschreibung des Leib-Seele-Verhältnisses in kritischer Abgrenzung zu der fundamentalen cartesianischen Trennung. Vgl. dazu G. Deleuze [1995]. Im folgenden geht es allein um die Übernahme eines Bildes aus der Leibnizschen Philosophie und nicht um eine Adaption seines Rationalismus.

dem in der je aktuellen Situation nur die Fläche der nach vornhin umschlagenden Falten sichtbar ist.

Wie kann nun dem Entfalten jenes Vorhanges – also der Offenlegung der jedes Handeln leitenden Synthese aus Absichten, Motiven, Voraussetzungen und Umständen – methodisch nachgekommen werden? Wie gelingt der Blick hinter den Vorhang einer häufig motivverschleiernden Koalition aus behaupteten »Sachgesetzlichkeiten« und der Vorstellung vollständig rationalisierbarer Entscheidungskriterien? Die Koalitionäre stehen in einem wechselvollen Verhältnis. Die beiden großen Strömungen der europäischen Ethikgeschichte der Moderne, die Kantische Ethik und der Utilitarismus votieren je auf ihre Weise für die Fähigkeit des Subjektes zu vernunftgeleiteter Handlungsorientierung. Die Kategorie »Sachgesetzlichkeit« entsteht andererseits historisch genau zu jenem Zeitpunkt, als aufgrund der realen gesellschaftlichen und politischen Zustände und Verhältnisse Zweifel aufkommen entweder an der Vernünftigkeit der Entscheidungen selbst oder hinsichtlich deren Durchsetzbarkeit. Das Aufkommen der europäischen Technokratiedebatte, die die Begriffe »Sachzwang« und »Sachgesetzlichkeit« zu ihren Leitvorstellungen machte, ist gerade Ausdruck einer Krise des Subjektes und eines Pessimismus, in einer zunehmend technologisierten – und das heißt immer auch: systemisch verknüpften – Welt der Vernunft noch zum Durchbruch verhelfen zu können.[219]

Aus diesem Zusammenhang erschließt sich – um im Bild zu bleiben – der Faltenwurf des Vorhanges unserer Lebenswelt selbst als methodischer Entwurf. Es bietet sich an, den Prozeß der Ausdifferenzierung von Gesellschaft selbst als »methodische Faltung« zu begreifen. Es ist an dieser Stelle entscheidend, das Charakteristische dieser Faltung zu erkennen. Das Bild vom Vorhang unterstellt erstens, daß dasjenige was sichtbar ist auch dasjenige ist, was verbirgt und zweitens, daß das Verhältnis von Sichtbarem und Verborgenem nicht zufällig besteht, sondern das Resultat methodischen Überlegens und Handelns, also ein »Paradigma« darstellt.

3 Der Blick auf den Vorhang

Die vergangenen Abschnitte galten dem Versuch, das Modell sittlicher Urteilsfindung von H. E. Tödt als Positiv zu unseren bisherigen aporetischen Überlegungen zur Angewandten Ethik zu lesen. Die Analyse seiner Überlegungen führte uns in seiner Unterschiedenheit noch einmal die starre Problemfixiertheit Angewandter Ethik vor Augen. Alle Aspekte der Vergewisserung des eigenen Standpunktes und der Selbstreflexion bleiben systematisch ausgespart. Die Gedanken Tödts reihen sich nahtlos ein in den Rahmen unserer bisherigen Bemühungen einer Katalogisierung jener Momente, die die Bühne bilden, auf der ethische und moralische Konflikte zutage treten und aus-

---

219 Vgl. etwa die Reaktionen der der kritischen Theorie nahestehenden Autoren zur Technokratiedebatte etwa in der Zeitschrift »Atomzeitalter« oder auch die unter der Überschrift »Positivismusstreit« berühmt gewordene Diskussion in den Sozialwissenschaften. Mitunter sehr ähnliche Argumente begegnen in der jüngeren Auseinandersetzung um den Neoaristotelismus und Konservativismus Marquardscher und Lübbescher Prägung (zur Literatur siehe oben).

getragen werden. Den Schwerpunkt bildeten hierbei Fragen, die den Standpunkt und besonders die Motivationen des ethisch Reflektierenden betreffen. Es stellte sich heraus, daß der – aus einem ethischen Blickwinkel unterstellten – mangelhaften ethischen Reflexion technologischer, ökonomischer und politischer Entscheidungen auf der einen Seite, Wahrnehmungsdefizite hinsichtlich der Voraussetzungen für die Einnahme jener kritischen Standpunkte auf der anderen Seite korrespondieren. So finden sich Kritisierte wie Kritiker mit dem gleichen Vorwurf konfrontiert: einer *verkürzten Reflexion der Motive oder des Horizontes*, also derjenigen Prämissen und Voraussetzungen, die den jeweiligen Entscheidungs- und Handlungszusammenhängen zugrunde liegen.

Die Pointe des Tödtschen Modells sittlicher Urteilsfindung liegt – wie wir zeigen konnten – in seinem Horizont- und Perspektivenbegriff. Ihrer zentralen integrativen Bedeutung ungeachtet, blieben sie seltsam dunkel und scheinen sich in einer eigentümlichen Weise gegen jede Schematisierung zu sperren. Der Perspektivenbegriff ist für Angewandte Ethik zu weit, für deontologische und utilitaristische Ethiken nicht greifbar. Er markiert – so könnte man pointiert konstatieren – jenes irrationale, oder besser: vorrationale Moment von Moral und Ethik, vor dem schließlich auch Kant mit seiner Behauptung von dem »Faktum der Vernunft« kapitulieren mußte. Sicherlich stellt jedes vor- oder irrationale Moment eine Gefahr für rationale Argumentationen dar, konfrontiert es doch jedes System mit dem Risiko, an einer solchen Schwachstelle ausgehebelt zu werden. Gleichzeitig darf nicht – wie E. Tugendhat zu bedenken gibt – von der Schwäche der Prämissen einer ethischen Konzeption auf die Schwäche ihrer Konsequenzen geschlossen werden.[220] Wenn es auch zunächst schwierig oder gar unmöglich erscheint, den Perspektivenbegriff Tödts in einem rationalen System argumentativ zu verankern, bleibt immerhin der »untere Weg«, diesen aus der Evidenz unserer moralischen Erfahrungen abzuleiten. Dazu wollen wir uns im folgenden zweier Entwürfe bedienen, die sich beide um eine Analyse und Rekonstruktion praktischer Argumentationen bemühen.

Eine gängige Handlungsdefinition lautet: »Eine Handlung liegt genau dann vor, wenn unter identischen Umständen intentional anders hätte gehandelt werden können. Intentionale Handlungen setzen Handlungsgründe voraus, welche zu ihnen bestimmen. Handlungsgründe liegen auf der Ebene des Gewußten.«[221] Für unseren Zusammenhang entscheidend ist hier die Betonung zweier Variablen: die Umstände und die – als Umsetzung von Handlungsgründen explizierbaren – Intentionen. Eine Handlung ist eine Situation, die derart durch Umstände bestimmt ist, daß einer Person zumindest zwei Möglichkeiten, sich zu verhalten zur Verfügung stehen. Jeder Handlung liegt ein

---

220 Die »Schwachstellen« sind nicht zuletzt die Folge einer neuzeitlichen Ethikentwicklung, in der – wie E. Tugendhat [1981], S. 129f., bemerkt – »alle höheren Wahrheiten ihre intersubjektive Glaubwürdigkeit verloren haben«. Die Folge ist die Etablierung einer »Minimalmoral«, die auf »*schwächeren Prämissen*« beruht.

221 J. Fischer [1983], S. 19. Vgl. S. 10: »Es gehört analytisch zum Begriff der Handlung, daß, wer handelt, unter identischen Umständen anders hätte handeln können; und daß, wer unter identischen Umständen anders hätte handeln können, handelt.« An dieser Stelle kann nicht in eine handlungstheoretische Diskussion eingestiegen werden. Das hier explizierte intentionale Handlungsmodell ist das derzeit favorisierte und liegt auch den sprechakttheoretischen Überlegungen Austins und Searles zugrunde.

Wahlakt zugrunde, der nicht durch die Umstände, sondern allein durch die Handlungsgründe bestimmt wird. Das Vorhandensein von Alternativen erschließt sich dem Handelnden durch sein Wissen. »Um zu handeln, muß er wissen, a) was geschieht und b) daß er den Umständen, insbesondere seinen Fähigkeiten nach in der Lage ist, daß Geschehen zu beeinflussen.«[222]

Die Erläuterungen zum Handlungsbegriff malen ein eigenartig abstraktes Bild. Das hängt zum einen damit zusammen, daß Handlungen in der Regel aus der Retrospektive zur Sprache kommen, quasi von hinten her aufgerollt werden. Zudem geht es um den Versuch einer begrifflichen Strukturierung. Wir können so wohl über unsere Handlungen kommunizieren, aber nicht im eigentlichen Sinne handeln. Es zeigt sich jedoch, daß diese Begrifflichkeit keine Möglichkeit bereitstellt, um die Dimension als Teil von Handlungen zu erfassen, die wir im Blick haben.[223] Der hier vorgestellte Handlungsbegriff begnügt sich in gewisser Weise mit »reinen« Absichten, indem alle Umstände dem Subjekt gegenüber angeordnet werden. Die Verhältnisbestimmung von Intentionen und Umständen einer Handlung trifft wohl eine korrekte begriffliche Unterscheidung, läßt jedoch die Frage nach der internen Rückkoppelung von Absichten und Umständen unberücksichtigt. Die Rede von absichtlichen oder intentionalen Handlungen verleitet allzu leicht zu der Annahme, Absichten und Umstände seien hermetische Entitäten, die – klar voneinander abgegrenzt – quasi ein Eigenleben führen. Ein Verdienst des Tödtschen Urteilsschemas besteht in der Entschlüsselung der komplexen Konstitutionsbedingungen jenes Handlungsaspektes, den wir als »Absicht« oder »Intention« einer Handlung extrahieren. Absichten *bedingen* Handlungen und sind darüber hinaus selber *bedingt* durch eine Vielzahl von Voraussetzungen, die wie Umstände wirken. Diese Voraussetzungen sind anderer, grundsätzlicherer Art als die Umstände, die eine konkrete Situation kennzeichnen.

H. E. Tödt hat mit der Frage nach den »rechten Perspektiven für den Umgang mit den Werten unserer Lebenswelt« auf genau diesen Zusammenhang hingewiesen. Die Frage der Gewichtung unserer Normen und Wertvorstellungen thematisiert die fundamentale und häufig übersehene Doppeldeutigkeit des Geltungsbegriffs. Mit dem »In-Kraftsein« einer Norm und ihrer »Verbindlichkeit« sind – wie K.-H. Ilting bemerkt – »zwei gänzlich verschiedene Sachverhalte gemeint«. Bei der Rede von der »Geltung« eines Arguments »besteht ein wesentlicher Unterschied zwischen der Tatsache, daß das Argument allgemein für triftig *gehalten wird*, und der Annahme, daß es *triftig ist*.«[224] Diese bereits von M. Weber getroffene Unterscheidung[225] markiert eine entscheidende Schnittstelle besonders in aktuellen technikethischen Diskussionen. Kontroversen bestehen dort in der Regel nicht hinsichtlich der prinzipiellen Angemessenheit bestimmter

---

222 J. Fischer [1983], S. 13.

223 Hier wird die Differenz von Handlungstheorie und Ethik greifbar. Handlungstheorien geht es um die Fragen, was Handlungen sind, wie Handlungen funktionieren oder zustande kommen und was Handlungen von anderen Ereignissen unterscheidet – nicht aber, warum eine Person in einer bestimmten Weise handelt.

224 K.-H. Ilting [1982], S. 147.

225 Vgl. dazu in Abschnitt I 1.6 die Bemerkungen von M. Weber und W. Kuhlmann hinsichtlich der Unterscheidung zwischen Anerkennung der Geltung und faktischer Geltung.

moralischer Normen oder Anschauungen, sondern vielmehr bezüglich ihrer Reichweite oder Verbindlichkeit in konkreten Situationen. S. Toulmin hat im Rahmen einer Untersuchung zur Argumentationslogik ein Schema entwickelt, mit dessen Hilfe der Zusammenhang zwischen einer normativen Disposition und den Umständen ihrer Anerkennung verdeutlicht werden kann.[226]

Toulmin versteht rationale Argumentationen – und bereits hier zeigt sich die Nähe seines Modells zu dem hermeneutischen Ansatz in der Angewandten Ethik – analog zu Rechtsfällen. Die zentralen Elemente in seinem Argumentationsschema bilden Daten und Schlußregeln. Wie in der Jurisprudenz zwischen Tatsachen- und Rechtsfragen unterschieden wird, kann bei Argumentationen zwischen Daten (D), die zur Begründung einer Schlußfolgerung oder Konklusion (K) herangezogen werden, und Schlußregeln (SR), die den »Schritt von diesen als Ausgangspunkt dienenden Daten auf die ursprüngliche Behauptung oder Schlußfolgerung« ermöglichen und zugleich begründen, differenziert werden.[227] Ein wichtiger Unterschied zwischen Daten und Schlußregeln besteht darin, daß auf jene explizit, auf diese zunächst nur implizit Bezug genommen wird. Außerdem sind Schlußregeln allgemein und gelten für alle Argumentationen des betreffenden Typs. Der Unterscheidung zwischen Daten und Schlußregeln liegen jene beiden grundsätzlichen Fragen zugrunde, mit denen ein Opponent eine Behauptung angreifen kann: »Worauf beziehst du dich in deiner Behauptung, daß X?« und: »Wie kommst Du zu der Behauptung, daß X?« Ein Proponent, der etwa behauptet, daß die Haare von Harry nicht schwarz sind, könnte auf die erste Frage antworten: »Ich weiß, daß seine Haare tatsächlich rot sind.«[228] Sein Wissen, daß Harrys Haare rot sind berechtigt ihn, die Vermutung zu verwerfen, sie seien schwarz – gemäß der Schlußregel: »Wenn etwas rot ist, kann es nicht zugleich schwarz sein.« Mit der Formulierung dieser Schlußregel hätte der Proponent zugleich die zweite Frage beantwortet.

Daraus ergibt sich die grundlegende Struktur des Toulminschen Schemas:

Toulmin unterscheidet im folgenden verschiedene Typen von Schlußregeln nach den jeweiligen Stärkegraden, die diese der Schlußfolgerung verleihen. Manche sind unmittelbar evident, die aus ihnen folgenden Konklusionen »notwendig«. Häufig bedarf es

---

226 An dieser Stelle geht es nicht um Fragen der Aktualität des aus dem Jahr 1958 stammenden argumentationslogischen Modells von Toulmin, sondern lediglich um seine spezifische Darstellungsweise von Argumentationszusammenhängen und ihren Parallelen zu moralischen und ethischen Argumentationen.

227 S. Toulmin [1975], S. 89.

228 Vgl. S. Toulmin [1975], S. 88. »Dies ist unser Datum, der Grund, den wir zugunsten der ursprünglichen Behauptung angeben.«

allerdings zusätzlicher Operatoren (O), die Ausmaß und Einschränkungen der Regeln festlegen. Hinzu treten Ausnahmebedingungen (AB), die sich auf die Umstände beziehen, die wiederum die Grenzen der Gültigkeit einer Schlußregel angeben.[229] »Modale Operatoren (O) und Bedingungen der Ausnahme und der Zurückweisung sind sowohl von den Daten als auch von den Schlußfolgerungen verschieden [...]. Genauso wie eine Schlußregel (SR) selbst weder ein Datum (D) noch eine Konklusion (K) ist, da sie in sich selber sowohl etwas über (D) als auch etwas über (K) impliziert – daß nämlich der Schritt von (D) zu (K) erlaubt ist; genauso sind sowohl (O) als auch (R) wiederum verschieden von (SR), da sie implizit auf die Relevanz von (SR) für diesen Schritt hinweisen – wobei Einschränkungsoperatoren (O) die Stärke angeben, die die Schlußregel diesem Schritt zuschreibt, und Ausnahmebedingungen (AB) die Umstände angeben, in denen die allgemeine Erlaubnis durch die Schlußregel aufgehoben werden müßte.«[230]

Neben der Frage nach den Bedingungen unter denen eine Schlußregel auf einen bestimmten Fall anwendbar ist, kann die Frage aufgeworfen werden, warum jene Schlußregel allgemein akzeptiert werden sollte. Wie kann ein Proponent reagieren, wenn ein Opponent nicht (nur) die Daten und fallspezifischen Eigenarten seiner Behauptung bezweifelt, sondern der Schlußregel selbst skeptisch gegenübersteht? Der Proponent muß in diesem Fall weitere Gründe und Argumente zur »Stützung« seiner Schlußregel vorbringen. Stützungen (S) unterscheiden sich von Schlußregeln (SR) darin, daß sie »in Form von kategorischen Tatsachenaussagen ausgedrückt werden wie die Daten«, während Schlußregeln »hypothetische, brückenartige Aussagen« darstellen.[231] Obwohl sich S-Aussagen und D-Aussagen hinsichtlich ihres »Materials« gleichen, spielen sie in Argumentationen verschiedene *Rollen*. D-Aussagen stellen Gründe dar für eine Schlußfolgerung (K), S-Aussagen Gründe für die Wahl einer Schlußregel (SR). Während D-Aussagen explizit sein müssen, damit eine Argumentation überhaupt zustande kommt, bleiben S-Aussagen häufig implizit, jedenfalls solange eine Argumentation nicht hinsichtlich ihres Übergangs von D auf K angegriffen wird. Dabei ist zu beachten daß die *Form* der Argumentation in verschiedenen Bereichen im wesentlichen gleich bleibt, die *Art der Stützung* jedoch stark variieren kann. Toulmin verdeutlicht diesen Zusammenhang mit Hilfe der folgenden Beispiele.[232] Die Behauptungen »Ein Wal ist ein Säugetier«, »Ein Bewohner der Bermuda-Inseln ist ein Brite« und »Ein Saudi-Araber ist Moslem« stellen Schlußregeln dar, die den einfachen Übergang von einem

---

229 Vgl. S. Toulmin [1975], S. 93. Die Unterscheidung zwischen der Formulierung einer Schlußregel und Feststellungen über ihre Anwendbarkeit ist »in allen Fällen wichtig, wo die Anwendung eines Gesetzes Ausnahmen haben kann oder wo die Schlußregel nur durch Rekurs auf eine Beziehung gestützt werden kann, die nur im allgemeinen gilt und nicht absolut unveränderlich besteht.«

230 S. Toulmin [1975], S. 92.

231 S. Toulmin [1975], S. 96. Und der Autor faßt zusammen: »Obwohl die Tatsachenaussage über das Gesetz vielleicht all die Stützung bereitstellt, man die man für diese Schlußregel benötigt, ist die explizite Formulierung der Schlußregel selbst mehr als die Wiederholung dieser Tatsachen. Es ist eine allgemeine Schlußfolgerung mit praktischem Charakter darüber, wie wir auf der Grundlage dieser Tatsachen zulässig folgern können.«

232 Zum folgenden vgl. S. Toulmin [1975], S. 94f.

Datum zu einer Schlußfolgerung beziehungsweise Konklusion rechtfertigen können und ihrer Form nach identisch sind: »D → Wegen SR → Deshalb K«. Die Art der Stützung für die Zuverlässigkeit der Schlußregel, die in den folgenden Klammerausdrücken angegeben wird, ist demgegenüber bereichsabhängig: »Ein Wal ist (d. h. *ist klassifizierbar als*) ein Säugetier«; »Ein Bewohner der Bermudas ist (*nach den Regeln des Gesetzes*) ein Brite«; »Ein Saudi-Araber ist Moslem (*stellt sich als solcher heraus*)«. »Die erste Schlußregel wird durch Bezug auf ein System taxonomischer Klassifikation verteidigt; die zweite durch Bezug auf die Gesetze, die die Nationalität von in den britischen Kolonien Geborenen bestimmen; die dritte Schlußregel wird durch Bezug auf Statistiken verteidigt, die die Verteilung des religiösen Glaubens bei Leuten verschiedener Nationalitäten aufzeichnen.«

Faßt man nun alle von Toulmin aufgeführten Elemente von Argumentationen schematisch zusammen, so ergibt sich folgende Form:

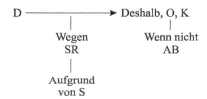

Oder an einem Beispiel ausgeführt:

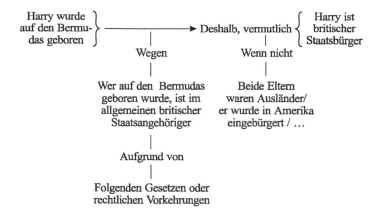

Argumentationen reagieren auf mögliche und tatsächlich gestellte Fragen. Behauptungen und Argumentationen verhalten sich zueinander wie moralische Überzeugungen und ethische Begründungen. Es macht keinen Sinn, für Behauptungen zu argumentieren, die niemand anzweifelt oder zu denen keine realistische Gegenposition vorstellbar ist. Dies deckt sich mit der Auffassung, daß moralische und ethische Diskussionen dort ihren Ort haben, wo verschiedene Moralvorstellungen in faktischen oder hypothetischen Diskursen kollidieren. Das Toulminsche Argumentationsschema berücksichtigt nun drei Fragezusammenhänge, die ein möglicher Opponent gegen die Angemessenheit einer Behauptung ins Feld führen kann: Erstens, bezüglich der Datenbasis (D) mit der Frage »Worauf beziehst du dich mit deiner Behauptung, daß K?«, zweitens, hinsichtlich der Schlußregel SR mit der Frage »Wie kommst du zu deiner Behauptung, daß K?« und drittens, in Bezug auf die Stützung (S) der angewendeten Schlußregel mit der Frage »Wieso bist du der Meinung, daß SR?«. Diese Fragen begegneten bereits im ersten Teil unserer Untersuchung bei dem Versuch einer Unterscheidung zwischen Aufgabestellungen von Angewandter Ethik und Begründungsfragen traditioneller Ethiken.

K. Günther hat gegen das Schema zwei wichtige Einwände vorgebracht. Einerseits verdecke der Umstand, daß Toulmin sein Schema mit der Angabe von Daten und Situationsmerkmalen beginnen läßt die Frage, wie eine Schlußregel auf diese angewendet werden könne.[233] Andererseits unterscheide Toulmin nicht zwischen der Frage, ob der Übergang von D auf K mit Hilfe von SR angesichts alternativer Daten und Schlußregeln angemessen ist und derjenigen, ob jener Übergang gerechtfertigt werden kann im Hinblick darauf, ob SR auch auf D anwendbar ist und richtig auf D angewendet wird.[234] Toulmin gibt auf diese Fragen zunächst nur eine sehr allgemeine Antwort: »Welche Daten wir anführen, wenn eine Behauptung angegriffen wird, hängt von den Schlußregeln ab, die wir in diesem Bereich anzuwenden bereit sind. Die Schlußregeln, auf die wir uns festlegen, sind wiederum in denjenigen Schritten und Daten auf Schlußfolgerungen implizit enthalten, die anzunehmen und zuzulassen wir bereit sind.«[235] Günther zieht daraus die Konsequenz, daß das Toulminsche Schema »für das Anwendungsproblem im weiteren Sinne, das nicht die richtige Anwendung einer Norm, sondern die Anwendung der richtigen (angemessenen) Norm betrifft, nichts bei[trage].«[236]

---

233 K. Günther [1988], S. 41: »Die Anwendung einer Schlußregel auf eine bestimmte Menge von Daten ist dann kein prinzipielles Problem mehr, wenn wir uns mit der Auswahl dieser Menge auch schon auf eine angemessene Schlußregel festgelegt haben.«

234 Vgl. K. Günther [1988], S. 42. Die Anmerkungen Günthers beziehen sich allerdings lediglich auf das Ausgangsschema von Toulmin.

235 S. Toulmin [1975], S. 91. Vgl. auch M. G. Singer [1975], S. 65ff.

236 K. Günther [1988], S. 42. In einer nachfolgenden Anmerkung bestätigt Günther dem Autor durchaus die Unterscheidung zwischen »der Korrektheit der Berechnungen« und der »Angemessenheit für das betreffende Problem« in einem System mathematischer Relationen (S. Toulmin [1975], S. 93). Allerdings bezöge sich diese Differenzierung allein auf den Bereich der angewandten Mathematik.
Tatsächlich trägt Toulmin dieser Unterscheidung in seinem Schema nicht explizit Rechnung. Seine aus dem Bereich der angewandten Mathematik gewonnene Erkenntnis hat gleichwohl allgemeine Gültigkeit, wie Toulmin am Ende des Absatzes bemerkt: »Deshalb ist die Frage ›Ist diese Berechnung mathematisch einwandfrei?‹ sehr verschieden von der Frage ›Ist dies die relevante Berechnung?‹. Auch hier ist die Anwendung einer bestimmten Schlußregel zu unterscheiden von dem Ergebnis, das wir durch Anwendung einer bestimmten Schlußregel erhalten. Wenn wir nach

Es wäre verfehlt, an dieser Stelle das eine Problem gegen das andere ausspielen zu wollen. Beide stellen große Herausforderungen für Theorie und Praxis Angewandter Ethik dar. Bei Toulmin findet sich allerdings auch im Hinblick auf die zweite Frage nach der Angemessenheit einer Norm ein – wenn auch versteckter – Hinweis. Die Fragestellung Günthers lautet in der Notation Toulmins: Welche Auswirkungen hat die Wahl von D für S von SR? Kennzeichnend für die Stützung (S) einer Schlußregel (SR) war – wie die drei oben genannten Beispiele gezeigt haben – ihre »*Veränderlichkeit* oder *Bereichsabhängigkeit*«. Bereits diese Formulierung verweist zumindest implizit auf die Abhängigkeit von SR von den Situationsmerkmalen (D), die eben jenen Bereich abstecken, innerhalb dem S von SR Gültigkeit besitzt. Wenig später präzisiert Toulmin die gegenseitige Bedingtheit von D und S – und damit SR – in seiner Unterscheidung zwischen S und D. Beide beziehen sich auf einfache Tatsachen, wobei S-Tatsachen gegenüber D-Tatsachen implizit bleiben können. Entscheidend ist aber, daß die Annehmbarkeit von einigen grundlegenden Schlußregeln vorausgesetzt werden muß, um einem infiniten Regreß immer neuer Schlußregeln zur Stützung der jeweils vorhergehenden zu entgehen. Denn, so formuliert Toulmin nun aus der Perspektive der Schlußregel: »Einige Schlußregeln müssen provisorisch ohne weiteren Angriff akzeptiert werden, falls das betreffende Gebiet der Argumentation zugänglich sein soll. Wir wüßten nicht einmal, welche Art von Daten irgendwie für eine Schlußfolgerung wichtig wären, wenn wir nicht wenigstens eine vorläufige Vorstellung von Schlußregeln hätten, die in der Situation, vor der wir stehen, akzeptierbar sind. Wir dürfen unterstellen, daß es Überlegungen gibt, die die Annehmbarkeit der zuverlässigsten Schlußregeln begründen würden.«[237]

Aber unabhängig davon, wie umfassend und angemessen die Überlegungen Toulmins im einzelnen zu bewerten sind, enthält die von K. Günther behauptete Schwäche des Schemas – in der Wahl der Daten als Ausgangspunkt für die Argumentation – *in nuce* jenen Kritikpunkt an Angewandter Ethik, auf den unsere Untersuchung ein Hauptaugenmerk gerichtet hat. Vor dem Hintergrund des Argumentationsschemas wird deutlich, daß »[d]urch den Bezug auf eine Schlußregel [...] Daten zu Gründen einer Handlung [werden].«[238] Oder aus der Perspektive von D: »Mit der Wahl bestimmter Daten als Gründe (D) für einen rechtfertigungsbedürftigen Anspruch (C) [= »K« in der Notation Toulmins] wird implizit auch eine bestimmte Schlußregel (W) [= Toulmins »SR«] erwogen die den Übergang von D nach C [= »K« bei Toulmin] erlaubt.«[239] In diesem Sinne übersetzt Toulmin den Pfeil in »D → K« in Pfeilrichtung als »deshalb« («D; deshalb K«), in der Gegenrichtung als »weil« («K; weil D«).[240]

der *Richtigkeit* des Ergebnisses fragen, müssen wir diese beiden Sachen unabhängig voneinander untersuchen.« (Ebd.).

237 S. Toulmin [1975], S. 97.

238 K. Günther [1988], S. 262.

239 K. Günther [1988], S. 288.

240 Vgl. S. Toulmin [1975], S. 97f. Dabei ist zu beachten, daß die Umkehrung »weil« von »deshalb« zwar in den meisten Fällen, aber nicht immer möglich ist. Wird etwa eine allgemeinere Schlußfolgerung (K') als K durch D gerechtfertigt, von der wir ihrerseits unter anderem auch auf K

An dieser Stelle wollen wir noch einmal auf die traditionsreiche Tatsachen-Werte-Dichotomie zurückkommen. Diese Unterscheidung hat nach wie vor eine große suggestive Kraft. »Das sind doch einfach die Tatsachen« oder »An den Tatsachen ist nicht zu rütteln«, es sei denn, man wolle »die Tatsachen verdrehen« sind Redewendungen, die nicht nur in der Alltagssprache begegnen. Eine Behauptung versehen mit dem Zusatz, dies sei eine Tatsache, ist nicht so leicht aus den Angeln zu heben. In den Abschnitten I 1.4, II 3.1 und III 1.2 haben wir die Funktion von Tatsachenbehauptungen für ethische Fragestellungen und Argumentationen aus hermeneutischer und erkenntnistheoretischer Perspektive näher untersucht. Im Zentrum stand – allgemein formuliert – die Kritik an dem von uns so genannten ontologischen oder epistemischen Fehlschluß, der vorschnellen Identifikation der Evidenz oder Eindeutigkeit von Tatsachen-Behauptungen mit der Evidenz oder Eindeutigkeit von Gründen in Argumentationen. Die Kritik an diesem Ableitungsfehler findet hier ihre Bestätigung.

Das Schema von S. Toulmin veranschaulicht erstens sowohl die logische Kontingenz von Daten und Schlußregeln als auch deren Zirkularität sowie zweitens die Verschiedenheit von Tatsachen und Regeln im Hinblick auf ihre Rollen oder Funktionen in Argumentationen. Drittens wird deutlich, daß Argumentationen in der Regel retrospektiv erfolgen. Es wird für eine Schlußfolgerung argumentiert, die bereits getroffen worden ist. Diesen reflexiven Status teilen Argumentationen mit ethischen Begründungen, die »in aller Regel lediglich nach-gängig« sind.[241] Daß diese Nachträglichkeit nicht nur auf ein spezifisches Verhältnis von moralischer Anschauung und ethischer Begründung verweist, sondern auch erkenntnistheoretische Konsequenzen hat, läßt sich mit Hilfe der in Abschnitt II 2.1 vorgestellten Searleschen Ausrichtungsbedingungen von Sprechakten darstellen. Die alternativen Anpassungsverhältnisse »Welt an Wort« und »Wort an Welt«, also die Perspektive des Anscombeschen Supermarktkunden, der die auf dem Einkaufszettel notierten Waren in seinen Wagen packt, und diejenige des Detektivs, der eine Liste über diese Gegenstände erstellt, finden sich hier wieder. Fassen wir die das Urteil steuernde Schlußregel als »Worte« auf und den Gegenstand, auf den sich jene Norm oder jenes Normenensemble bezieht, als »Welt«, dann stellt sich die Frage nach dem Verweisungszusammenhang. Folgt hier das Urteil (K) aus den Daten (D) vermittels der Schlußregel (SR), liegt also eine Wort-an-Welt-Anpassung vor oder ergibt sich D aus K mit Hilfe von SR im Sinne einer Welt-an-Wort-Anpassung? Unsere allgemeinen Vorstellungen darüber, wie Urteile zustande kommen, suggerieren allzu leicht – wie auch das Pfeilschema von Toulmin zunächst nahelegt –, Urteile ruhten auf dem Fundament einer »Welt« harter Fakten. Der Status dieser »Welt« hängt wesentlich davon ab, an welcher Stelle die Reflexion oder Argumentation einsetzt. Das Schema von H. E. Tödt unterscheidet sich von demjenigen Toulmins – dem auch K. Günther an entscheidenden Punkten folgt – grundlegend darin, daß Tödt gerade nicht mit der Situationsanalyse oder -beschreibung beginnt, sondern in dem ersten Sachmoment »Wahrnehmung, Annahme und Bestimmung eines Problems als eines sittlichen« den Rahmen der Motive und Perspektiven einer Person oder eines Kollektivs absteckt,

---

schließen könnnen (D; deshalb K'; deshalb K), dann sind »deshalb« und »weil« nicht mehr umkehrbar.

241 W. Lienemann [1996], S. 308.

innerhalb dem etwas überhaupt erst zu einer Situation im Sinne der Toulminschen Daten (D) werden kann. Der Ausgangspunkt »Welt der harten Fakten« wird zu dem relationalen Moment »Bestimmung der Welt der harten Fakten aus der spezifischen Wahrnehmung einer Person oder eines Kollektivs«.[242] Mit dem Behaupten von Tatsachen als Gründe für ein Handeln oder ein Urteil vor dem Hintergrund der jeweiligen, aktuellen und horizontrelativen Wirklichkeitswahrnehmung wird dann genau jene ontologische Schwelle überschritten, die – wie in Abschnitt II 2.4 im Anschluß an T. Ebert gezeigt wurde – zwischen »Wirkungen« und »Zwecken« besteht.

Das Schema Toulmins verweist viertens auf eine Schwierigkeit, der wir bereits im Rahmen der Diskussion verschiedener Modelle Angewandter Ethik begegnet sind. Toulmin bemerkt im Zusammenhang der Verhältnisbestimmung von Schlußregel (SR) und Stützung (S), daß »wir kaum mit dem Argumentieren anfangen [könnten], wenn wir für alle vorgebrachten Schlußregeln nach einer Stützung verlangten und niemals eine ohne Angriff durchgehen ließen. Schulz bringt eine Argumentation vor, die die Schlußregel SR_1 benützt, und Schmitt greift diese Schlußregel an. Schulz ist verpflichtet, als Hilfssatz eine weitere Argumentation mit der Absicht anzuführen, die Annehmbarkeit der ersten Schlußregel zu begründen. Aber beim Beweis seines Hilfssatzes benützt er eine zweite Schlußregel SR_2. Schmitt greift wiederum die Stützung dieser Schlußregel an, und so geht das Spiel weiter.«[243] So bleibt keine andere Wahl, als die allgemeine Annehmbarkeit einiger Schlußregeln schlicht zu unterstellen. Dieses *Faktum der Rationalität* vernünftigen Argumentierens – auf das sich Angewandte Ethiker mit dem Verweis auf bestehende Konsense auf »material-ethischer« Ebene (C. Fehige/G. Meggle, D. Birnbacher) oder im Hinblick auf »axiomata media« (D. Horster) oder »neutrale Prämissen« (R. Hegselmann) in gleicher Weise berufen – erscheint notwendig, bleibt aber solange unbefriedigend, wie es nicht selbst Gegenstand der Argumentation beziehungsweise Reflexion wird.

Schließlich lenkt das Schema fünftens unseren Blick auf einen Aspekt, den Toulmin wohl benennt, aber dessen Stellung im Modell seiner faktischen Relevanz kaum gerecht wird. Gemeint sind die Einschränkungen des Schlußschemas durch modale Operatoren (O) und Bedingungen der Ausnahme und Zurückweisung (AB).[244] Die Operatoren geben die Stärke der Gültigkeit dessen an, was aus einer Schlußregel folgt. »Deshalb K« ist stärker als »vermutlich K« oder »wahrscheinlich K«. AB-Bedingungen – die mit dem Ausdruck »wenn nicht« eingeführt werden (SR; wenn nicht AB) – benennen die Grenzen der Gültigkeit einer Schlußregel, sie sind imstande, »die durch SR gerechtfertigte Schlußfolgerung anzufechten oder zurückzuweisen.«[245] Die Bedeutung

---

242 Damit verschwindet natürlich das Kriterium der Unparteilichkeit und Verallgemeinerungsfähigkeit, daß etwa K. Günther im Blick hat, zunächst von der Bildfläche. Das bleibt aber unproblematisch, solange man das Bemühen um eine Verständigung über die Motive und Perspektiven der jeweiligen Wirklichkeitswahrnehmung nicht aus den Augen verliert.

243 S. Toulmin [1975], S. 97.

244 Genau die Berücksichtigung jener Aspekte machen die Komplexität des Tödtschen Urteilsschemas aus. Bezeichnend ist wohl, daß K. Günther diese Terme des Toulminschen Schemas gar nicht erwähnt.

245 S. Toulmin [1975], S. 92.

von O und AB wird erst deutlich, wenn man den trivialen aber häufig übersehenen Zusammenhang bedenkt, daß »[e]in Angriff auf eine bestimmte Behauptung [...] in dieser Weise weiterführen [kann] zu einem allgemeineren Angriff auf die Zulässigkeit eines ganzen Bereichs von Argumentationen.«[246] Gerade vor dem Hintergrund realer moralischer und ethischer Diskurse, für die kennzeichnend ist, daß sie einerseits nicht zwischen Moralisten und A-Moralisten ausgetragen werden und andererseits häufig weitgehende Übereinstimmungen hinsichtlich der *axiomata media* der beteiligten Positionen zeigen, stellt sich die Frage, ob damit nicht den Meinungen hinsichtlich O und AB eine entscheidende Bedeutung zukommt. Der zunächst graduelle Charakter von Einschränkungen bezüglich D und SR verleitet dazu, deren »absolute« Konsequenzen zu verkennen. Beim Challenger-Unglück bestand der Dissens zwischen dem Direktor der Ingenieurabteilung und den leitenden Ingenieuren nicht hinsichtlich der Frage, ob es vertretbar sei, Menschenleben aufs Spiel zu setzen oder nicht. Eine solche Option stand zu keinem Zeitpunkt zur Debatte. Uneinig waren sich die Parteien, wie streng ein Sicherheitskriterium ausgelegt werden sollte. Die Meinungsverschiedenheit war eine graduelle: rigide oder weniger strenge Auslegung der Sicherheitsstandards. Die Wirkung der Entscheidung für die risikoreichere Variante, die Explosion des Shuttles, war dagegen fundamental. Hier stehen wir erneut vor jener ontologischen Schwelle: Graduelle Meinungsverschiedenheiten führen häufig zu grundsätzlich verschiedenen Wirkungen.

Wir haben das Toulminsche Modell eingeführt, um die Geltungsrelativität von Normen sichtbar und über diesen Umweg eine Schnittstelle ausfindig zu machen, an der der Tödtsche Perspektivenbegriff in die »Praxis der Beurteilung von Argumentationen«[247] integriert werden kann. Das Schema verdeutlicht, daß die konkrete Geltung einer Schlußregel (SR) oder einer Norm letztlich nicht – wie viele ethische Debatten suggerieren wollen – von der Qualität der diese stützenden Argumente (S) abhängt, sondern von Bedingungen der Ausnahme und Zurückweisung (AB). Diese Bedingungen beziehen sich darüber hinaus nicht auf die Schlußregel beziehungsweise Norm selbst, sondern auf die Konklusion (K), also darauf, was aus der Anwendung einer Schlußregel oder Norm folgt. Wenn aber somit über die Angemessenheit der Anwendung einer Norm noch nicht mit oder durch ihr Bestehen – einschließlich ihrer positiven Begründung – entschieden ist, dann verweist uns die Frage der Anwendung auf einen – zwar nicht jenseits, aber doch – hinter der zur Debatte stehenden Norm liegenden normativen Kontext. Es ist unmittelbar einsichtig, daß die Aussetzung der Geltung einer Norm – beziehungsweise die Begrenzung ihrer Reichweite oder die Einschränkung ihrer Verbindlichkeit – im Hinblick auf die Folgen ihrer Anwendung selbst normativen Charakter hat. Positiv gewendet spricht K.-O. Apel in diesem Zusammenhang von dem »Problem der *Zumutbarkeit der Anwendung*«,[248] einem Problem, das von traditionellen Normenbegründungsdiskursen gar nicht berührt wird. Argumentiert wird nicht gegen die Angemessenheit der Norm an sich, sondern gegen die Angemessenheit ihrer

---

246 S. Toulmin [1975], S. 94.
247 S. Toulmin [1975], S. 16.
248 K.-O. Apel [1986b], S. 124.

Anwendung in einer durch bestimmte Umstände ausgezeichneten Situation. Die Konklusion, also das Ergebnis der Anwendung einer Norm ist es, deren Geltung bestritten wird, nicht die Geltung der Norm selbst. An dieser Stelle finden wir uns sogleich mit der Kantischen Warnung vor den »Maulwurfsaugen« konfrontiert, einer Ansicht, die die Vernunft selbst durch Erfahrung reformieren will. Denn »alles [ist] verloren […], wenn die empirischen und daher zufälligen Bedingungen der Ausführung des Gesetzes zu Bedingungen des Gesetzes selbst gemacht, und so eine Praxis, welche auf einen nach bisheriger Erfahrung wahrscheinlichen Ausgang berechnet ist, die für sich selbst bestehende Theorie zu meistern berechtigt wird.«[249]

Was ist aber der Fall, wenn moralische Normen kollidieren? Der angelsächsischen Ethik kommt das Verdienst zu, dieses Thema als Kollisionsproblem zwischen *prima facie-* und definitiven Normen erkannt zu haben.[250] K. Günther nennt als Standardbeispiel den Fall des X, der Smith versprochen hat, zu dessen Party zu kommen, inzwischen jedoch erfährt, daß sein bester Freund Jones erkrankt ist und dringend seiner Hilfe bedarf. Das Dilemma ist klar: Kommt X seiner Hilfeleistungs- und Freundschaftspflicht nach, bricht er das Smith gegebene Versprechen; im anderen Fall ist er gezwungen, seine Verpflichtung gegenüber dem Freund zu ignorieren. Und weiterhin gilt: Die Entscheidung von X für die eine Norm bedeutet eben nicht die Aufhebung der (prinzipiellen) Geltung der anderen. Die Norm, daß gegebene Versprechen zu halten sind, verliert nicht ihre Gültigkeit, wenn X sich dafür entscheidet, seinem Freund zu helfen, und umgekehrt. Gerade die Anerkennung der Geltung beider Normen erzeugt überhaupt erst die Normenkollision.

Das Beispiel zeigt anschaulich die fundamentale Bedeutung von Toulmins modalen Operatoren (O) und der Bedingungen der Ausnahme und Zurückweisung (AB) in praktischen Entscheidungsprozessen. Der Übergang von der Anerkennung der Geltung von Normen zu ihrer Anwendung in einer konkreten Situation hängt wesentlich von der »Stärke« und den Grenzen der Gültigkeit einer Schlußregel ab. Die Bedingungen, unter denen eine Norm für eine konkrete Schlußregel bindend ist, sind – von einigen wenigen selbst nicht unproblematischen Fällen abgesehen[251] – weder mit der Norm selbst gegeben, noch können sie ein für allemal aufgestellt werden. Wiederum wird dieser Zusammenhang dadurch verschleiert, daß uns die Komplexität unserer alltäglichen Meinungen in der Regel nicht bewußt ist. Aufgelöst werden können derartige Kollisionen nur – ohne hier näher auf die Diskussion einzugehen –, wenn von verschiedenen Geltungsgraden (K. Baier) oder graduellen Unterschieden der Angemessenheit (K. Günther) der zur Debatte stehenden Normen ausgegangen wird. Bei beiden

249 I. Kant, *Über den Gemeinanspruch: Das mag in der Theorie richtig sein, taugt aber nicht für die Praxis* A 206.

250 Vgl. dazu K. Günther [1988], S. 261ff.

251 Daß die Frage nach Ausnahmebedingungen selbst für sehr grundsätzliche Normen relevant werden kann, zeigt etwa – im Hinblick auf das Tötungsverbot – die Frage nach der Legitimierbarkeit des Tyrannenmordes im Kontext eines Widerstandsrechtes oder hinsichtlich des Verbots der Lüge die kontroverse Diskussion im Anschluß an die Kantischen Erwägungen *Über ein vermeintliches Recht aus Menschenliebe zu lügen.*

Varianten hängt eine Lösung wesentlich davon ab, wie eine solche Hierarchie von Geltungs- oder Angemessenheitsgraden begründet werden kann.

Entscheidende Bedeutung wächst damit der Frage zu, welches *Verhältnis* zwischen der Schlußregel (SR) sowie ihrer Stützung (S) und den Bedingungen ihrer Ausnahme und Zurückweisung (AB) besteht. Toulmins Modell zeigt wohl, daß die »Relevanz« von SR für den Übergang von D nach K von der »Stärke« von O sowie den »Umständen« AB abhängt, damit also nicht von SR auf O beziehungsweise AB geschlossen werden kann, etwa in dem Sinne, daß O und AB analytisch in SR enthalten wären. Damit haben wir einen wichtigen Anhaltspunkt für die Abhängigkeit von Argumentationen von weiteren Annahmen, die zwar nicht völlig unabhängig von der Schlußregel bestehen, gleichzeitig aber nicht in dieser enthalten sind. Woher oder wodurch wiederum die modalen Operatoren und die Ausnahmebedingungen ihre Rechtfertigung erhalten, kann das Toulminsche Schema nicht erfassen. Der Satz »Ausnahmen bestätigen die Regel« läßt verschiedene Deutungen zu. Vom Standpunkt einer strengen Kasuistik aus sind die Ausnahmebedingungen selbst Teil der Regel, insofern in der Regel die Reichweite ihrer Anwendung bereits festgelegt ist. Dieses Verständnis beruht vor dem Hintergrund der Überlegungen Toulmins auf einem idealtypischen Verständnis von Schlußregeln. Aus einer hermeneutischen Perspektive erhält die Frage nach der Grenze der Verbindlichkeit eine relative Eigenständigkeit, die konstitutiv auf die Formulierung der Norm zurückwirkt. Wiederum von einem »hermeneutischen« Standpunkt aus – damit sollen der Einfachheit halber Positionen wie diejenige Tödts bezeichnet werden – verweisen die Ausnahmebedingungen auf einen Kontext, dessen normativer Gehalt nicht vollständig in der expliziten Norm abgebildet werden kann. Neben die Frage, wodurch eine Norm bestimmt ist, wie sie begründet werden kann, tritt also die eigenständige andere Frage, woran sich die Stärke der Geltung beziehungsweise die Reichweite einer Norm ihrerseits bemißt.

4 Der Blick hinter den Vorhang

4.1 Entfaltungsweisen: Auf dem Weg zu einer Ethik der Wahrnehmung

Unsere bisherigen Überlegungen haben gezeigt, daß es – aller Evidenz zum Trotz – in Problemsituationen für eine Lösung häufig nicht ausreicht, über dezidierte moralische Überzeugungen zu verfügen. Moralische Ansichten stehen eben nicht nur hinter unseren expliziten Forderungen hinsichtlich der Lösung eines moralischen Problems, sondern in gleicher Weise hinter der Bestreitung ihrer Angemessenheit angesichts einer konkreten Situation. Um nicht in einem Relativismus pluralistischer Meinungen zu enden, ist es notwendig, nach den Konstitutionsbedingungen unserer Meinungen und Überzeugungen zu fragen. So lautete die Aufgabe, die Komplexität moralischer und ethischer Fragestellungen aufzuspüren und sich ihrer Motive, Umstände und Voraussetzungen bewußt zu werden. Ihr Zweck bestand darin, die Ebene zu skizzieren, auf der die Voraussetzungen unserer Ansichten selbst zum Gegenstand der Reflexion werden können. Der Wahrnehmungshorizont, also die Perspektive, aus der heraus uns eine

Situation als Problem erscheint, kristallisierte sich als der Ort heraus, an dem jene Konstitutionsbedingungen greifbar werden.

Die Tödtsche Frage nach dem *Umgang* mit den Normen unserer Lebenswelt verweist an dieser Stelle auf den Wahrnehmungshorizont und damit auf die Frage, *was unsere Wahrnehmungen bestimmt.* Diese Frage geht in zwei Richtungen und läßt sich auflösen einerseits in diejenige danach, was aus der Einnahme einer bestimmten Wahrnehmungsperspektive folgt, und andererseits in diejenige danach, wodurch wiederum unsere Wahrnehmungen bestimmt sind.[252] Die Aufspaltung der Frage nach den Bestimmungsgründen unserer Wahrnehmung ist ein Kennzeichen der neuzeitlichen Ethikentwicklung. Sie entspricht jenem Auflösungsprozeß der ursprünglichen Einheit von Leben und Handeln, der auf der Schwelle zur Neuzeit in Gang kommt, und – bezogen auf den Bereich der Ethik – mit dem Programm Angewandter Ethik einen Höhepunkt erreicht. Der Bruch mit der klassischen ethischen Tradition findet seinen charakteristischen Ausdruck in der Ersetzung der Frage nach dem guten *Leben* durch diejenige nach dem guten *Handeln*, die sich im Rahmen problemorientierter Ethiken weiter zuspitzt auf die Frage nach angemessenen *Problemlösungen.*[253]

Gemäß der uns leitenden Fragestellung haben wir uns bisher fast ausschließlich mit der ersten der beiden Fragerichtungen – was aus der Einnahme einer bestimmten Wahrnehmungsperspektive folgt – befaßt. Aus diesem Grund sprachen wir in der Einleitung vom propädeutischen Charakter der Untersuchung. Ziel war der Nachweis der wechselseitigen Verschränkung von moralischen Überzeugungen und spezifischen Wahrnehmungsweisen. Ist nun dieser Zusammenhang sichtbar geworden und damit der Ort abgesteckt, an dem die Voraussetzungen unserer Meinungen greifbar werden, rückt die zweite Fragerichtung in den Blickpunkt. Wir stehen jetzt vor der Aufgabe, methodische und inhaltliche Kriterien zu entwickeln, anhand derer die konstitutiven Wahrnehmungsbedingungen selbst in die ethische Reflexion einbezogen werden können. Ziel ist neben der Zurückweisung eines ethischen Relativismus pluralistischer Meinungen, die Rückgewinnung jener ursprünglichen Einheit von Leben und Handeln, die bereits Tödt mit seiner Forderung nach Entsektoralisierung im Blick hat. Damit wird zugleich jenes Vakuum Angewandter Ethik ausgefüllt, das – in letzter Konsequenz – eine unkritische Verteidigung des jeweiligen *status quo* zur Folge hatte. Und schließlich geht es darum, die Grenzen einer ausschließlich handlungstheoretisch fundierten Ethik zu erkennen. Auch in unserer Untersuchung stießen wir regelmäßig auf ihre Limitierungen. Sie wurden nur dadurch verschleiert, daß wir uns bestimmter Begriffe bedient haben, denen in gewisser Weise eine Brückenfunktion zukommt. »Motive«, »Absichten«, »Intentionen« und »Einstellungen« sind funktional in Handlungskontexten verortet; die in ihnen repräsentierten Inhalte, ihre propositionalen Gehalte, weisen aber über die Handlungsebene hinaus. Sie sind Ausdruck der spezifischen »Lebenswelt«,

---

252 Kennzeichnend für postmoderne und radikal konstruktivistische Positionen ist, daß sie die letzte Frage nicht in einer positiven Weise beantworten können.

253 Der Verlust jener ursprünglichen Einheit zeigt sich nicht zuletzt auch darin, daß die an dieser Stelle verwendeten Begriffe – ungeachtet ihrer Geläufigkeit – seltsam unbestimmt und voneinander unabgegrenzt dastehen.

vor deren Hintergrund diesen eine bestimmte Funktion zukommt. Den Bereich, auf den mit diesen Begriffen verwiesen wird, wollen wir abschließend wenigstens in groben Zügen abstecken – vor allem im Hinblick darauf, welche Konsequenzen und Aufgaben sich aus unseren vorausgehenden Überlegungen für eine zeitgerechte Ethik ergeben.

Der Theologe J. Fischer hat sich in diversen Veröffentlichungen mit der Frage befaßt, um welche Elemente eine Ethik ergänzt werden müsse, die den genannten, aktuellen Problemstellungen gerecht werden will.[254] Vor dem Hintergrund der Frage nach dem Selbstverständnis christlicher Ethik entwickelt er – gerade auch in Auseinandersetzung mit den Arbeiten von H. E. Tödt – die Grundzüge einer »Ethik der Wahrnehmung«. Seine Überlegungen dazu sind nicht – wie der Titel zunächst vermuten läßt – ästhetischer, sondern vor allem erkenntnistheoretischer Art.[255] Sie versuchen eine Antwort auf die Frage: Wie kommen unsere moralischen Urteile und Meinungen zustande? Oder allgemeiner: Wie ist ethische Erkenntnis möglich? Die in seinem programmatischen Aufsatz »Wahrnehmung als Proprium und Aufgabe christlicher Ethik« entwickelten Thesen zu einer Ethik der Wahrnehmung verdichten sich in seinem Buch *Leben aus dem Geist* zu einer *Grundlegung christlicher Ethik*. Das zentrale Motiv des Autors besteht – analog zu H. E. Tödt – in dem Nachweis der Einheit von Leben und Handeln. Gleichzeitig können die Gedanken Fischers als Reformulierung unserer Analysen zum Krisen- und Problembegriff aus einer spezifischen, ethischen Perspektive gelesen werden. Mit der Dimension der Wahrnehmung kommt allgemein dasjenige zur Sprache, was in den Motiven bei der Verwendung des Krisen- und Problembegriffs im Speziellen zum Ausdruck kommt. Die Wahrnehmungsebene markiert den Ort jener Motive und Antriebe, die den Anstoß geben, etwas zu einem Thema von Ethik zu machen. Dabei ist streng zwischen impliziten Beweggründen und expliziten Argumenten, die retrospektiv zur Begründung und Rechtfertigung einer Meinung vorgebracht wer-

---

254 J. Fischer [1989a]; vgl. ders. [1989c]; ders. [1992]; ders. [1994].

255 Der Ausdruck »Ethik der Wahrnehmung«, wie ihn Fischer verwendet, soll keiner – aktuellen – Ästhetisierung von Moral und Ethik Vorschub leiten. Zur Abgrenzung sei an dieser Stelle auf das 1992 in Berlin stattgefundene internationale Symposion »Ethik der Ästhetik« hingewiesen. 1994 erschien der Tagungsband unter dem Titel *Bildstörung. Gedanken zu einer Ethik der Wahrnehmung*. Den Angelpunkt der dort vorgetragenen Überlegungen bildet die von W. Benjamin in seinem berühmten Kunstwerk-Aufsatz (*Gesammelte Schriften* I, S. 431 – 508) formulierte Alternative zwischen einer faschistischen »Ästhetisierung der Politik« oder einer dialektischen »Politisierung der Kunst« (S. 469/508), die hier in die Forderung nach einer Politisierung des Sehens beziehungsweise der Wahrnehmung zugespitzt wird (vgl. bes. das Vorwort von J.-P. Dubost sowie die Beiträge von P. Virilio und S. Weber). Virilio [1994], S. 56 und 65, plädiert dort für eine »*Wahrnehmungsethik*«, die über ästhetische Fragen hinausgeht, und für die »Bildung eines ›Ethik-Komitees der Wahrnehmung‹« (S. 57), um der »*exzessiven Dressur des Auges*, einem ›optisch korrekten‹ unterschwelligen Konformismus« (ebd.) zu begegnen. Angesichts der »rhythmische[n] Enteignung des Blicks« (S. 58), die mit dem Fernsehen begann, und die im Zuge der neuesten Forschungen auf dem Gebiet der Wahrnehmungsergonomie zu immer größerer Perfektion voranschreitet, fordert der Autor, analog zur Meinungsfreiheit, »auch nach der *Wahrnehmungsfreiheit* des Individuums und nach deren Bedrohung zu fragen, die von der Industrialisierung des Sehens und Hörens und von der akustischen Umweltverschmutzung ausgeht, die meistens mit einer unmerklichen Überfremdung unserer Weltsicht durch die verschiedenen Kommunikationsmittel einhergeht« (S. 63f.).

den, zu unterschieden. An dieser Stelle geht es ausschließlich um jene moralischen Einstellungen und Motive, die dazu führen, die genannten Gründe als *Anlaß* für eine bestimmte moralische Meinung oder für eine moralische oder ethische Beschäftigung mit einem bestimmten Thema zu nehmen.

Die Pointe des Fischerschen Ansatzes steckt einerseits in der Vermittlung von ethischen mit erkenntnistheoretischen Überlegungen, andererseits in der Fokussierung auf den Handelnden gegenüber einer neuzeitlichen Konzentration in der Ethik auf die Handlung. Die traditionelle Trias aus Empirie, moralischen Normen und Überzeugungen sowie deren ethische Begründungen wird ergänzt durch die epistemeologische Dimension des Geistes, der auf der Metaebene eine Klammerfunktion zukommt. »Erst in ihr ist die Ethik zu Ende gedacht.«[256] Die Frage nach der rechten normativen Orientierung wird – wie auch bei Tödt – zurückgebunden an die Frage nach der Identität des Handelnden. Die Argumentation Fischers ruht wesentlich auf der Einsicht in die enge Verknüpfung von Handeln und Wissen, die er in seiner Dissertation *Handeln als Grundbegriff christlicher Ethik* dargestellt hat. Die grundlegende These lautet kurz und knapp: »*Handeln heißt wissen.*«[257] Vor dem Hintergrund seiner Handlungsdefinition, daß, wer handelt, unter identischen Umständen anders hätte handeln können, präzisiert Fischer: »Um anders handeln zu können, muß er wissen, a) was geschieht und b) daß er den Umständen, insbesondere seinen Fähigkeiten nach in der Lage ist, das Geschehen zu beeinflussen. Offenbar handelt es sich hier um eine nicht nur notwendige, sondern auch hinreichende Bedingung.«[258] Fischer expliziert den Zusammenhang an einem Beispiel: Eine Person geht an einem See spazieren, während in unmittelbarer Nähe ein Ertrinkender um sein Leben kämpft. Ob das Nichteingreifen des Spaziergängers eine Handlung darstellt oder nicht, hängt davon ab, ob er bemerkt, was in seiner Umgebung gerade passiert oder nicht. Weiß er es nicht, ist sein Nichteingreifen keine Handlung im Sinne einer Unterlassung. Bemerkt er dagegen den Ertrinkenden und weiß außerdem, daß er in der Lage ist, den Ertrinkenden zu retten, stellt sein Nichteingreifen eine Handlung dar; hätte er doch anders handeln, nämlich ihn retten können. »Es ist wichtig zu sehen, daß der Spaziergänger, ganz gleich, was er tut (ob er also den Ertrinkenden rettet oder nicht), allein durch sein Wissen in die Rolle des Handelnden versetzt ist. […] Hinreichende Bedingung für die Zurechnung einer Handlung ist damit der Nachweis entsprechender Wissensvoraussetzungen. […] Wer anders hätte handeln können, der hat gehandelt. So ist es das Wissen des Handelnden, das ihn zum Handelnden macht. *Was er tut, bestimmt sich danach, was er weiß.*«[259]

Für Fischer ergeben sich aus dem dargestellten Zusammenhang weitreichende Konsequenzen. Die handlungstheoretisch fundamentale Unterscheidung zwischen einer Handlung und den Umständen einer Handlung läßt sich vor dem Hintergrund des Wissensbegriffs präzisieren: Sind Umstände »*für das Wissen* des Handelnden gegeben, so ist die Handlung *mit seinem* bzw. *durch sein Wissen* gegeben.« Diese Differenzierung

---

256 J. Fischer [1994], S. 34.
257 J. Fischer [1983], S. 13. Vgl. zum folgenden auch J. Fischer [1994], S. 45ff.
258 Ebd.
259 Ebd.

erlaubt nun ihrerseits eine einfache Unterscheidung zwischen intentionalen und nicht-intentionalen Handlungen: »Bezieht sich bei ersteren das konstitutive Wissen des Handelnden *auf seine Handlung selbst,* so ist es bei letzteren *auf die Umstände des Handelns* gerichtet.«[260] Entscheidend ist nun, daß der Begriff der Umstände nicht neutral verstanden werden darf, sondern daß – wie Fischer an anderer Stelle betont – »von ihnen die Veranlassung zu einem bestimmten Handeln ausgeht, weshalb eben der Handelnde sich dafür verantworten muß, daß er nicht entsprechend gehandelt hat. Und so ist auch das ›kann‹ in jener Bedingung, unter identischen Umständen anders handeln zu können, nicht neutral zu verstehen, sondern im Sinne des Erfülltseins jener Bedingungen, die zum Andershandeln hätten veranlassen müssen.«[261] In diesem Sinne sind dann auch die nicht-intentionalen Handlungen »meine« Handlungen, weil ich aus meinem Wissen heraus anders hätte handeln können – genauer: durch mein Wissen werden sie wiederum zu intentionalen Handlungen.

Entscheidend ist für Fischer – in Auseinandersetzung mit der Tradition der analytischen Handlungstheorie (besonders Wittgenstein, Moore, Austin, Anscombe und Danto) – die Betonung der Einheit von Intention und Handlung. Intentionale Handlungen beruhen auf einem Wissen, dessen Gegenstand *mit* dem Wissen *von diesem Gegenstand* gegeben ist. »*[D]as Wissen von dem Gegenstand [ist] die Ursache seiner Existenz.*« Träfe dies nicht zu, wäre also »*die Existenz des Gegenstandes die Ursache des Wissens von dem Gegenstand*«, bliebe kein Raum mehr für eine Entscheidung, da dasjenige, was für das Wissen gegeben ist, schon als Tatsache der Handlung vorausgeht. Die Handlung wäre ganz durch die Umstände bestimmt, sie wäre also nicht-intentional.[262]

Bereits an dieser Stelle werden die ersten Züge eines Wirklichkeitsverständnisses greifbar, das Fischer in seinen späteren Arbeiten ins Zentrum seiner Überlegungen rückt. Die Befunde auf der handlungstheoretischen Ebene werden dort auf erkenntnistheoretischer Ebene reformuliert und ergänzt. Kausalität und Ursachen, Tun, Handeln und deren Begründungen rekonstruiert Fischer als spezifische Sprachspiele unserer Kommunikation. »Ursachen und Wirkungen, Tun und Handeln existieren gar nicht anders,« wie J. Fischer in geradezu intern realistischer Manier betont, »denn nur als Ge-

---

260 J. Fischer [1983], S. 14.

261 J. Fischer [1994], S. 61. Hier befindet sich Fischer – entgegen seiner ansonsten kritischen Haltung zum Verantwortungsbegriff – in großer Nähe zu der vieldiskutierten Äußerung von G. Picht [1967], S. 336: »Nicht das Subjekt setzt sich die Aufgabe, sondern die Aufgabe konstituiert das Subjekt.«

262 Der Begriff der »Nicht-Intentionalität« zeigt hier eine kleine Schwäche. Genauer müßte zwischen *vollständiger* und *unvollständiger* »Nicht-Intentionalität« unterschieden werden. Auch wenn das Handeln des Spaziergängers am See, der an einem Ertrinkenden vorübergeht, durch sein Wissen der Umstände bestimmt ist, bleibt sein Handeln intentional: er hätte, egal wie er sich entscheidet, – dies ist analytisch im Begriff der Entscheidung enthalten – anders handeln können. Moralisches Handeln reduzierte sich ansonsten auf bloße Reiz-Reaktions-Schemata, der moralisch Handelnde würde zum »Pawlowschen Hund«. Vollständige »Nicht-Intentionalität« versetzt den Handelnden in einen Zustand völligen Gehorsams – wobei jede Möglichkeit der Verweigerung oder des Ungehorsams von vornherein ausgeschlossen sein müßte – beziehungsweise perfekter Dressur.

genstand unserer Kommunikation darüber, dadurch, daß wir nach Ursachen fragen, daß wir uns auf unser Tun und seine Bestimmungsgründe ansprechen und uns andererseits Verhalten als Handeln zurechnen und dafür Rechenschaft und Verantwortung fordern.«[263] Fischer demonstriert seine Position am Beispiel der Ursache-Wirkungs-Relation aufeinanderprallender Billardkugeln.[264] Im Fall einer Billardkugel, die – von einer anderen getroffen – sich in eine bestimmte Richtung in Bewegung setzt, betrachten wir das Anstoßen der einen Kugel als Ursache für die Bewegung der anderen. Fragen wir danach, warum sich die zweite Kugel in einer bestimmten Weise bewegt, erhalten wir eine Antwort, die sich aus zwei Sätzen zusammensetzt, einem singulären und einem Allsatz: »Die zweite Billardkugel erhielt einen Stoß von der ersten« und: »Immer wenn eine ruhende Billardkugel einen Stoß erhält, wird sie in Bewegung versetzt«. Die Ursache besteht also nicht in einem *Ereignis*, sondern in einem *Gedankenzusammenhang*. Ursachen sind – wie Fischer im Anschluß an den Physiker J. König feststellt – keine Ereignisse in der Welt, sondern Antworten auf Fragen. Kausalität ist ein Sprachspiel, mit dessen Hilfe wir Ereignisse thematisieren und erklären.

Daraus folgt: »Wenn Kausalität, Tun und Handeln und die jeweiligen Bestimmungsgründe allererst durch die *Kommunikation* über Kausalität, Tun und Handeln und die jeweiligen Bestimmungsgründe konstituiert sind: Was ist es dann, was uns zu dieser Kommunikation bestimmt und in dieser Kommunikation miteinander vermittelt? Dieses zur Kommunikation Bestimmende muß allem, was erst durch Kommunikation, als ihr Gegenstand konstituiert ist, also allen Ursachen, Tun- und Handlungs-Gründen vorausliegen und von grundsätzlich anderer Art sein. Und ebenso muß dann die Kommunikation selbst, insofern sie durch etwas anderes bestimmt ist als durch Tun- oder Handlungs-Gründe, als etwas anderes begriffen werden denn als ein Tun oder Handeln. Hierin liegt die Nötigung, den Begriff des Geistes einzuführen und die drei Ebenen der Kausalität, des Tuns und des Handelns um die vierte Ebene des geistbestimmten Lebens zu ergänzen, welche sich auf die Kommunikation und das zu ihr und in ihr Bestimmende bezieht.«[265]

An dieser Stelle rückt der zweite zentrale Aspekt der Überlegungen Fischers ins Blickfeld: Die Ausrichtung seiner Ethik – weg von der Handlung und hin – auf das in einen bestimmten Wirklichkeitszusammenhang hineingestellte, handelnde Subjekt. Fischer führt zu diesem Zweck eine Reihe von Begrifflichkeiten ein: auf der handlungstheoretischen Ebene den Begriff des *Einverständnisses*, auf der ontologischen Ebene den Begriff der *Anwesenheit* und auf der erkenntnistheoretischen Ebene den Begriff des *Geistes*.

Den Begriff des Einverständnisses leitet Fischer aus seinem Verständnis von Intentionalität ab. Der intentional Handelnde befindet sich nicht in einer Außenperspektive zu seinen Handlungen, er begreift seine Handlung nicht rezeptiv, vielmehr muß er sich »*zu ihr*« verstehen. Die Einheit von Intention und Handlung drückt sich darin aus, daß der

263 J. Fischer [1994], S. 48f.
264 Vgl. J. Fischer [1989b]; ders. [1994], S. 36f.
265 J. Fischer [1994], S. 34.

Handelnde mit seiner jeweiligen Handlung einverstanden ist. Aus dieser Auffassung von intentionalem Handeln als Einverständnis entwickelt Fischer im Anschluß an Luther[266] seine Unterscheidung zwischen (philosophisch) moralischem und (christlich) ethischem Handeln. Die Differenz liegt grob gesprochen in der unterschiedlichen Ausrichtung. Bezieht sich der moralische Handlungbegriff auf die Angemessenheit und Freiheit von Handlungen, so orientiert sich der ethische Handlungsbegriff an der Identität und Freiheit des Handelnden. Fischer kritisiert, daß in der Moral die Freiheit von den empirischen Umständen des Handelns mit der Unfreiheit gegenüber den moralischen Werten erkauft sei. »Die moralische Freiheit ist im besten Falle *freie Unterwerfung*.«[267] Fischer konfrontiert dieses Prinzip der »Selbst -*Beherrschung*« mit dem ethischen Prinzip der »Selbst-*Entsprechung*«. Im Mittelpunkt steht der Begriff der »personalen Identität«.[268] Entscheidend ist wiederum die Beziehung zwischen Handeln und Wissen, wie Fischers Vergleich zwischen personaler Identität und Paß-identität deutlich macht. Die Eigenschaften und Merkmale einer Person, über die ein Paß Auskunft gibt, bestehen völlig unabhängig von dem Wissen des Paßinhabers. Im Falle der Identität des Handelnden dagegen ist der Gegenstand des Wissens eben diese Identität, das Wissen also Selbst-Wissen. »Liegt im Fall der Paßidentität die Existenz der identifizierenden Merkmale dem Wissen von diesen Merkmalen voraus, *so ist im Fall der personalen Identität das Wissen von dieser Identität die Ursache ihrer Existenz*. Die Paßidentität fällt unter den Begriff der theoretischen, die personale Identität unter den Begriff des praktischen Wissens.«

Dieses Selbst-Wissen ist wesentlich gekennzeichnet durch das Moment des Einver-ständnisses sowie das Moment der Sozialität. Der zweite Aspekt verhindert das Ab-gleiten in einen Relativismus, insofern das Wissen an Wahrheit gebunden wird, die nicht einfach vom Subjekt gesetzt werden kann, sondern »einen Anhalt außerhalb sei-ner selbst haben muß«.[269] Dieses »Außerhalb« meint nicht die jeweiligen Umstände ei-nes Handelns, denn damit würde Identität der Verdinglichung – eben durch die Gegen-stände, die *für* ein Handeln gegeben sind – ausgesetzt. Anstelle einer solchen »*Ich-Es-Beziehung*« tritt auf der Ebene der Sozialität die »*Ich-Du-Beziehung*«. Entscheidend ist die Reziprozität des Verhältnisses zwischen »Du« und »Ich«: »Das *Du* ist als *Du* zugleich *für* das und *mit* dem Wissen des *Ich* gegeben: *Für* das Wissen, insofern in ihm eine andere, vom Ich verschiedene Identität begegnet; *mit* dem Wissen, insofern sich diese Identität dem sich auf sie als *Du* beziehenden Selbst-Wissen des *Ich* ver-dankt.«[270]

Vor dem Hintergrund der Frage nach dem Wirklichkeitsverständnis rückt der Begriff der Anwesenheit ins Zentrum. Die handlungstheoretische Unterscheidung zwischen »*für* das Wissen« und »*mit* dem Wissen« kehrt auf der ontologischen Ebene wieder als differierende Weisen von Anwesenheit. Es ist eine Frage der Einbeziehung beziehungs-

---

266 Vgl. M. Luther, *In epistolam S. Pauli ad Galatas Commentarius*, WA 40/1, S. 410ff.

267 J. Fischer [1983], S. 29.

268 Zum folgenden siehe J. Fischer [1983], S. 30f.

269 J. Fischer [1983], S. 37.

270 Ebd.

weise Ausblendung einer Person, ob ihre Armbewegung als – intentionales – Tun oder als – kausal induziertes – Körperereignis aufgefaßt wird. Eine beobachtbare Körperbewegung wird zu einem Tun durch die kommunikative Kompetenz, »über das eigene Tun intersubjektiv Auskunft geben zu können und es dadurch verbindlich auch für die Wahrnehmung der anderen zu bestimmen, die sich nach dieser Auskunft richtet.«[271] Die Wahrnehmung von etwas als ein Tun setzt also die Kommunikation zwischen Anwesenden voraus. Anwesenheit meint dabei nicht einen allein raum-zeitlich lokalisierbaren Zustand, sondern etwas, »das selbst wirklichkeitsbestimmend ist, und einen eigenen Wirklichkeitszusammenhang oder Wirklichkeitsraum konstituiert. Die wirklichkeitsbestimmende Kraft der Anwesenheit manifestiert sich darin, daß sie die Wahrnehmung bindet und bestimmt.«[272] Damit verliert dann die Wirklichkeit ihren einheitlichen Charakter, denn was unserer Wahrnehmung gegenständlich ist, hängt ab von den unsere Wahrnehmung bestimmenden »Anwesenheitskonstellationen«. Die Wirklichkeit bildet ontologisch keinen Einheitsraum, sondern »zerfällt in eine Vielzahl von Räumen, die durch unterschiedliche Anwesenheitskonstellationen konstituiert und aufgespannt sind.«[273] Die Armbewegung als kausales Ereignis oder als intentionales Tun verweist auf unterschiedliche Räume mit unterschiedlichen Anwesenheitskonstellationen.[274]

Nach diesen Erläuterungen können wir nun der eigentlichen Fragestellung nach der Bedeutung und den Konsequenzen des Wahrnehmungsbegriffs für die Ethik zuwenden. Fischer definiert »Wahrnehmung« als jenen »kreative(n) Teil unseres Erkenntnisvermögens [...], welcher auf Zusammenhang und Beziehung gerichtet ist, freilich eben nicht so, daß er gegebene Zusammenhänge feststellt, welche die Wirklichkeit schon fertig der Erkenntnis entgegenbringt, sondern vielmehr so, daß er kreativ Zusammenhang *herstellt*, in Beziehung *setzt*.«[275] Wenn Wahrnehmung in dieser Weise den Wirklichkeitsraum, auf den unsere Erkenntnis geht, zuallererst konstituiert – es ist schlechterdings nichts jenseits dieser relationalen Räume vorstellbar, was dem Menschen zugänglich wäre –, dann ruht alles Wahrgenommene auf einem vorgängigen Akt der Identifikation, das heißt der Herstellung von Relationen; dann »wird die Welt zu ›unserer‹ Welt, die *wir* uns vergegenständlichen und in der mithin wir darüber bestimmen, als was die Dinge darin vorkommen, wie sie darin in Erscheinung treten sollen.«[276] Fischer spricht in diesem Zusammenhang von einer »Verfügung im Wahrnehmen«, die

271 J. Fischer [1994], S. 40.

272 J. Fischer [1994], S. 41.

273 J. Fischer [1994], S. 42.

274 Deutlich wird an dieser Stelle die Zuspitzung der Position Fischers gegenüber seiner Handlungsarbeit. Hatte er dort auf die Frage Wittgensteins (*Philosophische Untersuchungen* § 621): »[...] was ist das, was übrigbleibt, wenn ich von der Tatsache, daß ich meinen Arm hebe, die abziehe, daß mein Arm sich hebt?« geantwortet, daß die Armbewegung für das Wissen, das Arm-Heben dagegen mit dem Wissen des Eigentümers gegeben ist (J. Fischer [1983], S. 14), so erklärt er jetzt die Frage Wittgensteins für schlichtweg »falsch gestellt« (J. Fischer [1994], S. 56f., Anm. 16). Und er fährt fort: »Denn die Wahrnehmung, daß ›sich‹ mein Arm hebt, beruht auf der Ausblendung der Tatsache, daß *ich* den Arm hebe, und weil diese Tatsache ausgeblendet ist, kann das Sich-Heben des Armes nicht wirklich von meinem Heben des Armes ›abgezogen‹ werden.«

275 J. Fischer [1989a], S. 107.

276 J. Fischer [1992], S. 116.

die Grundlage bildet für die »Verfügung im Tun«.[277] Die Vorstellung von einer eigenständigen Wirklichkeit im Sinne eines objektiven Gegenübers reduziert sich auf diejenige der je faktischen Wirklichkeit. Diese kann idealtypisch als eine jedem Wissen vorausgehende Materialsammlung gedacht werden, die je nach Sinn strukturiert und mit Etiketten versehen worden ist. Unseren Wahrnehmungen und Begriffen entspricht nichts in der Wirklichkeit in dem Sinne, daß sie etwas Objektives benennen, aber die Wahrnehmungen und Begriffe »schaffen« unsere Wirklichkeit. »›Die‹ Wirklichkeit ver sich im Dickicht der kommunikativen Perspektiven.«[278] In gleicher Weise sind, wie Fischer mit Verweis auf M. Weber feststellt, »die Wahrnehmungsprämissen, auf denen die wissenschaftliche Erkenntnis beruht, nicht ihrerseits wissenschaftlich begründbar [...]. [...] Was unsere Erkenntnis allererst *herstellt*, ist eben damit nichts, was durch unsere Erkenntnis als schon gegeben *festgestellt* werden könnte.«[279]

Der Umstand, daß Wissenschaft »ihre eigenen Wahrnehmungsvoraussetzungen nicht kontrollieren« kann,[280] gilt in gleicher Weise für den Bereich der Ethik. »Denn das Tun hängt [...] entscheidend davon ab, was jeweils wahrgenommen wird. Eine Ethik, die dies nicht reflektiert, bringt sich in Gefahr, faktisch durch Prämissen der Wahrnehmung bestimmt zu sein, welche sie selbst nicht mehr ethisch hinterfragt und kontrolliert. Damit würde die Normativität des Faktischen in Gestalt der jeweils sich durchsetzenden bzw. gesellschaftlich durchgesetzten Wahrnehmung der Wirklichkeit zum eigentlichen ethischen Prinzip.«[281] Fischer verdeutlicht diesen Zusammenhang an der gegenwärtigen Ökologiedebatte. Aufgrund der einschneidenden naturwissenschaftlich-technischen Entwicklungen und des immer häufiger zu beobachtenden Zurückschlagens des »Öko-Systems« »bildet sich eine Art Regelkreis heraus, bei dem die Erkenntnis sich steuern läßt durch die Imperative einer Welt, welche sie selbst vergegenständlicht. Längst ist auch die Ethik im Sog dieses Regelkreises. Sie läuft damit Gefahr, funktionalisiert zu werden als selbst durch die Imperative der Krise gesteuertes Instrument der Steuerung krisenäquivalenten Verhaltens. Das bedeutet in letzter Konsequenz, daß nicht mehr die Ethik bestimmt, was im ethischen Sinne getan werden soll, sondern umgekehrt: was getan oder aufgehalten werden soll, bestimmt die Ethik

---

277 Ebd.

278 J. Fischer [1994], S. 256.

279 J. Fischer [1989a], S. 108f. Ohne Fischer hier einen postmodernen Relativismus unterstellen zu wollen, ist doch eine gewisse Nähe zu den Protagonisten der Postmoderne unübersehbar. Dem Verlust der Einheit von Leben und Handeln bei Fischer – wobei Handeln immer ein Wissen impliziert – entspricht in gewisser Weise die »Krise« der großen Erzählungen, die Lyotard in der Gegenwart diagnostiziert.
Vgl. J.-F. Lyotard [1986], S. 13. Die Erzählungen – und das ist für Lyotard das Kennzeichen der Moderne – haben wissenschaftskonstitutiven Charakter. Sie legitimieren auf der Metaebene die »Spielregeln«, denen Wissenschaft ihre Existenz verdankt – denn: »ohne Regeln kein Spiel« (a. a. O., S. 40). Hier nähert sich Lyotard dem Paradigmenbegriff von T. Kuhn, mit der spezifischen Fokussierung, daß das jeweilige Paradigma auf dem Fundament von Erzählungen ruht, die von ein und derselben Perspektive ausgehen, »oder, wenn man so will, von demselben ›Entschluß‹, und dieser heißt Abendland« (a. a. O., S. 34).

280 J. Fischer [1989a], S. 109.

281 J. Fischer [1989a], S. 106.

[…].«[282] Wo nun – wie Fischer an anderer Stelle bemerkt – »die Eigenperspektive der Ethik durch eine Außenperspektive auf die Ethik substituiert wird, da droht der Umschlag in den Zynismus.«[283]

Wie kann einem solchen Umschlagen in den Zynismus, also einer Instrumentalisierung von Ethik durch die Ausblendung der für sie konstitutiven, eigenständigen Perspektive zugunsten einer strategischen begegnet werden? Den Schlüssel zur Beantwortung dieser Frage findet Fischer in der Ersetzung einer *ontologisch* fundierten Wirklichkeitsauffassung durch eine *pneumatologische*.[284] An die Stelle der Frage nach der Wirklichkeit tritt die Frage danach, was unsere Wirklichkeitsauffassung bedingt. Die Pointe des Fischerschen Ansatzes steckt in der Unterscheidung zweier Erkenntnisweisen: einer theoretischen und einer praktischen Erkenntnis. »Theoretisch« nennt Fischer eine Erkenntnis, »welche das Erkannte in der Wirklichkeit des Erkennenden lokalisiert. Die theoretische Erkenntnis entspricht, grob gesagt, der üblichen Auffassung von Erkenntnis: Hiernach existiert, was wir in intersubjektiver Verständigung im Zusammenhang unserer Welt lokalisieren können. Weil z. B. die olympischen Götter darin keinen Ort mehr haben, existieren sie für uns auch nicht.«[285] »Praktische« Erkenntnis ist demgegenüber dadurch ausgezeichnet, »daß sie Wirklichkeit nicht bloß feststellt, sondern den Erkennenden allererst *in sie hineinstellt.*«[286] Fischer expliziert diesen Zusammenhang an dem spezifischen Wirklichkeitsverständnis der paulinischen Ethik etwa in 1. Kor 12,12ff.[287] Dem Streit um die verschiedenen Geistesgaben der Gemeindeglieder und um die Frage einer sich daraus ableitenden Rangordnung in der korinthischen Gemeinde begegnet Paulus mit dem Bild von Gemeinde als dem einen Leib, den Gott aus vielen Gliedern zusammengefügt hat. Die Pointe der paulinischen Ethik steckt für Fischer in der Indikativ-Kohortativ-Struktur der paulinischen Paränese. Paulus reagiert auf die Situation in Korinth nicht mit der Erinnerung an einen bestimmten Verhaltenskodex. Er moniert kein falsches Tun, indem er auf bestimmte moralische Normen verweist. Vielmehr kritisiert er eine falsche Erkenntnis. Diese Erkenntnis ist nun wiederum keine normative, sondern sie betrifft »die im Indikativ ausgesagte Wirklichkeit der Gemeinde.«[288] »Denn wir sind durch einen Geist zu einem Leibe getauft« (1. Kor 12,13a). Mit dem Indikativ erinnert Paulus an eine Realität, »welche weder empirisch festgestellt noch normativ vorgeschrieben werden kann, sondern welche durch die Glaubenserkenntnis der Korinther Gestalt gewinnt, indem diese jene indikativischen Sätze in ihre Situation abbilden und einander als Glieder am Leib Christi wahrnehmen.«[289] Die »Teilhabe« an dieser Realität drückt sich ihrerseits aus in dem Anredecharakter des Textes. Die Zugehörigkeit des Menschen zu einem spezifischen Geist- und Wirklich-

---

282 J. Fischer [1992], S. 117. Vgl. J. Fischer [1989a], S. 111f.

283 J. Fischer [1994], S. 24, Anm. 6.

284 J. Fischer [1994], S. 250, formuliert diesen Gegensatz im Zusammenhang seiner Auseinandersetzung mit der »theologischen Technikkritik« von M. Trowitzsch.

285 J. Fischer [1989a], S. 98.

286 Ebd.

287 Vgl. J. Fischer [1989a], S. 96ff.; ders. [1994], bes. S. 172 – 192.

288 J. Fischer [1989a], S. 98.

289 J. Fischer [1989a], S. 99.

keitzusammenhang – ihre Anwesenheit in einem ihre Kommunikation bestimmenden Wirklichkeitszusammenhang – wird ausschlaggebend für die Relevanz von Ethik. Die eine spezifische Wirklichkeitsauffassung konstituierende Wahrnehmung begründet die »innere Beziehung und Verbundenheit der Person mit den Phänomenen«.[290] Nicht der Rekurs auf ethische Prinzipien oder moralische Normen bestimmt die paulinische Ethik, sondern die Erinnerung an ein bestimmtes Wirklichkeitsverständnis, die »*Vergegenwärtigung* des Geistes, aus dem die Gemeinde lebt«.[291] Von daher erschließt sich Fischers Begriff der »praktischen« Erkenntnis: »›Praktisch‹ soll demgegenüber eine Erkenntnis heißen, welche den Erkennenden (hier: die Korinther) im Zusammenhang der Wirklichkeit des Erkannten (d. h. in der sakramental begründeten Wirklichkeit der Gemeinschaft des Leibes Christi) lokalisiert. Konstitutiv für die praktische Erkenntnis ist eine spezifische Beziehung zum Wort, welche dem Wort den Primat vor der empirischen Wirklichkeit gibt.«[292] Diese Erkenntnis hat ihren genuinen Ort in Religion und Mythos, »d. h. überall da, wo die Erfahrung lebendig ist, daß die Phänomene mehr sind als nur das, was der Erkennende aus ihnen macht, indem er sie in seiner Wirklichkeit verortet, daß sie vielmehr ihre eigene Wirklichkeit mitbringen, an welcher der Erkennende nicht anders teilhaben kann als eben durch eine Weise der Erkenntnis, welche ihn in diese Wirklichkeit stellt.«[293] Die »praktische« Erkenntnis vermittelt die Teilhabe einer Person an einer spezifischen Wirklichkeit in deren Willen.[294]

Bei der Darstellung der Überlegungen Fischers geht es nicht um den Nachweis der Exklusivität einer spezifisch christlichen Situationsethik, die der Autor selbst mehr oder weniger im Blick hat. Ziel ist vielmehr die Rekonstruktion jener strukturellen Merkmale, die unseren ethischen Reflexionen und moralischen Urteilen zugrunde liegen. Entgegen dem vorrangigen Ductus der Arbeiten Fischers, wollen wir das für seine Ethik wesentliche, substantiell christozentrische Wirklichkeitsverständnis nicht als Voraussetzung von Ethik, sondern als ethisches Paradigma lesen.[295] Eine solche Lesart interpretiert die Bestimmungen von »theoretischer« und »praktischer« Erkenntnis nicht als Gegensätze, sondern setzt sie in das komplementäre Verhältnis von »Rekonstruktion und Realität«. Die »theoretische« Erkenntnis, die unsere expliziten Urteile hervorbringt, ruht auf Voraussetzungen, die der »praktischen« Erkenntnis geschuldet sind. Letztere stellt den Menschen als einen in moralische Kontexte eingebundenen vor, die auf der Ebene der expliziten Urteile implizit wirksam sind.[296] Ein gravierender

---

290 J. Fischer [1989a], S. 110.

291 J. Fischer [1994], S. 174.

292 J. Fischer [1989a], S. 98.

293 J. Fischer [1989a], S. 99.

294 Vgl. J. Fischer [1989a], S. 101.

295 Diese Deutung scheint derjenigen Fischers nicht gänzlich zu widersprechen, wie besonders seine kurzen Bemerkungen zur »Rekonstruktion und Realität« des Ethischen (J. Fischer [1994], S. 148f.) zeigen.

296 Denn es ist – ohne hier die Überlegungen Fischers einer eingehenden kritischen Prüfung unterziehen zu können – unschwer erkennbar, daß nicht nur die »theoretische« Erkenntnis auf einem normativen Fundament ruht, sondern daß auch die »praktische« Erkenntnis normativer Kriterien bedarf. Aus dem Hinweis auf das Eingebundensein in ein spezifisches Wirklichkeitsverständnis allein können noch keine expliziten moralischen Urteile abgeleitet werden. Die Frage, was aus

Unterschied zwischen der »Moralität« auf der jeweiligen Ebene besteht allerdings – hierauf scheint es Fischer wohl auch anzukommen – in der Art und Weise ihrer Aneignung. Es macht einen Unterschied, mit der Zugehörigkeit zu einer »Lebensform« in einer durch diese bestimmten Weise moralisch zu *sein*, oder zu einem bestimmten Thema etwa in einer Diskussion eine moralische Überzeugung zu *haben*. Kennzeichnend für den Raum »praktischer« Erkenntnis ist: »Es gibt […] keinen neutralen Standpunkt außerhalb, von dem aus man die Dimension des Geistes und der Lebensformen ethischer Beurteilung unterwerfen und in Form von Behauptungen und Begründungen über sie befinden könnte.« Die kritische Frage nach dem Geist beziehungsweise der Lebensform »findet ihre Antwort allein in der Begegnung mit dem kommunikativ wirkenden Geist selbst und in der Bestimmung durch ihn.«[297] Der Verschiedenheit des Zugangs, den wir zu unseren expliziten moralischen Meinungen und ihren impliziten Voraussetzungen haben, korrespondieren unterschiedliche Artikulationsmodi. Moralische Überzeugungen werden »behauptet« und argumentativ begründet. Die moralischen Implikationen einer Lebensform werden in der kommunikativen Beziehung »vergegenwärtigt« und »bezeugt«. Wir teilen eine Lebensform nicht, weil wir davon auf argumentativem Weg überzeugt worden sind, sondern weil wir in sie hineinwachsen.

Fischer nennt abschließend vier Voraussetzungen für eine Ethik der Wahrnehmung. Die erste und wesentliche Voraussetzung besteht in dem Bewußtsein, »daß unser Verhältnis zur Wirklichkeit entscheidend durch Prämissen der Wahrnehmung bestimmt ist.« Viele aktuelle medizin- und bioethische Diskussionen – etwa die Debatten um die Hirntoddefinition in der Transplantationsmedizin, um Möglichkeiten und Grenzen der pränatalen Diagnostik oder um die Frage kausaler Beziehungen zwischen Genen und komplexen menschlichen Verhaltensweisen in der Humangenetik – veranschaulichen die konstitutive Bedeutung spezifischer Wahrnehmungsweisen, die nicht von einer wie auch immer gearteten Objektivität der Wirklichkeit erzwungen sind, sondern sich einer Reihe grundsätzlicher – häufig interessengebundener – Vorannahmen verdanken.[298] Daher gilt es, »die spezifischen Wahrnehmungsprämissen herauszuarbeiten, welche die Situation konstituieren, die Anlaß zu ethischen Fragen gibt, und zwar um mit diesen Prämissen die Situation selbst in Frage zu stellen […].«[299]

---

dieser Teilhabe für das Handeln folgen *solle*, verlangt nach mehr. Der *Widerspruch*, den Paulus bei den Korinthern zwischen der sie verbindenden Wirklichkeitsauffassung und ihrem konkreten Verhalten ausmacht, verweist auf das Vorhandensein von Adäquatheitsbedingungen. Woran sonst ließe sich ein solcher Widerspruch festmachen? Daß mit einer spezifischen Wirklichkeitsauffassung in Einklang gehandelt werden, aber eben dieser im Handeln auch widersprochen werden kann, verlangt nach Kriterien, die der Wirklichkeitsauffassung selbst inhärent sind und daraus abgeleitet werden können.

297 J. Fischer [1994], S. 136.
298 Vgl. dazu etwa die Überlegungen von T. Bastian [1996] zu ethischen Implikationen des Multiparameter-Screenings in der pränatalen Diagnostik. Vgl. auch die Kritik von E. M. Neumann-Held [1997] an der molekulargenetischen Diskussion um das angebliche »Gen für Aggression«, bei der unterstellt wird, menschliches Aggressionsverhalten *vollständig* durch Mutationen in dem Gen für das Enzym Monoamino-Oxidase A erklären zu können.
299 J. Fischer [1989a], S. 116.

Als zweite Voraussetzung einer Ethik der Wahrnehmung gilt, daß die Wahrnehmung der Wirklichkeit nicht beliebig ist, sondern »daß es einen vorgegebenen Zusammenhang des Wirklichen gibt, durch welchen die Phänomene der Beliebigkeit der Wahrnehmung entzogen sind.« Die Notwendigkeit einer praktischen Hermeneutik der Wahrnehmung bildet die dritte Voraussetzung. Eine solche Hermeneutik steht vor der grundsätzlichen Schwierigkeit, daß sie nicht theoretische Erkenntnisse vermitteln, sondern eine spezifische Weise der Wahrnehmung begründen will. Die vierte Voraussetzung besteht schließlich in der Einsicht, »daß das Tun und Verhalten sein entscheidendes Motiv in der Wahrnehmung hat. Der Mensch verhält sich der Wirklichkeit entsprechend, die er wahrnimmt, und eben darum ist die Wahrnehmung die primäre ethische Aufgabe.«[300]

Der Ansatz Fischers bietet eine Antwort auf unsere Frage, wie die in unseren moralischen Einstellungen zum Ausdruck gebrachten Motive und Intentionen in die aktuellen ethischen Diskurse um Fragen des richtigen Handelns methodisch und inhaltlich integriert werden können. Die spezifische Wahrnehmung, die unser Interesse an und unseren Umgang mit moralischen Problemen steuert, ist Ausdruck jener grundsätzlichen Perspektive, in der Leben und Handeln zu einer Einheit verschmelzen. Fischer richtet sich gegen jene neuzeitliche Tendenz, die auf der erkenntnistheoretischen Ebene als »Auseinanderfallen von Welt und lebensweltlicher Orientierung« und aus einer ethischen Perspektive als »Entkoppelung von ethischer Einsicht und faktischem Verhalten« manifest wird.[301] Die moderne, systemische Verfaßtheit des Handelns führt dazu, »daß die lebensweltlichen Wahrnehmungskonzepte ihren Anhalt verlieren an der realen Welt«. Auch Ethik verliert hier ihre Eigenperspektive und ist »als Überbauphänomen nur Reflex der ökonomisch bestimmten Verhältnisse«.[302]

Die beschriebene Diskrepanz darf nun nicht im Sinne eines ontologischen – oder auch pneumatologischen – Dualismus mißverstanden werden. Dem »Auseinanderfallen von Welt und lebensweltlicher Orientierung« und dem daraus resultierenden Ins-Leere-Laufen jener ursprünglichen Orientierungen entspricht zunächst nichts Empirisches in der Welt. Die »Erosion lebensweltlicher Kommunikationszusammenhänge« – daß unsere ethische Reflexion »verzerrt« und »überfremdet« ist, daß es häufig »schlagkräftiger« und »naheliegender« ist, »mit handfesten Bedürfnislagen zu argumentieren, als auf den Geist von Kommunikationszusammenhängen und Lebensformen sich zu berufen« – betrifft »das ethische Bewußtsein« und nicht die empirische Realität.[303] Die Frage kann also nicht lauten, ob »die Wirklichkeit noch unter diese Begriffe zu bringen und die Welt noch unter Lebensweltorientierungen einzufangen« ist oder nicht,[304] macht die Frage doch nur dann Sinn, wenn ein ontologischer Dualismus unterstellt wird. Entscheidend ist vielmehr die Frage, welche Motive unsere moralischen Ansichten und Urteile vorrangig steuern. Sind es unsere ethischen Haltungen oder das Zerr-

300 J. Fischer [1989a], S. 117.
301 J. Fischer [1994], S. 22 und 25.
302 J. Fischer [1994], S. 22.
303 J. Fischer [1994], S. 149.
304 Ebd.

bild eines Konglomerats aus ethischen Grundüberzeugungen, hedonistischen Kalkülen, heterogenen Bedürfnislagen sowie kapitalistischen und systemimmanenten, häufig technologischen Sachzwängen. Erneut darf hier nicht eine Position gegen die andere ausgespielt werden. Es geht nicht darum, alle nicht-ethischen Motive als unannehmbar zu diskreditieren, sondern darum, den »eigenen Sinn des Ethischen« als *Regulativ* im Blick zu behalten,[305] jedenfalls immer dann, wenn Reflexion mit dem Anspruch auftritt, ethisch relevant zu sein. Dieser Anspruch, der nicht zuletzt dem bereits mehrfach betonten ideologiekritischen Potential von Ethik geschuldet ist, findet seinen adäquaten Ausdruck in einer Ethik der Wahrnehmung, »welche die wissenschaftliche Auffassung der Wirklichkeit nicht einfach übernimmt, sondern auf ihre Wahrnehmungsprämissen hin befragt und diese als ethisches Problem thematisiert. [...] Eine Ethik der Wahrnehmung müßte das ganze Spektrum von Wahrnehmungsweisen in den Blick nehmen, welche die herrschende Auffassung der Wirklichkeit bestimmen.«[306]

4.2 Ausblick: Technikethik zwischen Problemorientierung und Reflexion der Anwendung

Technikethik als problemorientierte Ethik bewegt sich auf der Grenze zwischen einem ethischen »Fundamentalismus«, den J. Nida-Rümelin der traditionellen theoretischen Ethik attestiert,[307] und einer »Ethik der Interessen«, die W. Huber in der gegenwärtigen Bioethikdiskussion am Werk sieht.[308] Die Kritik an einem ethischen Fundamentalismus verfängt dort, wo es darum geht, Gesichtspunkte ethischer und moralischer Argumentation in den Blick zu bekommen, die einer traditionellen theoretischen Perspektive verschlossen bleiben. Die in unserer Untersuchung gestellte Frage nach den Motiven moralischen und ethischen Argumentierens etwa ist kein eigentliches Thema ethischer Begründungstheorie. Welche Motive oder Interessen der Beteiligten in moralisch-ethischen Diskursen – dies gilt in besonderer Weise für Ethikkomitees und andere institutionalisierte Foren – eine Rolle spielen, ist zunächst keine Frage, mit der sich ethische Theorie zu befassen hätte. Die Kantische Ethik hat wohl am deutlichsten gemacht, daß Ethiktheorie eine gewaltige lebensweltliche Abstraktionsleistung voraussetzt. Das ist nicht eine Folge ethischer Reflexion, sondern ihre Voraussetzung. Daß Kant damit auch die *Grenzen* ethischer Theoriebildung bestimmt, ist später häufig übersehen und dann gegen seine Auffassung vorgebracht worden.

Angesichts der gewaltigen Herausforderungen und Probleme am Ende des Jahrtausends darf Ethik an dieser Grenze nicht stehenbleiben. Deontologische Ethiken haben

---

305 So empfiehlt J. Fischer [1994], S. 255, in Antithese zu einem »ontologischen Konservativismus«, der gegen eine technologisch geprägte Welt und ein durch den kapitalistischen Produktivitätsgedanken bestimmtes Weltverhältnis eine angeblich vorgegebene Welt in Anschlag bringt, eine Synthese aus »Rezeptivität und Produktivität, Empfänglichkeit für den Geist und bewußtes Gestalten des Lebens aus dem Geist«.

306 J. Fischer [1989a], S. 109f.

307 J. Nida-Rümelin [1996a], S. 42.

308 So in seiner schriftlichen Stellungnahme zur öffentlichen Anhörung im Bundestagsausschuß für Gesundheit zur Vorbereitung eines Transplantationsgesetzes am 28.6.1995.

anzuerkennen, daß Menschen durch theoretische Begründungen allein kaum von der Notwendigkeit der Geltung von Normen überzeugt werden können.[309] Zugleich – und das richtet sich gegen den problemorientierten Reduktionismus Angewandter Ethik – bildet aber die Theorieebene genau jenen Ort, an dem die von Gadamer und Tödt geforderte Distanzierung von der Gegenwart zuerst möglich wird. Allein aus diesem Abstand heraus »vergegenwärtigen sich Menschen – mehr oder weniger deutlich – die Einwirkungen der Vergangenheit wie die Möglichkeiten der Zukunft«, nur so können sie ein »Verhältnis« zur Gegenwart »gewinnen«.[310] Theorie meint hier ein Verhältnis zur Gegenwart, das in seiner spezifischen Distanziertheit unsere Traditionen, Motive und Interessen sichtbar werden läßt und kommunizierbar macht. Die Prozedur ethischer Reflexion, das Aufsuchen der Begründungsebene findet typischerweise dann statt, wenn Normen oder moralische Vorstellungen entweder unakzeptabel erscheinen oder wirkungslos bleiben. Insofern besteht eine *Notwendigkeit* zu ethischer Reflexion im Sinne der Thematisierung einer Differenz. Die *Wahrnehmung* von Widersprüchen und Diskrepanzen, seien es solche zwischen Anspruch und Wirklichkeit, Sein und Sollen oder Absicht und Wirkung, fordert Ethik heraus. Erst unsere *praktischen* Erfahrungen nötigen zu ihrer *theoretischen* Durchdringung. Ein solches komplementäres Verhältnis von Theorie und Praxis verlangt keine Substitution der einen Ebene durch die andere, sondern nach Anschlußmöglichkeiten und Übergängen zwischen beiden Ebenen.

Die beschriebene Diskrepanz zwischen Anspruch und Wirklichkeit begegnet in gleicher Weise auf der Methodenebene. Welcher Weg bleibt nun angesichts der unbefriedigenden Alternative einer methodischen Kurzatmigkeit der strikten Anwendungsorientiertheit und einem wirklichkeitsfernen Rückzug in das Vernunftgebäude? Auf der einen Seite lauert der Relativismus auf der anderen Seite das »Vollzugsdefizit«[311] weltfremder Prinzipien. Der Entwurf von J. Fischer hat deutlich gemacht, wie gefährlich nahe sich eine Absage an »objektivistische Ethiken« als »philosophische Konstrukte« am relativistischen Abgrund bewegt,[312] und es stellt sich die Frage, ob eine wahrnehmungsorientierte Ethik nicht in genau jenen Relativismus Angewandter Ethik mündet, dessen Überwindung sie sich gerade zum Ziel gesetzt hat. Ob sie eine Alternative zu strikten Anwendungsmodellen darstellt, hängt also von dem Nachweis ihrer Nicht-Partikularität ab. So stehen wir am Ende unserer Untersuchung vor der Frage: Ist eine wahrnehmungsorientierte Ethik vor dem Absturz in den Relativismus zu retten?

Eine positive Antwort verlangt nach einem Kriterium, daß eine ähnliche Verbindlichkeit beanspruchen kann wie etwa das Aristotelische Eudaimonia-Konzept oder der Kantische Vernunftbegriff, ohne dabei aber auf die starken ontologischen beziehungs-

---

309 Vgl. G. Ropohl [1996b], S. 154 und mit Bezug auf die Menschenrechte W. Lienemann [1996], S. 308.

310 H. E. Tödt [1984], S. 60.

311 D. Birnbacher [1993], S. 5.

312 J. Fischer [1994], S. 137. Sein Rückzug auf das Lebensformen-Konzept erscheint letztlich zu dünn, um als sichere Brücke über den Abgrund gelten zu können.

weise metaphysischen Voraussetzungen zurückzugreifen. Im Laufe unserer Überlegungen sind wir zumindest einem sehr standhaften Kandidaten begegnet. Gemeint ist die Wahrnehmung von Krisen und Problemen, denen in aktuellen Diskussionen der Status eines *negativen Verallgemeinerungskriteriums* zukommt. Zwar weit davon entfernt, ein apriorisches Prinzip im Kantischen Sinne zu sein, und ebenso weit davon entfernt, ein Urteil oder Handeln hinreichend begründen zu können, liefert es doch einen wichtigen Anknüpfungspunkt. Bei aller Verschiedenheit der Referenzrahmen besteht zunächst und grundsätzlich eine erstaunliche Übereinstimmung hinsichtlich der Wahrnehmung technologischer Gefährdungen. Welche Übergänge bestehen nun zwischen solchen übereinstimmenden Wahrnehmungen, ihren heterogenen Bezügen und den Möglichkeiten ihrer Einbettung in eine nicht-relativistische Ethik? In den sozialethischen Diskussionen um Menschenrechte und Gerechtigkeit findet sich eine Argumentationslinie, die modellhaft als Antwort auf unsere Frage gelesen werden kann.

In der Menschenrechtsdiskussion spiegelt sich eine Beobachtung wider, auf die auch wir im Rahmen unserer Überlegungen zur Angewandten Ethik gestoßen sind. So bemerkt H. E. Tödt in seinem Aufsatz »Menschenrechte – Grundrechte«: »Heute gehen wir verkehrt an die Menschenrechtsproblematik heran, wenn wir von der Frage der Möglichkeit einer Begründung allgemeiner universaler Normen uns leiten lassen. Wichtiger ist es, denkend auf gemeinsame Erfahrungen einzugehen und aus ihnen Konsequenzen zu ziehen. Oft sind es die negativen Erfahrungen, die den größten Grad an Gemeinsamkeit erreichen und am nachdrücklichsten gemeinsame Antworten erfordern.«[313] Nicht zufällig formuliert Tödt seine Forderung vor dem Hintergrund des Übergangs von dem metaphysisch-naturrechtlichen Denken des 18. Jahrhunderts zur neuzeitlichen Wissenschaft, die wesentlich durch ihre »sektorielle Zersplitterung« gekennzeichnet ist.[314]

W. Lienemann hat diesen Gedanken näher ausgeführt und begründet.[315] Am Beispiel der Entwicklung und Praxis von Menschenrechten zeigt er, daß es jenseits universali-

---

[313] H. E. Tödt [1982], S. 162.

[314] H. Jonas [1979], S. 64, Anm. 1 (S. 395), hat der Moralphilosophie – namentlich Sokrates, Platon und Augustinus – vorgeworfen, sie habe immer den Begriff des Guten gesucht, »während doch unser Fürchten ein besserer Wegweiser wäre.« Damit beschreibt er genau jenen Bruch, den auch Tödt im Blick hat. Was in einer »normenintegrierten Gesellschaft« möglich war und Gewicht hatte, verliert in einer pluralistischen Gesellschaft seine Anknüpfungspunkte und büßt seine Relevanz ein.
An dieser Stelle muß auf einen folgenschweren Irrtum hingewiesen werden. Die Forderung, daß »die Moralphilosophie unser Fürchten vor unserem Wünschen [zu] konsultieren [habe], um zu ermitteln was wir wirklich schätzen«, leitet Jonas aus der Einsicht ab: »Es ist zu bezweifeln, ob je einer das Lob der Gesundheit gesungen hätte ohne wenigstens den Anblick der Krankheit, das der Redlichkeit ohne den der Schurkerei, und das des Friedens, ohne vom Elend des Krieges zu wissen.« (A. a. O., S. 64). Diese psychologisch wohl vertretbare Behauptung, liefe der Absicht Jonas kategorial zuwider, würde sie als Argument für eine Verteidigung menschlichen Elends mißverstanden. So gilt die Frage von G. W. Leibniz, *Die Theodizee*, B 12, »Kostet man die Gesundheit aus und dankt man Gott dafür, wenn man niemals krank gewesen ist?« diesem als Argument dafür, daß »meistens ein kleines Übel das Gute fühlbarer, sozusagen größer werden [läßt]« (ebd.).

[315] Zum folgenden W. Lienemann [1996], bes. S. 306 – 309; ders. [1995], S. 194ff. Vgl. ders. [1990]; ders. [1993b] sowie W. Huber [1992c].

284

sierbarer, normativer Begründungen durchaus allgemeine Standards geben kann, die ihre Geltung gerade nicht einer theoretischen Begründung verdanken, sondern der Evidenz negativer Erfahrungen. Er geht aus von der Beobachtung, »daß *die Verallgemeinerungs- und Zustimmungsfähigkeit von (vor allem: elementaren) Menschenrechten noch niemals von den Opfern von Menschenrechtsverletzungen in Zweifel gezogen worden ist.*«[316] Nun kann aus der hier eingenommenen Perspektive der Opfer noch nicht unmittelbar ein verallgemeinerungsfähiges Kriterium abgeleitet werden. Notwendig ist der Übergang von jenen subjektiven, biographischen Unrechtserfahrungen zu einer »*allgemeine[n] Anerkennung der Unerträglichkeit und Unzumutbarkeit der Opfer und der Leiden*«.[317] In der Tat läßt sich in der kulturgeschichtlichen Entwicklung der Menschenrechte eine solche Transformation an dem Phänom der »Wahrnehmung unübersteigbarer Grenzen« festmachen, das, »in anderen Kulturen als ›Tabu‹ identifiziert [...], eine interkulturell verallgemeinerungsfähige Vorform dessen zu sein [scheint], was wir in der Neuzeit als den unveräußerlichen Kern von Menschenrechten ansehen.« Diesen selbst geschichtlicher Wandlung unterliegenden Kern bezeichnet Lienemann »via negationis als ›Naturunrecht‹, das schlechterdings keinem menschlichen Wesen angetan werden darf.«[318]

Entscheidend ist, daß wohl niemand »durch theoretische Begründungen von der Notwendigkeit von allgemeinen Menschenrechten« überzeugt werden kann. [...] Die Wahrnehmung elementaren Unrechts ist der Grund der Forderung nach unveräußerlichen Menschenrechten, und weil derartige Wahrnehmungen anscheinend alle partikularen Prägungen der Rasse, Kultur, Klasse und Religion transzendieren, liegt in ihnen das Potential der Universalisierbarkeit.«[319] Dieses »Vermögen« der Wahrnehmung – und hier bestätigen sich unsere Überlegungen zum ethischen Realismus – »ist immer auch das Ergebnis ihrer biographisch ausgebildeten Fähigkeit zum bewußten Wahrnehmen und Teilnehmen hinsichtlich des Lebens anderer Menschen.«[320] Die oben – im Anschluß an L. BonJour – behauptete Konjunktion von Wahrnehmung und einem Wissen über Wahrnehmung kann hier ergänzt werden um jene biographisch ausgebildete Fähigkeit zum bewußten Wahrnehmen und Teilnehmen.

Die Argumentation Lienemanns darf nicht mit der ebenfalls an der Erfahrung des Negativen orientierten »Heuristik der Furcht«[321] von H. Jonas verwechselt werden. Damit wäre die Pointe des Arguments gerade verfehlt. Zwar setzen beide bei Erfahrungen von Negativität an, aber während Jonas daraus ein Prinzip ableitet, verpflichtet die Argumentation Lienemanns – jenseits irgendwelcher retrospektiv geleisteter Begründungen – zur Anerkennung und Berücksichtigung historischer und biographischer Unrechtserfahrungen. Die Einsicht in die historische Kontingenz des Begriffs der Menschenrechte impliziert zugleich eine sich immer neu stellende Aufgabe, die permanente

---

316 W. Lienemann [1995], S. 196.
317 W. Lienemann [1995], S. 198.
318 W. Lienemann [1996], S. 306.
319 W. Lienemann [1996], S. 308.
320 Ebd.
321 H. Jonas [1979], S. 62ff.

Vergegenwärtigung menschlicher Unrechtserfahrungen. Das eigentümliche Fundament des Begriffs wäre verkannt, wollte man seine allgemeine Geltung allein aus den Leiden der Vergangenheit herleiten. Seine Evidenz ist nicht ein für alle mal gegeben, sondern beruht auf der Aktualität jener biographischen Erfahrungen, die die Menschenrechte stets aufs neue einklagen.

Zwei Aspekte sind in unserem Zusammenhang von besonderem Gewicht. Erstens: Die Pluralität der Begründungsmuster und das universale Ethos der Menschenrechte bilden keinen Widerspruch, im Gegenteil, ein solches Ethos kann, wie W. Lienemann mit Verweis auf den Widerstand während der Naziherrschaft bemerkt, »nur entwickelt werden und bestehen [...], wenn es in einer Vielzahl zunächst unabhängiger Erfahrungen gründet.«[322] Wichtig ist an dieser Stelle, zwischen den Wahrnehmungen und ihrer Einordnung in rechtliche und ethische Bezugsrahmen zu unterscheiden. Die Bezüge oder Maßstäbe können variieren, die elementaren Wahrnehmungen selbst sind unabhängig von dem kulturellen, religiösen und ethisch-moralischen Hintergrund der Wahrnehmenden. Zweitens: Die Hypothese »Evidenz des Naturunrechtes [...] statt theoretischer Begründung« bezeichnet auch ein chronologisches Verhältnis. Vielleicht wäre es angemessener, von der »Evidenz des Naturunrechtes« *vor* ihrer theoretischen Begründung zu sprechen. In jedem Fall folgt die Theorie der Erfahrung: »Wer das Unrecht, das einem Mitmenschen zugefügt wird, nicht wahrnimmt, kann auch durch die besten rechtsphilosophischen und rechtsethischen Begründungen in seiner Lebensorientierung kaum beeindruckt werden. Philosophie und Ethik kommen immer nur hernach – sie reflektieren, aber indem sie das tun, können sie mitwirken an der künftigen Schärfung des menschlichen Wahrnehmungsvermögens im Blick auf Unrecht, Gewalt und Not.«[323]

Die Evidenz des »Sieh hin und du weißt«[324] bestätigt die im Rahmen unserer Überlegungen zum ethischen Realismus aufgestellte Hypothese von der »menschlichen Normalkonstitution« und gibt uns ein bedeutendes Motiv an die Hand. Gleichzeitig gilt es aber auch, die Brüchigkeit und Korrumpierbarkeit menschlicher Empfindungen zu sehen. So gibt auch W. Lienemann zu bedenken, daß »keine Gesellschaft sich der Illusion hingeben sollte, vor einem Rückfall in die Barbarei sicher sein zu können.«[325] Unser Jahrhundert zeugt davon in einer bis dahin nicht gekannten Weise. Die *Banalität des Bösen*, wie H. Arendt ihr Eichmann-Buch untertitelt, stellt eine gravierende Herausforderung für jede Ethik dar, die sich an Evidenzen der Wahrnehmung orientiert. Das von Lienemann herangezogene Beispiel aus der Zeit der Naziherrschaft verweist zugleich auf sein Gegenteil. Menschliche Wahrnehmungen und Empfindungen sind pervertierbar. Die Untersuchungen von S. Milgram aus den 60er Jahren zum Autori-

---

322 W. Lienemann [1996], S. 309.
323 Ebd.
324 H. Jonas [1979], S. 235.
325 W. Lienemann [1995], S. 199.

tätsgehorsam und die in Abschnitt III 1.1 erwähnten Ergebnisse aus der Altruismusforschung malen davon ein drastisches Bild.[326]

Auf der anderen Seite steht die entgegengesetzte Gefahr einer moralischen Überforderung, wie wir am Beispiel der Tschernobyl-Katastrophe gezeigt haben. Barbarei und »moralisches Heldentum« bilden in gewisser Weise komplementäre Größen. Die Überschätzung der eigenen Fähigkeiten und Möglichkeiten steht häufig am Anfang des Umschlagens in ihr Gegenteil. Auch hier spielt Wahrnehmung eine zentrale Rolle. Die Grenzen der Zumutbarkeit werden nur dann sichtbar, wenn zu der umfassenden Frage vorgedrungen wird »Was ist der Mensch?«. Seine angemessene anthropologische Bestimmung wird zur ethisch-moralischen Pflicht, nicht nur, wenn sein »Wesen« etwa infolge der neueren Entwicklungen in der Gentechnologie zur Disposition steht, sondern auch, wenn sich das Menschenbild an technologischen Standards und Vorgaben bemißt. Diese »Pflicht« läßt sich wiederum aus unseren Wahrnehmungen ableiten – an dieser Stelle aus der Wahrnehmung einer Überforderung.

Gemessen an den Systemen der ethischen Tradition bedarf es also einer Erweiterung von Ethik »nach unten«.[327] Angewandte Ethik geht genau diesen Schritt, aber um den Preis, den Blick »auf's Ganze« zu verlieren. Damit verschiebt sie den Maßstab, an dem sich ethische Lösungen zu orientieren haben, um überhaupt als ethische gelten zu können. Erst die Implementierung unserer Wahrnehmungen und elementaren Reaktion innerhalb eines Systems rationaler Überlegungen konstituiert dasjenige, was seit Aristoteles unter dem Titel »Ethik« firmiert. Was schützt uns vor trügerischen Wahrnehmungen, wodurch werden wir uns der »blinden Flecken« unserer Wahrnehmungen bewußt und woran machen wir fest, ob der »Schein trügt« oder nicht? Die »Scheidung der Geister« kann nicht per Mehrheitsentscheid erfolgen: Wir müssen – wie die Überlegungen Toulmins gezeigt haben – immer auch einen Maßstab voraussetzen, der unseren Intuitionen darüber zugrundeliegt, ob etwas mit unseren grundlegendsten moralischen Anschauungen übereinstimmt oder nicht.

In einer Gesellschaft ohne ein einendes, geschlossenes metaphysisches System kann die Evidenz der Erfahrung an die Stelle etwa des Kantischen »Faktums der Vernunft«

---

326 Bei den Experimenten von Milgram wurden Versuchspersonen von einer wissenschaftlichen Autorität dazu aufgefordert, anderen, fiktiven Versuchspersonen Elektoschocks zu verabreichen, die teilweise über die tödliche Spannungsdosis hinausgingen. Die Frage war, wie lange die sanktionierenden Versuchspersonen Gehorsam leisten und ob oder wann sie sich verweigern würden. Das Ergebnis war niederschmetternd, wie der Initiator selbst geradezu erschrocken feststellt. Vgl. S. Milgram [1974]; ders. [1966], S. 16: »Die Ergebnisse – so wie sie im Laboratorium gesehen und empfunden wurden – beunruhigen den Verfasser. Sie lassen die Möglichkeit erstehen, daß von der menschlichen Natur oder – spezifischer – von dem in amerikanischen Gesellschaften hervorgebrachten Charaktertyp nicht erwartet werden kann, daß er ihren Bürgern vor brutaler und unmenschlicher Behandlung auf Anweisung einer böswilligen Autorität Schutz böte. Die Leute tun zu einem wesentlichen Teil, was ihnen gesagt wird, unbeachtet des Inhalts der Handlungen und ohne Gewissensbeschränkungen, solange sie den Befehl als von einer legitimen Autorität kommen sehen.«

327 Daher rührt auch eine zunehmende Reserviertheit gegenüber der Forderung nach einer »neuen« Ethik. Vgl. K. Ott [1996b]; ders. [1996c]; J. Nida-Rümelin [1996a]; A. Grunwald [1996] und G. Ropohl [1996c].

treten. Daß damit keine exakte Substitution erreicht werden kann, muß klar gesehen werden. Dieser Mangel hinsichtlich der Paßgenauigkeit muß aber keineswegs die Theorie diskreditieren. Schwächere Prämissen ziehen nicht notwendig schwächere Konsequenzen nach sich. Dazu bedarf es theoretischer Anstrengungen, um die Inhalte unserer Wahrnehmungen argumentativ sowohl gegen ihre Pervertierung als auch gegen ihre Beschneidung zu verteidigen. Vor dem Hintergrund unserer Überlegungen zum Challenger-Unglück rückt dabei die Ermöglichung und Verteidigung von Handlungsspielräumen, die die Voraussetzung für jede Moral und Ethik bilden, in den Mittelpunkt.

Jede sich den gegenwärtigen Herausforderungen stellende Technikethik muß aus einer philosophiegeschichtlichen Perspektive mit mindestens zwei Enttäuschungen leben lernen. Sie hat zunächst zu begreifen – das geht an die Adresse derjenigen, die sich um eine einfache Rehabilitierung der Aristotelischen Ethik bemühen –, daß Ethik ihre »Aristotelische Unschuld« mit dem Verlust eines ontologisch bestimmten *summum bonum* endgültig eingebüßt hat. Sodann hat die Geschichte besonders unseres Jahrhunderts gezeigt – das hat jede rational argumentierende Ethik zu bedenken –, daß mit der Kantischen Aufforderung, mutig zu werden, sich seines eigenen Verstandes zu bedienen, die erhoffte Mündigkeit keineswegs garantiert ist. Die »Dialektik der Aufklärung« – und damit Aufklärung selbst – bleibt eine sich immer neu stellende Herausforderung.[328] Wenn also von »Selbstreflexion« als notwendiger Ergänzung Angewandter Ethik die Rede ist, dann darf darunter keine der akademischen Ethik gerne unterstellte Beschäftigung mit sich selbst verstanden werden. Vielmehr geht es darum, sich den eigenen Standort zu erschließen, von dem nicht nur jede Reflexion ihren Ausgang nimmt, sondern zugleich jede Form des Schaffens – den Standort also, an dem *homo sapiens* und *homo faber* in der Vorstellung vom Subjekt zusammenfallen.

Hinter dieser spezifischen Komplexität verbirgt sich auch der positive Sinn eines Anthropozentrismus in der Ethik. Er besteht an dieser Stelle in der Forderung nach der Bewahrung der Einheit des Subjektes gegen die drohende Gefahr seiner funktionalen Aufspaltung. Es ist wichtig zu sehen, daß diese Forderung nicht selber als moralische mißverstanden werden darf. Sie ist – und hinter dieses »Paradigma« der Kantischen Moralphilosophie kann nicht zurückgegangen werden – Bedingung der Möglichkeit von Ethik.

Unter den Voraussetzungen, daß problemorientierte Ethiken das *Produkt* gesellschaftlicher Problemwahrnehmungen darstellen, letztere aber selbst wiederum das *Produkt* von Vorentscheidungen sind, die sich sowohl auf moralische als auch technische Normierungen beziehen, bedarf es einer ethischen Reflexion der Wirklichkeitswahrnehmung, nicht allein um damit angemessen auf gesellschaftliche Fragestellungen reagieren zu können, sondern auch – und aus einer ethischen Perspektive muß ergänzt werden: zunächst – um sich des eigenen Wirklichkeits- und Selbstverständnisses zu vergewissern. Ethische Selbstreflexion wird notwendig angesichts einer Ausgangssituation,

---

328 Daran gilt es zu erinnern, besonders vor dem Hintergrund der Einschätzung von F.-X. Kaufmann [1995], S. 72, daß gegenwärtig Tschernobyl Auschwitz »als symbolischen Bezugspunkt aller Katastrophen zu verdrängen [scheint].«

in der sich nicht nur die gesellschaftlichen Widersprüche, sondern auch die herrschenden Paradigmen sowie die spezifisch sektorielle Wirklichkeitswahrnehmung in der Ethik selbst widerspiegeln. Wenn H. Hastedt von Reflexion als »Widerstandsermöglichung gegen Institutionen«[329] spricht, dann ist darunter zuerst jene Prozedur zu verstehen, mit der Technikethik Rechenschaft abzulegen hat über ihr eigenes Vorgehen, um sich damit zugleich ihrer eigenen Fundamente zu versichern.

Schließlich sieht sich jede neuzeitliche, an der menschlichen Autonomie orientierte Ethik mit einer weiteren Herausforderung, der Umkehrung der Beweislast, konfrontiert: Nicht mehr der Einzelne hat sein Vorgehen gegenüber allgemein gültigen Normen zu rechtfertigen, sondern die Institutionen müssen ihrerseits begründen, warum sie den Spielraum des Einzelnen beschneiden. Ethik ist also weder als Autorität ihrem Gegenstand übergeordnet, noch geht sie in dem umfassenden »System« der Gegenstände, der Gesellschaft, restlos auf. Dies gilt, solange sie den Bedingungen der Neuzeit und zugleich ihrem kritischen Potential verpflichtet bleibt, mit anderen Worten: solange sie argumentativ daran festhält, daß aus dem Bewußtsein von der Relationalität des ethischen Standpunktes keineswegs die Relativität ihres Anspruchs folgen muß. Genau darin muß der tiefere Sinn jener Auffassung von Moraltheorie als Teil der Lage gesehen werden, hinter der – kaum verborgen – die Aufforderung steht, sich dieser Lage zuallererst bewußt zu werden.

---

[329] H. Hastedt [1991], S. 284f.

Literatur

Adorno, Theodor W. [1953]: »Veblens Angriff auf die Kultur.« In: Ders.: *Prismen. Kulturkritik und Gesellschaft.* Frankfurt/M. 1976, S. 82 – 111.

Altner, Günter [1977]: *Das Kreuz dieser Zeit. Von den Aufgaben des Christen im Streit um die Kernenergie.* München.

– [1987]: *Die Überlebenskrise der Gegenwart. Ansätze zum Dialog mit der Natur in Naturwissenschaft und Theologie.* Darmstadt.

Anscombe, Gertrude E. M. [1986]: *Intention* (1957). Dt.: *Absicht.* Freiburg, München.

– [1974]: »Modern Moral Philosophy« (1958). Dt.: »Moderne Moralphilosophie.« In: Günther Grewendorf/Georg Meggle (Hg.): *Seminar: Sprache und Ethik. Zur Entwicklung der Metaethik.* Frankfurt/M., S. 217 – 243.

Apel, Karl-Otto [1968]: »Szientistik, Hermeneutik, Ideologiekritik. Entwurf einer Wissenschaftslehre in erkenntnisanthropologischer Hinsicht.« Jetzt in: Ders. [1976], S. 96 – 127.

– [1973]: »Das Apriori der Kommunikationsgemeinschaft und die Grundlagen der Ethik.« In: Ders. [1976], S. 358 – 435.

– [1976]: *Transformation der Philosophie. Band 2. Das Apriori der Kommunikationsgemeinschaft.* Frankfurt/M. ⁴1988.

– [1983a]: »Läßt sich ethische Vernunft von strategischer Zweckrationalität unterscheiden? Zum Problem der Rationalität sozialer Kommunikation und Interaktion.« In: *Archivo di Filosofia* 51, S. 375 – 434.

– [1983b]: »Die Situation des Menschen als ethisches Problem«. Jetzt in: Ders. [1988b], S. 42 – 68.

– [1986a]: »Verantwortung heute – nur noch Prinzip der Bewahrung und Selbstbeschränkung oder immer noch der Befreiung und Verwirklichung von Humanität?« Jetzt in: Ders. [1988b], S. 179 – 216.

– [1986b]: »Kann der postkantische Standpunkt der Moralität noch einmal in substantielle Sittlichkeit ›aufgehoben‹ werden? Das geschichtsbezogene Anwendungsproblem der Diskursethik zwischen Utopie und Regression.« Jetzt in: Ders. [1988b], S. 103 – 153.

– [1987]: »Der postkantische Universalismus in der Ethik im Lichte seiner aktuellen Mißverständnisse.« Jetzt in: Ders. [1988b], S. 154 – 178.

– [1988a]: »Zurück zur Normalität? – Oder könnten wir aus der nationalen Katastrophe etwas Besonderes gelernt haben? Das Problem des (welt-)geschichtlichen Übergangs zur postkonventionellen Moral aus spezifisch deutscher Sicht.« In: Ders. [1988b], S. 370 – 474.

– [1988b]: *Diskurs und Verantwortung. Das Problem des Übergangs zur postkonventionellen Moral.* Frankfurt/M. 1990.

– /Böhler, Dietrich/Kadelbach, Gerd [1984], Hg.: *Praktische Philosophie/Ethik: Dialoge 1.* Frankfurt/M.

– /Kettner, Matthias [1992], Hg.: *Zur Anwendung der Diskursethik in Politik, Recht und Wissenschaft.* Frankfurt/M.

Arendt, Hannah [1970]: *On Violence* (1970). Dt.: *Macht und Gewalt.* München ⁷1990.

– [1981]: *The Human Condition* (1958). Dt.: *Vita activa oder: Vom tätigen Leben.* München ⁶1989.

– [1991]: »Persönliche Verantwortung in der Diktatur.« In: Dies.: *Israel, Palästina und der Antisemitismus. Aufsätze.* Berlin, S. 7 – 38.

Aristoteles: *Aristotelis Opera.* Ex recensione I. Bekkeri ed. Academia Regia Borussica. Berlin 1830 – 70. Nachdruck Berlin 1960.

Aristoteles: *Ethica Nicomachea.* Ed. I. Bywater. Oxford 1894 u. ö.

Aristoteles: *Metaphysik.* Griechisch-deutsch. Neubearbeitung der Übersetzung von Hermann Bonitz, mit Einleitung und Kommentar herausgegeben von Horst Seidl. 2 Bände. Hamburg ³1989/91.

Aristoteles: *Nikomachische Ethik.* Auf der Grundlage der Übersetzung von Eugen Rolfes herausgegeben mit Einleitung, Anmerkungen, Register und Bibliographie von Günther Bien. Hamburg ⁴1985.

Aristoteles: *Nikomachische Ethik.* Eingeleitet und übertragen von Olof Gigon. München 1991.

Aristoteles: *Nikomachische Ethik.* Übersetzt von Franz Dirlmeier. Berlin ⁵1969.

Aristoteles: *Politica.* Ed. W. D. Ross, Oxford 1957.

Aristoteles: *Politik.* Auf der Grundlage der Übersetzung von Eugen Rolfes herausgegeben mit Einleitung, Anmerkungen, Register und Bibliographie von Günther Bien. Hamburg ⁴1981.

Augé, Marc [1994a]: *Non-Lieux. Introduction à une anthropologie de la surmodernité* (1992). Dt.: *Orte und Nicht-Orte. Vorüberlegungen zu einer Ethnologie der Einsamkeit.* Frankfurt/M.

– [1994b]: »Die Sinnkrise der Gegenwart.« In: Andreas Kuhlmann [1994], Hg., S. 33 – 47.

Augustinus, Aurelius: *Vom Gottesstaat.* Übersetzt von Walter Thimme. Eingeleitet und kommentiert von Carl Andresen. 2 Bände. München 1977f.

Austin, John [1972]: *How to do things with Words* (1962). Dt.: *Zur Theorie der Sprechakte.* Stuttgart 1979.

Bader, Veit-Michael [1989]: »Max Webers Begriff der Legitimität. Versuch einer systematisch-kritischen Rekonstruktion.« In: Johannes Weiß [1989], Hg., S. 296 – 334.

Barth, Markus [1995]: »Ethik im Angebot.« In: *Was darf der Mensch?* Reihe: Zeit-Punkte 2/1995. Hamburg. S. 6 – 9.

Bartels, Klaus [1965]: »Der Begriff der Techne bei Aristoteles.« In: *SYNUSIA.* Festschrift für Wolfgang Schadewaldt. Pfullingen, S. 275 – 287.

Bastian, Till [1996]: Genetische Testung und ärztliche Ethik. In: *Universitas* 51, S. 1214 – 1219.

Baumgartner, Hans Michael/Eser, Albin [1983], Hg.: *Schuld und Verantwortung. Beiträge zur Zurechenbarkeit menschlichen Handelns.* Tübingen.

Baumgartner, Hans Michael/Staudinger, Hansjürgen [1985], Hg.: *Entmoralisierung der Wissenschaften? Physik und Chemie.* Ethik der Wissenschaften. Band 2. Herausgegeben von Hans Lenk, Hansjürgen Staudinger und Elisabeth Ströker. München.

Bayertz, Kurt [1991]: »Praktische Philosophie als angewandte Ethik.« In: Ders. [1991], Hg., S. 7 – 47.

– [1995]: »Eine kurze Geschichte der Herkunft der Verantwortung.« In: Ders. [1995], Hg., S. 33 – 71.

– [1996a]: »Einleitung. Moralischer Konsens als soziales und philosophisches Problem.« In: Ders. [1996], Hg., S. 11 – 29.

– [1996b]: »Moralischer Konsens. Überlegungen zu einem ethischen Grundbegriff.« In: Ders. [1996], Hg., S. 60 – 79.

– [1991], Hg.: *Praktische Philosophie. Grundorientierungen angewandter Ethik.* Reinbek 1991.

– [1995], Hg.: *Verantwortung. Prinzip oder Problem?* Darmstadt.

– [1996], Hg.: *Moralischer Konsens. Technische Eingriffe in die menschliche Fortpflanzung als Modellfall.* Frankfurt/M.

Bechmann, Gotthard [1991]: »Risiko als Schlüsselkategorie der Gesellschaftstheorie.« Jetzt in: Ders. [1993], Hg., S. 237 – 276.

– [1993], Hg.: *Risiko und Gesellschaft. Grundlagen und und Ergebnisse interdisziplinärer Risikoforschung.* Opladen.

Beck, Ulrich [1986]: *Risikogesellschaft. Auf dem Weg in eine andere Moderne.* Frankfurt/M.

– [1988]: *Gegengifte. Die organisierte Unverantwortlichkeit.* Frankfurt/M.

– [1994]: »Die Naivität der Macher.« Jetzt in: *Was darf der Mensch.* Zeit-Punkte 2/1995. Hamburg, S. 54 – 56.

Becker, Barbara [1986]: *Wissen und Problemlösung im Spiegel neuer Entwicklungen der Computertechnologie. Bestandsaufnahme und Versuch der Einschätzung des soziokulturellen Phänomens Künstliche Intelligenz.* Diss. Dortmund.

– [1992]: *Künstliche Intelligenz. Konzepte, Systeme, Verheißungen.* Frankfurt/M., New York.

Beckermann, Ansgar [1977], Hg.: *Analytische Handlungstheorie. Band 2: Handlungserklärungen.* Frankfurt/M.

Bell, Daniel [1975]: *The Coming of Post-Industrial Society. A Venture in Social Forecasting* (1973). Dt.: *Die nachindustrielle Gesellschaft.* Neuauflage 1989. Frankfurt/M.

Bender, Gerhard [1996]: »Bioethik. Ein gefährlicher Etikettenschwindel.« In: *Deutsches Pfarrerblatt* 96, S. 461 – 464.

Benecke, Jochen [1995]: »Der Spaß ist weg. Bemerkungen zur Kernenergiedebatte.« In: *Universitas* 50, S. 376 – 390.

Benjamin, Walter: *Gesammelte Schriften I – IV.* Herausgegeben von R. Tiedemann und H. Schweppenhäuser. Frankfurt/M. 1972.

Bentham, Jeremy [1970]: *Introduction to the Principles of Morals and Legislation.* Herausgegeben von J. H. Burns und H. L. A. Hart. London.

Bien, Günther [1968]: »Das Theorie-Praxis-Problem und die politische Philosophie bei Platon und Aristoteles.« In: *Philosophisches Jahrbuch* 76, S. 264 – 314.

– [1972]: »Vernunft und Ethos. Zum Ausgangsproblem der Aristotelischen Ethik.« In: Aristoteles: *Nikomachische Ethik.* Auf der Grundlage der Übersetzung von Eugen Rolfes herausgegeben von Günther Bien. Hamburg ⁴1985, S. XVII – L.

– [1976]: »Der Handlungsbegriff Hegels.« In: *Poetica* 8, S. 339 – 341.

Bierhoff, Hans Werner [1990]: *Psychologie hilfreichen Verhaltens.* Suttgart.

Bieri, Peter [1987]: »Generelle Einführung.« In: Ders. [1987], Hg., S. 9 – 72.

– [1987], Hg.: *Analytische Philosophie der Erkenntnis.* Frankfurt/M. 1987

Birnbacher, Dieter [1988]: *Verantwortung für zukünftige Generationen.* Stuttgart.

– [1991]: »Mensch und Natur. Grundzüge einer ökologischen Ethik.« In: Kurt Bayertz [1991], Hg., S. 278 – 321.

– [1993]: »Welche Ethik ist als Bioethik tauglich?« In: *Information Philosophie* 5/1993, S. 4 – 18.

– [1986], Hg.: *Ökologie und Ethik.* Stuttgart.

Blank, Josef [1964]: *Krisis. Untersuchungen zur johannäischen Christologie und Eschatologie.* München.

Böhler, Dietrich [1980]: »Entwicklungsprobleme und Entwicklungsschwellen der praktischen Vernunft.« In: Karl-Otto Apel/Dietrich Böhler/Alfred Berlich/Gerhard Plumpe: *Praktische Philosophie/Ethik. Reader 1.* Frankfurt/M., S. 123 – 153.

– [1984]: »Philosophischer Diskurs im Spannungsfeld zwischen Theorie und Praxis.« In: Karl-Otto Apel/Dietrich Böhler/Gerd Kadelbach [1984], Hg., S. 273 – 300.

– /Braun, Dietrich/Veauthier, Frank Werner [1984]: »Instrumentelle und praktische Vernunft – das ethische Dilemma der Neuzeit.« In: Karl-Otto Apel/Dietrich Böhler/Gerd Kadelbach [1984], Hg., S. 331 – 382.

Böhme, Gernot [1990]: »Die Natur im Zeitalter ihrer technischen Reproduzierbarkeit.« In: *Information Philosophie* 4/1990, S. 5 – 17.

Bolz, Norbert [1992]: *Die Welt als Chaos und als Simulation.* München.

– [1994]: »Neue Medien.« In: *Information Philosophie* 1/1994, S. 48 – 55.

Bonhoeffer, Dietrich: *Werke.* Das Werk Dietrich Bonhoeffers in 16 Bänden. Herausgegeben von Eberhard Bethge u. a. München 1986ff.

Bonß, Wolfgang [1995]: *Vom Risiko: Unsicherheit und Ungewißheit in der Moderne.* Hamburg.

BonJour, Laurence [1987]: »The Coherence Theory of Empirical Knowledge« (1976). Dt.: »Die Kohärenztheorie empirischen Wissens.« In: Peter Bieri [1987], Hg., S. 239 – 270.

Boyd, Richard N. [1988]: »How to be a Moral Realist.« In: Geoffrey Sayre-McCord [1988], Hg., S. 181 – 228.

Brody, Baruch A. [1988], Hg.: *Moral Theory and Moral Judgements in Medical Ethics.* Dordrecht.

Bubner, Rüdiger [1982]: *Handlung, Sprache, Vernunft. Grundbegriffe praktischer Philosophie.* Neuausgabe mit einem Anhang. Frankfurt/M.

– [1976]: »Eine Renaissance der praktischen Philsophie.« In: *Philosophische Rundschau* 22, S. 1 – 34.

Bühl, Walter L. [1988]: *Krisentheorien. Politik, Wirtschaft und Gesellschaft im Übergang.* Darmstadt.

Bultmann, Rudolf [1933]: *Glaube und Verstehen. Gesammelte Aufsätze, Band I.* Tübingen [8]1980.

Bungard, Walter/Lenk, Hans [1988], Hg.: *Technikbewertung. Philosophische und psychologische Perspektiven.* Frankfurt/M.

Burri, Alex [1994]: *Hilary Putnam.* Frankfurt/M., New York.

Caplan, Arthur C. [1982]: »Mechanics on Duty. The Limitations of a Technical Definition of Moral Expertise for Work in Applied Ethics.« In: *Canadian Journal of Philosophy* Suppl. Vol. VIII, S. 1 -17.

Castoriadis, Cornelius [1981]: *Les carrefours du labyrinthe* (1978). Dt.: *Durchs Labyrinth. Seele, Vernunft, Gesellschaft.* Frankfurt/M. 1983.

Corradini, Antonella [1995]: »Supervenienz und Universalisierbarkeit. Eine Auseinandersetzung mit R. M. Hare.« In: Christoph Fehige/Georg Meggle [1995], Hg., Band 1, S. 194 – 228.

Daele, Wolfgang van den [1989]: »Kulturelle Bedingungen der Technikkontrolle durch regulative Politik.« In: Peter Weingart [1989], Hg., S. 197 – 230.

Damasio, Antonio R. [1995]: *Descartes' Error. Emotion, Reason and the Human Brain* (1994). Dt.: *Descartes' Irrtum. Fühlen, Denken und das menschliche Gehirn.* München.

Daniel, Manfred/Striebel, Dieter [1993]: *Künstliche Intelligenz, Expertensysteme. Anwendungsfelder, neue Dienste, soziale Folgen.* Opladen.

Davidson, Donald [1985]: *Essays on Actions and Events* (1980). Dt.: *Handlung und Ereignis.* Frankfurt/M.

Deleuze, Gilles [1995]: *Die Falte, Leibniz und der Barock.* Frankfurt/M.

Derbolav, Josef [1968]: »Sokrates und die ›Tragödie Athens‹. Zu Hegels Auffassung von der weltgeschichtlichen Mission des griechischen Geistes.« Jetzt in: Ders.: *Von den Bedingungen gerechter Herrschaft: Studien zu Platon und Aristoteles.* Stuttgart 1989.

Derrida, Jacques [1972]: L'écriture et la différence (1967). Dt.: *Die Schrift und die Differenz.* Frankfurt/M.

Dessauer, Friedrich [1927]: *Philosophie der Technik. Das Problem der Realisierung.* Bonn.

– [1956]: *Streit um die Technik.* Frankfurt/M. ²1958.

Devine, Philip E. [1988]: »Theory and Practice in Ethics.« In: Baruch A. Brody [1988], Hg., S. 213 – 223.

Döbert, Rainer [1989]: »Max Webers Handlungstheorie und die Ebenen des Rationalitätskomplexes.« In: Johannes Weiß [1989], Hg., S. 210 – 249.

Dörner, Dietrich [1989]: *Die Logik des Mißlingens. Strategisches Denken in komplexen Situationen.* Reinbek 1993.

Douglas, Mary/Wildaysky, Aaron [1982]: *Risk and Culture. An Essay on the Selection of Technological and Environmental Dangers.* Berkley, Los Angeles, Londen.

Dubost, Jean-Pierre [1994]: »Vorwort.« In: Ders. [1994], Hg., S. 9 – 13.

– [1994], Hg.: *Bildstörung. Gedanken zu einer Ethik der Wahrnehmung.* Leipzig.

Duchrow, Ulrich [1970]: *Christenheit und Weltverantwortung. Traditionsgeschichte und systematische Struktur der Zweireichelehre.* Stuttgart ²1983.

Düffel, Johann von [1991]: *Intentionalität als Absichtlichkeit. Erkenntnistheoretische Untersuchungen im Rahmen eines einheitlichen Grundverständnisses von Subjektivität.* Stuttgart.

Düring Ingemar [1966]: *Aristoteles. Darstellung und Interpretation seines Denkens.* Heidelberg.

Duve, Freimut [1975]: »Was kostet das Industriesystem?« In: *Technologie und Politik.* Band 1. Reinbek, S. 47 – 57.

Ebert, Theodor [1976]: »Praxis und Poiesis. Zu einer handlungstheoretischen Unterscheidung des Aristoteles.« In: *Zeitschrift für Philosophische Forschung* 30, S. 12 – 30.

– [1977]: »Zweck und Mittel.« In: *Allgemeine Zeitschrift für Philosophie* 2/1977, S. 21 – 39.

Eckenberger, Lutz H./Gähde, Ulrich [1993], Hg.: *Ethische Norm und empirische Hypothese.* Frankfurt/M.

Eisenbart, Constanze [1979]: »Äußere und innere Grenzen. Die politische Antwort des Club of Rome auf die Krisen der technischen Welt.« In: C. Eisenbart (Hg.): *Humanökologie und Frieden.* Stuttgart 1979, S. 170 – 249.

– [1984], Hg.: *Georg Picht – Philosophie der Verantwortung.* Stuttgart.

– /Picht Georg [1978], Hg.: *Wachstum oder Sicherheit? Beiträge zur Frage der Kernenergie.* München.

Engels, Eve-Marie [1993]: »George Edward Moores Argument der ›naturalistic fallacy‹ in seiner Relevanz für das Verhältnis von philosophischer Ethik und empirischen Wissenschaften.« In: Lutz H. Eckenberger/U. Gähde [1993], Hg., S. 92 – 132.

Etzold, Sabine [1995]: »Veraltete Denkmuster.« In: *Was darf der Mensch?* Reihe: Zeit-Punkte 2/1995. Hamburg. S. 88 – 89.

Eurich, Claus [1988]: *Die Megamaschine. Vom Sturm der Technik auf das Leben und Möglichkeiten des Widerstands.* Frankfurt/M. ²1991.

Evers, Adalbert [1993]: »Umgang mit Unsicherheit. Zur sozialwissenschaftlichen Problematisierung einer sozialen Herausforderung.« In: Gotthard Bechmann [1993], Hg., S. 339 – 374.

– /Nowotny, Helga [1987]: *Über den Umgang mit Unsicherheit.* Frankfurt/M.

Fahrenbach, Helmut [1972]: »Ein programmatischer Aufriß der Problemlage und systematischen Ansatzmöglichkeiten praktischer Philosophie.« In: Manfred Riedel [1972], Hg. Freiburg, S. 15 – 56.

Fehige, Christoph/Meggle, Georg [1989]: »Ein Plädoyer für die Errichtung eines Instituts für Praktische Ethik.« In: *Information Philosophie* 3/1989, S. 30 – 39.

Fehige, Christoph/Meggle, Georg [1995], Hg.: *Zum moralischen Denken.* 2 Bände. Frankfurt/M.

Fenske, Hans/Mertens Dieter/Reinhard, Wolfgang/Rosen, Klaus [1981]: *Geschichte der politischen Ideen. Von Homer bis zur Gegenwart.* Königstein/Ts.

Figal, Günter [1982]: »Selbstverstehen in instabiler Freiheit. Die hermeneutische Position Martin Heideggers.« In: Hendrik Birus (Hg.): *Hermeneutische Positionen. Schleiermacher, Dilthey, Heidegger, Gadamer.* Göttingen, S. 89 – 119.

Fischer, Johannes [1983]: *Handeln als Grundbegriff christlicher Ethik. Zur Differenz von Ethik und Moral.* Zürich.

– [1989a]: »Wahrnehmung als Proprium und Aufgabe christlicher Ethik.« In: Ders. [1989c], S. 91 – 118.

– [1989b]: »Kausalität, Kontingenzerfahrung und christlicher Glaube.« In: Ders. [1989c], S. 149 – 202.

– [1989c]: *Glaube als Erkenntnis. Zum Wahrnehmungscharakter des christlichen Glaubens.* München.

– [1992]: »Christliche Ethik als Verantwortungsethik?« In: *Evangelische Theologie* 52, S. 114 – 128.

– [1994]: *Leben aus dem Geist. Zur Grundlegung christlicher Ethik.* Zürich.

Fitzthum, Gerhard [1992]: *Das Ende der Menschheit und die Philosophie. Zum Spannungsverhältnis von Ethik und Theodizee.* Gießen.

Frankena, William K. [1972]: *Ethics* (1963). Dt.: *Analytische Ethik. Eine Einführung.* München.

Frey, Christopher [1978]: »Humane Erfahrung und selbstkritische Vernunft. Marginalien zum ›Versuch zu einer Theorie ethischer Urteilsbildung‹ von Heinz Eduard Tödt.« In: *Zeitschrift für Evangelische Ethik* 22, S. 200 – 213.

– [1990]: *Theologische Ethik.* Neukirchen-Vluyn.

Fuhrmann, Günter [1983]: »Fortschrittskrise in unserer Gegenwart. Zur Urteilsfindung über die Entwicklung der Technik.« In: Wolfgang Lienemann/Ilse Tödt [1983], Hg., S. 120 – 142.

Gadamer, Hans-Georg [1959]: »Vom Zirkel des Verstehens.« Jetzt in: Ders.: *Gesammelte Werke.* Band 2: Hermeneutik II. Tübingen 1986, S. 57 – 65.

– [1965]: *Wahrheit und Methode. Grundzüge einer philosophischen Hermeneutik. Gesammelte Werke.* Band 1: Hermeneutik I. Tübingen ⁶1990.

- [1972]: »Hermeneutik als praktische Philosophie.« In: Manfred Riedel [1972], Hg., S. 325 – 344.

Ganter, Martin [1974]: *Mittel und Ziel in der Philosophie des Aristoteles.* Freiburg, München.

Gatzemeier, Matthias [1989]: »Brauchen wir eine neue Ethik?« In: Ders. [1989], Hg., S. 1 – 9.

- [1994]: »Berufs- und Tätigkeitsfelder.« In: Heiner Hastedt/Ekkehard Martens [1994], S. 289 – 300.

- [1989], Hg.: *Verantwortung in Wissenschaft und Technik.* Mannheim u. a.

Gehlen, Arnold [1957]: *Die Seele im technischen Zeitalter. Sozialpsychologische Probleme der industriellen Gesellschaft.* Hamburg.

Gerhardt, Gerd [1993]: »Die Ethik wird realistischer. Zu neueren Ethik-Entwürfen.« In: *Allgemeine Zeitschrift für Philosophie* 18, S. 41 – 54.

Gerl, Hanna-Barbara [1989]: *Einführung in die Philosophie der Renaissance.* Darmstadt.

Gigon, Olof [1967]: »Einführung.« In: Aristoteles: *Die Nikomachische Ethik.* Übersetzt und mit einer Einführung und Erläuterungen versehen von Olof Gigon. München 1991, S. 5 – 102.

Gottl-Ottlilienfeld, Friedrich von [1914]: *Wirtschaft und Technik. Grundriß der Sozialökonomik V.* Tübingen.

Graeser, Andreas [1996]: »Moralische Beobachtung, interner Realismus und Korporatismus.« In: *Zeitschrift für philosophische Forschung* 50, S. 51 – 64.

- [1997]: »Erfahrung und Ethik – Ethik und Erfahrung.« Erscheint in: Jürg Freudiger/Andreas Graeser/Klaus Petrus (Hg.): *Der Begriff der Erfahrung in der Philosophie des 20. Jahrhunderts.* München.

Graf-Buhlmann, Michael [1994]: *Sein und Verantwortung. Ethik und Ontologie bei Hans Jonas.* Akzessarbeit. Bern.

Graumann, Carl F. [1979]: »Verhalten und Handeln – Probleme einer Unterscheidung.« In: Wolfgang Schluchter (Hg.): *Verhalten, Handeln und System. Talcott Parsons' Beitrag zur Entwicklung der Sozialwissenschaften.* Frankfurt/M. 1979, S. 16 – 31.

Gremmels, Christian [1988]: »Ethik der Reformation.« In: Stephan H. Pfürtner u. a. [1988], Hg., S. 25 – 43.

Grewendorf, Günther [1979], Hg.: *Sprechakttheorie und Semantik.* Frankfurt/M.

Grunwald, Armin [1996]: »Ethik der Technik – Entwürfe, Kritik und Kontroversen.« In: *Information Philosophie* 4/1996, S. 16 – 27.

Günther, Klaus [1988]: *Der Sinn für Angemessenheit. Anwendungsdiskurse in Moral und Recht.* Frankfurt/M.

Guggenberger, Bernd [1987]: *Das Menschenrecht auf Irrtum. Anleitung zur Unvollkommenheit.* München.

- [1994]: »Fehlerfreundliche Strukturen.« In: *Universitas* 49, S. 343 – 354.

Habermas, Jürgen [1969]: *Technik und Wissenschaft als ›Ideologie‹.* Frankfurt/M.

- [1971]: *Theorie und Praxis. Sozialphilosophische Studien.* Frankfurt/M. ⁵1988.

- [1972a]: »Wahrheitstheorien.« Jetzt in: Ders.: *Vorstudien und Ergänzungen zur Theorie des kommunikativen Handelns.* Frankfurt/M. 1984, S. 127 – 183.

- [1972b]: »Nachgeahmte Substantialität. Eine Auseinandersetzung mit Arnold Gehlens Ethik.« Jetzt in: Ders.: *Philosophisch-politische Profile.* Frankfurt/M. 1971, S. 200 – 221.

- [1973]: *Legitimationsprobleme im Spätkapitalismus.* Frankfurt/M.

- [1981]: *Theorie des kommunikativen Handelns.* 2 Bde. Frankfurt/M.

– [1982]: »Die Kulturkritik der Neokonservativen in den USA und in der Bundesrepublik.« Jetzt in: Ders. [1985b], S. 30 – 56.

– [1985a]: *Der philosophische Diskurs der Moderne. Zwölf Vorlesungen.* Frankfurt/M.

– [1985b]: *Die Neue Unübersichtlichkeit. Kleine Politische Schriften V.* Frankfurt/M.

– [1986]: »Moralität und Sittlichkeit. Treffen Hegels Einwände gegen Kant auch auf die Diskursethik zu?« In: Wolfgang Kuhlmann [1986], Hg., S. 16 – 37.

Hack, Lothar [1988]: *Vor Vollendung der Tatsachen. Die Rolle von Wissenschaft und Technologie in der dritten Phase der industriellen Revolution.* Frankfurt/M.

Hacker, Peter M. S. [1978]: *Wittgenstein on Philosophy and the Metaphysics of Experience* [1972]. Dt.: *Einsicht und Täuschung. Wittgenstein über Philosophie und die Metaphysik der Erfahrung.* Frankfurt/M.

Härle, Wilfried [1988]: »Ethische Maßstäbe für den Umgang mit der Technik.« In: *Beiträge aus der evangelischen Militärseelsorge* 2/1988, S. 20 – 37.

Harman, Gilbert [1975]: »Moral Relativism Defended.« In: *The Philosophical Review* 84, S. 3 – 22.

– [1981]: *The Nature of Morality* (1977). Dt.: *Das Wesen der Moral. Eine Einführung in die Ethik.* Frankfurt/M.

Hastedt, Heiner [1991]: *Aufklärung und Technik. Grundprobleme einer Ethik der Technik.* Frankfurt/M.

– /Martens, Ekkehard [1994], Hg.: *Ethik. Ein Grundkurs.* Reinbek.

Hazard, Paul [1939]: *Die Krise des europäischen Geistes.* Hamburg.

Hegel, Georg Wilhelm Friedrich: *Werke.* Auf der Grundlage der Werke von 1832 – 1845 neu edierte Ausgabe. Redaktion Eva Moldenhauer und Karl Markus Michel. Frankfurt/M. 1969ff.

Heeger, Robert [1977]: »Ökologische Verantwortung. Analytisch-normative Überlegungen.« In: *Zeitschrift für Theologie und Kirche* 74, S. 498 – 510.

– [1993]: »What is Meant by ›The Turn to Applied Ethics‹?« In: Robert Heeger/Theo van Willigenburg [1993], Hg., S. 9 – 16.

– /Willigenburg, Theo van [1993], Hg.: *The Turn to Applied Ethics. Practical Consequences for Research, Education, and the Role of Ethicists in Public Debate.* Kampen.

Hegselmann, Rainer [1991]: »Wissenschaftsethik und moralische Bildung.« In: Hans Lenk [1991], Hg., S. 215 – 232.

– /Merkel, Reinhard [1991], Hg.: *Zur Debatte über Euthanasie. Beiträge und Stellungnahmen.* Frankfurt/M.

Heidegger, Gerald/Jacobs, Jens/Martin, Wolf/Mizdalski, Reiner/Rauner, Felix [1991]: *Berufsbilder 2000. Soziale Gestaltung von Arbeit, Technik und Bildung.* Opladen.

Heidegger, Martin [1957]: *Sein und Zeit.* Tübingen.

– [1962]: »Die Frage nach der Technik.« Jetzt in: Ders.: *Die Technik und die Kehre.* Pfullingen ⁷1988, S. 5 – 36.

– [1978]: *Metaphysische Anfangsgründe der Logik im Ausgangspunkt von Leibniz.* Marburger Vorlesung vom SS 1928. Herausgegeben von Klaus Held. (= GA 26). Frankfurt/M.

Heinimann, Felix [1945]: *Nomos und Physis. Herkunft und Bedeutung einer Antithese im griechischen Denken des 5. Jahrhunderts.* Darmstadt ⁵1987.

Hennen, Leonhard [1992]: *Technisierung des Alltags. Ein handlungstheoretischer Beitrag zur Theorie technischer Vergesellschaftung.* Opladen.

Henrich, Dieter [1983], Hg.: *Kant oder Hegel? Über Formen der Begründung in der Philosophie*. Stuttgarter Hegel-Kongreß 1981. Stuttgart.

Herms, Eilert [1991]: »Grundlinien einer ethischen Theorie der Bildung von ethischen Vorzüglichkeitsurteilen.« In: Ders.: *Gesellschaft gestalten*. Tübingen, S. 44 – 55.

Hildesheimer, Wolfgang [1983]: *Mitteilungen an Max über den Stand der Dinge und anderes*. Frankfurt/M. 1985.

Hintikka, Merrill B./Hintikka Jaakko [1990]: *Investigating Wittgenstein* (1986). Dt.: *Untersuchungen zu Wittgenstein*. Frankfurt/M.

Hobbes, Thomas [1977]: *Elementorum philosophiae sectio tertia: De cive* (1647). Dt.: *Vom Menschen. Vom Bürger. Elemente der Philosophie II und III*. Herausgegeben von G. Gawlick. Hamburg.

Höffe, Otfried [1971]: *Praktische Philosophie. Das Modell des Aristoteles*. München, Salzburg.

- [1975]: *Strategien der Humanität. Zur Ethik öffentlicher Entscheidungsprozesse*. Frankfurt/M. 1985.

- [1979]: *Ethik und Politik*. Frankfurt/M.

- [1981]: *Sittlich-politische Diskurse. Philosophische Grundlagen. Politische Ethik. Biomedizinische Ethik*. Frankfurt/M.

- [1982]: »Philosophische Handlungstheorie als Ethik.« In: Hans Poser (Hg.): *Philosophische Probleme der Handlungstheorie*. München 1982, S. 233 – 261.

- [1984]: »Sittlichkeit als Rationalität des Handelns?« In: Herbert Schnädelbach [1984], Hg., S. 141 – 174.

- [1989]: »Wann ist eine Forschungsethik kritisch? Plädoyer für eine judikative Kritik.« In: Jean-Pierre Wils/Dietmar Mieth [1989], Hg., S. 109 – 129.

- [1990]: »Universalistische Ethik und Urteilskraft: Ein aristotelischer Blick auf Kant.« In: *Zeitschrift für philosophische Forschung* 44, S. 537 – 563.

- [1993]: *Moral als Preis der Moderne. Ein Versuch über Wissenschaft, Technik und Umwelt*. Frankfurt/M.

- [1995], Hg.: *Aristoteles: Die Nikomachische Ethik*. Berlin.

Hörning, Karl H. [1988]: »Technik im Alltag und die Widersprüche des Alltäglichen.« In: Bernward Joerges [1988], Hg., S. 51 – 94.

Hösle, Vittorio [1990]: *Die Krise der Gegenwart und die Verantwortung der Philosophie. Transzendentalpragmatik, Letztbegründung, Ethik*. München.

- [1991a]: »Größe und Grenzen von Kants praktischer Philosophie.« Jetzt in: Ders. [1992], S. 15 – 45.

- [1991b]: »Sein und Subjektivität. Zur Metaphysik der ökologischen Krise.« Jetzt in: Ders. [1992], S. 166 – 198.

- [1991c]: *Philosophie der ökologischen Krise. Moskauer Vorträge*. München.

- [1992]: *Praktische Philosophie in der modernen Welt*. München.

- [1993]: »Zur Dialektik von strategischer und kommunikativer Rationalität.« In: Jean-Pierre Wils [1993], Hg., S. 11 – 36.

Hofstätter, Peter R. [1971]: »Gruppendynamik.« In: *Lexikon der Psychologie*. Herausgegeben von Wilhelm Arnold, Hans Jürgen Eysenck, Richard Meili. Freiburg 1971ff., Sp. 819 – 826.

Homann, Karl [1993]: »Wirtschaftsethik.« In: *Lexikon der Wirtschaftsethik*. Herausgegeben von G. Enderle u. a. Freiburg, Sp. 1286 – 1296.

Honecker, Martin [1980]: »Vernunft, Gewissen Glaube. Das spezifisch Christliche im Horizont der Ethik.« In: *Zeitschrift für Theologie und Kirche* 77, S. 325 – 344.

- [1990]: *Einführung in die Theologische Ethik.* Berlin, New York.

Horkheimer, Max [1967]: *Zur Kritik der instrumentellen Vernunft. Aus den Vorträgen und Aufzeichnungen seit Kriegsende.* Frankfurt/M. 1985.

- /Adorno, Theodor W. [1969]: *Dialektik der Aufklärung.* Frankfurt/M. 1971.

Horster, Detlef [1994]: *Das Sokratische Gespräch in Theorie und Praxis.* Opladen.

- [1995]: *›Der Apfel fällt nicht weit vom Stamm‹. Moral und Recht in der postchristlichen Moderne.* Frankfurt/M.

Howe, Günther [1970]: *Christenheit im Atomzeitalter.* Vorträge und Studien. Stuttgart.

- [1971]: *Gott und die Technik. Die Verantwortung der Christenheit für die technisch-wissenschaftliche Welt.* Hamburg, Zürich.

Huber, Wolfgang [1990]: *Konflikt und Konsens. Studien zur Ethik der Verantwortung.* München.

- [1992a]: »Selbstbegrenzung aus Freiheit. Über das ethische Grundproblem des technischen Zeitalters.« In: *Evangelische Theologie* 52, S. 128 – 146.

- [1992b]: »Strukturen verantwortlichen Lebens. Die Bedeutung Heinz Eduard Tödts für die theologische Ethik.« In: *Zeitschrift für Evangelische Ethik* 36, S. 241 – 256.

- [1992c]: »Menschenrechte/Menschenwürde.« In: *Theologische Realenzyklopädie* 22, Sp. 577 – 602.

- [1993]: »Die Zukunft gewinnen. Wir brauchen ein planetarisches Ethos.« In: *Universitas* 48, S. 563 – 574.

Hubig, Christoph [1985]: *Handlung – Identität – Verstehen. Von der Handlungstheorie zur Geisteswissenschaft.* Weinheim und Basel.

- [1990]: »Verantwortung in Wissenschaft und Technik – Fragen und Probleme.« In: Ders. [1990], Hg., S. 1 – 10.

- [1993a]: *Technik- und Wissenschaftsethik. Ein Leitfaden.* Berlin u. a.

- [1993b]: »Die Notwendigkeit einer neuen Ethik der Technik. Forderungen aus handlungstheoretischer Sicht.« In: Friedrich Rapp [1993], Hg., S. 145 – 154.

- [1982], Hg.: *Ethik institutionellen Handelns.* Frankfurt/M., New York.

- [1990], Hg.: *Verantwortung in Wissenschaft und Technik.* Berlin.

- /Lenk, Hans/Maring, Matthias [1994]: »Technikethik aus dem Elfenbeinturm? Forderungen an die Ethik.« In: *Funkkolleg Technik. Einschätzen – beurteilen – bewerten.* Studieneinheit 4. Tübingen.

Hübner, Jürgen [1987], Hg.: *Der Dialog zwischen Theologie und Naturwissenschaft. Ein bibliographischer Bericht.* München.

Hübner, Kurt [1968]: »Von der Intentionalität der modernen Technik.« In: *Die Sprache im technischen Zeitalter* 25, S. 27 – 48.

Huisinga, Richard [1985]: *Technikfolgen-Bewertung. Bestandsaufnahme, Kritik, Perspektiven.* Frankfurt/M.

Hume, David: *An Enquiry Concerning the Principles of Morals* (1751). Dt.: *Untersuchungen über die Prinzipien der Moral.* Übersetzt von Carl Winckler. Hamburg 1972.

Huning, Alois [1987]: *Das Schaffen des Ingenieurs. Beiträge zu einer Philosophie der Technik.* Düsseldorf.

- [1988]: »Krise der technischen Welt.« In: Wolfgang Kluxen [1988], Hg., S. 323 – 327.

Hunold, Gerfried W. [1992]: »Idenität.« In: Jean-Pierre Wils/Dietmar Mieth (Hg.): *Grundbegriffe der christlichen Ethik*. Paderborn, S. 31 – 44.

Husserl, Edmund: *Husserliana – Edmund Husserl*. Gesammelte Werke. Auf Grund des Nachlasses veröffentlicht vom Husserl-Archiv in Verbindung mit Rudolf Boehm unter Leitung von Samuel IJsseling. Den Haag 1950ff.

Hussy, Walter [1993]: *Denken und Problemlösen*. Stuttgart.

Ilting, Karl-Heinz [1974]: »Anerkennung. Zur Rechtfertigung praktischer Sätze.« Jetzt in: Ders. [1994], S. 13 – 29.

– [1976]: »Geltung und Konsens.« Jetzt in: Ders. [1994], S. 30 – 65.

– [1979]: »Wahrheit und Verbindlichkeit.« Jetzt in: Ders. [1994], S. 66 – 102.

– [1982]: »Der Geltungsgrund moralischer Normen.« Jetzt in: Ders. [1994], S. 138 – 175.

– [1994]: *Grundfragen der praktischen Philosophie*. Herausgegeben von Paolo Becchi und Hansgeorg Hoppe. Frankfurt/M.

Irrgang, Bernhard [1992]: *Christliche Umweltethik*. München, Basel.

Iwand, Hans Joachim [1974]: *Luthers Theologie*. Nachgelassene Werke. Band 5. Herausgegeben von Johann Haar. München ²1983.

Jacobs, Frans [1993]: »Concrete Ethics as a Play of Closeness und Distance.« In: Robert Heeger/Theo van Willigenburg [1993], Hg., S. 21 – 35.

Jahn, Thomas [1991]: *Krise als gesellschaftliche Erfahrungsform. Umrisse eines sozialökologischen Gesellschaftskonzepts*. Frankfurt/M.

Janich, Peter [1981]: »Natur und Handlung. Über die methodischen Grundlagen naturwissenschaftlicher Erfahrung.« In: Oswald Schwemmer (Hg.): *Vernunft, Handlung und Erfahrung*. München.

Jaspers, Karl [1932]: *Die geistige Situation der Zeit*. Berlin, New York ⁸1979.

– [1949]: *Vom Ursprung und Ziel der Geschichte*. München ⁹1988.

Joerges, Bernward [1988]: »Technik im Alltag. Annäherungen an ein schwieriges Thema.« In: Ders. [1988], Hg., S. 7 – 19.

– [1989]: »Soziologie und Maschinerie – Vorschläge zu einer ›realistischen‹ Techniksoziologie.« In: Peter Weingart [1989], Hg., S. 44 – 89.

– [1988], Hg.: *Technik im Alltag*. Frankfurt/M.

Jokisch, Rodrigo [1982], Hg.: *Techniksoziologie*. Frankfurt/M.

Jonas, Hans [1979]: *Das Prinzip Verantwortung. Versuch einer Ethik für die technologische Zivilisation*. Frankfurt/M. 1984.

– [1985a]: *Technik, Medizin und Ethik. Praxis des Prinzips Verantwortung*. Frankfurt/M. 1987.

– [1985b]: »Warum die moderne Technik ein Gegenstand für die Ethik ist.« In: Ders. [1985a], S. 42 – 52.

Jonson, Albert R./Toulmin, Stephen [1988]: *The Abuse of Casuistry. A History of Moral Reasoning*. Berkeley u. a.

Kant, Immanuel: *Werke*. In sechs Bänden. Herausgegeben von Wilhelm Weischedel. Darmstadt 1983.

Kaufmann, Franz-Xaver [1995]: »Riskio, Verantwortung und gesellschaftliche Komplexität.« In: Kurt Bayertz [1995], Hg., S. 72 – 97.

Kaulbach, Friedrich [1978]: *Das Prinzip der Handlung in der Philosophie Kants*. Berlin, New York.

Kettner, Matthias [1992a]: »Einleitung: Drei Dilemmata angewandter Ethik – Die Beiträge im Kontext.« In: Karl-Otto Apel/Matthias Kettner [1992], Hg., S. 9 – 28.

Kettner, Matthias [1992b]: »Bereichsspezifische Relevanz. Zur konkreten Allgemeinheit der Diskursethik.« In: Karl-Otto Apel/Matthias Kettner [1992], Hg., S. 317 – 348.

Klein, Gisela [1973]: »The Technocrats. Rückblick auf die Technokratiebewegung in den USA.« In: Hans Lenk [1973], Hg., S. 45 – 57.

Klems, Wolfgang [1988]: *Die unbewältigte Moderne. Geschichte und Kontinuität der Technikkritik.* Frankfurt/M.

Kluxen, Wolfgang [1988], Hg.: *Tradition und Innovation.* XIII. Deutscher Kongreß für Philosophie 1984. Hamburg.

Knorr-Cetina, Karin [1984]: *Die Fabrikation von Erkenntnis. Zur Anthropologie der Wissenschaft.* Frankfurt/M.

Koch, Claus/Senghaas Dieter [1970], Hg.: *Texte zur Technokratiediskussion.* Frankfurt/M.

Kockelmans, Joseph J. [1982]: »Hermeneutik und Ethik.« In: Wolfgang Kuhlmann/Dietrich Böhler [1982], Hg., S. 649 – 684.

Kodalle, Klaus-Michael [1994]: »Verantwortung.« In: Heiner Hastedt/Ekkehard Martens [1994], Hg., S. 180 – 197.

König, Wolfgang/Rapp, Friedrich [1994]: »Optimismus und Pessimismus – Technikbewertung einst und jetzt.« In: *Funkkolleg Technik. Einschätzen – beurteilen – bewerten.* Studieneinheit 2. Tübingen.

Kogan, Nathan [1972]: »Risikoverhalten.« In: *Lexikon der Psychologie.* Herausgegeben von Wilhelm Arnold, Hans Jürgen Eysenck, Richard Meili. Freiburg 1971ff., Sp. 1921 – 1927.

Kohler, Georg [1988]: *Handeln und Rechtfertigen. Untersuchungen zur Struktur der praktischen Rationalität.* Frankfurt/M.

Kollert, Roland [1993]; »Systematische Unterbewertung von Katastrophenrisiken – Zur Anwendung des Risikobegriffs in nuklearen Risikoanalysen.« In: Gotthard Bechmann [1993], Hg., S. 25 – 58.

Korff, Wilhelm [1979]: *Kernenergie und Moraltheologie. Der Beitrag der theologischen Ethik zur Frage allgemeiner Kriterien ethischer Entscheidungsprozesse.* Frankfurt/M.

– [1988]: »Thomas von Aquin und die Neuzeit«. In: Jan P. Beckmann u. a. (Hg.): *Philosophie im Mittelalter. Entwicklungslinien und Paradigmen.* Hamburg 1988, S. 387 – 408.

Koselleck, Reinhart [1959]: *Kritik und Krise. Eine Studie zur Pathogenese der bürgerlichen Welt.* Frankfurt/M. ⁷1992.

– [1976]: »Krise I.« In: *Historisches Wörterbuch der Philosophie.* Band 4. Darmstadt, Sp. 1235 – 1240.

Kreuzer, Helmut [1969], Hg.: *Die zwei Kulturen. Literarische und naturwissenschaftliche Intelligenz. C. P. Snows These in der Diskussion.* München 1987.

Krings, Hermann [1985]: »Bedenken zur Wissenschaftsethik.« In: Hans Michael Baumgartner/Hansjürgen Staudinger [1985], Hg., S. 11 – 24.

Krohn, Wolfgang/Krücken, Georg [1993]: »Risiko als Konstruktion und Wirklichkeit. Eine Einführung in die sozialwissenschaftliche Risikoforschung.« In: Wolfgang Krohn/Georg Krücken [1993], Hg., S. 9 – 44.

Krohn, Wolfgang/Krücken, Georg [1993], Hg.: *Riskante Technologien: Reflexion und Regulation. Einführung in die sozialwissenschaftliche Risikoforschung.* Frankfurt/M.

Kube, Jörg [1969]: *TEXNH und APETH. Sophistisches und platonisches Tugendwissen.* Berlin.

Kuch, Michael [1991]: *Wissen – Freiheit – Macht. Kategorische, dogmatische und (sozial-)ethische Bestimmungen zur begrifflichen Struktur des Handelns.* Marburg.

Kuhlmann, Andreas [1994], Hg.: *Ansichten der Kultur der Moderne.* Frankfurt/M.

Kuhlmann, Wolfgang [1989]: »Anthropozentrismus in der Ethik.« In: Matthias Gatzemeier [1989], Hg., S. 17 – 33.

– [1986], Hg.: *Moralität und Sittlichkeit. Das Problem Hegels und die Diskursethik.* Frankfurt/M.

– /Böhler, Dietrich [1989], Hg.: *Kommunikation und Reflexion. Zur Diskussion der Transzendentalpragmatik. Antworten auf Karl-Otto Apel.* Frankfurt/M.

Küng, Hans [1990]: *Projekt Weltethos.* München.

Kuschel, Karl-Josef [1982]: »Die Krise des Homo Faber. Aspekte der Technikkritik und der Verantwortung des Wissenschaftlers in der modernen Literatur.« In: Alois J. Buch/Jörg Splett (Hg.): *Wissenschaft, Technik, Humanität. Beiträge zu einer konkreten Ethik.* Frankfurt/M., S. 136 – 174.

Kußmaul, Paul [1980], Hg.: *Sprechakttheorie.* Frankfurt/M.

Kutschera, Franz von [1972]: *Wissenschaftstheorie.* 2 Bände. München.

– [1981]: *Grundfragen der Erkenntnistheorie.* Berlin, New York.

Lakoff, Robin [1980]: »Fragliche Antworten und beantwortbare Fragen.« In: Paul Kußmaul [1980], Hg., S. 173 – 188.

Lamb, David [1988]: *Down the Slippery Slope. Argueing in Applied Ethics.* London u. a.

Lange, Dietz [1992]: *Ethik in evangelischer Perspektive.* Göttingen.

Leibniz, Gottfried Wilhelm: *Die Theodizee.* Übersetzt von Artur Buchenau. Hamburg ²1968.

– *Monadologie.* Neu übersetzt, eingeleitet und erläutert von Hermann Glockner. Durchgesehene und erweiterte Auflage. Stuttgart 1979.

Lem, Stanislaw [1976]: *Summa technologiae* (1964). Dt. *Summa technologiae.* Frankfurt/M.

Lenk, Hans [1973]: »›Technokratie‹ als gesellschaftliches Klischee.« In: Hans Lenk [1973], Hg., S. 9 – 20.

– [1986]: »Technokratie.« In: *Handlexikon zur Politikwissenschaft.* Herausgegeben von Wolfgang W. Mickel. Bonn 1986, S. 512 – 517.

– [1988a]: »Verantwortung zwischen Individualismus und Institutionalismus.« In: Ders. [1992], S. 101 – 116.

– [1988b]: »Einleitung« (zu: »Krise der technischen Welt«). In: Wolfgang Kluxen [1988], Hg., S. 299 – 310.

– [1992]: *Zwischen Wissenschaft und Ethik.* Frankfurt/M.

– [1994]: *Macht und Machbarkeit der Technik.* Stuttgart.

– [1973], Hg.: *Technokratie als Ideologie. Sozialphilosophische Beiträge zu einem politischen Dilemma.* Stuttgart u. a.

– [1977ff.], Hg.: *Handlungstheorien – interdisziplinär.* 4 Bände. Stuttgart.

– [1991], Hg.: *Wissenschaft und Ethik.* Stuttgart.

– /Moser, Simon [1973], Hg.: *Techne – Technik – Technologie.* Pullach.

– /Ropohl Günther [1987], Hg.: *Technik und Ethik.* Stuttgart.

Leroi-Gourhan, André [1980]: *Le geste et la parole.* Band. I: *Technique et lagage* (1964). Band II: *La mémoire et les rythmes* (1965). Dt.: *Hand und Wort. Die Evolution von Technik, Sprache und Kunst.* Frankfurt/M.

Lexikon der germanistischen Linguistik. Herausgegeben von Hans Peter Althaus u. a. 4 Bände. 2., vollst. neubearb. und erw. Auflage 1980. Tübingen.

Lienemann, Wolfgang [1978a]:»Widerstand gegen den Ausbau der Kernenergie? Ein Fallbeispiel für Probleme ethischer Urteilsbildung.« In: Christopher Frey/Wolfgang Huber (Hg.): *Schöpferische Nachfolge.* Festschrift für Heinz Eduard Tödt. Heidelberg, S. 259 – 289.

– [1978b]:»Prognose – Planung – Kontrolle. Überlegungen zum Problem verstärkter Bürgerbeteiligung im Bereich der Energieplanung.« In: Wolfgang Lienemann u. a. [1978], Hg., S. 157 – 178.

– [1979]:»Grundrechtschutz im Wohlfahrtsstaat.« In: Alexander Roßnagel [1979], S. 1 – 17.

– [1983]:»Fortschritt und Wirklichkeit.« In: Wolfgang Lienemann/Ilse Tödt [1983], Hg., S. 159 -177.

– [1988a]:»Die Zerstörung der Menschlichkeit im Nationalsozialismus und das Ethos der Menschenrechte.« In: Stephan H. Pfürtner u. a. [1988], Hg., S. 148 – 166.

– [1988b]:»Das Prinzip Verantwortung in der ökomenischen Sozialethik.« In: Stephan H. Pfürtner u. a. [1988], Hg., S. 166 – 177.

– [1990]:»Zur theologischen Begründung der Menschenrechte.« In: *Ökumenische Rundschau* 39, S. 307 – 317.

– [1993a]:»Das Wohl der Anderen. Zur Kritik der utilitaristischen Ethik bei Peter Singer.« In: Hans Ulrich Germann u. a. (Hg.): *Das Ethos der Liberalität.* Festschrift für Hermann Ringeling. Freiburg, Wien, S. 231 – 253.

– [1993b]:»Menschenrechte im veränderten Europa.« In: *Glaube und Lernen* 8/1993, S. 35 – 45.

– [1993c]:»Hoffnung aus der Ohnmacht. Die religionsphilosophische Begründung der Verantwortung für die Schöpfung bei Hans Jonas. Antrittsvorlesung Universität Bern vom 24. Mai 1993. Unveröffentlichtes Manuskript.

– [1995]: *Gerechtigkeit.* Ökumenische Studienhefte 3. Göttingen.

– [1996]:»Partikulare und universale Geltung der Menschenrechte.« In: *Ökumenische Rundschau* 45, S. 301 – 311.

– u. a. [1978], Hg.: *Alternative Möglichkeiten für die Energiepolitik. Argumente und Kritik.* Opladen.

– /Tödt, Ilse [1983]: Hg.: *Fortschrittsglaube und Wirklichkeit.* München.

Linde, Hans [1972]: *Sachdominanz in Sozialstrukturen.* Tübingen.

Link, Christian [1977]:»Die theologischen Wurzeln der Unterscheidung von Theorie und Praxis in der Philosophie der Neuzeit.« In: *Zeitschrift für Evangelische Ethik* 21, S. 3 – 26.

– [1978]:»Überlegungen zum Problem der Norm in der theologischen Ethik.« In: *Zeitschrift für Evangelische Ethik* 22, S. 188 – 199.

– [1984], Hg.: *Die Erfahrung der Zeit.* Gedenkschrift für Georg Picht. Stuttgart.

Luhmann, Niklas [1970]:»Öffentliche Meinung.« Jetzt in: Ders. [1971b], S. 9 – 34.

– [1971a]:»Reform des öffentlichen Dienstes: Zum Problem ihrer Probleme.« In: Ders. [1971b], S. 203 – 256.

– [1971b]: *Politische Planung. Aufsätze zur Soziologie von Politik und Verwaltung.* Opladen.

– [1973]: *Zweckbegriff und Systemrationalität. Über die Funktion von Zwecken in sozialen Systemen.* Frankfurt/M.

- [1978]: »Soziologie der Moral.« In: Niklas Luhmann/Stephan H. Pfürtner: *Theorietechnik und Moral.* Frankfurt/M., S. 8 – 116.

- [1980]: *Gesellschaftsstruktur und Semantik. Studien zur Wissenssoziologie der modernen Gesellschaft.* Band 1. Frankfurt/M.

- [1984]: *Soziale Systeme. Grundriß einer allgemeinen Theorie.* Frankfurt/M.

- [1986]: *Ökologische Kommunikation. Kann die moderne Gesellschaft sich auf ökologische Gefährdungen einstellen?* Opladen ³1990.

- [1988]: *Die Wirtschaft der Gesellschaft.* Frankfurt/M.

- [1990a]: *Paradigm lost: Über die ethische Reflexion der Moral.* Rede anläßlich der Verleihung des Hegel-Preises 1989. Frankfurt/M.

- [1990b]: »Risiko und Gefahr.« In: Ders.: *Soziologische Aufklärung 5.* Opladen, S. 131 – 169.

- [1993a]: »Die Moral des Riskos und das Risiko der Moral.« In: Gotthard Bechmann [1993], Hg., S. 327 – 338.

- [1993b]: »Die Ehrlichkeit der Politiker und die höhere Amoralität der Politik.« In: Peter Kemper (Hg.): *Opfer der Macht. Müssen Politiker ehrlich sein?* Frankfurt/M. 1993, S. 27 – 41.

- [1993c]: *Gibt es in unserer Gesellschaft noch unverzichtbare Normen?* Heidelberg.

Lutz, Burkart [1987], Hg.: *Technik und sozialer Wandel. Verhandlungen des 23. Deutschen Soziologentages in Hamburg 1986.* Frankfurt/M., New York.

Lyotard, Jean-Francois [1986]: *La condition postmoderne* (1979). Dt.: *Das postmoderne Wissen.* Ein Bericht. Graz, Wien.

Maas, Utz/Wunderlich, Dieter [1972]: *Pragmatik und sprachliches Handeln.* Frankfurt/M. ³1974.

Machiavelli, Niccolò [1977]: *Discorsi sopra la prima deca die Tito Livio* (1531). Dt.: *Discorsi. Gedanken über Politik und Staatsführung.* Übersetzt, eingeleitet und erläutert von R. Zorn. Stuttgart.

Machiavelli, Niccolò [1972]: *Il Principe, dedicato a Lorenzo duca d'Urbino* (1532). Dt. *Der Fürst.* Übersetzt und herausgegebem von R. Zorn. Stuttgart.

MacIntyre, Alasdair [1984a]: *A Short History of Ethics. A history of moral philosophy from the Homeric age to the twentieth century* (1966). Dt.: *Geschichte der Ethik im Überblick. Vom Zeitalter Homers bis zum 20. Jahrhundert.* Meisenheim.

- [1984b]: »Does Applied Ethics rest on a Mistake?« In: *The Monist* 67, S. 498 – 513.

- [1987]: *After Virtue. A Study in Moral Theory* (1981). Dt.: *Der Verlust der Tugend.* Frankfurt/M.

Mackie, John Leslie [1981]: *Ethics. Inventing Right and Wrong* (1977). Dt.: *Ethik. Auf der Suche nach dem Richtigen und Falschen.* Stuttgart.

Marquard, Odo [1984]: »Neugier als Wissenschaftsantrieb oder die Entlastung von der Unfehlbarkeitspflicht.« In: Elisabeth Ströker (Hg.): *Ethik der Wissenschaften? Philosophische Fragen.* München, Paderborn.

- [1986]: »Die Unvermeidlichkeit der Geisteswissenschaften.« Jetzt in: Ders.: *Apologie des Zufälligen.* Stuttgart.

- [1988]: »Verspätete Moralistik: Bemerkungen zur Unvermeidlichkeit der Geisteswissenschaften.« Jetzt in: *Kursbuch* 91.

Martens, Ekkehard [1988]: »Rehabilitierung der Angewandten Philosophie? Zum Beispiel Computer-Ethik.« In: *Zeitschrift für Didaktik der Philosophie* 10, S. 204 – 210.

- [1989]: »Das Subjekt der Computer-Ethik.« In: Matthias Gatzemeier [1989], Hg., S. 239 – 255.

- /Schnädelbach, Herbert [1991], Hg.: *Philosophie. Ein Grundkurs.* Zwei Bände. Reinbek.

Meggle, Günther [1977], Hg.: *Analytische Handlungstheorie.* Band 1: Handlungsbeschreibungen. Frankfurt/M.

- /Rippe, Klaus P./Wessels, Ulla [1992]: *Almanach der Praktischen Ethik.* Opladen.

Meyer-Abich, Klaus Michael [1988]: *Wissenschaft für die Zukunft. Holistisches Denken in ökologischer und gesellschaftlicher Verantwortung.* München.

- /Schefold, Bertram [1986]: *Die Grenzen der Atomwirtschaft.* Die Sozialverträglichkeit von Energiesystemen. Band 8. Herausgegeben von Klaus Michael Meyer-Abich, Bertram Schefold und Carl Friedrich von Weizsäcker. München ⁴1986.

Mieth, Dietmar [1993]: »Norm und Erfahrung. Die Relevanz der Erfahrung für die Theorie und die sittliche Praxis.« In: *Zeitschrift für Evangelische Ethik* 37, S. 33 – 45.

Milgram, Stanley [1966]: *Einige Bedingungen von Autoritätsgehorsam und seiner Verweigerung.* o. O.

Milgram, Stanley [1966]: *Das Milgram Experiment. Zur Gehorsamsbereitschaft gegenüber Autorität.* Reinbek 1974.

Mittelstraß, Jürgen [1989]: »Auf dem Wege zu einer Reparaturethik?« In: Jean-Pierre Wils/Dietmar Mieth [1989], Hg., S. 89 – 108.

Moore, George Edward [1970]: *Principia Ethica* (1903). Dt.: *Principia Ethica.* Übersetzt und herausgegeben von Burkhard Wisser. Stuttgart 1984.

Moreno, Jonathan D. [1996]: »Konsens durch Kommissionen: Philosophische und soziale Aspekte von Ethik-Kommissionen.« In: Kurt Bayertz [1996], Hg., S. 179 – 202.

Moser, Peter [1990]: »Behinderte gegen Philosophen. Bericht über die Singer-Affäre.« In: *Information Philosophie* 4/1990, S. 18 – 32.

- [1991]: »Euthanasie-Debatte.« In: *Information Philosophie* 3/1991, S. 63 – 70.

Moser, Simon [1958]: »Kritik der traditionellen Technikphilosophie.« Jetzt in: Hans Lenk/Simon Moser [1973], Hg, S. 11 – 81.

Müller, A. M. Klaus [1972]: *Die präparierte Zeit. Der Mensch in der Krise seiner eigenen Zielsetzungen.* Stuttgart.

Müller, Anselm Winfried [1982a]: *Praktisches Folgern und Selbstgestaltung nach Aristoteles.* Freiburg i.Br., München.

- [1982b]: »Praktische und technische Teleologie. Ein aristotelischer Beitrag zur Handlungstheorie.« In: Hans Poser [1982], Hg., S. 37 – 70.

Musil, Robert [1978]: *Der Mann ohne Eigenschaften.* Herausgegeben von Adolf Frisé. Zwei Bände. Neu durchgesehene und verbesserte Auflage, Hamburg 1981.

Nagel, Thomas [1984]: *Mortal Questions* (1979). Dt.: *Über das Leben, die Seele und den Tod.* Meisenheim.

Nagl, Ludwig [1984]: »Richtige Fragen, falsche Antworten? Die Unexpliziertheit der moralischen Urteilskraft in der Diskurstheorie.« In: Willem van Reijen/ Karl-Otto Apel (Hg.): *Rationales Handeln und Gesellschaftstheorie.* Bochum, S. 227 – 240.

Nethöfel, Wolfgang [1992]: »Die Herausforderung der Schöpfungstheologie durch ›die Praxis einer Schöpfungsethik‹.« In: Winfried Härle/Manfred Marquardt/Wolfgang Nethöfel (Hg.): *Unsere Welt – Gottes Schöpfung.* Festschrift für Eberhard Wöfel. Marburg, S. 291 – 323.

Neumaier, Otto [1990]: »Wofür sind wir verantwortlich?« In: *Conceptus* XXIV, Nr. 63, S. 43 – 54.

Neumann-Held, Eva M. [1997]: »Gene« können nicht alles erklären. In: *Universitas* 52, S. 469 – 479.

Nida-Rümelin, Julian [1996a]: »Theoretische und angewandte Ethik: Paradigmen, Begründungen, Bereiche.« In: Ders. [1996b], Hg., S. 2 – 85.

– [1996b], Hg.: *Angewandte Ethik. Die Bereichsethiken und ihre theoretische Fundierung. Ein Handbuch.* Stuttgart.

Nietzsche, Friedrich: *Werke.* In drei Bänden. Herausgegeben von Karl Schlechta. München 1966.

Nolte, Reinhard B. [1978]: *Einführung in die Sprechakttheorie John R. Searles. Darstellung und Prüfung am Beispiel der Ethik.* Freiburg, München.

Novaes, Simone [1996]: »Jenseits eines Konsenses über Prinzipien. Entscheidungsfindung durch einen Genetischen Beirat in der Reproduktionsmedizin.« In: Kurt Bayertz [1996], Hg., S. 237 – 255.

Ogburn, William F. [1969]: *On Culture and Social Change* (1964). Dt.: *Kultur und sozialer Wandel. Ausgewählte Schriften.* Herausgegeben und eingeleitet von Otis Dudley Duncan. Neuwied, Berlin.

Oelmüller, Willi [1980]: »Die Ambivalenz wissenschaftlich-technischer Fortschritte und die Frage nach den Bedingungen der Ausbildung und Sicherung sozialer Identität.« In: *Philosophia Naturalis* 18, S. 160 – 180.

Ost, Reinhard [1988]: *Die Krisen des homo technologicus.* Opladen.

Ott, Konrad [1996a]: »Wie begründet man ein Diskursprinzip der Moral? Ein neuer Versuch zu ›U‹ und ›D‹.« In: Ders. [1996c], S. 12 – 50.

– [1996b]: Strukturprobleme angewandter Ethik und Möglichkeiten ihrer Lösung. In: Ders. [1996c], S. 51 – 85.

– [1996c]: *Vom Begründen zum Handeln. Aufsätze zur angewandten Ethik.* Tübingen.

– [1996d]: »Technik und Ethik.« In: Julian Nida-Rümelin [1996b], Hg., S. 650 – 717.

Otway, Harry/Wynne, Brian [1989]: »Risk Communication: Paradigm and Paradox.« Dt. in: Wolfgang Krohn/Georg Krücken [1993], Hg., S. 101 – 112.

Pascal, Blaise: *Pensées de M. Pascal sur la religion et sur quelques autres sujets, qui ont esté trouvées après sa mort parmy ses papiers* (1669/1670). Dt.: *Pensées. Über die Religion und über einige andere Gegenstände.* Werke. Band 1. Übersetzt und herausgegeben von Ewald Wasmuth. Heidelberg ^{8}1978.

Paschen, Herbert/Gresser, Klaus/Conrad, Felix [1978]: *Technology Assessment: Technologiefolgenabschätzung. Ziele, methodische und organisatorische Probleme, Anwendungen.* Frankfurt/M., New York.

Patzig, Günther [1970]: *Sprache und Logik.* Göttingen.

– [1983]: *Ethik ohne Metaphysik.* Göttingen, 2., durchgesehene und erweiterte Auflage.

Perpeet, Wilhelm [1976]: »Kulturphilosophie.« In: *Archiv für Begriffsgeschichte* 20, S. 60 – 73.

Pfürtner, Stephan H. [1972]: *Kirche und Sexualität.* Reinbek.

Pfürtner, Stephan H. [1978]: »Zur wissenschaftstheoretischen Begründung der Moral.« In: Niklas Luhmann/Stephan H. Pfürtner (Hg.): *Theorietechnik und Moral.* Frankfurt/M., S. 176 – 267.

– u. a. [1988], Hg.: *Ethik in der europäischen Geschichte.* Zwei Bände. Stuttgart.

Picht, Georg [1958]: »Die Erfahrung der Geschichte.« Jetzt in: Georg Picht [1969e], S. 281 – 317.

- [1959]: *Technik und Überlieferung*. Hamburg.
- [1964]: »Der Sinn der Unterscheidung von Theorie und Praxis in der griechischen Philosophie.« Jetzt in: Ders. [1969e], S. 108 – 135.
- [1966a]: »Struktur und Verantwortung der Wissenschaft im 20. Jahrhundert.« Jetzt in: Ders. [1969e], S. 343 – 372.
- [1966b]: »Grundlinien einer Philosophie der Musik.« Jetzt in: Ders. [1969e], S. 408 – 426.
- [1967]: »Der Begriff der Verantwortung.« Jetzt in: Ders. [1969e], S. 318 – 342.
- [1969a]: »Mut zur Utopie. Die großen Zukunftsaufgaben.« Jetzt in: Ders. [1981].
- [1969b]: »Die Voraussetzungen der Wissenschaft.« In: Ders. [1969e], S. 11 – 35.
- [1969c]: »Nachtrag: Der Sinn der Unterscheidung von Theorie und Praxis in der Neuzeit.« In: Ders. [1969e], S. 135 – 140.
- [1969d]: »Die Kunst des Denkens.« In: Ders. [1969e], S. 427 – 434.
- [1969e]: *Wahrheit, Vernunft, Verantwortung. Philosophische Studien*. Stuttgart.
- [1971]: »Die Zeit und die Modalitäten.« Jetzt in: Ders. [1980], S. 362 – 374.
- [1978a]: »Rechtfertigung und Gerechtigkeit – Zum Begriff der Verantwortung.« Jetzt in: Ders. [1980], S. 202 – 217.
- [1978b]: »Zum philosophischen Begriff der Ethik.« Jetzt in: Ders. [1980], S. 137 – 161.
- [1980]: *Hier und jetzt: philosophieren nach Auschwitz und Hiroshima*. Band 1. Stuttgart.
- [1981]: *Hier und jetzt: philosophieren nach Auschwitz und Hiroshima*. Band 2. Stuttgart.
- [1983]: »Evolution in der Zeit. Zum Verständnis von Stabilität.« In: Wolfgang Lienemann/Ilse Tödt [1983], Hg., S. 95 – 108.

Pieper, Annemarie [1985]: *Ethik und Moral. Eine Einführung in die praktische Philosophie*. München.

Pleines, Jürgen-Eckardt [1989]: »Zur Sache des sogenannten Neoaristotelismus. Metakritik einer Parole.« In: *Zeitschrift für philosophische Forschung* 43, S. 133 – 157.

Pöggeler, Otto [1990]: *Der Denkweg Martin Heideggers*. 3., erweiterte Auflage. Pfullingen.

Pöltner, Günther [1993]: »Die konsequenzialistische Begründung des Lebensschutzes.« In: *Zeitschrift für philosophische Forschung* 47.

Popitz, Heinrich [1986]: *Phänomene der Macht. Autorität – Herrschaft – Gewalt – Technik*. Tübingen.

- /Bahrdt, Hans Paul/Jüres, Ernst August/Kesting, Hanno [1957]: *Technik und Industriearbeit. Soziologische Untersuchungen in der Hüttenindustrie*. Tübingen ³1976.

Poser, Hans [1990]: »Probleme der Wissenschaftsethik.« In: Christoph Hubig [1990], Hg., S. 11 – 34.

- [1982], Hg.: *Philosophische Probleme der Handlungstheorie*. Freiburg i.Br., München.

Postman, Neil [1992]: *Technopoly* (1991). Dt.: *Das Technopol. Die Macht der Technologien und die Entmündigung der Gesellschaft*. Frankfurt/M.

Pot, Johan Hendrik Jacob van der [1985]: *Die Bewertung des technischen Fortschritts. Eine systematische Übersicht der Theorien*. 2 Bände. Assen.

Pothast, Ulrich [1978], Hg.: *Seminar: Freies Handeln und Determinismus*. Frankfurt/M.

Prauss, Gerold [1986], Hg.: *Handlungstheorie und Transzendentalphilosophie*. Frankfurt/M.

Putnam, Hilary [1990]: Reason, *Truth and History* (1982). Dt.: *Vernunft, Wahrheit und Geschichte*. Frankfurt/M.

- [1993a]: *Von einem realistischen Standpunkt. Schriften zu Sprache und Wirklichkeit*. Herausgegeben, eingeleitet und übersetzt von Vincent C. Müller. Reinbeck.

– [1993b]: »Why There Isn't a Ready-Made World« (1982). Dt.: »Warum es keine Fertigwelt gibt.« In: Ders. [1993a], S. 174 – 202.

– [1993c]: »Pourquoi les Philosophes?« (1986). Dt.: »Wozu die Philosophen?« In: Ders. [1993a], S. 203 – 220.

– [1995]: *Il pragmatismo: una questione aperta* (1992). Dt.: *Pragmatismus: eine offene Frage*. Frankfurt/M., New York.

Rammert, Werner [1989]: »Technisierung und Medien in Sozialsystemen – Annäherungen an eine soziologische Theorie der Technik.« In: Peter Weingart [1989], Hg., S. 128 – 173.

– [1993]: *Technik aus soziologischer Perspektive. Forschungsstand, Theorieansätze, Fallbeispiele. Ein Überblick*. Opladen.

Rapp, Friedrich [1978]: *Analytische Technikphilosophie*. Freiburg, München.

– [1990], Hg.: *Technik und Philosophie*. Technik und Kultur. Band I. Im Auftrag der Georg-Agricola-Gesellschaft herausgegeben von Armin Hermann und Wilhelm Dettmering. Düsseldorf.

– [1992]: *Fortschritt. Entwicklung und Sinngehalt einer philosophischen Idee*. Darmstadt.

– [1993], Hg.: *Neue Ethik der Technik? Philosophische Kontroversen*. Wiesbaden.

Rawls, John [1979]: *A Theory of Justice* (1971). Dt.: *Eine Theorie der Gerechtigkeit*. Frankfurt/M.

Reich, Jens [1994a]: »Glasnost für die Gentechnik.« Jetzt in: *Was darf der Mensch?* Zeit-Punkte 2/1995. Hamburg, S. 49 – 53.

– [1994b]: »Kassandra will recht behalten.« Jetzt in: *Was darf der Mensch?* Zeit-Punkte 2/1995. Hamburg, S. 57 – 58.

Rendtorff, Trutz [1980/1981]: *Ethik. Grundelemente, Methodologie und Konkretion einer ethischen Theologie*. 2 Bände. Stuttgart.

– [1988]: »Vertrauenskrise? Zum Topos ›Bewahrung der Schöpfung‹.« In: *Zeitschrift für Evangelische Ethik* 32, S. 245 – 249.

Rentsch, Thomas [1990]: *Die Konstitution der Moralität. Transzendentale Anthropologie und praktische Philosophie*. Frankfurt/M.

– [1994]: »Aufhebung der Ethik.« In: Heiner Hastedt/Ekkehard Martens [1994], Hg., S. 114 – 143.

Rescher, Nicholas [1985]: »Aspects of Action« (1967). Dt.: »Handlungsaspekte.« In: Georg Meggle [1985], Hg., S. 1 – 7.

Rich, Arthur [1960]: »Die institutionelle Ordnung der Gesellschaft als theologisches Problem.« In: *Zeitschrift für Evangelische Ethik* 4, S. 233 – 244.

– [1984]: *Wirtschaftsethik. Grundlagen in theologischer Perspektive*. Gütersloh ³1987.

Riedel, Manfred [1972], Hg.: *Rehabilitierung der praktischen Philosophie*. Band I: Geschichte, Probleme Aufgaben. Freiburg.

– [1974], Hg.: *Rehabilitierung der praktischen Philosophie*. Band II: Rezeption, Argumentation, Diskussion. Freiburg.

– [1978]: »Handlungstheorie als ethische Grunddisziplin.« In: Hans Lenk (Hg.): *Handlungstheorien interdisziplinär*. Band II. 1. München 1978, S. 139 – 159.

Ringeling, Hermann [1984]: »Ethische Normativität und Urteilsfindung.« In: *Zeitschrift für Evangelische Ethik* 28, S. 402 – 425.

Rippe, Klaus Peter [1995]: »The God Committees.« In: *Was darf der Mensch?* Zeit-Punkte 2/1995. Hamburg, S. 94 – 96.

Ritschl, Dietrich [1984]: *Zur Logik der Theologie. Kurze Darstellung der Zusammenhänge theologischer Grundgedanken.* München ²1988.

Ritter, Joachim [1956]: »Das bürgerliche Leben. Zur aristotelischen Theorie des Glücks.« Jetzt in: Ders. [1969], S. 57 – 105.

– [1966]: »Moralität und Sittlichkeit. Zu Hegels Auseinandersetzung mit der kantischen Ethik.« Jetzt in: Ders. [1969], S. 281 – 309.

– [1967]: »›Politik‹ und ›Ethik‹ in der praktischen Philosophie des Aristoteles.« Jetzt in: Ders. [1969], S. 106 -132.

– [1969]: *Metaphysik und Politik. Studien zu Aristoteles und Hegel.* Frankfurt/M. ²1988.

– [1974a]: *Subjektivität.* Frankfurt/M.

– [1974b]: »Zur Grundlegung der praktischen Philosophie bei Aristoteles.« In: Manfred Riedel [1974], Hg., S. 479 – 500.

Röttgers, Kurt [1990]: »Kritik.« In: *Europäische Enzyklopädie zu Philosophie und Wissenschaften.* Herausgegeben von Hans Jörg Sandkühler. Band 2. Hamburg, S. 889 – 898.

Rohbeck, Johannes [1993]: *Technologische Urteilskraft. Zu einer Ethik technischen Handelns.* Frankfurt/M.

Rohls, Jan [1991]: *Geschichte der Ethik.* Tübingen.

Ropohl, Günter [1979]: *Eine Systemtheorie der Technik. Zur Grundlegung der Allgemeinen Technologie.* München.

– [1985]: *Die unvollkommene Technik.* Frankfurt/M.

– [1988]: »Über die Unvermeidlichkeit der technologischen Aufklärung.« In: Paul Hoyningen-Huene/Gertrude Hirsch (Hg): *Wozu Wissenschaftsphilosophie? Positionen und Fragen zur gegenwärtigen Wissenschaftsphilosophie.* Berlin, New York 1988, S. 359 – 381.

– [1996a]: »Die normative Wende in der Technologie.« In: Ders. [1996c], S. 19 – 39.

– [1996b]: »Grenzen der Verantwortungsfähigkeit.« In: Ders. [1996c], S. 109 – 131.

– [1996c]: *Ethik und Technikbewertung.* Frankfurt/M.

Ross, Alf [1959]: *On Law and Justice.* Berkeley.

Roßnagel, Alexander [1979]: *Grundrechte und Kernkraftwerke.* Herausgegeben von Wolfgang Lienemann. Heidelberg.

Rousseau, Jean-Jacques: *Emil ou de l'éducation* (1762). Dt.: *Emil oder Über die Erziehung.* In neuer deutscher Fassung besorgt von Ludwig Schmidts. Paderborn u. a. ⁹1989.

Ruddick, William [1980]: »Philosophy and public affairs.« In: *Social Research* 47, S. 734 - 748.

Rudolph, Enno [1994a]: »Grenzen der Ethik und Schranken der Wissenschaft. Von der Endlichkeit des Wissens zur Ethik der Wissenschaften nach Kant.« In: Ders. [1994c], S. 124 – 142.

– [1994b]: »Individualität und Autonomie. Der moralische Konflikt zwischen Sein und Sollen im neuzeitlichen Subjekt.« In: Ders. [1994c], S. 109 – 123.

– [1994c]: *Theologie – diesseits des Dogmas. Studien zur Systematischen Theologie, Religionsphilosophie und Ethik.* Tübingen.

Ruh, Hans [1990]: »Ethik und Risiko.« In: *Zeitschrift für Evangelische Ethik* 34, S. 198 – 205.

Rumpf, Hans [1977]: »Über den Sinn technischen Handelns.« In: Hans Lenk (Hg.): *Handlungstheorien interdisziplinär.* Band IV. München, S. 387 – 406.

Sachsse, Hans [1972]: *Technik und Verantwortung.* Freiburg.

- [1987]: »Ethische Probleme des technischen Fortschritts.« Überarbeitete Fassung des gleichnamigen Originals aus: Ders.: *Technik und Verantwortung*. In: Hans Lenk/Günther Ropohl [1987], Hg., S. 49 – 80.
- [1988]: »Die Krise der technischen Welt.« In: Wolfgang Kluxen [1988], Hg., S. 328 – 346.

Sayre-McCord, Geoffrey [1988], Hg.: *Essays on Moral Realism*. Ithaca, London.

Schaber, Peter [1995]: »Moralische Tatsachen.« In: Christoph Fehige/Georg Meggle [1995], Hg., Band 1, S. 313 – 334.

Schadewaldt, Wolfgang [1957]: »Die Anforderungen der Technik an die Geisteswissenschaften.« Jetzt in: Ders. [1970], S. 461 – 484.
- [1960]: »Die Begriffe ›Natur‹ und ›Technik‹ bei den Griechen.« Jetzt in: Ders. [1970], S. 512 – 524.
- [1965]: »Die Welt der modernen Technik und die altgriechische Kuturidee.« Jetzt in: Wolfgang Schadewaldt [1970], S. 485 – 497.
- [1970]: *Hellas und Hesperien*. Band II. 2., erweiterte Auflage, Zürich 1970.
- [1979]: »The Concepts of Nature and Technique according to the Greeks.« In: *Research in Philosophy and Technology* 2. Greenwich, Con., S. 159 – 171.

Schapp, Wilhelm [1910]: *Beiträge zur Phänomenologie der Wahrnehmung*. Frankfurt/M. ²1976.

Schelsky, Helmut [1965]: »Der Mensch in der wissenschaftlichen Zivilisation.« Jetzt in: Ders.: *Auf der Suche nach der Wirklichkeit*. Düsseldorf, Köln 1965, S. 439 – 4480.

Schilling, Kurt [1957]: *Geschichte der sozialen Ideen*. Stuttgart ²1966.

Schnädelbach, Herbert [1977]: *Reflexion und Diskurs. Fragen einer Logik der Philosophie*. Frankfurt/M.
- [1983]: *Philosophie in Deutschland 1831–1933*. Frankfurt/M. ⁴1991.
- [1986]: »Was ist Neoaristotelismus?« In: Wolfgang Kuhlmann [1986], Hg., S. 38 – 63.
- [1988]: »Kritik der Kompensation.« Jetzt in: Ders. [1992], S. 399 – 411.
- [1992]: *Zur Rehabilitierung des animal rationale*. Vorträge und Abhandlungen 2. Frankfurt/M.
- [1984], Hg.: *Rationalität. Philosophische Beiträge*. Frankfurt/M.

Schneider, Hans Julius [1989]: »Anthropomorphes versus Anthropozentrisches Denken. Zur ethischen und wissenschaftstheoretischen Bedeutung einer Unterscheidung.« In: Matthias Gatzemeier [1989], Hg., S. 34 – 45.

Schneider, Helmuth [1990]: *Das griechische Technikverständnis. Von den Epen Homers bis zu den Anfängen der technologischen Fachliteratur*. Darmstadt.

Schopenhauer, Arthur: *Über die Grundlage der Moral*. Züricher Ausgabe. Band VI. Zürich 1977.

Schröder, Richard [1990]: »Freiheit und Verantwortung. Georg Pichts Philosophie der Verantwortung.« In: *Deutsche Zeitschrift für Philsophie* 38, S. 551 – 559.

Schröter, Manfred [1934]: *Philosophie der Technik*. Sonderausgabe aus dem Handbuch der Philosophie. München.

Schüßler, Werner [1986]: *Der philosophische Gottesgedanke im Frühwerk Paul Tillichs (1910 – 1933)*. Würzburg.

Schulz, Walter [1972]: *Philosophie in der veränderten Welt*. Pfullingen.
- [1989]: *Grundprobleme der Ethik*. Pfullingen.

Schulz-Hardt, Stefan/Lüthgens, Carsten (1996): »Sind die Deutschen risikoscheu? Psychologie des deutschen Zögerns.« In: *Universitas* 51, S. 803 – 815.

Schwemmer, Oswald [1983]: »Die praktische Ohnmacht der Vernunft.« Jetzt in: Ders. [1986], S. 153 – 181.

– [1986]: *Ethische Untersuchungen. Rückfragen zu einigen Grundbegriffen.* Frankfurt/M.

Searle, John R. [1982]: *Expression and Meaning. Studies in the Theory of Speech Acts* (1979). Dt.: *Ausdruck und Bedeutung. Untersuchungen zur Sprechakttheorie.* Frankfurt/M.

– [1971]: *Speech Acts* (1969). Dt.: *Sprechakte. Ein sprachphilosophischer Essay.* Frankfurt/M. 1983.

– [1987]: *Intentionality. An essay in the philosophy of mind* (1983). Dt.: *Intentionalität. Eine Abhandlung zur Philosophy des Geistes.* Frankfurt/M.

– [1996]: »Das Rätsel des Bewußtseins.« In: *Lettre International* 32/I, S. 34 – 43.

Sellars, Wilfried [1987]: »Does Empirical Knowledge Have a Foundation?« (= Abschnitt VIII in: Ders.: *Empiricism and the Philosophy of Mind.* In: *Science, Perception and Reality.* London 1963, S. 164 – 170.) Dt.: »Hat empirisches Wissen ein Fundament?« In: Peter Bieri [1987], Hg., S. 209 – 216.

Senghaas, Dieter [1970]: »The Technocrats. Rückblick auf die Technokratiebewegung in den USA.« In: Claus Koch/Dieter Senghaas [1970], Hg., S. 282 – 292.

Sieferle, Rolf Peter [1984]: *Fortschrittsfeinde? Opposition gegen Technik und Industrie von der Romantik bis zur Gegenwart.* Die Sozialverträglichkeit von Energiesystemen, Band 4. Herausgegeben von Klaus Michael Meyer-Abich, Bertram Schefold und Carl Friedrich von Weizsäcker. München.

Singer, Marcus George [1975]: *Generalization in Ethics. An Essay in the Logic of Ethics, with the Rudiments of a System of Moral Philosophy* (1961). Dt.: *Verallgemeinerung in der Ethik. Zur Logik moralischen Argumentierens.* Frankfurt/M.

Singer, Peter [1984]: *Practical Ethics* (1979). Dt.: *Praktische Ethik.* Stuttgart.

Snow, Charles P. [1967]: *The Two Cultures and the Scientific Revolution* (1959). Dt.: *Die zwei Kulturen.* Rede Lecture. Jetzt in: Helmut Kreuzer [1969], Hg., S. 19 – 58 und einem Nachtrag von 1963, S. 59 – 96.

Sorrell, Tom [1985]: »Werte und sekundäre Qualitäten.« In: *Ratio* 27, S. 155 – 165.

Spaemann, Robert [1979]: »Technische Eingriffe in die Natur als Problem der politischen Ethik.« In: Dieter Birnbacher [1986], Hg., S. 180 – 206.

Steigleder, Klaus [1989]: »Probleme angewandter Ethik.« In: *Concilium* 25, S. 242 – 247.

Steinvorth, Ulrich [1990]: *Klassische und moderne Ethik. Grundlinien einer materialen Moraltheorie.* Reinbek.

Stock, Eberhard [1989]: »Der Beitrag der Theologie zur Gewinnung ethischer Kompetenz.« In: *Arbeitskreis »Theologische Aspekte der Wirtschaftsethik«.* 6. Sitzung. Mainz, Loccum.

Stork, Heinrich [1977]: *Einführung in die Philosophie der Technik.* 1979.

Tancredi, Laurence R. [1996]: »Die empirischen Grenzen von Konsens: Können Theorie und Praxis in Einklang gebracht werden.« In: Kurt Bayertz [1996], Hg., S. 161 – 178.

Taureck, Bernhard H. F. [1992]: *Ethikkrise – Krisenethik. Analysen, Texte, Modelle.* Reinbek.

Teutsch, Gotthard M. [1983]: *Tierversuche und Tierschutz.* München.

Theunissen, Michael [1984]: »Die Einheit im Denken Georg Pichts. Zu seinem Buch ›Hier und Jetzt‹.« In: Christian Link [1984], Hg., S. 356 – 368.

Thomassen, Beroald [1991]: *Wissenschaft zwischen Neugierde und Verantwortung. Studien zur Grundlegung einer theologischen Wissenschaftsethik.* Frankfurt/M. u. a.

Tillich, Paul: *Gesammelte Werke.* Herausgegeben von Renate Albrecht. 14 Bände. Stuttgart 1959ff.

Tödt, Heinz Eduard [1977]: »Versuch zu einer Theorie ethischer Urteilsfindung.« In: *Zeitschrift für Evangelische Ethik* 21, S. 80 – 93.

– [1979]: *Der Spielraum des Menschen. Theologische Orientierung in den Umstellungskrisen der modernen Welt.* Gütersloh.

– [1982]: »Meschenrechte – Grundrechte.« Jetzt in: Ders. [1988], S. 135 – 176.

– [1983]: »Ambivalenz des Fortschritts. Zur Urteilsfindung über das Wesen der Macht.« (Unter dem Titel: »Die Ambivalenz des technischen Fortschritts als Thema christlicher Ethik« zuerst in: *Zeitschrift für Evangelische Ethik* 25, S. 18 – 25). Jetzt in: Wolfgang Lienemann/Ilse Tödt [1983], Hg., S. 143 – 156.

– [1984]: »Die Zeitmodi in ihrer Bedeutung für die sittliche Urteilsbildung. Anregungen aus Georg Pichts Zeitphilosophie für eine evangelische Verantwortungsethik.« Jetzt in: Ders. [1988], S. 49 – 84.

– [1987]: »Versuch einer ethischen Theorie sittlicher Urteilsfindung.« Jetzt in: Ders. [1988], S. 21 – 48.

– [1988]: *Perspektiven theologischer Ethik.* München.

Tondl, Ladislav [1968]: »Der Januskopf der Technik.« In: *Akten des XIV. Internationalen Kongresses für Philosophie.* Band II. Wien.

Toulmin, Stephen [1975]: *The Uses of Argument* (1958). Dt.: *Der Gebrauch von Argumenten.* Weinheim ²1996.

Tsouyopoulos, Nelly [1986]: »Krise II.« In: *Historisches Wörterbuch der Philosophie.* Band 4. Darmstadt, Sp. 1240 – 1242.

Tuchel, Klaus [1968]: »Zum Verhältnis von Kybernetik, Wissenschaft und Technik.« In: *Akten des XIV. Internationalen Kongresses für Philosophie.* Band II. Wien, S. 578 – 585.

Türcke, Christoph [1988]: »Auftragsdenken. Vom Verzicht auf Philosophie in der Wissenschaftsethik.« Jetzt in: Ders. [1989c], S. 9 – 19.

– [1989a]: »Geisteswissenschaften und Geist – Kein Bund fürs Leben.« Jetzt in: Ders. [1989c], S. 20 – 29.

– [1989b]: »Falsche Trennung – falsche Verbrüderung. Wie Geistes- und Naturwissenschaften einander zu verfehlen drohen.« Jetzt in: Ders. [1989c], S. 30 – 42.

– [1989c]: *Die neue Geschäftigkeit. Zum Ethik- und Geistesbetrieb.* Lüneburg.

Tugendhat, Ernst [1976]: *Vorlesungen zur Einführung in die sprachanalytische Philosophie.* Frankfurt/M.

– [1978]: »Gegen die autoritäre Pädagogik. Streitschrift gegen die Thesen ›Mut zur Erziehung‹.« Jetzt in: Ders. [1992b], S. 17 – 26.

– [1980]: »Antike und moderne Ethik.« Jetzt in: Ders.: *Probleme der Ethik.* Stuttgart 1984, S. 33 – 56.

– [1981]: »Drei Vorlesungen über Probleme der Ethik« Jetzt in: Ders.: *Probleme der Ethik.* Stuttgart 1984, S. 57 – 131.

– [1988]: »Die Geisteswissenschaften als Aufklärungswissenschaften. Auseinandersetzung mit Odo Marquard.« Jetzt in: Ders. [1992a], S. 453 – 463.

– [1989]: »Die Hilflosigkeit der Philosophen angesichts der moralischen Schwierigkeiten von heute.« Jetzt in: Ders. [1992a], S. 371 – 382.

– [1992a]: *Philosophische Aufsätze.* Frankfurt/M.

– [1992b]: *Ethik und Politik.* Vorträge und Stellungnahmen aus den Jahren 1978 – 1991. Frankfurt/M.

– [1993]: *Vorlesungen über Ethik.* Frankfurt/M.

- /Wolf, Ursula [1983]: *Logisch-semantische Propädeutik.* Stuttgart.

Uexküll, Thure von [1963]: *Grundfragen der psychosomatischen Medizin.* Reinbek.

Urmson, J. O. [1974]: »On Grading« (1950). Dt.: »Einstufen.« In: Günter Grewendorf/Georg Meggle (Hg.): *Seminar: Sprache und Ethik. Zur Entwicklung der Metaethik.* Frankfurt/M., S. 140 – 174.

Vattimo, Gianni [1992]: »Lebt weniger intensiv!« Ein Gespräch mit Gianni Vattimo. in: *Information Philosophie* 4/1992, S. 40 – 50.

Van der Veen, Joseph J. M. [1983]: »Verantwortung und Verantwortlichkeit. Versuch einer rechtsphilosophischen Standortbestimmung.« In: Hans Michael Baumgartner/Albin Eser [1983], Hg., S. 31 – 50.

Verein Deutscher Ingenieure (VDI) [1991]: *Technikbewertung. Begriffe und Grundlagen.* Düsseldorf.

Virilio, Paul [1994]: »Das Privileg des Auges.« In: Jean-Pierre Dubost [1994], Hg., S. 55 – 71.

Vischer, Wolfgang [1993]: *Probleme der Umweltethik. Individuum versus Institution: zwei Ansatzpunkte der Moral.* Frankfurt/M.

Vollmer, Gerhard [1993]: *Wissenschaftstheorie im Einsatz.* Stuttgart.

Vollrath, Ernst [1989]: »Überlegungen zur neueren Diskussion über das Verhältnis von Praxis und Poiesis.« In: *Allgemeine Zeitschrift für Philosophie* 14, S. 3 – 26.

Volpi, Franco [1992]: »Praktische Klugheit im Nihilismus der Technik. Hermeneutik, praktische Philosophie, Neoaristotelismus.« In: *Internationale Zeitschrift für Philosophie* 1/1992, S. 5 – 23.

Vorstenbosch, Jan [1993]: »Four Ways of Leaving the Ivory Tower. Perspectives on Research in Applied Ethics.« In: Robert Heeger/Theo van Willigenburg [1993], Hg., S. 36 – 50.

Vossenkuhl, Wilhelm [1982]: »Freiheit zu handeln. Analytische und transzendentale Argumente für eine kausale Handlungstheorie.« In: Hans Michael Baumgartner [1979], Hg.: *Prinzip Freiheit. Eine Auseinandersetzung um Chancen und Grenzen transzendentalphilosophischen Denkens.* Festschrift für Hermann Krings. Freiburg, München, S. 97 – 138.

- [1982]: »Private und öffentliche Moralität. Handlungstheoretische und normative Grundlagen einer Ethik institutionellen Handelns.« In: Christoph Hubig [1982], Hg., S. 81 -103.

- [1983]: »Moralische und nicht-moralische Bedingungen verantwortlichen Handelns. Eine ethische und handlungstheoretische Analyse.« In: Hans Michael Baumgartner/Albin Eser [1983], Hg., S. 109 – 140.

- [1991]: »Praxis.« In: Ekkehard Martens/Herbert Schnädelbach [1991], Hg., Band 1, S. 217 – 261.

- [1993]: »Ökologische Ethik. Über den moralischen Charakter der Natur.« In: *Information Philosophie* 1/1993, S. 6 – 19.

Walther, Christian [1992]: *Ethik und Technik. Grundfragen – Meinungen – Kontroversen.* Berlin, New York.

Wandschneider, Dieter [1991]: »Das Gutachtendilemma – Über das Unethische partikularer Wahrheit.« Jetzt in: Hans Lenk [1991], Hg., S. 248 – 267.

Watzlawick, Paul/Beavin, Janet H./Jackson, Don D. [1969]: *Pragmatics of Human Communication. A Study of Interactional Patterns, Pathologies, and Paradoxes* (1967). Dt.: *Menschliche Kommunikation: Formen; Störungen; Paradoxien.* Bern, Stuttgart, Wien.

Weber, Max [1906]: »Kritische Studien auf dem Gebiet der kulturwissenschaftlichen Logik.« Jetzt in: Ders. [1922], S. 215 – 290.

- [1920]: *Die protestantische Ethik.* Band 1. Eine Aufsatzsammlung. Herausgegeben von Johannes Winckelmann. München [6]1981.
- [1919]: »Politik als Beruf.« In: Ders.: *Gesammelte Politische Schriften.* Zweite, erweiterte Auflage. Neu herausgegeben von Johannes Winckelmann. Tübingen 1958, S. 493 – 548.
- [1921]: *Wirtschaft und Gesellschaft. Grundriß der verstehenden Soziologie.* 5., revidierte Auflage besorgt von Johannes Winckelmann. Tübingen 1980.
- [1922]: *Gesammelte Aufsätze zur Wissenschaftslehre.* 6., erneut durchges. Aufl. herausgegeben von Johannes Winckelmann. Tübingen 1985.

Weber, Samuel [1994]: »Zur Sprache des Fernsehens: Versuch, einem Medium näher zu kommen.« In: Jean-Pierre Dubost [1994], Hg., S: 72 – 88.

Weingart, Peter [1982]: »Strukturen technologischen Wandels. Zu einer soziologischen Analyse der Technik.« In: Rodrigo Jokisch [1982], Hg., S. 112 – 141.
- [1989]: »›Großtechnische Systeme‹ – ein Paradigma der Verknüpfung von Technikentwicklung und sozialem Wandel?« In: Ders. [1989], Hg., S. 174 – 196.
- [1989], Hg.: *Technik als sozialer Prozeß.* Frankfurt/M.

Weischedel, Wilhelm [1933]: *Das Wesen der Verantwortung. Ein Versuch.* Frankfurt/M. [3]1972.

Weiß, Johannes [1989], Hg.: *Max Weber heute. Erträge und Probleme der Forschung.* Frankfurt/M.

Weizsäcker, Christine von/Weizsäcker, Ernst Ulrich von [1984]: »Fehlerfreundlichkeit.« In: Klaus Kornwachs (Hg.): *Offenheit – Zeitlichkeit – Komplexität. Zur Theorie der Offenen Systeme.* Frankfurt/M. 1984, S. 167ff.

Wellmer, Albrecht [1986]: *Ethik und Dialog. Elemente des moralischen Urteils bei Kant und in der Diskursethik.* Frankfurt/M.

Welte, Werner [1974]: *Moderne Linguistik: Terminologie/Bibliographie.* Ein Handbuch und Nachschlagewerk auf der Basis der generativ-transformationellen Sprachtheorie. 2 Bände. München.

Wendnagel, Johannes [1990]: *Ethische Neubesinnung als Ausweg aus der Weltkrise? Ein Gespräch mit dem »Prinzip Verantwortung« von Hans Jonas.* Würzburg.

Whitehead, Alfred North [1979]: *Prozess and Reality. An Essay in Cosmology* (1929). Dt.: *Prozeß und Realität. Entwurf einer Kosmologie.* Frankfurt/M. [2]1984.

Wieland, Wolfgang [1985]: »Philosophie nach ihrem Weltbegriff.« In: Constanze Eisenbart [1985], Hg., S. 89 – 108.
- [1989]: *Aporien der praktischen Vernunft.* Frankfurt/M.

Wild, Christoph [1973]: »Problem.« In: Hans Michael Baumgartner/Hermann Krings/Christoph Wild (Hg.): *Handbuch philosophischer Grundbegriffe.* Band 4. München, S. 1139 – 1146.

Williams, Bernard [1978]: *Morality. An Introduction to Ethics* (1972). Dt.: *Der Begriff der Moral. Eine Einführung in die Ethik.* Stuttgart.
- [1985]: *Ethics and the Limits of Philosophy.* London.

Willke, Helmut [1987]: *Systemtheorie. Eine Einführung in die Grundprobleme.* 2., erweiterte Auflage Stuttgart, New York 1987.

Wils, Jean-Pierre [1989]: »Zur Typologie und Verwendung der Kategorie ›Menschenwürde‹.« In: Jean-Pierre Wils/Dietmar Mieth [1989], Hg., S. 130 – 157.
- [1993], Hg.: *Orientierung durch Ethik? Eine Zwischenbilanz.* Paderborn.

- /Mieth, Dietmar [1989], Hg.: *Ethik ohne Chance? Erkundungen im technologischen Zeitalter.* Tübingen.

Wittgenstein, Ludwig: *Werkausgabe.* 8 Bände. Frankfurt/M. 1984.

Wolf, Jean-Claude [1990]: »Moralischer Realismus. Neuerscheinungen zur angelsächsischen Ethik-Diskussion.« In: *Allgemeine Zeitschrift für Philosophie* 15, S. 63 – 71.

- [1992]: *Tierethik. Neue Perspektiven für Menschen und Tiere.* Freiburg/Schweiz.

- [1995]: »Hare über Ontologie und Ethik.« In: Christoph Fehige/Georg Meggle [1995], Hg., Band. 1, S. 335 – 353.

Wolf, Ursula [1990]: *Das Problem des moralischen Sollens.* Berlin.

- [1990]: *Das Tier in der Moral.* Frankfurt/M.

Wolff, Manfred [1989]: »Naturwissenschaftliche Erkenntnis – Basis für ethische Entscheidungen?« In: Jean-Pierre Wils/Dietmar Mieth [1989], Hg., S. 1 – 20.

Wonneberger Reinhard/Hecht, Hans Peter [1986]: *Verheißung und Versprechen. Eine theologische und sprachanalytische Klärung.* Göttingen.

Wright, Georg Henrik von [1974]: *Explanation and Understanding* (1971). Dt.: *Erklären und Verstehen.* Königstein/Ts. ²1984.

Wunderlich, Dieter [1976]: *Studien zur Sprechakttheorie.* Frankfurt/M.

Zenkert, Georg [1993]: »Rettung für den Zauberlehrling? Wider die Versuchung technischer Lösungen.« In: *Universitas* 48, S. 874 – 888.

Zimmerli, Walther Christian [1987]: »Wandelt sich die Verantwortung mit dem technischen Wandel?« In: Hans Lenk/Günter Ropohl [1987], Hg., S. 92 – 111.

- [1988b]: »Ethik der Wissenschaften als Ethik der Technologie. Zur wachsenden Bedeutsamkeit der Ethik in der gegenwärtigen Wissenschaftsforschung.« In: Paul Hoyningen-Huene/Gertrude Hirsch (Hg): *Wozu Wissenschaftsphilosophie? Positionen und Fragen zur gegenwärtigen Wissenschaftsphilosophie.* Berlin, New York 1988, S. 391 – 418.

- [1988c]: *Homo Faber Ignorans?* Wien.

- [1988d]: »Krise der Krisenethiken. Moralphilosophische Engpässe im technologischen Zeitalter und das Konzept einer problemorientierten Ethik.« In: Wolfgang Kluxen [1988], Hg., S. 353 – 370.

Sachregister

316

Mehrheitsentscheid *28, 283*

Meinung *vs.* Wissen *81, 123, 154f, 164ff, 263, 267f, 271f*

Menschenrechte *153, 284ff*

Metaphysik/metaphysisch *40, 72, 76, 96, 161, 171, 187, 202, 216, 224, 287*

Metaposition *12, 44*

Mittel *vs.* Zweck *46, 49, 122, 126, 178ff, 186, 189, 192, 194, 203, 207, 218, 255*

Natur *69f, 75, 77, 79, 151, 197ff*

Naturalismus *156, 160, 162*

Naturrecht/naturrechtlich *54, 198ff*

Nebenwirkung von Handlungen *215ff, 252*

Neutralität/neutral *42, 67, 83, 114, 197, 199, 203, 266, 273, 280*

Normenkollision *25, 28, 52, 157f, 177, 234, 263, 268*

Normenkonflikt *25, 27f, 51, 54, 164, 228, 234, 237, 253f*

Nützlichkeit/nützlich *s.* utilitaristische Ethik

Ökologie *42, 76f, 149, 220, 277*

Ökonomie/ökonomisch *62, 137ff, 148, 193, 209, 281*

Operationalisierbarkeit *25, 147, 230*

Paradigma *76, 176, 180, 218, 241, 257, 277, 279, 288*

Partikularität *s.a.* Sektoralisierung *95, 125, 228, 283, 285*

Paternalismus/paternalistisch *152, 240f*

Person *41, 69ff, 77, 132f, 140, 227, 235, 251, 254, 275f*

Pflicht *37, 51, 66, 69ff, 151, 268, 287*

Phronesis 35, 57, 87, 184

Poiesis 57ff, 63, 83, 90, 183, 185ff

Pragmatik/pragmatisch *44, 51, 120f, 219, 227*

Prämissen, ethische *23, 26, 48, 111, 114, 125, 156, 225, 258, 266, 288*

Praxis 57f, 63, 83, 90, 183f, 197

Praxisbezug von Ethik *9, 20f, 23, 39, 86, 120, 224, 239ff*

Problem *88, 92ff, 116, 158ff, 208*

– dialektisches Problem *116ff*

– ethisches Problem *26, 65, 155, 282*

– Problem *vs.* Fehler *122ff*

– Problemformulierung *86, 119, 124f, 205, 231, 249*

– Problemkonstruktion *28, 113, 118ff, 126f, 154, 205*

– Problemlösung *58, 126, 177, 194, 245, 251, 255, 270*

– moralisches Problem *24, 27, 46, 51, 146, 236f, 269, 281*

– Problemorientierung *20, 82ff, 91, 205, 283*

– praktisches Problem *20, 24, 48*

– Problemsituation *51, 80, 82, 115, 154, 225ff*

– Problemwahrnehmung *28, 31, 124, 169, 177, 225ff, 281, 288*

– Problem als Zweck *126, 178, 207*

Rationalität (Wert- und Zweckrationalität) *19, 46, 52, 57, 98, 115, 178, 183, 189, 250f, 266*

Realismus/realistisch *38f, 42, 84, 156, 182, 233, 238, 251, 285*

Realismus, interner *33, 38, 135, 238, 273*

Recht *37, 54, 77, 136, 153, 202, 230, 260*

Johannes Fischer

Handlungsfelder angewandter Ethik

Eine theologische Orientierung
1998. 240 Seiten. Kart.
DM 39,80/öS 291,–/sFr 37,–
ISBN 3-17-014784-6

Die Vermittlung theologischer Orientierung mit den immer komplexer werdenden Fragestellungen angewandter Ethik ist zur ständigen Herausforderung geworden.

Dieses Buch stellt sich dieser Herausforderung auf verschiedenen Feldern angewandter Ethik, u.a. der Wirtschaftsethik, der Medizinethik, der Rechtsethik, der ökologischen Ethik. Dabei ist das Verhältnis von Theologie und allen anderen Wissenschaftsbereichen mit zu bedenken.

Angestrebt wird eine einheitliche Konzeption theologischer Ethik, die am Begriff des Lebens orientiert ist und für die der Anspruch erhoben wird, daß sie auch über Theologie und Kirche hinaus verständlich und in ihrer Geltung einsichtig zu machen ist.

Der Autor:

Professor Dr. Johannes Fischer lehrt Theologische Ethik an der Universität Zürich.

Kohlhammer

W. Kohlhammer GmbH · 70549 Stuttgart · Tel. 07 11/78 63 - 280

Anton Kolb/Reinhold Esterbauer
Hans-Walter Ruckenbauer (Hrsg.)

Cyberethik

Verantwortung in der digital
vernetzten Welt
1998. 192 Seiten. Kart.
DM 49,80/öS 364,–/sFr 46,–
ISBN 3-17-015571-7

Die neuen, weltweit vernetzten Informationstechnologien verbinden sich mit der Globalisierung der Wirtschaft, mit der Manipulation an der Erbinformation und potenzieren auf diese Weise Macht und Ohnmacht des Menschen zugleich. Die Gesellschaft wird voraussichtlich immer stärker in zwei Klassen gespalten, in die Informationsreichen und in die Informationsarmen. Ein zentrales Problem der Zukunft besteht darin, Wirtschaftlichkeit mit Solidarität und Information mit Humanität zu verbinden.

Der vorliegende Band bietet einen Überblick über aktuelle einschlägige Problemstellungen und Lösungsvorschläge u.a. zu den Themen:

• der Schutz Minderjähriger und
• die Würde der menschlichen Person,
• Formulierung ethischer Leitlinien und deren Anwendung auf die neuen Medien sowie auf die Gesellschaft, die Politik, die Wirtschaft und die Kirche.

Die Herausgeber: O. Univ.-Prof. Dr. Anton Kolb ist Vorstand des Philosophischen Instituts der Kath.-Theol. Fakultät der Universität Graz. DDr. Reinhold Esterbauer und Mag. Hans-Walter Ruckenbauer sind Universitätsassistenten am selben Institut.

Kohlhammer

W. Kohlhammer GmbH · 70549 Stuttgart · Tel. 07 11/78 63 - 280